REPORT OF HEDGE FUNDS IN CHINA 2024

清华大学五道口金融学院
TSINGHUA UNIVERSITY PBC SCHOOL OF FINANCE

深圳高等金融研究院
Shenzhen Finance Institute

2024年中国私募基金研究报告

曹泉伟 陈卓 舒涛 等 / 著

中国财经出版传媒集团

经济科学出版社
Economic Science Press

编 委 会

主　　任：曹泉伟

副 主 任：陈　卓　舒　涛

编著人员：（按姓氏笔画为序）

门　垚　张　凯　周嘉慧

姜白杨　詹欣琪

前言

在全球经济的多维度变迁中，2023 年是一个充满挑战与机遇的年份。2023 年，世界经济低迷，国际格局复杂演变，地缘政治冲突频发，外部环境复杂性、严峻性、不确定性上升。全球经济在波动分化中筑底复苏，经济增长动力持续回落。在此背景下，欧美央行的货币政策紧缩态势放缓，美元指数高位震荡后走弱，全球股市表现总体好于预期，全球重要股指涨多跌少，但区域分化明显。2023 年，中国经济在复杂多变的国际环境中保持了总体回升向好的态势。国内生产总值超过 126 万亿元，增长 5.2%，增速居世界主要经济体前列。国内周期性、结构性矛盾较多，自然灾害频发。从经济复苏的波折，到美联储加息周期的演变，再到海内外市场的风云变幻，每一步都仿佛走在历史的节点上。这一年，国内经济修复进度、美元加息强度和市场流动性压力三大预期差压制了 A 股市场的信心恢复，A 股市场呈现分化，沪指、深成指和创业板指均录得下跌，但小盘股相对强势。这一现象反映了市场对不同行业前景的不同预期，剧烈波动的股票市场给私募基金管理人带来巨大挑战。

我国私募基金行业已历经近 20 年的发展，逐渐成为我国财富管理行业中不可或缺的一部分。本书将围绕中国证券类私募基金展开研究，关注其在我国的发展历程、业绩表现，并对基金经理的选股能力、择时能力和基金业绩持续性进行深入分析。

第一章，我们回顾私募基金行业的发展历程，并从不同维度剖析我国私募基金的现状。2023 年，我国私募基金行业迎来了各项监管新规的密集出台。其中，国务院正式发布的《私募投资基金监督管理条例》是我国首个专门规范私募投资基金行业的行政法规，为私募基金行业提供了透明规范、可持续的政策环境和制度基础。同时，中国证券投资基金业协会颁布的《私募投资基金登记备案办法》明确了登记备案原则和管理人登记标准，为私募行业的规范化发展提供了有力支持，被称为"史上最严格"的备案登记新规。此外，为促进房地产市场存量资产的有效利用，中国证券监督管理委员会正式启动了不动产私募投资基金的试点工作，进一步推动了私募行业的健康发展。截至 2023 年底，我国证券类私募基金备案存续数量达到了 97 258 只，备案存续管理规模达到了 5.72 万亿元。总体而言，私募基金行业在各项监管政策的引导下，不断发展壮大，并且在资本市场中发挥着越来越重要的作用。

第二章，我们以私募基金中最具代表性的股票型私募基金为研究对象，与股票型公募基金以及覆盖所有 A 股股票的万得全 A 指数的业绩表现进行综合比较。在近三年（2021~2023 年）和近五年（2019~2023 年）这两个时间段，股票型私募基金的平均年化收益率分别为 −2.62%、9.24%，股票型公募基金的平均年化收益率分别为 −9.62%、11.96%，万得全 A 指数的平均年化收益率分别为 −5.57%、7.07%。根据数据可以看出，这两个时间段内股票型私募基金的收益率都能战胜万得全 A 指数；与股票型公募基金相比，股票型私募基金近三年的平均年化收益率表现优于公募基金，但近五年表现不及公募基金；在调整风险后，与往年分析结果相异的是在承担相同风险的情况下，三年样本中，私募基金的风险调整后收益表现优于公募基金；近五年私募基金的风险调整后收益表现不如公募基金，但均优于大盘指数。从索丁诺比率的分析结果来看，在相同的下行风险水平下，近三年和近五年私募基金的索丁诺比率都远高于公募基金和大盘指数。从收益—最大回撤比率的分析结果来看，无论是三年样本还是五年样本，在相同的回撤水平下，私募基金能够取得高于大盘指数的风险调整后收益。相对而言，私募基金还是在长期具有较强的盈利能力。

第三章，我们评估股票型私募基金经理的选股与择时能力。我们的量化分析结果显示，在近五年具有完整历史业绩的 3 230 只股票型私募基金中，有 822 只（占比 25%）基金表现出正确的选股能力，有 213 只（占比 7%）基金表现出正确的择时能力。经自助法检验后发现，有 518 只（占比 16%）基金的选股能力、147 只（占比 5%）基金的择时能力源于基金经理自身的投资能力，而非运气。

第四章，我们分别使用基金收益率的 Spearman 相关性检验、绩效二分法检验、描述统计检验和基金夏普比率的描述统计检验，研究私募基金过往业绩与未来业绩的关系。检验结果显示，不论排序期是一年还是三年，在 2008~2023 年期间股票型私募基金的收益只在部分年间表现出一定的持续性，且在部分年间出现了反转的现象；当排序期为三年时，收益率排名靠前（属于收益率排名在前 25% 的第 1 组）的私募基金在下一年有较大概率延续其排名水平。在基金夏普比率的描述统计检验中，结果显示，当排序期为一年时，过去一年夏普比率排名靠前（属于夏普比率排名在前 25% 的第 1 组）或靠后（属于夏普比率排名在后 25% 的第 4 组）的基金在未来一年有较大概率仍然排名靠前或靠后；当排序期为三年时，过去三年夏普比率排名靠前的基金在未来一年有较大概率仍然排名靠前。投资者在选取基金时，可以以此为依据选取或规避特定的私募基金。

第五章，为使大家了解我国私募基金行业的发展状况以及不同策略私募基金的整体收益和风险程度，我们根据私募基金的投资策略构建出六类中国私募基金指数，分别为普通股票型私募基金指数、股票多空型私募基金指数、相对价值型私募基金指数、事件驱动型私募基金指数、债券型私募基金指数和 CTA 型私募基金指数。上述六类私募基金指数的收益皆高于相应的市场指数。同时，在历年的市场震荡或低迷时期，各私募基金指数具有相对稳健的、穿越熊市的表现，最大回撤相比于市场指数而言较低。我们将指数进行横向对比后发现，各类指数中，CTA 型私募基金指数的收益及调整风险后收益指标的表现领先，而相对价值型私募基金指数的综合表现也比较优秀，尽管其绝对收益并非最佳，但其风险较低、调整风险后的收益较高。

第六章，我们构建私募基金风险因子，并用这些风险因子解释私募基金收益的来源。私募基金风险因子包括股票市场风险因子（MKT）、规模因子（SMB）、价值因子（HML）、动量因子（MOM）、债券因子（BOND10）、信用风险因子（CBMB10）、债券市场综合因子（BOND_RET）及商品市场风险因子（FUTURES）。结果显示，当对单只基金进行回归分析时，四类股票型基金的拟合程度较好，与MKT 因子呈正相关的基金数量比例较高，体现出股票型基金的特征，而债券型基金和 CTA 型基金的拟合程度较差，意味着我们构造的八个风险因子不能较好地解释这两个策略私募基金的收益构成。当对私募基金指数进行回归时，普通股票型、股票多空型和事件驱动型私募基金指数的模型拟合程度较高。

本书通过定性的归纳总结和大量的数据分析，力求以客观、独立、深入、科学的方法，对我国私募基金行业作出深入分析，使读者对私募基金行业发展历史、发展现状与行业进程有一个全面而清晰的认识与理解。同时，也为关注私募基金行业发展的各界人士提供一份可以深入了解私募基金的参阅材料。

鉴于书中部分章节的计算结果篇幅较长，在附录二中我们仅呈现 α 为正显著的基金，附录三中仅呈现排序期收益率排名前 30 位的基金。若读者对完整数据感兴趣，可扫描以下二维码查阅。

目　录 CONTENTS

中国私募基金行业发展概览

自 2004 年首只阳光私募基金问世以来，我国私募基金行业历经了近 20 年的快速发展。随着我国资本市场的不断壮大以及相关政策的进一步完善，私募基金作为一种重要的投资工具，正逐渐成为我国财富管理领域的新兴力量。随着国内居民财富的不断积累和风险偏好的提升，私募基金在我国的规模和影响力不断扩大。私募基金行业不仅为投资者提供了多元化的投资选择，同时也为实体经济的发展提供了资金支持和服务。

本章将从四个部分梳理私募基金的发展脉络。第一部分，详细介绍私募基金的概念及其内涵和性质；第二部分，深入探讨私募基金行业的发展历程和独特特点；第三部分，从市场动向和监管法规等多个角度，总结 2023 年我国私募基金行业的发展新动态；第四部分，从私募基金的发行数量、发行规模、发行地点、投资策略以及费率等多个维度，全面介绍该行业的发展现状。

一、私募基金简介

证券投资基金是基金管理人通过发售基金份额的方式向投资者募资，并对所募集的基金资产进行专业化投资管理的一种集合投资方式。这些基金投资于公开交易的股票、债券、货币市场工具、金融衍生品等有价证券。

根据募集资金的对象和方式的不同，证券投资基金可以分为公开募集证券投资基金（以下简称"公募基金"）和私募证券投资基金（以下简称"私募基金"）。公募基金面向广大投资者公开发售基金份额并募集资金，而私募基金则以非公开方式向特定合格投资者募集资金。在我国资产管理行业中，公募基金和私募基金都扮演着重要的角色，相互补充，为居民提供多层次的财富管理服务。公募基金投资门槛和费用较低，是一般投资者获取专业投资服务和分散化参与证券投资的最佳选择；而私募基金投资门槛和费用较高，要求投资者具有较多的金融资产和较高的风险识别与承受能力，如要求投资者投资于单只产品的金额不低于 100 万元等。虽然公募基金和私募基金都属于证券类投资基金，但私募基金具有许多独特的特点，下面将通过对公募基金和私募基金进行对比来帮助投资者更好地了解私募基金的内涵与性质。

（1）私募基金与公募基金的募集方式与对象不同。公募基金可以面向广大的社会公众公开发售，而私募基金不能进行公开发售和宣传推广，根据《中华人民共和国证券投资基金法》（以下简称《证券投资基金法》）的规定，私募基金只能以非公开方式向合格投资者募集资金。因私募基金具有较高的投资风险和投资门槛，私募基金管理人在向特定投资者宣传推介私募基金之前，需经特定对象确定程序评估投资者是否具有相应的风险识别和风险承受能力。中国证券监督管理委员会（以下简称"证监会"）2014 年出台的《私募投资基金监督管理暂行办法》，首次对私募基金合格投资者作出了具体要求；并在 2018 年发布的《关于规范金融机构资产管理业务的指导意见》中进一步提高了合格投资者的门槛，对合格投资者提出家庭金融资产和家庭金融净资产的要求。

（2）私募基金与公募基金对信息披露的要求不同。公募基金遵循证监会发布的《证券投资基金信息披露管理办法》，实行信息公开披露制度，信息透明度高，要对投资目标、投资组合等信息进行披露，由证监会及其派出机构行使监督职责；私募基金遵循中国证券投资基金业协会（以下简称"中基协"）发布的《私募投资基金信息披露管理办法》进行自律管理，信息披露要求较低，不必披露投资组合。具体区别如下：在基金募集期间，公募基金需要披露包括招募说明书、托管协议、发售公告等文件，而《私募投资基金信息披露管理办法》对私募基金未作披露文件的要求，但列出了需要进行信息披露的具体内容。在基金运作期间，公募基金的信息披露内容更多、时效要求高，公募基金需要披露季报、半年报及经审计的年报，还需要按一定频率披露资产净值、份额净值、累计净值等信息；而私募基金信息披露报表范围较小，频率上包括季报及年报，单只管理规模达到 5 000 万元以上的私募基金需披露月度报告，即基金净值信息。在重大事项方面，对于公募基金，《证券投资基金信息披露管理办法》对各类重大事项的信息披露时效提出了硬性要求；对于私募基金，《私募投资基金信息披露管理办法》仅规定需"及时"向投资者披露。

（3）私募基金与公募基金受监管的程度不同。公募基金的投资者范围广，在我国，基金份额的持有人数下限是 200 人，大部分投资者风险识别和承受能力较低，由于涉及较广，公募基金募集、申赎和交易等方面受到严格的规范和监管，发行的产品也需经过证监会的严格审核，产品公开化与透明化程度较高。而私募基金近年来的监管力度虽在不断加大，但相对于公募基金的监管约束仍然较少，这与私募基金的特质密切相关。私募基金仅面向具有一定风险识别和风险承受能力的合格投资者，社会影响面窄；私募基金投资运作等方面主要依照基金合同，信息披露程度较低，保密性较强，故而更加注重市场主体自治，以行业自律管理为主。私募基金的自律监督管理由中基协负责，包括对私募基金登记备案、信息披露、募集行为、合同指引、命名指引等多维度的监督管理，但中基协不对私募基金管理人和产品作实质性的事前检查。

（4）私募基金与公募基金的管理费收费标准不同。公募基金一般按照固定费率收取管理费，基金的管理规模越大、风险程度越低，基金管理费率越低，股票型公募基金年度管理费率为 0.15%~2.0%。私募基金的收费标准较为独特，采取固定管理费和浮动管理费相结合的模式，固定管理费是投资者每年向私募基金管理人按一定比例支付的管理费用，通常为 1%~2%；浮动管理费是基金当事人事先在基金合同中约定的业绩报酬，通常约定在收益率达到一定水平时，管理人收取一部分业绩收益作为报酬，一般基金管理人提取超额业绩的 20% 作为浮动管理费。2020年 6 月，中基协发布《私募证券投资基金业绩报酬指引（征求意见稿）》，规定了业绩报酬的计提比例上限为业绩报酬计提基准以上投资收益的 60%。另外，私募基金管理人提取浮动管理费的时间节点也各不相同，基金管理人可按合同约定的固定时间节点或在基金分红时计提报酬，可选择在投资者赎回基金份额时计提报酬，也可选择在基金清盘时一次性计提业绩报酬；而公募基金管理费每日计提。值得注意的是，2019 年 11 月，公募基金浮动管理费率重启试点，规定在基金年化收益率达到 8% 以上时，基金管理人可以提取 20% 的业绩报酬，随着试点公募基金的发行，未来浮动管理费机制或不再是私募基金特有的收费特征。

（5）私募基金与公募基金投资限制有较大差异。公募基金在投资品种、比例、类型匹配上都有严格的限制；私募基金则受限较少，可以采取相对灵活的投资策略。《公开募集证券投资基金运作管理办法》和《关于规范金融机构资产管理业务的指导意见》（以下简称"资管新规"）规定了公募基金的投资限制，如基金名称显示投资方向的，应当有 80% 以上的非现金基金资产属于投资方向确定的内容；同一基金管理人管理的全部基金产品投资一家上市公司发行股票的市值不得超过该公司市值的 30% 等规定。私募基金则没有严格限制，更加注重市场主体自治和行业自律管理，监管机构采取的监管原则为适度监管，在投资范围、投资限制、投资策略等方面限制较少，留给私募基金的可操作空间较大。相比公募基金设立规模至少达到两亿元的大体量，私募基金单只产品的设立规模通常在几千万至几亿元，故而私募基金具有较高的灵活性。私募基金能够在符合基金合同约定的情况下选择合适的策略，自主调整各类投资标的仓位，综合运用买入、卖空、杠杆等方式强化投资回报。并且，私募基金可以在 0~100% 之间自由控制仓位，而股票型公募基金则有不少于 80% 的股票仓位限制。

（6）私募基金与公募基金追求目标不同。公募基金的投资目标是超越业绩比较基准，以及追求基金业绩在同类基金中的排名靠前；而私募基金关注基金的绝对收益和超额回报，注重控制最大回撤与波动率，追求较高的风险收益比，并且无论市场涨跌，都以获得绝对的正收益率为目标。追求绝对收益也是私募基金备受投资者青睐的原因之一。

表 1-1 总结了以上对比分析的公募基金与私募基金的区别，供读者参考。

表 1-1 公募基金和私募基金对比

项目	公募基金	私募基金
募集对象	广大社会公众	少数特定的合格投资者，包括机构和个人
募集方式	公开发售	非公开发售
信息披露	要求严格，有一套完整的制度	要求较低，保密性强
监管程度	在各方面都有严格的规范和监管	监管约束少，以自律管理为主
收费标准	一般按固定比例收取管理费	一般按 1%~2% 收取固定管理费+20% 业绩提成
投资限制	严格限定基金的投资方向和比例	灵活控制投资方向、比例和策略等
追求目标	基金业绩在同类基金中的排名，追求相对于某一基准的业绩	基金的绝对收益
投资风险	投资风险相对较低	投资风险相对较高，对投资人的风险识别和风险承担能力有更高要求
投资门槛	投资门槛低	投资门槛高，对个人投资者金融资产或收入、机构投资者净资产有要求

二、行业发展历程

过往 30 年间，私募基金行业从粗放的地下生长走向规范合法化发展，成长为我国资管行业的重要组成部分，经历了一个自下而上、自发孕育和逐渐规范化发展的过程，其行业发展历程主要分为以下三个阶段。

第一阶段：地下生长阶段（20 世纪 90 年代至 2004 年）。20 世纪 90 年代，我国资本市场初步建立，制度与监管建设尚未完善。当时，企业从一级市场进入二级市场后，估值会大幅上升。然而，由于制度建设滞后，希望通过公募基金从事两个市场套利的投资者们无法获得利润。与此同时，中国改革开放带来了一批拥有闲置资金的富裕人群和企业，正探求一种新的方式参与资本市场。在这种背景下，1993

年，一些证券公司获得了投资一级市场的资格，开始进行承销业务。大客户将大量资金交给证券公司代理证券投资业务，其中大部分资金发展成为隐蔽的"一级市场基金"，即通过认购新股在一级市场上进行投资。这种大客户与证券公司之间的非正规信托资金委托关系成为中国私募基金的雏形。私募基金行业在诞生初期没有受到严格监管，主要采用无托管状态的账户管理合作模式。

1996～2000 年，股票市场行情火热，吸引许多投资者通过委托理财的方式入市，部分上市公司也委托主承销商进行代理投资，市场上的投资需求旺盛，推动了投资管理公司的发展。同时，在券商运营过程中，基金管理人员受到许多限制，薪酬水平也较低，许多券商的优秀人才选择以委托理财的方式设立投资管理公司，为私募基金行业补充了人才队伍，推动了私募基金行业的进一步发展。

2001 年，全国人民代表大会通过了《中华人民共和国信托法》（以下简称《信托法》），建立了信托的法律制度，明确和规范了信托关系，随后信托公司开始合法地从事私募业务。2003 年 8 月，云南国际信托有限公司发行了我国首只以信托模式运作的私募基金"中国龙资本市场集合资金信托计划"，该基金是国内首只投资于二级市场的证券类信托产品，由信托方自身的投研团队进行自主管理。2003 年 10 月，全国人民代表大会常务委员会通过了《证券投资基金法》，明确了公开募集基金的法律体系，虽然私募基金并未获得相同的法律地位，但为国内引入私募基金预留了一定的发展空间。2003 年 12 月，《证券公司客户资产管理业务试行办法》发布，证监会允许证券公司从事集合资产管理业务，从此券商可以通过资产管理计划和券商理财的方式为私募基金公司提供私募基金产品。私募基金阳光化的条件逐渐成熟。这一阶段，私募基金产品管理人以"券商派"为主，这一系列法律和政策层面的变化给我国私募基金行业带来了新的发展契机。

第二阶段：阳光化成长阶段（2004～2013 年）。首只由私募机构担任投资顾问的私募基金产品"深国投·赤子之心（中国）集合资金信托计划"于 2004 年 2 月推出。其业务模式中，发行方为信托公司，资金托管方为银行，私募机构则受聘于信托公司担任管理人，负责资金运作管理。这一模式为私募基金管理人充当信托等产品投资顾问/实际管理人奠定了基础，开创了我国私募证券投资基金阳光化的先河。以信托关系为基础的代客理财机制，创新地将私约资金改造为资金信托，使私募基金运作更规范化、公开化和阳光化。随后，采用信托方式投资股市的私募基金逐渐被市场接受，并获得投资者和基金经理的认同，成为私募基金行业的主流运作方式。促进阳光私募基金规范化发展的重要一步是中国银行业监督管理委员会（以下简称"银监会"）于 2006 年 12 月发布的《信托公司集合资金信托计划管理办法》。当时，私募基金的数量和管理规模相对较小，管理人主要以"民间派"为主。

随着 2007 年 10 月上证指数飙升至 6 124 点，火热的股市行情吸引了许多公募基金管理人加入私募基金领域。他们为私募基金带来了规范化运作的理念，推动了私募基金的稳健发展，从此私募基金行业开始崭露头角，管理人开始向"公募派"转型。2009 年 12 月，修改后的《证券登记结算管理办法》明确合伙制企业可以开设证券账户，为我国发展有限合伙型私募基金提供了契机。2010 年 2 月，我国首只以有限合伙方式运作的银河普润合伙制私募基金正式成立。

第三阶段：规范化发展阶段（2013 年至今）。2012 年 6 月，证监会对私募基金实行统一监管，并在同年成立了中基协，负责履行行业自律监管职能，承担私募基金的登记备案工作，并出台多项行业规范和自查要求，对行业规范发展起到了重要作用。2012 年 12 月，《证券投资基金法（修订草案）》获通过，首次将非公开募集基金纳入监管范围，并明确公司或合伙企业类型的非公开募集基金参照适用该法。修订后的《证券投资基金法》（以下简称"新基金法"）于 2013 年 6 月 1 日正式实施，明确了私募行业的法律地位。新基金法对私募基金的规范主要侧重于规章制度的建立，旨在防范系统性风险，规定私募基金以行业自律监管为主。具体业务运作主要依靠基金合同和基金当事人的自主约定。新基金法的实施对我国私募基金行业具有重要而深远的意义，标志着私募基金行业正式步入合法规范发展阶段。表 1-2 总结了 2013 年至今监管部门在私募基金行业规范化发展阶段所发布的重要政策。

表 1-2　　　　　　　　　私募基金行业规范化发展阶段重要政策

发布日期	监管政策名称	发布方
2013 年 6 月	《中华人民共和国证券投资基金法》	证监会
2014 年 1 月	《私募投资基金管理人登记和基金备案办法（试行）》	中基协
2014 年 5 月	《关于进一步促进资本市场健康发展的若干意见》	国务院
2014 年 6 月	《关于大力推进证券投资基金行业创新发展的意见》	证监会
2014 年 8 月	《私募投资基金监督管理暂行办法》	证监会
2016 年 2 月	《私募投资基金管理人内部控制指引》	中基协
2016 年 2 月	《私募投资基金信息披露管理办法》	中基协
2016 年 2 月	《关于进一步规范私募基金管理人登记若干事项公告》	中基协
2016 年 4 月	《私募投资基金募集行为管理办法》	中基协
2016 年 4 月	《私募投资基金合同指引》	中基协
2016 年 7 月	《证券期货经营机构私募资产管理业务运作管理暂行规定》	证监会
2016 年 11 月	《私募投资基金服务业务管理办法》	中基协
2017 年 6 月	《基金募集机构投资者适当性管理实施指引（试行）》	中基协

续表

发布日期	监管政策名称	发布方
2017 年 8 月	《私募投资基金管理暂行条例（征求意见稿）》	国务院
2017 年 9 月	《证券投资基金管理公司合规管理规范》	中基协
2017 年 12 月	《私募基金管理人登记须知》	中基协
2018 年 3 月	《关于进一步加强私募基金行业自律管理的决定》	中基协
2018 年 4 月	《关于规范金融机构资产管理业务的指导意见》	人民银行、银保监会、证监会、外汇管理局
2019 年 12 月	《私募投资基金备案须知》	中基协
2020 年 6 月	《私募证券投资基金业绩报酬指引（征求意见稿）》	中基协
2020 年 12 月	《关于加强私募投资基金监管的若干规定》	证监会
2021 年 2 月	《关于加强私募基金信息报送自律管理与优化行业服务的通知》	中基协
2021 年 9 月	《关于优化私募基金备案相关事项的通知》	中基协
2021 年 9 月	《关于开展分道制二期试点工作的通知》	中基协
2021 年 11 月	《关于上线"量化私募基金运行报表"的通知》	中基协
2022 年 1 月	《关于加强经营异常机构自律管理相关事项的通知》	中基协
2022 年 5 月	《基金从业人员管理规则》及配套规则	中基协
2022 年 6 月	《私募基金管理人登记和私募投资基金备案业务办事指南》	中基协
2022 年 12 月	《私募投资基金登记备案办法（征求意见稿）》	中基协
2023 年 1 月	《证券期货经营机构私募资产管理业务管理办法》	证监会
2023 年 2 月	《私募投资基金登记备案办法》	中基协
2023 年 4 月	《私募证券投资基金运作指引（征求意见稿）》	中基协
2023 年 4 月	《私募基金管理人登记申请材料清单（2023 年修订）》	中基协
2023 年 7 月	《私募投资基金监督管理条例》	国务院
2023 年 7 月	《私募基金管理人失联处理指引》	中基协
2023 年 7 月	《证券期货经营机构私募资产管理计划备案管理办法》	中基协
2023 年 9 月	《私募投资基金管理人可持续投资信息披露通则》	北京基金业协会
2023 年 12 月	《私募投资基金监督管理办法（征求意见稿）》	证监会

资料来源：国务院、证监会、中基协、人民银行、北京基金业协会。

2014 年 1 月，证监会授权中基协对私募基金进行自律监管，并负责私募基金的登记与备案工作，逐步构建行业自律管理体系。同月，中基协发布《私募投资基金管理人登记和基金备案办法（试行）》，明确了私募基金管理人登记和基金备案制度，并首次授予私募机构独立基金管理人身份。50 家私募管理人（包括 33 家私募基金公司）成为首批获得登记证书的机构。这一登记备案制度的实施推动了私募基金行业的迅速发展，但也暴露出行业参与者良莠不齐、合规意识不足等问题。为规范私募行为，加强自律监管，中基协开始布局"7+2"自律规则体系，包括募集办法、登记备案办法、信息披露办法、投资顾问业务办法、托管业务办法、外包服务管理办法、从业资格管理办法，以及内部控制指引和基金合同指引。这一多维度的规范措施旨在强化私募行为的规范性和自律性。

2014 年 5 月，国务院发布《关于进一步促进资本市场健康发展的若干意见》（以下简称"新国九条"），提出要"培育私募市场"，这是国务院首次在文件中单独列出私募基金并对其进行具体部署。新国九条提出了功能监管和适度监管原则，要求私募发行不再需要行政审批，完善私募业务和产品的全程监管、风险控制和自律管理。2014 年 8 月，证监会发布并施行了《私募投资基金监督管理暂行办法》（以下简称《暂行办法》），这是我国首个专门监管私募基金的部门规章，是私募基金行业发展历程中的重要里程碑。《暂行办法》对私募基金的登记备案、合格投资者、资金募集、投资运作、行业自律、监督管理等方面作出了规定要求，有效规范和促进了私募基金行业的发展。《暂行办法》填补了监管空白，推动了私募基金行业规范化、制度化发展，私募基金的产品数量和管理规模也得到快速提升。

为进一步规范金融市场、加强监管作用、防范金融市场的泡沫和炒作、治理市场乱象，监管部门从 2016 年起出台了一系列严厉的监管文件，完善了行业监管框架，提升了监管效能，帮助私募基金行业强化基础、提升品质。2016 年，是行业规范化发展的重要节点，中基协发布了多项监管文件，包括管理人内部控制、信息披露管理、募集行为管理和基金合同指引等。同年 7 月，证监会发布了《证券期货经营机构私募资产管理业务运作管理暂行规定》，加强对私募基金的风险管控，对宣传推介行为、结构化资管产品、过度激励等方面进行了规范，并进一步明确了私募证券基金管理人的执行要求。

2017 年 8 月，国务院发布《私募投资基金管理暂行条例（征求意见稿）》，明确了私募基金管理人和托管人的职责，并规定了资金募集、管理运作、信息披露等方面的监管规则，以进一步规范私募基金的运作。2018 年 4 月，人民银行、银保监会、证监会、外汇管理局四部委联合发布了《关于规范金融机构资产管理业务的指导意见》（即资管新规），该规定的正式生效标志着资管行业统一监管时代的开始，新规提出鼓励充分运用私募产品来支持市场化。

为深化私募基金行业的信用体系建设，中基协于 2018 年 1 月发布《私募证券投资基金管理人会员信用信息报告工作规则（试行）》。同月，中国证券登记结算有限责任公司（以下简称"中证登"）发布了《关于加强私募投资基金等产品账户管理有关事项的通知》，以加强对私募基金、证券期货经营机构私募资产管理计划、信托产品、保险资管产品证券账户的管理。2018 年 9 月，中基协发布了《关于加强私募基金信息披露自律管理相关事项的通知》，旨在加强行业的自律管理，并建立健全行业诚信约束机制，督促和规范私募基金管理人按时履行私募基金信息披露义务。随后，中基协陆续发布了《私募投资基金命名指引》《私募基金管理人登记须知》《私募基金管理人备案须知（2019 年版）》《私募证券投资基金业绩报酬指引（征求意见稿）》《私募投资基金电子合同业务管理办法》等文件，并持续开展行业自查工作，使私募基金管理公司的经营信息更加全面透明，有利于中基协的监督管理，保障投资者的合法权益。

2019 年，证监会批准沪深 300ETF 期权合约上市，为市场推出更多风险管理工具，私募基金可采用更多策略开发产品。2020 年 12 月，证监会发布《关于加强私募投资基金监管的若干规定》，这是自《私募投资基金监督管理暂行办法》后的第二个部门规章，其监管效力大于中基协出台的规范性文件。该文件旨在促进私募基金规范发展，防范私募基金违法违规行为并严格管理风险，进一步加强行业监管。

2021 年 2 月，中基协发布《关于加强私募基金信息报送自律管理与优化行业服务的通知》，推动行业数据质量提升。同年 9 月，中基协发布《关于优化私募基金备案相关事项的通知》和《关于开展分道制二期试点工作的通知》，对私募基金产品备案进行详细规定，其中部分产品变更业务可经系统自动审核，后期再抽查，自动化的办理模式大力提升了办理效率。分道制备案试点范围扩大，纳入证券类私募基金。11 月，中基协发布《关于上线"量化私募基金运行报表"的通知》，完善量化私募基金信息监测体系。

2022 年 1 月，中基协发布《关于加强经营异常机构自律管理相关事项的通知》，提升私募基金规范化运作水平，设立行业常态化退出机制，推动高质量发展，维护投资者权益。5 月，中基协发布《基金从业人员管理规则》及配套规则，加强从业人员自律管理，规范执业行为。6 月，中基协发布《私募投资基金电子合同业务管理办法（试行）》，规范私募基金电子合同业务，并发布《关于私募基金管理人登记备案工作相关事宜的通知》及《私募基金管理人登记和私募投资基金备案业务办事指南》，进一步优化相关工作。12 月 30 日，中基协发布新修订的《私募投资基金登记备案办法（征求意见稿）》及其配套指引，向社会公开征求意见，该新规将对行业产生较大影响，延续了监管扶优限劣的导向。

2023 年以来私募行业接连迎来多项新规。2023 年 1 月 13 日，证监会修订了《证券期货经营机构私募资产管理业务管理办法》，旨在巩固资管业务规范整改成果，更好地发挥私募资管业务在服务实体经济方面的作用，促进行业生态稳健规范发展。2 月 24 日，中基协发布《私募投资基金登记备案办法》及其配套指引，自 5 月 1 日起施行，这是国内私募基金领域的一次重大改革，同时也是自 2014 年发布的《私募投资基金管理人登记和基金备案办法（试行）》后，第一次大范围的行业新规调整。4 月 14 日，中基协发布了《私募基金管理人登记申请材料清单（2023 年修订）》以配合于同年 2 月 24 日颁布的《私募投资基金登记备案办法》及其配套指引的实施，旨在规范私募基金管理人的登记申请流程，提高行业的透明度和规范性。4 月 28 日，中基协就《私募证券投资基金运作指引（征求意见稿）》公开征求意见，标志着我国私募基金行业将迎来高质量的整合和优化。7 月 9 日，《私募投资基金监督管理条例》正式发布，为私募基金行业未来的稳健发展提供了更高水平的法律支持和依据，能够更好地保护投资者的合法权益，预防金融风险。7 月 14 日，中基协发布实施《私募基金管理人失联处理指引》，旨在督促私募基金管理人保持与投资者的沟通渠道畅通，保护投资者的合法权益，促进行业的健康发展；同月 14 日，《证券期货经营机构私募资产管理计划备案管理办法》正式发布，在证监会的指导下，中基协修订了该管理办法，融合了私募资管业务原有的自律规则、服务指南等成熟内容，并结合备案监测实践经验，进一步完善了规定。9 月 4 日，北京基金业协会在全球 PE 北京论坛上发布了全球首个私募投资基金行业的可持续投资和 ESG 方面的团体标准——《私募投资基金管理人可持续投资信息披露通则》，目的是为私募投资基金管理人提供可持续投资信息披露的指引，规范行业内可持续投资相关信息的披露，推动管理人向资本市场提供更加全面、透明、准确的可持续投资数据和信息。12 月 8 日，证监会就《私募投资基金监督管理办法（征求意见稿）》公开征求意见。本次修订充分吸收了《私募投资基金监督管理条例》立法成果和监管实践经验，着力构建规范发展、充分竞争、进退有序、差异化监管的行业生态。

三、2023 年行业发展新动态

2023 年，全球经济形势依然复杂多变。我国经济正处于修复复苏的阶段，投资者的信心也在逐步恢复。在改革方面，证监会发布了全面注册制度，这一举措的正式落地为资本市场注入了新的活力。与此同时，监管部门出台了一系列新规定，以进一步完善对资管行业的监督与管理。其中，私募基金行业是监管部门关注的焦点，在相关政策方面，我国正在努力完善私募基金行业相关监管政策。通过加强行业的科学化和规范化管理，促进私募基金行业更加健康发展。2023 年，我国私募监管新规密集出台，下面将对 2023 年私募基金行业的最新政策和相关动态进行重点解读。

（一）私募基金行业监管日益规范化

2023 年 6 月 16 日，国务院常务会议审议通过《私募投资基金监督管理条例（草案）》，在行业内引起了广泛的关注与讨论。为将私募基金活动纳入法治化、规范化轨道进行监管，国务院于 2023 年 7 月 9 日正式发布《私募投资基金监督管理条例》（以下简称《私募条例》），并于 2023 年 9 月 1 日起正式实施。

《私募条例》的重点规定内容包括：（1）明确适用范围。将契约型、公司型、合伙型等不同组织形式的私募投资基金均纳入适用范围，规定以非公开方式募集资金。（2）明确私募基金管理人和托管人的义务要求。明确有下列情形之一的，不得担任私募基金管理人，不得成为私募基金管理人的控股股东、实际控制人或者普通合伙人，如从事的业务与私募基金管理存在利益冲突、有严重不良信用记录尚未修复等。明确从业人员应当按照规定接受合规和专业能力培训。规定私募基金管理人应当依法向国务院证券监督管理机构委托的机构履行登记手续，明确注销登记的情形等。（3）规范资金募集和投资运作。私募基金管理人应当根据投资者风险识别能力和风险承担能力匹配不同风险等级的私募投资基金产品。（4）对创业投资基金作出特别规定。（5）强化监督管理和法律责任等。

作为我国专门规范私募投资基金行业的首部行政法规，《私募条例》旨在解决我国长期以来私募基金监管行政法规层面依据不足的问题。该条例的颁布不仅是对这一问题的积极回应，也为私募基金行业发展提供了透明规范和可持续的政策环境与制度基础。在制定过程中，该条例综合考虑了行业治理的结构要素，全面展示了我国私募基金行业发展的法治化图景，其中包括统筹协调、全面规范和差异监管三个维度。《私募条例》的颁布具有重要的历史和法律意义，对规范私募基金行业的发展起到了重要作用。该条例的出台充分尊重了市场规则，同时也回应了中国私募基金行业发展的现实需求，为私募基金行业未来的稳健发展提供了更高水平的法律支持和依据，能够更好地保护投资者的合法权益，预防金融风险，促进我国私募基金行业的规范和健康稳步发展。

（二）修订《私募办法》，促进私募领域健康发展

2023 年 12 月 8 日，中国证监会修订了 2014 年 8 月发布的《私募投资基金监督管理暂行办法》，形成《私募投资基金监督管理办法（征求意见稿）》（以下简称《私募办法》）。《私募办法》在借鉴《私募条例》的立法成果和监管实践经验基础上，建立规范、竞争充分、有序发展和差异化监管的私募基金行业生态。该修订既是对《私募条例》的进一步细化，也是对过去私募基金监管规则的系统总结。

修订的主要方向包括规范性要求的细化、全链条监管的完善，以及对私募基金托管人和私募基金服务机构监管要求的明确，共涉及 11 个方面。

（1）明确适用范围。规则适用于由私募基金管理人管理的公司型、合伙型、契约型私募基金。对于资产由普通合伙人管理的合伙型私募基金，普通合伙人应遵守相关规定，包括登记备案、资金募集、投资运作和信息披露等规定。

（2）细化规范性要求，完善全链条监管。对私募基金管理人的名称、经营范围、股东、高级管理人员以及从业人员等提出持续性规范要求。

（3）明确私募基金托管人、私募基金服务机构监管要求。区分私募证券投资基金和私募股权投资基金、创业投资基金托管的不同要求等。

（4）丰富私募基金产品类型，细化分类监管。包括根据私募基金主要投资标的划分产品类型，划定不同类型私募基金的投资范围，同时由证监会指导基金业协会做好私募基金投资负面清单管理等。

（5）完善合格投资者标准。包括细化合格投资者标准，明确穿透核查的基本要求并设定差异化合格投资者门槛等。

（6）强化募集环节监管，把好合格投资者入口关。例如，明确募集方式，私募基金管理人应当自行募集资金或者委托具有基金销售业务资格的机构募集资金。

（7）明确投资运作要求。例如，对投资运作环节提出底线要求，重点规范关联交易，切实防范利益冲突等。

（8）完善信息披露和信息报送要求。

（9）落实创业投资基金差异化要求。

（10）明确私募基金退出和清算要求。

（11）加强行政监管和自律管理，提高违法违规成本。

《私募办法》的制定旨在加快推进私募基金行业规范健康发展，促进私募基金在支持科技创新、服务实体经济方面发挥更好的作用，并有效防范风险。该办法有助于推动我国私募基金行业实现长远的健康发展，同时也能够加强对投资者的保护。

（三）私募机构进入"严管严进"时代

2023 年 2 月 24 日，中国证券投资基金业协会正式发布《私募投资基金登记备案办法》（以下简称《办法》）及相关指引，并于 2023 年 5 月 1 日起施行。《办法》延续了监管扶优限劣的导向，明确登记备案原则和管理人登记标准。其中，规定私募管理人的实缴资本不得低于 1 000 万元，并对私募基金的高管和股东等提出了严格要求。《办法》被称为"史上最严格"的备案登记新规。

《办法》的实施给中小型私募机构带来了多方面的影响。从私募管理人登记的角度来看，相关规定提高了申请机构基础资质的要求，并加大了对出资人及实际控制人的核查力度，使得新的中小型私募进入市场的难度增加，而资金和人才等方面实力较强的公司申请管理人相对容易些。此外，对产品备案的规模要求而言，未来基金规模较小的产品发行难度也将提高。

与2014年发布的《私募投资基金管理人登记和基金备案办法（试行）》相比，《办法》明确规定了私募基金的初始实缴募集资金规模以及投向单一标的的私募基金规模等要求。同时，对部分创业投资基金的名称和经营范围也有进一步要求。这些规定更具针对性，更符合实际投资过程中的运行情况。

短期来看，私募基金登记备案的要求再次提高，行业门槛也有所提升，备案要求的变化可能对某些特色类策略的产品不太友好。然而，从行业长期可持续健康发展角度来看，《办法》使私募产品更加标准化和专业化，更符合私募产品的定位。

总体来看，《办法》的颁布体现了监管思想的公开、透明和精细化，为私募行业的规范化发展提供了有力支持，同时也增强了投资者的信心。它为私募管理人提供了更便捷、高效的服务，使他们能够更专注于策略的开发和完善，助力行业的实际从业者不断成长壮大。最终实现私募行业的长期稳健发展。

（四）证券投资私募市场迎新规

2023年4月28日，中基协就《私募证券投资基金运作指引》（以下简称《运作指引》）公开征求意见。本次修订有以下几大重点。

（1）存续门槛有所提高，私募证券投资基金的初始实缴募集资金规模不低于1 000万元人民币。

（2）20亿元规模以上私募需进行季度压力测试，同一实际控制人控制的私募证券基金管理人在最近一年度末合计基金管理规模在20亿元以上的，应当持续建立健全流动性风险监测、预警与应急处置、关于预警线与止损线的风险管理制度，每季度至少进行一次压力测试。

（3）长期投资设限，明确基金合同应当约定投资者不少于6个月的份额锁定期安排。

（4）分散式投资，私募证券投资基金应当采用资产组合的方式进行投资。单只私募证券投资基金投资于同一资产的资金，不得超过该基金净资产的25%；同一私募基金管理人管理的全部私募证券投资基金投资于同一资产的资金，不得超过该资产的25%。

（5）债券投资规范化，管理人及其股东、合伙人、实际控制人、员工不得参与结构化债券发行，不得直接或者变相收取债券发行人承销服务、融资顾问、咨询服务等各种形式的费用。禁止多层嵌套，规范债券投资行为及衍生品交易等。

更加严苛的监管政策将降低私募产品的灵活性,增加私募管理的经营成本和生存压力。虽然私募行业在短期可能会经历阵痛,但从长远的角度来看,行业将迎来高质量的整合和优化。加强监管有助于规范私募行业的发展,使私募管理人与广大投资者的利益更加一致,有利于保护投资者利益,并在长期内赢得更多投资者的信任。

(五) 私募资管细则修订促进私募规范发展

2023 年 1 月 13 日,证监会修订了《证券期货经营机构私募资产管理业务管理办法》及其配套规范性文件《证券期货经营机构私募资产管理计划运作管理规定》(以下简称《资管细则》)。此次修订的目的在于巩固资管业务、规范整改成果,更好地发挥私募资管业务在服务实体经济方面的作用,促进行业生态稳健规范发展。证监会在总结资管业务规范整改经验的基础上,积极回应市场的合理诉求,并对《资管细则》进行了修订,针对部分规定的适应性不足等问题进行了调整。

《资管细则》的修订主要在以下几个方面进行了完善。(1) 规定了证监会基于审慎监管原则对经营机构私募资管业务实施差异化监管。(2) 结合放管并重的原则,促进私募股权资管业务充分发挥服务实体经济的功能。针对私募股权资管计划的分期缴付、扩募、费用列支、组合投资等规定进行了一系列优化,适应私募股权资管业务投早、投小等业务特点;同时强调防范"明股实债"等违规行为。(3) 适度提高产品投资运作的灵活性,更好地满足市场需求。包括完善了集合资管计划的人数限制规定,允许最近两期均为 A 类 AA 级的期货公司投资场外衍生品等非标准资产。(4) 进一步完善风险防控措施,包括完善私募资管计划的负债杠杆比例限制、加强逆回购交易管理、强化关联交易规范等。

《资管细则》的目标是贯彻落实党的二十大和中央经济工作会议的精神,引导证券期货经营机构提升私募资产管理业务对实体经济的服务质量和效益,加大对科技创新、中小微企业等领域的支持力度,并积极防范和化解金融风险。

四、行业发展现状

我们根据万得(Wind)数据统计整理得出,截至 2023 年底,我国私募基金累计发行数量为 205 596 只,停止运营的基金数量为 15 891 只,由于停止运营的基金数量占比较大(7.7%),为避免研究结果受幸存者偏差(survivorship bias,即在数据筛选时只考虑目前还在运营的个体而忽略停止运营的个体)的影响,本部分所分析的数据包含继续运营和停止运营在内的全部私募基金数量,以求全面反映行业的发展情况。① 需要提醒读者的是，在本书的后几章中，我们选取具有 5 年完整复权单位净值数据的基金作为研究样本进行分析，因此基金样本数量与本部分略有不同。本部分将根据万得数据库，从基金发行数量、实际发行规模、发行地点、投资策略和费率五个方面进行具体分析，以帮助读者了解私募基金行业当前的情势。

（一）基金发行数量

图 1-1 所示为我国历年新发行和继续运营的私募基金数量。私募基金数量随着时间推移发生的变化与我国私募基金和证券市场的发展历程相互关联。2001 年后，信托公司合法化从事私募业务，紧接着在 2002 年，私募基金初露头角，共有 2 只基金产品发行。此后，每年私募基金的发行数量持续增加。然而，2005 年受股市下行的影响，私募基金的发行速度减缓，当年新发的基金数量仅为 27 只，而停止运营的基金数量急剧增加至 43 只。相比之下，2007 年股市大幅上涨，推动了私募基金的蓬勃发展，当年新发基金数量达到了 418 只。2008 年全球金融危机爆发，对国内经济和证券市场产生了负面影响，导致当年私募基金的新发行数量回落至 307 只，而停止运营的基金数量却达到了 231 只。进入私募基金阳光化发展阶段后，每年新发行基金数量稳步增加，与此同时，停止运营的基金数量也呈递增趋势。

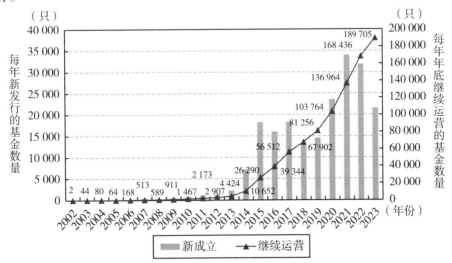

图 1-1 每年新发行及继续运营的私募基金数量：2002~2023 年

---

① 2020 年万得数据库的统计口径发生一定变化，本书所涵盖的证券类私募基金样本也随之发生较大变化。通过对比万得口径下的私募基金产品和在中基协备案的私募基金数据，我们发现万得数据库中不仅包含在中基协备案基金类型为"证券私募基金"的私募基金，还涵盖信托计划、资产管理计划等类型的私募基金。

2013 年,《证券投资基金法》首次将非公开募集基金纳入监管范围,明确了私募基金行业的法律地位,为私募基金行业的规范化发展奠定了基础。当年新发行的私募基金数量迅速增长,达到了 2 266 只。2014 年和 2015 年,证监会、中基协等部门相继发布针对私募基金的监管条例和自律规定,进一步完善了私募基金行业的监管体系。这些举措为私募基金的发展创造了良好的环境,私募基金的发行量也呈井喷式增长。2014 年新发行产品数量飙升至 7 193 只,2015 年更是跃升至 18 275 只。2016~2019 年,监管部门加大了对私募基金的监管力度,推出了一系列政策法规。国务院发布了《私募投资基金管理暂行条例(征求意见稿)》,并配套实施了资产管理新规。这些举措进一步规范了私募基金行业的运作,私募基金的发行量相对稳定,每年新发行的基金数量都保持在 1 万只以上。2020~2022 年,私募基金迎来爆发式增长。2020 年,受新冠疫情影响,货币政策宽松,市场流动性充裕,股市出现了结构性行情。这一背景下,私募基金新发行数量首次突破 2 万只,达到了 23 548 只。尽管 2021 年和 2022 年股市出现震荡,分化严重,私募基金业绩多次下挫,但在居民财富向资本市场转移的大趋势下,私募基金新发行产品数量继续快速增长。2021 年突破 3 万只,达到了 33 953 只。然而,2022 年与 2023 年新发产品数量较 2021 年均有所回落,2022 年仍高达 31 849 只,而 2023 年则为 21 544 只,较 2022 年的新发产品数量减少了 10 305 只。

表 1-3 展示了我国历年新发行、停止运营和继续运营的私募基金数量。2015 年,市场剧烈波动,在私募基金新发行数量飙升的同时,停止运营的基金产品数量快速增加,2016 年在市场监管趋严的背景下,停止运营的私募基金数量达到顶峰,为 2 984 只。2017~2022 年,伴随着私募基金的规范化发展,每年停止运营的数量较为稳定。2021 年,停止运营的私募基金数量缩减至 753 只。2022 年,停止运营的私募基金数量缩减至 377 只。2023 年,停止运营的私募基金数量缩减至 275 只。截至 2023 年底,累计停止运营的私募基金共有 15 891 只,约占累计发行基金总量的 7.7%。

表 1-3　　每年新发行、停止运营和继续运营的私募基金数量:2002~2023 年　　单位:只

年份	新发行	停止运营	继续运营	年份	新发行	停止运营	继续运营
2002	2	0	2	2008	307	231	589
2003	43	1	44	2009	529	207	911
2004	46	10	80	2010	766	210	1 467
2005	27	43	64	2011	1 095	389	2 173
2006	134	30	168	2012	1 325	591	2 907
2007	418	73	513	2013	2 266	749	4 424

年份	新发行	停止运营	继续运营	年份	新发行	停止运营	继续运营
2014	7 193	965	10 652	2020	23 548	1 040	103 764
2015	18 275	2 637	26 290	2021	33 953	753	136 964
2016	16 038	2 984	39 344	2022	31 849	377	168 436
2017	18 283	1 115	56 512	2023	21 544	275	189 705
2018	13 385	1 995	67 902	总计	205 596	15 891	189 705
2019	14 570	1 216	81 256				

　　私募基金停止运营最为常见的原因是基金存续期满而结束运营。私募基金会在合同中设定存续期限，在存续期满之时，基金管理人会根据受托人或者自身意愿来决定是否清盘。此外，还有些私募基金会因为业绩欠佳而被动结束运营。私募基金会设定净值底线，一般设置在 0.7~0.8，当私募基金业绩触及清盘底线时，私募基金会被强制清盘。此外，还有部分私募基金管理人因看空后市而主动结束运营。当管理人对后市持有悲观态度时，为了投资者权益，管理人会主动清盘旗下基金。例如，赵丹阳在 2008 年看空股市，于是清盘旗下所有的赤子之心产品。除上述原因外，还有一些特殊的清盘原因，如产品的结构设计不符合新的监管政策、投资者入市热情受挫进而大规模赎回、基金管理人难以取得业绩报酬、公司内部调整等因素。

　　本部分数据来源于万得资讯数据库，除此之外，市场上还有其他平台在统计私募基金产品信息，如朝阳永续、私募排排网等。各个机构由于统计口径不同，导致统计出的私募基金数量不同，如私募排排网的口径就比较广泛，包含了信托、自主发行、公募专户、券商资管、期货专户、有限合伙、海外基金等类型（或渠道）的私募基金产品。不过，自 2014 年起，在监管要求下，私募基金施行登记备案制度，新发私募基金需要在中基协备案，故而中基协披露的备案产品数据更加精确。中基协数据显示，截至 2023 年 12 月末，存续私募证券投资基金 97 258 只，存续私募基金规模 5.72 万亿元；2023 年新备案私募证券投资基金 23 987 只，新备案私募基金规模 6 745 亿元。

（二）基金实际发行规模

　　图 1-2 展示了 2002~2023 年私募基金实际发行规模的数量占比情况。如图 1-2 所示，我国单只私募基金产品发行规模大多在 1 亿元以下，占比达到 72.1%。具体来看，截至 2023 年底，单只私募基金产品实际发行规模在 2 000 万元以下的私募基金产品最多，占比为 28.3%。单只私募基金产品发行规模在 2 000 万~5 000 万

元的占比为 23.7%，发行规模在 5 000 万~1 亿元的占比为 20.1%，发行规模在 1 亿~3 亿元的占比为 19.7%。单只产品发行规模大于 3 亿元的私募基金数量最少，占比为 8.2%，与截至 2022 年底的占比数据无较大差异。

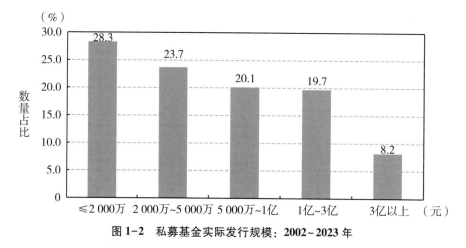

图 1-2　私募基金实际发行规模：2002~2023 年

（三）基金发行地点

表 1-4 展示了我国私募基金发行地点分布情况。截至 2023 年底，私募基金发行地主要聚集在上海、北京、深圳、杭州、广州，这 5 个城市的私募基金发行量占全国总量的七成以上。上海的发行量居全国首位，为 57 544 只，占比高达约 28%，主要是因为上海是我国的金融中心，也是上海证券交易所（以下简称"上交所"）的所在地。北京的私募基金发行量位居第二，为 43 846 只，占比约 21.3%，北京作为首都，拥有着集中的监管机构和丰富的客户资源，有利于私募基金产品发展。深圳的私募基金产品发行量位列第三，为 30 350 只，占比约 14.8%，这主要是由于深圳是深圳证券交易所（以下简称"深交所"）的所在地，且前上海自贸试验区有一系列金融优惠政策，大量金融与科技领域的高精尖人才聚集在此地，私募基金也受到相关利好。

表 1-4　　　　　　　　私募基金发行地点的分布：2002~2023 年

发行地点	发行数量（只）	数量占比（%）
上海	57 544	27.99
北京	43 846	21.33
深圳	30 350	14.76
杭州	11 316	5.50

发行地点	发行数量（只）	数量占比（％）
广州	9 276	4.51
哈尔滨	5 280	2.57
其他	47 984	23.34
合计	205 596	100.00

私募基金发行数量第四和第五多的城市分别为杭州和广州，发行量分别为 11 316 只和 9 276 只，占比分别约为 5.5％和 4.5％。这两座城市均为省会城市，其中，杭州作为新一线城市，在此发行的私募基金产品可受到政府政策引导和经济发展的良性影响；广州是沿海经济发达城市，经济实力强劲，并且政府为私募基金创造了良好的运营环境，构建了健全的政策体系。除此之外，哈尔滨、昆明、成都、厦门、宁波、福州等城市的私募基金发行量同样较多，均在 2 000 只以上。

（四）基金投资策略

在万得基金分类体系中，根据投资类型的不同，私募基金可以划分为股票型、债券型、混合型、股票多空型、相对价值型、宏观对冲型、商品型、国际（QDII）股票型和事件驱动型基金等不同策略的投资基金。① 表1-5 统计了我国不同策略的私募基金发行总量及其占比情况。股票型基金仍是基金产品中的主流，产品数量为 163 923 只，占私募基金总数量的 79.7％。股票型私募基金是将资产主要投资于股票的基金，通过低买高卖获取差额收益，其业绩与大盘走势密切相关。

表1-5　　　　不同策略的私募基金发行总量及占比情况：2002～2023 年

投资策略	基金数量（只）	数量占比（％）
股票型基金	163 923	79.7
债券型基金	14 351	7.0
混合型基金	8 540	4.2
股票多空型基金	5 485	2.7
宏观对冲型基金	4 720	2.3

① 万得基金分类体系是结合契约类型和投资范围进行的分类。契约类型主要分为开放式和封闭式，又在此基础上按照投资范围进行分类。万得基金投资范围分类主要依据为基金招募说明书中所载明的基金类别、投资策略和业绩比较基准。

投资策略	基金数量（只）	数量占比（%）
相对价值型基金	3 475	1.7
商品型基金	3 130	1.5
国际（QDII）股票型基金	998	0.5
事件驱动型基金	677	0.3
其他	287	0.1
总计	205 586	100.0

除股票型私募基金外，其余各策略中基金数量最多的为债券型私募基金，发行数量为 14 351 只，占比 7.0%。债券型私募基金是将资金主要投资于债券的基金，收益相对稳定，风险也相对较小。混合型私募基金发行数量位于各策略中的第三位，为 8 540 只，占比为 4.2%。混合型私募基金的投资标的包括股票、债券和货币市场工具等，灵活性较强，可以根据市场情况随时调整仓位，即这类基金既可以在股市稳定时投资股票，又可以在股市行情萎靡时投资债券等固定收益类产品。股票多空型、宏观对冲型和相对价值型私募基金发行数量分别为 5 485 只、4 720 只和 3 475 只，发行量占比分别为 2.7%、2.3% 和 1.7%。股票多空型基金会同时做多和做空股票来对冲风险，通过做空业绩未达预期的股票或对应的股指期货，基金可以同时在熊市和牛市都获得不错的收益。宏观对冲型基金借助经济学理论，对利率走势、政府的货币与财政政策等宏观经济因素进行研究，以此来预判相关投资品种未来趋势，并进行相应的操作。相对价值型基金同时买卖相关系数较高的两只证券，即买入价值被低估的股票、卖空价值被高估的股票，获取股票价格收敛所带来的收益。商品型基金发行量为 3 130 只，占比约 1.5%。商品型基金是通过管理期货策略（CTA）进行期货或者期权投资交易的一种基金。

国际（QDII）股票型基金和事件驱动型基金发行数量均不足千只，分别为 998 只和 677 只，占比分别为 0.5% 和 0.3%。国际（QDII）型基金是在我国境内设立，经相关部门批准从事境外证券市场的股票、债券等有价证券投资业务的基金。事件驱动型基金主要通过分析上市公司的重大事项（如并购重组、增资扩股、回购股票）等影响公司估值的因素来进行投资。除此之外，还有其他几种类型的私募基金，如货币市场型基金、国际（QDII）债券型基金、国际（QDII）混合型基金等，这几种基金类型的发行量较少。

（五）基金费率

与公募基金不同，私募基金在收取固定管理费的基础上，还收取额外的浮动管理费，一般是"2—20"的收费模式，即2%的固定管理费率和20%的浮动管理费率。表1-6、图1-3、表1-7和图1-4展示了我国私募基金行业的管理费率信息，包括固定管理费率和浮动管理费率的情况。在本书中，我们重点关注以股票为投资标的的股票型私募基金。股票型私募基金固定管理费率的平均值约为1.26%，主要集中在1.0%、1.5%和2.0%三个费率上，这三个费率的产品数量占比分别为36.0%、27.1%和15.8%。

表1-6　　　股票型私募基金固定管理费率描述性统计：截至2023年12月底　　单位：%

平均值	1.26
75%分位数	1.50
50%分位数	1.00
25%分位数	1.00

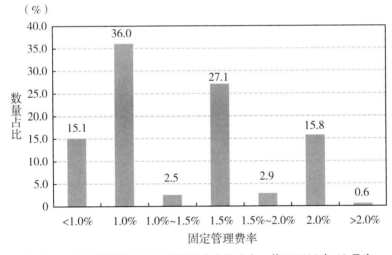

图1-3　股票型私募基金固定管理费率的分布：截至2023年12月底

　　表1-7和图1-4展示了我国股票型私募基金的浮动管理费率信息。浮动管理费是指基金业绩达到合同要求后，对盈利部分按照一定比率收取的管理费。股票型私募基金浮动管理费率的众数为20%，20%的浮动管理费率是我国私募基金市场上的主流，占比高达81.7%，股票型私募基金浮动管理费率的25%、50%和75%的分位数也均为20%。这在客观上也说明大多数私募基金具有较为统一的浮动管理费收取标准。

表 1-7　　　股票型私募基金浮动管理费率描述性统计：截至 2023 年 12 月底　　单位：%

平均值	19
75%分位数	20
50%分位数	20
25%分位数	20

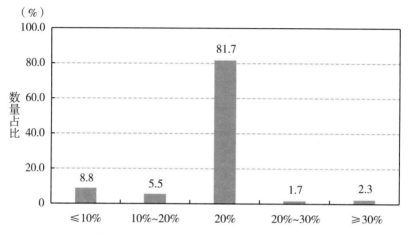

图 1-4　股票型私募基金浮动管理费率的分布：截至 2023 年 12 月底

五、小结

我国私募基金行业经历了不同阶段的发展，从探索式自我生长到规范化、市场化发展，已成为我国资管行业不可缺少的重要力量。随着我国资本市场的不断发展与开放，监管制度进一步健全与完善，居民财富得以持续积累，投资者对权益市场的投资逐渐增加，对私募基金产品的需求也随之增加。

2004 年，我国私募基金行业以信托关系为基础运营，逐渐发展为更加规范和公开的阳光私募。2013 年，修订后的《证券投资基金法》明确了私募基金行业的法律地位。2014 年，《私募投资基金监督管理暂行办法》填补了行业监管的空白，为私募基金的制度化、合法化发展拉开了序幕。在国务院、证监会、中基协等机构的指导下，私募基金行业的监管和自律体系逐步完善，行业不断发展壮大。2020~2023 年，受居民财富逐渐向资本市场转移的影响，私募基金行业迎来了爆发式增长，在这 4 年中，私募基金新发产品的数量合计达到了 110 894 只。

本章从私募基金的数量、发行规模、发行地点、投资策略和基金费率五个维度对证券类私募基金行业的现状进行了详细梳理。2023 年全年新发行 21 544 只私募基金，较 2022 年有所下降。在监管趋严的制度环境中，不合规、不合格、不具备持续经营能力的私募基金陆续出局，2023 年停止运营的私募基金数量为 275 只。在发行规模上，新发行私募基金仍以中小规模为主，发行规模位于 1 亿元以下的基金累计占比为 72.1%。在发行地的选择上，私募基金主要集中在上海、北京、深圳、杭州和广州这 5 座城市。私募基金的投资策略依然以股票型基金为主，累计发行量占比约为 80%。从费率水平来看，截至 2023 年底，股票型私募基金的固定管理费率多数集中于 1.0%、1.5% 和 2% 三档，固定管理费率平均值为 1.26%。股票型私募基金的浮动管理费率的中位数为 20%，占比高达 81.7%。整体而言，我国私募基金行业基金数量与规模仍然处于快速增长阶段。

私募基金能否战胜公募基金和大盘指数

我国私募基金行业持续发展，资产管理规模逐渐扩大，各类投资策略也日趋成熟。投资者在选择是否投资私募基金时需要考虑几个问题：首先，私募基金的投资门槛、费用和风险较高，但是否能够带来可观的回报？其次，私募基金的历史收益表现如何？与公募基金相比，私募基金的业绩是否更好？为了回答这些问题，为了给投资者提供参考，我们选择股票型私募基金作为研究对象（股票型私募基金投资于股票市场，是在私募基金行业中最具有代表性的基金类型，截至 2023 年底股票型私募基金在私募基金总发行数量中占比 87%），再以大盘指数作为市场基准，对股票型私募基金的收益表现作出全面的分析。

在本书中，我们以万得全 A 综合指数（以下简称"万得全 A 指数"）作为市场基准，该指数涵盖了京沪深三地交易所所有 A 股上市公司的股票，被广泛用作市场整体表现的参考指标。我们还将股票型公募基金作为比较对象，以便对比股票型私募基金和股票型公募基金的业绩表现。在本章中，我们将从收益率指标和风险调整后的收益率指标两个角度，对万得全 A 指数、股票型公募基金和股票型私募基金的业绩进行比较。对于风险调整后的收益指标，我们选择考虑夏普比率、索丁诺比率和收益—最大回撤比率等不同风险因素，多层次、多角度地对万得全 A 指数、股票型公募基金与股票型私募基金的业绩进行对比分析，以得出可靠的结论。

我们的研究发现，从年度收益率的角度来看，在 2008~2023 年的多数年份里，股票型私募基金的年度收益率战胜了万得全 A 指数，但与公募基金相比则互有高低。从累计收益率的角度来看，2008~2023 年，股票型私募基金的累计收益为 177%，高于股票型公募基金 99% 的累计收益率，远高于万得全 A 指数 18% 的累计收益率。从夏普比率的角度来看，无论在三年还是五年样本中，股票型私募基金在承担相同整体风险水平下，均取得高于大盘指数的风险调整后收益；从索丁诺比率和收益—最大回撤比率的分析结果来看，不管是三年样本还是五年样本，在相同的下行风险水平下，股票型私募基金都能够取得高于大盘指数的风险调整后收益。另外，我们还发现，股票型私募基金近三年的年化夏普比率超过股票型公募基金，但是近五年的年化夏普比率表现不如股票型公募基金；而从近三年和近五年的年化索丁诺比率的比较结果来看，股票型私募基金均优于股票型公募基金。

　　本章内容主要分为三个部分。第一部分，从收益率角度，对万得全 A 指数、股票型公募基金与股票型私募基金进行对比；第二部分，从风险调整后收益角度，对万得全 A 指数、股票型公募基金与股票型私募基金再作比较，综合分析股票型私募基金是否能战胜大盘指数和股票型公募基金；第三部分，进行股票型私募基金的收益率、夏普比率、索丁诺比率和收益—最大回撤比率四个指标的相关性分析，选择评估股票型私募基金业绩的恰当指标。

一、收益率的比较

　　本章的研究对象是股票型私募基金，根据对私募基金各类投资策略分类的判断，我们将万得数据库的私募基金二级分类中投资于股票二级市场的普通股票型、股票多空型、相对价值型和事件驱动型私募基金定义为股票型私募基金。由于分级基金的净值统计存在不统一的现象，我们在样本中排除了分级基金。

　　对于投资者而言，收益率是最直观、最易获取的判断基金表现的指标，因此我们以此指标对万得全 A 指数、股票型公募基金与股票型私募基金进行比较。我们选取红利再投资的净值增长率作为基金收益率指标，即以复权净值计算的收益率，并且剔除管理费率和托管费率。

　　我们在处理数据的过程中发现，万得数据库在收集私募基金净值时，如果某个月没有获取到某只基金的净值数据，系统会自动填充其上一个月的净值数据作为当月净值，如此一来会存在基金净值重复出现的情况。鉴于此，我们统计了 2003～2023 年股票型私募基金净值重复的情况，并根据净值的重复比例区间，绘制了基金分布图。如果基金的复权净值与上个月没有变化，我们就认为这个月该基金的净值是重复的。据此我们确定了净值重复率的计算公式：基金的净值重复率=该基金有重复净值的样本数/该基金的总样本数。从图 2-1 中可以看出，2003～2023 年，基金净值重复率小于 10% 的基金占比约为 72.5%，其他区间内股票型私募基金占比都很小。基金净值重复率过高通常是由数据收集问题所致，若将此类基金纳入样本会使分析结果不准确。因此，我们在样本中删除了在分析期间内净值重复率大于 10% 的基金。

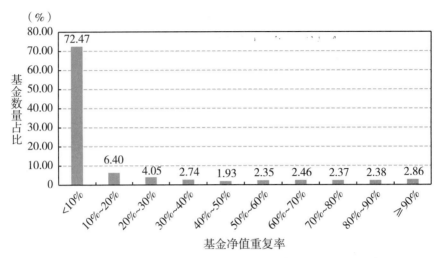

图 2-1　股票型私募基金净值重复率的分布情况：2003~2023 年

在收集样本时，我们发现某些基金的收益和风险指标在数值上十分近似，如表 2-1 所示。不难看出，"海淘瑞鑫寰宇精选收益睿益系列"的两只基金 2020~2023 年的年度收益率在数值上都一样。因此，本书在进行统计分析时，仅选择相似产品中的 1 只基金作为代表进行分析研究。例如，我们仅将表 2-1 中"海淘瑞鑫寰宇精选收益睿益系列 A 期"基金纳入样本。

表 2-1　　　　　　　　同类股票型私募基金样本举例　　　　　　单位:%

编号	基金名称	2020 年收益率	2021 年收益率	2022 年收益率	2023 年收益率
1	海淘瑞鑫寰宇精选收益睿益系列 A 期	8.06	22.80	-6.15	11.05
2	海淘瑞鑫寰宇精选收益睿益系列 B 期	8.06	22.80	-6.15	11.05

本书涉及三个基金净值的基本概念，我们对各概念的定义作如下说明：（1）基金净值，指在某一基金估值点上，按照公允价格计算的基金资产总市值扣除负债后的余额；（2）基金累计净值，指基金净值加上基金成立后累计分红所得的余额，反映该基金自成立以来的所有收益的数据；（3）基金复权净值，指考虑分红再投资后调整计算的净值。其中，基金复权净值最能反映基金的真实表现，因此在以下的分析中，我们均使用基金复权净值指标。在对私募基金与大盘指数、公募基金的收益进行比较之前，我们先将私募基金四类策略的样本与大盘指数的收益与风险进行单独比较，使读者可以清晰地观察这四类私募基金的特征。

（一）四类股票型私募基金与大盘指数的比较

首先，我们在表2-2中展示了每年每类基金的样本数量，表中显示"<10"的区域代表当年该类型的基金数量不足10只，不具有研究意义，"—"则代表在当年没有该类型基金。需要提醒读者的是，在2020年与2021年，事件驱动型私募基金均不足10只，但为了更全面地展示近几年事件驱动型私募基金的详细情况，在研究中并未剔除这两年事件驱动型私募基金的数据。从表2-2可以看出，普通股票型基金每年含有样本数量的时间段是2008~2023年，股票多空型基金每年含有样本数量的时间段是2009~2023年，相对价值型基金每年含有样本数量的时间段是2011~2023年，事件驱动型基金每年含有样本数量的时间段是2012~2023年。

表2-2　　四类股票型私募基金在每一年的样本数量：截至2023年12月底　　单位：只

年份	普通股票型	股票多空型	相对价值型	事件驱动型
2008	107	<10（3）	<10（3）	—
2009	177	17	<10（2）	—
2010	325	27	<10（4）	<10（2）
2011	594	50	17	<10（7）
2012	796	73	33	36
2013	877	59	57	43
2014	1 133	98	113	22
2015	1 518	282	220	23
2016	4 295	536	349	33
2017	6 099	604	352	36
2018	7 541	450	264	25
2019	8 532	399	242	14
2020	7 641	296	254	<10（6）
2021	11 096	329	293	<10（9）
2022	15 143	357	299	14
2023	17 262	399	355	24

其次，截至2023年底，我们分别统计近一年到近十年有完整历史数据的四类策略股票型私募基金的样本数量，如表2-3所示。有近一年（2023年）完整历史数据的股票型私募基金有16 187只，有近三年（2021~2023年）完整历史数据的基金有7 126只，有近五年（2019~2023年）完整历史数据的基金有3 230只，有近七年（2017~2023年）完整历史数据的基金有1 334只，有近十年完整历史数据

（2014～2023 年）的基金只有 130 只。

表 2-3　　　　　有完整历史数据的四类股票型私募基金的样本数量：
截至 2023 年 12 月底　　　　　　　单位：只

策略类型	近一年	近二年	近三年	近四年	近五年	近六年	近七年	近八年	近九年	近十年
普通股票型	15 529	11 295	6 770	4 377	3 046	2 008	1 217	689	191	123
股票多空型	354	274	202	157	104	79	66	51	19	2
相对价值型	281	208	147	111	76	62	46	34	10	4
事件驱动型	23	12	7	6	6	6	5	5	2	1
合计	16 187	11 789	7 126	4 651	3 230	2 155	1 334	779	222	130

1. 普通股票型私募基金

普通股票型私募基金是指将资产主要投资于股票的私募基金，通常这类基金能够分散投资者直接投资于单一股票的非系统性风险，但其业绩表现也易受大盘（系统性风险）的影响。我们计算了 2008～2023 年普通股票型基金每年的等权平均年化收益率，并在图 2-2 中与万得全 A 指数的年化收益率进行了比较。在过去 16 年中，普通股票型私募基金收益率超过大盘指数收益率的年份有 11 年，这些年份几乎都是股指下跌或股指上涨不多的年份，有 2008 年、2010 年、2011 年、2013 年、2016～2018 年、2020～2023 年；而在股指高涨的 2009 年、2014 年、2015 年和 2019 年，普通股票型基金的收益率未能超过大盘指数。此外，普通股票型私募基金年化收益率的正负方向基本与万得全 A 指数收益的正负方向保持一致，即若大盘指数的年化收益率在某一年为正，那么普通股票型私募基金的年化收益率也会为正，反之亦然。

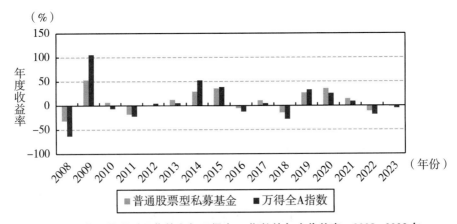

图 2-2　普通股票型私募基金与万得全 A 指数的年度收益率：2008～2023 年

图 2-3 展示了 2008~2023 年普通股票型私募基金与万得全 A 指数波动率的比较结果，我们可以观察这些年私募基金的风险是否较大盘指数的风险更低。从图 2-3 可以看出，在过去 16 年中，除了在 2011 年、2014 年、2017~2018 年、2020~2023 年这 8 个年份中普通股票型私募基金的年化波动率比万得全 A 指数的波动率稍大一些外，在其余 8 个年份中普通股票型私募基金的波动率明显低于万得全 A 指数的波动率。总的来说，在样本范围内，多数年份里私募基金的风险较大盘指数的风险更低，说明普通股票型私募基金风险控制能力相对较强。

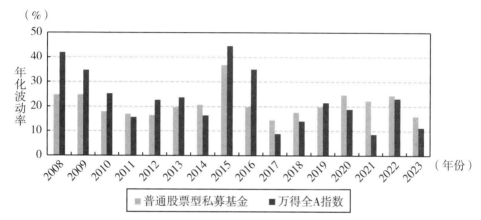

图 2-3 普通股票型私募基金与万得全 A 指数收益率的年化波动率：2008~2023 年

具体来看，我们发现，在 2008~2020 年的 13 年间，仅有 5 个年份私募基金波动率高于大盘指数的波动率。然而，在近三年期间，即 2021~2023 年，私募基金的波动率每年均高于万得全 A 指数，尤其是在股市行情极度分化的 2021 年，私募基金的波动率比大盘指数的波动率高出近 14 个百分点。

2. 股票多空型私募基金

股票多空型私募基金是指在投资过程中，在做多一批股票的同时卖空一批股票来达到盈利的目的，基金经理也可以使用股指期货等工具进行对冲。当投资标的为股票时，该策略可以通过市场内买卖、融资融券和场外期权来实现。多空策略空头的作用主要有三个：（1）部分对冲多头的系统性风险；（2）看空标的证券，主动做空以获利；（3）出于统计套利、配对需求，沽空价格异常变动的股票。但由于同时持有多头头寸和空头头寸，交易佣金所带来的成本也会较高。我们将 2009~2023 年股票多空型基金（2009 年之前此类基金没有样本）与万得全 A 指数的年度收益率进行比较，结果如图 2-4 所示。可以看出，在 2009~2023 年的 15 年间，股票多空型基金有 8 个年份的收益率超过了万得全 A 指数的收益率，分别为 2010 年、2011 年、2013 年、2016 年、2018 年、2020 年、2022 和 2023 年，其中包括所有大盘指数下跌的年份。此外，与普通股票型私募基金类似，股票多空型私募基金年度收益率的正负基本与万得全 A 指数收益率的正负方向保持一致。

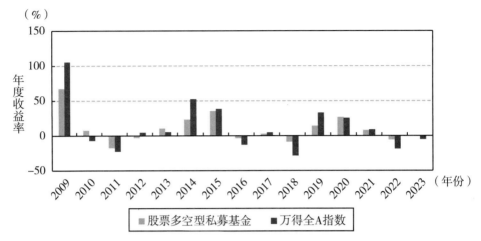

图 2-4　股票多空型私募基金与万得全 A 指数的年度收益率：2009～2023 年

图 2-5 展示了 2009～2023 年股票多空型私募基金与万得全 A 指数年化波动率的比较结果。我们发现，在这 15 年中，有 10 个年份股票多空型私募基金的年化波动率低于万得全 A 指数的波动率，由此可见股票多空型私募基金的风险规避能力较强，这主要是由于股票多空型私募基金有做多和做空两种投资手段，可以对冲风险。同理，股票多空型私募基金的波动幅度应该较普通股票型私募基金更低，我们的结果也论证了该特点。通过与图 2-3 对比，我们发现，2009～2023 年，股票多空型私募基金的年化波动率高于普通股票型私募基金波动率的年份只有 3 年（2009年、2010 年和 2013 年）。

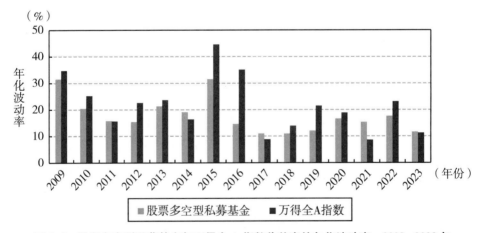

图 2-5　股票多空型私募基金与万得全 A 指数收益率的年化波动率：2009～2023 年

3. 相对价值型私募基金

相对价值型私募基金主要利用关联股票之间的价差来获利，即通过买入价值被低估的股票和卖空价值被高估的股票获取价格收敛所带来的收益，这类基金的收益情况往往与市场走向无关。目前相对价值策略主要集中于两类，一类主要以套利为主，如跨品种套利、跨期限套利和跨区域套利等各种套利模式的混搭，由于目前专注于某一个领域套利机会相对有限，所以产品的策略倾向于不同套利机会的混搭；另一类主要专注于股票现货与股指期货完全对冲的阿尔法策略，即构建一揽子股票现货和股指期货的组合，通过完全对冲掉组合中的系统性风险而获取超额收益。

图 2-6 展示了 2011~2023 年相对价值型私募基金（2011 年之前此类基金没有样本）与万得全 A 指数年度收益率的比较结果。据图 2-6 可知，在这 13 年中，此类基金仅有 6 个年份（2011 年、2013 年、2016 年、2018 年、2022 年和2023 年）的收益率超过了万得全 A 指数的收益率，而且较之前两类基金与指数收益率间同升同降的变化规律，相对价值型基金收益与大盘指数收益的相关性显然低得多，并且此类基金的收益也明显偏低。也就是说，尽管在股市利好时这类基金带来的收益不高，但在股市下跌的时候往往能为投资者守住更多的财富。例如，2016 年、2018 年和 2022 年万得全 A 指数分别下挫 13%、28% 和 19%，而相对价值型私募基金的年度收益率分别为 0.69%、-2.81% 和 0.01%，价值没有损失或损失较小，这一结果与其策略特征比较相符。总体而言，虽然相对价值型基金在市场大涨时的收益较低，但在股市出现大幅下跌时，该类基金往往能为投资者守住更多的财富。

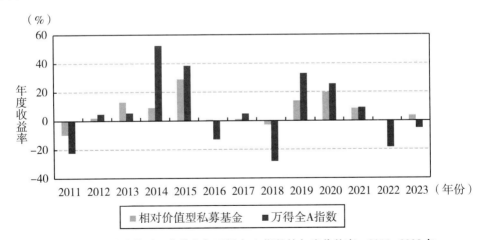

图 2-6 相对价值型私募基金与万得全 A 指数的年度收益率：2011~2023 年

图 2-7 展示了 2011~2023 年相对价值型私募基金与万得全 A 指数年化波动率的比较结果。可以明显看出，在这 13 年中，仅 2021 年相对价值型基金的波动率略高于万得全 A 指数波动率，差额仅为 4.52 个百分点，其余 12 年中相对价值型基金的波动率均低于指数波动率。并且，此类基金与万得全 A 指数波动率并无一致性。具体来看，在 2012 年、2013 年、2015 年、2016 年、2019 年和 2022 年，万得全 A 指数波动率均高于 20%，而相对价值型基金的波动率分别较万得全 A 指数波动率低 12 个、15 个、30 个、26 个、11 个和 10 个百分点，说明这 6 个年份里股市的跌宕起伏并未影响到这类基金的风险控制水平，这一点与此类基金的策略特征也是相符的。特别是在 2015 年和 2016 年，指数的波动率分别高达 45% 和 35%，而相对价值型基金的波动率仅为 15% 和 9%。综合来看，我国的相对价值型基金基本保持了低风险和低收益的风格。

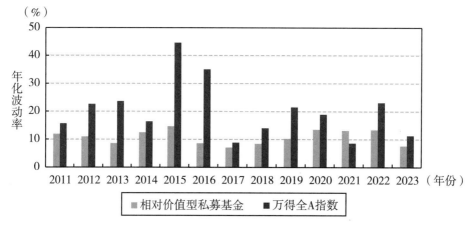

图 2-7　相对价值型私募基金与万得全 A 指数收益率的年化波动率：2011~2023 年

4. 事件驱动型私募基金

事件驱动型私募基金通过在提前挖掘和深入分析可能造成股价异常波动事件的基础上，充分把握交易时机来获取超额投资回报。"事件驱动"中的"事件"一般包括公司的收购、并购、重组、增资扩股、回购股票、ST 类个股摘帽事件、年报潜在高送转事件，也包括影响公司估值的其他因素，如公司科技专利申请的批准等，这类基金表现通常与大盘走势的相关性不大。

图 2-8 展示了 2012~2023 年（2012 年之前此类基金没有样本）事件驱动型私募基金与万得全 A 指数年度收益率的比较结果。我们发现，在这 12 年中，事件驱动型基金有 8 个年份的收益率高于万得全 A 指数的收益率，分别为 2012 年、2013 年、2015 年、2016 年、2018 年、2021~2023 年。尤其在 2015 年，事件驱动型基金的年度收益率达到了近 76%，是万得全 A 指数及其他三类股票型基金收

益率的两倍以上。

图 2-8　事件驱动型私募基金与万得全 A 指数的年度收益率：2012~2023 年

图 2-9 展示了 2012~2023 年事件驱动型私募基金与万得全 A 指数年化波动率的比较结果。我们发现，与前三类基金有所不同的是，事件驱动是一类伴随着较高风险的投资策略，在这 12 年中，有 9 年事件驱动型基金的波动率都高于指数的波动率。仅在指数波动率较大的 2015 年、2016 年和 2019 年，该类基金的年化波动率小于指数年化波动率。综合来看，虽然事件驱动型基金的收益较高，但其在四类基金中的风险也是最高的，其投资风险甚至在多数年份里要高于万得全 A 指数。

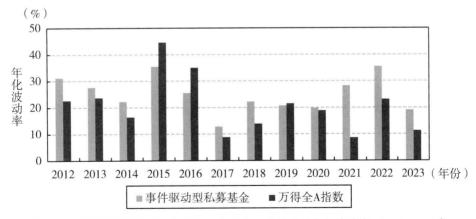

图 2-9　事件驱动型私募基金与万得全 A 指数收益率的年化波动率：2012~2023 年

在本部分接下来的内容中，我们将从股票型私募基金与万得全 A 指数和股票型公募基金的年度收益率、各年度超越大盘指数收益的比例和累计收益率三个方面展开分析。

（二）年度收益率的比较

除了与大盘指数对比外，费率和门槛更高的私募基金是否能跑赢公募基金也是投资者关心的问题。在结合万得全 A 指数的表现，分别讨论了上述四类股票型私募基金年度收益率和年化波动率之后，我们对 2008~2023 年股票型私募基金的年度收益率与万得全 A 指数、股票型公募基金的年度收益率进行整体的比较，图 2-10 给出这一结果。

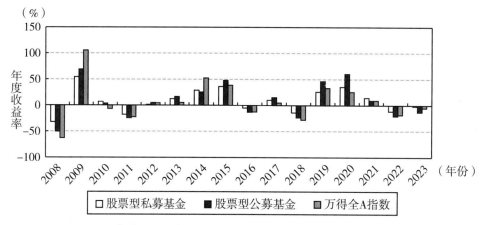

图 2-10　股票型私募基金、公募基金与万得全 A 指数的年度收益率比较：2008~2023 年

首先，在 2008~2023 年的 16 年里，股票型私募基金业绩超过大盘指数收益的年份更多。有 11 个年份股票型私募基金的收益超过万得全 A 指数的收益，具体为 2008 年、2010 年、2011 年、2013 年、2016~2018 年、2020~2023 年。还可以看出，当指数大幅上涨时，私募基金的表现往往不如大盘指数。例如，2009 年、2014 年、2015 年和 2019 年，万得全 A 指数分别上涨了 105%、52%、39% 和 33%，而私募基金的年度收益率分别为 54%、29%、36% 和 26%，均低于大盘指数。这可能是由于多数私募基金经理缺乏选股和择时能力，在指数快速上升之前，基金经理不能完全踩准进出市场的节点，因此没有选中优秀的股票，没能获得相应的回报；也可能是基金的股票仓位较轻，基金在市场快速上升时必然赶不上大盘的涨幅。

其次，在指数回撤的年份里，股票型私募基金的收益均优于万得全 A 指数。在 2008~2023 年间，大盘指数在 2008 年、2010 年、2011 年、2016 年、2018 年、2022 年和 2023 年这 7 个年份里呈下跌态势，而私募基金跌幅相对较小，甚至在 2010 年取得了正收益。其中，在 2008 年，股票型私募基金的收益率（−32%）超越指数收益（−63%）最多，高于指数收益 31 个百分点；在 2018 年，指数的年度收益率出现了 28% 的损失，而私募基金仅下挫 14%，抗跌能力强于指数；在 2010

年这个指数下跌7%的年份里，私募基金获取了近7%的正回报。总体来看，私募基金给投资者带来的亏损更少，更能帮助投资者守住财富。

在讨论了私募基金和万得全A指数的年度收益差别之后，再来看一看私募基金和公募基金的收益差别。在我们出版的《2024年中国公募基金研究报告》中，我们的研究样本范围为2003~2023年，而本书的分析期间为2008~2023年，这是因为私募基金在2008年后才逐渐走向成熟，基金数据开始比较规范。那么在2008~2023年，私募基金和公募基金的收益率表现孰优孰劣呢？可以看到，在16个年份中，有9个年份私募基金的收益率超过了公募基金的收益率，分别是2008年、2010年、2011年、2014年、2016年、2018年、2021~2023年。此外，在指数上涨的9个年份里（2009年、2012~2015年、2017年、2019~2021年），除2014年和2021年外，私募基金的年度收益率都不及公募基金的收益率；在指数下跌的7个年份里，私募基金的收益率都高于公募基金的收益率。由此可见，私募基金经理由于可以灵活调整股票仓位和策略，展示出了强于公募基金经理的风控能力。

接着，我们用股票型私募基金和万得全A指数、股票型公募基金的月度收益率计算它们的年化波动率，进一步分析私募基金和大盘指数、公募基金的收益率波动幅度的差异，图2-11展示了三者的比较结果。首先，观察私募基金和大盘指数年化波动率的差异。在2008~2023年，私募基金收益率的波动率在8年时间里低于万得全A指数的波动率。我国大盘指数在2015年和2016年的波动率分别高达45%和35%，而私募基金的波动率则分别被控制在36%和19%，远低于指数的波动率。其次，我们再看私募基金和公募基金间收益波动率的差异。可以看到，私募基金的年化波动率在9个年份（2008~2012年、2015年、2016年、2020年和2022年）小于公募基金。整体来看，在多数年份中，私募基金的波动率低于大盘指数和公募基金的波动率。在这三者中，私募基金的风险控制能力最强，公募基金次之，风险最高的是大盘指数，说明投资于股票型私募基金比投资指数基金的风险要小。

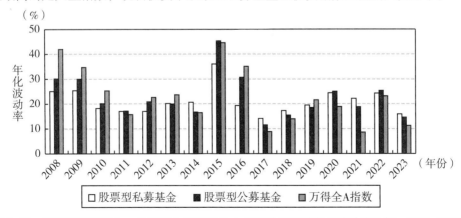

图2-11 股票型私募基金、公募基金与万得全A指数收益率的年化波动率比较：2008~2023年

（三）基金超过大盘指数收益率的比例

前文中，我们对年度收益率的比较是以私募基金行业收益率的平均值作为比较的指标，那么从单只私募基金的角度看，有多少只基金能够战胜大盘指数？为了观察 2008~2023 年私募基金行业整体的收益率与大盘指数收益率的对比情况，我们计算了每年私募基金行业中收益率超越大盘指数收益率的基金数量占比，结果在图 2-12 中给出。同时，为了比较私募基金和公募基金两个行业在超越大盘指数比例方面的差异，我们在图 2-12 中也给出了每年公募基金的相应指标。

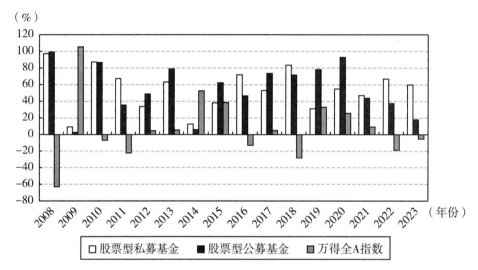

图 2-12　股票型私募基金、公募基金分别超越大盘指数收益率的比例：2008~2023 年

首先，我们来观察私募基金超越大盘指数的比例情况。在 2008~2023 年，有 10 年时间私募基金收益率超越大盘指数收益率的基金数量占比在 50% 以上，甚至在股市剧烈波动的 2015 年，仍有 38% 的私募基金跑赢大盘指数。

其次，大比例的私募基金产品业绩超越万得全 A 指数的年份往往出现在指数上涨较少或下跌较多的年份。例如，2008 年、2010 年、2011 年、2016 年、2018 年、2022 年和 2023 年，股市表现欠佳，而在私募基金行业中收益超越大盘的基金数量占比分别为 97%、87%、67%、72%、84%、67% 和 60%；然而在牛市年份中，能够超越大盘指数收益的基金产品的数量比例普遍较低。例如，在 2009 年和 2014 年，万得全 A 指数分别上涨 105% 和 52%，而超越指数收益的私募基金数量占比仅分别为 9% 和 13%。也就是说，在牛市行情中，只有少部分私募基金的收益可以超过大盘收益。虽然在牛市中绝大部分比例的基金都在盈利，但此时私募基金行业内部的业绩差距却在拉大，只有极少数基金经理能够准确把握进出市场的时机，通过仓位控制和组合变换获取超越大盘指数的收益，从而站在市场涨势的最高处，而大部分私募基金经理此时都无法追赶上大盘指数上涨的步伐。

最后，我们对私募基金和公募基金两个行业收益超越大盘指数的产品数量比例进行比较。在这16年中，有9年收益超越指数的私募基金数量比例高于收益超越指数的公募基金数量比例，其余7年则是公募基金的收益表现更好。可以发现，两者的共同点在于，在牛市年份中，私募基金和公募基金超越指数的比例都偏低；在熊市年份中，基金超越指数收益的比例都较高，但收益超越大盘指数的私募基金数量比例比公募基金更高，这是因为私募基金经理在调整股票仓位时比公募基金经理有更大的灵活性。

（四）累计收益率的比较

投资者常常关心的另一个问题是，自己投资的基金能否长期取得比较不错的收益？本部分我们将从投资者的角度出发，来探究一下长期投资于私募基金的收益如何？如果能够超越指数，其超越指数的幅度是多少？假设私募基金的业绩可以超过指数的业绩，那么它是否也能超越公募基金的业绩？超越公募基金的幅度又是多少？为了回答上述问题，我们首先选取近三年（2021~2023年）和近五年（2019~2023年）这两个区间作为样本观察期，计算并比较私募基金和万得全A指数、公募基金年均收益率的高低，随后对2008~2023年私募基金和万得全A指数、公募基金的累计收益率进行比较。在选取基金样本时，我们要求私募基金样本在2021~2023年或2019~2023年具有完整三年或五年基金复权净值数据。近三年（2021~2023年）和近五年（2019~2023年）的股票型私募基金的样本数分别为7 126只、3 230只。

图2-13展示了近三年（2021~2023年）和近五年（2019~2023年）股票型私募基金和万得全A指数、股票型公募基金年化收益率的比较结果。据图2-13可知，近三年股票型私募基金的年化收益率为-2.62%，高于股票型公募基金的年化收益率（-9.62%）和万得全A指数的年化收益率（-5.57%）；近五年股票型私募基金的年化收益率为9.24%，略低于股票型公募基金的年化收益率（11.96%），但高于万得全A指数的收益率（7.07%）。

整体而言，私募基金保持了相对于大盘指数的业绩优势。与往年分析结果的不同之处是私募基金近三年的表现优于公募基金。因股票行业轮动速度加快，股票型公募基金近三年收益率表现欠佳，同时跑输私募基金和大盘指数的收益业绩；近五年私募基金年化收益率表现均优于大盘指数，但与公募基金相比却并未表现出业绩优势，年化收益率略低于公募基金。

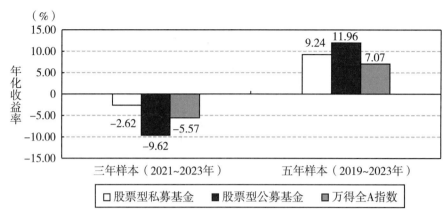

图 2-13　近三年（2021~2023 年）和近五年（2019~2023 年）股票型私募基金、
公募基金和万得全 A 指数的年化收益率比较

我们将考察期间延长至整个样本期间，对 2008~2023 年股票型私募基金和万得全 A 指数、股票型公募基金的累计收益率进行比较，结果展示在图 2-14 中。我们将三者在 2007 年最后一天的初始价值都设定为 100 元，即如果投资者在 2007 年底以同样的 100 元分别投资于股票型私募基金、万得全 A 指数和股票型公募基金，到 2023 年底，投资股票型私募基金的净值变为 277 元，累计收益率为 177%；投资于股票型公募基金的净值变为 199 元，累计收益率为 99%；投资于万得全 A 指数的净值变为 118 元，即累计收益率仅为 18%。可见，在不考虑风险因素的情况下，与指数相比，长期投资私募基金获得了更高的回报，与公募基金相比，在更长期的时间内投资私募基金也获得了更高的回报。

图 2-14　股票型私募基金、公募基金和万得全 A 指数的累计净值：2008~2023 年

从 2008~2023 年的数据对比来看，股票型私募基金以 177% 的累计收益率领先于股票型公募基金的 99% 和万得全 A 指数的 18%。这一结果揭示了私募基金在资产管理领域的潜在优势，尤其是在长期投资策略和市场波动性管理方面。私募基金通过更为灵活的投资策略和专业的投资团队，能够在不同的市场环境下实现资本增值，为投资者带来更高的回报。

二、风险调整后收益指标的比较

对私募基金和大盘指数、公募基金的比较，从投资者最易于获取的绝对收益信息分析入手是第一步。而若要深入了解私募基金的业绩状况，则应进一步分析风险调整后的收益指标。与绝对收益指标相比，风险调整后收益指标增加了对风险因素的考虑，更加科学、合理。在选择风险调整后收益指标时，我们选取衡量总风险的夏普比率、衡量下行风险的索丁诺比率，以及衡量一段时期内最大回撤风险的收益—最大回撤比率三个指标，从而使私募基金业绩与指数、公募基金业绩的比较结论更为准确和可靠。不同的投资组合面临的风险是不同的，而风险调整后的收益指标使我们可以回答以下问题：在承担相同风险的情况下，私募基金和大盘指数、公募基金的收益是否存在差异？在接下来的内容中，我们开始对四类策略基金组成的股票型私募基金整体样本作出分析。在本部分，我们以近三年和近五年作为研究的期间，从多个层次、多个角度对私募基金和大盘指数、公募基金的相关风险调整后收益指标展开比较和分析。在选取基金样本时，我们同样要求基金在 2021~2023 年或 2019~2023 年具有完整三年或五年的基金复权净值数据。从表 2-3 可以看到，近三年私募基金的样本量为 7 126 只，近五年私募基金的样本量为 3 230 只。我们在附录一汇报了股票型私募基金近五年（2019~2023 年）业绩的描述性统计，详细展示了每只基金的收益和风险指标。

（一）夏普比率

夏普比率的含义为基金每承担一个单位的风险所获得的超额收益。在计算这一指标时，用某一时期内基金的平均超额收益率除以这个时期超额收益率的标准差来衡量基金风险调整后的回报，该比例越高，表明基金在风险相同的情况下获得的超额收益越高。其公式如下：

$$Sharpe_M = \frac{MAEX}{\sigma_{ex}} \tag{2.1}$$

$$Sharpe_A = Sharpe_M \times \sqrt{12} \tag{2.2}$$

其中，$Sharpe_M$ 为月度夏普比率，$Sharpe_A$ 为年化夏普比率，$MAEX$ 为月度超额收益率的平均值（monthly average excess return），σ_{ex} 为月度超额收益率的标准差（standard deviation）。基金的月度超额收益率为基金的月度收益率减去市场月度无风险收益率，市场无风险收益率采用整存整取的一年期基准定期存款利率。

图 2-15 展示了近三年（2021~2023 年）和近五年（2019~2023 年）股票型私募基金与万得全 A 指数、股票型公募基金的年化夏普比率的比较结果。据图 2-15 可知，近三年股票型私募基金的年化夏普比率为-0.06，高于股票型公募基金的年化夏普比率（-0.50）和指数的年化夏普比率（-0.39）；近五年股票型私募基金的年化夏普比率为 0.48，略低于股票型公募基金的年化夏普比率（0.54），高于万得全 A 指数的年化夏普比率（0.39）。从夏普比率的比较结果来看，往年的分析结果显示私募基金的年化夏普比率在近三年与近五年的表现均不如公募基金，但都优于大盘指数。与往年分析结果相异的是，在承担相同风险的情况下，三年样本中，私募基金的风险调整后收益高于公募基金；近五年私募基金的风险调整后收益表现不如公募基金，但也均优于大盘指数。

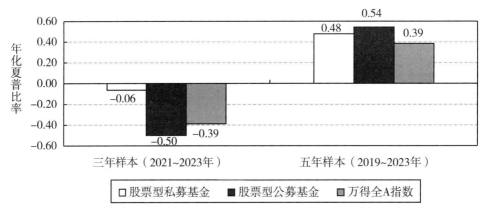

图 2-15　近三年（2021~2023 年）和近五年（2019~2023 年）股票型私募基金、公募基金和万得全 A 指数的年化夏普比率

我们将 2019~2023 年股票型私募基金夏普比率由低到高分为 10 个区间，在直方图中将私募基金的夏普比率与万得全 A 指数的夏普比率进行更直观的比较，每个区间直方图代表属于该区间的基金数量占比，结果如图 2-16 所示。从图 2-16 我们可以看出，私募基金年化夏普比率主要集中在 [0, 0.4) 和 [0.4, 0.8) 这两个区间内，合计占比为 71.09%，可见大多数基金的年化夏普比率分布还是比较集中的。万得全 A 指数的年化夏普比率（0.39）落于 [0, 0.4) 区间内。同时，私募基金近五年年化夏普比率的最大值为 4.50，最小值为-1.25，两极差异较大。

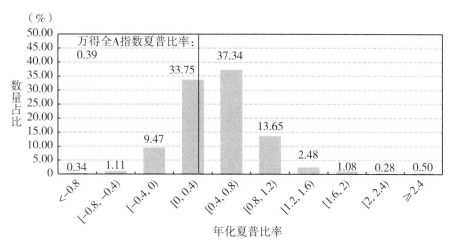

图 2-16 股票型私募基金近五年年化夏普比率分布直方图：2019~2023 年

我们将 2019~2023 年私募基金样本的年化夏普比率从高到低排列，如图 2-17 所示，图中横线代表万得全 A 指数的年化夏普比率（0.39），表示当承担每一单位风险时，大盘指数可获得 0.39% 的收益。有 1 840 只股票型私募基金的年化夏普比率超过大盘指数的夏普比率（0.39），占比为 56%。此外，我们也注意到有 353 只（11%）基金的年化夏普比率小于零，这些基金的收益都低于银行存款利率。

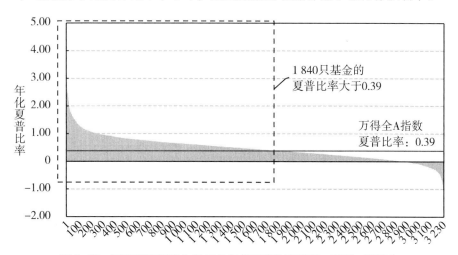

图 2-17 股票型私募基金近五年年化夏普比率排列：2019~2023 年

图 2-18 为过去五年（2019~2023 年）股票型私募基金年化夏普比率的散点分布图，显示了这 3 230 只股票型私募基金夏普比率的分布情况，纵轴代表股票型私募基金的超额收益率，横轴代表股票型私募基金超额收益标准差（风险），每只基金的夏普比率是从原点到每一坐标点的斜率，斜率越大，基金的夏普比率越大，风

险调整后的收益越高。其中，最大斜率为 4.50，最小斜率为 -1.25，二者分别为夏普比率最大值和最小值，所有基金的夏普比率都落入由原点射出，斜率分别为 4.50 和 -1.25 的射线所围成的扇形区间内。不难发现，股票型私募基金夏普比率的分布较为集中，这也验证了之前的分析。

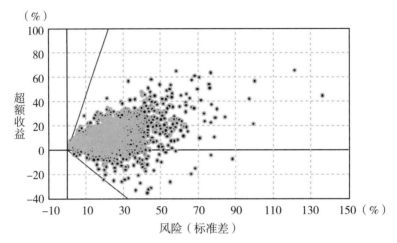

图 2-18　股票型私募基金近五年年化夏普比率散点图：2019~2023 年

图 2-19（a）展示了 2019~2023 年股票型私募基金年化夏普比率排名前 10 位的基金名称和对应的年化夏普比率。因为夏普比率是结合基金的超额收益与风险因素的考量指标，所以夏普比率高的基金并不一定是因为其年化超额收益率高，同理，也不能说明它的风险水平低。观察图 2-19（a）中前 10 名基金，不难发现，不同的基金产生高夏普比率的原因各有不同。有些私募基金是因为能将风险控制在相对较低的水平，如"展弘稳进 1 号"、"润合唐诚元宝 2 号"、"曜石对冲母基金

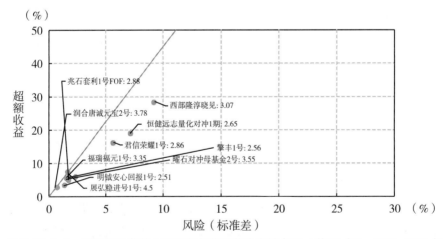

图 2-19（a）　股票型私募基金近五年年化夏普比率散点图（前 10 名）：2019~2023 年

2 号"、"福瑞福元 1 号"和"兆石套利 1 号 FOF"基金,其风险水平均控制在 1%~3%,而其超额收益仅在 2%~8%,这几只基金凭借着优秀的风险控制能力获得了较高的风险调整后收益。而有些私募基金则是通过获得高人一筹的超额收益来获得较高的夏普比率的,如"西部隆淳晓见"、"君信荣耀 1 号"和"恒健远志量化对冲 1 期"基金,尽管这 3 只基金的风险水平在这 10 只基金中较高,但它们的超额收益更为优秀,分别为 28.28%、16.09% 和 18.92%。因此,单独评估基金的超额收益或风险都不足以判断基金的优劣,只有综合考量这两种因素,才能对基金业绩有更深入、全面的了解。

图 2-19(b)展示了 2019~2023 年年化夏普比率排名后 10 位的基金名称和对应的年化夏普比率。"力泽稳健 2 号"和"安民 2 号"基金的年化夏普比率分别为 -0.83 和 -1,较为接近,但"力泽稳健 2 号"基金的年化超额收益及风险分别为 -35.68% 和 43.13%,而"安民 2 号"基金的年化超额收益及风险分别为 -3.47% 和 3.47%。还可以看出,通常收益率越差的基金,其夏普比率也越低,而对于这些年化夏普比率为负的基金,夏普比率大小的决定性因素更侧重于超额收益率指标。总体而言,如果基金的夏普比率为零或为负值,说明基金经理所贡献的收益连银行存款利息都赶不上,投资者应该避免投资夏普比率小于零的基金。

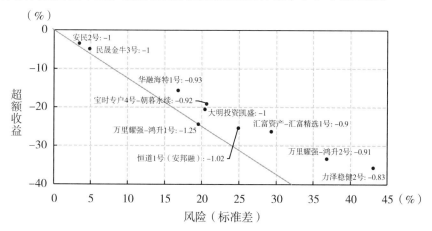

图 2-19(b)　股票型私募基金近五年年化夏普比率散点图（后 10 名）：2019~2023 年

我们将 2019~2023 年期间按照年化夏普比率排名在前 2% 和排名在后 2% 的私募基金单独挑出,分别与万得全 A 指数进行比较,综合超额收益和风险,进一步观察较优秀和较差的股票型私募基金与大盘指数表现上的显著差异。表 2-4 列出了 2019~2023 年按照年化夏普比率排名在前 2%（共 65 只）的基金。如果用万得全 A 指数作为比较基准的话,其近五年的年化夏普比率为 0.39,我们将这 65 只基金的年化超额收益率标准差的平均值（7.68%）设为指数的风险,那么可以计算得出万得全 A 指数的年化超额收益率为 3.00%（7.68%×0.39）。据表 2-4 可知,夏普比率排名位于前 2%的基金年化超额收益率的平均值为 14.58%，远高于承担相同风险下万得全 A 指数的年化超额收益率（3.00%）。此外，我们可以通过表 2-4 的数据验证之前的观点，即不同基金产生较高夏普比率的原因各不相同，决定夏普比率大小的，主要是年化超额收益率和超额收益率的标准差这两个指标。从表 2-4 可以看出，有 22 只基金的年化超额收益标准差小于 5%，它们是凭借着优异的风险掌控能力获得高夏普比率的，如位于第 46 名的"社润精诚 2 号"，超额收益率仅为 4.97%，但其风险水平控制在了 2.91%；有 2 只基金的超额收益率大于 40%，它们是由于强劲的盈利能力获得高夏普比率的，如位于第 45 名的"舍得之道资本-平安吉象 C 期"，超额收益率高达 56.76%，年化超额收益标准差为 32.97%。所以我们看到，这些基金通过降低风险或提高超额收益两种方式，都取得了闪耀的年化夏普比率业绩。

表 2-4　　　　近五年年化夏普比率排名在前 2%的股票型私募基金：2019～2023 年

编号	基金名称	年化超额收益率（%）	年化超额收益率标准差（%）	年化夏普比率
1	展弘稳进 1 号	7.38	1.64	4.50
2	润合唐诚元宝 2 号	2.76	0.73	3.78
3	曜石对冲母基金 2 号	5.49	1.55	3.55
4	福瑞福元 1 号	5.79	1.73	3.35
5	西部隆淳晓见	28.28	9.21	3.07
6	兆石套利 1 号 FOF	4.94	1.72	2.88
7	君信荣耀 1 号	16.09	5.63	2.86
8	恒健远志量化对冲 1 期	18.92	7.15	2.65
9	擎丰 1 号	5.96	2.32	2.56
10	明铖安心回报 1 号	3.45	1.37	2.51
11	睿兹 10 号	9.68	3.87	2.50
12	伯兄永宁	12.55	5.02	2.50
13	盛泉恒元多策略市场中性 3 号	13.16	5.33	2.47
14	盛泉恒元多策略量化对冲 2 号	13.41	5.48	2.45
15	融升稳健 1 号	15.56	6.43	2.42
16	金锝量化	9.49	3.93	2.41
17	泰亚 2 期	17.90	7.63	2.35
18	白鹭 FOF 演武场 1 号	8.86	3.83	2.31
19	苏华智稳盈 7 期	11.96	5.26	2.27

编号	基金名称	年化超额收益率（%）	年化超额收益率标准差（%）	年化夏普比率
20	金锝6号	7.25	3.21	2.26
21	金锝5号	7.65	3.48	2.20
22	盛泉恒元多策略量化对冲1号	12.71	5.80	2.19
23	希格斯沪深300单利宝1号	7.22	3.31	2.18
24	厚生量化阿尔法1号	12.99	6.28	2.07
25	辉毅4号	6.99	3.43	2.04
26	靖奇光合长谷	42.64	21.32	2.00
27	华骏量化1号	13.17	6.72	1.96
28	天宝云中燕4期	7.03	3.61	1.95
29	熠道丰盈1号	21.87	11.43	1.91
30	致同稳健成长1期	9.99	5.23	1.91
31	普吉稳健成长1号	30.92	16.40	1.89
32	沁源精选	28.57	15.21	1.88
33	赛硕稳利1号	13.81	7.43	1.86
34	峰云汇哥伦布	10.62	5.84	1.82
35	曜石对冲母基金1号	4.76	2.63	1.81
36	靖奇睿科3号	26.21	14.53	1.80
37	天宝云中燕3期	9.23	5.14	1.80
38	致盛3号	10.34	5.78	1.79
39	海韵10号	22.21	12.49	1.78
40	悬铃C号	14.69	8.29	1.77
41	湘源稳健	9.82	5.57	1.76
42	积露资产量化对冲	30.19	17.29	1.75
43	子午达芬奇1号	13.38	7.67	1.75
44	申毅格物5号	6.19	3.59	1.72
45	舍得之道资本-平安吉象C期	56.76	32.97	1.72
46	社润精诚2号	4.97	2.91	1.71
47	微丰凯旋9号	14.64	8.58	1.71
48	华炎晨星	12.00	7.11	1.69

编号	基金名称	年化超额收益率（%）	年化超额收益率标准差（%）	年化夏普比率
49	弘彦家族财富 3 号	11.72	7.06	1.66
50	鹤骑鹰一粟	18.74	11.31	1.66
51	新跃成长 1 号	29.73	18.01	1.65
52	华炎晨晖	12.89	7.86	1.64
53	致同宝盈	7.21	4.41	1.64
54	新时代智能 3 号	6.21	3.81	1.63
55	杭州波粒二象特罗 1 号	12.58	7.74	1.63
56	弘彦家族财富 2 号	12.69	7.81	1.63
57	盛泉恒元定增套利多策略 6 号	26.30	16.28	1.62
58	大道白驹	8.82	5.48	1.61
59	弘彦家族财富 4 号	12.50	7.77	1.61
60	新时代智能量化 4 号	6.25	3.90	1.60
61	九坤日享中证 1000 指数增强 1 号	34.33	21.70	1.58
62	纽富斯价值精选	16.18	10.28	1.57
63	启林同盈 1 号	10.38	6.63	1.57
64	锦瑞恒-梦想 1 号	33.31	21.44	1.55
65	信弘龙腾稳健 1 号	7.23	4.66	1.55
指标平均值		**14.58**	**7.68**	**2.08**

在分析了年化夏普比率表现最好（前 2%）的股票型私募基金数据后，我们再来分析夏普比率排名在后 2% 的基金表现。表 2-5 列出了 2019~2023 年按照年化夏普比率排名在后 2% 的股票型私募基金。这 65 只基金的年化超额收益率的平均值为 -13.58%，年化超额收益率标准差的平均值为 24.08%，年化夏普比率的平均值为 -0.57。它们的年化超额收益率全部小于 0，低于以万得全 A 指数的夏普比率（0.39）和这 65 只基金的年化超额收益率标准差的平均值（24.08%）计算得到的年化超额收益率 9.39%（24.08%×0.39）。影响这些基金业绩的主要因素是它们的超额收益率，这些基金的年化夏普比率均小于 0，大幅落后于大盘指数的夏普比率（0.39）。年化超额收益率越小的基金，它们的年化夏普比率也偏小。例如，夏普比率最小的"万里耀强-鸿升 1 号"基金，它的风险在表 2-5 中并不是最大的，为 19.55%，但是其过低的年化超额收益率（-24.39%）导致其夏普比率仅为 -1.25，

排名倒数第一。表2-5中的基金在承担较大风险的同时取得的收益率水平普遍较低，因而夏普比率也很低。

表2-5　　　　近五年年化夏普比率排名在后2%的股票型私募基金：2019~2023年

编号	基金名称	年化超额收益率（%）	年化超额收益率标准差（%）	年化夏普比率
1	小草价值成长1号	-14.14	40.60	-0.35
2	邦孚大视野3号	-10.23	28.86	-0.35
3	纯元量化对冲	-12.70	35.76	-0.36
4	金帛1号	-7.35	20.60	-0.36
5	琛海常兴绩优	-8.56	23.85	-0.36
6	惠丰睿盈1号	-5.64	15.69	-0.36
7	融珲6号	-16.94	46.59	-0.36
8	工银量化信诚精选	-2.05	5.61	-0.37
9	高合1号	-8.77	23.85	-0.37
10	天马Alpha+	-4.14	11.23	-0.37
11	东方港湾春风1号	-9.71	25.47	-0.38
12	金珀3号	-10.51	27.50	-0.38
13	福建滚雪球春腾1号	-7.26	18.90	-0.38
14	力泽成长5号	-16.14	41.77	-0.39
15	瑞氪富申2号	-5.97	15.42	-0.39
16	朴石5期	-8.87	22.60	-0.39
17	玄同量化精工8号	-5.40	13.73	-0.39
18	泓铭日出东方沪港深1号	-9.85	24.70	-0.40
19	宝德源1期	-7.55	18.72	-0.40
20	储泉恒星量化1号	-1.65	4.05	-0.41
21	华亭1号	-17.58	42.30	-0.42
22	兴富恒升6号	-11.23	26.89	-0.42
23	默驰5号	-7.08	16.71	-0.42
24	多盈1号	-13.81	32.28	-0.43
25	以太投资趋势14号	-9.12	21.00	-0.43
26	丰利1号	-8.48	19.45	-0.44
27	91金融环球时刻2号	-14.01	31.44	-0.45
28	潮金产融1号	-13.12	29.05	-0.45

编号	基金名称	年化超额收益率（%）	年化超额收益率标准差（%）	年化夏普比率
29	君永之路 1 号	−10.99	24.15	−0.46
30	宁聚量化精选 2 号	−11.39	24.21	−0.47
31	新御东岩 AI 蓝筹指数轮动-鑫德宇	−7.81	16.53	−0.47
32	德昇金融	−26.35	55.13	−0.48
33	津旺 298 号	−2.10	4.14	−0.51
34	汇富量化 1 号	−16.23	30.82	−0.53
35	方圆天成-汉唐壹号	−16.48	31.29	−0.53
36	广益成长	−7.06	13.37	−0.53
37	中汇金凯 5 期	−10.84	20.04	−0.54
38	乐桥尊享	−21.03	38.38	−0.55
39	道勤 1 号	−11.45	20.55	−0.56
40	默驰对冲 1 号	−8.17	14.33	−0.57
41	汇富资产汇富进取 1 号	−14.56	25.45	−0.57
42	紫升元亨 3 号	−3.76	6.54	−0.58
43	弘唯基石华信	−12.06	19.67	−0.61
44	工银量化恒盛精选	−7.01	11.41	−0.61
45	世诚-诚博 2 号	−6.47	10.46	−0.62
46	汇富进取 3 号	−12.90	20.25	−0.64
47	天乙 2 期	−13.78	21.03	−0.66
48	天宝 2 期	−17.49	25.55	−0.68
49	新点汇富稳健 1 号	−31.28	44.97	−0.70
50	私募工场睿磊稳健	−27.44	39.41	−0.70
51	汇富进取 2 号	−23.44	32.92	−0.71
52	阳翔 3 期	−32.84	43.55	−0.75
53	合益富渔	−12.04	15.87	−0.76
54	天裕成长 2 号	−24.56	30.92	−0.79
55	福珍 2 号	−16.40	19.88	−0.82
56	力泽稳健 2 号	−35.68	43.13	−0.83
57	汇富资产-汇富精选 1 号	−26.26	29.33	−0.90

编号	基金名称	年化超额收益率（%）	年化超额收益率标准差（%）	年化夏普比率
58	万里耀强-鸿升 2 号	−33.36	36.83	−0.91
59	宝时专户 4 号-朝暮永续	−19.11	20.67	−0.92
60	华融海特 1 号	−15.67	16.82	−0.93
61	安民 2 号	−3.47	3.47	−1.00
62	民晟金牛 3 号	−4.88	4.87	−1.00
63	大明投资凯盛	−20.55	20.45	−1.00
64	恒道 1 号（安邦融）	−25.39	24.92	−1.02
65	万里耀强-鸿升 1 号	−24.39	19.55	−1.25
	指标平均值	**−13.58**	**24.08**	**−0.57**

通过上述分析可知，在五年样本期（2019~2023 年）中，在承担相同水平的风险时，夏普比率表现最好（排名前 2%）的股票型私募基金均可以比大盘指数获得更高的超额收益。同时，夏普比率表现最好（前 2%）的股票型私募基金的平均超额收益率标准差比夏普比率表现最差（后 2%）的股票型私募基金的平均超额收益率标准差小 16.40 个百分点，而两组基金的年化超额收益率均值却相差 28.15 个百分点。另外，与夏普比率表现最差（后 2%）的股票型私募基金相比，最优秀（前 2%）的股票型私募基金不仅能够获得更高的超额收益，而且能将风险控制在较低的水平。我们采用三年样本（2021~2023 年）进行分析，所得结论与采用五年样本（2019~2023 年）的结论一致，不再赘述。

（二）索丁诺比率

索丁诺比率是另一个经典的风险调整后收益指标，它与夏普比率的区别在于，夏普比率的分母衡量的是投资组合的总风险，计算风险指标时采用的是超额收益率标准差；而索丁诺在考虑投资组合的风险时将其分为上行风险和下行风险，认为投资组合的正回报符合投资人的需求，因此只需衡量下行风险，计算风险指标时采用的是超额收益率的下行标准差。索丁诺比率越高，表明基金净值回调的幅度小，盈利更加稳健。对私募基金的投资者而言，索丁诺比率比夏普比率更为重要，因为一般情况下，投资者在购买私募基金时，合同中都会对"清盘线"作出规定，市场上大多数私募基金的"清盘线"设置在净值下降到 0.7 元或 0.8 元处，这意味着投资者和基金经理们会更关注下行风险。其计算公式如下：

$$Sortino_M = \frac{MAEX}{D\sigma_{ex}} \qquad\qquad (2.3)$$

$$Sortino_A = Sortino_M \times \sqrt{12} \qquad\qquad (2.4)$$

其中，$Sortino_M$ 为月度索丁诺比率，$Sortino_A$ 为年化索丁诺比率，$MAEX$ 为超额收益率的月平均值（monthly average excess return），$D\sigma_{ex}$ 为月度超额收益率的下行风险标准差（downside standard deviation）。基金的月度超额收益率为基金的月度收益率减去市场月度无风险收益率，市场无风险收益率采用整存整取的一年期基准定期存款利率。

我们对过去三年（2021~2023 年）和过去五年（2019~2023 年）股票型私募基金与万得全 A 指数、股票型公募基金的年化索丁诺比率作了比较，结果如图 2-20 所示。可以看到，近三年股票型私募基金的年化索丁诺比率为 0.33，股票型公募基金的年化索丁诺比率为−0.80，万得全 A 指数的年化索丁诺比率为−0.62。从近五年索丁诺比率的比较来看，股票型私募基金的年化索丁诺比率为 1.23，股票型公募基金的年化索丁诺比率为 1.14，万得全 A 指数的年化索丁诺比率为 0.77。在三年样本期中，股票型私募基金的风险调整后收益优于股票型公募基金和万得全 A 指数，与夏普比率比较结果相似；在五年样本期中，股票型私募基金的风险调整后收益也超越了万得全 A 指数和股票型公募基金。由此可知，在相同的下行风险水平下，私募基金能取得较高的风险调整后收益。

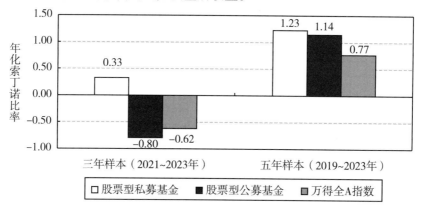

图 2-20 近三年（2021~2023 年）和近五年（2019~2023 年）股票型私募基金、公募基金和万得全 A 指数的年化索丁诺比率

图 2-21 为 2019~2023 年股票型私募基金年化索丁诺比率分组分布的直方图。我们将 2019~2023 年股票型私募基金按年化索丁诺比率的大小划分为 10 个区间。在这 3 230 只私募基金中，年化索丁诺比率的最大值为 89.39，最小值为−2.02。导致股票型私募基金年化索丁诺比率分化严重的原因不是其净值的波动幅度（总风险），而是其净值向下波动的幅度（下行风险）。从图 2-21 可以看出，股票型私募基金年化索丁诺比率大致服从正态分布，主要集中在［−1，0）、［0，1）和［1，2）

这三个区间范围内，合计占比达到85.45%。另外，万得全A指数近五年的年化索丁诺比率（0.77）位于区间［0，1）。

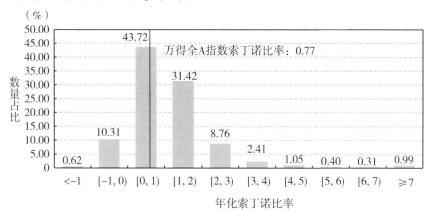

图2-21　股票型私募基金近五年年化索丁诺比率分布：2019~2023年

图2-22展示了2019~2023年股票型私募基金的年化索丁诺比率由高到低的排列，[1]横线代表万得全A指数的索丁诺比率（0.77），具体含义为，在承担单位下行风险（由负收益的标准差计算）时，大盘指数可以获得0.77%的超额收益。据图2-22可知，年化索丁诺比率高于万得全A指数的股票型私募基金为1808只，占比为55.98%，与夏普比率超越大盘的私募基金数量比例（56.97%）相近。这1808只基金在承担相同年化下行风险的同时，可以获得高于万得全A指数的年化超额收益。另有353只基金近五年的索丁诺比率小于零，占比近11%。我们还可以观察到，有少数私募基金的索丁诺比率异常的高，使得私募基金的索丁诺比率之间差异加大。可见，股票型私募基金索丁诺比率的分布呈明显的两极分化现象。

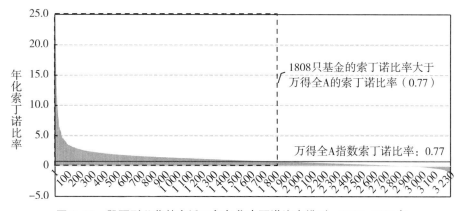

图2-22　股票型私募基金近五年年化索丁诺比率排列：2019~2023年

---

①　为了图2-22的整体展示效果，没有包括3只年化索丁诺比率最高的私募基金，这3只基金的名称及其年化索丁诺比率分别为展弘稳进1号（89.39）、伯兄建初（42.98）和曜石对冲母基金2号（28.05）。

　　图 2-23 展示了 2019~2023 年股票型私募基金年化索丁诺比率的散点分布情况，横轴代表私募基金年化超额收益下行标准差（风险），纵轴代表私募基金的年化超额收益率（超额收益），索丁诺比率即为从原点到每一只基金对应的由年化超额收益和下行风险所确定的点的斜率。索丁诺比率即为从原点到每一只基金对应的由年化超额收益和下行风险所确定的点的斜率。为了展示得更加清晰，我们在制图时去掉 1 个异常值。[①] 近五年股票型私募基金年化索丁诺比率分布在斜率为-2.02 和 89.39 这两条射线所夹的扇形区间内。除了极少数点十分特殊之外（如下行风险大于 35%或超额收益大于 50%），大多数基金年化索丁诺比率的散点分布较为集中。

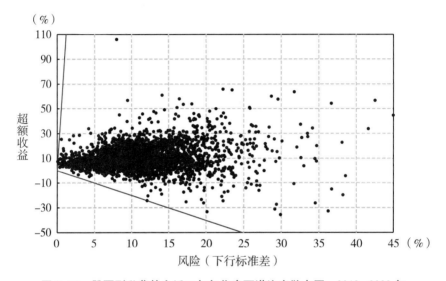

图 2-23　股票型私募基金近五年年化索丁诺比率散点图：2019~2023 年

　　图 2-24（a）展示了年化索丁诺比率排名前 10 位的基金名称和对应的年化索丁诺比率。索丁诺比率综合了基金的年化超额收益率和年化下行标准差来对基金的业绩进行考量，也就是说这两个因素共同影响着年化索丁诺比率。年化索丁诺比率高的基金，其年化下行标准差也不一定小，而每只基金年化索丁诺比率较高的原因也不尽相同。如图 2-24（a）所示，有一些基金是靠着出色的风险控制能力将下行标准差控制在较小范围从而获得了优异的索丁诺比率的，如"展弘稳进 1 号"、"曜石对冲母基金 2 号"、"擎丰 1 号"和"福瑞福元 1 号"基金的下行标准差均在 0.35%以内；而有的基金则靠着较高的年化超额收益率获得了较高的年化索丁诺比率，如"伯兄建初"基金，取得了 25.36%的年化超额收益率，凭借着优秀的盈利能力而榜上有名，索丁诺比率排名第二。

---

　　① 该异常值为"天益 2 号"，其年化超额收益下行标准差为 45.63%，年化超额收益率为-7.56%。由于只有该只基金的年化超额收益下行标准差大于 45%，我们为了图形的整体展示效果，没有包括这只基金。

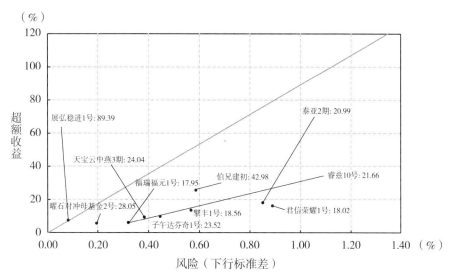

图 2-24 （a）　股票型私募基金近五年年化索丁诺比率散点图（前 10 名）：2019～2023 年

图 2-24（b）展示了年化索丁诺比率排名后 10 位的股票型私募基金名称和对应的年化索丁诺比率。这 10 只基金的年化超额收益均为负值，对于年化收益率为负的基金而言，年化超额收益率和年化索丁诺比率基本呈同向变化趋势。年化超额收益率越小的基金，它的年化索丁诺比率也越小。其中，"万里耀强-鸿升 1 号"基金的索丁诺比率（-2.02）最小，其年化超额收益率为-24.39%，说明这些年化索丁诺比率为负的基金提升业绩的关键就是提升年化超额收益率。

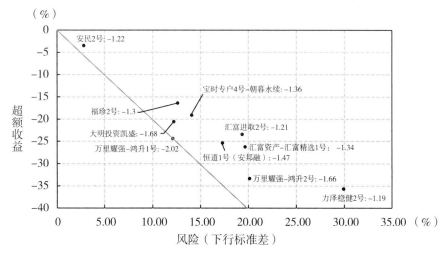

图 2-24 （b）　股票型私募基金近五年年化索丁诺比率散点图（后 10 名）：2019～2023 年

我们将近五年（2019～2023 年）按照年化索丁诺比率排列在前 2% 和后 2% 的股票型私募基金单独挑出，分别与万得全 A 指数进行比较分析，进一步观察较优秀及较差的股票型私募基金与指数在年化超额收益率和下行风险的综合作用下，年化索丁诺业绩表现的显著差异，并在表 2-6 和表 2-7 中列示。表 2-6 展示了 2019~2023 年按照年化索丁诺比率排名在前 2% 的私募基金。前 2% 基金的年化下行标准差均值为 2.16%，如果用万得全 A 指数作为比较基准，取其近五年的年化索丁诺比率（0.77），假设指数的下行风险（年化下行标准差）为 2.16%，可以得到它的年化超额收益率为 1.66%（2.16%×0.77）。前 2% 基金的年化超额收益率均值为 16.15%，远远高于以万得全 A 指数的索丁诺比率（0.77）和这前 2% 基金的平均年化下行标准差（2.16%）计算而得的年化超额收益率（1.66%）。

表 2-6　　近五年年化索丁诺比率排名在前 2% 的股票型私募基金：2019~2023 年

编号	基金名称	年化超额收益率（%）	年化超额收益率下行标准差（%）	年化索丁诺比率
1	展弘稳进 1 号	7.38	0.08	89.39
2	伯兄建初	25.36	0.59	42.98
3	曜石对冲母基金 2 号	5.49	0.20	28.05
4	天宝云中燕 3 期	9.23	0.38	24.04
5	子午达芬奇 1 号	13.38	0.57	23.52
6	睿兹 10 号	9.68	0.45	21.66
7	泰亚 2 期	17.90	0.85	20.99
8	擎丰 1 号	5.96	0.32	18.56
9	君信荣耀 1 号	16.09	0.89	18.02
10	福瑞福元 1 号	5.79	0.32	17.95
11	伯兄永宁	12.55	0.74	16.87
12	苏华智稳盈 7 期	11.96	0.81	14.84
13	财掌柜持股宝 8 号	24.97	1.69	14.78
14	匠心全天候	105.85	8.03	13.18
15	西部隆淳晓见	28.28	2.22	12.77
16	金铒量化	9.49	0.81	11.69
17	白鹭 FOF 演武场 1 号	8.86	0.77	11.51
18	盛泉恒元多策略量化对冲 2 号	13.41	1.20	11.20
19	盛泉恒元多策略市场中性 3 号	13.16	1.25	10.50
20	天宝云中燕 4 期	7.03	0.71	9.87
21	海韵 10 号	22.21	2.27	9.77

编号	基金名称	年化超额收益率（%）	年化超额收益率下行标准差（%）	年化索丁诺比率
22	峰云汇哥伦布	10.62	1.10	9.66
23	沁源精选	28.57	2.99	9.57
24	平凡悟鑫	6.86	0.74	9.23
25	金锝 5 号	7.65	0.88	8.70
26	汇升期权 1 号	8.20	0.99	8.29
27	优益增 2 号	33.91	4.19	8.09
28	致盛 3 号	10.34	1.28	8.07
29	融升稳健 1 号	15.56	1.93	8.05
30	金锝 6 号	7.25	0.93	7.79
31	兆石套利 1 号 FOF	4.94	0.64	7.73
32	润合唐诚元宝 2 号	2.76	0.37	7.55
33	希格斯沪深 300 单利宝 1 号	7.22	1.04	6.95
34	积露资产量化对冲	30.19	4.46	6.76
35	赛硕稳利 1 号	13.81	2.13	6.50
36	华炎晨晖	12.89	1.99	6.49
37	华骏量化 1 号	13.17	2.06	6.38
38	盛泉恒元多策略量化对冲 1 号	12.71	2.01	6.34
39	启林同盈 1 号	10.38	1.64	6.31
40	新视野智能量化 1 号	3.63	0.58	6.26
41	恒健远志量化对冲 1 期	18.92	3.14	6.03
42	明钺安心回报 1 号	3.45	0.57	6.01
43	舍得之道资本-平安吉象 C 期	56.76	9.46	6.00
44	华炎晨星	12.00	2.01	5.98
45	新时代智能量化 4 号	6.25	1.06	5.91
46	格量套利 2 号	6.08	1.03	5.90
47	悬铃 C 号	14.69	2.50	5.87
48	华炎铁树	11.65	2.02	5.75
49	社润精诚 2 号	4.97	0.86	5.75
50	新时代智能 3 号	6.21	1.10	5.66

续表

编号	基金名称	年化超额收益率（%）	年化超额收益率下行标准差（%）	年化索丁诺比率
51	亚鞅价值 1 号	44.92	8.38	5.36
52	致同稳健成长 1 期	9.99	1.89	5.29
53	弘彦家族财富 3 号	11.72	2.24	5.23
54	小虎进取 1 号	28.17	5.54	5.08
55	厚生量化阿尔法 1 号	12.99	2.58	5.04
56	微丰凯旋 9 号	14.64	2.96	4.95
57	新跃成长 1 号	29.73	6.05	4.92
58	弘彦家族财富 2 号	12.69	2.63	4.83
59	纽富斯价值精选	16.18	3.36	4.81
60	玖润 1 期	8.96	1.87	4.80
61	私募工场云阳 1 期	21.34	4.53	4.71
62	鹤骑鹰一粟	18.74	4.00	4.69
63	辉毅 4 号	6.99	1.50	4.67
64	泓翊秋实 1 号	30.33	6.53	4.65
65	华尔进取 4 号	26.43	5.74	4.60
	指标平均值	**16.15**	**2.16**	**11.07**

此外，我们也可以通过表 2-6 的数据看出，不同的基金获得较高年化索丁诺比率的原因各不相同。例如，"展弘稳进 1 号"基金的年化超额收益率（7.38%）并不是最高的，但其年化超额收益率下行标准差仅为 0.08%，所以它凭借着高超的下行风险管理能力获得了最高的年化索丁诺比率，并且在之前年化夏普比率的比较中，该基金的年化夏普比率（4.50）位居样本范围内第 1 名，说明这只基金的基金经理确实拥有非常出色的风险（全风险和下行风险）把控能力。另外一些基金则是凭借着可观的超额收益表现得以榜上有名，其中包括"匠心全天候"和"舍得之道资本－平安吉象 C 期"等，它们的年化超额收益率分别为 105.85%和 56.76%，而它们的年化下行标准差相对较高，分别为 8.03%和 9.46%。

在分析了年化索丁诺比率排名在前 2%（65 只）的股票型私募基金的情况之后，我们再来看排名在后 2%的基金的具体数据。表 2-7 列出了 2019~2023 年按照年化索丁诺比率排名在后 2%的股票型私募基金。从中我们可以发现，后 2%基金年化超额收益率下行标准差的平均值为 15.31%，如果用万得全 A 指数作为比较基准的话，取其近五年的索丁诺比率（0.77），假设指数的下行风险（年化下行标准差）与后 2% 基金的平均年化下行标准差（15.31%）一致，那么它的年化超额收益率为 11.79%（15.31%×0.77）。在年化索丁诺比率排名在后 2% 的基金中，年化超额收益率最大的基金为"储泉恒星量化 1 号"基金，其超额收益率为 -1.65%，显然低于以万得全 A 指数的索丁诺比率和后 2% 基金的平均年化下行标准差计算的年化超额收益率（11.79%）。

表 2-7　　近五年年化索丁诺比率排名在后 2% 的股票型私募基金：2019~2023 年

编号	基金名称	年化超额收益率（%）	年化超额收益率下行标准差（%）	年化索丁诺比率
1	晟博量化 3 号	-3.55	6.54	-0.54
2	华辉价值星 25 号	-7.00	12.75	-0.55
3	小草价值成长 1 号	-14.14	25.30	-0.56
4	天辰稳健 1 号	-9.74	17.36	-0.56
5	瑞氢富申 2 号	-5.97	10.60	-0.56
6	东方港湾春风 1 号	-9.71	16.88	-0.58
7	高合 1 号	-8.77	15.08	-0.58
8	琛海常兴绩优	-8.56	14.36	-0.60
9	力泽成长 5 号	-16.14	27.04	-0.60
10	金帛 1 号	-7.35	12.31	-0.60
11	以太投资稳健成长 6 号	-4.82	8.03	-0.60
12	以太投资趋势 14 号	-9.12	15.02	-0.61
13	福建滚雪球春腾 1 号	-7.26	11.93	-0.61
14	晟博量化 2 号	-3.89	6.33	-0.62
15	东源嘉盈 1 号	-6.43	10.34	-0.62
16	泓铭日出东方沪港深 1 号	-9.85	15.72	-0.63
17	宝德源 1 期	-7.55	11.98	-0.63
18	兴富恒升 6 号	-11.23	17.80	-0.63
19	金珀 3 号	-10.51	16.56	-0.64
20	天马 Alpha+	-4.14	6.42	-0.65
21	工银量化恒盛精选	-7.01	10.74	-0.65
22	宁聚量化精选 2 号	-11.39	17.24	-0.66
23	91 金融环球时刻 2 号	-14.01	20.86	-0.67

续表

编号	基金名称	年化超额收益率（%）	年化超额收益率下行标准差（%）	年化索丁诺比率
24	多盈 1 号	-13.81	19.78	-0.70
25	潮金产融 1 号	-13.12	18.78	-0.70
26	丰利 1 号	-8.48	11.49	-0.74
27	融珲 6 号	-16.94	22.90	-0.74
28	储泉恒星量化 1 号	-1.65	2.22	-0.75
29	君永之路 1 号	-10.99	14.54	-0.76
30	德昇金融	-26.35	34.54	-0.76
31	广益成长	-7.06	9.22	-0.77
32	华亭 1 号	-17.58	22.41	-0.78
33	默驰 5 号	-7.08	8.94	-0.79
34	新御东岩 AI 蓝筹指数轮动-鑫德宇	-7.81	9.77	-0.80
35	朴石 5 期	-8.87	11.05	-0.80
36	汇富量化 1 号	-16.23	19.72	-0.82
37	汇富资产汇富进取 1 号	-14.56	17.67	-0.82
38	紫升元亨 3 号	-3.76	4.54	-0.83
39	中汇金凯 5 期	-10.84	12.71	-0.85
40	世诚-诚博 2 号	-6.47	7.42	-0.87
41	阳翔 3 期	-32.84	36.26	-0.91
42	方圆天成-汉唐壹号	-16.48	17.90	-0.92
43	私募工场睿磊稳健	-27.44	29.39	-0.93
44	乐桥尊享	-21.03	22.09	-0.95
45	道勤 1 号	-11.45	11.76	-0.97
46	合益富渔	-12.04	11.84	-1.02
47	弘唯基石华信	-12.06	11.83	-1.02
48	天宝 2 期	-17.49	16.97	-1.03
49	天乙 2 期	-13.78	13.28	-1.04
50	默驰对冲 1 号	-8.17	7.74	-1.06
51	新点汇富稳健 1 号	-31.28	29.17	-1.07
52	天裕成长 2 号	-24.56	22.25	-1.10

续表

编号	基金名称	年化超额收益率（%）	年化超额收益率下行标准差（%）	年化索丁诺比率
53	华融海特 1 号	−15.67	13.91	−1.13
54	汇富进取 3 号	−12.90	11.41	−1.13
55	民晟金牛 3 号	−4.88	4.26	−1.14
56	力泽稳健 2 号	−35.68	29.93	−1.19
57	汇富进取 2 号	−23.44	19.37	−1.21
58	安民 2 号	−3.47	2.83	−1.22
59	福珍 2 号	−16.40	12.63	−1.30
60	汇富资产-汇富精选 1 号	−26.26	19.67	−1.34
61	宝时专户 4 号-朝暮永续	−19.11	14.09	−1.36
62	恒道 1 号（安邦融）	−25.39	17.30	−1.47
63	万里耀强-鸿升 2 号	−33.36	20.13	−1.66
64	大明投资凯盛	−20.55	12.22	−1.68
65	万里耀强-鸿升 1 号	−24.39	12.10	−2.02
指标平均值		**−13.54**	**15.31**	**−0.88**

从表 2-7 可以看出，当年化超额收益率为负时，年化索丁诺比率的变动方向与超额收益率的变动方向一致。我们还发现，这些基金产生如此糟糕的年化索丁诺比率的原因各不相同。有些是因为年化超额收益率过低，如"力泽稳健 2 号"和"万里耀强-鸿升 2 号"基金，它们的年化超额收益率分别为−35.68%和−33.36%；有些则是因为在年化超额收益率为负的情况下风险保持在较低的水平，虽然风险较低对于获得正的年化超额收益的基金业绩会产生积极的影响，但对负收益的基金而言不是一个良好的信号，如"安民 2 号"、"民晟金牛 3 号"和"紫升元亨 3 号"基金，它们的下行标准差分别为 2.83%、4.26%和 4.54%，但由于索丁诺比率衡量的是单位下行风险下的收益率，并不是简单地对超额收益率和下行风险分开进行判断再给出结果，而是综合考虑了两者的关系，这两只基金在承担相同程度的下行风险时，会比其他基金损失的价值更多。

通过上述分析可知，在五年样本（2019~2023 年）中，当考虑的风险因素变为下行风险时，索丁诺比率表现最优秀（前 2%）的股票型私募基金，可以在与大盘指数相同的下行风险水平下获得更高的超额收益，而索丁诺比率表现最差（后 2%）的私募基金的超额收益往往远逊于大盘指数。同时，索丁诺比率表现最优秀（前 2%）的股票型私募基金的超额收益均值要比表现最差（后 2%）的私募基金的超额收益均值高出近 30 个百分点，而最优秀（前 2%）的股票型私募基金下行风险均值却比最差（后 2%）的股票型私募基金的下行风险均值低了 13.15 个百分点，这说明相较于索丁诺比率表现最差（后 2%）的股票型私募基金，最优秀（前 2%）的股票型私募基金不但可以获得更高的超额收益，还可以将下行风险控制在较低水平。我们采用三年样本（2021~2023 年）进行分析，所得结论与采用五年样本（2019~2023 年）分析所得结论一致，故而在此不再赘述。

（三）收益—最大回撤比率

回撤是指在某一段时期内基金净值从高点开始回落到低点的幅度。最大回撤率是指在选定周期内的任一历史时点往后推，基金净值走到最低点时的收益率回撤幅度的最大值，它用来衡量一段时期内基金净值的最大损失，是下行风险的最大值。因此，对于私募基金而言，最大回撤率是一个重要的风险指标。由于我们对私募基金的研究是基于月度单位的，因此采用离散型公式。[①] 离散型最大回撤率的定义为，如果 $X(t)$ 是一个在 $[t_1, t_2, \cdots, t_n]$ 上基金净值的月度时间序列，那么在 t_n 时刻该基金的最大回撤率 $DR(t_n)$ 的公式为：

$$DR(t_n) = \max_{s > t; s, t \in t_1, t_2, \cdots, t_n} \left(\frac{X(s) - X(t)}{X(t)}, 0 \right) \qquad (2.5)$$

最大回撤率可以很好地揭示基金在历史上表现不好的时期净值回撤的最大幅度。通过计算最大回撤率，投资者可以了解基金过去一段时期内净值的最大跌幅，因此这一指标在近些年越来越受到私募基金投资者和基金经理们的重视。但仅考虑最大回撤率是不够的，当基金的收益率很低时，即使最大回撤率非常小，也难以被评价为优秀的基金。这一问题可以通过计算私募基金的收益率与最大回撤率的比率来解决，公式如下：

$$CR/DR_Y = \frac{Cumulative\ Return}{DR_Y} \qquad (2.6)$$

其中，DR_Y 表示在计算一只基金累计收益率的时间段内，该基金净值的最大回撤率；CR 表示基金的累计收益率。收益—最大回撤比率包含对下行风险的衡量。在投资时，投资者往往担心资产出现大幅缩水，无法控制最大损失。收益—最大回撤比率指标越高，说明基金在承受较大下行风险的同时，可以获得较高的回报。以下我们所汇报的均为累计收益—最大回撤比率的分析结果。

图 2-25 展示了近三年（2021~2023 年）和近五年（2019~2023 年）股票型私

---

① 本研究以基金月度净值数据为基础，故而最大回撤的结果仅代表以月度为频率来考察的情况，如果用更细分的频率来分析（如日度），结果可能存在微小的差异。

募基金与万得全 A 指数的收益—最大回撤比率的比较结果。如图 2-25 所示，近三年股票型私募基金的收益—最大回撤比率为 1.46，如果股票型私募基金平均最大回撤为 10%，私募基金的累计年化收益为 14.6%，近三年万得全 A 指数的收益—最大回撤比率仅为-0.69。从近三年收益—最大回撤比率的比较来看，股票型私募基金在很大程度上超越了万得全 A 指数，说明相较于大盘指数，短期内股票型私募基金在承受较大下行风险的同时，可以获得更高的回报。从近五年收益—最大回撤比率的比较结果来看，股票型私募基金的收益—最大回撤比率（4.37）是万得全 A 指数的收益—最大回撤比率（1.77）的 2.5 倍，可见从中长期来看，私募基金的表现也强于指数。综上所述，在控制单位最大下行风险获利的能力上，无论是过去三年（2021~2023 年）还是过去五年（2019~2023 年），股票型私募基金的整体表现都远远强于指数。

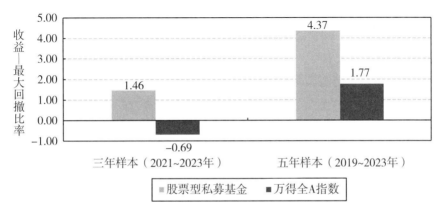

图 2-25　近三年（2021~2023 年）和近五年（2019~2023 年）股票型私募基金
与万得全 A 指数的收益—最大回撤比率

我们继续对股票型私募基金和大盘指数的收益—最大回撤比率进行更深入的分析。图 2-26 是 2019~2023 年股票型私募基金收益—最大回撤比率分组分布的直方图。我们将这些基金的收益—最大回撤比率均分为 10 组展示。可以看出，与同样关注下行风险的年化索丁诺比率的分布相比，私募基金的收益—最大回撤比率的分布并未呈现标准的正态分布，有较大比例的私募基金收益—最大回撤比率分布于区间 ［0，1.5）内。统计得到股票型私募基金收益—最大回撤比率的最大值为 1 525.34，最小值为-1.00，中位数为 1.74，平均数为 4.37。不难看出，股票型私募基金收益—最大回撤比率的两极差异非常显著。我们还发现，由于部分基金的收益—最大回撤比率异常高（见表 2-8），使得股票型私募基金整体的收益—最大回撤比率的均值为 4.37，远高于中位数 1.74。有近 50% 的私募基金的收益—最大回撤比率跑赢万得全 A 指数的收益—最大回撤比率（1.77）。因此，从单位最大回撤风险的收益能力来看，多数股票型私募基金超越了大盘指数。

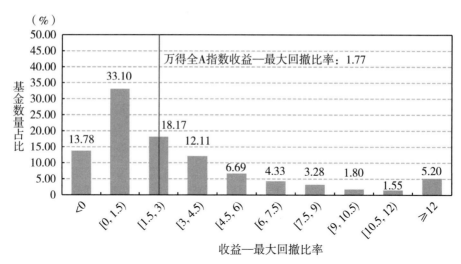

图 2-26 股票型私募基金近五年收益—最大回撤比率分布直方图：2019～2023 年

图 2-27 展示了 2019～2023 年股票型私募基金的收益—最大回撤比率从高到低的排列，水平线代表万得全 A 指数的收益—最大回撤比率（1.77）。[①] 有 1 593 只（49.32%）股票型私募基金的收益—最大回撤比率超过万得全 A 指数（1.77），该比率低于之前夏普比率（56.97%）以及索丁诺比率（55.98%）的对比结果。从收益—最大回撤比率来看，股票型私募基金的整体表现优于大盘指数的表现。我们还观察到，股票型私募基金的收益—最大回撤比率主要集中分布于区间 [-1.0，4.5）内（占比 77.15%），但由于有少部分私募基金的收益—最大回撤比率异常高，导致私募基金的收益—最大回撤比率的两极差异显著。

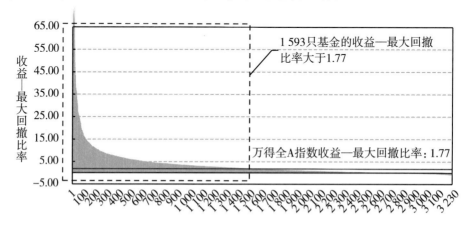

图 2-27 股票型私募基金近五年收益—最大回撤比率排列：2019～2023 年

----

① 为了图 2-27 的整体展示效果，我们没有包括 16 只收益—最大回撤比率大于 65.00 的私募基金。这 16 只基金的收益—最大回撤比率展示在表 2-8 中。

图 2-28 展示了 2019~2023 年股票型私募基金收益—最大回撤比率的散点分布情况，横坐标代表基金的最大回撤率，纵坐标代表私募基金的累计收益率。[①] 每只基金的收益—最大回撤比率即为从原点到坐标点的斜率，斜率越大，代表该基金的收益—最大回撤比率越大，最大斜率为 1 525.34，最小斜率为 -1.00。不难看出，私募基金间的累计收益率和最大回撤率差异很大，私募基金的收益—最大回撤比率的分布相对分散。

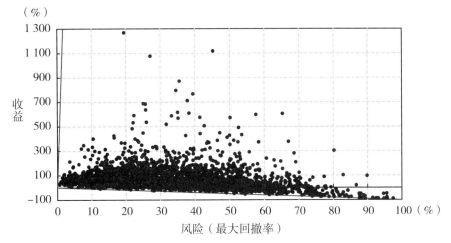

（%）

收益

风险（最大回撤率）

图 2-28　股票型私募基金近五年收益—最大回撤比率散点图：2019~2023 年

如表 2-8 和表 2-9 所示，[②] 我们将近五年（2019~2023 年）按照收益—最大回撤比率排列在前 2% 和后 2% 的基金单独挑出，并列出相应数据，以让读者更清晰地了解收益—最大回撤比率表现优秀的基金和表现不好的基金与大盘指数的差异。

表 2-8　　　　近五年收益—最大回撤比率排名在前 2% 的股票型基金：2019~2023 年

编号	基金名称	累计收益率（%）	最大回撤率（%）	收益—最大回撤比率
1	展弘稳进 1 号	55.56	0.04	1 525.34
2	匠心全天候	7 085.66	24.79	285.88
3	伯兄建初	256.98	1.05	245.57
4	擎丰 1 号	44.82	0.25	181.54
5	曜石对冲母基金 2 号	41.61	0.28	148.67
6	睿兹 10 号	73.84	0.60	123.32

---

① 为了图 2-28 的整体展示效果，隐藏了收益—最大回撤比例排名前 16 位的收益—最大回撤比率大于 65.00 的私募基金基金。这 16 只基金的收益—最大回撤比率均在表 2-8 中展示。

② 篇幅所限，这里只展示前 2% 和后 2% 基金的累计收益率和最大回撤率。

编号	基金名称	累计收益率（%）	最大回撤率（%）	收益—最大回撤比率
7	子午达芬奇 1 号	106.63	0.91	117.74
8	伯兄永宁	99.84	0.89	112.55
9	天宝云中燕 3 期	69.53	0.63	110.70
10	西部隆淳晓见	326.78	3.44	95.02
11	福瑞福元 1 号	43.68	0.50	87.88
12	苏华智稳盈 7 期	94.02	1.10	85.14
13	财掌柜持股宝 8 号	244.21	2.97	82.30
14	君信荣耀 1 号	137.65	1.86	73.85
15	白鹭 FOF 演武场 1 号	66.90	0.93	72.20
16	泰亚 2 期	158.24	2.28	69.35
17	舍得之道资本-平安吉象 C 期	1 268.58	19.52	64.98
18	海韵 10 号	212.48	3.60	59.11
19	盛泉恒元多策略市场中性 3 号	105.77	1.89	55.86
20	峰云汇哥伦布	81.27	1.46	55.68
21	盛泉恒元多策略量化对冲 2 号	108.27	2.05	52.84
22	平凡悟鑫	50.85	1.03	49.53
23	兆石套利 1 号 FOF	37.77	0.81	46.92
24	沁源精选	319.39	7.03	45.44
25	积露资产量化对冲	346.93	7.73	44.90
26	明铖安心回报 1 号	27.93	0.64	43.53
27	新视野智能量化 1 号	28.97	0.67	43.42
28	厚生稳赢 7 号	1 076.52	27.13	39.68
29	金铸量化	72.17	1.89	38.15
30	锦瑞恒-梦想 1 号	400.56	10.51	38.10
31	新时代智能量化 4 号	46.62	1.25	37.40
32	恒健远志量化对冲 1 期	171.89	4.62	37.20
33	融升稳健 1 号	130.95	3.58	36.54
34	鹤骑鹰一粟	164.82	4.54	36.35
35	新时代智能 3 号	46.35	1.28	36.35
36	天宝云中燕 4 期	52.48	1.46	35.94

编号	基金名称	累计收益率（%）	最大回撤率（%）	收益—最大回撤比率
37	润合唐诚元宝 2 号	23.70	0.67	35.41
38	泓翊秋实 1 号	313.33	9.04	34.67
39	金锝 5 号	57.25	1.74	32.98
40	新跃成长 1 号	333.46	10.28	32.44
41	致盛 3 号	78.79	2.46	32.03
42	盈阳 16 号	252.79	8.03	31.50
43	盛泉恒元多策略量化对冲 1 号	101.04	3.26	31.04
44	希格斯沪深 300 单利宝 1 号	54.02	1.77	30.45
45	创赢 2 号（国源信达）	189.86	6.28	30.25
46	小虎进取 1 号	299.69	10.94	27.39
47	华安合鑫稳健 1 期	687.48	25.11	27.38
48	华炎晨星	93.37	3.43	27.23
49	华炎晨晖	101.55	3.78	26.83
50	靖奇光合长谷	684.14	25.68	26.65
51	涌贝资产阳光稳健	591.24	22.36	26.44
52	格量套利 2 号	45.13	1.73	26.12
53	华骏量化 1 号	105.11	4.04	25.99
54	华尔进取 4 号	266.50	10.30	25.87
55	汇升期权 1 号	60.46	2.34	25.84
56	九坤日享中证 1000 指数增强 1 号	425.00	16.52	25.72
57	正圆 1 号	1 118.60	45.24	24.72
58	西安久上-私募学院菁英 343 号	409.91	16.60	24.70
59	华安合鑫稳健	636.10	25.79	24.66
60	金锝 6 号	54.24	2.21	24.60
61	雪币 2 号	871.85	35.55	24.52
62	信安成长 1 号	531.92	22.12	24.04
63	远澜红枫 1 号	233.09	9.75	23.90
64	裕恒资本双龙 1 号	290.69	12.25	23.72
65	悬铃 C 号	119.84	5.13	23.36
	指标平均值	**349.03**	**7.53**	**78.70**

表 2-9 近五年收益—最大回撤比率排名在后 2% 的股票型基金：2019~2023 年

编号	基金名称	累计收益率（%）	最大回撤率（%）	收益—最大回撤比率
1	福建滚雪球春腾 1 号	-31.44	45.41	-0.69
2	工银量化恒盛精选	-26.79	38.43	-0.70
3	乔松价值成长	-39.27	56.32	-0.70
4	默驰对冲 1 号	-31.90	45.20	-0.71
5	广益成长	-27.62	38.74	-0.71
6	朴禾价值驱动	-63.41	88.94	-0.71
7	波若稳健 2 期	-34.96	49.17	-0.71
8	金沣精选 2 号	-37.28	51.88	-0.72
9	新御东岩 AI 蓝筹指数轮动-鑫德宇	-31.85	44.04	-0.72
10	多盈 1 号	-58.44	80.02	-0.73
11	宝盈 2 号（青岛宝信德）	-48.40	66.38	-0.73
12	融通 3 号	-44.98	60.44	-0.74
13	宁聚量化精选 2 号	-47.70	64.53	-0.74
14	君永之路 1 号	-46.22	62.37	-0.74
15	汇富进取 3 号	-48.96	65.11	-0.75
16	民晟金牛 3 号	-16.07	21.36	-0.75
17	潮金产融 1 号	-55.02	73.03	-0.75
18	汇富资产汇富进取 1 号	-56.22	74.38	-0.76
19	以太投资趋势 14 号	-39.11	51.24	-0.76
20	弘唯基石华信	-46.55	61.43	-0.76
21	珠光价值精选 1 号	-63.74	83.71	-0.76
22	惠丰睿盈 1 号	-23.79	31.26	-0.76
23	安民 2 号	-9.64	12.52	-0.77
24	纯元量化对冲	-59.51	77.62	-0.77
25	关天安远 1 号	-62.67	81.72	-0.77
26	明盛顺盈 2 号	-63.97	81.64	-0.78
27	力泽成长 5 号	-69.56	89.29	-0.78

续表

编号	基金名称	累计收益率（%）	最大回撤率（%）	收益—最大回撤比率
28	云泽投资 1 号	−60.23	77.00	−0.78
29	琛海常兴绩优	−38.98	48.87	−0.80
30	小草价值成长 1 号	−65.25	81.96	−0.80
31	天乙 2 期	−51.61	63.97	−0.81
32	亿安达全代码	−22.52	27.63	−0.81
33	91 金融环球时刻 2 号	−58.74	71.43	−0.82
34	鸿风资产成长精选 2 号	−78.67	95.68	−0.82
35	深乾凌凌九进取	−50.78	61.25	−0.83
36	方圆天成-汉唐壹号	−63.03	75.58	−0.83
37	汇富量化 1 号	−62.59	74.57	−0.84
38	道勤 1 号	−45.28	54.01	−0.84
39	天宝 2 期	−62.19	74.11	−0.84
40	合益富渔	−44.80	53.40	−0.84
41	华亭 1 号	−71.08	83.23	−0.85
42	世诚-诚博 2 号	−24.14	28.13	−0.86
43	中汇金凯 5 期	−43.35	49.10	−0.88
44	汇富进取 2 号	−74.73	85.16	−0.88
45	大明投资凯盛	−65.44	73.94	−0.88
46	宝时专户 4 号-朝暮永续	−63.07	70.90	−0.89
47	福珍 2 号	−57.22	63.60	−0.90
48	德昇金融	−87.19	95.75	−0.91
49	汇富资产-汇富精选 1 号	−77.11	84.41	−0.91
50	沃田 101 号	−83.58	91.54	−0.91
51	天益 2 号	−88.95	97.49	−0.91
52	新点汇富稳健 1 号	−86.86	92.61	−0.94
53	融珲 6 号	−71.74	76.66	−0.94
54	天裕成长 2 号	−75.83	80.26	−0.94
55	私募工场睿磊稳健	−82.63	88.30	−0.94

编号	基金名称	累计收益率（%）	最大回撤率（%）	收益—最大回撤比率
56	东方恒润润丰 1 号	-87.30	93.15	-0.94
57	力泽稳健 2 号	-89.27	94.80	-0.94
58	融启月月盈 3 号	-58.62	61.40	-0.95
59	兴富恒升 6 号	-48.93	51.27	-0.95
60	恒道 1 号（安邦融）	-74.49	78.77	-0.95
61	万里耀强-鸿升 1 号	-71.36	73.92	-0.97
62	乐桥尊享	-74.02	76.37	-0.97
63	万里耀强-鸿升 2 号	-85.57	87.60	-0.98
64	阳翔 3 期	-89.15	89.30	-1.00
65	华融海特 1 号	-54.48	54.48	-1.00
	指标平均值	**-56.55**	**67.35**	**-0.83**

与之前对年化索丁诺比率分析的情况类似，我们发现近五年样本（2019～2023年）中收益—最大回撤比率排名前 10 位的股票型私募基金获得优异的收益—最大回撤比率的原因各不相同。例如，"展弘稳进 1 号""擎丰 1 号"基金凭借着小于0.3%的最大回撤率获得了较高的收益—最大回撤比率（1 525.34、181.54），然而它们的年化收益率（9.24%、7.69%）相对其他几只前十基金而言并不是最高的；相比之下，"匠心全天候"基金则凭借着超过 7 000%累计收益率，获得了285.88 的收益—最大回撤比率，说明使其榜上有名的主要原因是其出色的盈利能力。

排名在后 10 位的基金收益—最大回撤比率的分布并不集中，位于后 10 位的原因也并不一样。例如，"阳翔 3 期"基金的收益—最大回撤比率为-1.00，它的最大回撤风险达到 89.30%，它的累计收益率（-89.15%）也是表现较差的，那么决定它收益—最大回撤比率的最重要的原因是什么呢？回顾之前我们在索丁诺比率分析时的讨论，当收益为负的时候，风险越大的基金，其收益—最大回撤比率反而越大。所以，"阳翔 3 期"基金的收益—最大回撤比率如此低的重要原因是其收益率低，而这与最大回撤率常常又是相关的，因为当基金净值跌去 88%以上之后，要把净值再提升回来是非常困难的。因此，我们发现，往往那些收益率越差且最大回撤率越高的基金所对应的收益—最大回撤比率越差。

当考虑的风险因素变为最大回撤率时，在相同的最大回撤率水平下，表现优秀的私募基金与万得全 A 指数相比孰好孰坏？为了回答这一问题，我们在表 2-8 中展示了 2019~2023 年股票型私募基金收益—最大回撤比率排名在前 2%（65 只）的基金及相关指标。可以看到，这些基金累计收益率的平均值为 349.03%，最大回撤率的平均值为 7.53%，收益—最大回撤比率的平均值为 78.70。如果用万得全 A 指数作为比较基准的话，我们知道其近五年收益—最大回撤比率为 1.77，在 7.53% 的下行风险水平下，它的累计收益率应为 13.33%（7.53%×1.77）。可见，这 65 只基金累计收益率的平均值（349.03%）远高于万得全 A 指数的假设收益水平（13.33%）。在这些基金中，虽然"润合唐诚元宝 2 号"基金的累计收益率（23.70%）最小，但仍远高于指数的假设收益水平（13.33%）。综合来看，近五年收益—最大回撤比率表现最好的（前 2%）股票型私募基金，在与大盘指数相同的风险水平下，整体上的收益表现超越了同期大盘指数的表现。

由于收益—最大回撤比率是一个综合了绝对收益率和最大回撤率考量的指标，不同基金的这两个参数对收益—最大回撤比率形成的贡献程度也不一样。在这些基金中，一部分基金的收益率很高而最大回撤率很小，使得其收益—最大回撤比率表现很好，如"润合唐诚元宝 2 号"基金的收益率最低，为 23.70%，但它的最大回撤率仅为 0.67%；另一部分基金则是由于收益率较高而最大回撤率相对较低使其收益—最大回撤比率榜上有名，如"匠心全天候"基金累计收益率高达 7 085.66%，而最大回撤率为 24.79%，较高的收益—最大回撤比率得益于它超强的盈利能力。

在相同的风险水平下（最大回撤率相同的情况下），收益—最大回撤比率表现较差的私募基金与万得全 A 指数相比是否也存在一些差距呢？若有，这一差距会是多大？为了回答这些问题，我们选择 2019~2023 年按照收益—最大回撤比率排名在后 2%（65 只）的基金，与万得全 A 指数的收益进行比较分析。表 2-9 展示了 2019~2023 年按照收益—最大回撤比率排名在后 2% 的私募基金。据表 2-9 可知，这些基金累计收益率的平均值为 -56.55%，最大回撤率的平均值为 67.35%，收益—最大回撤比率的平均值为 -0.83。如果用万得全 A 指数作为比较基准，我们知道大盘指数近五年收益—最大回撤比率为 1.77，在 67.35% 的下行风险水平下，大盘指数的收益率应为 119.21%（67.35%×1.77）。从表 2-9 可以看出，在这些基金中，没有一只基金的收益率大于零，而这些基金的平均收益率为 -56.55%，更是远远低于指数的假设收益水平（119.21%）。再者，这些股票型私募基金的收益—最大回撤比率的平均值为 -0.83，同样远小于指数的收益—最大回撤比率（1.77）。可见，在相同的下行风险水平（最大回撤）下，收益—最大回撤比率表现较差（后 2%）的股票型私募基金在整体上的表现远不如大盘指数。

通过上述分析可知，在五年样本（2019~2023 年）中，当考虑的风险因素变为下行风险时，收益—最大回撤比率表现最优秀（前 2%）的股票型私募基金可以在与大盘指数相同的下行风险水平下获得更高的收益，而表现最差（后 2%）

的私募基金在与大盘指数相同的下行风险水平下只能获得很低的收益。同时，收益—最大回撤比率表现最优秀（前 2%）的股票型私募基金的累计收益均值要比表现最差（后 2%）的私募基金的累计收益均值高出 405.58 个百分点，而最优秀（前 2%）的股票型私募基金的下行风险均值却比最差（后 2%）的股票型私募基金的下行风险均值低了近 60 个百分点，说明与表现最差（后 2%）的股票型私募基金相比，收益—最大回撤比率表现最优秀（前 2%）的股票型私募基金不仅可以获得更高的收益，而且能将最大回撤控制在较低的水平。我们采用三年样本（2021~2023 年）进行分析，所得结论与使用五年样本（2019~2023 年）的结论一致，不再赘述。

三、四个收益指标的相关性分析

在对股票型私募基金和大盘指数的业绩按照各种收益指标进行了充分的对比分析之后，我们需要思考以下问题：在评价私募基金的业绩时，哪一个指标更为恰当？本部分将通过分析收益率、夏普比率和索丁诺比率、收益—最大回撤比率之间的关系，选出一个既能普遍代表各指标的分析效果（相关系数较高），又符合股票型私募基金管理风格的指标，作为私募基金业绩的度量。我们对 2008~2023 年中每五年的股票型私募基金四个收益指标的相关性进行分析，要求每只基金在各样本区间内都有完整的历史净值数据。

表 2-10 展示了 2008~2023 年中每五年股票型私募基金的四个收益指标间的相关性系数。研究结果显示，收益率与三个风险调整后收益指标（夏普比率、索丁诺比率、收益—最大回撤比率）的相关性存在一定差异，各时期指标间的相关系数也不稳定。例如，在 2010~2014 年这一周期内，收益率与夏普比率、索丁诺比率、收益—最大回撤比率的相关性分别为 91%、86%、77%，这三个相关系数差异不大，但在 2019~2023 年这一周期内三个相关系数（67%、27%、9%）差异巨大；又如，在 2016~2020 年这一周期内，收益率与索丁诺比率的相关性为 67%，而在 2018~2022 年这一周期内的相关性变为 31%，相邻两段时期的相关性系数差异较大。总体看，收益率与收益—最大回撤比率的相关性相对较小，收益率与索丁诺比率、夏普比率的相关性相对较高；多数周期内，收益率与夏普比率的相关性要普遍高于收益率与索丁诺比率的相关性。接下来，我们对三个风险调整后收益指标间的相关性进行分析，研究结果显示，夏普比率与收益—最大回撤比率的相关性最小，而索丁诺比率与收益/最大回撤比率的相关性相对较高。

表 2-10　　　　每五年中股票型基金的四个收益指标的相关性：2008~2023 年　　　单位：%

年份	收益率与夏普比率	收益率与索丁诺比率	收益率与收益—最大回撤比率	夏普比率与索丁诺比率	夏普比率与收益—最大回撤比率	索丁诺比率与收益—最大回撤比率
2008~2012	91	91	78	99	84	87
2009~2013	96	92	74	96	83	90
2010~2014	91	86	77	95	84	91
2011~2015	89	86	71	96	87	92
2012~2016	85	81	72	91	80	94
2013~2017	84	77	66	86	78	93
2014~2018	86	73	56	88	78	90
2015~2019	87	55	39	74	60	90
2016~2020	83	67	48	88	74	92
2017~2021	76	57	41	81	69	93
2018~2022	72	31	8	62	33	90
2019~2023	67	27	9	63	34	83

　　整体而言，首先，虽然收益率与风险调整后收益指标间的相关性较高，但单独使用收益率指标会缺少对私募基金风险的衡量，而风险调整后的收益指标考虑了对风险的度量，能够更好地反映出私募基金的真实业绩。因此，我们认为选择风险调整后收益指标作为评估基金业绩的指标较为合适。其次，在对风险调整后收益指标进行选取时，虽然不同时期内三者的相关性出现一定差异，但可以看到采用索丁诺比率和收益—最大回撤比率所得到的结论相差不大。同时，作为考虑下行风险的指标，收益—最大回撤比率更加直观、有区分度，比考虑总风险的夏普比率更为谨慎，在实际应用中也更加符合私募基金投资者关注的"清盘线"的现实情况。因此，我们建议首选收益—最大回撤比率作为评价私募基金业绩的风险调整后收益指标。

四、小结

　　对于追求绝对收益的私募基金投资者而言，应如何判断私募基金业绩的高低？易于获取的大盘指数收益信息往往被用作与私募基金业绩比较的基准。那么，我国的私募基金行业能否战胜大盘指数呢？如果能够战胜大盘指数，私募基金是否能够超越公募基金的业绩？为了回答上述问题，我们从收益率和风险调整后收益两个角度，分别对股票型私募基金、万得全 A 指数、股票型公募基金进行深入分析。

首先，在进行收益率比较时，我们将股票型私募基金、股票型公募基金和万得全 A 指数的收益率分别进行年度和某段时期对比。结果显示，在 2008~2023 年的 16 年里，有 11 个年份股票型私募基金的收益超过万得全 A 指数的收益，具体为 2008 年、2010 年、2011 年、2013 年、2016~2018 年、2020~2023 年。但股票型私募基金的收益与公募基金相比则互有高低。并且，在多数年份中，私募基金的波动率低于大盘指数和公募基金的波动率，说明私募基金具有更加优秀的风险掌控能力。在此期间，股票型私募基金和股票型公募基金的累计收益率分别为 177% 和 99%，万得全 A 指数的累计收益率仅为 18%，说明在不考虑风险因素的情况下，与大盘指数相比，长期投资私募基金将会获得更高的回报。

其次，从风险调整后收益的角度出发，在考虑风险因素的情况下，我们分别对过去三年（2021~2023 年）和过去五年（2019~2023 年）的股票型私募基金、股票型公募基金和万得全 A 指数的风险调整后收益进行比较，综合评估股票型私募基金的表现。研究结果显示，从夏普比率的分析结果来看，与往年分析结果相异的是在承担相同风险的情况下，三年样本中，私募基金的风险调整后收益高于公募基金；但是近五年私募基金的风险调整后收益不如公募基金，但均优于大盘指数。从只考虑下行风险的索丁诺比率的分析结果来看，在相同的下行风险水平下，在三年期和五年期的时间中，股票型私募基金的收益都显著好于公募基金和大盘指数。从收益—最大回撤比率的分析结果来看，不管是三年样本还是五年样本，在相同的回撤水平下，股票型私募基金能够取得远高于大盘指数的风险调整后收益。由此可见，相对来说，私募基金在长期具有较强的盈利能力。

最后，我们对比分析基金的收益率、夏普比率、索丁诺比率和收益—最大回撤比率间的关系。研究结果显示，收益—最大回撤比率与其他指标间的相关性都较高，能够普遍代表各指标的分析效果，符合股票型私募基金的管理风格，能够直观地反映私募基金的业绩。因此，我们认为采用收益—最大回撤比率来评估私募基金的业绩较为恰当。

私募基金经理是否具有选股能力与择时能力

　　我们希望了解私募基金经理是否具有独特的选股能力和择时能力。私募基金经理是否具备辨识价值被低估的股票或预判市场走向的稳定且持续的能力，是他们能否获取超额收益的关键。如果这些能力确实存在，那么在不同的市场环境或不同的从业阶段下，这些能力是否有所差异？一个值得注意的现象是，许多在公募基金领域有着出色业绩的基金经理，在转战私募基金领域后投资业绩不再辉煌。到底是什么因素发生了改变，导致他们的选股能力或择时能力在进入私募行业后下降了？以王海雄为例，他曾经是一位明星级的公募基金经理，在华夏基金管理公司任职期间表现出色。仅4年多的时间内，他管理的基金规模从20亿元增长到280亿元，期间曾荣获金牛基金经理奖，这充分显示了他具有获取超额收益的能力。然而，当他离开公募行业转战私募基金后，投资业绩却显得平平。2015年，他旗下7只私募基金中有6只净值跌至提前清盘，其中，"百毅长青1号"在6个月的寿命中净值跌幅达13%，"百毅雄鹰1号A"在同样的时间内净值跌幅达33%。这并非个例，许多基金经理也有类似的表现。例如，曾经的"公募一哥"王亚伟在转战私募基金后，发行的首只私募基金"外贸信托－昀沣"，自2012年12月成立至2020年1月（此后业绩数据不再公开更新），7年任职期间回报为78%，这与其曾管理华夏大盘基金7年创造近1200%的累计回报存在显著的差异。同样地，2014年"公募一姐"王茹远离开宝盈基金，创立了宏流投资。然而，在2015年的股灾中，她的投资遭受了重创，目前管理的基金规模在0~5亿元，已经逐渐淡出市场。这些案例都表明，尽管这些基金经理在公募基金领域有着出色的表现，但当他们转向私募基金领域时，其投资策略和业绩均受到了挑战。这也引发了我们的思考：这些业绩优秀的基金经理是否有稳定而持续的选股和择时能力，他们所带来的优秀投资业绩是来自其自身的能力，还是来自运气？

　　截至2023年12月底，据我们从万得数据库搜集的数据显示，我国有超过18.9

万只私募基金。随着私募基金种类的丰富和数量的增加，其业绩表现成为广大投资者最为关注的问题。如何评价私募基金产品的业绩表现、评估私募基金经理的投资能力显得越发重要。尽管目前我国私募基金的类型和策略多样，但最受关注的私募基金仍然是主动管理的股票型私募基金。因此，在评价私募基金的业绩表现时，选股能力和择时能力占据了至关重要的地位。在众多的私募基金产品中，部分基金很有可能只是因为运气好而跑赢大盘，而不是由于基金经理真正具有能力。那么，中国有多少私募基金经理真正具有选股能力和择时能力呢？

本章旨在从选股能力和择时能力两个角度，深入探讨我国主动管理的股票型私募基金，力图剖析私募基金业绩与基金经理的选股和择时能力之间的内在联系。本章的研究，一方面可以为那些有意向投资于私募基金的机构投资者和高净值群体提供有价值的投资参考，另一方面也可以对进一步完善目前学术界对私募基金这一资本市场重要领域的研究作出贡献。

本章采用 Treynor-Mazuy 四因子模型，对我国非结构化的股票型私募基金，从 2017 年 1 月至 2023 年 12 月的月度收益数据进行了选股能力和择时能力两个方面的实证研究。我们的研究结果显示，在 2019～2023 年的五年样本期内，在 3 230 只具有五年完整数据的股票型私募基金样本中，有 822 只基金（占比 25%）的经理具有显著的选股能力，经自助法检验，我们发现这 822 只基金中，有 518 只基金（占 3 230 只基金的 16%）的基金经理是依靠自身能力取得优秀业绩的，而其他基金经理所展现出的选股能力可能是运气因素带来的。另外，我们发现几乎没有基金经理展现出显著的择时能力。总体来看，2019～2023 年，在我国股票型私募基金经理中，有 1/4 的基金经理表现出选股能力，几乎没有基金经理展示出择时能力。

本章内容主要分为三个部分。第一部分，我们使用 Treynor-Mazuy 模型来考察哪些基金经理具有显著的选股能力；第二部分，我们利用相同模型探讨哪些基金经理表现出择时能力；第三部分，在上述两部分回归结果的基础上，我们在不同样本区间内对股票型基金的选股和择时能力进行稳健性检验，通过自助法验证那些显示出显著选股或择时能力的基金经理，其优秀业绩究竟是来自自身能力还是运气因素。

一、回归模型及样本

Carhart（1997）基于 Fama-French 三因子模型（1992），在其中加入一年期收益的动量因子，构建出四因子模型。Carhart 四因子模型全面考虑了系统风险、账面市值比、市值规模和动量因素对投资组合业绩的影响。由于其强大的解释能力，Carhart 四因子模型得到了国内外基金业界的广泛认可，如 Cao、Simin 和 Wang（2013）等在分析相关问题时便使用了该模型。以下是 Carhart 四因子模型的表达式：

$$R_{i,t}-R_{f,t}=\alpha_i+\beta_{i,mkt}\times(R_{mkt,t}-R_{f,t})+\beta_{i,smb}\times SMB_t+\beta_{i,hml}\times HML_t$$
$$+\beta_{i,mom}\times MOM_t+\varepsilon_{i,t} \tag{3.1}$$

其中，i 指第 i 只基金，$R_{i,t}-R_{f,t}$ 为 t 月基金 i 的超额收益率；$R_{mkt,t}-R_{f,t}$ 为 t 月大盘指数（万得全 A 指数）的超额收益率；$R_{f,t}$ 为 t 月无风险收益率；SMB_t 为规模因子，代表小盘股与大盘股之间的溢价，为 t 月小公司的收益率与大公司的收益率之差；HML_t 为价值因子，代表价值股与成长股之间的溢价，为 t 月价值股（高账面市值比公司）与成长股（低账面市值比公司）收益率之差；MOM_t 为动量因子，代表过去一年内收益率最高的股票与最低的股票之间的溢价，为过去一年（$t-1$ 个月到 $t-11$ 个月）收益率最高的 30% 的股票与过去一年（$t-1$ 个月到 $t-11$ 个月）收益率最低的 30% 的股票在 t 月的收益率之差。我们用 A 股所有上市公司的数据自行计算规模因子、价值因子和动量因子。α_i 代表基金经理 i 因具有选股能力而给投资者带来的超额收益，它可以表示为：

$$\alpha_i\approx(\bar{R}_{i,t}-\bar{R}_{f,t})-\hat{\beta}_{i,mkt}\times(\bar{R}_{mkt,t}-\bar{R}_{f,t})-\hat{\beta}_{i,smb}\times\overline{SMB}_t-\hat{\beta}_{i,hml}\times\overline{HML}_t-\hat{\beta}_{i,mom}\times\overline{MOM}_t$$
$$\tag{3.2}$$

其中，当 α_i 显著大于零时，说明基金经理 i 为投资者带来了统计上显著的超额收益，表明该基金经理具有正确的选股能力；当 α_i 显著小于零时，说明基金经理 i 为投资者带来的是负的超额收益，表明该基金经理具有错误的选股能力；当 α_i 接近于零时，表明基金经理 i 没有明显的选股能力。

　　除了选股能力，基金经理的择时能力也可以为投资者带来超额收益。择时能力是指基金经理根据对市场的预测，主动调整基金对大盘指数的风险暴露以追求更高收益的能力。当基金经理预测市场将上涨时，他们会增加对高风险资产的投资比例；反之，如果他们预测市场将下跌，则会减少对高风险资产的投资比例。一些文献也对此问题进行了研究，如 Chen 和 Liang（2007）、Chen（2007）等。Treynor 和 Mazuy（1996）提出在传统的单因子 CAPM 模型中引入一个平方项，用来检验基金经理的择时能力。我们将 Treynor-Mazuy 模型里的平方项加入 Carhart 四因子模型中，构建出一个基于四因子模型的 Treynor-Mazuy 模型：

$$R_{i,t}-R_{f,t}=\alpha_i+\beta_{i,mkt}\times(R_{mkt,t}-R_{f,t})+\gamma_i\times(R_{mkt,t}-R_{f,t})^2+\beta_{i,smb}\times SMB_t$$
$$+\beta_{i,hml}\times HML_t+\beta_{i,mom}\times MOM_t+\varepsilon_{i,t} \tag{3.3}$$

其中，γ_i 代表基金经理 i 的择时能力，其他变量和式（3.1）中的定义一样。如果 γ_i 显著大于 0，说明基金经理 i 具有择时能力，具备择时能力的基金经理应当能随着市场的上涨（下跌）而提升（降低）其投资组合的系统风险。

我们使用基于 Carhart 四因子模型的 Treynor-Mazuy 四因子模型来评估基金经理的选股能力和择时能力。我们将全区间（2017～2023 年）划分为三个样本区间，分别为过去三年（2021～2023 年）、过去五年（2019～2023 年）和过去七年（2017～2023 年），并以万得全 A 指数作为基金业绩的比较基准。为避免基金运行时间不一致对研究结果造成影响，基金的历史业绩要足够长，故而我们要求每只基金在各样本区间（三年、五年、七年）内都要有完整的复权净值数据。①

我们将万得数据库中私募基金二级分类中的普通股票型、股票多空型、相对价值型和事件驱动型私募基金定义为股票型私募基金并进行研究，研究对象不包括主要投资标的为非 A 股上市公司的私募基金，如债券型、宏观对冲型、混合型、QDII 型、货币市场型等基金。由于分级基金在基金净值的统计上存在不统一的现象，我们将分级基金剔除在样本之外。如第二章所述，万得数据库在收集私募基金净值时，若某个月未能获取某只基金的净值数据，会自动填充该基金上一个月的净值数据，导致基金净值重复出现的情况。图 3-1 展示了 2003～2023 年股票型私募基金的净值重复率。可以看出，2003～2023 年，基金净值重复率小于 10% 的基金占比为 72.47%，其他区间内股票型私募基金占比都很小。基金净值重复率过高通常是由数据收集问题所致，若将此类基金纳入样本会使分析结果不准确。因此，我们在样本中删除了在分析期间内净值重复率大于 10% 的基金。②

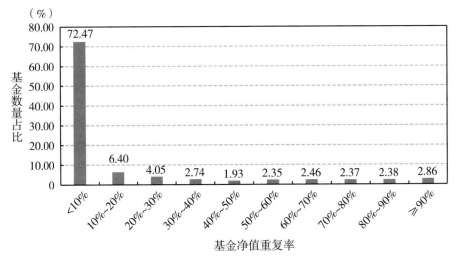

图 3-1 股票型私募基金净值重复率的分布：2003～2023 年

---

① 在后续的研究中，我们可能会根据具体情况对样本进行修改。

② 我们在 2024 年 2 月下载数据时，有极小部分基金净值未更新完全，因此在本步骤被删除，没有进入本书研究样本。

由于估计模型需要较长的时间序列数据，我们要求每只基金在分析的样本期间内都有完整的复权净值数据。我们主要使用基金近五年（2019~2023年）的月度数据进行分析，在后面的分析中也会对比三年数据和七年数据的结果。表3-1展现了近三年、五年和七年的股票型私募基金的样本分布。从表3-1可见，近三年（2021~2023年）、近五年（2019~2023年）和近七年（2017~2023年）股票型私募基金的样本数量分别为7 126只、3 230只和1 334只。由于私募基金行业中的基金经理轮换频率较低，我们将每只基金与其对应的基金经理视为同一实体，不考虑基金经理更替的情况。我们采用最小二乘法（OLS）来估计基金经理的选股能力，并以月为单位计算模型中的选股能力α。为方便解释其经济含义，后面汇报的α都为年化α。

表3-1　　　　　　　　　　不同分析区间内涵盖的样本数量　　　　　　　　单位：只

基金策略	过去三年 （2021~2023年）	过去五年 （2019~2023年）	过去七年 （2017~2023年）
普通股票型基金	6 770	3 044	1 217
股票多空型基金	202	104	66
相对价值型基金	147	76	46
事件驱动型基金	7	6	5
总计	7 126	3 230	1 334

注：股票型私募基金是指万得数据私募基金二级分类中普通股票型、股票多空型、相对价值型和事件驱动型私募基金的总称。

二、选股能力分析

表3-2展示了过去五年（2019~2023年）股票型私募基金选股能力α的显著性估计结果。图3-2给出了3 230只股票型基金α的t值（显著性）由大到小的排列。由于主要关注基金经理是否具备正确的选股能力，我们采用单边的假设检验，检验α是否为正且显著大于0。据表3-2可知，在5%的显著性水平下，有822只基金的α呈正显著性，其t值大于1.64，说明这822只基金（占比25%）的基金经理表现出了显著的选股能力。有2 355只基金（占比为73%）α的t值是不显著的。同时我们还看到，有53只基金（占比2%）的α为负显著，其t值小于-1.64，说明这53只基金的基金经理具有明显错误的选股能力。总体来看，在过去五年内，约有1/4（25%）的股票型私募基金的基金经理具备选股能力。

表 3-2　　　　　股票型私募基金的选股能力 α 显著性的估计结果：2019~2023 年

显著性	样本数量（只）	数量占比（%）
正显著	822	25
不显著	2 355	73
负显著	53	2
总计	3 230	100

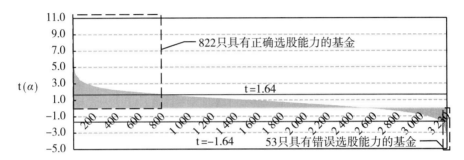

图 3-2　股票型私募基金的选股能力 α 的 t 值（显著性）排列：2019~2023 年

注：正确选股能力代表 t(α)>1.64，错误选股能力代表 t(α)<-1.64，未表现出选股能力代表 -1.64≤t(α)≤1.64。基金具有选股能力是指基金表现出正确的选股能力，基金不具有选股能力代表基金表现出错误的或未表现出选股能力。

在分析选股能力时，我们不仅需要关注选股能力 α 的显著性，还需要观察 α 估计值的大小。我们采用 Treynor-Mazuy 模型对拥有五年历史业绩的 3 230 只股票型私募基金的选股能力进行讨论。图 3-3 和表 3-3 展现了 Treynor-Mazuy 四因子模型的回归结果。我们按照选股能力 α 把基金等分为 10 组。第 1 组为 α 最高的组，第 10 组为 α 最低的组。表 3-3 汇报的是每组基金的选股能力（年化 α）、择时能力（γ）、市场因子（β_{mkt}）、规模因子（β_{smb}）、价值因子（β_{hml}）、动量因子（β_{mom}），以及反映模型拟合好坏的调整后 R^2 的平均值，按照每组基金选股能力（年化 α）由大到小排列展示。

从图 3-3 和表 3-3 可以看出，Treynor-Mazuy 四因子模型的年化 α 在 -14%~34%，其中，排在前面的 4 组基金的平均 α 值都在 10% 以上，而第 1 组 α 的平均值高达 33%，说明有 323 只基金展示出了较强的选股能力；最后两组基金的平均选股能力为负数，说明有 600 多位基金经理因为选错股票而给投资者带来了亏损。还可以看出，无论年化 α 是高还是低，β_{mkt} 都在 0.75 上下浮动。各组基金的规模因子对应的敏感系数 β_{smb} 在 -0.36~0.22，并且随着每组基金经理选股能力的降低，规模因子的风险暴露（β_{smb}）从第 1 组到第 10 组有一定增大的趋势，说明基金经理所持小盘股或大盘股股票的仓位与其选股能力大致成反比例关系，那些具有较高年化 α 的基金往往重仓大盘股，而那些不具有选股能力、年化 α 较低的基金往往重仓小

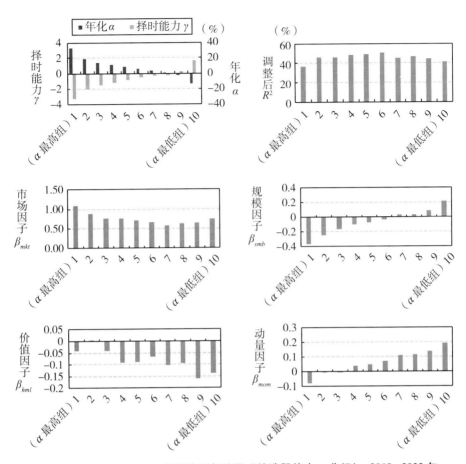

图 3-3　Treynor-Mazuy 模型的回归结果（按选股能力 α 分组）：2019~2023 年

表 3-3　　　　　　　　Treynor-Mazuy 四因子模型的回归结果

（按选股能力 α 分组）：2019~2023 年

组别	年化 α（%）	γ	β_{mkt}	β_{smb}	β_{hml}	β_{mom}	调整后 R^2（%）
1（α 最高组）	33.13	-3.32	1.09	-0.36	-0.04	-0.08	37
2	18.78	-2.11	0.89	-0.24	0.00	0.00	46
3	14.28	-1.57	0.76	-0.16	-0.04	0.00	47
4	11.08	-1.25	0.77	-0.10	-0.09	0.04	49
5	8.59	-0.88	0.72	-0.08	-0.09	0.05	50
6	6.37	-0.55	0.67	-0.04	-0.07	0.07	51
7	3.90	-0.30	0.58	0.04	-0.10	0.12	46
8	1.12	-0.22	0.63	0.04	-0.09	0.12	47
9	-2.85	0.28	0.65	0.09	-0.16	0.14	45
10（α 最低组）	-13.95	1.67	0.75	0.22	-0.14	0.19	42

注：此表汇报每组基金对应的 α、γ、β_{mkt}、β_{smb}、β_{hml}、β_{mom}，以及调整后 R^2 的平均值。

盘股。各组基金的价值因子对应的敏感系数 β_{hml} 的变化范围为 $-0.16 \sim 0.00$，不同组别的基金对价值因子 β_{hml} 的风险暴露与选股能力没有明显规律，说明各基金经理所持价值股和成长股的仓位与选股能力并无明显关系。各组基金的动量因子对应的敏感系数 β_{mom} 的变化范围为 $-0.08 \sim 0.19$，从第 1 组到第 10 组有一定增大的趋势，说明表现较差的基金经理有一定追涨杀跌的倾向。最后，可以看到不同组别的基金用四因子模型的拟合优度在 46% 上下浮动，说明 Treynor-Mazuy 四因子模型可以解释私募基金超额收益率方差的 46%。

下面我们对过去五年中具有正显著选股能力的 822 只基金进行具体分析。表 3-4 展示了过去五年（2019～2023 年）在 Treynor-Mazuy 四因子模型中 α 为正显著的 822 只股票型基金的检验结果。同时，我们也给出了这些基金在过去三年（2021～2023 年）的年化 α 及显著性检验结果。这些基金的近五年年化 α 在 2%～132%，其中有 241 只基金在过去三年和过去五年都表现出显著的选股能力，占 3 230 只基金的 7.5%。在附录二中，我们提供了过去五年（2019～2023 年）每只基金的选股能力、择时能力的估计值及对四个风险因子的风险暴露程度，供读者参考。篇幅所限，附录二中仅呈现 α 为正显著的基金，读者可扫描前言中提供的二维码查阅完整数据。

表 3-4　　　　在过去五年具有选股能力的股票型基金：2019～2023 年

编号	基金名称	过去五年（2019～2023 年）		过去三年（2021～2023 年）		过去三年、五年都具有选股能力
		α（%）	t（α）	α（%）	t（α）	
1	卓畔 1 号	131.61	2.90	45.23	0.68	
2	黄金优选 11 期 5 号	115.23	2.24	206.28	2.30	√
3	匠心全天候	108.77	2.47	130.70	1.78	√
4	三才	76.74	1.88	128.46	1.75	√
5	弘唯基石华盈	70.63	3.15	131.46	3.57	√
6	青果	68.09	1.73	65.36	0.95	
7	弘理嘉惠	62.76	2.07	106.79	2.04	√
8	锦桐成长 2 号	62.12	2.29	17.19	0.45	
9	弘唯基石华盈 1 号	61.89	2.83	117.56	3.26	√
10	洲中舟启航 1 号	61.77	1.77	53.69	1.02	
11	弘理嘉富	61.09	1.83	119.65	2.11	√
12	厚生稳赢 7 号	60.44	2.33	19.15	1.25	
13	涌贝资产阳光稳健	58.61	2.70	37.49	1.55	
14	千榕细叶榕	57.43	2.25	56.67	1.65	√

编号	基金名称	过去五年 （2019~2023 年）		过去三年 （2021~2023 年）		过去三年、 五年都具有 选股能力
		α（%）	t（α）	α（%）	t（α）	
15	邦客鼎成财富管理 2 号	53.40	2.66	18.63	0.84	
16	瑞文 1 号	53.18	2.47	15.54	0.47	
17	涌津涌赢 1 号	52.59	2.91	42.79	1.43	
18	敦然投资-鼎弘	51.01	4.19	32.25	1.71	√
19	林园投资 1 号	50.53	2.56	13.84	0.48	
20	华安合鑫稳健 1 期	49.99	2.50	62.62	1.98	√
21	涌津涌鑫 6 号	49.96	2.72	38.98	1.36	
22	天利价值红利	48.46	2.49	61.06	2.00	√
23	舍得之道资本-平安吉象 C 期	47.49	2.51	43.45	1.77	√
24	旭诺价值成长 2 号	47.14	2.10	34.86	1.55	
25	华安合鑫稳健	47.05	2.34	62.94	1.99	√
26	长金 20 期	46.92	2.54	24.50	0.80	
27	复胜正能量 1 期	46.85	2.72	32.79	1.80	√
28	新镝 1 号	46.61	2.24	42.59	1.60	
29	万紫千红 1 号	46.36	2.62	48.92	1.71	√
30	敦然资产-鼎弘 1 号	44.83	4.01	27.67	1.55	
31	北斗成长 1 期	44.30	2.50	52.45	2.05	√
32	新里程超越梦想	43.86	1.83	5.16	0.15	
33	敦颐新兴成长 1 号	43.82	2.25	26.61	1.90	√
34	长金 4 号	43.22	2.76	16.61	0.69	
35	天天向上 2 号（铭环资产）	42.87	2.68	21.70	0.98	
36	金舆中国互联网	42.87	2.37	40.85	1.42	
37	复胜富盛 1 号	42.67	2.68	33.39	1.79	√
38	裕恒资本双龙 1 号	42.41	4.04	19.57	1.70	√
39	林园投资 10 号	42.35	2.43	33.36	1.54	
40	茁安长升	41.90	2.47	26.56	1.15	
41	信安成长 1 号	41.32	2.86	17.70	1.52	

续表

编号	基金名称	过去五年(2019~2023 年)		过去三年(2021~2023 年)		过去三年、五年都具有选股能力
		α(%)	t(α)	α(%)	t(α)	
42	大禾投资-掘金 5 号	40.97	2.10	10.64	0.48	
43	沣 1 号	40.72	1.94	45.25	1.35	
44	攀山 6 期	40.13	1.68	54.47	2.27	√
45	卓铸卓越 1 号	39.93	2.92	12.63	0.60	
46	林园投资 16 号	39.67	2.73	14.31	0.84	
47	神农优选价值	39.62	2.59	29.15	1.30	
48	New Thinking Global Fund	39.14	2.81	21.61	1.15	
49	新智达成长 1 号	38.82	1.96	9.28	0.33	
50	四相 3 期	38.56	2.04	31.19	1.28	
51	掘金 909 号	38.53	2.24	10.59	0.48	
52	大禾投资-鼎实 1 号	38.16	2.25	11.72	0.52	
53	大洲精选	38.02	1.98	75.76	2.38	√
54	大禾投资-掘金 1 号	37.95	2.23	10.75	0.48	
55	林园投资 7 号	37.83	2.32	9.26	0.40	
56	诚朴息壤 1 号	37.65	2.11	4.51	0.17	
57	新御良马 1 期	37.50	2.49	21.24	1.04	
58	林园投资 3 号	37.33	2.88	11.55	0.72	
59	卓铸价值精选 1 号	36.91	2.83	19.08	0.97	
60	大禾投资-掘金 6 号	36.80	2.23	9.29	0.39	
61	上海揽旭全天候智能旗舰	36.75	2.09	35.19	1.36	
62	龙峰 1 号	36.54	2.43	8.01	0.40	
63	宁聚量化稳盈 1 期	36.36	1.88	44.59	1.35	
64	查理投资收益互换	36.25	1.79	6.53	0.28	
65	蓝海战略 1 号	36.01	2.07	-7.76	-0.32	
66	信易安清阳 1 号	35.98	2.08	24.71	0.88	
67	大禾投资-掘金 15 号	35.98	2.25	10.82	0.48	
68	可伟资产精品 8 号	35.92	1.90	13.38	0.53	

续表

编号	基金名称	过去五年 （2019~2023 年）		过去三年 （2021~2023 年）		过去三年、 五年都具有 选股能力
		α（%）	t（α）	α（%）	t（α）	
69	鲸域汇腾	35.88	3.08	14.00	0.95	
70	中商北斗专户	35.63	2.23	43.36	1.95	√
71	小虎进取 1 号	35.49	3.21	20.77	1.63	
72	逸原 2 号	35.44	2.61	10.12	0.54	
73	信成慕陶 1 号	35.37	3.52	40.45	2.67	√
74	星池量化木星 1 号	35.28	2.41	5.70	0.29	
75	星池福田稳健	35.24	2.39	5.19	0.26	
76	伏明转型成长 1 期	35.16	1.68	24.78	0.75	
77	逸原 1 号	35.13	2.68	8.14	0.45	
78	信安成长 3 号	34.98	2.16	54.96	2.77	√
79	伏明 2 号	34.88	1.69	19.30	0.61	
80	掘金 707 号	34.85	1.99	4.66	0.20	
81	罗马大道鸢尾花 1 期	34.83	2.99	14.69	1.09	
82	代代红 2 号	34.45	1.67	48.96	1.81	√
83	鲸域成长 1 号	34.44	2.90	13.71	0.88	
84	北斗成长 2 期	34.43	2.16	41.76	1.89	√
85	岁寒知松柏 1 号	34.34	3.06	1.43	0.13	
86	博弘数君盈匊	34.22	2.03	30.94	1.34	
87	涌贝资产阳光进取	33.96	1.97	22.67	0.83	
88	掘金 11 号	33.93	2.21	10.17	0.45	
89	启元潜龙 1 号	33.85	2.84	22.43	1.10	
90	神农 AI	33.79	2.15	32.46	1.44	
91	望岳投资小象 1 号	33.78	2.95	14.70	1.10	
92	正泽元价值成长 1 号	33.66	3.24	13.02	0.84	
93	私募工场卓凯雷锋	33.57	1.92	1.21	0.04	
94	林园投资 32 号	33.53	1.85	31.03	1.24	
95	盛天价值精选 1 号	33.48	1.85	27.62	1.09	

编号	基金名称	过去五年（2019～2023 年）		过去三年（2021～2023 年）		过去三年、五年都具有选股能力
		α（%）	t（α）	α（%）	t（α）	
96	北斗成长 3 期	33.46	2.05	40.87	1.78	√
97	元涞潜龙 1 号	33.46	3.68	21.63	1.58	
98	私募工场卓凯雷锋 2 期	33.36	1.97	3.30	0.12	
99	丁雪球	33.32	2.59	19.26	1.03	
100	广润聚宝盆 1 号	33.24	3.83	10.69	1.05	
101	卓铸卓越 3 号	33.12	2.35	15.94	0.70	
102	新思哲成长	32.97	3.21	19.47	1.44	
103	神农极品	32.90	2.19	27.06	1.24	
104	大禾投资-掘金 21 号	32.88	2.17	9.95	0.44	
105	积露资产量化对冲	32.84	3.35	30.28	2.61	√
106	靖奇光合长谷	32.73	3.58	39.53	4.16	√
107	泽元元丰	32.61	3.19	12.21	0.90	
108	掌赢-卡欧斯 2 号	32.55	2.36	30.99	1.73	√
109	大盈成长 1 号	32.39	1.98	13.86	0.83	
110	若溪湘财超马 4 期	32.30	2.12	18.02	0.77	
111	家族 1 号	32.23	2.31	7.33	0.37	
112	林园投资 24 号	32.15	2.40	-0.28	-0.02	
113	涌乐泉 3 期	31.56	1.96	28.70	1.30	
114	涌乐泉 2 期	31.49	1.91	33.74	1.46	
115	泓湖宏观对冲尊享 2 期	31.47	2.54	31.66	1.77	√
116	涌乐泉 1 期	31.18	1.85	27.85	1.15	
117	神农价值精选 1 号	31.15	2.10	21.18	1.00	
118	林园	31.15	2.42	21.00	1.15	
119	晓峰 1 号睿远	31.06	4.95	16.35	2.03	√
120	兆天金牛精选 2 号	30.99	2.37	9.65	0.51	
121	复胜盛业 2 号	30.79	2.51	23.99	1.61	
122	益和源 1 号	30.69	2.22	12.99	0.68	

续表

编号	基金名称	过去五年（2019~2023 年）		过去三年（2021~2023 年）		过去三年、五年都具有选股能力
		α（%）	t（α）	α（%）	t（α）	
123	颍川 1 期	30.69	2.20	33.14	1.43	
124	大鹏湾财富 6 期	30.63	2.26	38.27	1.94	√
125	夸克 1 号	30.40	2.92	53.03	3.41	√
126	西部隆淳晓见	30.17	5.60	36.28	4.31	√
127	磐厚动量-远翔 1 号	30.16	3.37	40.79	3.56	√
128	可伟资产-同创 3 号	30.04	4.12	15.97	1.65	√
129	林园投资 19 号	29.63	2.18	-3.12	-0.21	
130	利宇致远 1 号	29.51	2.06	13.52	0.72	
131	林园投资 18 号	29.16	2.00	7.20	0.51	
132	伯兄建初	28.87	2.97	23.45	4.85	√
133	德高 1 号	28.75	2.17	8.81	0.45	
134	神农春江	28.65	2.07	27.32	1.33	
135	新思哲价值进化 1 期	28.55	2.22	8.88	0.49	
136	柔微-星火燎原 1 号	28.27	2.16	47.27	2.49	√
137	大鹏湾财富 7 期	28.21	2.11	36.06	1.96	√
138	查理价值套利稳健型 3 号 A 期	28.20	2.34	19.51	1.02	
139	北京恒元金 1 号	28.12	2.28	24.29	1.67	√
140	林园投资 37 号	27.92	1.88	7.76	0.41	
141	熠道丰盈 1 号	27.89	4.22	26.44	2.36	√
142	弢瑞楚正进取 1 号	27.82	2.57	7.25	0.66	
143	远澜红枫 1 号	27.60	2.02	21.30	1.91	√
144	巴奇索耐力稳健 1 号	27.45	2.21	9.89	0.53	
145	福运星来 1 号	27.44	2.45	14.38	1.23	
146	铁券 1 号	27.44	3.14	36.56	2.90	√
147	亘曦 1 号	27.32	2.48	21.47	1.69	√
148	大鹏湾财富 9 期	27.22	2.16	30.78	1.70	√
149	神农老院子基金	27.17	1.71	28.11	1.24	

续表

编号	基金名称	过去五年（2019~2023 年）		过去三年（2021~2023 年）		过去三年、五年都具有选股能力
		α（%）	t（α）	α（%）	t（α）	
150	歆享海盈 10 号	27.06	1.78	50.11	1.85	√
151	德毅恒升 2 号	26.89	1.89	30.72	1.31	
152	浩宇扬帆	26.80	2.31	11.07	0.59	
153	海川汇富富乐 1 号	26.71	2.70	8.35	0.79	
154	林园 2 期	26.68	2.11	34.61	1.88	√
155	大鹏湾财富 5 期	26.67	2.03	35.95	1.93	√
156	优稳量化对冲套利策略 1 号	26.53	2.27	6.07	0.38	
157	牛顿定律	26.46	2.12	−8.65	−0.50	
158	文多逆向	26.33	3.33	16.73	1.52	
159	上海意志坚定 1 期	26.05	1.92	8.98	0.64	
160	普吉稳健成长 1 号	25.90	3.14	40.79	4.32	√
161	雀跃岩辰量化投资 1 期	25.79	2.19	45.41	2.42	√
162	大鹏湾财富 3 期	25.77	2.10	28.19	1.73	√
163	高毅晓峰鸿远	25.75	4.41	15.46	1.90	√
164	绿宝石 2 期	25.70	2.03	29.89	1.68	√
165	高毅新方程晓峰 2 号致信 5 号	25.65	4.25	9.76	1.23	
166	希瓦小牛 7 号	25.57	2.59	11.41	0.71	
167	夸克 1877	25.56	2.50	45.48	2.88	√
168	静逸 1 期	25.54	2.09	5.01	0.28	
169	合利信旭日东升成长 2 号	25.54	1.82	31.88	1.36	
170	平安阖鼎景林景安 5 期	25.49	2.11	−5.22	−0.29	
171	与取华山 1 号	25.49	1.73	22.28	1.18	
172	景林景安优选 3 期	25.46	2.11	−5.24	−0.29	
173	小丰	25.46	2.27	19.31	1.05	
174	林园投资 4 号	25.39	1.91	−3.11	−0.16	
175	泽堃积极增长 1 号	25.32	2.74	6.44	0.50	
176	盈双 1 号	25.31	2.03	4.10	0.25	

续表

编号	基金名称	过去五年 （2019~2023 年）		过去三年 （2021~2023 年）		过去三年、五年都具有选股能力
		α（%）	t（α）	α（%）	t（α）	
177	林园投资 21 号	25.19	1.81	21.92	1.20	
178	觉航启航 1 号	24.95	3.11	12.41	1.35	
179	从容内需医疗 3 期	24.94	1.84	7.63	0.42	
180	沣盈金砖 3 期	24.80	2.28	37.50	2.36	√
181	林园投资 38 号	24.80	1.97	22.61	1.44	
182	博鸿聚义	24.75	2.92	15.35	1.14	
183	至诚时耕	24.74	2.10	3.69	0.21	
184	恒健远志量化对冲 1 期	24.73	6.53	19.93	4.86	√
185	康曼德 003 号	24.72	2.64	13.69	2.16	√
186	信璞投资-琢钰 100	24.71	2.24	5.43	0.32	
187	大鹏湾财富 8 期	24.68	2.14	34.59	2.21	√
188	登程进取	24.61	2.07	21.78	1.26	
189	鹰傲绝对价值	24.60	1.99	8.56	0.43	
190	私享-蓝筹 1 期	24.54	1.94	-0.58	-0.03	
191	希瓦小牛精选	24.52	2.37	12.63	0.77	
192	岩羊投资 3 期	24.51	1.83	9.57	0.58	
193	银万价值对冲 1 号	24.50	3.51	18.07	1.69	√
194	博普绝对价值 1 号	24.48	2.20	29.98	1.88	√
195	君茂长丰	24.46	1.67	-2.40	-0.11	
196	林园普陀山 1 号	24.45	1.90	24.43	1.45	
197	东方鼎泰 2 期	24.37	2.49	20.79	1.39	
198	中略红松 1 号	24.37	2.07	16.19	0.81	
199	沁源精选	24.23	3.73	11.51	1.63	
200	林园投资 8 号	24.14	1.84	-5.46	-0.42	
201	林园东泰 1 号	24.13	2.10	2.25	0.17	
202	雾泽艾比之路	24.11	3.39	12.52	1.24	
203	鹰傲长盈 1 号	24.10	1.95	8.68	0.43	

续表

编号	基金名称	过去五年 (2019~2023 年)		过去三年 (2021~2023 年)		过去三年、五年都具有选股能力
		α (%)	t (α)	α (%)	t (α)	
204	凯信龙雨 1 期	24.05	2.03	38.59	1.89	√
205	睿沃德盘龙 2 号	24.00	1.90	22.80	1.06	
206	鹰傲长盈 3 号	23.93	1.97	9.32	0.47	
207	曼行 1 号	23.91	2.85	28.24	2.71	√
208	恒天星耀 FOF1 期	23.86	2.95	14.70	1.26	
209	黑极资产价值精选 2 号	23.76	2.39	22.25	2.00	√
210	东方马拉松中国企业价值精选	23.70	2.73	9.73	0.71	
211	林园健康中国	23.68	1.95	2.47	0.20	
212	丹禾易嘉中国高端制造 2 号	23.66	1.93	33.35	1.69	√
213	创赢 2 号（国源信达）	23.64	3.48	31.42	3.68	√
214	硬资产 100	23.63	2.44	9.29	0.62	
215	诚泉价值 1 号	23.45	3.28	8.31	0.73	
216	林园投资 41 号	23.44	2.11	10.39	0.78	
217	大地财富 1 期	23.44	1.94	3.06	0.19	
218	正朗未来	23.39	1.67	2.31	0.12	
219	新思哲 1 期	23.29	2.05	1.09	0.08	
220	大鹏湾财富 4 期	23.27	1.74	32.61	1.82	√
221	金牛精选 3 号	23.23	2.09	3.74	0.23	
222	万利富达德盛 1 期	23.22	2.53	11.51	0.99	
223	星纪向日葵	23.16	1.84	23.89	1.12	
224	大朴多维度 24 号	23.05	5.01	9.28	1.99	√
225	易同精选 3 期	23.04	3.30	8.72	0.81	
226	仁桥泽源 1 期	23.04	4.06	19.17	2.24	√
227	德高 3 号	23.00	1.77	6.12	0.31	
228	远赢 1 号	22.96	2.14	25.82	1.49	
229	正朗宇翔	22.96	1.90	−0.47	−0.02	
230	广汇缘 3 号	22.89	1.72	23.99	1.13	

编号	基金名称	过去五年（2019~2023 年）		过去三年（2021~2023 年）		过去三年、五年都具有选股能力
		α（%）	t（α）	α（%）	t（α）	
231	丰泽投资 1 号	22.84	2.25	15.69	1.10	
232	东兴港湾 1 号	22.79	2.21	16.70	1.24	
233	神农春晓	22.76	1.66	20.46	0.95	
234	查理价值套利稳健型 5 号	22.75	1.88	16.43	0.84	
235	益嘉 8 号	22.74	2.57	−2.81	−0.25	
236	曼然成长	22.63	2.40	25.73	2.11	√
237	博鸿元泰	22.53	2.07	5.02	0.32	
238	厚恩泰山成长	22.50	2.26	25.93	1.87	√
239	景林稳健	22.40	2.34	3.83	0.29	
240	东方鼎泰朝阳价值	22.32	2.03	20.68	1.27	
241	东方鼎泰稳健 1 号	22.29	2.12	13.88	0.84	
242	江苏宇昂长江 1 号	22.24	1.69	−1.12	−0.07	
243	盈阳指数增强 1 号	22.20	1.95	34.26	2.26	√
244	盛泉恒元定增套利多策略 6 号	22.14	5.41	22.21	5.12	√
245	睿道基石	22.13	2.79	25.51	2.40	√
246	前海宜涛红树 1 号	22.06	1.78	−0.02	0.00	
247	果实成长精选 2 号	22.06	2.65	3.67	0.30	
248	卓盈进取 3 号	21.98	2.27	6.75	0.56	
249	万利富达共赢	21.94	2.38	10.82	0.90	
250	锦瑞恒-梦想 1 号	21.88	2.78	21.75	1.96	√
251	东方港湾马拉松 1 号	21.74	1.90	7.12	0.41	
252	盛天阿尔法	21.72	1.81	20.65	1.12	
253	天勤量化 2 号	21.69	1.98	0.90	0.06	
254	品正理翔量化中性	21.68	1.79	5.58	0.38	
255	睿璞投资-睿华 1 号	21.67	2.81	7.56	0.83	
256	金然稳健 1 号	21.65	3.39	24.37	3.40	√
257	德邻众福 1 号	21.64	2.43	−4.93	−0.38	

续表

编号	基金名称	过去五年 （2019~2023 年）		过去三年 （2021~2023 年）		过去三年、五年都具有选股能力
		α（%）	t（α）	α（%）	t（α）	
258	果实资本仁心回报 1 号	21.61	2.60	3.53	0.29	
259	川砺稳健 2 号	21.58	3.87	12.11	2.90	√
260	东方鼎泰 5 期	21.57	2.07	12.16	0.78	
261	澜钰 1 号	21.56	2.29	3.22	0.24	
262	余粮 100	21.52	1.87	1.42	0.08	
263	中戊赋立华麟	21.50	2.76	14.72	1.15	
264	大明鼎鼎 1 号	21.48	2.50	28.47	2.64	√
265	厚德里 5 号	21.47	2.03	28.89	1.61	
266	景和晨升精选	21.46	2.46	22.71	1.73	√
267	淳麟问渠	21.39	2.02	8.51	0.64	
268	驼铃忠华远山 1 号	21.36	3.38	14.66	1.70	√
269	同庆 2 期	21.30	1.72	19.77	0.94	
270	睿璞投资-睿洪 1 号	21.28	2.71	4.94	0.51	
271	勤远达观 1 号	21.25	1.88	22.43	1.21	
272	东方鼎泰 7 号	21.22	2.40	14.78	1.15	
273	斯同 1 号	21.21	2.49	20.25	1.54	
274	睿璞投资-睿洪 2 号	21.20	2.75	6.72	0.75	
275	红筹平衡选择	21.19	3.29	6.97	0.73	
276	米牛沪港深精选	21.15	3.42	13.76	1.60	
277	高毅晓峰尊享 L 期	21.15	3.37	15.48	1.95	√
278	鼎锋超越	21.10	1.76	8.31	0.89	
279	私享-蓝筹 2 期	21.08	1.69	0.99	0.07	
280	雀跃进取 1 号	21.03	2.18	21.56	1.47	
281	信璞价值精英(A+H)1 号(A 类)	21.03	2.42	3.48	0.31	
282	六禾光辉岁月 1 期	20.93	2.65	11.65	0.92	
283	金百镕 1 期	20.90	2.32	21.11	2.07	√
284	正见稳定成长 1 期	20.90	2.32	15.70	1.54	

续表

编号	基金名称	过去五年 (2019~2023 年)		过去三年 (2021~2023 年)		过去三年、五年都具有选股能力
		α (%)	t (α)	α (%)	t (α)	
285	私募工场希瓦圣剑 1 号	20.89	1.95	11.54	0.72	
286	睿璞投资-睿劼-聚力 1 号	20.84	2.61	5.89	0.54	
287	私募工场鑫润禾睿道价值	20.82	2.39	24.73	2.34	√
288	斯同 2 号	20.82	2.42	21.91	1.59	
289	东方鼎泰-尚东价值	20.80	2.10	16.49	1.01	
290	鲤鱼门稳健	20.71	1.70	−9.47	−0.59	
291	千方之星 2 号	20.68	2.22	−1.91	−0.14	
292	恒天星耀 3 期	20.58	3.86	11.99	1.55	
293	六禾光辉岁月 1 期（中原）	20.57	2.40	13.97	0.95	
294	掘金 8 号	20.52	2.14	9.36	0.68	
295	万霁长虹 5 号	20.49	1.72	11.41	0.64	
296	惠正创丰	20.39	2.31	11.89	1.09	
297	源和稳健成长 1 号	20.38	2.11	10.06	0.80	
298	辛巴达母基金 B 类	20.38	2.09	22.73	2.03	√
299	济桓稳健成长	20.33	1.82	40.26	2.64	√
300	泰海 1 号	20.32	3.58	23.09	3.40	√
301	惠正共赢	20.21	3.05	17.17	2.04	√
302	希瓦大牛 1 号	20.20	2.04	11.04	0.69	
303	恒升 4 号	20.19	1.70	15.79	1.07	
304	君煦 1 号	20.11	1.67	4.32	0.21	
305	东方港湾 5 号	20.09	1.79	17.96	1.14	
306	混沌天成-澜熙稳健 2 号	20.08	1.87	37.61	1.98	√
307	中安汇富-莲花山宏观对冲 3 号 2 期	20.06	1.71	23.15	1.37	
308	日出瑞成系列 1 号	20.06	1.93	2.18	0.14	
309	弘尚企业融资驱动策略	20.01	2.37	14.08	1.23	
310	利得汉景 1 期	19.99	1.81	12.90	0.92	

编号	基金名称	过去五年 (2019~2023 年)		过去三年 (2021~2023 年)		过去三年、五年都具有选股能力
		α（%）	t（α）	α（%）	t（α）	
311	财富机遇 1 号	19.99	2.50	7.50	0.66	
312	忠石 1 号	19.96	2.64	21.54	2.03	√
313	明泓稳健增长 2 期	19.88	3.99	6.20	0.95	
314	智诚 16 期	19.77	1.77	−2.45	−0.15	
315	青鼎赤兔马 1 号	19.73	1.82	30.57	1.96	√
316	弘尚资产健康中国 1 号	19.72	3.40	4.63	0.58	
317	易同精选 2 期 1 号	19.72	2.89	5.75	0.53	
318	银万涌金专户 1 号	19.68	2.33	28.16	2.03	√
319	辛巴达	19.66	2.00	23.29	2.09	√
320	开思港股通中国优势	19.65	2.18	4.23	0.31	
321	源和复利回报 1 号	19.65	2.00	9.32	0.71	
322	壁虎寰宇成长 7 号	19.64	2.04	5.88	0.44	
323	上海黑极价值精选 1 号	19.62	2.05	11.57	1.05	
324	银万丰泽 2 号	19.61	2.49	30.75	2.84	√
325	东方马拉松致远	19.60	2.17	1.48	0.10	
326	重阳 1 期	19.55	3.06	22.27	2.23	√
327	大朴多维度 23 号	19.54	4.15	9.14	1.96	√
328	中欧瑞博诺亚	19.53	3.86	8.54	1.55	
329	恒天星耀 FOF2 期	19.52	3.07	9.60	1.48	
330	万利富达百德 1 期	19.52	2.06	3.96	0.29	
331	睿郡众享 2 号	19.51	2.52	9.07	1.24	
332	中国繁荣 1 号	19.50	2.08	30.22	2.16	√
333	高毅世宏 1 号	19.50	2.43	5.82	0.86	
334	万坤全天候量化 2 号	19.49	4.21	13.55	2.01	√
335	辛巴达之影 1 号	19.47	1.99	23.64	2.05	√
336	仁桥泽源 2 期	19.44	3.40	15.30	1.77	√
337	东源嘉盈 2 号	19.40	1.97	−1.59	−0.14	

续表

编号	基金名称	过去五年 (2019~2023 年)		过去三年 (2021~2023 年)		过去三年、五年都具有选股能力
		α（%）	t（α）	α（%）	t（α）	
338	余道年年有余 3 号	19.38	1.81	5.06	0.43	
339	顺从价值 1 号	19.37	2.40	0.87	0.08	
340	斓钰投资长跑	19.34	1.71	−4.07	−0.29	
341	东方先进制造优选	19.31	2.09	−1.89	−0.14	
342	文多文睿	19.29	2.43	6.18	0.60	
343	君信荣耀 1 号	19.26	6.12	12.39	4.89	√
344	华尔进取 4 号	19.21	3.02	22.90	2.52	√
345	明河精选	19.19	2.28	18.03	1.62	
346	睿璞投资-睿琨-卓享 2 号	19.17	2.67	7.32	0.82	
347	希瓦小牛 FOF	19.15	2.20	12.91	0.99	
348	万象华成进取 1 号	19.13	1.81	22.99	1.56	
349	彼立弗复利精选	19.11	2.26	13.11	0.90	
350	青柏潜龙 2 号	19.08	1.95	23.47	1.91	√
351	磐厚蔚然-英安 2 号	19.00	1.74	−1.32	−0.08	
352	私募工场明资道 1 期	18.98	2.23	−4.56	−0.39	
353	丹禾易嘉时代机遇 5 号	18.73	2.08	22.72	1.57	
354	东方港湾望远 3 号	18.72	1.78	16.13	1.02	
355	尚雅 9 期	18.71	1.69	8.43	0.48	
356	华鸿财富	18.71	2.04	4.71	0.40	
357	汇远量化定增 3 期	18.70	1.97	0.82	0.07	
358	翼虎成长 1 期（翼虎）	18.69	2.12	21.69	1.88	√
359	摩汇 1 号	18.67	2.08	20.81	1.83	√
360	大黑龙	18.64	1.70	5.91	0.53	
361	纽富斯价值精选	18.61	3.38	11.22	1.58	
362	金舆全球精选	18.61	1.74	7.33	0.42	
363	钱塘希瓦小牛 2 号	18.60	1.90	7.70	0.48	
364	大朴多维度 15 号	18.58	4.30	7.05	1.44	

编号	基金名称	过去五年 （2019～2023 年）		过去三年 （2021～2023 年）		过去三年、 五年都具有 选股能力
		α（%）	t（α）	α（%）	t（α）	
365	证金价值投资 2 期	18.56	1.65	9.75	0.80	
366	致君凌云	18.52	2.45	2.59	0.22	
367	鲤鱼门家族	18.50	2.66	1.25	0.13	
368	兴聚财富 3 号	18.50	3.06	20.82	2.20	√
369	中欧瑞博成长策略 1 期 1 号	18.49	2.93	3.36	0.71	
370	泽堃稳健增长 1 号	18.49	2.52	−1.23	−0.12	
371	私享-价值 17 期	18.41	2.14	3.56	0.32	
372	信泰恒睿 1 号	18.36	3.22	14.16	1.58	
373	厚山 1 号	18.33	2.01	6.96	0.58	
374	易同精选 3 期 1 号	18.27	2.61	6.01	0.56	
375	成飞稳赢 1 号	18.16	2.20	13.99	1.02	
376	守正	18.16	2.15	12.05	1.05	
377	东方点赞	18.15	2.15	9.60	1.66	√
378	在美 2 号	18.09	2.03	1.98	0.17	
379	睿璞投资-悠享 1 号	18.04	2.57	5.50	0.63	
380	盛泉恒元多策略灵活配置 7 号	18.04	5.13	22.14	4.89	√
381	瑞民策略精选优势	17.99	1.68	20.17	1.31	
382	上海以舟投资-璀璨 1 号	17.94	1.94	6.41	0.47	
383	华鑫消费 1 号	17.89	1.65	−16.06	−1.59	
384	乔松汇众	17.88	2.49	4.00	0.38	
385	宽远价值成长 2 期	17.84	2.56	8.88	0.85	
386	私募工场自由之路子基金	17.82	3.64	12.00	1.73	√
387	万坤全天候量化 1 号	17.80	3.90	11.10	1.80	√
388	海天恒远 1 号	17.70	1.77	20.79	1.36	
389	库达呼拉	17.65	2.32	15.39	1.33	
390	证大久盈旗舰 5 号	17.62	1.87	17.48	1.10	
391	兴聚尊享 A 期	17.61	2.45	22.66	1.97	√

续表

编号	基金名称	过去五年 （2019~2023 年）		过去三年 （2021~2023 年）		过去三年、 五年都具有 选股能力
		α（%）	t（α）	α（%）	t（α）	
392	泓澄投资	17.58	2.25	-2.11	-0.18	
393	丹羿-锐进 1 号	17.57	1.99	-0.95	-0.08	
394	远望角容远 1 号	17.55	2.26	11.91	1.13	
395	雍熙智胜 2 号	17.54	1.69	3.86	0.47	
396	神农本草集 2 号	17.54	1.72	17.37	1.06	
397	仁桥泽源股票	17.54	3.51	11.44	1.55	
398	中欧瑞博诺亚 1 期	17.53	3.47	6.53	1.19	
399	壁虎寰宇成长 6 号	17.53	2.03	1.04	0.09	
400	京福 1 号	17.48	1.64	31.09	1.88	√
401	靖奇睿科 3 号	17.45	2.68	11.86	1.56	
402	神农 1 期	17.44	1.88	12.25	0.84	
403	臻航价值致远	17.41	2.25	5.52	0.52	
404	忠石龙腾 2 号	17.40	2.45	16.30	1.49	
405	康曼德 106 号	17.40	2.94	11.67	1.67	√
406	睿郡 5 号	17.37	3.93	10.52	1.75	√
407	汉和资本-私募学院菁英 7 号	17.27	2.54	-1.01	-0.12	
408	长坡晓东 1 号	17.26	1.74	13.09	0.86	
409	大朴藏象 1 号	17.23	2.85	2.18	0.31	
410	中证星耀 FOF	17.20	4.09	9.59	1.74	√
411	天生桥 2 期	17.17	2.05	20.61	1.79	√
412	阳光宝 3 号	17.16	2.45	1.86	0.18	
413	东方鼎泰 3 期	17.16	2.11	9.96	0.78	
414	兴聚财富 8 号	17.11	2.97	16.62	1.86	√
415	鹤骑鹰一粟	17.07	2.95	19.12	2.26	√
416	秉怀春风成长 1 号	17.05	1.94	14.33	1.14	
417	星石银信宝 2 期	17.04	1.97	16.68	1.58	
418	智诚 11 期	17.04	1.72	-2.42	-0.18	

续表

编号	基金名称	过去五年 （2019~2023 年）		过去三年 （2021~2023 年）		过去三年、 五年都具有 选股能力
		α（%）	t（α）	α（%）	t（α）	
419	宽远价值成长 2 期诺亚专享 1 号	17.00	2.45	6.86	0.65	
420	全意通宝(进取)-星石兴光 1 号	16.99	2.28	9.27	0.86	
421	泓澄优选	16.99	2.13	-3.13	-0.26	
422	私募工场量子复利	16.92	1.97	21.72	1.84	√
423	星石 35 期	16.91	2.11	10.82	0.99	
424	水鹭 1 号	16.87	2.68	16.67	1.51	
425	领星泓澄股票策略	16.84	1.97	-1.22	-0.09	
426	金华阳	16.83	1.65	-8.53	-0.68	
427	巨杉申新 3 号	16.77	1.83	3.50	0.27	
428	奕金安 1 期	16.74	2.07	0.96	0.08	
429	恒复趋势 1 号	16.70	1.96	24.89	2.40	√
430	丰岭精选	16.66	2.09	14.15	1.14	
431	翼虎成长 3 期	16.66	2.00	14.17	1.39	
432	弥加 3 号	16.62	1.64	24.12	1.53	
433	富乐源 1 号	16.59	1.81	0.39	0.03	
434	明河精选 3	16.59	2.05	15.22	1.36	
435	里思智理 1 号	16.53	1.70	5.89	0.37	
436	彤源同庆 3 号	16.40	1.89	-0.21	-0.02	
437	新方程泓澄精选	16.38	2.17	-4.43	-0.42	
438	高毅精选 FOF	16.35	3.21	0.20	0.03	
439	宽远沪港深精选	16.34	2.37	7.31	0.73	
440	高毅利伟精选唯实	16.31	2.50	-4.97	-0.53	
441	惠正共赢 1 期	16.30	2.54	11.29	1.36	
442	私享策远 11 号	16.28	1.81	1.39	0.13	
443	东方消费服务优选	16.18	1.82	-1.66	-0.13	
444	大朴进取 2 期	16.16	2.83	3.50	0.50	
445	景林丰收	16.16	2.18	-2.58	-0.25	

编号	基金名称	过去五年 （2019~2023 年）		过去三年 （2021~2023 年）		过去三年、 五年都具有 选股能力
		α（%）	t（α）	α（%）	t（α）	
446	民森 K 号	16.13	2.00	−4.66	−0.47	
447	仙童 4 期	16.12	1.86	9.07	0.70	
448	聚沣成长	16.12	1.77	11.34	0.85	
449	明河科技改变生活	16.09	2.15	7.45	0.70	
450	星石 31 期	16.06	2.03	9.41	0.85	
451	安和价值	16.02	2.89	19.87	2.47	√
452	齐济成长 1 号	15.99	1.92	9.60	1.13	
453	汇泽至远 1 期	15.96	1.97	18.15	1.76	√
454	兴聚润泰 1 号	15.95	3.15	16.49	2.18	√
455	翼虎成长 18 期	15.94	1.85	17.73	1.62	
456	吉渊稳健进取 2 期	15.93	1.79	25.89	1.97	√
457	睿泽资本 1 号	15.91	1.85	13.49	1.10	
458	攀山 2 期	15.89	1.78	19.81	2.27	√
459	抱朴 1 号	15.85	2.04	14.23	1.52	
460	高毅庆瑞 6 号	15.85	1.99	−7.81	−0.84	
461	杭州波粒二象特罗 1 号	15.83	3.61	7.47	1.93	√
462	高毅世宏 1 号赋余 5 号	15.82	2.10	−1.33	−0.18	
463	果实长期回报	15.80	1.92	3.74	0.31	
464	江苏-天生桥-孵化 1 号	15.78	2.03	19.47	1.75	√
465	文多稳健 1 期	15.77	2.36	3.98	0.44	
466	明远恒信	15.76	1.94	11.81	1.02	
467	鼎达对冲 2 号	15.75	2.20	14.68	1.45	
468	骏旭稳健发展 1 期	15.75	2.51	17.23	2.21	√
469	彼立弗复利 1 期	15.72	2.04	12.52	0.97	
470	壁虎寰宇成长 1 号	15.70	1.71	0.38	0.03	
471	明河精选 2	15.70	1.87	14.22	1.27	
472	聚沣 1 期	15.70	1.78	11.58	0.86	

续表

编号	基金名称	过去五年 (2019~2023 年)		过去三年 (2021~2023 年)		过去三年、五年都具有选股能力
		α（%）	t（α）	α（%）	t（α）	
473	泊通致远 1 号	15.67	1.85	14.91	0.99	
474	仁布积极进取 1 号	15.64	2.52	9.24	1.18	
475	拾贝精选	15.63	2.71	8.24	0.91	
476	长见精选 3 号	15.61	2.64	−3.17	−0.47	
477	博晟 1 号	15.58	3.26	4.68	0.73	
478	远望角容远 1 号 A 期	15.58	2.21	12.87	1.40	
479	投资精英（星石 B）	15.56	2.94	8.19	1.24	
480	瑞泉 1 号	15.53	2.48	24.87	3.02	√
481	盈阳 15 号	15.48	1.92	2.46	0.28	
482	萍聚投资恒升 1 期	15.47	2.24	21.73	2.21	√
483	睿璞投资-睿泰-潜心 1 号	15.46	2.22	9.27	1.33	
484	青云专享 1 号	15.44	2.26	4.16	0.39	
485	泽源 1 号	15.43	3.09	15.45	2.15	√
486	翼虎灵活配置 1 号	15.42	1.81	16.54	1.46	
487	睿道同行	15.41	2.00	28.63	2.71	√
488	锐进 41 期	15.35	3.10	12.15	1.68	√
489	中欧瑞博 7 期	15.28	3.38	4.21	0.83	
490	黄金优选 13 期 1 号	15.28	2.94	7.88	1.21	
491	果实资本精英汇 3 号	15.24	2.53	1.33	0.15	
492	平安阁鼎高毅 FOF 优选 1 号	15.22	3.00	−1.64	−0.23	
493	易同成长	15.17	1.84	6.79	0.62	
494	华骏量化 1 号	15.16	4.09	12.69	3.22	√
495	翼虎成长 7 期	15.14	1.67	18.95	1.48	
496	擎天普瑞明 1 号	15.13	2.48	14.55	1.76	√
497	青榕狼图腾	15.12	1.64	4.59	0.32	
498	金珀 6 号	15.10	2.98	6.22	1.02	
499	远望角投资 1 期	15.09	1.94	10.21	0.99	

续表

编号	基金名称	过去五年 （2019~2023 年）		过去三年 （2021~2023 年）		过去三年、 五年都具有 选股能力
		α（%）	t（α）	α（%）	t（α）	
500	积露 1 号	15.08	2.17	12.68	1.40	
501	睿郡众享 1 号	15.07	2.90	10.57	1.56	
502	价值坐标 1 号	14.97	2.26	0.77	0.08	
503	涌鑫 2 号	14.95	2.69	14.02	2.33	√
504	中信资本价值回报	14.93	2.71	11.19	1.62	
505	瓦宾法鲁	14.90	2.06	12.87	1.19	
506	少数派 8 号	14.87	1.87	−6.08	−0.58	
507	私募学院菁英 105 号	14.83	2.07	4.10	0.55	
508	侏罗纪超龙 3 号	14.82	2.17	3.23	0.50	
509	远望角容远 6 期	14.79	1.89	4.39	0.43	
510	万吨资产深海鲸旗舰	14.76	1.78	15.40	1.50	
511	东方行业优选	14.67	1.79	−2.08	−0.18	
512	睿郡尊享 A 期	14.67	2.87	9.11	1.25	
513	明河清源 1 号	14.67	2.29	13.05	1.43	
514	汉和资本 1 期	14.63	2.04	2.00	0.24	
515	众壹资产铁树套利 1 号	14.57	2.02	12.15	1.25	
516	明泓价值成长 1 期	14.56	2.87	6.65	1.49	
517	汉和天信	14.55	2.15	−3.37	−0.40	
518	泰和天工 2 期	14.54	1.83	3.68	0.35	
519	幂数阿尔法 1 号	14.51	2.61	12.47	1.45	
520	鸣石春天沪深 300 指数增强 1 号	14.50	3.13	9.78	1.59	
521	泓澄稳健	14.50	1.87	−5.98	−0.50	
522	宽远价值成长 3 期	14.50	2.26	3.75	0.39	
523	私享蓝筹 5 期	14.48	1.74	−1.37	−0.12	
524	新方程巨杉	14.46	2.44	5.85	0.65	
525	兴聚财富 2 号	14.44	2.44	14.45	1.52	
526	巨杉净值线 5G 号	14.42	2.29	4.04	0.44	

编号	基金名称	过去五年（2019~2023 年）		过去三年（2021~2023 年）		过去三年、五年都具有选股能力
		α（%）	t（α）	α（%）	t（α）	
527	翙鹏中国竞争力 A	14.40	2.27	5.74	0.63	
528	兴聚财富 6 号	14.39	2.37	14.54	1.53	
529	忠石龙腾 1 号	14.38	1.91	18.91	1.91	√
530	毕盛狮惠	14.38	1.98	10.05	1.01	
531	黑森 3 号	14.37	2.55	24.70	3.13	√
532	弘尚资产研究精选 2 号	14.37	2.03	-3.22	-0.30	
533	黑翼中证 500 指数增强专享 1 号	14.36	2.72	11.65	1.91	√
534	明己稳健增长 1 号	14.34	2.35	7.60	0.83	
535	合众易晟价值增长 1 号	14.32	2.17	7.58	0.85	
536	君之健翱翔稳进	14.29	2.10	20.20	1.94	√
537	泽源 6 号	14.20	2.95	15.05	2.03	√
538	私募学院菁英 87 号	14.17	1.97	14.86	1.50	
539	壁虎南商 1 号	14.16	1.68	5.19	0.42	
540	子青 2 期	14.12	1.78	-1.02	-0.09	
541	果实成长精选 1 号	14.12	1.74	-4.59	-0.39	
542	诺优逆向价值精选	14.10	3.25	12.56	2.12	√
543	兴聚财富 3 号好买精选 1 期	14.09	2.49	15.57	1.77	√
544	潮金丰中港成长趋势 3 号	14.06	1.95	0.85	0.08	
545	博瑞量化进取 1 号	14.04	2.16	7.49	0.75	
546	聚鸣积极成长	14.04	1.93	5.97	0.67	
547	仙童 1 期	14.01	1.83	12.59	1.10	
548	聚鸣多策略	14.00	1.97	3.34	0.41	
549	九章幻方中证 1000 量化多策略 1 号	14.00	2.21	10.29	1.15	
550	汇升稳进 1 号	13.98	2.44	6.12	0.92	
551	循远安心 2 号	13.94	2.16	10.95	1.25	
552	丹禾易嘉中国高端制造 3 号	13.87	1.74	16.15	1.33	

续表

编号	基金名称	过去五年 （2019～2023 年）		过去三年 （2021～2023 年）		过去三年、 五年都具有 选股能力
		α（%）	t（α）	α（%）	t（α）	
553	拾金 3 号	13.79	1.82	18.61	1.88	√
554	私募工场厚生君和稳健	13.78	2.09	6.30	0.76	
555	泓澄投资睿享 3 号	13.76	1.77	−7.65	−0.64	
556	丰奖 2 号	13.71	1.86	16.41	1.54	
557	长见产业趋势 2 号	13.69	2.40	−5.03	−0.77	
558	私享－成长 1 期	13.68	1.86	6.58	0.67	
559	九章幻方多策略 1 号	13.67	2.34	9.68	1.12	
560	九坤日享沪深 300 指数增强 1 号	13.66	3.73	8.37	1.49	
561	银叶量化精选 1 期	13.57	2.55	8.72	1.43	
562	远澜银杏 1 号	13.56	2.43	8.31	1.24	
563	长青藤 3 期	13.49	1.83	5.00	0.49	
564	易同精选	13.47	1.66	6.12	0.56	
565	匠心 1 号	13.46	2.96	7.86	1.24	
566	宽远价值成长	13.43	2.43	5.10	0.64	
567	资瑞兴 1 号	13.41	1.94	12.23	1.27	
568	九章幻方沪深 300 量化多策略 1 号	13.41	2.15	7.06	0.76	
569	进化论金享 1 号	13.41	1.75	13.99	1.39	
570	泓澄智选 1 期	13.40	1.77	−2.09	−0.17	
571	黑森 9 号	13.39	2.16	22.73	2.37	√
572	君悦安新 1 号	13.38	1.90	−1.73	−0.18	
573	新方程星动力 S7 号	13.37	3.17	−0.08	−0.01	
574	嘉泰 1 号（嘉泰）	13.33	1.87	16.14	1.79	√
575	观富源 2 期	13.31	2.31	0.59	0.09	
576	小鳄 3 号	13.25	1.68	−2.82	−0.50	
577	双隆稳盈 1 号	13.25	2.72	11.23	2.25	√
578	华夏未来泽时进取 12 号	13.22	1.67	−8.62	−0.76	

编号	基金名称	过去五年（2019~2023 年）		过去三年（2021~2023 年）		过去三年、五年都具有选股能力
		α（%）	t（α）	α（%）	t（α）	
579	私募学院菁英 500 号	13.19	2.27	5.91	0.75	
580	诗书传家	13.19	1.78	1.66	0.16	
581	重阳价值 3 号 B 期	13.18	1.94	7.25	0.63	
582	泓澄优选 10 号	13.18	1.68	−3.12	−0.26	
583	公正财富量化洋盈 1 号	13.17	2.57	13.45	1.49	
584	博牛金狮成长 1 号	13.16	2.65	9.38	2.12	√
585	深积复利成长 1 期	13.16	2.10	5.37	0.60	
586	滚雪球兴泉 3 号	13.15	1.73	11.42	1.00	
587	瑞民华健安全价值	13.14	1.96	22.77	2.31	√
588	骏泽平衡 2 号	13.08	1.93	11.32	1.06	
589	伯兄永宁	13.07	4.72	15.34	3.91	√
590	高毅信恒精选 FOF 尊享 1 期	13.04	2.64	−3.46	−0.50	
591	仙童 FOF4 期	12.97	1.75	5.57	0.49	
592	君之健君悦	12.93	2.14	17.00	1.87	√
593	朴汇益	12.93	2.40	5.27	0.76	
594	果实资本精英汇 4A 号	12.88	2.11	−1.50	−0.17	
595	少数派 5 号	12.81	1.93	−5.91	−0.67	
596	中鼎创富鼎创	12.79	1.92	11.01	1.27	
597	华信资产价值 5 期	12.77	2.16	2.36	0.30	
598	灵均中证 500 指数增强 2 号	12.76	2.07	11.09	1.23	
599	烽火 1 号	12.74	1.73	16.71	1.53	
600	融升稳健 1 号	12.71	3.53	13.26	4.88	√
601	合众易晟复利增长 1 号	12.71	2.25	3.54	0.57	
602	高脉汉景 1 号	12.67	2.62	3.93	0.64	
603	国富瑞合 1 号	12.63	2.14	14.58	1.87	√
604	滚雪球 1 号（201502）	12.57	1.99	11.43	1.61	
605	裕晋 27 期	12.53	2.76	2.55	0.43	

编号	基金名称	过去五年 （2019~2023 年）		过去三年 （2021~2023 年）		过去三年、 五年都具有 选股能力
		α（%）	t（α）	α（%）	t（α）	
606	多盈 2 号	12.52	3.10	12.91	2.14	√
607	懿德财富稳健成长	12.50	2.18	19.31	2.62	√
608	拾贝积极成长	12.50	2.27	6.98	0.84	
609	龙旗红旭	12.49	2.58	18.23	2.37	√
610	坤德永盛 2 期	12.47	1.66	-0.78	-0.09	
611	高毅邻山 1 号	12.46	1.73	3.55	0.31	
612	因诺天丰 1 号	12.44	1.88	11.59	1.53	
613	高毅利伟精选唯实 1 号	12.39	2.00	-8.84	-1.01	
614	九坤日享中证 1000 指数增强 1 号	12.38	2.34	21.88	2.63	√
615	橡子树 2 号	12.36	1.77	6.24	0.59	
616	肥尾价值 5 号	12.33	1.67	13.81	1.32	
617	金蟾蜍大鑫 1 号	12.32	2.04	9.76	1.46	
618	拾贝 1 号	12.28	1.78	10.78	1.12	
619	拾贝投资信元 7 号	12.27	2.25	6.53	0.75	
620	通和量化对冲 9 期	12.24	1.84	24.81	2.46	√
621	宽远优势成长 2 号	12.21	2.13	1.85	0.25	
622	明曦稳健 1 号	12.21	1.65	-1.51	-0.17	
623	赫富 500 指数增强 1 号	12.17	2.69	12.04	1.96	√
624	泽源 10 号	12.14	2.45	11.46	1.58	
625	黑翼风行 3 号	12.08	3.29	4.51	0.91	
626	无隅鲲鹏 1 号	12.05	3.09	19.50	3.32	√
627	九印远山 2 号	12.02	1.96	7.59	0.75	
628	堃熙源沣指数增强 7 号	12.01	1.90	13.58	1.45	
629	南方汇金 6 号	12.01	1.73	18.20	1.77	√
630	九章幻方中证 500 量化进取 2 号	11.97	1.95	6.82	0.78	
631	新方程巨杉-尊享 B	11.94	2.14	2.25	0.27	
632	涵元天璇量化 1 号	11.92	1.77	4.31	0.44	

续表

编号	基金名称	过去五年 (2019~2023 年)		过去三年 (2021~2023 年)		过去三年、五年都具有选股能力
		α（%）	t（α）	α（%）	t（α）	
633	私募工场翙鹏中国竞争力 1 号	11.88	1.93	1.83	0.21	
634	澎泰安全边际 1 期	11.83	1.78	7.41	0.83	
635	宽远价值成长 5 期 1 号	11.79	2.06	1.44	0.20	
636	兴聚财富 7 号	11.73	2.31	8.75	1.17	
637	泰亚 2 期	11.73	2.97	8.89	2.58	√
638	师之盈成长 1 号	11.67	1.78	6.74	0.84	
639	中欧瑞博 4 期	11.67	2.68	0.49	0.09	
640	超龙 5 号	11.64	2.18	6.27	0.94	
641	侏罗纪超龙优选	11.61	2.19	6.24	0.93	
642	宽远优势成长 3 号	11.56	2.24	0.77	0.11	
643	师之洋	11.49	1.78	6.46	0.79	
644	拾贝泰观	11.48	2.21	6.68	0.80	
645	益嘉 6 号指数增强	11.42	1.67	19.14	2.09	√
646	致君基石投资 1 号	11.39	1.70	1.50	0.23	
647	仁布财富 1 期	11.38	1.84	2.87	0.41	
648	祐益峰菁英 1 号	11.38	3.35	11.20	2.44	√
649	厚生彬鹏 1 期	11.17	1.98	8.06	1.06	
650	峰云汇哥伦布	11.16	3.41	10.82	3.03	√
651	天道 1 期	11.16	1.79	0.58	0.08	
652	歌斐锐联量化 A 股基本面	11.15	2.37	1.46	0.21	
653	台州 1 号	11.13	1.65	−1.76	−0.19	
654	超龙 6 号	10.91	2.00	4.77	0.67	
655	骐邦涌利稳健成长	10.89	1.94	11.53	2.12	√
656	艾悉财赋 1 号	10.87	3.01	12.71	2.56	√
657	投资精英之域秀长河价值 2 号	10.87	2.67	−0.20	−0.04	
658	至璞新以恒	10.84	2.43	13.80	1.99	√
659	苏华智稳盈 7 期	10.80	4.02	8.32	2.17	√

续表

编号	基金名称	过去五年 (2019~2023 年)		过去三年 (2021~2023 年)		过去三年、 五年都具有 选股能力
		α (%)	t (α)	α (%)	t (α)	
660	天演中证 500 指数	10.76	2.10	8.18	1.19	
661	赛硕稳利 1 号	10.74	2.61	10.81	2.27	√
662	兴聚 1 期	10.73	2.38	11.15	1.56	
663	坤钰天真 FOF1 号	10.71	2.21	2.08	0.43	
664	重阳目标回报 1 期	10.68	2.20	10.49	1.43	
665	宁泉特定策略 1 号	10.63	2.69	10.81	2.25	√
666	淘利趋势套利 15 号	10.62	4.31	5.45	2.83	√
667	中量财富玖盈 1 号	10.60	1.67	12.66	1.29	
668	立心-私募学院菁英 353 号	10.58	1.68	13.87	1.44	
669	耀泉 1 号	10.50	2.32	15.70	2.73	√
670	投资精英之重阳（B）	10.47	2.01	9.04	1.05	
671	致君辰光	10.37	1.68	4.09	0.58	
672	喆颢大中华 A	10.31	2.21	3.72	0.83	
673	领星拾贝	10.30	1.74	6.05	0.67	
674	鼎实 FOF	10.29	3.99	7.44	2.10	√
675	大朴策略 1 号	10.24	2.07	-0.42	-0.06	
676	黄金优选 10 期 3 号（重阳）	10.23	1.99	8.81	1.04	
677	龙旗 Y1 期	10.18	1.82	8.74	1.47	
678	乐道成长优选 2 号 A 期	10.14	2.03	-2.86	-0.46	
679	普尔睿选 5 号	10.13	1.69	14.31	1.35	
680	厚生明启 2 号	10.10	2.20	3.55	0.60	
681	悟空对冲量化 11 期	10.08	1.75	8.50	0.99	
682	永 1 号	10.00	1.92	8.00	1.94	√
683	艾方博云全天候 1 号	9.97	2.39	1.79	0.35	
684	永韵骐邦 1 号	9.93	1.77	9.86	1.71	√
685	诚盛 2 期	9.91	2.27	11.19	1.89	√
686	黛眉杉树	9.89	1.97	8.01	1.20	

续表

编号	基金名称	过去五年（2019~2023 年）		过去三年（2021~2023 年）		过去三年、五年都具有选股能力
		α（%）	t（α）	α（%）	t（α）	
687	保银紫荆怒放	9.89	1.83	-2.62	-0.38	
688	重阳对冲 2 号	9.87	1.77	8.47	0.96	
689	证禾 1 号	9.84	1.65	5.34	0.67	
690	金享精选策略	9.83	3.13	8.85	2.60	√
691	佳和精选 1 号	9.81	2.00	-6.34	-1.30	
692	宁聚自由港 1 号	9.77	1.83	7.34	0.94	
693	卓越理财 1 号	9.76	2.16	0.79	0.12	
694	胡杨韵动 1 期	9.75	1.85	6.46	1.66	√
695	国联安-弘尚资产成长精选 1 号	9.73	1.87	-0.47	-0.08	
696	盛泉恒元灵活配置 8 号	9.68	3.26	9.82	2.57	√
697	元康沪港深精选 1 号	9.66	1.87	11.12	1.53	
698	金珀 9 号	9.64	2.10	5.24	1.06	
699	盈阳 22 号	9.63	1.95	14.97	3.33	√
700	朱雀 20 期	9.62	1.74	4.75	0.74	
701	拾贝精选 1 期	9.58	1.92	2.52	0.33	
702	湘源稳健	9.57	3.05	7.71	1.85	√
703	博孚利聚强 2 号 FOF	9.44	1.89	-0.49	-0.15	
704	千惠云航 1 号	9.36	2.78	3.80	0.85	
705	启元价值成长 1 号	9.30	2.28	10.07	2.34	√
706	龙旗紫霄	9.30	1.73	15.92	1.82	√
707	睿郡众享 6 号	9.27	2.36	9.04	1.60	
708	千象卓越 2 号	9.21	1.73	7.37	1.08	
709	朱雀 20 期之慧选 11 号	9.18	1.94	4.74	0.74	
710	弘彦家族财富 4 号	9.16	3.33	6.36	2.17	√
711	谊恒多品种进取 2 号	9.12	2.71	8.83	1.80	√
712	股票价值鼎实 13 号	9.11	2.58	1.66	0.46	
713	大朴目标	9.09	2.13	1.22	0.20	

编号	基金名称	过去五年 (2019~2023年)		过去三年 (2021~2023年)		过去三年、五年都具有选股能力
		α（%）	t（α）	α（%）	t（α）	
714	龙旗红鹰	9.05	1.80	14.30	1.84	√
715	展弘量化套利1号	9.04	2.64	10.43	2.34	√
716	平方和进取1号	9.00	1.68	11.36	2.02	√
717	中邮永安钱塘致胜1号	9.00	3.20	7.41	1.74	√
718	毅木动态精选2号	8.96	2.01	0.56	0.09	
719	喆颢大中华D	8.91	2.70	2.73	0.60	
720	青云套利1号	8.88	1.90	0.75	0.16	
721	鋈杉1号	8.86	1.66	2.10	0.42	
722	汇升共盈尊享	8.85	3.73	6.54	2.50	√
723	黑翼风行2号	8.82	1.64	18.29	2.34	√
724	睿郡稳享	8.74	2.43	8.63	1.79	√
725	远澜雪松	8.74	2.59	4.74	1.23	
726	五岳归来量化贝塔	8.64	2.28	4.10	0.91	
727	鼎实FOF7期	8.63	3.43	5.50	1.63	
728	微丰凯旋9号	8.62	1.92	4.45	0.83	
729	安值福慧量化3号	8.62	1.90	11.84	2.80	√
730	茂源资本-巴舍里耶量化对冲1期	8.57	2.27	9.71	2.05	√
731	寰宇精选收益之睿益1期	8.52	1.90	6.89	1.12	
732	华炎晨晖	8.47	2.45	13.98	3.27	√
733	拾贝泰观1号	8.46	1.74	3.68	0.48	
734	悬铃A号	8.46	1.95	8.07	1.36	
735	华炎晨星	8.43	2.74	13.06	3.09	√
736	致远中证500指数加强	8.43	2.06	11.97	2.61	√
737	自由港1号	8.41	1.65	5.93	0.78	
738	寰宇精选收益之睿益10期	8.39	1.98	8.35	1.42	
739	毅木资产动态精选3号	8.36	1.79	0.21	0.03	

续表

编号	基金名称	过去五年（2019~2023 年）		过去三年（2021~2023 年）		过去三年、五年都具有选股能力
		α（%）	t（α）	α（%）	t（α）	
740	大朴进取 1 期	8.28	1.89	−2.53	−0.44	
741	九鞅禾禧 1 号	8.28	1.69	−3.10	−0.41	
742	致同稳健成长 1 期	8.25	2.97	5.23	2.67	√
743	子午达芬奇 1 号	8.25	1.94	5.05	2.27	√
744	新方程对冲精选 N1 号	8.25	4.01	5.37	2.15	√
745	鼎实 FOF2 期	8.15	3.30	4.91	1.48	
746	辉毅 4 号	8.15	4.61	6.16	3.21	√
747	信成金台稳盈 1 号	8.15	1.68	−1.67	−0.36	
748	弘彦家族财富 2 号	8.13	3.74	5.76	2.63	√
749	兴识乾坤 1 号	8.12	1.65	1.29	0.30	
750	西安智本 1 号	8.05	1.94	2.46	0.47	
751	巡洋精选 1 号	7.99	1.88	1.50	0.23	
752	睿兹 10 号	7.99	3.88	5.00	2.66	√
753	谊恒多品种进取 1 号	7.89	2.24	3.20	0.67	
754	天合天勤 1 号	7.87	1.67	−2.70	−0.52	
755	盛泉恒元多策略市场中性 3 号	7.86	3.14	8.27	3.23	√
756	久期量和对冲 1 号	7.85	3.02	4.65	1.51	
757	江煦禧昊	7.80	2.13	15.49	3.26	√
758	美阳永续成长 7 号	7.70	3.17	4.90	1.64	
759	中国龙平衡	7.65	2.30	9.26	1.74	√
760	华炎铁树	7.58	2.21	11.53	2.87	√
761	裕晋 30 期	7.54	1.84	5.59	0.96	
762	致盛 3 号	7.54	2.27	9.02	2.92	√
763	茂源英火 1 号	7.48	1.95	13.87	2.43	√
764	老虎 7 号	7.32	2.02	4.57	1.33	
765	诚盛 1 期	7.31	1.88	8.00	1.42	
766	弘彦家族财富 3 号	7.25	3.10	5.35	2.14	√
767	金锝中证 1000 指数增强 1 号	7.24	1.66	12.63	2.03	√

编号	基金名称	过去五年 （2019~2023 年）		过去三年 （2021~2023 年）		过去三年、 五年都具有 选股能力
		α（%）	t（α）	α（%）	t（α）	
768	浊清精选 2 号	7.23	2.20	5.90	1.15	
769	白鹭 FOF 演武场 1 号	7.21	3.37	4.83	2.29	√
770	申毅格物 5 号	7.10	3.83	6.09	2.75	√
771	美阳永续成长	7.09	3.29	2.54	1.18	
772	信弘龙腾稳健 1 号	7.08	3.50	6.31	2.69	√
773	龙旗紫微	7.06	1.91	6.25	1.06	
774	盛泉恒元多策略量化对冲 2 号	7.03	2.87	7.98	2.96	√
775	弘彦 1 号	6.98	3.63	5.70	2.72	√
776	联卡稳健 1 期	6.96	2.48	11.14	2.61	√
777	喜岳云麓	6.89	1.64	9.10	1.44	
778	厚生量化阿尔法 1 号	6.87	2.15	7.70	1.65	√
779	星辰之喜岳 2 号	6.81	2.05	5.75	1.61	
780	厚生明启 1 号	6.79	1.70	−0.30	−0.08	
781	德远英华	6.72	1.73	10.95	1.95	√
782	盛泉恒元多策略量化对冲 1 号	6.63	2.38	8.17	2.31	√
783	展弘稳进 1 号	6.58	8.23	4.97	6.58	√
784	谊恒多品种稳健 1 号	6.35	2.46	4.22	1.25	
785	正瀛权智 2 号	6.35	1.80	1.14	0.33	
786	悟源航母 1 号 FOF	6.29	2.11	3.01	0.79	
787	茂源资本-巴舍里耶 2 期	6.27	2.04	7.57	1.74	√
788	启元价值成长 2 号	6.19	1.99	5.85	1.79	√
789	泓倍套利 1 号	6.15	3.14	2.61	1.20	
790	TOP30 对冲母基金 1 号	5.98	1.92	0.87	0.30	
791	新方程大类配置	5.95	2.86	3.23	1.09	
792	储泉兴盛 1 号	5.90	1.91	6.40	2.05	√
793	金锝量化	5.87	3.13	4.15	2.26	√
794	明钺安心回报 2 号	5.85	2.24	3.99	1.97	√
795	申毅全天候 2 号	5.75	2.79	4.19	1.68	√

续表

编号	基金名称	过去五年 （2019~2023 年）		过去三年 （2021~2023 年）		过去三年、 五年都具有 选股能力
		α（%）	t（α）	α（%）	t（α）	
796	灵涛卧龙	5.70	2.19	3.43	0.85	
797	厚品资产复利 1 号	5.63	1.83	1.42	0.35	
798	明钺宏观对冲 FOF	5.56	2.43	1.55	0.59	
799	大道白驹	5.41	1.84	7.03	1.98	√
800	擎丰 1 号	5.40	3.99	2.15	1.85	√
801	山带正朗行业	5.32	1.66	1.20	0.41	
802	珠海宽德九盈	5.09	1.64	4.57	0.88	
803	致同宝盈	4.96	2.08	5.67	3.18	√
804	艾方全天候 2 号	4.93	1.86	1.06	0.39	
805	润泽价值 2 期	4.85	1.79	3.45	1.00	
806	世纪兴元价值成长 1 号	4.71	1.81	2.48	0.81	
807	新时代智能量化 4 号	4.62	2.27	5.22	2.04	√
808	新时代智能 3 号	4.29	2.34	3.57	1.38	
809	福瑞福元 1 号	4.25	4.57	4.38	3.92	√
810	金锝 6 号	4.24	2.86	2.01	1.09	
811	金锝 5 号	4.20	2.72	2.38	1.40	
812	希格斯沪深 300 单利宝 1 号	4.12	2.25	4.65	1.79	√
813	兆石套利 1 号 FOF	4.08	4.68	4.81	3.92	√
814	中邮永安钱潮 FOF3 号	3.70	1.99	2.16	1.02	
815	曜石对冲母基金 2 号	3.52	4.73	3.66	5.48	√
816	歌斐传世 5 号	3.40	2.95	2.65	1.65	√
817	天宝云中燕 4 期	3.25	1.72	3.51	2.59	√
818	社润精诚 2 号	2.68	1.84	2.48	1.41	
819	海之山资产管理稳健收益 1 号	2.63	1.81	4.51	1.83	√
820	曜石对冲母基金 1 号	2.54	2.21	3.26	1.84	√
821	润合唐诚元宝 2 号	2.47	5.96	1.81	2.50	√
822	明钺安心回报 1 号	2.30	4.04	2.31	3.33	√

注：表中√代表在过去三年和过去五年都具有选股能力的股票型私募基金。

我们选取"林园投资 1 号"基金作为研究对象，分析其基金经理在近五年中的选股能力（见表 3-5、图 3-4）。"林园投资 1 号"基金成立于 2016 年 12 月 21 日，由基金经理林园负责管理工作。林园是深圳林园投资管理有限公司创始人，于 1989 年入市，2006 年创办阳光私募公司，至今历经多轮牛熊切换。他运用一套统一的方法体系和思维模型（投资"高护城河"和"成瘾"性商品，把行业方向视为投资的第一关键因素）进行了 35 年投资。截至 2023 年 12 月 31 日，该基金近五年（2019~2023 年）涨幅为 231.15%，同期万得全 A 指数上涨 40.69%，该基金显著跑赢市场。该基金中长期业绩表现优异，总体来看，基金经理林园具备选好赛道和好公司的水平，投资管理水平十分优异，选股能力很强。

表 3-5　　　　"林园投资 1 号"基金净值年度涨幅与阶段涨幅　　　　单位：%

名称	2019 年度	2020 年度	2021 年度	2022 年度	2023 年度	近五年（2019~2023 年）
林园投资 1 号	164.63	50.43	1.78	-20.73	3.10	231.15
万得全 A 指数	33.02	25.62	9.17	-18.66	-5.19	40.69

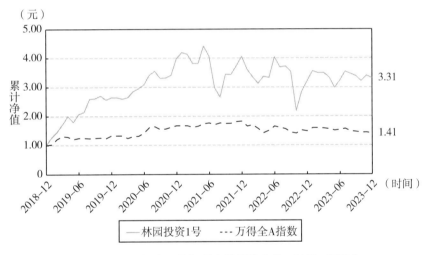

图 3-4　"林园投资 1 号"基金的累计净值：2019~2023 年

我们也选取了"大禾投资-掘金 5 号"基金作为研究对象，分析其基金经理在近五年中的选股能力（见表 3-6、图 3-5）。"大禾投资-掘金 5 号"基金成立于 2016 年 10 月 12 日，其基金管理人深圳大禾投资管理有限公司管理规模为 20 亿~50 亿元，是一家奉行产业视角、践行价值投资理念的资产管理公司，始终坚持长期价值投资、深入理解公司价值，以合适的价格投资卓越的企业。该基金的基金经理胡鲁滨曾任职于招商证券研发中心，发表了上百篇研究报告；曾任易方达基金研究部研究员、宏观策略主管、易方达基金机构与专户部投资经理；曾经长期负责易方达基金大类资产配置和宏观研究、投资策略研究；曾经负责全策略投资，并取得良好业绩。基金经理胡鲁滨主要擅长自下而上选股，同时对于宏观研究有深入的经验，90% 以上的研究集中于商业模式和个股。截至 2023 年 12 月 31 日，该基金近五年（2019~2023 年）涨幅为 232.48%，同期万得全 A 指数上涨 40.69%，该基金显著跑赢市场。该基金中长期业绩表现优异，基金经理通过对个股的整体把握，获得了杰出的业绩，充分体现了其选股能力，同时也为投资者创造了核心价值。

表 3-6 　　　"大禾投资-掘金 5 号"基金净值年度涨幅与阶段涨幅 　　　单位：%

名称	2019 年度	2020 年度	2021 年度	2022 年度	2023 年度	近五年（2019~2023 年）
大禾投资-掘金 5 号	119.04	67.04	-9.06	-6.36	6.72	232.48
万得全 A 指数	33.02	25.62	9.17	-18.66	-5.19	40.69

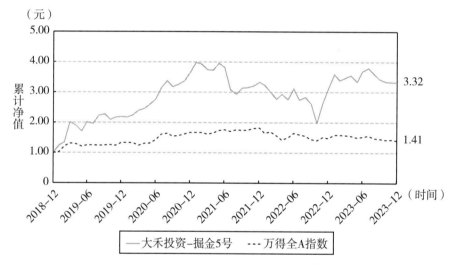

图 3-5 　　"大禾投资-掘金 5 号"基金的累计净值：2019~2023 年

三、择时能力分析

表 3-7 展示了具有五年历史业绩的基金经理们择时能力的估计结果。图 3-6 展示了采用 Treynor-Mazuy 模型估计出来的 3 230 只股票型基金的择时能力 γ 的 t 值。由于主要关注基金经理是否具备正确的择时能力，我们采用了单边假设检验。在 5% 的显著性水平下，有 213 只基金（占比 7%）的 γ 为正显著，其 t 值大于 1.64，说明这 213 只基金的基金经理表现出了显著的择时能力。有 2 382 只（占比 74%）的基金经理没有显著的择时能力。我们还看到，有 635 只基金（占比 20%）的 γ 为负显著，其 t 值小于 -1.64，说明这 635 只基金的基金经理具有明显错误的择时能力。总体来看，在过去五年（2019~2023 年），绝大部分（93%）的股票型

私募基金的基金经理不具备择时能力。

表3-7　　　　　股票型私募基金择时能力 γ 显著性的估计结果：2019～2023年

显著性	样本数量（只）	数量占比（%）
正显著	213	7
不显著	2 382	74
负显著	635	20
总计	3 230	100

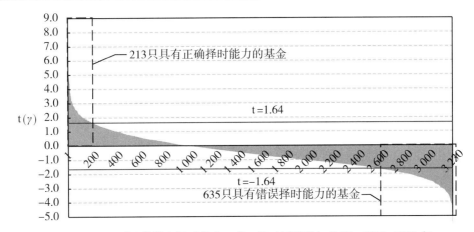

图3-6　股票型私募基金择时能力 γ 的 t 值（显著性）排列：2019～2023年

注：正确择时能力代表 $t(\gamma)>1.64$，错误择时能力代表 $t(\gamma)<-1.64$，未表现出择时能力代表 $-1.64 \leqslant t(\gamma) \leqslant 1.64$。基金具有择时能力是指基金表现出正确的择时能力，基金不具有择时能力代表基金表现出错误的或未表现出择时能力。

　　我们主要关注那些具有正确择时能力的基金，即择时能力（ γ ）呈现正显著性的基金。在单边 T 检验中，如果基金 i 的择时能力指标 γ 所对应的 t 值大于 1.64，则代表该基金具有显著正确的择时能力。表3-8展示了过去五年（2019～2023年）Treynor-Mazuy 模型中 γ 为正显著（具有择时能力）的 213 只基金的检验结果。我们同时也给出了这些基金在过去三年（2021～2023年）的择时能力及显著性检验结果。可以发现，仅有 8 只基金在过去三年和过去五年都表现出了显著的择时能力，占 3 230 只基金的 0.25%。

表3-8　　　　　在过去五年具有择时能力的股票型私募基金：2019～2023年

编号	基金名称	过去五年（2019～2023年）		过去三年（2021～2023年）		过去三年、五年都具有择时能力
		γ	t（γ）	γ	t（γ）	
1	仙风共赢3号	4.86	7.93	−0.53	−0.93	
2	仙风激进5号	6.34	7.11	−0.86	−1.20	

编号	基金名称	过去五年（2019~2023年）		过去三年（2021~2023年）		过去三年、五年都具有择时能力
		γ	$t(\gamma)$	γ	$t(\gamma)$	
3	均直聚盈	12.72	6.28	−0.91	−0.60	
4	中证800等权指数2倍增强4期	5.48	6.26	−0.28	−0.25	
5	小强中国梦	4.27	5.52	2.17	1.48	
6	常胜8号	9.93	5.03	−0.86	−0.31	
7	柘畋-磐石1号	6.00	4.89	0.48	0.37	
8	中证500指数2倍增强3期	6.19	4.81	−1.23	−0.81	
9	泛涵康元1号	0.99	4.78	0.02	0.08	
10	佰亿达2号	19.60	4.68	2.28	0.35	
11	海韵10号	4.08	4.65	−0.78	−0.61	
12	沃霖玄武3号	3.31	4.51	3.27	2.55	√
13	龙旗云起	4.23	4.44	0.65	0.35	
14	曜石对冲母基金2号	0.52	4.41	0.19	1.24	
15	银帆12期	5.05	4.35	1.14	0.57	
16	贵达丰	1.61	4.05	0.04	0.05	
17	华尔进取8号	3.54	4.04	1.59	1.08	
18	衍盛量化精选1期	2.28	3.80	1.47	1.54	
19	子午丁酉A期	3.80	3.77	4.42	2.48	√
20	常胜1号	5.60	3.73	−2.01	−0.68	
21	小强中国梦2号	3.15	3.70	2.28	1.43	
22	雁丰股票增强1号	2.64	3.61	2.24	2.05	√
23	民晟红鹭聚利	3.19	3.58	0.07	0.07	
24	天宝云中燕3期	1.42	3.54	0.26	1.19	
25	广益成长	3.42	3.47	3.72	1.57	
26	平凡悟量	1.56	3.36	1.22	1.46	
27	天宝云中燕4期	1.00	3.32	0.53	1.67	√
28	中睿合银精选1号	6.93	3.26	−1.90	−0.72	
29	衍盛指数增强1期	2.50	3.25	0.72	0.56	

续表

编号	基金名称	过去五年 （2019~2023 年）		过去三年 （2021~2023 年）		过去三年、 五年都具有 择时能力
		γ	t（γ）	γ	t（γ）	
30	鑫兰瑞	4.40	3.22	-0.60	-0.28	
31	宁聚自由港 1 号 B	2.67	3.18	-0.57	-0.34	
32	致远激进 1 号	2.46	3.16	-2.17	-1.35	
33	汇富进取 3 号	3.39	3.16	4.06	1.54	
34	福瑞福元 1 号	0.47	3.15	-0.07	-0.25	
35	银帆 10 期	2.86	3.13	-2.63	-1.94	
36	风云丰赟 1 号	4.82	3.11	4.15	1.60	
37	储泉恒星量化 1 号	0.97	3.05	-0.16	-0.43	
38	仓红 3 号见龙在田	5.67	3.02	1.73	0.52	
39	盈定 9 号	3.57	2.99	0.08	0.03	
40	华软新动力稳进 FOF1 号	2.39	2.96	-1.73	-1.36	
41	安鑫动力	0.77	2.92	0.33	0.56	
42	宝德源价值进取	4.65	2.91	-0.22	-0.09	
43	睦沣 1 号	2.67	2.91	1.93	1.17	
44	盛泉恒元多策略量化对冲 2 号	1.13	2.90	-0.92	-1.45	
45	鼎富 1 号	2.48	2.89	2.36	1.14	
46	九坤日享中证 500 指数增强 1 号	1.90	2.86	-0.56	-0.39	
47	中睿合银弈势 1 号	3.95	2.84	-3.53	-1.63	
48	晴信价值精选 1 号	3.89	2.83	2.28	0.94	
49	优益增 2 号	9.32	2.82	-3.81	-1.87	
50	旭鑫价值成长 1 期	2.17	2.81	2.08	1.62	
51	宽桥名将 2 号	2.21	2.78	0.95	0.62	
52	旭鑫稳健成长 1 期	2.12	2.78	1.94	1.47	
53	诺游旌旗	8.77	2.76	4.25	0.76	
54	理石股票优选 1 号	6.62	2.76	-1.58	-0.35	
55	励石宏观对冲策略 1 期	3.66	2.75	2.23	0.97	
56	银湖 2 期	3.38	2.71	-1.37	-0.74	

续表

编号	基金名称	过去五年 (2019~2023 年)		过去三年 (2021~2023 年)		过去三年、五年都具有择时能力
		γ	t (γ)	γ	t (γ)	
57	众拓创盈 2 号	3.48	2.67	0.22	0.12	
58	锐天 8 号	4.06	2.66	0.48	0.56	
59	诺鼎季风价值 3 号	2.72	2.65	3.10	1.30	
60	汇升稳进共盈 1 号	3.89	2.65	4.78	1.28	
61	景富和 2016	4.09	2.61	7.98	2.26	√
62	辰阳初心	1.34	2.58	0.31	0.41	
63	仓红 6 号	4.56	2.58	−0.07	−0.02	
64	旭鑫价值成长 2 期	2.13	2.57	1.90	1.49	
65	谱成深值 1 号	2.09	2.57	−0.11	−0.07	
66	本地资本紫气东来 FOF	1.04	2.57	0.15	0.25	
67	龟兔赛跑 1 号	2.38	2.56	3.03	1.52	
68	致远中证 1000 指数加强	1.95	2.55	−2.13	−1.32	
69	文鼎 1 期	6.74	2.55	1.24	0.23	
70	稻贞 1 号	3.11	2.55	0.69	0.40	
71	值搏率 1 号	2.85	2.54	−0.82	−0.36	
72	玖盈 1 号	7.09	2.53	−0.71	−0.13	
73	橙樾投资-私募学院菁英 198 号	8.05	2.53	−2.35	−0.31	
74	诺鼎季风价值 2 号	2.66	2.51	4.80	2.11	√
75	元 1 号	4.72	2.50	6.26	1.56	
76	上善若水疾风	5.86	2.50	5.32	1.49	
77	中睿合银策略精选 1 号	3.71	2.48	−3.29	−1.47	
78	中睿合银策略精选系列 A 号	3.32	2.47	−3.01	−1.37	
79	易凡 5 号	3.87	2.47	−1.16	−0.33	
80	昀启稳健成长	3.35	2.45	2.35	0.81	
81	九坤日享中证 1000 指数增强 1 号	2.06	2.44	−0.48	−0.24	
82	珠池量化对冲母基金 1 号	0.67	2.44	0.45	1.11	
83	航长常春藤 9 号	2.75	2.42	−2.73	−1.10	

编号	基金名称	过去五年 （2019～2023 年）		过去三年 （2021～2023 年）		过去三年、 五年都具有 择时能力
		γ	t（γ）	γ	t（γ）	
84	龙旗追阳临风 1 号	2.11	2.42	0.66	0.47	
85	源沣进取 3 号	2.59	2.37	0.80	0.52	
86	指数增强 1 期	1.14	2.33	−0.50	−0.56	
87	磐厚蔚然-时代核心资产	2.23	2.30	−0.03	−0.02	
88	黄金优选 25 期 1 号	3.55	2.29	3.13	0.97	
89	致远 22 号	0.98	2.28	−0.07	−0.09	
90	盈阳 16 号	2.66	2.27	1.10	0.68	
91	兆丰 2 号	1.64	2.27	0.01	0.01	
92	沣谊成长 2 号	4.02	2.26	3.24	1.05	
93	盛泉恒元多策略量化对冲 1 号	1.01	2.26	−1.20	−1.43	
94	榜样精彩	1.87	2.26	−0.45	−0.54	
95	金蕴 21 期（泓璞 1 号）	3.72	2.25	3.25	0.98	
96	泰亚 2 期	1.41	2.25	0.20	0.25	
97	衍航 1 号	2.11	2.25	0.70	0.36	
98	泾溪中国优质成长	4.52	2.24	1.21	0.31	
99	仓红 1 号	3.58	2.24	1.48	0.47	
100	泾溪佳盈 3 号	6.75	2.23	6.45	1.02	
101	鼎萨 3 期	5.99	2.23	4.32	0.72	
102	大通道财道 1 号	4.07	2.22	−5.33	−1.33	
103	盈定 12 号	3.13	2.22	−2.08	−1.57	
104	舜智竹节 1 号	5.11	2.21	−0.31	−0.10	
105	海粟价值成长 1 号	9.62	2.19	−6.74	−0.71	
106	金弘趋势 1 号	1.33	2.19	0.57	0.48	
107	熙山稳健成长 6 号	2.99	2.18	−2.61	−1.05	
108	富瑞得成长	3.31	2.17	−0.30	−0.12	
109	高熙资产福熙 1 号	2.22	2.17	1.45	0.66	
110	诺游趋势精选	9.48	2.16	5.51	1.36	

续表

编号	基金名称	过去五年（2019~2023 年）		过去三年（2021~2023 年）		过去三年、五年都具有择时能力
		γ	$t(\gamma)$	γ	$t(\gamma)$	
111	希格斯沪深 300 单利宝 1 号	0.62	2.12	-0.44	-0.71	
112	本利达 2 号	4.75	2.11	0.39	0.09	
113	雪币 2 号	11.17	2.11	2.64	0.80	
114	华融海特 1 号	2.87	2.10	0.43	0.17	
115	汇富金财时间周期对冲 1 号	4.01	2.09	4.80	1.37	
116	进化论悦享 1 号	2.39	2.09	-1.34	-0.63	
117	洪昌价值成长 1 号	4.56	2.08	-1.55	-0.34	
118	景富 2 期	3.32	2.08	7.43	2.33	√
119	泰谷	1.48	2.08	0.66	0.81	
120	永望复利成长 1 号	3.49	2.07	3.04	0.77	
121	德汇成长 3 期	2.68	2.06	-0.12	-0.05	
122	阿甘 1 号	4.46	2.06	0.97	0.28	
123	源沣进取 2 号	2.69	2.05	1.35	0.80	
124	盛泉恒元多策略市场中性 3 号	0.82	2.05	-1.09	-1.81	
125	辉睿 1 号	1.53	2.03	1.13	0.78	
126	牛星 13 号	6.43	2.02	5.12	0.87	
127	龙全冠宇-高维指数 FOF	2.59	2.01	2.88	0.98	
128	金海 13 号	2.50	2.00	0.71	0.84	
129	安诺 1 期	6.55	1.99	-9.30	-1.28	
130	德汇尊享 2 号	2.36	1.98	-0.23	-0.11	
131	民晟锦泰 1 号	2.94	1.98	-3.13	-1.13	
132	泓翊秋实 1 号	4.51	1.98	3.04	0.82	
133	红树林昂立对冲	1.73	1.97	1.79	0.94	
134	品赋火炬	1.03	1.97	1.01	0.99	
135	融政创沅尊享 6 号	3.05	1.96	0.15	0.05	
136	锦悦瑞享 1 号	3.86	1.95	-0.51	-0.12	
137	谷乔 2 号	2.41	1.95	-0.20	-0.10	

续表

编号	基金名称	过去五年(2019~2023年)		过去三年(2021~2023年)		过去三年、五年都具有择时能力
		γ	t(γ)	γ	t(γ)	
138	龙全冠宇 C-高维指数 FOF	2.29	1.95	2.33	0.85	
139	航长常春藤 5 号	1.62	1.95	-2.07	-1.23	
140	木瓜 1 号	1.52	1.95	0.06	0.05	
141	纽富斯价值成长	1.84	1.95	-0.12	-0.07	
142	晟博量化 2 号	1.66	1.94	-0.93	-0.76	
143	红五星	1.29	1.94	-3.34	-2.78	
144	易同先锋	3.21	1.93	1.36	0.52	
145	龙旗巨星 1 号	2.65	1.93	-0.64	-0.41	
146	中钢 2 期	2.17	1.93	-3.95	-1.90	
147	达蓬秦岭 1 号	4.32	1.92	3.79	0.82	
148	自然红 1 号	1.49	1.92	2.17	1.23	
149	唐奇唐雅 1 号	10.78	1.92	-7.98	-0.68	
150	至乐 1 号	4.37	1.92	0.46	0.13	
151	大数据稳健成长 1 号	3.56	1.92	-0.57	-0.15	
152	天辰稳健 1 号	5.64	1.91	0.98	0.13	
153	华尔进取 4 号	1.93	1.91	-0.32	-0.15	
154	否极泰 3 期	5.59	1.89	4.13	0.74	
155	海言 1 号	1.47	1.89	-0.60	-0.40	
156	盈至东方量子 1 号	2.78	1.89	0.65	0.26	
157	易同先锋 1 号	2.98	1.89	1.68	0.66	
158	中钢 1 期	1.97	1.88	-2.92	-1.56	
159	子午达芬奇 1 号	1.27	1.88	-0.72	-1.38	
160	京石 8 号	7.27	1.87	8.75	1.29	
161	溢鎏 1 号	1.97	1.86	-0.07	-0.03	
162	华银价值增长 1 号	2.78	1.86	1.41	0.49	
163	弈倍虎鲸	1.26	1.84	-1.22	-0.88	
164	龙旗御风	1.90	1.84	-1.54	-1.08	

续表

编号	基金名称	过去五年 (2019~2023 年)		过去三年 (2021~2023 年)		过去三年、五年都具有择时能力
		γ	t (γ)	γ	t (γ)	
165	朋锦金石炽阳	0.93	1.84	1.53	1.37	
166	灰金红利 1 号	4.70	1.83	4.47	0.99	
167	展翔日昇	5.50	1.83	1.55	0.34	
168	展翔日晟	3.99	1.82	−1.84	−0.39	
169	承源 10 号	4.62	1.82	3.78	0.99	
170	汇富进取 2 号	4.50	1.82	5.58	0.88	
171	致同宝盈	0.69	1.81	0.35	0.84	
172	准锦驱动力 1 号	1.84	1.81	0.45	0.21	
173	辰翔平衡稳健 2 号	2.70	1.80	−1.28	−0.40	
174	民晟成长 1 期	3.03	1.80	−2.59	−0.76	
175	新跃成长 1 号	2.23	1.80	1.18	0.39	
176	沣谊稳健 2 号	2.06	1.79	1.62	1.02	
177	千泉宏观 1 号	6.20	1.78	−0.58	−0.08	
178	瑞晟昌-双轮策略 1 号	3.79	1.78	−4.71	−1.28	
179	云鹤 2 号	1.19	1.78	0.47	0.44	
180	方信睿熙 1 号	10.18	1.77	−15.31	−1.39	
181	易同领先	3.55	1.77	4.38	1.14	
182	睿扬精选 2 号	2.70	1.76	0.41	0.14	
183	盛冠达试金石 3 号	0.84	1.76	0.34	0.80	
184	智信创富博元 2 期	2.80	1.76	−0.36	−0.10	
185	悬铃 C 号	1.06	1.75	0.03	0.03	
186	嘉得趋势策略 5 号	5.31	1.75	4.06	0.72	
187	曜石对冲母基金 1 号	0.32	1.74	−0.33	−0.79	
188	珠池量化稳健投资母基金 1 号	0.41	1.74	0.12	0.35	
189	航长红棉 3 号	1.56	1.73	−2.27	−1.63	
190	兆银资本兆亿 1 号	4.14	1.73	6.93	1.40	
191	叁津第二	0.47	1.72	0.70	1.48	

编号	基金名称	过去五年（2019~2023年）		过去三年（2021~2023年）		过去三年、五年都具有择时能力
		γ	t（γ）	γ	t（γ）	
192	银帆6期	1.83	1.72	2.30	1.87	√
193	健顺云	3.69	1.72	2.31	0.49	
194	于是长杨1号	2.05	1.72	-0.34	-0.13	
195	六脉新动力1号	0.69	1.71	0.11	0.13	
196	金元日鑫5号	2.43	1.71	0.88	0.52	
197	新方程宏量1号	2.22	1.71	-0.79	-0.36	
198	源沣进取1号	1.46	1.70	1.33	0.84	
199	华银稳健成长1号	2.21	1.70	2.10	0.90	
200	中睿合银弈势2号	1.70	1.69	-2.32	-1.71	
201	炒贵1号	4.82	1.69	-2.94	-0.58	
202	瑞利1号	2.22	1.68	-1.61	-0.85	
203	盛运德诚趋势16号	2.67	1.68	1.20	0.45	
204	云鹤1号	1.07	1.68	0.66	0.63	
205	新方程宏量2号	2.11	1.68	-0.87	-0.39	
206	民晟锦泰3号	2.25	1.67	-2.84	-1.05	
207	笃道1期	1.17	1.66	-0.44	-0.64	
208	金锝5号	0.41	1.66	-0.17	-0.43	
209	量锐7号	1.14	1.65	-2.06	-1.59	
210	晟博量化3号	1.43	1.65	-0.65	-0.46	
211	晟博量化4号	2.28	1.65	-4.04	-1.38	
212	璞玉浑金	4.13	1.64	0.40	0.09	
213	荣通1号	7.44	1.64	-0.37	-0.04	

注：表中√代表在过去三年和过去五年都具有择时能力的股票型基金。

在附录二中，我们列示出过去五年（2019~2023年）股票型私募基金经理选股能力、择时能力、β值、年化收益、年化夏普比率和最大回撤率等相关计算结果。篇幅所限，附录二中仅呈现α为正显著的基金，读者可扫描前言中提供的二维码查阅完整数据。

四、选股能力与择时能力的稳健性检验

在之前关于基金经理选股能力和择时能力的研究中，我们所用的样本为2019~2023 年的五年样本。那么，如果更改样本的时间范围，我们得到的结论是否会发生变化？样本时间的延长或缩短是否会影响我们对基金经理选股能力和择时能力的评估结果？如果有影响，这种影响是由于不同样本时间内基金之间的差异所带来的，还是由于相同基金所处的市场环境的差异造成的？为了解答上述问题，我们使用三年样本（2021~2023 年）和七年样本（2017~2023 年）来对基金经理的选股能力和择时能力进行稳健性检验，并将分析结果与之前五年样本（2019~2023 年）的结果进行对比，从而判断样本时间选取的不同是否会影响基金经理选股能力和择时能力。在三年和七年的样本中，我们同样要求每只基金具有完整的净值数据。各样本区间内包含的样本数量具体见表 3-1。需要注意的是，时间跨度较长的样本区间内的基金与时间跨度较短的样本区间内的基金是部分重合的。例如，三年样本中的基金数量为 7 126 只，五年样本中的基金数量为 3 230 只，七年样本中的基金数量为 1 334 只，七年样本的 1 334 只基金都在三年样本和五年样本中，五年样本的3 230 只基金也都在三年样本中。

图 3-7 展示了三年（2021~2023 年）、五年（2019~2023 年）和七年（2017~2023 年）这三个不同时间长度的样本区间内具有选股能力的股票型私募基金的数量占比，仍以 5% 的显著性水平进行分析。在三年样本（2021~2023 年）中，有 11% 的基金经理具有显著的选股能力；在五年样本（2019~2023 年）中，该比例与上一区间相比有所上升，为 25%；而在 2017~2023 年的七年样本中，该比例上升至 36%。这表明，在不同的样本区间内，具有显著选股能力的基金经理的比例存在一定的差异。

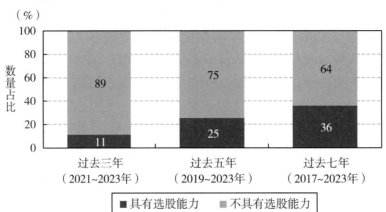

图 3-7　样本区间内具有选股能力的基金数量占比

　　表 3-9 展示了不同样本区间选股能力 α 的显著性估计结果，提供了不同样本区间中选股能力分别为正显著、不显著和负显著的基金经理比例，以及同期万得全 A 指数的累积涨幅。尽管三个样本区间的终点皆为 2023 年底，但每个样本区间的起始点不同，因此所对应的市场环境不同。在过去三年（2021~2023 年），万得全 A 指数下跌了 16%；在过去五年（2019~2023 年），万得全 A 指数上涨了 41%；在过去七年（2017~2023 年），万得全 A 指数上涨了 6%。三个样本区间中，具有选股能力的基金经理数量占比依次为 11%、25% 和 36%。可以看出，股票市场在过去五年（2019~2023 年）涨幅较大。股票市场在 2021 年上涨后，2022 年遭遇大跌，2023 市场继续下跌，整体波动较为剧烈，故而过去三年（2021~2023 年）市场大幅下跌，另两个区间内指数有所上涨。还可以看出，在三年、五年和七年样本中，具有选股能力的基金经理数量占比和股票市场涨幅并未呈现一定关系。但随着样本时间增长，具有选股能力的基金经理的比例有所增加。

表 3-9　　　　　　　　三年、五年、七年样本选股能力显著性的估计结果

样本区间	正显著（只）	不显著（只）	负显著（只）	基金数量（只）	万得全 A 涨幅（%）
过去三年（2021~2023 年）	807（11.3%）	6 081（85.3%）	238（3.3%）	7 126	−16
过去五年（2019~2023 年）	822（25.4%）	2 355（72.9%）	53（1.6%）	3 230	41
过去七年（2017~2023 年）	480（36.0%）	833（62.4%）	21（1.6%）	1 334	6

　　注：括号中的数字为相应的基金数量占比，显著性水平为 5%。

　　在三年、五年和七年样本中，具有显著选股能力的基金经理的比例除了受不同样本所处的市场环境的影响之外，还与所分析样本之间的差异有关。由于每年都有新成立和停止运营的基金，不同的分析样本中所包含的基金数量是不同的。为了消除这种样本间的差异，我们在以下的分析中控制了这种差异，重新对比不同样本区间内具有显著选股能力的基金的比例。

　　表 3-10 展现了七年样本（2017~2023 年）中的 1 334 只基金，在三年样本（2021~2023 年）和五年样本（2019~2023 年）中通过 Treynor-Mazuy 四因子模型估计出来的选股能力的表现。如果我们考察这 1 334 只基金的三年期业绩，那么有 104 只（占比 7.8%）基金的基金经理具有显著的选股能力，当考察期变为五年和七年后，分别有 314 只（占比 23.5%）和 480 只（占比 36.0%）基金的基金经理具有显著的选股能力。

表 3-10 具有七年样本的股票型私募基金在三年、五年样本中选股能力 α 显著性的估计结果

样本区间	正显著（只）	不显著（只）	负显著（只）	基金数量（只）	万得全 A 涨幅（%）
过去三年（2021~2023 年）	104（7.8%）	1 176（88.2%）	54（4.0%）	1 334	−16
过去五年（2019~2023 年）	314（23.5%）	998（74.8%）	22（1.6%）	1 334	41
过去七年（2017~2023 年）	480（36.0%）	833（62.4%）	21（1.6%）	1 334	6

注：括号中数字为相应的基金数量占比，显著性水平为 5%。

我们同样分析了在三年样本和五年样本中都有数据的 3 230 只基金选股能力的差异，具体如表 3-11 所示。在三年样本中，有 337 只基金（占比 10.4%）的基金经理具有显著的选股能力。在五年样本中，具有选股能力的基金上升至 822 只（占比 25.4%）。我们发现，从近三年到近五年中，具有选股能力的基金数量有所上升。

表 3-11 具有五年样本的股票型私募基金在三年、五年样本中选股能力 α 显著性的估计结果

样本区间	正显著（只）	不显著（只）	负显著（只）	基金数量（只）	万得全 A 涨幅（%）
过去三年（2021~2023 年）	337（10.4%）	2 771（85.8%）	122（3.8%）	3 230	−16
过去五年（2019~2023 年）	822（25.4%）	2 355（72.9%）	53（1.6%）	3 230	41

注：括号中数字为相应的基金数量占比，显著性水平为 5%。

上述分析的结论同样和之前分别使用三年或五年全部样本的结论近似（见表 3-9）。可见，并不是由于基金个体之间的不同导致在三年、五年、七年样本区间内具有选股能力的基金经理比例的差异。因为我们在选取相同的基金时，这个差异在三年、五年、七年样本期间内也是同样存在的。故而我们认为，是由于不同分析时间内我国股票市场环境的不同，导致使用最近三年、五年和七年样本的分析结果产生差异。

接下来，我们采用相同的方法来分析基金经理的择时能力。图 3-8 展示了在不同样本期间中具有显著择时能力的基金的比例，我们依然以 5% 的显著性水平进行讨论。在三年样本（2021~2023 年）、五年样本（2019~2023 年）和七年样本（2017~2023 年）中，分别有 4%、7% 和 6% 的基金经理具有显著的择时能力，在不同的样本区间内，具有显著择时能力的基金经理的比例都非常低。

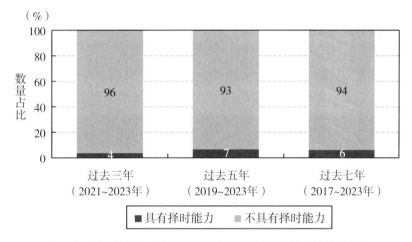

图 3-8　样本区间内具有择时能力的股票型私募基金的数量占比

表 3-12 展示了不同样本区间中择时能力 γ 显著性检验更详细的结果。我们发现，无论是在三年、五年还是七年样本中，都有 93% 以上的基金经理不具备择时能力。由此可见，对股票市场未来涨跌的判断是一件非常困难的事情，具有择时能力的基金经理实属凤毛麟角。

表 3-12　　　　　　　三年、五年、七年样本择时能力显著性的估计结果

样本区间	正显著（只）	不显著（只）	负显著（只）	基金数量（只）	万得全 A 涨幅（%）
过去三年（2021~2023 年）	255（3.6%）	6 385（89.6%）	486（6.8%）	7 126	−16
过去五年（2019~2023 年）	213（6.6%）	2 382（73.7%）	635（19.7%）	3 230	41
过去七年（2017~2023 年）	81（6.1%）	981（73.5%）	272（20.4%）	1 334	6

注：括号中数字为相应的基金数量占比，显著性水平为 5%。

总体而言，在五年期内，我国有约 1/4 的股票型基金经理具有选股能力，绝大

部分基金经理不具有判断市场走向的择时能力。

五、自助法检验

之前的回归分析结果表明，部分基金经理具备显著的选股能力或择时能力，然而，这些基金经理的成功会不会是由于运气的因素带来的呢？由于基金的收益率不是严格服从正态分布，回归分析的结果虽然表明某些基金经理具有显著的选股能力或择时能力，但这些结果可能是由于样本的原因，即运气的因素所带来的，而不是来自基金经理自身的投资能力。那么，在那些表现出显著选股能力或择时能力的基金经理中，哪些是由于运气而取得良好业绩，哪些是真正具备投资能力的呢？

著名的统计学家 Efron 在 1979 年提出了一种对原始样本进行重复抽样，从而产生一系列新的样本的统计方法，即自助法（bootstrap）。自助法是对原始样本进行重复抽样以产生一系列"新"的样本的统计方法，图 3-9 展示了自助法的抽样原理。如图 3-9 所示，我们观察到的样本只有一个，如某只基金的历史收益数据，因此只能产生一个统计量（如基金经理的选股能力）。自助法的基本思想是对已有样本进行多次有放回的抽样，即把现有样本的观测值看成一个新的总体再进行有放回的随机抽样。这样，在不需要增加额外新样本的情况下，我们可以获得多个统计量，即获得基金经理选股能力的多个估计值，通过对比这些多个统计量所生成的统计分布和实际样本产生的统计量，我们可以判断基金经理的能力是否来源于运气。在以下的检验中，我们对每只基金的样本进行 1 000 次抽样。我们也使用 5 000 次抽样来区分基金经理的能力和运气。由于这些结果与使用 1 000 次抽样的结果非常相似，因此不再赘述。

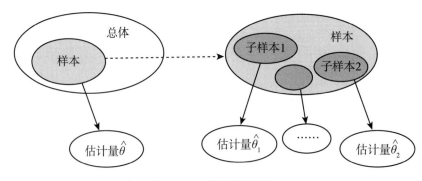

图 3-9 自助法抽样示意

我们以基金 i 的选股能力 α 进行自助法检验为例。通过 Treynor-Mazuy 四因子

模型对基金 i 的月度净收益的时间序列进行普通最小二乘法回归，估计模型的 $\hat{\alpha}$、风险系数（$\hat{\beta}_{mkt}$、$\hat{\beta}_{smb}$、$\hat{\beta}_{hml}$、$\hat{\beta}_{mom}$）、残差序列，具体模型见式（3.3）。接着，我们对获得的残差序列进行 1 000 次自助法抽样，根据每次抽样后的残差以及之前估计出来的风险系数（$\hat{\beta}_{mkt}$、$\hat{\beta}_{smb}$、$\hat{\beta}_{hml}$、$\hat{\beta}_{mom}$）构造出 1 000 组不具备选股能力（$\hat{\alpha}=0$）的基金的超额收益率，从而获得 1 000 个没有选股能力的基金的样本，每一个新生成的基金样本都与基金 i 具有相同的风险暴露。然后，我们对这 1 000 个样本再次进行 Treynor-Mazuy 四因子模型回归，以获得 1 000 个选股能力 α 的估计值。由于这 1 000 个 α 是出自我们构造的没有选股能力的基金的收益率，在 5% 的显著性水平下，如果这 1 000 个 α 中有多于 5% 比例的（该比例为自助法的 P 值）α 大于通过 Treynor-Mazuy 四因子模型回归所得到的基金 i 的 $\hat{\alpha}$（真实 α），则表明基金 i 的选股能力 α 并不是来自基金经理自身的能力，而是受到运气因素和统计误差的影响。反之，如果这 1 000 个 α 中只有少于 5% 的 α 大于基金 i 的 $\hat{\alpha}$，则表明基金 i 的选股能力 α 并不是来自运气因素，而是来自基金经理的真实能力。Kosowski、Timmermann、White 和 Wermers（2006），Fama 和 French（2010），Cao、Simin 和 Wang（2013），Cao、Chen、Liang 和 Lo（2013）等均利用该方法研究了美国基金经理所取得的业绩是来自其自身的能力还是运气因素。

在之前的分析中我们得到，在五年样本（2019~2023 年）的 3 230 只样本基金中，有 822 只基金表现出正确的选股能力，为了进一步检验这 822 只基金是否具有真实的选股能力，我们对它们进行了自助法检验。图 3-10 展示了部分基金经理（10 位）通过自助法估计出来的 1 000 个选股能力 α 的分布和实际 α 的对比，曲线表示通过自助法获得的选股能力 α 的结果，垂直线则代表运用 Treynor-Mazuy 四因子模型估计出来的实际选股能力 α 的结果。例如，对于"匠心全天候"基金而言，通过自助法估计出来的 1 000 个选股能力 α 的统计值中，有 20 个大于通过 Treynor-Mazuy 模型估计出来的实际的 α（$\hat{\alpha}=108.77\%$），即自助法的 P 值为 0.02（P = 2%），从统计检验的角度讲，我们有 95% 的信心确信该基金经理的选股能力来自其自身的投资能力。

表 3-13 展示了通过 Treynor-Mazuy 四因子模型估计出来的具有显著选股能力的 822 只股票型私募基金的自助法结果。在这 822 只基金中，有 518 只基金自助法的 P 值小于 0.05，如"卓晔 1 号"、"匠心全天候"和"弘唯基石华盈"基金等，这些基金在表中已用 * 标出；有 304 只基金自助法的 P 值大于 0.05，如"锦桐成长 2 号"、"洲中舟启航 1 号"和"新镝 1 号"基金等。值得注意的是，表现出选股能力但未通过自助法检验的基金基本上有比较小的 t（α）。从统计学假设检验的角度而言，我们有 95% 的把握得出以下结论：这 518 只基金（占 3 230 只基金的 16%）的基金经理的选股能力来自自身能力，而另外 304 只基金的基金经理的选股能力来自运气和统计误差。

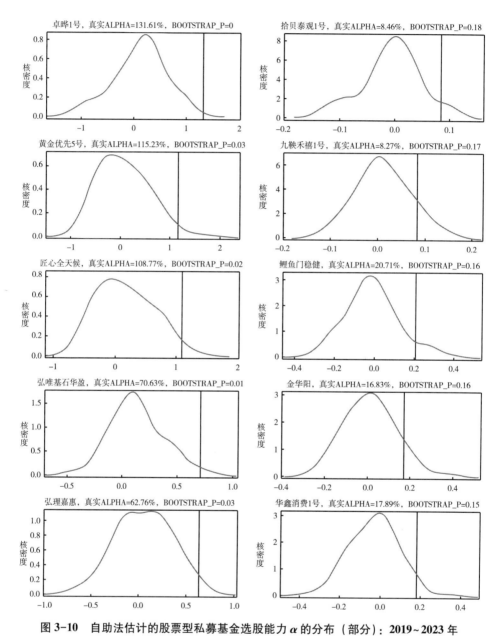

图 3-10　自助法估计的股票型私募基金选股能力 α 的分布（部分）：2019~2023 年

注：曲线表示通过自助法获得的选股能力 α 的分布，垂直线表示运用 Treynor-Mazuy 四因子模型估计出来的实际选股能力 α。

表 3-13　具有选股能力的股票型私募基金的自助法检验结果：2019~2023 年

编号	基金名称	年化α(%)	t(α)	自助法P值	编号	基金名称	年化α(%)	t(α)	自助法P值
1	卓晔 1 号	131.61	2.9	0.000*	31	北斗成长 1 期	44.29	2.5	0.030*
2	黄金优选 11 期 5 号	115.23	2.24	0.030*	32	新里程超越梦想	43.86	1.83	0.070
3	匠心全天候	108.77	2.47	0.020*	33	敦颐新兴成长 1 号	43.82	2.25	0.020*
4	三才	76.74	1.88	0.070	34	长金 4 号	43.22	2.76	0.010*
5	弘唯基石华盈	70.63	3.15	0.010*	35	天天向上 2 号(铭环资产)	42.87	2.68	0.030*
6	青果	68.09	1.73	0.120	36	金舆中国互联网	42.87	2.37	0.020*
7	弘理嘉惠	62.76	2.07	0.030*	37	复胜富盛 1 号	42.67	2.68	0.010*
8	锦桐成长 2 号	62.12	2.29	0.070	38	裕恒资本双龙 1 号	42.41	4.04	0.000*
9	弘唯基石华盈 1 号	61.89	2.83	0.010*	39	林园投资 10 号	42.35	2.43	0.000*
10	洲中舟启航 1 号	61.76	1.77	0.060	40	苗安长升	41.90	2.47	0.020*
11	弘理嘉富	61.09	1.83	0.090	41	信安成长 1 号	41.32	2.86	0.010*
12	厚生稳赢 7 号	60.44	2.33	0.010*	42	大禾投资-掘金 5 号	40.97	2.1	0.010*
13	涌贝资产阳光稳健	58.61	2.7	0.000*	43	沣 1 号	40.72	1.94	0.040*
14	千榕细叶榕	57.43	2.25	0.020*	44	攀山 6 期	40.13	1.68	0.110
15	邦客鼎成财富管理 2 号	53.40	2.66	0.010*	45	卓铸卓越 1 号	39.93	2.92	0.000*
16	瑞文 1 号	53.18	2.47	0.010*	46	林园投资 16 号	39.67	2.73	0.000*
17	涌津涌赢 1 号	52.59	2.91	0.000*	47	神农优选价值	39.62	2.59	0.000*
18	敦然投资-鼎弘	51.01	4.19	0.000*	48	New Thinking Global Fund	39.14	2.81	0.000*
19	林园投资 1 号	50.53	2.56	0.000*	49	新智达成长 1 号	38.81	1.96	0.080
20	华安合鑫稳健 1 期	49.99	2.5	0.000*	50	四相 3 期	38.56	2.04	0.070
21	涌津涌鑫 6 号	49.96	2.72	0.020*	51	掘金 909 号	38.53	2.24	0.010*
22	天利价值红利	48.46	2.49	0.000*	52	大禾投资-鼎实 1 号	38.16	2.25	0.020*
23	舍得之道资本-平安吉象 C 期	47.49	2.51	0.000*	53	大洲精选	38.02	1.98	0.000*
					54	大禾投资-掘金 1 号	37.95	2.23	0.010*
24	旭诺价值成长 2 号	47.14	2.1	0.020*	55	林园投资 7 号	37.83	2.32	0.010*
25	华安合鑫稳健	47.05	2.34	0.000*	56	诚朴息壤 1 号	37.65	2.11	0.040*
26	长金 20 期	46.91	2.54	0.000*	57	新御良马 1 期	37.50	2.49	0.010*
27	复胜正能量 1 期	46.85	2.72	0.020*	58	林园投资 3 号	37.33	2.88	0.000*
28	新镝 1 号	46.61	2.24	0.050	59	卓铸价值精选 1 号	36.91	2.83	0.060
29	万紫千红 1 号	46.36	2.62	0.010*	60	大禾投资-掘金 6 号	36.80	2.23	0.010*
30	敦然资产-鼎弘 1 号	44.83	4.01	0.000*	61	上海揽旭全天候智能旗舰	36.75	2.09	0.040*

编号	基金名称	年化 α(%)	t(α)	自助法 P 值	编号	基金名称	年化 α（%）	t(α)	自助法 P 值
62	龙峰 1 号	36.54	2.43	0.010*	96	北斗成长 3 期	33.46	2.05	0.040*
63	宁聚量化稳盈 1 期	36.36	1.88	0.040*	97	元涞潜龙 1 号	33.46	3.68	0.000*
64	查理投资收益互换	36.24	1.79	0.040*	98	私募工场卓凯雷锋 2 期	33.36	1.97	0.030*
65	蓝海战略 1 号	36.01	2.07	0.030*	99	丁雪球	33.31	2.59	0.040*
66	信易安清阳 1 号	35.98	2.08	0.010*	100	广润聚宝盆 1 号	33.24	3.83	0.010*
67	大禾投资-掘金 15 号	35.98	2.25	0.010*	101	卓铸卓越 3 号	33.12	2.35	0.020*
68	可伟资产精品 8 号	35.92	1.9	0.060	102	新思哲成长	32.97	3.21	0.000*
69	鲸域汇腾	35.88	3.08	0.010*	103	神农极品	32.90	2.19	0.060
70	中商北斗专户	35.63	2.23	0.030*	104	大禾投资-掘金 21 号	32.88	2.17	0.040*
71	小虎进取 1 号	35.49	3.21	0.000*	105	积露资产量化对冲	32.84	3.35	0.000*
72	逸原 2 号	35.44	2.61	0.000*	106	靖奇光合长谷	32.73	3.58	0.000*
73	信成慕陶 1 号	35.37	3.52	0.000*	107	泽元元丰	32.61	3.19	0.000*
74	星池量化木星 1 号	35.28	2.41	0.000*	108	掌赢-卡欧斯 2 号	32.55	2.36	0.030*
75	星池福田稳健	35.24	2.39	0.030*	109	大盈成长 1 号	32.39	1.98	0.060
76	伏明转型成长 1 期	35.16	1.68	0.100	110	若溪湘财超马 4 期	32.30	2.12	0.060
77	逸原 1 号	35.13	2.68	0.010*	111	家族 1 号	32.23	2.31	0.040*
78	信安成长 3 号	34.98	2.16	0.050	112	林园投资 24 号	32.15	2.4	0.020*
79	伏明 2 号	34.88	1.69	0.100	113	涌乐泉 3 期	31.56	1.96	0.080
80	掘金 707 号	34.85	1.99	0.050	114	涌乐泉 2 期	31.49	1.91	0.020*
81	罗马大道鸢尾花 1 期	34.83	2.99	0.020*	115	泓湖宏观对冲尊享 2 期	31.47	2.54	0.020*
82	代代红 2 号	34.45	1.67	0.130	116	涌乐泉 1 期	31.18	1.85	0.070
83	鲸域成长 1 号	34.44	2.9	0.000*	117	神农价值精选 1 号	31.15	2.1	0.080
84	北斗成长 2 期	34.43	2.16	0.050	118	林园	31.15	2.42	0.030*
85	岁寒知松柏 1 号	34.34	3.06	0.000*	119	晓峰 1 号睿远	31.06	4.95	0.000*
86	博弘数君盈菊	34.22	2.03	0.040*	120	兆天金牛精选 2 号	30.99	2.37	0.030*
87	涌贝资产阳光进取	33.96	1.97	0.020*	121	复胜盛业 2 号	30.79	2.51	0.000*
88	掘金 11 号	33.93	2.21	0.030*	122	益和源 1 号	30.69	2.22	0.040*
89	启元潜龙 1 号	33.85	2.84	0.000*	123	颖川 1 期	30.69	2.2	0.040*
90	神农 AI	33.79	2.15	0.010*	124	大鹏湾财富 6 期	30.63	2.26	0.030*
91	望岳投资小象 1 号	33.78	2.95	0.010*	125	夸克 1 号	30.40	2.92	0.010*
92	正泽元价值成长 1 号	33.66	3.24	0.000*	126	西部隆淳晓见	30.17	5.6	0.000*
93	私募工场卓凯雷锋	33.57	1.92	0.080	127	磐厚动量-远翔 1 号	30.16	3.37	0.010*
94	林园投资 32 号	33.53	1.85	0.060	128	可伟资产-同创 3 号	30.04	4.12	0.000*
95	盛天价值精选 1 号	33.48	1.85	0.040*	129	林园投资 19 号	29.63	2.18	0.050

编号	基金名称	年化 α(%)	t(α)	自助法 P 值	编号	基金名称	年化 α(%)	t(α)	自助法 P 值
130	利宇致远 1 号	29.51	2.06	0.110	162	大鹏湾财富 3 期	25.77	2.1	0.080
131	林园投资 18 号	29.16	2	0.030*	163	高毅晓峰鸿远	25.75	4.41	0.000*
132	伯兄建初	28.87	2.97	0.040*	164	绿宝石 2 期	25.70	2.03	0.020*
133	德高 1 号	28.75	2.17	0.050	165	高毅新方程晓峰 2 号致信 5 号	25.65	4.25	0.000*
134	神农春江	28.65	2.07	0.050	166	希瓦小牛 7 号	25.57	2.59	0.010*
135	新思哲价值进化 1 期	28.55	2.22	0.020*	167	夸克 1877	25.56	2.5	0.010*
136	柔微-星火燎原 1 号	28.27	2.16	0.040*	168	静逸 1 期	25.54	2.09	0.050
137	大鹏湾财富 7 期	28.21	2.11	0.040*	169	合利信旭日东升成长 2 号	25.54	1.82	0.100
138	查理价值套利稳健型 3 号 A 期	28.20	2.34	0.050	170	与取华山 1 号	25.49	1.73	0.120
139	北京恒元金 1 号	28.12	2.28	0.020*	171	平安阖鼎景林景安 5 期	25.49	2.11	0.030*
140	林园投资 37 号	27.92	1.88	0.010*	172	景林景安优选 3 期	25.46	2.11	0.050
141	熠道丰盈 1 号	27.89	4.22	0.000*	173	小丰	25.46	2.27	0.020*
142	㺵瑞楚正进取 1 号	27.81	2.57	0.010*	174	林园投资 4 号	25.39	1.91	0.060
143	远澜红枫 1 号	27.60	2.02	0.030*	175	泽垫积极增长 1 号	25.32	2.74	0.000*
144	巴奇索耐力稳健 1 号	27.45	2.21	0.010*	176	盈双 1 号	25.30	2.03	0.090
145	福运星来 1 号	27.44	2.45	0.040*	177	林园投资 21 号	25.19	1.81	0.050
146	铁券 1 号	27.44	3.14	0.000*	178	觉航启航 1 号	24.95	3.11	0.000*
147	亘曦 1 号	27.32	2.48	0.010*	179	从容内需医疗 3 期	24.94	1.84	0.020*
148	大鹏湾财富 9 期	27.22	2.16	0.040*	180	沣盈金砖 3 期	24.80	2.28	0.030*
149	神农老院子基金	27.17	1.71	0.140	181	林园投资 38 号	24.80	1.97	0.100
150	歆享海盈 10 号	27.06	1.78	0.070	182	博鸿聚义	24.75	2.92	0.010*
151	德毅恒升 2 号	26.89	1.89	0.040*	183	至诚时耕	24.74	2.1	0.020*
152	浩宇扬帆	26.80	2.31	0.020*	184	恒健远志量化对冲 1 期	24.72	6.53	0.000*
153	海川汇富富乐 1 号	26.71	2.7	0.020*	185	康曼德 003 号	24.72	2.64	0.000*
154	林园 2 期	26.68	2.11	0.010*	186	信璞投资-琢钰 100	24.70	2.24	0.030*
155	大鹏湾财富 5 期	26.67	2.03	0.050	187	大鹏湾财富 8 期	24.68	2.14	0.020*
156	优稳量化对冲套利策略 1 号	26.53	2.27	0.020*	188	登程进取	24.61	2.07	0.040*
157	牛顿定律	26.46	2.12	0.030*	189	鹰傲绝对价值	24.60	1.99	0.100
158	文多逆向	26.33	3.33	0.000*	190	私享-蓝筹 1 期	24.54	1.94	0.070
159	上海意志坚定 1 期	26.05	1.92	0.030*	191	希瓦小牛精选	24.52	2.37	0.030*
160	普吉稳健成长 1 号	25.90	3.14	0.000*	192	岩羊投资 3 期	24.51	1.83	0.070
161	雀跃岩辰量化投资 1 期	25.79	2.19	0.020*	193	银万价值对冲 1 号	24.50	3.51	0.000*

续表

编号	基金名称	年化α（%）	t(α)	自助法P值	编号	基金名称	年化α（%）	t(α)	自助法P值
194	博普绝对价值 1 号	24.48	2.2	0.040*	226	仁桥泽源 1 期	23.04	4.06	0.000*
195	君茂长丰	24.45	1.67	0.020*	227	德高 3 号	23.00	1.77	0.080
196	林园普陀山 1 号	24.45	1.9	0.070	228	远赢 1 号	22.96	2.14	0.000*
197	东方鼎泰 2 期	24.37	2.49	0.020*	229	正朗宇翔	22.96	1.9	0.040*
198	中略红松 1 号	24.37	2.07	0.010*	230	广汇缘 3 号	22.89	1.72	0.110
199	沁源精选	24.23	3.73	0.000*	231	丰泽投资 1 号	22.84	2.25	0.040*
200	林园投资 8 号	24.14	1.84	0.130	232	东兴港湾 1 号	22.79	2.21	0.080
201	林园东泰 1 号	24.13	2.1	0.070	233	神农春晓	22.76	1.66	0.050
202	霁泽艾比之路	24.11	3.39	0.000*	234	查理价值套利稳健型 5 号	22.75	1.88	0.050
203	鹰傲盈盈 1 号	24.09	1.95	0.090	235	益嘉 8 号	22.74	2.57	0.010*
204	凯信龙雨 1 期	24.05	2.03	0.030*	236	曼然成长	22.63	2.4	0.010*
205	睿沃德盘龙 2 号	24.00	1.9	0.080	237	博鸿元泰	22.53	2.07	0.050
206	鹰傲长盈 3 号	23.93	1.97	0.080	238	厚恩泰山成长	22.50	2.26	0.030*
207	曼行 1 号	23.91	2.85	0.010*	239	景林稳健	22.40	2.34	0.050
208	恒天星耀 FOF1 期	23.86	2.95	0.000*	240	东方鼎泰朝阳价值	22.32	2.03	0.080
209	黑极资产价值精选 2 号	23.76	2.39	0.000*	241	东方鼎泰稳健 1 号	22.29	2.12	0.010*
210	东方马拉松中国企业价值精选	23.70	2.73	0.010*	242	江苏宇昂长江 1 号	22.24	1.69	0.090
					243	盈阳指数增强 1 号	22.20	1.95	0.110
211	林园健康中国	23.68	1.95	0.050	244	盛泉恒元定增套利多策略 6 号	22.14	5.41	0.000*
212	丹禾易嘉中国高端制造 2 号	23.66	1.93	0.070	245	睿道基石	22.13	2.79	0.000*
213	创赢 2 号（国源信达）	23.64	3.48	0.000*	246	前海宜涛红树 1 号	22.06	1.78	0.140
214	硬资产 100	23.63	2.44	0.030*	247	果实成长精选 2 号	22.06	2.65	0.020*
215	诚泉价值 1 号	23.44	3.28	0.000*	248	卓盈进取 3 号	21.98	2.27	0.070
216	林园投资 41 号	23.44	2.11	0.070	249	万利富达共赢	21.94	2.38	0.010*
217	大地财富 1 期	23.44	1.94	0.070	250	锦瑞恒－梦想 1 号	21.88	2.78	0.000*
218	正朗未来	23.39	1.67	0.120	251	东方港湾马拉松 1 号	21.74	1.9	0.090
219	新思哲 1 期	23.29	2.05	0.020*	252	盛天阿尔法	21.72	1.81	0.030*
220	大鹏湾财富 4 期	23.27	1.74	0.140	253	天勤量化 2 号	21.69	1.98	0.050
221	金牛精选 3 号	23.23	2.09	0.030*	254	品正理翔量化中性	21.68	1.79	0.090
222	万利富达德盛 1 期	23.22	2.53	0.000*	255	睿璞投资－睿华 1 号	21.67	2.81	0.020*
223	星纪向日葵	23.16	1.84	0.090	256	金然稳健 1 号	21.65	3.39	0.000*
224	大朴多维度 24 号	23.05	5.01	0.000*	257	德邻众福 1 号	21.64	2.43	0.030*
225	易同精选 3 期	23.04	3.3	0.000*	258	果实资本仁心回报 1 号	21.61	2.6	0.000*

编号	基金名称	年化α（%）	t(α)	自助法P值	编号	基金名称	年化α（%）	t(α)	自助法P值
259	川砺稳健2号	21.58	3.87	0.000*	290	鲤鱼门稳健	20.71	1.7	0.160
260	东方鼎泰5期	21.57	2.07	0.020*	291	千方之星2号	20.67	2.22	0.030*
261	澜钰1号	21.55	2.29	0.010*	292	恒天星耀3期	20.58	3.86	0.000*
262	余粮100	21.52	1.87	0.030*	293	六禾光辉岁月1期(中原)	20.57	2.4	0.060
263	中戊赋立华麟	21.50	2.76	0.000*	294	掘金8号	20.52	2.14	0.040*
264	大明鼎鼎1号	21.48	2.5	0.020*	295	万霁长虹5号	20.49	1.72	0.130
265	厚德里5号	21.46	2.03	0.070	296	惠正创丰	20.39	2.31	0.040*
266	景和晨升精选	21.46	2.46	0.010*	297	源和稳健成长1号	20.38	2.11	0.040*
267	淳麟问渠	21.39	2.02	0.060	298	辛巴达母基金B类	20.38	2.09	0.030*
268	驼铃忠华远山1号	21.36	3.38	0.010*	299	济桓稳健成长	20.33	1.82	0.090
269	同庆2期	21.29	1.72	0.060	300	泰海1号	20.32	3.58	0.000*
270	睿璞投资-睿洪1号	21.28	2.71	0.010*	301	惠正共赢	20.21	3.05	0.000*
271	勤远达观1号	21.25	1.88	0.040*	302	希瓦大牛1号	20.20	2.04	0.020*
272	东方鼎泰7号	21.22	2.4	0.020*	303	恒升4号	20.19	1.7	0.080
273	斯同1号	21.21	2.49	0.010*	304	君煦1号	20.11	1.67	0.110
274	睿璞投资-睿洪2号	21.20	2.75	0.010*	305	东方港湾5号	20.09	1.79	0.030*
275	红筹平衡选择	21.19	3.29	0.000*	306	混沌天成-澜熙稳健2号	20.08	1.87	0.040*
276	米牛沪港深精选	21.15	3.42	0.010*	307	中安汇富-莲花山宏观对冲3号2期	20.06	1.71	0.100
277	高毅晓峰尊享L期	21.15	3.37	0.000*	308	日出瑞成系列1号	20.06	1.93	0.090
278	鼎锋超越	21.09	1.76	0.120	309	弘尚企业融资驱动策略	20.01	2.37	0.010*
279	私享-蓝筹2期	21.08	1.69	0.120	310	利得汉景1期	19.99	1.81	0.040*
280	雀跃进取1号	21.03	2.18	0.020*	311	财富机遇1号	19.99	2.5	0.010*
281	信璞价值精英（A+H）1号（A类）	21.03	2.42	0.040*	312	忠石1号	19.96	2.64	0.010*
282	六禾光辉岁月1期	20.93	2.65	0.010*	313	明法稳健增长2期	19.88	3.99	0.000*
283	金百镕1期	20.90	2.32	0.030*	314	智诚16期	19.77	1.77	0.120
284	正见稳定成长1期	20.90	2.32	0.030*	315	青鼎赤兔马1号	19.73	1.82	0.050
285	私募工场希瓦圣剑1号	20.89	1.95	0.040*	316	弘尚资产健康中国1号	19.72	3.4	0.000*
286	睿璞投资-睿劼-聚力1号	20.84	2.61	0.010*	317	易同精选2期1号	19.72	2.89	0.000*
					318	银万涌金专户1号	19.68	2.33	0.020*
287	私募工场鑫润禾睿道价值	20.82	2.39	0.030*	319	辛巴达	19.66	2	0.000*
					320	开思港股通中国优势	19.65	2.18	0.060
288	斯同2号	20.81	2.42	0.020*	321	源和复利回报1号	19.65	2	0.020*
289	东方鼎泰-尚东价值	20.80	2.1	0.040*	322	壁虎寰宇成长7号	19.64	2.04	0.050

编号	基金名称	年化 α（%）	t(α)	自助法 P 值	编号	基金名称	年化 α（%）	t(α)	自助法 P 值
323	上海黑极价值精选 1 号	19.62	2.05	0.010*	356	华鸿财富	18.71	2.04	0.050
324	银万丰泽 2 号	19.61	2.49	0.010*	357	汇远量化定增 3 期	18.70	1.97	0.080
325	东方马拉松致远	19.60	2.17	0.040*	358	翼虎成长 1 期（翼虎）	18.69	2.12	0.050
326	重阳 1 期	19.54	3.06	0.000*	359	摩汇 1 号	18.67	2.08	0.040*
327	大朴多维度 23 号	19.54	4.15	0.010*	360	大黑龙	18.64	1.7	0.100
328	中欧瑞博诺亚	19.53	3.86	0.000*	361	金舆全球精选	18.61	1.74	0.080
329	恒天星耀 FOF2 期	19.52	3.07	0.010*	362	纽富斯价值精选	18.61	3.38	0.000*
330	万利富达百德 1 期	19.52	2.06	0.050	363	钱塘希瓦小牛 2 号	18.59	1.9	0.090
331	睿郡众享 2 号	19.51	2.52	0.060	364	大朴多维度 15 号	18.58	4.3	0.000*
332	中国繁荣 1 号	19.50	2.08	0.020*	365	证金价值投资 2 期	18.55	1.65	0.050
333	高毅世宏 1 号	19.50	2.43	0.000*	366	致君凌云	18.52	2.45	0.020*
334	万坤全天候量化 2 号	19.49	4.21	0.000*	367	鲤鱼门家族	18.50	2.66	0.010*
335	辛巴达之影 1 号	19.47	1.99	0.000*	368	兴聚财富 3 号	18.50	3.06	0.000*
336	仁桥泽源 2 期	19.44	3.4	0.010*	369	泽堃稳健增长 1 号	18.49	2.52	0.000*
337	东源嘉盈 2 号	19.40	1.97	0.090	370	中欧瑞博成长策略 1 期 1 号	18.49	2.93	0.000*
338	余道年年有余 3 号	19.38	1.81	0.110					
339	顺从价值 1 号	19.37	2.4	0.020*	371	私享-价值 17 期	18.41	2.14	0.040*
340	澜钰投资长跑	19.34	1.71	0.070	372	信泰恒睿 1 号	18.36	3.22	0.000*
341	东方先进制造优选	19.31	2.09	0.040*	373	厚山 1 号	18.33	2.01	0.040*
342	文多文睿	19.29	2.43	0.030*	374	易同精选 3 期 1 号	18.27	2.61	0.030*
343	君信荣耀 1 号	19.26	6.12	0.000*	375	成飞稳赢 1 号	18.16	2.2	0.020*
344	华尔进取 4 号	19.21	3.02	0.000*	376	守正	18.16	2.15	0.090
345	明河精选	19.19	2.28	0.020*	377	东方点赞	18.15	2.15	0.070
346	睿璞投资-睿琨-卓享 2 号	19.17	2.67	0.020*	378	在美 2 号	18.09	2.03	0.040*
					379	睿璞投资-悠享 1 号	18.04	2.57	0.010*
347	希瓦小牛 FOF	19.15	2.2	0.020*	380	盛泉恒元多策略灵活配置 7 号	18.04	5.13	0.000*
348	万象华成进取 1 号	19.13	1.81	0.070					
349	彼立弗复利精选	19.11	2.26	0.030*	381	瑞民策略精选优势	17.99	1.68	0.070
350	青柏潜龙 2 号	19.08	1.95	0.030*	382	上海以舟投资-璀璨 1 号	17.94	1.94	0.090
351	磐厚蔚然-英安 2 号	19.00	1.74	0.050	383	华鑫消费 1 号	17.89	1.65	0.150
352	私募工场明资道 1 期	18.97	2.23	0.040*	384	乔松汇众	17.88	2.49	0.010*
353	丹禾易嘉时代机遇 5 号	18.73	2.08	0.050	385	宽远价值成长 2 期	17.84	2.56	0.010*
354	东方港湾望远 3 号	18.72	1.78	0.070	386	私募工场自由之路子基金	17.82	3.64	0.000*
355	尚雅 9 期	18.71	1.69	0.090	387	万坤全天候量化 1 号	17.80	3.9	0.000*

续表

编号	基金名称	年化α(%)	t(α)	自助法P值	编号	基金名称	年化α(%)	t(α)	自助法P值
388	海天恒远1号	17.70	1.77	0.070	420	全意通宝（进取）-星石兴光1号	16.99	2.28	0.010*
389	库达呼拉	17.65	2.32	0.050	421	泓澄优选	16.99	2.13	0.020*
390	证大久盈旗舰5号	17.62	1.87	0.070	422	私募工场量子复利	16.92	1.97	0.020*
391	兴聚尊享A期	17.60	2.45	0.020*	423	星石35期	16.91	2.11	0.040*
392	泓澄投资	17.58	2.25	0.000*	424	水鹭1号	16.87	2.68	0.010*
393	丹羿-锐进1号	17.57	1.99	0.070	425	领星泓澄股票策略	16.84	1.97	0.020*
394	远望角容远1号	17.55	2.26	0.010*	426	金华阳	16.83	1.65	0.160
395	雍熙智胜2号	17.54	1.69	0.100	427	巨杉申新3号	16.76	1.83	0.110
396	神农本草集2号	17.54	1.72	0.040*	428	奕金安1号	16.74	2.07	0.030*
397	仁桥泽源股票	17.54	3.51	0.000*	429	恒复趋势1号	16.70	1.96	0.040*
398	中欧瑞博诺亚1期	17.53	3.47	0.000*	430	丰岭精选	16.66	2.09	0.050
399	壁虎寰宇成长6号	17.53	2.03	0.060	431	翼虎成长3期	16.66	2	0.040*
400	京福1号	17.48	1.64	0.100	432	弥加3号	16.62	1.64	0.070
401	靖奇睿科3号	17.45	2.68	0.020*	433	富乐源1号	16.59	1.81	0.060
402	神农1期	17.44	1.88	0.060	434	明河精选3	16.59	2.05	0.030*
403	臻航价值致远	17.41	2.25	0.030*	435	里思智理1号	16.53	1.7	0.060
404	忠石龙腾2号	17.40	2.45	0.010*	436	彤源同庆3号	16.40	1.89	0.050
405	康曼德106号	17.40	2.94	0.030*	437	新方程泓澄精选	16.38	2.17	0.020*
406	睿郡5号	17.37	3.93	0.000*	438	高毅精选FOF	16.35	3.21	0.000*
407	汉和资本-私募学院菁英7号	17.27	2.54	0.010*	439	宽远沪港深精选	16.34	2.37	0.050
408	长坡晓东1号	17.26	1.74	0.060	440	高毅利伟精选唯实	16.31	2.5	0.030*
409	大朴藏象1号	17.23	2.85	0.020*	441	惠正共赢1期	16.30	2.54	0.020*
410	中证星耀FOF	17.20	4.09	0.000*	442	私享策远11号	16.28	1.81	0.090
411	天生桥2期	17.17	2.05	0.100	443	东方消费服务优选	16.18	1.82	0.070
412	阳光宝3号	17.16	2.45	0.010*	444	大朴进取2期	16.16	2.83	0.010*
413	东方鼎泰3期	17.16	2.11	0.080	445	景林丰收	16.16	2.18	0.060
414	兴聚财富8号	17.11	2.97	0.000*	446	民森K号	16.13	2	0.100
415	鹤骑鹰一粟	17.07	2.95	0.000*	447	仙童4期	16.12	1.86	0.070
416	秉怀春风成长1号	17.05	1.94	0.070	448	聚沣成长	16.12	1.77	0.090
417	星石银信宝2期	17.04	1.97	0.070	449	明河科技改变生活	16.09	2.15	0.020*
418	智诚11期	17.04	1.72	0.060	450	星石31期	16.06	2.03	0.030*
419	宽远价值成长2期诺亚专享1号	16.99	2.45	0.010*	451	安和价值	16.02	2.89	0.060
					452	齐济成长1号	15.99	1.92	0.070

续表

编号	基金名称	年化α(%)	t(α)	自助法P值	编号	基金名称	年化α(%)	t(α)	自助法P值
453	汇泽至远1期	15.96	1.97	0.070	486	翼虎灵活配置1号	15.42	1.81	0.070
454	兴聚润泰1号	15.95	3.15	0.000*	487	睿道同行	15.41	2	0.050
455	翼虎成长18期	15.94	1.85	0.080	488	锐进41期	15.35	3.1	0.000*
456	吉渊稳健进取2期	15.93	1.79	0.050	489	中欧瑞博7期	15.28	3.38	0.000*
457	睿泽资本1号	15.91	1.85	0.110	490	黄金优选13期1号	15.28	2.94	0.000*
458	攀山2期	15.89	1.78	0.130	491	果实资本精英汇3号	15.24	2.53	0.010*
459	抱朴1号	15.85	2.04	0.030*	492	平安阖鼎高毅FOF优选1号	15.22	3	0.000*
460	高毅庆瑞6号	15.85	1.99	0.080					
461	杭州波粒二象特罗1号	15.83	3.61	0.000*	493	易同成长	15.16	1.84	0.050
462	高毅世宏1号赋余5号	15.82	2.1	0.050	494	华骏量化1号	15.16	4.09	0.000*
463	果实长期回报	15.80	1.92	0.060	495	翼虎成长7期	15.14	1.66	0.130
464	江苏-天生桥-孵化1号	15.78	2.03	0.010*	496	擎天普瑞明1号	15.13	2.48	0.030*
465	文多稳健1期	15.77	2.36	0.000*	497	青榕狼图腾	15.12	1.64	0.050
466	明远恒信	15.76	1.94	0.040*	498	金珀6号	15.10	2.98	0.010*
467	鼎达对冲2号	15.75	2.2	0.090	499	远望角投资1期	15.09	1.94	0.050
468	骏旭稳健发展1期	15.75	2.51	0.000*	500	积露1号	15.08	2.17	0.040*
469	彼立弗复利1期	15.72	2.04	0.050	501	睿郡众享1号	15.07	2.9	0.000*
470	壁虎寰宇成长1号	15.70	1.71	0.120	502	价值坐标1号	14.97	2.26	0.030*
471	明河精选2	15.70	1.87	0.040*	503	涌鑫2号	14.95	2.69	0.030*
472	聚沣1期	15.70	1.78	0.110	504	中信资本价值回报	14.93	2.71	0.010*
473	泊通致远1号	15.67	1.85	0.080	505	瓦宾法鲁	14.90	2.06	0.050
474	仁布积极进取1号	15.64	2.52	0.020*	506	少数派8号	14.87	1.87	0.060
475	拾贝精选	15.63	2.71	0.000*	507	私募学院菁英105号	14.83	2.07	0.050
476	长见精选3号	15.61	2.64	0.020*	508	侏罗纪超龙3号	14.82	2.17	0.090
477	远望角容远1号A期	15.58	2.21	0.020*	509	远望角容远6期	14.79	1.89	0.030*
478	博晟1号	15.58	3.26	0.000*	510	万吨资产深海鲸旗舰	14.76	1.78	0.100
479	投资精英（星石B）	15.56	2.94	0.000*	511	东方行业优选	14.67	1.79	0.100
480	瑞泉1号	15.53	2.48	0.000*	512	睿郡尊享A期	14.67	2.87	0.000*
481	盈阳15号	15.48	1.92	0.040*	513	明河清源1号	14.66	2.29	0.020*
482	萍聚投资恒升1期	15.46	2.24	0.030*	514	汉和资本1期	14.63	2.04	0.050
483	睿璞投资-睿泰-潜心1号	15.46	2.22	0.040*	515	众壹资产铁树套利1号	14.57	2.02	0.030*
					516	明汯价值成长1期	14.56	2.87	0.000*
484	青云专享1号	15.44	2.26	0.070	517	汉和天信	14.55	2.15	0.020*
485	泽源1号	15.43	3.09	0.010*	518	泰和天工2期	14.54	1.83	0.120

编号	基金名称	年化α(%)	t(α)	自助法P值	编号	基金名称	年化α(%)	t(α)	自助法P值
519	幂数阿尔法1号	14.51	2.61	0.000*	549	九章幻方中证1000量化多策略1号	14.00	2.21	0.070
520	鸣石春天沪深300指数增强1号	14.50	3.13	0.010*	550	汇升稳进1号	13.98	2.44	0.040*
521	泓澄稳健	14.50	1.87	0.090	551	循远安心2号	13.94	2.16	0.020*
522	宽远价值成长3期	14.50	2.26	0.040*	552	丹禾易嘉中国高端制造3号	13.87	1.74	0.070
523	私享蓝筹5期	14.48	1.74	0.070	553	拾金3号	13.79	1.82	0.070
524	新方程巨杉	14.46	2.44	0.030*	554	私募工场厚生君和稳健	13.78	2.09	0.080
525	兴聚财富2号	14.44	2.44	0.010*	555	泓澄投资睿享3号	13.76	1.77	0.120
526	巨杉净值线5G号	14.42	2.29	0.040*	556	丰奘2号	13.71	1.86	0.030*
527	翙鹏中国竞争力A	14.40	2.27	0.010*	557	长见产业趋势2号	13.69	2.4	0.050
528	兴聚财富6号	14.39	2.37	0.030*	558	私享-成长1期	13.68	1.86	0.080
529	忠石龙腾1号	14.38	1.91	0.050	559	九章幻方多策略1号	13.67	2.34	0.010*
530	毕盛狮惠	14.38	1.98	0.070	560	九坤日享沪深300指数增强1号	13.66	3.73	0.000*
531	黑森3号	14.37	2.55	0.000*	561	银叶量化精选1期	13.57	2.55	0.020*
532	弘尚资产研究精选2号	14.37	2.03	0.060	562	远澜银杏1号	13.56	2.43	0.010*
533	黑翼中证500指数增强专享1号	14.36	2.72	0.010*	563	长青藤3期	13.49	1.83	0.090
534	明己稳健增长1号	14.34	2.35	0.010*	564	易同精选	13.47	1.66	0.140
535	合众易晟价值增长1号	14.32	2.17	0.010*	565	匠心1号	13.46	2.96	0.010*
536	君之健翱翔稳进	14.29	2.1	0.020*	566	宽远价值成长	13.43	2.43	0.010*
537	泽源6号	14.20	2.95	0.010*	567	资瑞兴1号	13.41	1.94	0.040*
538	私募学院菁英87号	14.17	1.97	0.040*	568	九章幻方沪深300量化多策略1号	13.41	2.15	0.040*
539	壁虎南商1号	14.16	1.68	0.130	569	进化论金享1号	13.41	1.75	0.100
540	子青2期	14.12	1.78	0.090	570	泓澄智选1期	13.40	1.77	0.090
541	果实成长精选1号	14.12	1.74	0.060	571	黑森9号	13.39	2.16	0.040*
542	诺优逆向价值精选	14.10	3.25	0.010*	572	君悦安新1号	13.38	1.9	0.040*
543	兴聚财富3号好买精选1期	14.09	2.49	0.000*	573	新方程星动力S7号	13.37	3.17	0.000*
544	潮金丰中港成长趋势3号	14.06	1.95	0.090	574	嘉泰1号（嘉泰）	13.33	1.87	0.010*
545	博瑞量化进取1号	14.04	2.16	0.040*	575	观富源2期	13.31	2.31	0.020*
546	聚鸣积极成长	14.04	1.93	0.040*	576	小鳄3号	13.25	1.68	0.050
547	仙童1期	14.01	1.83	0.040*	577	双隆稳盈1号	13.25	2.72	0.010*
548	聚鸣多策略	14.00	1.97	0.090	578	华夏未来泽时进取12号	13.22	1.67	0.090

续表

编号	基金名称	年化α(%)	t(α)	自助法P值	编号	基金名称	年化α(%)	t(α)	自助法P值
579	私募学院菁英500号	13.19	2.27	0.050	611	高毅邻山1号	12.46	1.73	0.050
580	诗书传家	13.19	1.78	0.130	612	因诺天丰1号	12.44	1.88	0.040*
581	重阳价值3号B期	13.18	1.94	0.020*	613	高毅利伟精选唯实1号	12.39	2	0.070
582	泓澄优选10号	13.17	1.68	0.110	614	九坤日享中证1000指数增强1号	12.38	2.34	0.010*
583	公正财富量化洋盈1号	13.17	2.57	0.040*	615	橡子树2号	12.36	1.77	0.060
584	博牛金狮成长1号	13.16	2.65	0.010*	616	肥尾价值5号	12.33	1.67	0.090
585	深积复利成长1期	13.16	2.1	0.030*	617	金蟾蜍大鑫1号	12.32	2.04	0.080
586	滚雪球兴泉3号	13.15	1.73	0.070	618	拾贝1号	12.28	1.78	0.060
587	瑞民华健安全价值	13.14	1.96	0.060	619	拾贝投资信元7号	12.27	2.25	0.030*
588	骏泽平衡2号	13.08	1.93	0.030*	620	通和量化对冲9期	12.24	1.84	0.060
589	伯兄永宁	13.07	4.72	0.000*	621	宽远优势成长2号	12.21	2.13	0.030*
590	高毅信恒精选FOF尊享1期	13.04	2.64	0.000*	622	明曦稳健1号	12.20	1.65	0.080
591	仙童FOF4期	12.97	1.75	0.030*	623	赫富500指数增强1号	12.17	2.69	0.000*
592	君之健君悦	12.93	2.14	0.030*	624	泽源10号	12.14	2.45	0.020*
593	朴汇益	12.93	2.4	0.030*	625	黑翼风行3号	12.08	3.29	0.010*
594	果实资本精英汇4A号	12.88	2.11	0.050	626	无隅鲲鹏1号	12.05	3.09	0.010*
595	少数派5号	12.81	1.93	0.070	627	九印远山2号	12.02	1.96	0.040*
596	中鼎创富鼎创	12.79	1.92	0.050	628	垄熙源沣指数增强7号	12.01	1.9	0.090
597	华信资产价值5期	12.77	2.16	0.060	629	南方汇金6号	12.01	1.73	0.070
598	灵均中证500指数增强2号	12.76	2.07	0.050	630	九章幻方中证500量化进取2号	11.97	1.95	0.070
599	烽火1号	12.73	1.73	0.090	631	新方程巨杉-尊享B	11.94	2.14	0.070
600	融升稳健1号	12.71	3.53	0.000*	632	涵元天璇量化1号	11.92	1.77	0.100
601	合众易晟复利增长1号	12.71	2.25	0.030*	633	私募工场翙鹏中国竞争力1号	11.88	1.93	0.030*
602	高脉汉景1号	12.67	2.62	0.010*	634	澎泰安全边际1期	11.83	1.78	0.030*
603	国富瑞合1号	12.63	2.14	0.040*	635	宽远价值成长5期1号	11.79	2.06	0.060
604	滚雪球1号（201502）	12.57	1.99	0.040*	636	兴聚财富7号	11.73	2.31	0.030*
605	裕晋27期	12.53	2.76	0.000*	637	泰亚2期	11.73	2.97	0.000*
606	多盈2号	12.52	3.1	0.010*	638	师之盈成长1号	11.67	1.78	0.040*
607	懿德财富稳健成长	12.50	2.18	0.020*	639	中欧瑞博4期	11.67	2.68	0.010*
608	拾贝积极成长	12.50	2.27	0.060	640	超龙5号	11.64	2.18	0.030*
609	龙旗红旭	12.49	2.57	0.000*	641	侏罗纪超龙优选	11.61	2.19	0.030*
610	坤德永盛2期	12.47	1.66	0.150					

编号	基金名称	年化α(%)	t(α)	自助法P值	编号	基金名称	年化α(%)	t(α)	自助法P值
642	宽远优势成长3号	11.55	2.24	0.030*	673	领星拾贝	10.30	1.74	0.110
643	师之洋	11.49	1.78	0.090	674	鼎实FOF	10.29	3.99	0.000*
644	拾贝泰观	11.48	2.21	0.040*	675	大朴策略1号	10.24	2.07	0.010*
645	益嘉6号指数增强	11.42	1.67	0.070	676	黄金优选10期3号（重阳）	10.23	1.99	0.060
646	致君基石投资1号	11.39	1.7	0.140					
647	仁布财富1期	11.38	1.84	0.070	677	龙旗Y1期	10.18	1.82	0.090
648	祐益峰菁英1号	11.38	3.35	0.000*	678	乐道成长优选2号A期	10.14	2.03	0.070
649	厚生彬鹏1期	11.17	1.98	0.070	679	普尔睿选5号	10.13	1.69	0.050
650	峰云汇哥伦布	11.16	3.41	0.000*	680	厚生明启2号	10.10	2.2	0.040*
651	天道1期	11.16	1.79	0.110	681	悟空对冲量化11期	10.08	1.75	0.140
652	歌斐锐联量化A股基本面	11.15	2.37	0.070	682	永1号	10.00	1.92	0.080
					683	艾方博云全天候1号	9.97	2.39	0.030*
653	台州1号	11.13	1.65	0.130	684	永韵骐邦1号	9.93	1.77	0.050
654	超龙6号	10.91	2	0.070	685	诚盛2期	9.91	2.27	0.010*
655	骐邦涌利稳健成长	10.89	1.94	0.040*	686	黛眉杉树	9.89	1.97	0.040*
656	艾悉财利1号	10.87	3.01	0.000*	687	保银紫荆怒放	9.89	1.83	0.040*
657	投资精英之域秀长河价值2号	10.86	2.67	0.000*	688	重阳对冲2号	9.87	1.77	0.100
					689	证禾1号	9.84	1.65	0.110
658	至璞新以恒	10.84	2.43	0.000*	690	金享精选策略	9.83	3.13	0.000*
659	苏华智稳盈7期	10.80	4.02	0.000*	691	佳和精选1号	9.81	2	0.060
660	天演中证500指数	10.76	2.1	0.060	692	宁聚自由港1号	9.77	1.83	0.060
661	赛硕稳利1号	10.74	2.61	0.010*	693	卓越理财1号	9.76	2.16	0.040*
662	兴聚1期	10.73	2.38	0.000*	694	胡杨韵动1号	9.75	1.85	0.130
663	坤钰天真FOF1号	10.71	2.21	0.010*	695	国联安-弘尚资产成长精选1号	9.73	1.87	0.090
664	重阳目标回报1期	10.68	2.2	0.060					
665	宁泉特定策略1号	10.63	2.69	0.000*	696	盛泉恒元灵活配置8号	9.68	3.26	0.000*
666	淘利趋势套利15号	10.62	4.31	0.000*	697	元康沪港深精选1号	9.66	1.87	0.040*
667	中量财富玖盈1号	10.60	1.67	0.120	698	金珀9号	9.64	2.1	0.090
668	立心-私募学院菁英353号	10.58	1.68	0.100	699	盈阳22号	9.63	1.95	0.120
					700	朱雀20期	9.62	1.74	0.130
669	耀泉1号	10.50	2.32	0.010*	701	拾贝精选1期	9.58	1.92	0.050
670	投资精英之重阳（B）	10.47	2.01	0.030*	702	湘源稳健	9.57	3.05	0.000*
671	致君辰光	10.37	1.68	0.090	703	博孚利聚强2号FOF	9.44	1.89	0.020*
672	喆颢大中华A	10.31	2.21	0.090	704	千惠云航1号	9.36	2.78	0.010*

编号	基金名称	年化α(%)	t(α)	自助法P值	编号	基金名称	年化α(%)	t(α)	自助法P值
705	启元价值成长1号	9.30	2.28	0.040*	738	寰宇精选收益之睿益10期	8.39	1.98	0.030*
706	龙旗紫霄	9.30	1.73	0.070	739	毅木资产动态精选3号	8.36	1.79	0.050
707	睿郡众享6号	9.27	2.36	0.010*	740	大朴进取1期	8.28	1.89	0.070
708	千象卓越2号	9.21	1.73	0.070	741	九鞅禾禧1号	8.27	1.69	0.170
709	朱雀20期之慧选11号	9.18	1.94	0.100	742	致同稳健成长1期	8.25	2.97	0.010*
710	弘彦家族财富4号	9.16	3.33	0.010*	743	子午达芬奇1号	8.25	1.94	0.060
711	谊恒多品种进取2号	9.12	2.71	0.000*	744	新方程对冲精选N1号	8.25	4.01	0.000*
712	股票价值鼎实13号	9.11	2.58	0.010*	745	鼎实FOF2期	8.15	3.3	0.000*
713	大朴目标	9.09	2.13	0.050	746	辉毅4号	8.15	4.61	0.000*
714	龙旗红鹰	9.05	1.8	0.060	747	信成金台稳盈1号	8.15	1.68	0.120
715	展弘量化套利1号	9.04	2.64	0.000*	748	弘彦家族财富2号	8.13	3.74	0.000*
716	平方和进取1号	9.00	1.68	0.130	749	兴识乾坤1号	8.12	1.65	0.070
717	中邮永安钱塘致胜1号	9.00	3.2	0.000*	750	西安智本1号	8.05	1.94	0.040*
718	毅木动态精选2号	8.96	2.01	0.030*	751	巡洋精选1号	7.99	1.88	0.060
719	喆颢大中华D	8.91	2.7	0.030*	752	睿兹10号	7.99	3.88	0.000*
720	青云套利1号	8.88	1.9	0.080	753	谊恒多品种进取1号	7.89	2.24	0.000*
721	鋆杉1号	8.86	1.66	0.120	754	天合天勤1号	7.87	1.67	0.080
722	汇升共盈尊享	8.85	3.73	0.000*	755	盛泉恒元多策略市场中性3号	7.86	3.14	0.000*
723	黑翼风行2号	8.82	1.64	0.030*	756	久期量和对冲1号	7.85	3.02	0.000*
724	睿郡稳享	8.74	2.43	0.010*	757	江煦禧昊	7.80	2.13	0.070
725	远澜雪松	8.74	2.59	0.010*	758	美阳永续成长7号	7.70	3.17	0.000*
726	五岳归来量化贝塔	8.64	2.28	0.020*	759	中国龙平衡	7.65	2.3	0.040*
727	鼎实FOF7期	8.63	3.43	0.000*	760	华炎铁树	7.58	2.21	0.010*
728	微丰凯旋9号	8.62	1.92	0.050	761	裕晋30期	7.54	1.84	0.090
729	安值福慧量化3号	8.62	1.9	0.110	762	致盛3号	7.54	2.27	0.010*
730	茂源资本－巴舍里耶量化对冲1期	8.57	2.27	0.050	763	茂源英火1号	7.48	1.95	0.060
731	寰宇精选收益之睿益1期	8.52	1.9	0.050	764	老虎7号	7.32	2.02	0.080
732	华炎晨晖	8.47	2.45	0.010*	765	诚盛1期	7.31	1.88	0.070
733	拾贝泰观1号	8.46	1.74	0.180	766	弘彦家族财富3号	7.25	3.1	0.010*
734	悬铃A号	8.46	1.95	0.050	767	金锝中证1000指数增强1号	7.24	1.66	0.090
735	华炎晨星	8.43	2.74	0.000*					
736	致远中证500指数加强	8.43	2.06	0.080					
737	自由港1号	8.40	1.65	0.130	768	浊清精选2号	7.23	2.2	0.000*

续表

编号	基金名称	年化 α（%）	t（α）	自助法 P 值	编号	基金名称	年化 α（%）	t（α）	自助法 P 值
769	白鹭 FOF 演武场 1 号	7.21	3.37	0.020*	796	灵涛卧龙	5.70	2.19	0.020*
770	申毅格物 5 号	7.10	3.83	0.000*	797	厚品资产复利 1 号	5.63	1.83	0.070
771	美阳永续成长	7.09	3.29	0.000*	798	明钺宏观对冲 FOF	5.56	2.43	0.040*
772	信弘龙腾稳健 1 号	7.08	3.5	0.000*	799	大道白驹	5.41	1.84	0.050
773	龙旗紫微	7.06	1.91	0.070	800	擎丰 1 号	5.40	3.99	0.000*
774	盛泉恒元多策略量化对冲 2 号	7.03	2.87	0.000*	801	山带正朗行业	5.32	1.66	0.100
					802	珠海宽德九盈	5.09	1.64	0.120
775	弘彦 1 号	6.98	3.63	0.000*	803	致同宝盈	4.96	2.08	0.070
776	联卡稳健 1 期	6.96	2.48	0.020*	804	艾方全天候 2 号	4.93	1.86	0.020*
777	喜岳云麓	6.89	1.64	0.100	805	润泽价值 2 期	4.85	1.79	0.120
778	厚生量化阿尔法 1 号	6.87	2.15	0.060	806	世纪兴元价值成长 1 号	4.71	1.81	0.050
779	星辰之喜岳 2 号	6.81	2.05	0.010*	807	新时代智能量化 4 号	4.62	2.27	0.020*
780	厚生明启 1 号	6.79	1.7	0.070	808	新时代智能 3 号	4.28	2.34	0.010*
781	德远英华	6.72	1.73	0.120	809	福瑞福元 1 号	4.25	4.57	0.000*
782	盛泉恒元多策略量化对冲 1 号	6.63	2.38	0.010*	810	金锝 6 号	4.24	2.86	0.000*
					811	金锝 5 号	4.20	2.72	0.010*
783	展弘稳进 1 号	6.58	8.23	0.000*	812	希格斯沪深 300 单利宝 1 号	4.12	2.25	0.040*
784	谊恒多品种稳健 1 号	6.35	2.46	0.020*					
785	正瀛权智 2 号	6.35	1.8	0.070	813	兆石套利 1 号 FOF	4.08	4.68	0.000*
786	悟源航母 1 号 FOF	6.29	2.11	0.040*	814	中邮永安钱潮 FOF3 号	3.70	1.99	0.030*
787	茂源资本-巴舍里耶 2 期	6.27	2.04	0.070	815	曜石对冲母基金 2 号	3.52	4.73	0.000*
788	启元价值成长 2 号	6.19	1.99	0.070	816	歌斐传世 5 号	3.40	2.95	0.010*
789	泓倍套利 1 号	6.15	3.14	0.000*	817	天宝云中燕 4 期	3.25	1.72	0.110
790	TOP30 对冲母基金 1 号	5.97	1.92	0.070	818	社润精诚 2 号	2.68	1.84	0.050
791	新方程大类配置	5.95	2.86	0.010*	819	海之山资产管理稳健收益 1 号	2.62	1.81	0.120
792	储泉兴盛 1 号	5.90	1.91	0.090					
793	金锝量化	5.87	3.13	0.020*	820	曜石对冲母基金 1 号	2.54	2.21	0.030*
794	明钺安心回报 2 号	5.85	2.24	0.050	821	润合唐诚元宝 2 号	2.47	5.96	0.000*
795	申毅全天候 2 号	5.75	2.79	0.010*	822	明钺安心回报 1 号	2.30	4.04	0.000*

注：*表示自助法 P 值小于 5%，即基金经理的选股能力不是源于运气和统计误差。

同样地，我们对基金经理的择时能力进行了自助法检验，仍采用 5% 的显著性水平。我们要回答的问题是，在那些择时能力系数 γ 具有正显著性的基金中，哪些基金经理是因为运气而显示出择时能力？哪些基金经理是真正具有择时能力，而不是依靠运气？根据之前 Treynor-Mazuy 四因子模型的估计结果，有 213 只（占 3 230 只基金的 6.6%）基金的基金经理具有显著的择时能力，我们对这些基金的择时能力进行自助法检验。

图 3-11 展示了部分基金经理（10 位）通过自助法估计出来的择时能力 γ 的分布和运用 Treynor-Mazuy 四因子模型估计出来的实际 γ 的对比，曲线表示通过自助

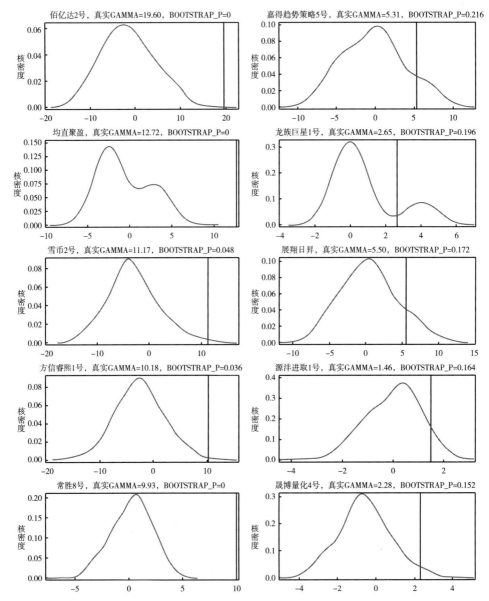

图 3-11　自助法估计的股票型私募基金择时能力 γ 的分布（部分）：2019~2023 年

注：曲线表示通过自助法获得的择时能力 γ 的分布，垂直线表示运用 Treynor-Mazuy 四因子模型估计出来的实际择时能力 γ。

法获得的择时能力 γ 的结果，垂直线为运用 Treynor-Mazuy 四因子模型估计出来的实际择时能力 γ 的结果。例如，"方信睿熙 1 号"基金通过 Treynor-Mazuy 四因子模型估计出来的择时能力为 10.18，通过自助法估计的 1 000 个择时能力 γ 的统计值中，有 36 个大于 10.18，即自助法的 P 值为 0.036（P＝3.6%），从统计检验的角度而言，我们有 95% 的信心确信该基金经理的择时能力并不是由于运气所带来的，而是来自基金经理自身的投资才能。

表 3-14 展示了通过 Treynor-Mazuy 四因子模型估计出来的 213 只具有正确择时能力的股票型私募基金的自助法检验结果。据表 3-14 可知，有 147 只基金的自助法 P 值小于 5%，占五年样本总数（3 230 只）的 4.5%，这些基金在表中已用 ﹡ 标出，说明这 147 位基金经理的择时能力源于自身的投资才能。从统计学假设检验的角度而言，我们有 95% 的把握得出以下结论：这 147 位（占 3 230 只基金的 4.6%）基金经理的优秀业绩来自他们真实的投资能力，由于数量极少，在此我们不再展开分析。因此，我国最近五年（2019~2023 年）的绝大部分股票型私募基金经理不具备择时能力。

表 3-14　　　　具有择时能力的股票型私募基金的自助法检验结果：2019~2023 年

编号	基金名称	γ	$t(\gamma)$	自助法 P 值	编号	基金名称	γ	$t(\gamma)$	自助法 P 值
1	佰亿达 2 号	19.6	4.68	0.000﹡	18	理石股票优选 1 号	6.62	2.76	0.000﹡
2	均直聚盈	12.72	6.28	0.000﹡	19	安诺 1 期	6.55	1.99	0.028﹡
3	雪币 2 号	11.17	2.11	0.048﹡	20	牛星 13 号	6.43	2.02	0.012﹡
4	唐奇唐雅 1 号	10.78	1.92	0.116	21	仙风激进 5 号	6.34	7.11	0.000﹡
5	方信睿熙 1 号	10.18	1.77	0.036﹡	22	千泉宏观 1 号	6.20	1.78	0.020﹡
6	常胜 8 号	9.93	5.03	0.000﹡	23	中证 500 指数 2 倍增强 3 期	6.19	4.81	0.000﹡
7	海粟价值成长 1 号	9.62	2.19	0.008﹡	24	柘畈-磐石 1 号	6.00	4.89	0.000﹡
8	诺游趋势精选	9.48	2.16	0.028﹡	25	鼎萨 3 期	5.99	2.23	0.032﹡
9	优益增 2 号	9.32	2.82	0.012﹡	26	上善若水疾风	5.86	2.5	0.020﹡
10	诺游旌旗	8.77	2.76	0.008﹡	27	仓红 3 号见龙在田	5.67	3.02	0.000﹡
11	樫樾投资-私募学院菁英 198 号	8.05	2.53	0.000﹡	28	天辰稳健 1 号	5.64	1.91	0.056
12	荣通 1 号	7.44	1.64	0.088	29	常胜 1 号	5.6	3.73	0.000﹡
13	京石 8 号	7.27	1.87	0.072	30	否极泰 3 号	5.59	1.89	0.068
14	玖盈 1 号	7.09	2.53	0.024﹡	31	展翔日昇	5.5	1.83	0.172
15	中睿合银精选 1 号	6.93	3.26	0.000﹡	32	中证 800 等权指数 2 倍增强 4 期	5.48	6.26	0.000﹡
16	泾溪佳盈 3 号	6.75	2.23	0.016﹡					
17	文鼎 1 期	6.74	2.55	0.004﹡					

编号	基金名称	γ	$t(\gamma)$	自助法 P 值	编号	基金名称	γ	$t(\gamma)$	自助法 P 值
33	嘉得趋势策略 5 号	5.31	1.75	0.216	66	汇升稳进共盈 1 号	3.89	2.65	0.024*
34	舜智竹节 1 号	5.11	2.21	0.104	67	易凡 5 号	3.87	2.47	0.020*
35	银帆 12 期	5.05	4.35	0.000*	68	锦悦瑞享 1 号	3.86	1.95	0.012*
36	仙风共赢 3 号	4.86	7.93	0.000*	69	子午丁西 A 期	3.8	3.77	0.000*
37	炒贵 1 号	4.82	1.69	0.092	70	瑞晟昌-双轮策略 1 号	3.79	1.78	0.028*
38	风云丰赘 1 号	4.82	3.11	0.012*	71	金蕴 21 期（泓璞 1 号）	3.72	2.25	0.012*
39	本利达 2 号	4.75	2.11	0.024*	72	中睿合银策略精选 1 号	3.71	2.48	0.008*
40	元 1 号	4.72	2.5	0.000*	73	健顺云	3.69	1.72	0.060
41	灰金红利 1 号	4.70	1.83	0.028*	74	励石宏观对冲策略 1 期	3.66	2.75	0.004*
42	宝德源价值进取	4.65	2.91	0.008*	75	仓红 1 号	3.58	2.24	0.020*
43	承源 10 号	4.62	1.82	0.044*	76	盈定 9 号	3.57	2.99	0.000*
44	仓红 6 号	4.56	2.58	0.004*	77	大数据稳健成长 1 号	3.56	1.92	0.044*
45	洪昌价值成长 1 号	4.56	2.08	0.092	78	黄金优选 25 期 1 号	3.55	2.29	0.008*
46	泾溪中国优质成长	4.52	2.24	0.020*	79	易同领先	3.55	1.77	0.052
47	泓翊秋实 1 号	4.51	1.98	0.024*	80	华尔进取 8 号	3.54	4.04	0.000*
48	汇富进取 2 号	4.5	1.82	0.044*	81	永望复利成长 1 号	3.49	2.07	0.044*
49	阿甘 1 号	4.46	2.06	0.028*	82	众拓创盈 2 号	3.48	2.67	0.016*
50	鑫兰瑞	4.4	3.22	0.000*	83	广益成长	3.42	3.47	0.000*
51	至乐 1 号	4.37	1.92	0.048*	84	汇富进取 3 号	3.39	3.16	0.000*
52	达蓬秦岭 1 号	4.32	1.92	0.048*	85	银湖 2 期	3.38	2.71	0.020*
53	小强中国梦	4.27	5.52	0.000*	86	昀启稳健成长	3.35	2.45	0.008*
54	龙旗云起	4.23	4.44	0.000*	87	中睿合银策略精选系列 A 号	3.32	2.47	0.024*
55	兆银资本兆亿 1 号	4.14	1.73	0.120					
56	璞玉浑金	4.13	1.64	0.124	88	景富 2 期	3.32	2.08	0.004*
57	景和 2016	4.09	2.61	0.004*	89	沃霖玄武 3 号	3.31	4.51	0.000*
58	海韵 10 号	4.08	4.65	0.000*	90	富瑞得成长	3.31	2.17	0.012*
59	大通道财道 1 号	4.07	2.22	0.008*	91	易同先锋	3.21	1.93	0.072
60	锐天 8 号	4.06	2.66	0.148	92	民晟红鹭聚利	3.19	3.58	0.000*
61	沣谊成长 2 号	4.02	2.26	0.048*	93	小强中国梦 2 号	3.15	3.7	0.000*
62	汇富金财时间周期对冲 1 号	4.01	2.09	0.084	94	盈定 12 号	3.13	2.22	0.076
63	展翔日晟	3.99	1.82	0.008*	95	稻贞 1 号	3.11	2.55	0.004*
64	中睿合银弈势 1 号	3.95	2.84	0.000*	96	融政创沅尊享 6 号	3.05	1.96	0.072
65	晴信价值精选 1 号	3.89	2.83	0.004*	97	民晟成长 1 期	3.03	1.80	0.020*

续表

编号	基金名称	γ	$t(\gamma)$	自助法P值	编号	基金名称	γ	$t(\gamma)$	自助法P值
98	熙山稳健成长6号	2.99	2.18	0.012*	131	德汇尊享2号	2.36	1.98	0.036*
99	易同先锋1号	2.98	1.89	0.044*	132	龙全冠宇C-高维指数FOF	2.29	1.95	0.048*
100	民晟锦泰1号	2.94	1.98	0.036*					
101	华融海特1号	2.87	2.1	0.116	133	晟博量化4号	2.28	1.65	0.152
102	银帆10期	2.86	3.13	0.000*	134	衍盛量化精选1期	2.28	3.80	0.000*
103	值博率1号	2.85	2.54	0.012*	135	民晟锦泰3号	2.25	1.67	0.060
104	智信创富博元2期	2.80	1.76	0.056	136	磐厚蔚然-时代核心资产	2.23	2.30	0.008*
105	盈至东方量子1号	2.78	1.89	0.016*					
106	华银价值增长1号	2.78	1.86	0.016*	137	新跃成长1号	2.23	1.80	0.056
107	航长常春藤9号	2.75	2.42	0.020*	138	瑞利1号	2.22	1.68	0.048*
108	诺鼎季风价值3号	2.72	2.65	0.008*	139	新方程宏量1号	2.22	1.71	0.040*
109	辰翔平衡稳健2号	2.70	1.80	0.056	140	高熙资产福熙1号	2.22	2.17	0.008*
110	睿扬精选2号	2.70	1.76	0.056	141	华银稳健成长1号	2.21	1.70	0.052
111	源沣进取2号	2.69	2.05	0.076	142	宽桥名将2号	2.21	2.78	0.004*
112	德汇成长3期	2.68	2.06	0.052	143	旭鑫价值成长1期	2.17	2.81	0.008*
113	盛运德诚趋势16号	2.67	1.68	0.136	144	中钢2期	2.17	1.93	0.048*
114	宁聚自由港1号B	2.67	3.18	0.000*	145	旭鑫价值成长2期	2.13	2.57	0.008*
115	睦沣1号	2.67	2.91	0.040*	146	旭鑫稳健成长1期	2.12	2.78	0.000*
116	盈阳16号	2.66	2.27	0.012*	147	衍航1号	2.11	2.25	0.004*
117	诺鼎季风价值2号	2.66	2.51	0.004*	148	新方程宏量2号	2.11	1.68	0.096
118	龙旗巨星1号	2.65	1.93	0.196	149	龙旗追阳临风1号	2.11	2.42	0.068
119	雁丰股票增强1号	2.64	3.61	0.004*	150	谱成深值1号	2.09	2.57	0.012*
120	源沣进取3号	2.59	2.37	0.032*	151	沣谊稳健2号	2.06	1.79	0.096
121	龙全冠宇-高维指数FOF	2.59	2.01	0.052	152	九坤日享中证1000指数增强1号	2.06	2.44	0.004*
122	衍盛指数增强1号	2.50	3.25	0.000*					
123	金海13号	2.50	2.00	0.040*	153	于是长杨1号	2.05	1.72	0.140
124	鼎富1号	2.48	2.89	0.000*	154	溢鎏1号	1.97	1.86	0.088
125	致远激进1号	2.46	3.16	0.000*	155	中钢1期	1.97	1.88	0.052
126	金元日鑫5号	2.43	1.71	0.084	156	致远中证1000指数加强	1.95	2.55	0.008*
127	谷乔2号	2.41	1.95	0.060	157	华尔进取4号	1.93	1.91	0.036*
128	进化论悦享1号	2.39	2.09	0.036*	158	龙旗御风	1.90	1.84	0.092
129	华软新动力稳进FOF1号	2.38	2.96	0.004*	159	九坤日享中证500指数增强1号	1.90	2.86	0.004*
130	龟兔赛跑1号	2.38	2.56	0.004*					

编号	基金名称	γ	t(γ)	自助法 P 值	编号	基金名称	γ	t(γ)	自助法 P 值
160	榜样精彩	1.87	2.26	0.012*	190	盛泉恒元多策略量化对冲 2 号	1.13	2.90	0.000*
161	纽富斯价值成长	1.84	1.95	0.056	191	云鹤 1 号	1.07	1.68	0.088
162	准锦驱动力 1 号	1.84	1.81	0.052	192	悬铃 C 号	1.06	1.75	0.084
163	银帆 6 期	1.83	1.72	0.068	193	本地资本紫气东来 FOF	1.04	2.57	0.008*
164	红树林昂立对冲	1.73	1.97	0.028*	194	品赋火炬	1.03	1.97	0.028*
165	中睿合银弈势 2 号	1.70	1.69	0.100	195	盛泉恒元多策略量化对冲 1 号	1.01	2.26	0.004*
166	晟博量化 2 号	1.66	1.94	0.092	196	天宝云中燕 4 期	1.00	3.32	0.000*
167	兆丰 2 号	1.64	2.27	0.012*	197	泛涵康元 1 号	0.99	4.78	0.000*
168	航长常春藤 5 号	1.62	1.95	0.040*	198	致远 22 号	0.98	2.28	0.060
169	贵达丰	1.61	4.05	0.000*	199	储泉恒星量化 1 号	0.97	3.05	0.008*
170	平凡悟量	1.56	3.36	0.000*	200	朋锦金石炽阳	0.93	1.84	0.112
171	航长红棉 3 号	1.56	1.73	0.096	201	盛冠达试金石 3 号	0.84	1.76	0.132
172	辉睿 1 号	1.53	2.03	0.016*	202	盛泉恒元多策略市场中性 3 号	0.82	2.05	0.004*
173	木瓜 1 号	1.52	1.95	0.072	203	安鑫动力	0.77	2.92	0.000*
174	自然红 1 号	1.49	1.92	0.028*	204	致同宝盈	0.69	1.81	0.088
175	泰谷	1.48	2.08	0.012*	205	六脉新动力 1 号	0.69	1.71	0.088
176	海言 1 号	1.47	1.89	0.044*	206	珠池量化对冲母基金 1 号	0.67	2.44	0.052
177	源沣进取 1 号	1.46	1.70	0.164	207	希格斯沪深 300 单利宝 1 号	0.62	2.12	0.004*
178	晟博量化 3 号	1.43	1.65	0.108	208	曜石对冲母基金 2 号	0.52	4.41	0.000*
179	天宝云中燕 3 期	1.42	3.54	0.000*	209	叁津第二	0.47	1.72	0.056
180	泰亚 2 期	1.41	2.25	0.032*	210	福瑞福元 1 号	0.47	3.15	0.004*
181	辰阳初心	1.34	2.58	0.016*	211	珠池量化稳健投资母基金 1 号	0.41	1.74	0.060
182	金弘趋势 1 号	1.33	2.19	0.032*	212	金锝 5 号	0.41	1.66	0.136
183	红五星	1.29	1.94	0.048*	213	曜石对冲母基金 1 号	0.32	1.74	0.052
184	子午达芬奇 1 号	1.27	1.88	0.104					
185	弈倍虎鲸	1.26	1.84	0.092					
186	云鹤 2 号	1.19	1.78	0.060					
187	笃道 1 期	1.17	1.66	0.044*					
188	指数增强 1 期	1.14	2.33	0.048*					
189	量锐 7 号	1.14	1.65	0.064					

注：* 表示自助法 P 值小于 5%，即基金经理的择时能力不是源于运气和统计误差。

综上所述，通过自助法检验后我们发现，在过去五年（2019~2023 年），我国股票型私募基金市场中，有约 16% 的基金经理具备选股能力，几乎没有基金经理具备择时能力。

六、小结

投资者在私募基金市场中面临着如何从众多基金中挑选出表现优秀的基金或基金经理的难题。为了解答这个问题，本章从三个方面研究了私募基金经理如何获得超额收益。首先，我们分析了基金经理的选股能力和择时能力；其次，我们研究了样本时间范围是否会影响选股能力和择时能力的分析结论；最后，我们深入探讨了那些具有能力的基金经理的业绩究竟是源于自身能力还是偶然的运气。

在具体研究中，我们主要针对五年样本（2019~2023年）中股票型私募基金经理的投资能力进行分析。研究结果显示，在3 230只样本基金中，有822只基金（占比25%）表现出正确的选股能力，有213只基金（占比7%）表现出正确的择时能力。经自助法检验后发现，有518只基金（占比16%）的选股能力源于基金经理自身的投资能力，有147只基金（占比5%）的择时能力源于基金经理自身的投资能力，而非运气。此外，我们还采用相同方法对三年样本（2021~2023年）和七年样本（2017~2023年）区间的基金进行了检验，得出了相似的结论，在此不再赘述。

私募基金业绩的持续性

相比于公募基金追求相对收益的投资理念，私募基金以追求绝对收益为目标，信息披露的要求相对较低，在投资策略、仓位控制等方面更为灵活。产品结构层面，除管理费外，私募基金通常会计提业绩分成，这也促使私募基金经理追求更高额的业绩报酬。同时，私募基金往往根据净值设置了预警线和平仓线，对基金管理人仓位控制、趋势判断等能力提出了极高的要求，一旦所持股票接连下跌，会给其带来跌破预警线、平仓线的风险，使操作空间缩小，投资难度增大。因此，私募基金在一定程度上追求绝对收益的动力更大，对风险的控制要求也更高。

随着居民财富的不断增长，我国高净值人群日益壮大，以合格投资者为主要服务对象的私募证券投资基金逐渐步入更多投资者的视野。对投资者来说，长期获得高额的收益是其始终追求的目标，在投资时他们也会希望投资的基金持续创造较高的收益，并尤为关注基金的历史业绩。"中国私募金牛奖""中国私募基金风云榜""私募基金英华奖"等评选榜单都已持续了数年，这些评选多以定量评估为主、定性评估为辅，常见的考察指标包括基金的收益率、风险调整后收益等。通常来说，过去一段时间收益较高的基金往往受到更多投资者的青睐，这是因为投资者们认为这些基金能够在未来继续获得较好的收益。然而，在筛选基金的过程中我们发现，许多在前一年占领榜首的私募基金，其后一年的业绩并不理想，甚至可能处于同类基金的后50%。那么，昔日的私募基金冠军都去哪了？私募基金的业绩是否有持续性？对这些问题的解答，有利于投资者正确评价市场上的私募基金。

基金业绩的持续性这一话题不仅仅是业界在研究基金时所关注的问题，学术界围绕基金的业绩能否持续也进行了广泛的研究。Malkiel（1995）、Brown 和 Getzmann（1995）、Carhart（1997）、Agarwal 和 Naik（2000），以及 Cao、Farnsworth 和 Zhang（2020）等对基金业绩的持续性进行了研究。许多研究发现，过往业绩较好的基金一般不具有持续性，而过往业绩较差的基金未来的业绩仍旧较差的现象则更为普遍。这些研究虽然不能帮助投资者发掘出未来可以带来良好收益的基金，但是从一定程度上可以避开那些未来收益可能较差的基金。在我国，也有很多学者围绕私募基金业绩的持续性展开研究。赵骄和闫光华（2011）发现，在市场单边下跌的行情下，私募基金的收益表现出较强的持续性，强者恒强，弱者则很难翻身；在单边上涨行情中，私募基金收益的持续性特征不明显；而在震荡行情下，私募基金收益呈现出一定的持续性。赵羲和刘文宇（2018）以股票多头策略的私募基金为研究对象，发现基金的收益指标持续性均较弱，风险指标（如波动率）的整体持续性较强，而风险调整后收益指标（如信息比率、夏普比率）的持续性要强于收益指标，弱于风险指标。

在本章中，我们采用不同的检验方法，研究股票型私募基金业绩排名的稳定性，希望能够给投资者在参考基金过往业绩时提供科学的依据。与前述章节一致，本章股票型私募基金具体包括万得私募基金二级分类中的普通股票型、股票多空型、相对价值型和事件驱动型基金。我们将研究期间划分为排序期（formation period）和检验期（holding period），通过对比基金业绩在排序期和检验期的变化情况来判定其业绩是否具有持续性，这是一种每年都会进行的滚动检验。其中，排序期分别选择一年和三年，检验期为一年（排序期之后的一年）。具体来说，当排序期为一年（或三年）时，我们检验过去一年（或三年）基金业绩的排名和次年排名的相关性。选取的基金样本需要在排序期和检验期都具有完整的复权净值数据。

我们分别通过四种方法来验证股票型私募基金业绩是否具有持续性。第一部分，采用绩效二分法对股票型私募基金收益率的持续性进行检验；第二部分，利用Spearman 相关性检验对股票型私募基金收益率排名的相关性作出分析；第三部分，将股票型私募基金的收益率按高低分为四组，通过描述统计的方法对股票型私募基金收益率的持续性进行检验；第四部分，我们以考虑风险调整后收益的指标，即夏普比率作为业绩衡量指标，再次以描述统计检验的方式进行基金业绩持续性的检验。

一、收益率持续性的绩效二分法检验

美国著名学者，分别来自纽约大学和耶鲁大学的 Brown 教授和 Goetzmann 教授（1995）提出了检验基金业绩持续性的绩效二分法，其原理是通过考察基金业绩在排序期和检验期的排名变动情况来检验基金整体业绩的持续性。在本部分，我们将绩效二分法应用到我国的基金市场，分析股票型私募基金收益率的排名能否持续。根据绩效二分法，我们在排序期和检验期将样本基金按照收益率从高到低排序，排名前 50% 的基金定义为赢组（Winner），排名后 50% 的基金定义为输组（Loser）。若基金在排序期和检验期均位于赢组，记为赢赢组（WW）。以此类推，根据基金在排序期和检验期的排名表现，可以把基金分成赢赢组（WW）、赢输组（WL）、输赢组（LW）和输输组（LL）4 个组，具体的分组方式如表 4-1 所示。

表 4-1 绩效二分法检验中的基金分组

排序期	检验期	
	赢组（Winner）	输组（Loser）
赢组（Winner）	WW	WL
输组（Loser）	LW	LL

在完成对基金的分组后，我们使用交叉积比率指标（cross-product ratio，CPR）检验基金收益率的持续性。具体来说，若基金业绩存在持续性，那么基金的排序应当是相对稳定的。排序期属于赢组的基金，在检验期继续留在赢组的概率将大于转入输组的概率；同理，原本为输组的基金，在未来继续留在输组的概率应大于该基金变为赢组的概率。所以，如果基金业绩存在持续性，样本中 4 组结果的占比就是不均匀的；反之，若基金收益率不存在持续性，则检验期输组和赢组的业绩排序在未来是随机的。那么，排序期位于输组与赢组的基金在次年位于输组和赢组的概率是均等的，也就是在检验期内，上述四种情况在全部样本基金中的比例均应为 25%。由此我们可以通过 CPR 这一综合了 4 个分组基金占比的指标，来检验基金业绩的持续性。CPR 指标的计算方法如下：

$$\widetilde{CPR} = \frac{N_{WW} \times N_{LL}}{N_{WL} \times N_{LW}} \tag{4.1}$$

其中，N_{WW}、N_{LL}、N_{WL}、N_{LW} 分别代表属于每组基金的样本数量。当基金的业绩不存在持续性时，CPR 的值应该为 1，即 $\ln(\widetilde{CPR}) = 0$。我们利用假设检验的方法来判断基金业绩是否具有持续性。假设检验的原假设为：基金业绩不具有持续性，即 $\ln(\widetilde{CPR}) = 0$。我们通过构造 Z 统计量来检验 $\ln(\widetilde{CPR})$ 是否等于 0。当观测值相互独立时，Z 统计量服从标准正态分布，即

$$\tilde{Z} = \frac{\ln(\widetilde{CPR})}{\sigma_{\ln(\widetilde{CPR})}} \rightarrow Norm(0,1) \tag{4.2}$$

其中，$\sigma_{\ln(\widetilde{CPR})}$ 的标准差，当 $\ln(\widetilde{CPR})$ 服从正态分布时，标准差为：

$$\sigma_{\ln(\widetilde{CPR})} = \sqrt{1/N_{WW} + 1/N_{WL} + 1/N_{LW} + 1/N_{LL}} \tag{4.3}$$

如果 Z 统计量显著大于 0，则对应的 CPR 指标显著大于 1，表明基金的收益率具有持续性；反之，如果 Z 统计量显著小于 0，则对应的 CPR 指标显著小于 1，表明基金的收益排名在检验期出现了反转；若 Z 统计量和 0 相差不大，那么对应的 CPR 指标接近于 1，此时可以推断，检验期中 4 组基金数量大致相等，也就是这段

时期基金收益率排名是随机的，和排序期的排名没有显著的联系，业绩不具有持续性。通过上述方法，我们能够对私募基金的业绩持续性作出判断。

图 4-1 和表 4-2 展示了排序期为一年、检验期也为一年的绩效二分法检验结果。在这里，我们关心的问题是：过去一年收益率排名在前 50% 的基金，下一年能否继续获得较高的收益，能否继续排在前 50%？过去一年收益率排名在后 50% 的基金，下一年的收益率是否仍旧较低，依然排在后 50%？如果这两个问题的答案是肯定的，那么我们认为基金在过去一年的业绩对于投资者来说具有参考价值；如果答案是否定的，则意味着私募基金的收益率没有持续性。由于我们重点关注基金在排序期和检验期能否维持同样水平的业绩，下面赢赢组（WW）和输输组（LL）的结果是主要的讨论对象。如果一只基金在检验期的业绩没有规律，那么它属于 4 个组别的任意一组的概率为 25%。

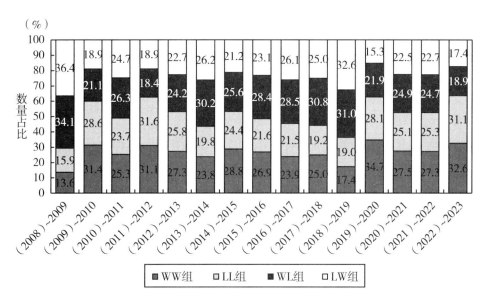

图 4-1　股票型私募基金业绩持续性的绩效二分法检验各组比例
（排序期为一年）：2008~2023 年

注：横坐标括号内的年份表示排序期，括号外的年份表示检验期。

图 4-1 显示了每组检验中属于赢赢组（WW）、赢输组（WL）、输赢组（LW）和输输组（LL）4 组基金的比例分布。在 14 组结果中，有 WW 组基金占比明显低于 25% 的时间段，如（2018）~2019 年期间只有 17.4% 的基金属于 WW 组；也有基金占比明显高于 25% 的时期，如（2019）~2020 年有 34.7% 的基金属于 WW 组；同时，部分时期各组基金占比与 25% 区别不大。整体来看，基金在检验期的组别分布较为随机。为了检验这些比例是否显著高于或低于随机分布下对应的概率（25%），我们对不同时间区间内私募基金所属组别分布的显著性进行了检验。

表 4-2 展示了私募基金在排序期和检验期的组别分布，以及 *CPR* 等统计指标的具体信息。在 5% 的显著性水平下，在 15 次检验中有 6 组结果的 *CPR* 值是显著大于 1 的，表明在大多数样本期中，私募基金的业绩并没有表现出明显的持续性。此外，我们还注意到，（2018）~2019 年期间 Z 检验 P 值小于 0.05，*CPR* 指标为 0.33，显著小于 1，这一结果表明私募基金的收益率在 2018~2019 年出现了反转，在 2018 年处于赢组的基金只有 17.4% 能够在 2019 年继续属于赢组，且在 2018 年处于输组的基金有 19.0% 在 2019 年继续属于输组。2018 年，在中美贸易摩擦、金融"去杠杆"的大背景下，我国股票市场自开年起震荡下跌，上证综指全年累计跌幅达 24.6%，创近十年来年度最大跌幅。进入 2019 年，股票市场开始回暖，电子、食品饮料、家用电器等行业板块的涨幅超过 50%，以此类股票为重仓股的基金，业绩能够在 2019 年实现扭转。类似地，在（2008）~2009 年、（2013）~2014 年、（2016）~2017 年和（2017）~2018 年，私募基金业绩同样表现出反转。

表 4-2　　　　　股票型私募基金业绩持续性的绩效二分法检验
（排序期为一年）：2008~2023 年

（排序期）~检验期	*CPR*	Z 统计量	P 值	WW 组比例（%）	LL 组比例（%）	WL 组比例（%）	LW 组比例（%）
（2008）~2009	0.18	−3.72	0.000	13.6	15.9	34.1	36.4
（2009）~2010	2.25*	2.63	0.009	31.4	28.6	21.1	18.9
（2010）~2011	0.92	−0.35	0.729	25.3	23.7	26.3	24.7
（2011）~2012	2.83*	5.90	<0.001	31.1	31.6	18.4	18.9
（2012）~2013	1.28	1.73	0.084	27.3	25.8	24.2	22.7
（2013）~2014	0.60	−3.61	<0.001	23.8	19.8	30.2	26.2
（2014）~2015	1.29	1.93	0.054	28.8	24.4	25.6	21.2
（2015）~2016	0.88	−1.14	0.255	26.9	21.6	28.4	23.1
（2016）~2017	0.69	−5.48	<0.001	23.9	21.5	28.5	26.1
（2017）~2018	0.62	−7.75	<0.001	25.0	19.2	30.8	25.0
（2018）~2019	0.33	−19.79	<0.001	17.4	19.0	31.0	32.6
（2019）~2020	2.89*	18.33	<0.001	34.7	28.1	21.9	15.3
（2020）~2021	1.23*	4.34	<0.001	27.5	25.1	24.9	22.5
（2021）~2022	1.23*	4.98	<0.001	27.3	25.3	24.7	22.7
（2022）~2023	3.08*	29.37	<0.001	32.6	31.1	18.9	17.4

注：*表示在排序期和检验期，基金的业绩在 5% 的显著性水平下具有持续性。

（2019）～2020 年期间，在 2019 年收益率属于赢组的私募基金中，34.7%的基金在 2020 年收益率依旧排名前 50%。2019 年，股票市场结构性行情明显，消费、科技板块涨幅靠前，核心蓝筹股受到投资者欢迎，周期板块整体较弱。2020 年，大量白酒股、啤酒股涨幅接近翻倍，消费、医药、科技板块也大幅上涨。在新冠疫情席卷全球之时，我国 A 股成为全球资产的避风港，大量境外资金涌入，集中投资于数量有限的核心资产、龙头企业。在一定程度上，这些基金拉动了这类股票价格的进一步上涨。在这样的市场行情下，以食品饮料、消费、医药、科技股为核心投资标的的基金能够在 2019～2020 年延续其优秀的业绩表现。在最新一个样本期（2022）～2023 年，CPR 指标为 3.08，显著大于 1，有 32.6%在 2022 年排名前 50%的基金继续在 2023 年排名前 50%，高于 25%。但是，综合多个样本期的检验结果，我们判断，当排序期为一年、检验期为一年时，股票型私募基金收益排名随机性强，基金的收益率并没有很强的持续性。

由于以一年为排序期时间相对较短，且基金一年的业绩波动性相对较高，我们又以三年作为排序期、一年作为检验期，考察股票型私募基金在前三年的总收益率排名是否与下一年的收益率排名显著相关，结果展示在图 4-2 和表 4-3 中。结合图 4-2 和表 4-3，我们发现，在 13 个样本期中，5 个样本期的检验结果不显著，3 个样本期的 CPR 指标显著小于 1，5 个样本期 CPR 指标显著大于 1，能够看出大多数样本期内私募基金的业绩并不能在下一年持续下去。

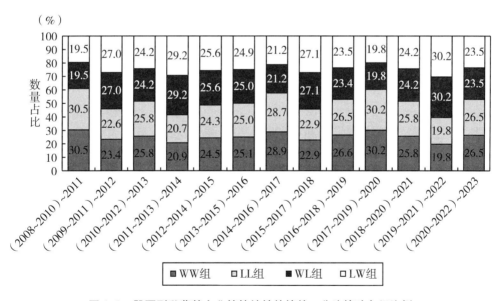

图 4-2　股票型私募基金业绩持续性的绩效二分法检验各组比例
（排序期为三年）：2008～2023 年

注：横坐标所示时间周期中括号内的年份表示排序期，括号外的年份表示检验期。

表 4-3 股票型私募基金业绩持续性的绩效二分法检验（排序期为三年）：2008~2023 年

（排序期）~检验期	CPR	Z 统计量	P 值	WW 组比例（%）	LL 组比例（%）	WL 组比例（%）	LW 组比例（%）
（2008~2010）~2011	2.44*	1.97	0.049	30.5	30.5	19.5	19.5
（2009~2011）~2012	0.72	-0.94	0.348	23.4	22.6	27.0	27.0
（2010~2012）~2013	1.14	0.52	0.606	25.8	25.8	24.2	24.2
（2011~2013）~2014	0.50	-3.59	0.001	20.9	20.7	29.2	29.2
（2012~2014）~2015	0.91	-0.56	0.577	24.5	24.3	25.6	25.6
（2013~2015）~2016	1.01	0.04	0.964	25.1	25.0	25.0	24.9
（2014~2016）~2017	1.85*	3.67	0.001	28.9	28.7	21.2	21.2
（2015~2017）~2018	0.71	-2.47	0.014	22.9	22.9	27.1	27.1
（2016~2018）~2019	1.28*	2.83	0.005	26.6	26.5	23.4	23.5
（2017~2019）~2020	2.33*	9.79	<0.001	30.2	30.2	19.8	19.8
（2018~2020）~2021	1.14	1.82	0.069	25.8	25.8	24.2	24.2
（2019~2021）~2022	0.43	-12.92	<0.001	19.8	19.8	30.2	30.2
（2020~2022）~2023	1.26*	3.99	<0.001	26.5	26.5	23.5	23.5

注：*表示在排序期和检验期，基金的业绩在 5% 的显著性水平下具有持续性。

在业绩出现反转的期间，如（2019~2021）~2022 年，CPR 指标为 0.43，显著小于 1，属于 WW 组和 LL 组的基金占比均为 19.8%，说明 2019~2021 年收益排名前 50% 的基金中只有不到 20% 的基金能够在 2022 年继续排名前 50%。类似地，（2011~2013）~2014 年和（2015~2017）~2018 年，私募基金的业绩同样出现反转。此外，在最新一个样本期（2020~2022）~2023 年，Z 统计量为 3.99，CPR 指标显著大于 1，有 26.5% 的基金在检验期依旧处于赢组（输组）。同时，（2008~2010）~2011 年、（2014~2016）~2017 年、（2016~2018）~2019 年和（2017~2019）~2020 年检验结果的 CPR 指标也显著大于 1，在此期间私募基金的收益率具有持续性。基于上述分析，当排序期为三年、检验期为一年时，大多数时间段内，股票型私募基金的业绩仍没有明显的持续性。

根据对绩效二分法的检验结果分析，我们发现，无论是选择一年还是三年作为排序期，股票型私募基金在下一年的业绩并不具有显著的持续性。换言之，在过去一年或过去三年里投资收益率排名靠前的基金，在下一年里的收益率排名并不一定靠前，投资者根据过往的业绩排名选择基金，无法保证在未来获得同水平的收益。

二、收益率持续性的 Spearman 相关性检验

接下来，我们采用 Spearman 相关系数检验继续对股票型私募基金排序期和检验期的业绩持续性进行检验。Spearman 相关系数检验是最早用于检验基金业绩表现持续性的方法之一，在检验中，Spearman 相关系数对原始变量的分布不作要求，是衡量两个变量的相互关联性的非参数指标，它利用单调方程评价两个统计变量的相关性。当样本的分布不服从正态分布、总体分布类型未知或为有序数据时，使用 Spearman 相关系数较为有效。Spearman 相关系数的绝对值越大，说明两个变量间的相关性越强。当两个变量完全相关时，Spearman 相关系数的数值则为 1 或 -1。Spearman 相关系数的取值范围为 -1 ~ 1。

Spearman 相关性检验包括以下四步。

第一步：定义排序期为一年或三年，计算排序期内样本基金的收益率排名。

第二步：定义检验期为排序期的下一年，追踪检验期内样本基金的收益率排名。

第三步：计算基金在排序期的排名与检验期的排名之间的 Spearman 相关系数。以排序期和检验期都为一年为例，Spearman 相关性检验统计量为：

$$\rho_t = 1 - \frac{6 \sum_{i=1}^{n_t} d_{i,t}^2}{n_t(n_t^2 - 1)} \tag{4.4}$$

其中，$d_{i,t} = r_{i,t-1} - r_{i,t}$，$r_{i,t-1}$ 和 $r_{i,t}$ 分别为基金 i 在第 $t-1$ 年和第 t 年的收益率排序，n_t 为第 t 年中基金的数量。如果 Spearman 相关系数显著大于 0，表明基金的排名具有持续性；反之，表明基金的排名出现反转；如果相关系数接近于 0，则表明基金收益率的排名在排序期和检验期并没有显著的相关性。

第四步：逐年滚动检验基金排序期与检验期收益率排名的 Spearman 相关系数。

在这里，投资者最关心的问题是，如果投资于过去收益率较高的基金，是否会在未来获得较高的收益？因此，我们检验股票型私募基金收益率在排序期的排名和检验期的排名是否相关。如果相关性显著，则表明排序期排名较高的基金在检验期同样会获得较高的排名。这样投资者只要投资过去收益率较高的基金，在未来就会同样获得较高的收益。

当排序期和检验期都为一年时，2008 ~ 2023 年股票型私募基金业绩持续性的 Spearman 相关系数检验结果如表 4-4 所示。结果显示，在 5% 的显著性水平下，15 次检验中，有 6 个样本期中的 Spearman 相关系数为正且显著。但是，在大部分检验中，私募基金的收益率没有持续性。这 6 个私募基金业绩具有持续性的样本期分别为

（2009）~2010 年、（2011）~2012 年、（2019）~2020 年、（2020）~2021 年、（2021）~2022 年和（2022）~2023 年。2011 年，沪深 300 指数下挫 19%，不少机构投资者和个人投资者在惨淡的行情下损失惨重。进入 2012 年，我国股票市场一路震荡，一年来上涨和下跌的行情此起彼伏。相比较而言，2012 年，地产、金融板块表现抢眼，而家用电器、医药生物等消费板块则相对低迷。检验结果显示，2011 年收益率较高的私募基金在 2012 年收益率也仍然较高，这是因为 2010 年股指期货和融资融券推出后，采用对冲策略的私募基金能够通过对冲工具减小股票市场的波动，以持续性地获得正收益；2011 年收益率偏低的私募基金在 2012 年业绩仍然不佳，原因则在于 A 股市场在 2011 年表现疲软，且在 2012 年也存在阴跌行情，如果没能把握好股票买卖的时机则会造成净值接连下跌。在最新一个样本期（2022）~2023 年，T 检验 P 值小于 0.05，Spearman 相关系数为 30.3%。

表 4-4　　　　股票型私募基金业绩持续性的 Spearman 相关性检验
（排序期为一年）：2008~2023 年

（排序期）~检验期	Spearman 相关系数	T 检验 P 值
（2008）~2009	-0.494	<0.001
（2009）~2010	0.228*	0.003
（2010）~2011	-0.086	0.136
（2011）~2012	0.334*	<0.001
（2012）~2013	0.025	0.490
（2013）~2014	-0.118	0.001
（2014）~2015	-0.020	0.557
（2015）~2016	-0.008	0.768
（2016）~2017	-0.003	0.881
（2017）~2018	-0.071	<0.001
（2018）~2019	-0.266	<0.001
（2019）~2020	0.312*	<0.001
（2020）~2021	0.062*	<0.001
（2021）~2022	0.034*	0.001
（2022）~2023	0.303*	<0.001

注：*表示在排序期和检验期，基金的业绩在 5% 的显著性水平下具有持续性。

同时，我们也发现一些样本期内基金的业绩出现了反转现象，即 Spearman 相关系数为负显著，如（2008）~2009 年、（2013）~2014 年、（2017）~2018 年和（2018）~2019 年，表明在这三个时间段内排序期排名较高（或较低）的基金在下一年的检验期排名反而较低（或较高）。2018~2019 年，股票市场从熊市转为牛市，持有电子、食品饮料等涨幅较大行业板块股票的私募基金业绩能够实现大幅扭转，在 2019 年获得高额收益。除此之外，还有 5 个样本期的检验结果不显著。结合多个样本期检验结果，我们可以得出结论：以一年为排序期、一年为检验期时，大多数情况下我国股票型私募基金的收益率不具有持续性。

接下来，我们将排序期延长为三年、检验期仍为一年，考察股票型私募基金在前三年的总收益率排名是否与下一年的收益率排名显著相关，结果如表 4-5 所示。我们发现，在 13 次检验中，有 7 次检验显示，基金前三年的收益与下一年的收益没有显著的正相关关系，即基金业绩不具有持续性。同时，（2011~2013）~2014 年、（2015~2017）~2018 年和（2019~2021）~2022 年，Spearman 相关系数显著小于 1，说明在 2011~2013 年、2015~2017 年和 2019~2021 年收益排名靠前的基金到了下一年收益反而排名靠后。在 5% 的显著性水平下，有 6 次检验的 Spearman 相关系数是正显著的，样本期为（2008~2010）~2011 年、（2014~2016）~2017 年、（2016~2018）~2019 年、（2017~2019）~2020 年、（2018~2020）~2021 年和（2020~2022）~2023 年，相关系数分别为 24.0%、10.7%、4.9%、23.7%、4.1% 和 9.6%。整体来看，在大多数样本期，基金排序期和检验期的收益率并不是显著正相关的，由此，我们认为以三年为排序期，股票型私募基金的业绩不具有持续性。这一结论与绩效二分法检验的结果保持一致。

表 4-5 股票型私募基金业绩持续性的 Spearman 相关性检验
（排序期为三年）：2008~2023 年

（排序期）~检验期	Spearman 相关系数	T 检验 P 值
（2008~2010）~2011	0.240*	0.030
（2009~2011）~2012	−0.122	0.154
（2010~2012）~2013	0.073	0.257
（2011~2013）~2014	−0.144	0.002
（2012~2014）~2015	−0.006	0.880
（2013~2015）~2016	−0.032	0.479
（2014~2016）~2017	0.107*	0.010
（2015~2017）~2018	−0.080	0.020
（2016~2018）~2019	0.049*	0.025
（2017~2019）~2020	0.237*	<0.001

续表

（排序期）~ 检验期	Spearman 相关系数	T 检验 P 值
（2018~2020）~ 2021	0.041 *	0.025
（2019~2021）~ 2022	−0.243	<0.001
（2020~2022）~ 2023	0.096 *	<0.001

注：*表示在排序期和检验期，基金的业绩在 5% 的显著性水平下具有持续性。

上述检验显示，无论排序期是一年还是三年，都无法表明股票型私募基金的收益率在下一年具有确定的持续性。虽然在个别年份中基金的业绩表现出持续的特征，但持续性的相关系数都较低。这意味着私募基金过去的收益不能帮助我们预测基金在下一年的业绩。投资者如果投资于过去一年或三年内收益排名较高的基金，并不能保证在下一年里会继续获得较高的收益。

三、收益率持续性的描述统计检验

至此，我们分别采用绩效二分法和 Spearman 相关系数两种方法对股票型私募基金收益率的持续性进行了检验，接下来，我们将采用更加直观的描述统计的方法，分别从收益率和夏普比率两个方面分析私募基金的业绩可否持续。

与前两节一样，我们选取一年和三年作为排序期，检验期设置为一年。首先，在排序期，根据收益率进行排序，从高至低将基金分为 4 组，将第 1 组定义为收益率最高的组（收益率排名在前 25%），以此类推，第 4 组定义为收益率最低的组（收益率排名在后 25%）。其次，我们观察每组基金在检验期的分组情况。如果基金的收益率具有持续性，那么在排序期属于第 1 组的基金，在检验期应该也有很高比例的基金属于第 1 组；反之，如果基金的收益率不具有持续性，则无论基金在排序期中处于什么组别，在检验期中的排名应该是随机分布的，也就是说排序期处于第 1 组的基金，检验期处于各组的比例应为 25%。由于本章讨论的重点是私募基金的收益率是否具有持续性，这里我们主要关注基金在排序期和检验期所属组别的延续情况。

在 2008~2023 年期间，通过计算，我们得出 15 个在排序期收益率属于第 1 组的基金在检验期也属于第 1 组的比例，再计算这 15 个比例的平均值，可以获得 2008~2023 年收益率在排序期和检验期均属于第 1 组比例的均值。图 4-3 展示了一年排序期内属于第 1 组、第 2 组、第 3 组和第 4 组的基金在下一年检验期所属各组的比例。从中可见，排序期属于收益率最高的第 1 组的基金在检验期有 29.7% 的基金仍属于第 1 组，高于随机分布下对应的 25%；排序期属于收益率最低的第 4 组的基金在检验期有 26.1% 的基金仍属于第 4 组，略高于 25%。接下来，我们采用 T 检验，进一步检查这两个比例是否在统计上显著区别于 25%。

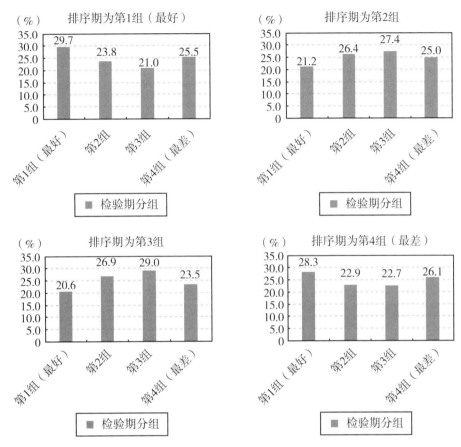

图4-3　股票型私募基金业绩在检验期组别变化的分布（排序期为一年）：2008~2023 年

　　表 4-6 展示了排序期为一年、检验期为一年时，股票型私募基金收益率在检验期组别变化的 T 检验结果。结果显示，在 5% 的显著性水平下，只有排序期处于第 3 组的基金，在检验期仍处于第 3 组的占比结果通过了 T 检验，P 值为 0.009。而我们特别关注的排序期和检验期都处于收益率最高的第 1 组或是收益率最低的第 4 组的基金占比，其 T 检验的 P 值分别为 0.119 和 0.708，均大于 0.05，未能通过显著性检验。这说明，尽管在排序期属于最好的第 1 组的基金有 29.7% 在检验期仍然属于第 1 组，但这一概率与随机分布下对应的概率（25%）没有显著区别。也就是说，无论基金在排序期属于什么组别，其在检验期组别的分布都是随机的。通过分析我们认为，过去一年私募基金在排序期的组别分布与其在检验期的组别分布并没有直接的联系，私募基金在检验期中基本上随机分布于 4 个组别，即股票型私募基金的收益率不具有持续性。

表 4-6 　　　　　股票型私募基金业绩在检验期组别变化的 T 检验

（排序期为一年）：2008～2023 年

排序期组别	检验期组别	平均百分比（%）	t 值	T 检验 P 值
1 （最好基金组）	1	29.7	1.66	0.119
	2	23.8	−0.65	0.524
	3	21.0	−2.07	0.057
	4	25.5	0.19	0.850
2	1	21.2	−3.75	0.002
	2	26.4	1.13	0.279
	3	27.4	2.04	0.060
	4	25.0	−0.03	0.973
3	1	20.6	−2.95	0.011
	2	26.9	1.78	0.098
	3	29.0*	3.04	0.009
	4	23.5	−0.93	0.369
4 （最差基金组）	1	28.3	1.36	0.196
	2	22.9	−1.13	0.279
	3	22.7	−1.68	0.115
	4	26.1	0.38	0.708

注：*表示在排序期和检验期，基金的业绩在 5% 的显著性水平下具有持续性。

通过上述检验，我们发现收益率排名在前 25% 与后 25% 的基金业绩不具有持续性，那么，当这两个比例缩小至 5% 时，这个结论是否仍旧成立？表 4-7 展示了在排序期属于前 5% 的基金在检验期排名仍在前 5% 的基金数量及占比统计，平均有 8.9% 的基金的收益率能够在排序期和检验期都排名前 5%。换言之，在过去一年收益率最高的基金中，在下一年有 90% 的概率不再是最优秀的基金。具体来看，只有（2019）～2020 年、（2020）～2021 年和（2022）～2023 年检验期和排序期排名都在前 5% 的基金占比高于 15%，其他时间段内只有很少比例的私募基金能够在检验期持续表现优异。在最新一个样本期（2022）～2023 年中，排序期中 589 只排名前 5% 的基金，在检验期有 98 只仍然排名前 5%，占比 16.6%。综合多个样本期的检验结果来看，2008～2023 年每年最优秀的私募基金在检验期的收益和排名变动都很大，对投资者而言没有参考价值。

表 4-7　　　　　　　　收益率前 5% 的股票型私募基金在检验期仍属于

前 5% 的数量占比（排序期为一年）：2008~2023 年

排序期	检验期	排序期中前 5% 的基金数量（只）	检验期中仍处于前 5% 的基金数量（只）	检验期中仍处于前 5% 的基金占比（%）
2008	2009	4	0	0.0
2009	2010	8	0	0.0
2010	2011	15	1	6.7
2011	2012	27	3	11.1
2012	2013	38	1	2.6
2013	2014	39	3	7.7
2014	2015	45	6	13.3
2015	2016	68	8	11.8
2016	2017	176	17	9.7
2017	2018	216	9	4.2
2018	2019	270	20	7.4
2019	2020	260	44	16.9
2020	2021	339	59	17.4
2021	2022	452	40	8.9
2022	2023	589	98	16.6
平均值		—	—	**8.9**

　　在附录三中，我们具体汇报了 2020~2023 年，排序期为一年时，收益率在排序期排名前 30 位的基金在检验期的排名，并用 ★ 标记出检验期中仍排名前 30 位的基金，若读者对完整数据结果感兴趣，可扫描前言中提供的二维码查阅。此外，在附录四中我们展示了当排序期为一年时，在排序期和检验期分别排名前 30 位的基金名单及收益率，同样用 ★ 标注出排序期和检验期都排名前 30 位的基金，以便读者参考。

　　接下来，我们对收益率排名后 5% 的基金在下一年的业绩排名进行检验，结果展示在表 4-8 中。我们发现，和收益率排名前 5% 的基金相比，每年收益率保持排名后 5% 的基金的比例有所提高，平均为 14.2%，但整体占比仍不高。其中，5 个样本期内检验期仍属于后 5% 的基金占比小于 10%，同时有 6 个样本期基金仍排在后 5% 的基金占比超过了 20%，相对较高。在最新一个样本期（2022）~2023 年，有 23.1% 在排序期排名后 5% 的基金在检验期依旧排名在后 5%。整体来看，当检验范围缩小至 5% 后，收益率排名垫底的基金收益依旧不具有持续性。

表 4-8　　　　　收益率后 5% 的股票型私募基金在检验期仍属于
后 5% 的数量占比（排序期为一年）：2008~2023 年

排序期	检验期	排序期中后 5% 的基金数量（只）	检验期中仍处于后 5% 的基金数量（只）	检验期中仍处于后 5% 的基金占比（%）
2008	2009	4	1	25.0
2009	2010	8	0	0.0
2010	2011	15	1	6.7
2011	2012	27	6	22.2
2012	2013	38	3	7.9
2013	2014	39	3	7.7
2014	2015	45	0	0.0
2015	2016	68	7	10.3
2016	2017	176	29	16.5
2017	2018	216	48	22.2
2018	2019	270	57	21.1
2019	2020	260	59	22.7
2020	2021	339	43	12.7
2021	2022	452	69	15.3
2022	2023	589	136	23.1
平均值		—	—	**14.2**

我们将排序期延长至三年，继续检验股票型私募基金业绩的持续性。通过滚动计算，能够得出 13 个在排序期属于第 1 组的基金在检验期也属于第 1 组的比例，再计算这 13 个比例的平均值，可以获得 2008~2023 年排序期和检验期内基金收益率都属于第 1 组比例的均值。图 4-4 展示了在三年的排序期中属于第 1 组、第 2 组、第 3 组和第 4 组的基金在下一年所属各组的比例。其中，排序期属于收益率最高的第 1 组的基金中，有 29.9% 的基金在检验期仍然属于第 1 组，高于随机分布下对应的 25%；排序期属于收益最差的第 4 组的基金中，有 24.0% 的基金在检验期仍然属于第 4 组，略低于随机分布下对应的 25%。

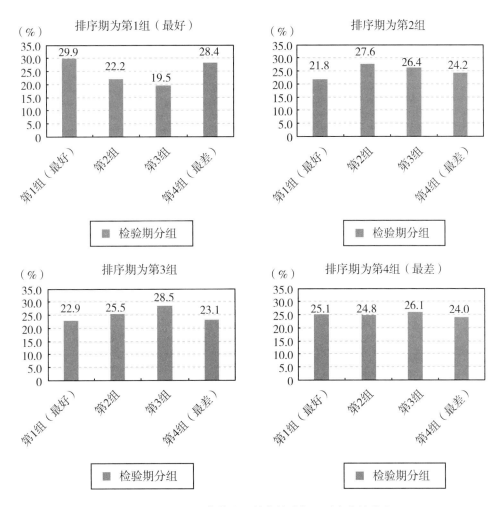

图4-4　股票型私募基金业绩在检验期组别变化的分布
（排序期为三年）：2008~2023年

为了检验基金分布的占比是否在统计意义上显著不等于25%，我们同样对2008~2023年私募基金收益率在检验期组别的变化情况进行了T检验。表4-9的结果显示，我们关注的排序期收益率属于第1组的基金在检验期有29.9%的基金继续留在第1组，T检验P值为0.047，小于0.05，显著大于25%；同时，排序期和检验期都属于第4组的基金占比的T检验P值大于0.05，在95%的置信条件下，并不显著区别于25%。因此，我们可以得出结论：排序期为三年时，收益率排名靠前的私募基金在下一年有较大概率延续其排名水平，投资者在购买基金时，能够以此为依据去选择特定的基金。

表 4-9   **股票型私募基金业绩在检验期组别变化的 T 检验**
（排序期为三年）：2008~2023 年

排序期组别	检验期组别	平均百分比（%）	t 值	T 检验 P 值
1 （最好基金组）	1	29.9*	2.21	0.047
	2	22.2	−1.82	0.094
	3	19.5	−5.07	0.000
	4	28.4	1.47	0.167
2	1	21.8	−1.77	0.103
	2	27.6	1.42	0.182
	3	26.4	0.62	0.544
	4	24.2	−0.44	0.668
3	1	22.9	−1.64	0.128
	2	25.5	0.23	0.823
	3	28.5*	2.35	0.037
	4	23.1	−1.27	0.227
4 （最差基金组）	1	25.1	0.05	0.957
	2	24.8	−0.10	0.923
	3	26.1	0.61	0.551
	4	24.0	−0.55	0.595

注：＊表示在排序期和检验期，基金的业绩在 5% 的显著性水平下具有持续性。

    表 4-10 展示了在排序期收益率非常靠前的属于前 5% 的基金在检验期仍排名前 5% 的基金数量及占比统计。13 个样本期的检验结果显示，平均有 9.1% 的基金在排序期和检验期的夏普比率均排名前 5%，占比不高，且在（2009~2011）~2012 年和（2010~2012）~2013 年，没有一只过去三年排名靠前的基金在下一年延续了其优秀的业绩。其他的样本期中，检验期仍排名前 5% 的基金占比的随机性也较强。在最新一个样本期（2020~2022）~2023 年，有 9.5% 的基金在检验期仍排名前 5%。因此，大多数收益排名非常靠前的基金在检验期很难继续维持其之前的收益水平，收益率排名非常靠前的基金的业绩不具有持续性。

表 4-10　　　　　　　　收益率前 5% 的股票型私募基金在检验期仍属于
前 5% 的数量占比（排序期为三年）：2008~2023 年

排序期	检验期	排序期中前 5% 的基金数量（只）	检验期中仍处于前 5% 的基金数量（只）	检验期中仍处于前 5% 的基金占比（%）
2008~2010	2011	4	1	25.0
2009~2011	2012	6	0	0.0
2010~2012	2013	12	0	0.0
2011~2013	2014	22	2	9.1
2012~2014	2015	27	5	18.5
2013~2015	2016	25	3	12.0
2014~2016	2017	29	1	3.4
2015~2017	2018	42	1	2.4
2016~2018	2019	103	7	6.8
2017~2019	2020	111	16	14.4
2018~2020	2021	150	19	12.7
2019~2021	2022	197	9	4.6
2020~2022	2023	232	22	9.5
平均值		—	—	**9.1**

　　收益排名领先的基金业绩没有持续性，那么，收益垫底的基金业绩是否能够持续呢？从表 4-11 可以看出，平均有 14.5% 的基金在排序期和检验期都排在后 5%。具体来看，仅有 2 个样本期中的基金占比超过了 20%，分别为（2008~2010）~2011 年和（2017~2019）~2020 年。总体而言，在 2008~2023 年期间，基金业绩持续排名最差（后 5%）的基金中，能够在检验期延续其业绩的基金占比仍旧较低，因此，收益率排名处于末位的股票型私募基金的业绩同样不具有持续性。

表 4-11　　　　　　　　收益率后 5% 的股票型私募基金在检验期仍属于
后 5% 的数量占比（排序期为三年）：2008~2023 年

排序期	检验期	排序期中后 5% 的基金数量（只）	检验期中仍处于后 5% 的基金数量（只）	检验期中仍处于后 5% 的基金占比（%）
2008~2010	2011	4	1	25.0
2009~2011	2012	6	1	16.7
2010~2012	2013	12	1	8.3

排序期	检验期	排序期中后 5% 的基金数量（只）	检验期中仍处于后 5% 的基金数量（只）	检验期中仍处于后 5% 的基金占比（%）
2011~2013	2014	22	1	4.5
2012~2014	2015	27	2	7.4
2013~2015	2016	25	2	8.0
2014~2016	2017	29	3	10.3
2015~2017	2018	42	7	16.7
2016~2018	2019	103	16	15.5
2017~2019	2020	111	40	36.0
2018~2020	2021	150	18	12.0
2019~2021	2022	197	19	9.6
2020~2022	2023	232	43	18.5
平均值		—	—	**14.5**

四、夏普比率持续性的描述统计检验

由于收益率是反映基金历史业绩最为直观的指标，在前文中，我们分别采用了绩效二分法、Spearman 相关性检验以及描述统计检验的方法，对股票型私募基金的收益率是否具有持续性进行了检验。但是，投资者在进行基金投资时，除了关注基金能够赚取的收益以外，投资基金所承担的风险也十分重要。接下来，我们选取基金的夏普比率这一反映基金风险调整后收益的指标作为衡量基金业绩持续性的指标，采用描述统计检验的方法对其是否具有持续性进行检验。

对于夏普比率持续性的描述统计检验，我们同样选取一年和三年作为排序期，一年为检验期。当排序期为一年时，可以计算出 15 个在排序期夏普比率属于第 1 组的基金在检验期也属于第 1 组的比例，再计算这 15 个比例的平均值，可以获得 2008~2023 年排序期和检验期夏普比率均属于第 1 组比例的均值。表 4-12 展示了排序期夏普比率属于第 1 组、第 2 组、第 3 组和第 4 组的基金在检验期所属各组的比例及 T 检验 P 值。在这里，我们重点关注的是基金在检验期是否能够延续其在排序期的组别。结果显示，排序期夏普比率属于第 1 组的基金在检验期有 30.4% 的基金继续留在第 1 组，大于随机分布下对应的 25%，且 T 检验 P 值为 0.012，表明过去一年夏普比率排名前 25% 的基金在未来一年有 30.4% 的概率依旧排名靠前。同时，排序期夏普比率属于第4组的基金在检验期有32.3%继续留在第4组，该比例显著大于25%，其T检验P值为0.002，说明过去一年夏普比率排在后25%的基金在未来一年有32.3%的概率仍然排名靠后。因此，我们可以得出结论：过去一年夏普比率较高或较低的基金，在未来一年也有很大概率延续其过往优秀或不佳的业绩，投资者在筛选基金时可以参考基金在过去一年的夏普比率。

表4-12　　　股票型私募基金夏普比率在检验期组别变化的 T 检验
（排序期为一年）：2008~2023 年

排序期组别	检验期组别	平均百分比（%）	t 值	T 检验 P 值
1 （最好基金组）	1	30.4*	2.90	0.012
	2	27.5	1.97	0.069
	3	22.6	−1.76	0.100
	4	20.9	−2.76	0.016
2	1	25.5	0.51	0.621
	2	25.8	0.50	0.627
	3	25.6	0.48	0.636
	4	23.1	−0.90	0.384
3	1	24.8	−0.08	0.938
	2	25.5	0.36	0.723
	3	25.7	0.54	0.599
	4	24.0	−0.77	0.457
4 （最差基金组）	1	20.1	−2.59	0.021
	2	21.8	−2.51	0.025
	3	25.8	0.53	0.604
	4	32.3*	3.78	0.002

注：＊表示在排序期和检验期，基金的业绩在5%的显著性水平下具有持续性。

接下来，我们分别选出 2008~2023 年期间排序期夏普比率位于前5%和后5%的基金与它们在检验期的排名进行对比，进一步分析夏普比率排名非常靠前与靠后的基金的业绩能否持续。表4-13 展示了排序期为一年时，夏普比率排名前5%的基金在下一年仍然排名前5%的基金数量和占比，平均有13.8%的基金能够在检验期继续排到前5%的位置。其中，在（2008）~2009 年、（2009）~2010 年、（2010）~2011 年和（2012）~2013 年中，没有一只基金的夏普比率能够在检验期继续保留在前 5%的位置。其他 11 个样本期内，有 4 个样本期的基金占比超过了 20%，集中在近几年。最新一个样本期（2022）~2023 年，有 45.8%的基金在检验期继续排名靠前，占比较高，这段时间夏普比率非常靠前的私募基金业绩持续性较强。总体而言，当检验范围缩小至前 5%时，夏普比率排名领先的私募基金不一定能在下一年持续稳定地获得高夏普比率。附录五具体展示了以一年为排序期时，2020~2023 年夏普比率排名前 30 位的私募基金在检验期的排名，并用★标记出在检验期夏普比率仍排名前 30 位的基金，供读者参阅。

表 4-13　　　　　　　夏普比率前 5%的股票型私募基金在检验期仍属于
前 5%的数量占比（排序期为一年）：2008~2023 年

排序期	检验期	排序期中前 5%的基金数量（只）	检验期中仍处于前 5%的基金数量（只）	检验期中仍处于前 5%的基金占比（%）
2008	2009	4	0	0.0
2009	2010	8	0	0.0
2010	2011	15	0	0.0
2011	2012	27	4	14.8
2012	2013	38	0	0.0
2013	2014	39	3	7.7
2014	2015	45	5	11.1
2015	2016	68	9	13.2
2016	2017	180	22	12.2
2017	2018	216	16	7.4
2018	2019	270	71	26.3
2019	2020	260	64	24.6
2020	2021	339	55	16.2
2021	2022	452	126	27.9
2022	2023	589	270	45.8
平均值		—	—	**13.8**

　　类似地，我们对排序期夏普比率排名在后 5%的私募基金是否在检验期还排名后 5%进行了检验，结果如表 4-14 所示。15 次检验中，平均有 13.3%的基金在排序期和检验期都排名后 5%，这一比例并不高。不同的样本区间内，夏普比率持续处于后 5%的占比各不相同，有 3 个样本期的基金占比超过了 20%。最新一个样本期（2022）~2023 年，有 14.8%的基金的夏普比率继续在检验期排名垫底。综合多

个样本期的检验结果，我们认为，当以 25% 为区间对私募基金的夏普比率进行划分时，夏普比率属于最低的第 4 组的基金展现出了业绩的持续性，但是，当对基金划分区间的范围缩小至后 5% 时，这一持续性并不明显。

表 4-14　　　　　　夏普比率后 5% 的股票型私募基金在检验期仍属于

后 5% 的数量占比（排序期为一年）：2008~2023 年

排序期	检验期	排序期中后 5% 的基金数量（只）	检验期中仍处于后 5% 的基金数量（只）	检验期中仍处于后 5% 的基金占比（%）
2008	2009	4	0	0.0
2009	2010	8	1	12.5
2010	2011	15	1	6.7
2011	2012	27	4	14.8
2012	2013	38	9	23.7
2013	2014	39	4	10.3
2014	2015	50	3	6.0
2015	2016	68	7	10.3
2016	2017	176	21	11.9
2017	2018	216	31	14.4
2018	2019	270	58	21.5
2019	2020	260	62	23.8
2020	2021	339	53	15.6
2021	2022	452	61	13.5
2022	2023	589	87	14.8
平均值		—	—	13.3

在接下来的分析中，我们将排序期延长至三年、检验期仍为一年，继续对股票型私募基金夏普比率的持续性进行检验。表 4-15 展示了排序期为三年时基金在检验期属于第 1 组、第 2 组、第 3 组和第 4 组的情况及 T 检验结果。在这里，我们同样重点关注基金排序期组别在检验期的延续情况。可以发现，排序期属于夏普比率最高的第 1 组的基金，在检验期有 32.7% 的比例仍然属于第 1 组，T 检验 P 值为 0.001，在 5% 的显著性水平下显著高于随机分布下的 25%，表明过去三年夏普比率属于第 1 组的基金在未来一年有 32.7% 的基金仍能够进入排名最高的第 1 组。观察排序期和检验期夏普比率都属于第 4 组的基金，平均有 27.7% 的

基金在检验期还属于第 4 组，但其 T 检验 P 值为 0.267，大于 5%，未能通过显著性检验。这一结果表明，过去三年夏普比率较低的基金在未来一年的夏普比率不一定仍然偏低。

表 4-15　　　　股票型私募基金夏普比率在检验期组别变化的 T 检验

（排序期为三年）：2008~2023 年

排序期组别	检验期组别	平均百分比（%）	t 值	T 检验 P 值
1 （最好基金组）	1	32.7*	4.30	0.001
	2	24.5	−0.56	0.588
	3	21.5	−2.40	0.034
	4	21.3	−1.92	0.079
2	1	23.4	−0.98	0.347
	2	28.4*	2.26	0.043
	3	25.7	0.34	0.739
	4	22.5	−1.51	0.157
3	1	21.3	−2.70	0.019
	2	24.3	−0.62	0.550
	3	26.4	0.93	0.370
	4	28.0	1.56	0.146
4 （最差基金组）	1	22.3	−1.75	0.106
	2	23.1	−1.11	0.290
	3	26.9	1.83	0.092
	4	27.7	1.17	0.267

注：*表示在排序期和检验期，基金的业绩在 5% 的显著性水平下具有持续性。

当排序期为三年时，夏普比率排名前 25% 的基金业绩具有一定的持续性，那么，夏普比率排名前 5% 的基金的业绩是否也能够持续呢？表 4-16 显示，13 个样本期中，平均只有 14.4% 的基金能够在检验期继续排到前 5% 的位置，其中，9 个样本期内检验期仍处于前 5% 的基金占比均不超过 20%，随机性较强。最新一个样本期（2020~2022）~2023 年，有 35.8% 的基金延续了其排序期优秀的业绩表现，这段时期夏普比率排名在前 5% 的基金业绩持续性较强。但是，综合来看，前三年夏普比率排名非常靠前的基金仅有很少一部分能够在检验期仍然排名在前 5%，据此，我们认为夏普比率排名最前列的股票型私募基金的业绩不具有持续性。

表 4–16　　　　　　　夏普比率前 5% 的股票型私募基金在检验期仍属于
前 5% 的数量占比（排序期为三年）：2008~2023 年

排序期	检验期	排序期中前 5% 的基金数量（只）	检验期中仍处于前 5% 的基金数量（只）	检验期中仍处于前 5% 的基金占比（%）
2008~2010	2011	4	0	0.0
2009~2011	2012	6	0	0.0
2010~2012	2013	12	0	0.0
2011~2013	2014	22	3	13.6
2012~2014	2015	27	6	22.2
2013~2015	2016	25	4	16.0
2014~2016	2017	29	1	3.4
2015~2017	2018	42	8	19.0
2016~2018	2019	103	23	22.3
2017~2019	2020	111	15	13.5
2018~2020	2021	150	36	24.0
2019~2021	2022	197	35	17.8
2020~2022	2023	232	83	35.8
平均值		—	—	**14.4**

　　表 4–17 展示了排序期为三年时，夏普比率排名后 5% 的基金在下一年仍然排名后 5% 的基金数量和占比。从中可见，在 2008~2023 年，当排序期为三年时，平均有 18.8% 的基金的夏普比率在检验期和排序期均处于后 5%，与排名位于前 5% 的基金相比略有提高。但是，可以观察到，检验期中仍处于后 5% 的基金占比的随机性较强，最高占比达到 50.0%，最低仅为 7.1%。因此，我们认为，夏普比率排名后 5% 的基金的业绩持续性具有很大的随机性。

表 4–17　　　　　　　夏普比率后 5% 的股票型私募基金在检验期仍属于
后 5% 的数量占比（排序期为三年）：2008~2023 年

排序期	检验期	排序期中后 5% 的基金数量（只）	检验期中仍处于后 5% 的基金数量（只）	检验期中仍处于后 5% 的基金占比（%）
2008~2010	2011	4	2	50.0
2009~2011	2012	6	1	16.7
2010~2012	2013	12	3	25.0

排序期	检验期	排序期中后 5% 的基金数量（只）	检验期中仍处于后 5% 的基金数量（只）	检验期中仍处于后 5% 的基金占比（%）
2011~2013	2014	22	2	9.1
2012~2014	2015	27	2	7.4
2013~2015	2016	25	6	24.0
2014~2016	2017	29	4	13.8
2015~2017	2018	42	3	7.1
2016~2018	2019	103	42	40.8
2017~2019	2020	111	24	21.6
2018~2020	2021	150	17	11.3
2019~2021	2022	197	15	7.6
2020~2022	2023	232	24	10.3
平均值		—	—	**18.8**

五、小结

每年年底，财经媒体、第三方财富管理公司等机构会定期发布私募基金的业绩排名，不少投资者也会以此为参照进行投资，寄希望于过去业绩较好的基金在未来继续获得良好的业绩。本章从这个现象出发，围绕私募基金的过往业绩对投资者而言是否具有参考价值这一话题进行了讨论。在检验过程中，我们以一年（或三年）作为排序期，以排序期之后的一年作为检验期，分别采用了绩效二分法检验、Spearman 相关性检验、基金收益率的描述统计检验法和基金夏普比率的描述统计检验法共四种方法，研究私募基金过往业绩与未来业绩的关系。

在对私募基金收益率的检验中，我们观察基金收益率在排序期和检验期的关系，发现当排序期为一年时，2008~2023 年期间股票型私募基金的收益只在少部分年间表现出一定的持续性，且在部分年间出现了反转的现象；当排序期为三年时，收益率排名靠前（属于收益率排名在前 25% 的第 1 组）的私募基金在下一年有较大概率延续其排名水平。

在基金夏普比率的描述统计检验中，我们加入了对基金风险的考量，选取风险调整后的收益指标——夏普比率，作为衡量基金业绩的指标。结果显示，当排序期为一年时，过去一年夏普比率排名靠前（属于夏普比率排名在前 25% 的第 1 组）

或靠后（属于夏普比率排名在最后 25% 的第 4 组）的基金在未来一年有较大概率仍然排名靠前或靠后；当排序期为三年时，过去三年夏普比率排名靠前的基金在未来一年有较大概率仍然排名靠前。由此看来，私募基金过去一段时间的夏普比率，对投资者而言具有重要的参考价值，投资者在选取基金时，可以以此为依据选取或规避特定的私募基金。

第五章

道口私募基金指数

与公募基金相比，私募基金的信息披露监管要求要少得多，其净值、持仓、管理规模等信息透明度和可得性相对较低。2016 年 2 月出台的《私募投资基金信息披露管理办法》要求私募基金管理公司在每季度结束之日起 10 个工作日以内向投资者披露基金净值等信息，单只基金管理规模达到 5 000 万元以上的，则要求基金管理公司在每月结束之日起 5 个工作日以内向投资者披露基金净值信息。这一规则的实施意味着投资者可以获取私募基金公司提供的净值信息，但对于私募基金的策略和持仓信息，投资者和政府监管机构仍然知之甚少。这一问题在美国等金融市场发达的国家同样存在。

我国私募基金行业的蓬勃成长急需一种相对完善、规范化的私募基金指数，以反映私募基金整体的业绩，追踪各类投资策略的私募基金的整体收益和风险情况。我们有必要建立、编制出不同策略的、具有代表性的私募基金指数，这对投资者、私募基金管理者和政府监管机构等有着非常重大的意义。

对于投资者而言，可以根据不同策略的私募基金指数来安排自己的资产组合。通过参考这些指数，投资者可以更全面地了解各类私募基金的投资策略、风险水平和历史业绩等信息，从而更准确地评估不同基金的投资潜力，优化自己的投资组合。对于私募基金管理者来说，可以把相应的私募基金指数作为自己管理的私募基金的业绩比较基准。通过与指数进行对比，私募基金管理者可以了解自己的投资策略是否与同类策略基金的整体趋势保持一致，以及自己的投资组合是否实现了预期的收益和风险水平。这有助于他们评估和改进自己的投资策略，提高投资业绩。对于政府监管机构而言，可以根据私募基金的收益和风险状况来评估私募基金行业未来整体的发展情况，并对可能出现的问题提前采取相应的监管措施。通过观察和分析私募基金指数的变化趋势，政府监管机构可以及时发现市场中的异常情况，并采取相应的政策调整和市场监管措施，以维护市场的稳定和健康发展。

综上所述，建立一套科学、客观、具有代表性的私募基金指数体系具有重要的现实意义和理论价值。因此，我们正积极推动私募基金指数的编制和研究工作，以促进我国私募基金行业的健康、规范和可持续发展。道口私募基金系列指数，旨在反映中国私募证券投资基金的整体发展状况，以私募基金投资策略为区分，包括普通股票型私募基金指数、股票多空型私募基金指数、相对价值型私募基金指数、事件驱动型私募基金指数、债券型私募基金指数和 CTA 型私募基金指数，分别反映投资于股票、债券和期货等资产的私募基金的整体收益和风险情况。我们希望通过建立这一系列指数，为投资者、私募基金管理者和政府监管机构提供有效信息和决策借鉴。

一、道口私募基金指数编制方法

（一）样本空间

在道口私募基金指数编制的样本选择规则方面，入选道口私募证券投资基金系列指数的基金需要同时满足三个条件。

第一，私募基金成立时间须超过 6 个月。以确保所选基金已度过建仓期，能够反映其真实的收益和风险情况。

第二，非分级基金（也称非结构化基金）。这是因为分级私募基金在汇报基金净值的时候可能存在口径不统一的现象（如只汇报母基金或子基金的情况）。

第三，非 FOF、TOT、MOM 等组合基金。以避免基金净值被重复纳入指数中，因为组合基金是投资于私募基金的基金，其净值反映的是其他私募基金的情况。

（二）指数类别

我们以基金策略作为建立私募基金指数的分类依据。在选取分类依据时，我们参考了万得数据库中的私募证券投资基金策略分类。相应地，我们选取普通股票型基金构建普通股票型私募基金指数，选取股票多空型基金构建股票多空型私募基金指数，选取相对价值型基金构建相对价值型私募基金指数，选取事件驱动型基金构建事件驱动型私募基金指数，选取债券型基金构建债券型私募基金指数，选取商品型基金和宏观对冲型基金中的以商品期货为主要标的的私募基金构建 CTA 型私募基金指数。

（三）样本选入

我们定义基金的成立日为万得数据中基金存在第 1 个净值的时间，该成立日 6

个月之后的第 1 个月末点开始将基金纳入指数中。也就是说，在私募基金成立后的第 7 个月，才能被纳入道口私募证券投资基金系列指数中。时隔 6 个月的原因是考虑到私募基金成立时需要一定时间的建仓期。

（四）样本退出

当基金产品或基金公司有特殊事件发生时，我们需要对样本基金作必要的调整，这些事件包括但不限于以下几种。

基金清盘：当样本基金发生清盘时，则在其清盘日之后将其从相应的指数中剔除。

基金暂停公布净值：若样本基金因故暂停公布净值，则在其暂停公布净值期间将该基金从相应指数中剔除，当其正常公布净值后，再纳入指数。

合同的变更：当样本基金合同发生变更时，将该基金从相应的指数中剔除，并将变更后的基金视为一只新发行的基金，当满足相应条件时，再纳入相应的指数。

基金公司发生重大违规违法事件：对存在违规违法事件的基金公司所管理的私募基金，我们给予一定的考察期。在考察期内，将相应基金从指数中剔除。当相关部门调查并处分之后，如果基金公司在一定时间内正常运营，则相应基金重新纳入指数。

（五）道口私募指数计算准则

1. 指数的基点与基日

道口私募证券投资基金系列指数以"点"为单位，精确到小数点后 3 位。

道口私募证券投资基金系列指数的基点统一设为 1 000 点，基日如表 5-1 所示。

表 5-1   不同策略类型的私募基金指数的基日

指数分类	基日
普通股票型	2005-12-31
相对价值型	2010-12-31
股票多空型	2008-12-31
事件驱动型	2011-12-31
债券型	2010-12-31
CTA 型	2012-12-31

2. 指数计算公式

道口私募证券投资基金系列指数的计算方法为等权平均法，具体计算方法如下：

$$AVGRET_t = \frac{1}{N_t} \sum_{i=1}^{N_t} \left(\frac{ADJNAV_{i,\,t}}{ADJNAV_{i,\,t-1}} - 1 \right) \tag{5.1}$$

$$INDEX_t = (1 + AVGRET_t) \times INDEX_{t-1} \tag{5.2}$$

其中，$INDEX_t$ 代表第 t 个月的私募基金指数；$AVGRET_t$ 代表第 t 个月私募基金的平均收益率；$ADJNAV_{i,t}$ 代表私募基金 i 在第 t 个月的复权净值；N_t 代表第 t 个月私募基金的样本数量。我们使用等权平均法，是因为在万得数据中没有私募基金的资产管理规模信息。

3. 所选基金净值

道口私募证券投资基金系列指数所采用的基金净值的数据为复权净值。基金复权净值是在考虑了基金的分红或拆分等因素对基金的影响后，对基金的单位净值进行了复权计算。复权净值将基金的分红加回单位净值，并作为再投资进行复利计算。同时，基金的复权净值为剔除相关管理费用后的净值。

4. 指数修正

我们每 3 个月会通过公开信息重新计算私募证券投资基金系列指数，来修正由于万得数据修正历史数据而带来的累计净值信息的变化。若基金修改过历史净值信息，修正后的指数点位将重新发布。若指数大幅变动，我们会通过公告进行披露并予以特别的说明。[①]

二、道口私募基金指数覆盖的基金数量

不同类型基金的投资标的和业绩特征有本质差异。普通股票型私募基金是将资产主要投资于股票的基金，通过低买高卖获取差额收益，其业绩与大盘走势密切相关。债券型私募基金是将资金主要投资于债券的基金，收益相对稳定，风险也相对较小，也被称为固定收益型基金。相对价值型私募基金利用关联证券间的价差获利，即买入价值被低估的股票、卖空价值被高估的股票，获取价格收敛所带来的收益。股票多空型私募基金在持有股票的同时会卖空股票对冲风险，这意味着通过做空业绩未达预期和表现较差的股票或股指期货，基金可以同时在熊市和牛市都获得

---

① 具体信息详见道口私募指数网站：http://index.pbcsf.tsinghua.edu.cn/indexweb/web/index.html。

不错的收益。CTA 型私募基金是通过商品交易顾问（CTA）进行期货或者期权投资交易的一种基金。事件驱动型私募基金主要通过分析上市公司的重大事项（如并购重组、增资扩股、回购股票）等影响公司估值的因素来进行投资。

表 5-2 展示了不同私募基金指数中所包括的基金数目占同策略私募基金总数的比例。据表 5-2 可知，各私募基金指数中所包含的基金数量占市场中同类基金的比例都在 61% 及以上。其中，CTA 型基金的比例最高（81%），其次为相对价值型基金（80%）和股票多空型基金（78%）。需要说明的是，若基金处于成立不足 6 个月的建仓期内，则不被纳入指数。此外，由于绝大部分的 CTA 型私募基金缺乏清晰的策略描述，本报告只选择明确 CTA 型策略并且以商品期货为主要标的的基金纳入指数中。

表 5-2 私募基金指数样本的分布情况

指数分类	指数中包含的基金数量（只）	有净值的基金总数（只）	数量占比（%）
普通股票型	63 339	93 920	67
债券型	6 253	8 657	72
相对价值型	1 681	2 093	80
股票多空型	2 358	3 024	78
CTA 型	5 412	6 690	81
事件驱动型	237	388	61

下面我们对不同策略私募基金指数的样本情况作具体分析。图 5-1 展示了 2005~2023 年普通股票型私募基金指数覆盖的样本数量。表 5-3 展示了 2005~2023 年每年年底普通股票型私募基金指数中包含的样本数量。从图 5-1 和表 5-3 可以看出，每年都有新的普通股票型基金进入指数，同时也有基金从指数中退出。自 2008 年起，普通股票型私募基金指数中的基金数量稳步上升，2015 年起增幅扩大，每年新进入或退出指数的基金数量显著增加，每年均有上千只基金进入或退出指数。2018 年，从指数中退出的基金数量激增至 4 644 只，这可能与当年市场行情低迷有关。2020 年 1 月，指数覆盖的基金数量出现断崖式下跌，这可能是因为 2020 年前 5 个月全球各类资产都遭受了较大的震荡，导致私募基金的产品发行变得困难。2020 年下半年新冠疫情有所缓解，私募基金规模和数量增幅皆有所上升，2020 年和 2021 年从指数中退出的基金数量趋于稳定。2021 年，我国私募行业迎来了爆发式增长，普通股票型基金整体数量大幅增加，新进入指数的基金数量增加至 9 015 只。2022 年下半年，私募基金的整体规模扩增迅猛。进入 2023 年，股票市场持续低迷，经济增长乏力，市场缺乏信心，从指数中退出的基金数量高达 8 551 只。截至 2023 年 12 月底，基金数量达到了 23 891 只左右。

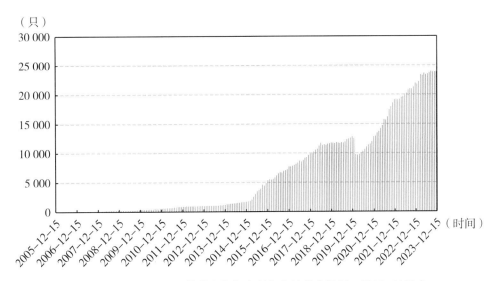

图 5-1 普通股票型私募基金指数中所包含的样本数量: 2005~2023 年

表 5-3	普通股票型私募基金指数中每年年底包含的 样本数量统计: 2005~2023 年		单位: 只
年份	新进入指数的基金数量	从指数中退出的基金数量	指数中的基金数量
2005	2	1	6
2006	13	1	18
2007	91	23	86
2008	212	86	212
2009	180	54	338
2010	277	63	552
2011	456	80	928
2012	281	175	1 034
2013	466	201	1 299
2014	966	483	1 782
2015	6 521	2 853	5 450
2016	5 314	2 791	7 973
2017	5 636	3 306	10 303
2018	6 634	4 644	12 293
2019	4 490	3 574	13 209
2020	4 921	4 249	13 881

续表

年份	新进入指数的基金数量	从指数中退出的基金数量	指数中的基金数量
2021	9 015	3 045	19 851
2022	8 205	5 266	22 790
2023	9 652	8 551	23 891

　　图 5-2 展示了 2010~2023 年相对价值型私募基金指数所覆盖的基金数量发展情况。表 5-4 展示了同时期相对价值型私募基金指数中每年年底包含的样本数量情况。我们可以看到，2014 年 2 月，相对价值型私募基金指数所涵盖的基金数量突破了 100 只，此后进入相对价值型私募基金指数的基金数量开始增加，这一数字开始稳步上升，这与当时股指期货交易活跃相关。2015~2016 年，每年都有超 250 只基金进入指数。2016 年底，相对价值型私募基金指数中包含的基金数量达到 522 只，创历史新高，至 2017 年开始平稳下降。然而，在 2018 年末至 2023 年期间，这一数字出现了再次上升的趋势。2023 年，新进入该指数的基金共计 225 只，从指数中退出的相对价值型私募基金数量为 169 只，截至 2023 年底，该指数中包含的基金数量为 525 只。

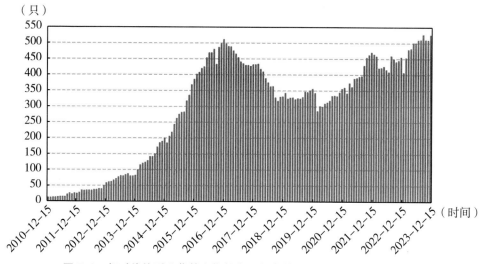

图 5-2　相对价值型私募基金指数中所包含的样本数量：2010~2023 年

表 5-4　　　　　　　　相对价值型私募基金指数中每年年底包含的
　　　　　　　　　　　样本数量统计：2010~2023 年

单位：只

年份	新进入指数的基金数量	从指数中退出的基金数量	指数中的基金数量
2010	8	1	12
2011	14	0	26

年份	新进入指数的基金数量	从指数中退出的基金数量	指数中的基金数量
2012	37	5	58
2013	52	27	83
2014	146	29	200
2015	252	64	388
2016	266	132	522
2017	73	142	453
2018	64	173	344
2019	118	103	359
2020	128	108	379
2021	167	69	477
2022	118	126	469
2023	225	169	525

图 5-3 展示了 2008~2023 年股票多空型私募基金指数覆盖的基金数量的发展情况。表 5-5 展示了同时期股票多空型私募基金指数中每年年底包含的样本数量情况。可以看出，股票多空型私募基金指数在 2008 年底纳入了 18 只基金，之后随着市场的快速发展，股票多空型私募基金指数逐渐稳定发展。到 2014 年 3 月纳入基金突破 100 只，并从 2014 年起基金数量迅速增长，直至 2017 年 6 月达到最高点，覆盖基金 720 只，此后，指数中的基金数量开始小幅回落。在 2021 年中至 2023 年期间，覆盖基金数量出现回升，至 2023 年底覆盖基金为 683 只。

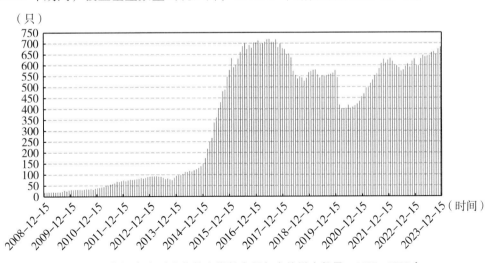

图 5-3　股票多空型私募基金指数中所包含的样本数量：2008~2023 年

表 5-5 　　　　　　　 股票多空型私募基金指数中每年年底包含的
　　　　　　　　　　 样本数量统计：2008~2023 年　　　　　　　 单位：只

年份	新进入指数的基金数量	从指数中退出的基金数量	指数中的基金数量
2008	18	0	19
2009	14	2	31
2010	10	2	39
2011	37	1	75
2012	24	6	93
2013	45	41	97
2014	88	32	153
2015	521	90	584
2016	365	226	723
2017	180	184	719
2018	133	266	586
2019	185	184	587
2020	152	230	509
2021	232	87	654
2022	140	143	651
2023	213	181	683

　　图 5-4 展示了 2011~2023 年事件驱动型私募基金指数包含的基金数量的发展情况。表 5-6 展示了同时期该指数中每年年底包含的样本数量情况。从中可以看出，2011 年进入指数的事件驱动型私募基金数量为 19 只，自 2012 年开始增长，

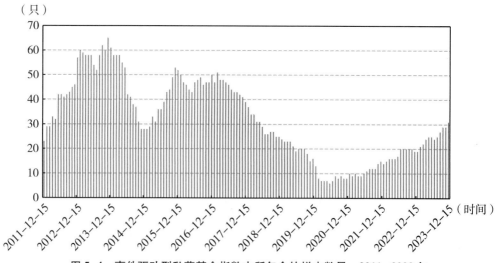

图 5-4　事件驱动型私募基金指数中所包含的样本数量：2011~2023 年

至 2013 年 11 月覆盖基金数量达到 65 只，自此开始回落，2014 年从指数中退出的基金数量最多（51 只）。2017~2020 年，进入指数和退出指数的基金数量都较低，指数覆盖的基金数量在此期间一直下降。而 2021 年底至 2023 年数量出现小幅度的持续上升，截至 2023 年 12 月底，基金覆盖数量为 31 只。

表 5-6　　　　　　　　事件驱动型私募基金指数中每年年底包含的
样本数量统计：2011~2023 年　　　　　　　　单位：只

年份	新进入指数的基金数量	从指数中退出的基金数量	指数中的基金数量
2011	19	2	23
2012	44	9	58
2013	29	26	61
2014	18	51	28
2015	52	27	53
2016	28	31	50
2017	7	17	40
2018	2	16	26
2019	1	8	19
2020	2	8	13
2021	3	1	15
2022	9	5	19
2023	14	2	31

图 5-5 展示了 2010~2023 年债券型私募基金指数覆盖的基金数量的发展情况。表 5-7 展示了同时期该指数中每年年底包含的样本数量情况。可以看出，债券型

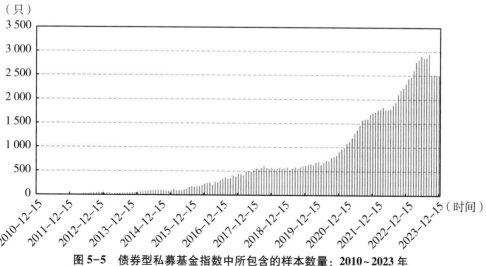

图 5-5　债券型私募基金指数中所包含的样本数量：2010~2023 年

私募基金指数所覆盖的基金数量自 2011 年起开始发展，指数覆盖的基金数量一直稳中有升。2021 年，进入指数的基金数量和退出指数的基金数量均大幅增加，分别为 1 305 只和 607 只。2022 年，新进入指数的基金为 1 163 只，退出指数的基金为 494 只。2023 年，进入指数的基金数量和退出指数的基金数量分别为 1 304 只和 1 328 只，退出指数的基金数量创新高，截至 2023 年底，指数覆盖基金数量达 2 493 只。总体来看，该指数所覆盖的基金数量稳步增长。

表 5-7　　　　　　　债券型私募基金指数中每年年底包含的

样本数量统计：2010~2023 年　　　　　　单位：只

年份	新进入指数的基金数量	从指数中退出的基金数量	指数中的基金数量
2010	8	3	8
2011	5	3	10
2012	53	14	49
2013	49	54	44
2014	98	39	103
2015	193	105	191
2016	332	156	367
2017	441	235	573
2018	304	254	623
2019	317	207	733
2020	675	258	1 150
2021	1 305	607	1 848
2022	1 163	494	2 517
2023	1 304	1 328	2 493

图 5-6 展示了 2012~2023 年 CTA 型私募基金指数覆盖的基金数量的发展情况。表 5-8 展示了同时期该指数中每年年底包含的样本数量情况。从图 5-6 和表 5-8 可见，2012 年 CTA 型私募基金指数共包含 38 只基金，此后指数样本数量稳定上升。2015 年下半年至 2020 年 1 月，样本数量在波动中上升。2020 年 2 月，指数所覆盖的基金数量骤然下降，此后开始回升。CTA 策略易受到交易政策、发行政策和市场波动等特征的影响，因此 2020 年的发行数量较前期有所波动，但是长期而言，随着期货市场覆盖品种的日趋丰富，私募 CTA 产品的长期备案数量也维持了稳步的攀升趋势。截至 2023 年底，CTA 型私募基金指数覆盖的基金数量达 2 645 只。

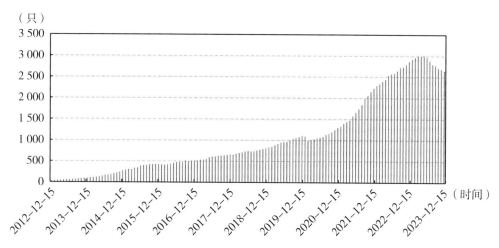

图 5-6　CTA 型私募基金指数中所包含的样本数量：2012~2023 年

表 5-8　　　　　　　　CTA 型私募基金指数中每年年底包含的
样本数量统计：2012~2023 年　　　　　　　　单位：只

年份	新进入指数的基金数量	从指数中退出的基金数量	指数中的基金数量
2012	20	1	38
2013	75	12	101
2014	237	58	280
2015	419	258	441
2016	414	321	534
2017	424	272	686
2018	366	215	837
2019	445	152	1 130
2020	416	197	1 349
2021	1 005	80	2 274
2022	986	341	2 919
2023	584	858	2 645

三、道口私募基金指数与市场指数的对比

在本部分，我们将对各个私募基金指数与相应的市场指数之间的差异进行对比分析。首先，我们将私募基金指数与相应市场指数的起始时间点统一，并假设分别投资于私募基金指数和市场指数的金额为 1 000 元。随后，我们将对比两个投资组合每个月的收益和风险情况。具体来说，普通股票型、相对价值型、股票多空型和

事件驱动型私募基金指数投资的主要标的是二级市场股票，而沪深 300 指数是沪深证券交易所于 2005 年联合发布的反映 A 股市场整体走势的指数，300 只成分股为市场中代表性好、流动性高、交易活跃的主流投资股票，能够反映市场主流投资的收益情况，且沪深 300 有股指期货，可供私募基金进行对冲等交易。因此，我们将普通股票型、相对价值型、股票多空型和事件驱动型私募基金指数分别与沪深 300 指数进行对比，将债券型私募基金指数与中债综合全价（总值）指数进行对比，同时将 CTA 型私募基金指数与申万商品期货指数进行对比。

图 5-7 展示了 2005~2023 年普通股票型私募基金指数与沪深 300 指数的对比，表 5-9 提供了相应的描述统计分析。从图 5-7 和表 5-9 可见，2005 年 12 月至 2023 年 12 月，普通股票型私募基金指数从基点 1 000 点开始，实现累计收益率为 755%，年化收益率为 13%；沪深 300 指数同期累计收益率为 272%，年化收益率为 8%。普通股票型私募基金指数的收益率高于市场指数。同时，普通股票型私募基金指数的风险要低于市场指数，其年化波动率为 14%，而市场指数的年化波动率为 28%。因此，普通股票型私募基金指数的夏普比率（0.74）高于市场指数的夏普比率（0.32）。

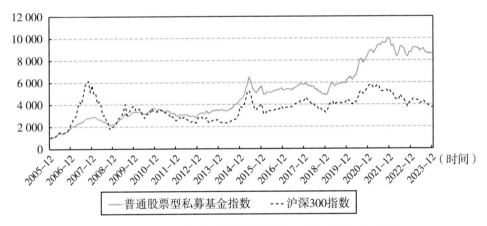

图 5-7　普通股票型私募基金指数的累计净值：2005~2023 年

表 5-9　　　　　　普通股票型私募基金指数描述统计：2005~2023 年

统计指标	普通股票型私募基金	沪深 300 指数
累计收益率（%）	755	272
年化收益率（%）	13	8
年化波动率（%）	14	28
年化夏普比率	0.74	0.32
最大回撤（样本期间）（%）	26	71
年化收益率/最大回撤	0.48	0.11

从回撤幅度来看，普通股票型私募基金指数的最大回撤（26%）远低于市场指数的最大回撤（71%）。从图5-7还可以看出，自2010年6月以来，特别是在2015年、2016年和2018年大盘下行期间，普通股票型私募基金指数一直运行在市场指数之上。受新冠疫情冲击期间，市场指数出现了一定的下跌趋势，而普通股票型私募基金指数相比之下则维持在比较稳定的水平，没有明显的下行趋势，可见该指数的抗跌性和稳健性较强。总体而言，普通股票型私募基金指数的收益高于市场指数，其对风险的控制也明显优于市场指数。

图5-8展示了2008~2023年股票多空型私募基金指数和沪深300指数的对比，表5-10提供了相应的描述统计分析。从图5-8和表5-10可见，从2008年12月至2023年12月，股票多空型私募基金指数的累计收益率为244%，年化收益率为9%；沪深300指数同期累计收益率为89%，年化收益率为4%。股票多空型私募基金指数的收益高于市场指数。同时，股票多空型私募基金指数的风险要低于市场指数，其年化波动率为11%，而市场指数的年化波动率为24%，这是因为股票多空型基金在做多的同时也做空被高估的股票，相对于只做多的普通股票型基金风险要小一些。从图5-8还可以看出，2015年中至2020年初，大盘波动幅度较大，而股票多空型私募基金指数整体业绩较为平稳。2020年3月至2021年中，大盘一直走高，股票多空型私募基金指数表现不输于市场指数的水平，而自2021年中开始，大盘指数大幅下挫，股票多空型私募基金指数也仅在更小的范围内波动。总体而言，股票多空型私募基金指数的夏普比率要高于市场指数，两者分别为0.64和0.21。可见股票多空型私募基金指数的收益高于市场指数，且其对风险的控制明显优于市场指数。

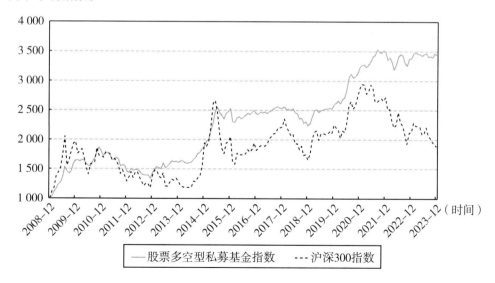

图5-8 股票多空型私募基金指数的累计净值：2008~2023年

表 5-10   股票多空型私募基金指数描述统计：2008～2023 年

统计指标	股票多空型私募基金	沪深 300 指数
累计收益率（%）	244	89
年化收益率（%）	9	4
年化波动率（%）	11	24
年化夏普比率	0.64	0.21
最大回撤（样本期间）（%）	28	43
年化收益率/最大回撤	0.30	0.10

图 5-9 展示了 2010～2023 年相对价值型私募基金指数和沪深 300 指数的对比，表 5-11 提供了相应的描述统计分析。从图 5-9 和表 5-11 可见，从 2010 年 12 月至 2023 年 12 月，相对价值型私募基金指数的累计收益率为 125%，年化收益率为 6%；沪深 300 指数同期累计收益为 10%，年化收益率为 1%。相对价值型私募基金指数的收益指标皆高于市场指数。同时，相对价值型私募基金指数的风险要低于市场指数，其年化波动率为 6%，而市场指数的年化波动率为 22%。因此，相对价值型私募基金指数的夏普比率（0.72）也高于市场指数（0.04）。此外，相对价值型私募基金指数的最大回撤相对较低，为 11%，而市场指数的最大回撤为 41%。并且，从图 5-9 可以看出，相对价值型私募基金指数的收益一直以来保持稳中有升的态势，整体波动较小。这是由于该策略私募基金同时持有多、空仓位，风险比其他投资策略的风险大为降低，收益也相对稳定。总体而言，相对价值型基金所承受的市场风险相对较低。特别是在 2015 年、2016 年和 2018 年股灾期间，以及新冠疫情影响较大的 2020～2022 年期间，相对价值型基金展现出较强的抗跌能力。

图 5-9   相对价值型私募基金指数的累计净值：2010～2023 年

表 5-11 **相对价值型私募基金指数描述统计：2010～2023 年**

统计指标	相对价值型私募基金	沪深 300 指数
累计收益率（%）	125	10
年化收益率（%）	6	1
年化波动率（%）	6	22
年化夏普比率	0.72	0.04
最大回撤（样本期间）（%）	11	41
年化收益率/最大回撤	0.57	0.02

图 5-10 展示了 2011～2023 年事件驱动型私募基金指数和沪深 300 指数的对比，表 5-12 提供了相应的描述统计分析。从图 5-10 和表 5-12 可见，从 2011 年 12 月至 2023 年 12 月，事件驱动型私募基金指数的累计收益率为 596%，年化收益率为 18%；沪深 300 指数同期累计收益率为 46%，年化收益率为 3%。事件驱动型私募基金指数的收益率高于市场指数。同时，事件驱动型私募基金指数的风险要略高于市场指数，其年化波动率为 23%，而市场指数的年化波动率为 22%。事件驱动型私募基金指数的夏普比率也高于市场指数，两者分别为 0.73 和 0.16。此外，事件驱动型私募基金指数的最大回撤为 22%，低于市场指数的最大回撤（41%），特别是在 2015 年和 2018 年股灾期间，事件驱动型私募基金的回撤远没有市场指数剧烈。因此，事件驱动型私募基金在后期体现出收益高、回撤较小的特点。2020～2021 年该类基金收益增长很快，主要原因是 2020 年 2 月再融资新规发布后，定增项目的投资门槛降低，市价定增的审核效率提高，极大激活了定增市场的活力，公募、私募等机构争相入场；同时，2021 年投资难度提升，很多定增项目提供的折

图 5-10 **事件驱动型私募基金指数的累计净值：2011～2023 年**

扣率也颇具吸引力，为策略提供了操作空间，定增市场热度不减。此外，经过 2019 年和 2020 年的结构性行情，白马股估值升至历史高点，本身存在均值回归的需求，因此中小市值标的在 2021 年成功实现逆袭，并在 2022 年维持了相对平稳的表现。而历史统计数据显示，约 50% 的定增项目来自市值低于 100 亿元的公司，可见 2021 年市场的风格较为契合定增市场的特点，导致定增市场持续升温。

表 5-12　　　　　　事件驱动型私募基金指数描述统计：2011~2023 年

统计指标	事件驱动型私募基金	沪深 300 指数
累计收益率（%）	596	46
年化收益率（%）	18	3
年化波动率（%）	23	22
年化夏普比率	0.73	0.16
最大回撤（样本期间）（%）	22	41
年化收益率/最大回撤	0.80	0.08

图 5-11 展示了 2010~2023 年债券型私募基金指数和中债综合全价（总值）指数的对比，表 5-13 为相应的描述统计分析。从图 5-11 和表 5-13 可见，从 2010 年 12 月至 2023 年 12 月，债券型私募基金指数的累计收益率为 150%，年化收益率为 7%；中债综合全价（总值）指数同期累计收益率为 16%，年化收益率为 1%。

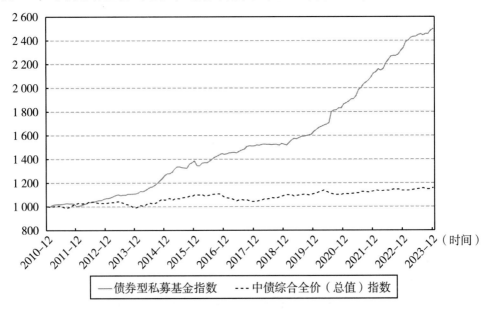

图 5-11　债券型私募基金指数的累计净值：2010~2023 年

债券型私募基金指数的收益率高于市场指数。同时，债券型私募基金指数的风险略高于市场指数，其年化波动率为3%，而市场指数的年化波动率为2%。债券型私募基金指数的夏普比率高于市场指数，两者分别为1.76和-0.43。并且，债券型私募基金指数的最大回撤为3%，低于市场指数的最大回撤（6%）。在各指数的统计区间内，债券型私募基金指数的年化波动率最小，并且在历年的熊市中，债券型私募基金指数较其他指数都有更稳定的表现，回撤相对较低，充分体现出债券型基金低风险、收益稳健的特点。

表5-13　　　　　　债券型私募基金指数描述统计：2010~2023年

统计指标	债券型私募基金	中债综合全价指数
累计收益率（%）	150	16
年化收益率（%）	7	1
年化波动率（%）	3	2
年化夏普比率	1.76	-0.43
最大回撤（样本期间）（%）	3	6
年化收益率/最大回撤	2.51	0.20

图5-12展示了2012~2023年CTA型私募基金指数和万得商品综合指数的对比，表5-14为相应的描述统计分析。由于CTA策略投资于期货市场，独立于股市，和市场上大多数基础资产的相关性较低，我们选取"万得商品综合指数"作为比较对象。从图5-12和表5-14可见，从2012年12月至2023年12月，CTA型私募基金指数的累计收益率为734%，年化收益率为21%；同期，万得商品综合指数累计收益率为1.35%，年化收益率为0.12%。CTA型私募基金指数的收益率高于市场指数。同时，CTA型私募基金指数的风险低于市场指数，其年化波动率为9%，而市场指数的年化波动率为15%。因此，CTA型私募基金指数的夏普比率高于市场指数，两者分别为2.02和-0.03。并且，CTA型私募基金指数的最大回撤为6%，远低于市场指数的最大回撤（40%）。CTA型私募基金使用较多的是趋势交易策略，即使用大量的策略模型寻找当前的市场趋势，判断多空，这种策略在市场低迷、后市不确定时具有显著优势。由于我国CTA型私募基金的发展尚未成熟，使得CTA型私募基金的趋势跟踪策略运用也更为高效。因此，CTA型私募基金指数的收益高于市场指数，最大回撤也更小。它呈现出稳中有升的价格走势，特别是在2015年、2018年市场低迷期间，万得商品综合指数的收益表现维持在区间内震荡，而CTA型私募基金指数却逆势上涨，为投资者带来了丰厚的回报。CTA型基

金的收益和投资标的的涨跌无关，而是和投资标的的涨幅或者跌幅有关，即在波动率很大的行情中更容易获利。

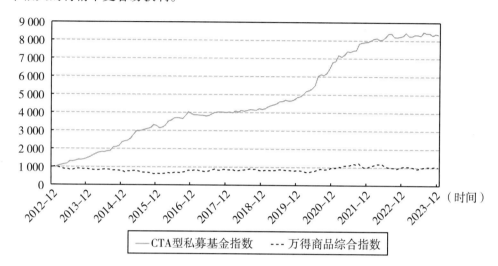

图 5-12　CTA 型私募基金指数的累计净值：2012~2023 年

表 5-14　　　　　　　　　CTA 型私募基金指数描述统计：2012~2023 年

统计指标	CTA 型私募基金	万得商品综合指数
累计收益率（%）	734	1.35
年化收益率（%）	21	0.12
年化波动率（%）	9	15
年化夏普比率	2.02	−0.03
最大回撤（样本期间）（%）	6	40
年化收益率/最大回撤	3.6	0.0

　　下面，我们对私募基金指数进行横向对比。出于统一起始日期的需要，我们选取 2012 年 12 月为指数的开始日期。图 5-13 展示了六类私募基金指数的累计收益对比，表 5-15 为相应的描述统计。从图 5-13 和表 5-15 可见，从 2012 年 12 月至 2023 年 12 月，CTA 型私募基金指数的累计收益最高，约为 734%；其次为四类股票型私募基金指数，累计收益由大到小依次为事件驱动型私募基金指数（512.47%）、普通股票型私募基金指数（180.15%）、相对价值型私募基金指数（142.68%）和股票多空型私募基金指数（139.58%）；债券型私募基金指数的累计收益最小，为 133.90%。并且，这六类私募基金指数的累计收益皆超过同期大盘指数的累计收益。当我们比较六类私募基金指数和大盘指数的风险时，发现债券型私募基金指数的风险最低，年化波动率为 2.92%，其最大回撤为 2.91%；其次为相对价值型、

股票多空型和 CTA 型私募基金指数，三者的年化波动率相近，分别为 5.64%、8.70% 和 8.99%，最大回撤分别为 5.15%、12.49% 和 5.87%；普通股票型私募基金指数的年化波动率为 13.87%，这里面量化基金较多，所以整体回撤较小；事件驱动型私募基金指数与沪深 300 指数的风险相近，二者的年化波动率分别为 22.57% 和 21.66%，二者的最大回撤分别为 20.98% 和 40.56%。整体来看，除债券型和事件驱动型私募基金指数外，其余四类私募基金指数的风险都低于同期市场指数。当我们对比夏普比率这一反映调整风险后收益指标时发现，债券型私募基金指数的夏普比率（2.05）最高；其次为 CTA 型私募基金指数，夏普比率为 2.02；在股票型私募基金指数中，相对价值型私募基金指数的夏普比率表现较为突出，为 1.14。

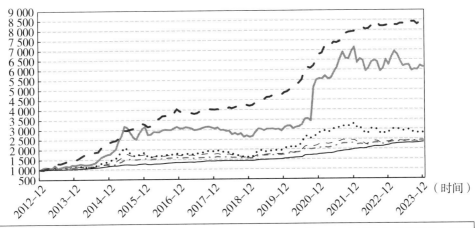

图 5-13　私募基金指数的累计净值对比：2012~2023 年

表 5-15　　　　　　　　　　私募基金指数描述统计：2012~2023 年

指数类型	统计指标					
	累计收益率（%）	年化收益率（%）	年化波动率（%）	夏普比率	最大回撤（%）	年化收益率/最大回撤
普通股票型	180.15	9.82	13.87	0.62	25.40	0.39
相对价值型	142.68	8.39	5.64	1.14	5.15	1.63
股票多空型	139.58	8.27	8.70	0.75	12.49	0.66
事件驱动型	512.47	17.91	22.57	0.76	20.98	0.85
沪深 300 指数	36.00	2.83	21.66	0.15	40.56	0.07

续表

指数类型	统计指标					
	累计收益率 （%）	年化收益率 （%）	年化波动率 （%）	夏普 比率	最大回撤 （%）	年化收益率/ 最大回撤
债券型	133.90	8.03	2.92	2.05	2.91	2.76
中债综合全价指数	12.83	1.10	2.08	-0.34	5.77	0.19
CTA 型	733.96	21.27	8.99	2.02	5.87	3.63
万得商品综合指数	1.35	0.12	15.46	-0.03	39.90	0.00

综观各类私募基金指数，CTA 型私募基金指数的收益及调整风险后收益指标的表现都遥遥领先；在四类股票型私募基金指数中，虽然相对价值型私募基金指数的绝对收益不是最高的，但其风险较低，调整风险后的收益较高。

四、小结

在本章中，我们构建了道口私募基金指数，以帮助投资者更好地追踪、了解我国私募基金行业的发展趋势和各类不同策略的私募基金的业绩与风险水平。根据私募基金的投资策略，我们将私募基金指数主要分为普通股票型私募基金指数、股票多空型私募基金指数、相对价值型私募基金指数、事件驱动型私募基金指数、债券型私募基金指数和 CTA 型私募基金指数。这些指数可以分别反映投资于股票、债券和期货等资产的私募基金的整体收益和风险情况。我们希望通过这一研究，能为投资者选择资产配置方案、私募基金管理者比较私募基金业绩、政府监管机构评估私募基金行业发展及监管潜在问题，提供一个量化的参考。

通过对比不同私募基金指数与相应市场指数间的差异，我们发现，上述六类私募基金指数的收益皆高于相应的市场指数，同时，在历年的市场震荡或低迷时期，各私募基金指数具有相对稳健的、穿越熊市的表现，最大回撤相比市场指数较低。横向对比发现，各类指数中，CTA 型私募基金指数的收益及调整风险后收益指标表现领先，而相对价值型私募基金指数的综合表现也比较优秀——尽管其绝对收益并非最佳，但其风险较低，调整风险后的收益较高。

· 194 ·

中国私募基金的业绩归因分析

为全面评价基金，投资者需要关注基金业绩变动的原因和业绩的来源。基金业绩的归因是一种分析方法，它将基金的超额收益分解成不同的因素，并分析各个因素对超额收益的贡献。通过这种方法，投资者可以更加全面地了解基金业绩背后的原因以及基金业绩来源的构成。基于第五章对私募基金指数的分析，我们发现不同策略的私募基金在收益和风险等方面差异显著。那么，造成这些差异的因素有哪些？在本章中，我们结合我国私募基金的发展特点，构建出八个私募基金风险因子，并使用这些风险因子对私募基金的业绩进行归因分析。

通常，基金业绩的归因方法主要分为基于收益的时间序列回归法和基于持仓数据的横截面回归法。基于收益的时间序列回归法是基于基金历史收益数据进行分析，通过回归分析得出各个因素对基金业绩的影响程度。而基于持仓数据的横截面回归法是基于基金持仓数据进行分析，通过回归分析得出各个持仓的权重对基金业绩的影响程度。相比公募基金，对私募基金进行业绩归因更加困难，主要有两方面原因。一方面，私募基金只对合格投资者开放募集，只对投资人有披露净值的义务，信息相对不透明，且不会披露基金的持仓信息；而公募基金是向不特定投资者公开发行，信息披露要求更高，除了在每个交易日公布净值外，还会定期披露基金持仓等详细信息。另一方面，尽管基于持仓数据进行的归因分析精准度较高，但是私募基金的持仓信息很难获得。因此，本章中私募基金的归因分析基于基金收益时间序列数据进行。

Fung 和 Hsieh（2004）使用私募基金七因子模型来解释美国私募基金的收益。根据不同的风格，这七个因子可以分成三大类：第一类为反映股票市场风险的因子，这类因子主要覆盖股票市场的风险，他们选择市场指数的收益率、小盘股和大盘股收益率之差两个因子；第二类为反映债券市场风险的因子，这类因子主要覆盖债券市场的风险，他们使用十年期国债的收益变化以及国债与公司债利差的变化两个因子；第三类为趋势交易的因子，这类因子主要反映债券、外汇和期货市场中趋势交易的风险，他们选择债券、外汇和商品回望期权的收益率三个因子。许多研究发现，该模型可以解释美国私募基金超额收益方差的 80%。这七个因子具体为：

股票市场因子（the market risk factor）：股票市场指数的超额收益率；

规模因子（the size factor）：小盘股收益率与大盘股收益率之差；

债券市场因子（the bond market risk factor）：10 年期固定利率国债到期收益率的变化；

信用风险因子（the credit spread）：穆迪 Baa 级债券收益率与 10 年期固定利率国债到期收益率的差的变化；

债券趋势因子（the bond trend-following factor）：PTFS 回望跨式债券期权的收益率；

货币趋势因子（the currency trend-following factor）：PTFS 回望跨式货币期权的收益率；

商品趋势因子（the commodity trend-following factor）：PTFS 回望跨式商品期权的收益率。

在本章，我们参考 Fung 和 Hsieh（2004）的七因子模型，结合中国私募基金自身的特点，构建出中国私募基金的风险因子，分析基金的风险暴露，帮助投资者了解各类策略私募基金的投资风险和收益情况。

一、风险因子的构建

我们基于我国私募基金的收益和风险特征构建了八个风险因子，分别为：股票市场风险因子（MKT）、规模因子（SMB）、价值因子（HML），动量因子（MOM）、债券因子（BOND10）、信用风险因子（CBMB10）、债券市场综合因子（BOND_RET）和商品市场风险因子（FUTURES）。各个因子的定义和计算方式如下。

1. 股票市场风险因子（MKT）

我们选择股票市场大盘指数的超额收益率来代表股票市场风险因子，所用指数为学术界和业界经常使用的沪深 300 指数，无风险利率选取一年期的定期存款利率（整存整取）。其计算公式为：

$$MKT_t = RET\_HS300_t - RF_t \qquad (6.1)$$

其中，RET_HS300_t 为第 t 个月沪深 300 指数的月度收益率；RF_t 为第 t 个月一年期定期存款利率的月利率（整存整取）。

2. 规模因子（SMB）

规模因子（SMB）反映的是小盘股和大盘股之间收益率的差异。我们参考 Fama-French 三因子模型中 SMB 因子的计算方法来计算规模因子。具体计算方法如图 6-1 所示，在每年 6 月末，根据 6 月底的 A 股流动市值（ME）把股票等分为 2 组：小盘组（Small Cap）和大盘组（Big Cap）；再根据上一年年报中的账面价值（book value）和上一年 12 月底 A 股流通市值计算出账面市值比（book value of equity to market value of equity，BE/ME），把股票分为 3 组：成长组（Growth）、平衡组（Neutral）和价值组（Value），其比例分别为 30%、40% 和 30%。两次分组的股票再进行交叉分组，这样一共可以构建出 6 组投资组合（见表 6-1），分别为：小盘价值组（Small Cap Value）、小盘平衡组（Small Cap Neutral）、小盘成长组（Small Cap Growth）、大盘价值组（Big Cap Value）、大盘平衡组（Big Cap Neutral）和大盘成长组（Big Cap Growth）。

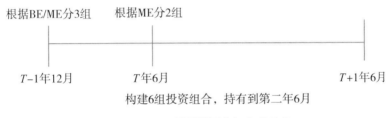

图 6-1　SMB 因子股票分组方式示意

表 6-1　　　　　　　　　SMB 因子构建中的 6 组股票的资产组合分组示意

项目		账面市值比（BE/ME）		
		成长组（30%）	平衡组（40%）	价值组（30%）
股票市值（ME）	小盘组（50%）	小盘成长组（Small Cap Growth）	小盘平衡组（Small Cap Neutral）	小盘价值组（Small Cap Value）
	大盘组（50%）	大盘成长组（Big Cap Growth）	大盘平衡组（Big Cap Neutral）	大盘价值组（Big Cap Value）

这种构建组合的方式在每年 6 月底进行一次，所构建的 6 组投资组合持有到第二年的 6 月底。每个投资组合的收益率根据本组合包含的股票的 A 股流通市值进行加权计算，可以得到每个投资组合在每个月的收益率。如果一只股票不在上一年 6 月的数据中（如停牌的股票），那么这只股票就不包括在上一年 6 月构建的投资组合中，无论这只股票是否在未来，如在上一年 7 月，复牌交易。

SMB 因子为 3 组低市值的投资组合的平均收益率减去 3 组高市值的投资组合的

平均收益率。这个因子在学术界被广泛应用，其中一个原因是这个因子对应的投资组合可以通过买入一些股票和做空一些股票构建出来。其计算公式为：

$$SMB_t = \frac{(Small\ Value_t + Small\ Neutral_t + Small\ Growth_t)}{3}$$
$$-\frac{(Big\ Value_t + Big\ Neutral_t + Big\ Growth_t)}{3} \tag{6.2}$$

其中，$Small\ Value_t$、$Small\ Neutral_t$、$Small\ Growth_t$、$Big\ Value_t$、$Big\ Neutral_t$ 和 $Big\ Growth_t$ 分别为不同的组合在第 t 个月的月收益率。Fama-French 三因子模型使用上述方式计算 SMB 因子，是为了在计算小盘股相对于大盘股的超额收益时，有效控制股票的账面市值比（BE/ME）。

3. 价值因子（HML）

价值因子（HML）反映的是高账面市值比的股票和低账面市值比的股票之间的收益率之差。我们参考 Fama-French 三因子模型中 HML 因子的计算方式来计算价值因子。其计算方法和 SMB 因子的构建的方式相同，同样构建出 6 个投资组合。

HML 因子为两组高账面市值比的投资组合的平均收益减去两组低账面市值比的投资组合的平均收益。其计算公式为：

$$HML_t = \frac{(Small\ Value_t + Big\ Value_t)}{2} - \frac{(Small\ Growth_t + Big\ Growth_t)}{2}$$
$$\tag{6.3}$$

其中，$Small\ Value_t$、$Big\ Value_t$、$Small\ Growth_t$ 和 $Big\ Growth_t$ 分别为不同组合在第 t 个月的月收益率。Fama-French 三因子模型使用上述方式计算 HML 因子，是为了在计算高账面市值比的股票相对于低账面市值比的股票的超额收益时，有效控制股票的市值（SIZE）。

4. 动量因子（MOM）

动量因子（MOM）反映的是过去收益率较高的股票和收益率较低的股票在未来的收益率之差，计算方式如图 6-2 所示。具体而言，在每月末（如图 6-2 中 2015-01），根据当月底的 A 股流通市值（ME）把股票等分为 2 组：小盘组（Small Cap）和大盘组（Big Cap）；再根据过去 1~11 个月的累计收益率把股票分为 3 组：低价组（Down Group）、中价组（Median Group）和高价组（Up Group），其比例分别为 30%、40% 和 30%；两次分组的股票进行交叉分组，这样一共可以构建出 6 组投资组合（见表 6-2），分别为：小盘高价组（Small Cap Up）、小盘中组（Small Cap Median）、小盘低价组（Small Cap Down）、大盘高价组（Big Cap Up）、大盘中价组（Big Cap Median）和大盘低价组（Big Cap Down）。

这种构建组合的方式在每月底进行一次，所构建的 6 组投资组合持有到下月底。每个投资组合的收益率根据股票的 A 股流通市值进行加权计算，从而得到每个投资组合在每个月的收益率。

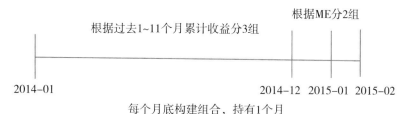

图 6-2　MOM 因子股票分组方式示意

表 6-2　　　　　　　　　　　动量因子组股票的资产组合分组示意

项目		过去 1~11 个月的累计收益率		
		低价组（30%）	中价组（40%）	高价组（30%）
股票市值（ME）	小盘组（50%）	小盘低价组（Small Cap Down）	小盘中价组（Small Cap Median）	小盘高价组（Small Cap Up）
	大盘组（50%）	大盘低价组（Big Cap Down）	大盘中价组（Big Cap Median）	大盘高价组（Big Cap Up）

动量因子（MOM）为两组过去累计收益率较高的投资组合的平均收益率减去两组过去累计收益率较低的投资组合的平均收益率，其计算公式为：

$$MOM_t = \frac{(Small\ Up_t + Big\ Up_t)}{2} - \frac{(Small\ Down_t + Big\ Down_t)}{2} \tag{6.4}$$

其中，$Small\ Up_t$、$Big\ Up_t$、$Small\ Down_t$ 和 $Big\ Down_t$ 分别为不同组合在第 t 个月的月度收益率。

5. 债券因子（BOND10）

我们选择 10 年期固定利率国债到期收益率的月度变化作为债券因子（BOND10），其计算公式为：

$$BOND10_t = \left(\frac{10\ 年期固定利率国债到期收益率_t}{10\ 年期固定利率国债到期收益率_{t-1}}\right) - 1 \tag{6.5}$$

其中，10 年期固定利率国债到期收益率$_t$ 为第 t 个月的 10 年期固定利率国债的到期收益率。

6. 信用风险因子（CBMB10）

我们选择 10 年期企业债（AA-级）到期收益率与 10 年期固定利率国债到期收

益率差值的月度变化作为信用风险因子（CBMB10），其计算公式为：

$$CBMB10_t = \frac{(10\ 年企业债到期收益率_t - 10\ 年期固定利率国债到期收益率_t)}{(10\ 年企业债到期收益率_{t-1} - 10\ 年期固定利率国债到期收益率_{t-1})} - 1$$

$$(6.6)$$

其中，10 年企业债到期收益率$_t$为第 t 个月 10 年期企业债（AA－级）的到期收益率，10 年期固定利率国债到期收益率$_t$为第 t 个月 10 年期固定利率国债的到期收益率。

7. 债券市场综合因子（BOND_RET）

在 Fung 和 Hsieh（2004）的七因子中，并没有一个因子可以综合反映债券市场的情况。根据我国私募基金市场的发展情况，我们在私募基金风险因子中加入了债券市场综合因子。我们使用中债综合全价（总值）指数的月度收益率作为债券市场综合因子。中债综合全价（总值）指数的成分包含除资产支持证券、美元债券、可转债外，在境内债券市场公开发行的债券，主要包括国债、政策性银行债券、商业银行债券、中期票据、短期融资券、企业债、公司债等。该指数是一个反映境内人民币债券市场价格走势情况的宽基指数，是债券指数应用最广泛的指数之一。债券市场综合因子的计算公式为：

$$BOND\_RET_t = \frac{BOND\_INDEX_t}{BOND\_INDEX_{t-1}} - 1$$

$$(6.7)$$

其中，$BOND\_INDEX_t$ 为第 t 个月中债综合全价（总值）指数的数值。

8. 商品市场风险因子（FUTURES）

我们选取申万商品期货指数的月收益率作为商品市场风险因子。申万商品期货指数覆盖在大连商品期货交易所、郑州商品期货交易所和上海商品期货交易所上市交易的 16 个品种的商品期货。商品市场风险因子的计算公式为：

$$FUTURES_t = \frac{Futures\_Index_t}{Futures\_Index_{t-1}} - 1$$

$$(6.8)$$

其中，$Futures\_Index_t$ 为第 t 个月申万商品期货指数的数值。

二、风险因子的描述统计

我们的因子数据从 2000 年 1 月开始，由于不同因子在构建中所需的指数数据的起始日期不同，每个因子的样本数也不同。具体而言，MKT 因子从 2002 年开始，这是因为计算该因子所需的沪深 300 指数数据始于 2002 年；SMB、HML 和

MOM 因子从 2000 年开始；BOND10 因子和 BOND＿RET 因子从 2002 年开始；CMBM10 因子从 2008 年开始；FUTURES 因子从 2005 年开始。

表 6-3 展示了八个私募基金风险因子的描述统计结果。从中可见，八个因子中有七个因子的均值大于 0，分别是股票市场风险因子（MKT）、规模因子（SMB）、价值因子（HML）、债券因子（BOND10）、信用风险因子（CBMB10）、债券市场综合因子（BOND_RET）和商品市场风险因子（FUTURES），说明这些因子能够带来正收益。而动量因子（MOM）的均值小于 0，表明如果我们按照在美国市场有效的趋势投资方法进行趋势投资，无法获得盈利。此外，我们还发现，市场风险因子（MKT）的标准差相对较高，为 7.79，体现出我国股票市场具有较高的波动性；而债券市场综合因子（BOND_RET）的标准差相对较低，为 0.64，体现出债券市场风险较低的特征。

表 6-3　　　　　私募基金风险因子描述统计：2000~2023 年

因子	样本数	均值（%）	最小值（%）	Q1（%）	中位数（%）	Q3（%）	最大值（%）	标准差（%）
MKT	263	0.51	−26.15	−4.70	0.35	4.75	27.70	7.79
SMB	288	0.97	−27.43	−1.56	1.03	3.46	23.47	4.76
HML	288	0.08	−11.08	−1.28	−0.06	1.51	9.19	2.65
MOM	288	−0.03	−15.73	−2.15	0.04	2.07	10.58	3.49
BOND10	263	0.05	−17.24	−3.30	−0.43	2.74	18.34	5.27
CBMB10	191	0.42	−10.84	−1.96	0.07	1.86	20.23	4.62
BOND_RET	263	0.09	−1.67	−0.30	0.12	0.47	2.67	0.64
FUTURES	288	0.49	−34.82	−3.11	0.22	3.97	24.01	5.72

接下来，我们对各个风险因子逐一进行分析。图 6-3 展示了股票市场风险因子 MKT 的月度收益率和累计净值，该因子收益数据从 2002 年开始。从图 6-3 可见，MKT 因子的累计净值从 2002 年的 1 元开始，增长到 2023 年 12 月的 1.72 元，累计超额收益率为 72%，年化收益率为 2.5%。

此外，MKT 因子的月度收益率整体起伏较大，在−26%~28%的区间内波动。2020 年初，虽然受新冠疫情影响 A 股市场有所下跌，但在后续央行多轮宽松货币政策的刺激下，股市反弹明显，并迎来上涨行情，这使得衡量股票市场风险的 MKT 因子累计净值在 2020 年大幅上涨。2021 年，MKT 因子在 3 月和 7 月出现较大回撤，分别下跌 5.5%和 8%。2022~2023 年，以沪深 300 指数为代表的大盘股业绩表现不佳，MKT 因子的累计净值波动下跌，2022 年累计跌幅达 23%，2023 年下跌 12%。

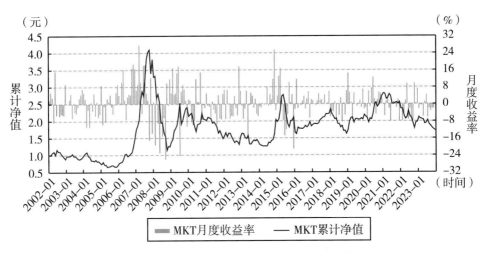

图 6-3　MKT 因子的月度收益率和累计净值

图 6-4 展示了规模因子（SMB）的月度收益率和累计净值，2000 年至 2023 年底，SMB 因子的累计净值为 11.75 元，年化收益率为 10.8%，表明长期来看投资小盘股能够带来更高的回报。SMB 因子代表小盘股收益率与大盘股收益率之差，如果差值为正，说明小盘股的收益要高于大盘股的收益；反之，说明大盘股的收益高于小盘股的收益。2017 年，以蓝筹股为代表的"漂亮 50"股票表现瞩目，沪深 300 指数上涨 21.78%，而中小板指数和创业板指数则分别上涨 16.73% 和下跌 10.67%，小盘股的业绩明显不及大盘股。2017～2018 年，24 个月中，仅有 8 个月的 SMB 因子收益为正，其他月份的 SMB 因子收益均为负，表明在这段时间，相较小盘股，大盘股有更好的业绩表现。但在 2018 年底，SMB 因子的累计净值出现了较为明显的拐点，在之后的 2019～2020 年，A 股行情有所回升，便于炒作、利于

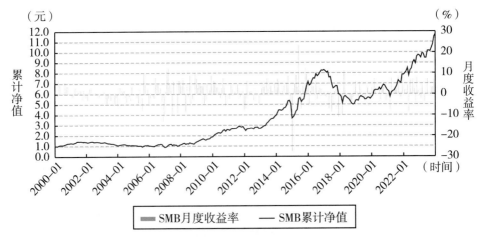

图 6-4　SMB 因子的月度收益率和累计净值

赚"快钱"的小盘股深受重新入市的游资和散户欢迎。2019～2020年，沪深300指数上涨75.49%，而中小板指数和创业板指数则分别上涨105.38%和141.40%，小盘股的收益远远超过了大盘股的收益。类似地，2021年，中证500指数上涨15.58%，创业板指数上涨12.02%，上证50指数和沪深300指数分别下跌10.06%和5.2%，大盘股业绩和中小盘股业绩形成鲜明对比。SMB因子在2021年持续上涨。2023年，小盘股的业绩同样跑赢大盘股，SMB因子全年累计上涨20%。过去20年，小盘股能够带来较好的投资回报。

图6-5展示了价值因子（HML）的月度收益率和累计净值，该因子收益率数据从2000年开始。到2023年底，HML因子的累计净值为1.25，累计收益率为25%，年化收益率为0.92%。HML因子代表价值股和成长股收益率之差，如果HML因子的收益率为正，说明价值股有更好的表现；反之，则代表成长股有更好的业绩。总体来看，在我国A股市场，价值效应不明显，价值股的收益没有明显超越成长股。

图6-5 HML因子的月度收益率和累计净值

此外我们发现，在熊市，如2008年的金融危机和2018年的股灾期间，HML因子有着较高的收益率，HML因子的累计净值达到高点，即在熊市价值股的业绩往往会超过成长股，蓝筹股是市场下行时"护盘"的更好选择。而在市场行情较好的时间段，如2014年和2019～2021年，HML因子的收益率相对较低，HML因子的累计净值达到低点，在牛市，股民们对成长股的估值会比较宽容，往往给予成长股极高的市盈率，成长股的业绩往往会超过价值股。2023年，大多数股票指数收跌，相对而言价值股业绩要略优于成长股，HML因子全年上涨1.6%。

图6-6展示了动量因子（MOM）的月度收益率和累计净值，该因子从2000年开始。自Jegadeesh和Titman（1993）提出动量效应以来，其在股票、债券等市场

被广泛发现，为投资者挖掘超额收益提供了新的思路。从图 6-6 中 MOM 因子的走势可以看出，大多数情况下，如果我们按照在美国市场有效的动量因子的构造方法去构建中国市场的动量因子，那么我国 A 股市场的动量效应并不显著，MOM 因子的累计净值波动下跌，到 2023 年底，该因子的净值为 0.69 元，年化收益率为 −1.6%，累计收益率为−31%。这说明持有过去一段时间内收益率高的股票，在下个月不能获得较高的收益率。我国股票市场行情转换较快、波动性高，受国家政策影响较大，且投资非理性程度较高，这些可能是造成动量因子出现负收益的原因。

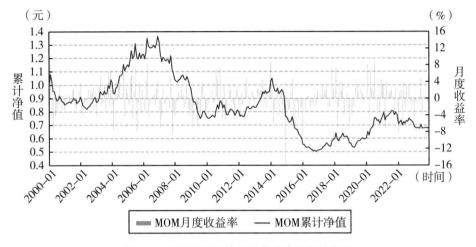

图 6-6　MOM 因子的月度收益率和累计净值

　　图 6-7 展示了债券因子（BOND10）的月度收益率和累计净值，该因子受 10 年期固定利率国债到期收益率影响。从图 6-7 可见，BOND10 因子的累计净值呈现波动的态势，2002 年至 2023 年底，债券因子年化收益率为−1%，累计收益率为−21%。2007 年，中国宏观经济增长过热，通货膨胀风险增大，货币政策收紧，央行 6 次加息，债市进入熊市，收益率曲线一路上涨。2008 年下半年，受全球金融危机影响，货币政策由紧转松，收益率高位回落，直到 2009 年，在国家 4 万亿的经济刺激下，债市收益率开始反弹上行。2011 年第四季度至 2012 年期间，宏观经济放缓，货币政策走向宽松，企业融资成本降低，债市收益率陡峭下行。2014~2015 年，国内经济基本面疲软，内需回落，为降低社会融资成本刺激经济增长，货币政策再次转为宽松，债市进入牛市，债券收益率曲线呈单边下行趋势。2017 年，在金融监管趋严和"去杠杆"等因素的多重影响下，债券市场面临资金紧平衡，债指价格下降，债券收益率上涨。2018~2019 年，在国内经济下行压力增大、中美贸易摩擦持续等多种复杂因素的作用下，国债收益率曲线震荡下跌。2020 年，虽然经历了年初的新冠疫情，但在持续出台的经济刺激政策下，股市行情向好，万得全 A 指数全年上涨 24%，债市的资金被抽离，收益率陡峭上升。2023 年，受市

场降息预期、资本加仓国债等因素影响，债券因子持续走低。

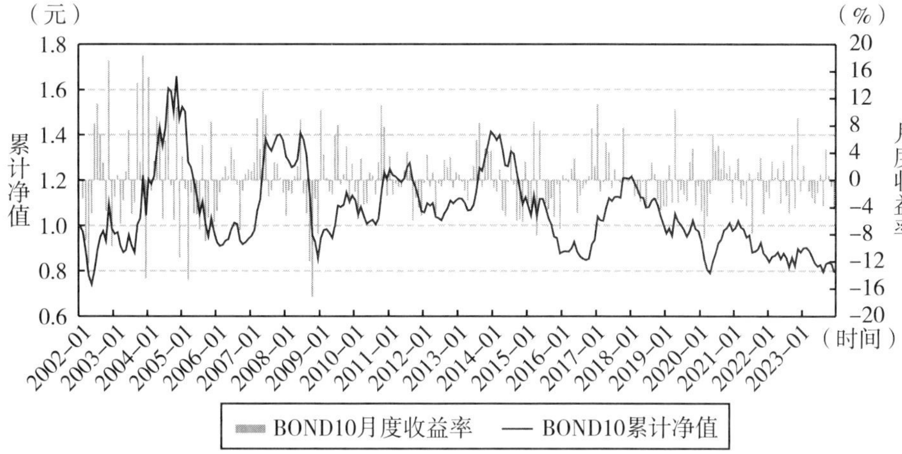

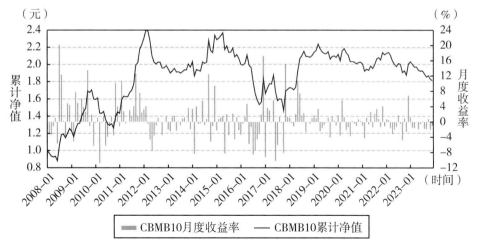

图 6-7　**BOND10 因子的月度收益率和累计净值**

图 6-8 展示了信用风险因子（CBMB10）的月度收益率和累计净值，因受 10
年期企业债到期收益率数据的影响，该因子自 2008 年开始。截至 2023 年底，该因
子累计净值达到 1.81 元，年化收益率为 3.8%，累计收益率为 81%。从图 6-8 可
见，从 2008 年开始，CBMB10 因子的累计净值多数时间大于 1 元，累计收益基本
为正。2015~2016 年期间，信用风险收益率呈振荡下行趋势，这与货币政策宽松和
利率下行密切相关。2018~2019 年期间，信用债违约事件持续高发，CBMB10 收益
率振荡上升，企业信用风险开始暴露，10 年企业债到期收益率逐步上升。2020 年，
一方面央行不断推出的货币政策给信用风险因子带来下行压力，另一方面股市的繁
荣使债市的资金出现了萎缩，2020 年底又有"20 永煤 SP003"违约事件的出现，

图 6-8　**CBMB10 因子的月度收益率和累计净值**

给信用市场利率带来了上行压力，因此信用风险因子全年涨跌相抵，累计净值与 2019 年底基本持平。2021 年，高等级信用债表现相对较好，但中低评级信用债估值压力较大，信用风险因子小幅上涨。2023 年，信用利差逐步收窄，在此期间 CB-MB10 因子的累计净值有所回落。

图 6-9 展示了债券市场综合因子（BOND_RET）的月度收益率和累计净值，从 2002 年至 2023 年底，债券市场综合因子年化收益率为 1%，累计净值为 1.25 元，累计收益率为 25%。据图 6-9 可知，自 2002 年起，BOND_RET 因子的累计收益率基本为正，且波动率较低，月度收益率在 -1.7%~2.7% 震荡。整体来看，债券市场综合因子呈现波动上升的趋势，但也在部分年间波动较大，例如，2017 年，债券市场面临资金紧平衡，债券收益率持续上行，债券价格指数大幅下跌，多数月份中 BOND_RET 因子的收益率均为负数。2018 年至 2020 年第一季度，受经济下行压力和保持宽松的货币政策的影响，债券收益率整体呈现下行趋势，BOND_RET 因子的累计净值有所回升，27 个月中有 22 个月该因子的月度收益率为正。2020 年 4 月起，A 股触底反弹，自 2020 年 4 月 1 日至 2020 年 12 月 31 日万得全 A 指数涨幅高达 35%，资金从债市大量涌向股市，债券收益率上升，债券价格指数明显下跌。

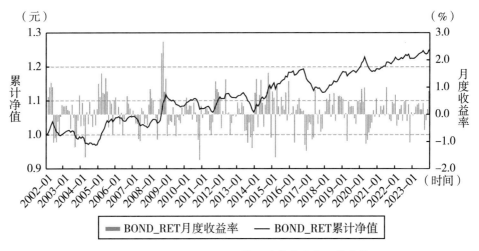

图 6-9 BOND_RET 因子的月度收益率和累计净值

图 6-10 展示了商品市场风险因子（FUTURES）的月度收益率和累计净值，该因子从 2005 年开始。从 2005 年至 2023 年底，商品市场风险因子累计净值 2.1 元，年化收益率为 4.1%。我们发现，FUTURES 因子的收益率整体波动较大，自 2011 年开始，FUTURES 因子的累计净值开始持续波动下降，直至 2015 年底才有所好转。2016 年，在供给侧结构性改革的大背景下，黑色系期货大涨，其他板块也相继出现涨停，商品期货市场交易量创历史新高。2017 年，期货新品种恢复上市，商品市场呈波动上涨。2018 年，我国期货市场对外开放步伐进一步加快，交易额

继前两年来首次回暖，但在业绩表现上，各商品板块全线收跌。进入 2019 年，商品期货市场的品种不断增加，整体上市步伐加快，各类品种有涨有跌，整体变化较小。2020 年初，受新冠疫情影响，大宗商品价格断崖式下跌，许多中央银行为了缓解疫情对经济的冲击，采取了宽松的货币政策措施。我国央行在第一季度的货币政策执行报告中明确了货币宽松的政策基调，4 月，M2 增速创 40 个月来新高，大宗商品价格回暖，上涨行情在全年得到持续。另外，铁矿石、焦炭、玉米、胶合板等期货都大涨超过 40%，整个期货市场超七成的交易品种均实现了上涨，商品市场风险因子累计净值也在 2020 年不断上涨。进入 2021 年，从年初开始，在国外需求的驱动下，大宗商品价格持续上涨，6 月后，受能源紧缺问题影响，动力煤、焦煤焦炭等上游原材料以及铝、PVC 等高能耗品种价格大幅上涨，而到了 10 月，煤炭供应抬升，国际天然气出口量加大，能源紧缺问题大幅缓解，大宗商品的需求转弱，价格大幅下跌。2022~2023 年，受俄乌冲突、美联储加息和经济复苏乏力等因素影响，全球大宗商品市场反复波动。

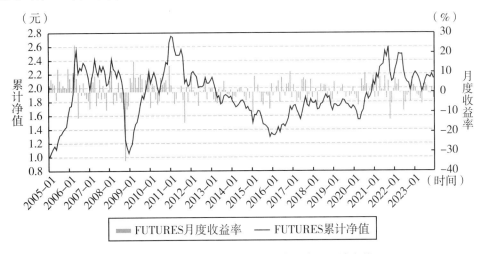

图 6-10　FUTURES 因子的月度收益率和累计净值

三、私募基金的风险因子归因分析

（一）样本选取

接下来，我们采用八个风险因子，分别对每只私募基金的业绩进行归因。私募基金样本的选取条件为截至 2023 年 12 月有 24 个月及以上净值数据的基金。由于结构化基金的净值不能完全反映基金的收益情况，在样本中剔除了结构化基金。此外，我们还删除了基金净值重复率大于 10% 的基金，以提高样本数据的准确性。本章所用的私募基金数据来源于万得数据库。图 6-11 展示了私募基金样本的选取流程和每个筛选步骤后剩余的基金数量。截至 2023 年底，从万得数据库下载的有净值数据的私募基金数量为 141 009 只，在排除结构化基金和删除净值重复率大于 10% 的基金后，满足样本条件的基金有 21 378 只。

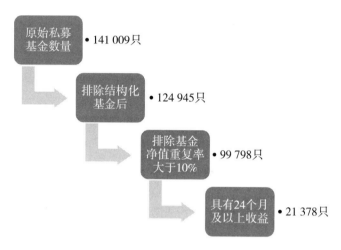

图 6-11　私募基金样本的选取步骤

表 6-4 展示了不同策略私募基金数量的占比情况，样本基金囊括了普通股票型、相对价值型、股票多空型、债券型、事件驱动型、CTA 型和其他策略的私募基金。在 21 378 只基金中，普通股票策略的基金数量占比最高，为 72.8%，该策略基金选股主要基于对公司的深入研究；其次为 CTA 型基金（7.6%）、债券型基金（4.9%）和股票多空型基金（4.2%）；其他策略的基金数量相对较少。

表 6-4　　　　　　　　　　私募基金样本的基金策略分布情况

基金策略分类	基金数量（只）	数量占比（%）
普通股票型	15 567	72.8
相对价值型	573	2.7
股票多空型	893	4.2
债券型	1 056	4.9
事件驱动型	32	0.1
CTA 型	1 619	7.6
其他	1 638	7.7
总计	**21 378**	**100.0**

由于数据可得性的问题，不同因子的起始日期不同，此外，不同私募基金策略在我国开始出现、发展的时间也有所不一。表 6-5 展示了不同策略私募基金和不同风险因子净值的起始日期。我们发现，私募基金样本的起始日期最早为 2003 年，而在风险因子中，信用风险因子 CBMB10 和商品市场风险因子 FUTURES 的起始日期分别为 2008 年和 2005 年，晚于 2003 年。对于这种情况，我们将这两个因子从 2003 年到其起始日期之间的数据填充为 0，以避免损失私募基金的数据。

表 6-5　　　　　　　　私募基金和风险因子净值的起始日期

基金策略	起始日期	因子	起始日期
普通股票型	2003-08-29	MKT	2002-01-31
股票多空型	2007-06-29	SMB	2000-01-31
相对价值型	2004-12-31	HML	2000-01-31
事件驱动型	2008-03-31	MOM	2000-01-31
债券型	2008-04-30	BOND10	2002-01-31
CTA 型	2012-05-31	CBMB10	2008-01-31
—		BOND_RET	2002-01-31
—		FUTURES	2005-01-31

（二）私募基金风险归因模型

基于上述八个风险因子，我们构建出八因子模型对每只私募基金进行回归分析，具体的模型为：

$$R_{i,t} = \alpha_i + \beta_{1,i} MKT_t + \beta_{2,i} SMB_t + \beta_{3,i} HML_t + \beta_{4,i} MOM_t + \beta_{5,i} BOND10_t$$
$$+ \beta_{6,i} CBMB10_t + \beta_{7,i} BOND\_RET_t + \beta_{8,i} FUTURES_t + \varepsilon_{i,t} \qquad (6.9)$$

其中，$R_{i,t}$ 为第 t 月私募基金 i 的超额收益率，我们采用考虑私募基金分红再投资的复权净值来计算基金的收益率、一年期定期存款利率作为无风险利率；α_i 为基金经理基于自身能力给投资者带来的超额收益；MKT_t、SMB_t、HML_t、MOM_t、$BOND10_t$、$CBMB10_t$、$BOND\_RET_t$ 和 $FUTURES_t$ 分别为第 t 月股票市场风险因子、规模因子、价值因子、动量因子、债券因子、信用风险因子、债券市场综合因子和商品市场风险因子的风险溢价，回归后的估计值 $\beta_1 \sim \beta_8$ 反映了私募基金在各风险因子上的暴露程度。

（三）归因分析结果

表 6-6 展示了不同策略私募基金因子的回归结果。从中可见，普通股票型私

募基金的调整后 R^2 最高，平均为 40.9%；其次为事件驱动型私募基金，调整后 R^2 为 39.0%。即这些因子可以解释私募基金超额收益率方差的 39%~41%。股票多空型和相对价值型私募基金的调整后 R^2 也在 27% 左右。而债券型和 CTA 型私募基金的平均调整后 R^2 相对较低，分别为 12.3% 和 13.0%，表明我们构造的八因子模型未能较好地解释这两个策略基金的超额收益。对比不同策略基金的平均年化 α 可以发现，CTA 型私募基金年化 α 的平均值为 13.0%，在所有类型的私募基金中最高，说明该策略基金的收益更多是来自基金经理的投资能力，而不是承担风险所带来的风险溢价，其他策略私募基金的平均年化 α 都在 9% 以内。

同时，我们还发现，不同策略的基金在不同风险因子上的暴露也不相同，β 为正且数值越接近于 1，说明私募基金在该因子上的暴露程度越大。举例来看，普通股票策略的基金对大盘指数对应的 MKT 因子的风险暴露较大，均值为 0.61，说明该策略基金对股票市场大盘指数的风险暴露较高，符合股票型基金的特征，而 β_{BOND_RET} 的均值为 -1.27，意味着普通股票型基金的收益与债券市场的收益呈负相关。事件驱动型基金在 MKT 因子和 SMB 因子上的暴露程度较高，当这两个因子上涨时，该策略的基金收益率也会随之上涨。相对价值策略的私募基金又可细分为市场中性策略和套利策略，其中，市场中性策略基金在构建仓位时主要关注相关联证券之间的价差变化，同时持有空头头寸和多头头寸，因此该策略基金的收益和各个风险因子的相关性较低。

表 6-6   **私募基金因子回归结果（FUND BY FUND）**

投资策略	基金数量（只）	因子	均值	Q1	中位数	Q3	标准差
普通股票型	15 567	α	4.4%	-1.0%	3.9%	9.7%	12.8%
		β_{MKT}	0.61	0.37	0.62	0.82	0.40
		β_{SMB}	0.14	-0.05	0.10	0.30	0.34
		β_{HML}	-0.20	-0.44	-0.17	0.04	0.53
		β_{MOM}	0.11	-0.08	0.10	0.29	0.39
		β_{BOND10}	-0.19	-0.47	-0.16	0.09	0.68
		β_{CBMB10}	0.01	-0.15	-0.02	0.14	0.40
		β_{BOND_RET}	-1.27	-3.03	-1.09	0.51	4.92
		$\beta_{FUTURES}$	0.01	-0.09	0.00	0.09	0.22
		调整后 R^2	40.9%	24.0%	42.2%	59.1%	23.0%

投资策略	基金数量（只）	因子	均值	Q1	中位数	Q3	标准差
相对价值型	573	α	2.8%	0.0%	1.7%	5.2%	8.2%
		β_{MKT}	0.13	−0.01	0.03	0.20	0.34
		β_{SMB}	0.13	0.04	0.11	0.23	0.19
		β_{HML}	−0.04	−0.09	−0.01	0.19	0.75
		β_{MOM}	0.08	0.00	0.10	0.18	0.38
		β_{BOND10}	−0.03	−0.11	−0.01	0.09	0.34
		β_{CBMB10}	0.01	−0.06	0.00	0.05	0.43
		β_{BOND_RET}	−0.14	−0.80	0.12	0.59	2.39
		$\beta_{FUTURES}$	0.02	−0.04	0.00	0.04	0.41
		调整后 R^2	27.5%	12.0%	25.2%	46.2%	21.8%
股票多空型	893	α	2.2%	1.6%	1.7%	5.5%	9.5%
		β_{MKT}	0.27	0.03	0.17	0.47	0.32
		β_{SMB}	0.13	0.02	0.10	0.23	0.26
		β_{HML}	−0.04	−0.15	−0.03	0.14	0.45
		β_{MOM}	0.10	−0.03	0.10	0.24	0.32
		β_{BOND10}	−0.09	−0.18	−0.05	0.04	0.43
		β_{CBMB10}	0.00	−0.08	0.00	0.07	0.20
		β_{BOND_RET}	−0.69	−1.50	−0.51	0.42	2.86
		$\beta_{FUTURES}$	0.01	−0.06	0.00	0.08	0.21
		调整后 R^2	26.2%	10.1%	23.6%	40.7%	20.7%
事件驱动型	32	α	4.9%	−4.0%	2.9%	6.7%	19.1%
		β_{MKT}	0.63	0.33	0.62	0.90	0.38
		β_{SMB}	0.37	0.12	0.36	0.71	0.56
		β_{HML}	−0.35	−0.58	−0.03	0.26	1.44
		β_{MOM}	−0.09	−0.16	0.02	0.22	0.52
		β_{BOND10}	−0.17	−0.41	−0.07	0.07	0.73
		β_{CBMB10}	0.04	−0.12	0.01	0.11	0.27
		β_{BOND_RET}	−0.30	−2.41	0.01	1.26	3.61
		$\beta_{FUTURES}$	0.07	−0.09	0.03	0.15	0.26
		调整后 R^2	39.0%	23.1%	39.6%	57.9%	25.4%

投资策略	基金数量（只）	因子	均值	Q1	中位数	Q3	标准差
债券型	1 056	α	8.2%	1.7%	4.5%	9.8%	25.3%
		β_{MKT}	0.11	−0.01	0.02	0.15	0.64
		β_{SMB}	0.04	−0.02	0.02	0.10	0.36
		β_{HML}	−0.01	−0.11	0.00	0.04	0.42
		β_{MOM}	0.05	−0.06	0.00	0.07	0.92
		β_{BOND10}	0.05	−0.10	0.01	0.12	1.03
		β_{CBMB10}	0.04	−0.07	−0.01	0.09	0.70
		β_{BOND_RET}	0.56	−0.41	0.31	1.35	8.85
		$\beta_{FUTURES}$	0.02	−0.03	0.00	0.05	0.48
		调整后 R^2	12.3%	−2.7%	7.7%	24.3%	20.2%
CTA 型	1 619	α	13.0%	3.4%	9.8%	19.0%	19.7%
		β_{MKT}	0.15	−0.04	0.07	0.28	0.36
		β_{SMB}	−0.09	−0.25	−0.06	0.06	0.36
		β_{HML}	−0.04	−0.21	−0.02	0.14	0.53
		β_{MOM}	0.01	−0.14	0.02	0.19	0.44
		β_{BOND10}	−0.15	−0.41	−0.11	0.13	0.74
		β_{CBMB10}	0.10	−0.10	0.06	0.24	0.45
		β_{BOND_RET}	−0.84	−2.77	−0.62	1.24	5.20
		$\beta_{FUTURES}$	0.10	−0.03	0.07	0.23	0.32
		调整后 R^2	13.0%	0.5%	9.2%	21.9%	17.4%

  表 6-7 展示了不同策略私募基金回归在各因子上的显著程度。在 10% 的显著性水平下，普通股票型、相对价值型和股票多空型基金的 α 呈正显著的比例都超过了 20%。而债券型基金中有 56.7% 的基金呈正显著，CTA 型基金中有 51.7% 的基金呈正显著，说明债券型和 CTA 型基金中具有投资能力的基金数量相对较多。此外，在四类股票型私募基金里，除了相对价值型私募基金以外，其他三种类型的私募基金在股票市场风险因子（MKT）上呈正显著的比例都比较高。具体来看，普通股票型私募基金中有 87.7% 的基金在 MKT 因子上为正显著，股票多空型基金中有 64.5% 的基金在 MKT 因子上呈正显著，事件驱动型基金中有 87.5% 的基金在 MKT 因子上呈正显著，而相对价值型基金中有 37% 的基金在 MKT 因子上呈正显著。如前文所述，相对价值策略中的市场中性策略基金会在持有股票多头头寸的同

时做空股指期货，以对冲股票市场的风险，因此与其他主要投资股票的基金相比，较少比例的基金在 MKT 因子上的风险暴露是显著的。

表 6-7　　　　　　　　　私募基金归因分析结果显著性比例统计　　　　　　单位：%

投资策略	样本数（只）	显著性	α	β_{MKT}	β_{SMB}	β_{HML}	β_{MOM}	β_{BOND10}	β_{CBMB10}	β_{BOND_RET}	$\beta_{FUTURES}$
普通股票型	15 567	正显著	26.6	87.7	35.7	8.6	26.4	5.6	9.0	5.2	12.3
		不显著	67.7	11.7	56.6	54.9	65.6	71.1	78.8	73.7	77.3
		负显著	5.7	0.7	7.8	36.4	8.0	23.3	12.3	21.1	10.5
相对价值型	573	正显著	31.4	37.0	61.8	24.4	42.1	13.1	7.7	11.2	16.9
		不显著	65.4	55.7	34.4	60.6	49.7	75.7	80.6	77.7	75.7
		负显著	3.1	7.3	3.8	15.0	8.2	11.2	11.7	11.2	7.3
股票多空型	893	正显著	25.6	64.5	49.7	15.2	41.0	5.2	11.8	5.3	20.3
		不显著	64.2	32.3	46.5	65.8	51.2	81.0	78.3	79.5	66.1
		负显著	10.2	3.2	3.8	18.9	7.8	13.9	10.0	15.2	13.7
事件驱动型	32	正显著	9.4	87.5	65.6	9.4	12.5	3.1	12.5	0.0	15.6
		不显著	87.5	12.5	28.1	71.9	75.0	81.3	87.5	84.4	75.0
		负显著	3.1	0.0	6.3	18.8	12.5	15.6	0.0	15.6	9.4
债券型	1 056	正显著	56.7	35.3	21.4	9.0	11.8	12.4	10.5	22.3	11.0
		不显著	39.5	58.9	72.1	76.0	79.4	76.6	73.4	71.7	80.7
		负显著	3.8	5.8	6.5	15.0	8.8	11.0	16.1	6.1	8.3
CTA 型	1 619	正显著	51.7	31.6	9.8	10.0	13.7	6.5	14.6	7.3	32.3
		不显著	46.3	62.1	63.6	74.5	75.0	75.7	78.4	78.4	59.7
		负显著	2.0	6.4	26.6	15.5	11.3	17.7	7.0	14.3	8.0

注：显著性水平为 10%，t=1.282，表中数字为处于各个显著水平基金的比例。

对于主要投资债券的债券型基金和主要投资期货的 CTA 型基金，我们发现债券型基金在债券类因子（BOND10、CBMB10、BOND_RET）上的正显著比例为 15% 左右，要低于其在 MKT 因子上的正显著比例，表明一定比例的债券型基金在策略上可能存在漂移。CTA 型基金中，有 32.3% 的基金回归到 FUTURES 因子时是正显著的。

四、私募基金指数的风险因子归因分析

除了对每只私募基金进行因子回归分析之外，我们还以第五章所构建的私募基

金指数为研究对象，对指数的收益率进行回归，分析不同策略基金指数在八个风险因子上的风险暴露。

（一）私募基金指数风险归因模型

基于八个风险因子，我们构建八因子模型对不同策略的私募基金指数进行回归分析。具体模型为：

$$INDEX_{R_{i,t}} = \alpha_i + \beta_{1,i}MKT_t + \beta_{2,i}SMB_t + \beta_{3,i}HML_t + \beta_{4,i}MOM_t + \beta_{5,i}BOND10_t$$
$$+ \beta_{6,i}CBMB10_t + \beta_{7,i}BOND\_RET_t + \beta_{8,i}FUTURES_t + \varepsilon_{i,t} \qquad (6.10)$$

其中，$INDEX_{R_{i,t}}$ 为第 t 个月私募基金指数 i 的超额收益率，其他变量的含义与式（6.9）中的定义相同。

（二）归因结果分析

对于不同策略的私募基金指数，我们得到的风险因子回归的结果如表 6-8 所示。从模型的拟合程度来看，普通股票型和股票多空型私募基金指数回归后的调整后 R^2 较高，均在 60% 以上。调整后 R^2 最低的私募基金指数是 CTA 型基金，主要原因在于 CTA 策略的基金采用多空双向交易的方式灵活切换持仓，既可以做多也可以做空，使基金能够在市场上涨和下跌的环境下均赚取收益，且不同的 CTA 基金所采取的具体策略有所不同，FUTURES 因子作为纯多头的因子无法对许多 CTA 基金的收益进行很好的解释，其调整后 R^2 仅为 3.8%。从超额收益 α 来看，普通股票型、债券型和 CTA 型基金的 α 均为正显著，说明这些策略的私募基金是凭借基金经理的投资能力获得的超额收益。

我们还发现，不同策略的私募基金指数在不同风险因子上的暴露是不同的。在 10% 的显著性水平下，四类股票型私募基金指数都与股票市场风险呈显著正相关，其中相对价值型私募基金的策略特征造成其对 MKT 因子的暴露程度要低于其他三类股票型基金指数。此外，在 SMB、HML 和 MOM 这三个衡量股票市场风险的因子中，事件驱动型基金指数在 SMB 因子上的暴露程度最高，相关系数为 0.44，表明该策略基金在大盘股和小盘股之间，更偏向于投资小盘股，并且获得了来自投资小盘股的风险溢价；普通股票型私募基金指数对于 HML 因子的相关性为负显著，意味着这类基金更偏向投资成长股；对于 MOM 因子，普通股票型和相对价值型私募基金指数与其相关性为正且显著，β 值均为 0.17，说明这两种私募基金存在追涨杀跌行为。此外，股票型私募基金指数对三个债券类风险因子和一个商品市场风险因子的暴露均不显著。对债券型私募基金指数而言，可以发现其在 BOND_RET 因子上的风险暴露是显著的，且 β 系数为 0.69，与债券市场综合业绩相关性高；同时，该策略基金与四个股票风险因子的相关性或不显著，或整体较低。

表6-8 不同策略私募基金指数的风险因子回归结果

投资策略	普通股票型	相对价值型	股票多空型	事件驱动型	债券型	CTA型
起始日期	2005-12	2010-12	2008-12	2011-12	2010-12	2012-12
α （t值）	5.7% (3.12)	2.6% (0.84)	2.7% (1.25)	4.1% (0.88)	4.4% (3.58)	24.4% (4.54)
β_{MKT} （t值）	0.46 (23.13)	0.19 (5.57)	0.38 (15.56)	0.55 (9.57)	0.04 (2.96)	0.09 (1.62)
β_{SMB} （t值）	0.16 (5.80)	0.09 (1.97)	0.20 (5.93)	0.44 (5.84)	0.03 (1.59)	0.18 (2.22)
β_{HML} （t值）	-0.22 (-3.82)	-0.11 (-1.12)	-0.05 (-0.64)	-0.22 (-1.30)	-0.02 (-0.66)	-0.05 (-0.33)
β_{MOM} （t值）	0.17 (3.88)	0.17 (2.35)	0.07 (1.40)	0.04 (0.38)	-0.04 (-1.46)	-0.19 (-1.46)
β_{BOND10} （t值）	-0.12 (-2.15)	0.12 (0.96)	-0.11 (-1.17)	0.26 (1.30)	0.02 (0.46)	0.05 (0.31)
β_{CBMB10} （t值）	-0.08 (-2.04)	-0.02 (-0.29)	-0.06 (-1.46)	0.04 (0.43)	-0.01 (-0.35)	0.13 (1.20)
β_{BOND_RET} （t值）	-0.60 (-1.51)	0.43 (0.52)	-0.76 (-1.28)	1.44 (1.11)	0.69 (2.42)	1.09 (0.88)
$\beta_{FUTURES}$ （t值）	0.01 (0.26)	-0.03 (-0.63)	0.02 (0.59)	0.02 (0.29)	0.01 (0.75)	-0.16 (-2.04)
调整后R^2	73.1%	15.7%	63.4%	44.5%	9.6%	3.8%

（三）稳健性检验

通过上述分析可以发现，一些因子在解释某些策略的私募基金收益时并不显著。例如，三个债券市场因子和一个商品市场因子回归到大多数股票型私募基金指数时不显著。因此，我们去掉了一些和某一只私募基金策略相关性不高的因子，对私募基金指数的回归分析进行稳健性检验。在普通股票型、相对价值型、股票多空型和事件驱动型私募基金指数的分析中，我们只保留了与股票市场相关的 MKT、SMB、HML 和 MOM 四个风险因子；在债券型基金指数的分析中，只保留了债券市场的 BOND10、CBMB10 和 BOND_RET 三个风险因子；在 CTA 型基金指数的分析中，只保留了商品市场风险因子 FUTURES。

表 6-9 展示了调整模型变量后不同策略的私募基金指数对不同因子的回归结果。其中，普通股票型、相对价值型、股票多空型和事件驱动型私募基金指数在去掉了三个债券市场因子和一个商品市场因子之后，模型的拟合程度几乎没有变化。债券型私募基金指数在去掉了四个股票市场因子和一个商品市场因子后，模型拟合程度和相关因子的显著性水平没有太大改变。CTA 型私募基金指数在只保留商品市场风险因子后，R^2 同样没有大幅改变，仅为 1.5%，表明回归结果是稳健的。在前文中我们提到，CTA 型基金可以进行做多和做空的双向交易，策略包括趋势追踪、跨期套利、波动率套利等多种方式，且交易中包括商品、股指、利率等多种期货品种，仅通过单一做多的商品市场风险因子 FUTURES 对其风险暴露程度进行衡量并不准确，进而造成模型拟合程度低，FUTURES 因子的回归结果不显著。

表 6-9　　　　不同策略私募基金指数的风险因子回归结果（稳健性检验）

投资策略	普通股票型	相对价值型	股票多空型	事件驱动型	债券型	CTA 型
起始日期	2005-12	2010-12	2008-12	2011-12	2010-12	2012-12
α （t 值）	4.8% (2.74)	2.7% (0.90)	1.8% (0.86)	5.5% (1.27)	5.1% (4.17)	29.6% (5.89)
β_{MKT} （t 值）	0.45 (24.77)	0.19 (6.29)	0.38 (17.65)	0.58 (10.85)		
β_{SMB} （t 值）	0.16 (5.80)	0.09 (1.97)	0.21 (6.02)	0.43 (5.82)		
β_{HML} （t 值）	-0.21 (-3.73)	-0.12 (-1.27)	-0.04 (-0.55)	-0.21 (-1.31)		
β_{MOM} （t 值）	0.18 (4.12)	0.16 (2.20)	0.08 (1.50)	0.06 (0.50)		
β_{BOND10} （t 值）					0.06 (1.39)	
β_{CBMB10} （t 值）					0.00 (-0.13)	
β_{BOND_RET} （t 值）					0.81 (2.79)	
$\beta_{FUTURES}$ （t 值）						-0.15 (-2.15)
调整后 R^2	72.8%	16.4%	63.6%	45.2%	4.3%	1.5%

综合来看，在本章中，我们所构造的八个风险因子对普通股票型、股票多空型和事件驱动型私募基金指数的风险来源能够进行较好的解释。但是，对于相对价值型、债券型，特别是 CTA 型私募基金指数，模型的拟合程度相对较低，还需要进一步挖掘能够对这些策略进行有效解释的风险因子。

五、小结

为了分析各策略私募基金在不同风险上的暴露程度，我们基于美国市场的风险因子，结合我国私募基金的发展情况，构建出八个中国私募基金风险因子。其中，与股票市场风险相关的因子包括股票市场风险因子（MKT）、规模因子（SMB）、价值因子（HML）和动量因子（MOM）；与债券市场风险相关的因子包括债券因子（BOND10）、信用风险因子（CBMB10）和债券市场综合因子（BOND_RET）；与商品市场风险相关的因子包括商品市场风险因子（FUTURES）。

在分析过程中，我们分别以单只基金和私募基金指数为对象，对普通股票型、相对价值型、股票多空型、事件驱动型、债券型和 CTA 型基金进行了回归分析。研究结果显示，当对单只基金进行回归分析时，四类股票型基金的拟合程度较好，与 MKT 因子呈正相关的基金数量比例较高，体现出了股票型基金的特征。而债券型基金和 CTA 型基金回归到模型时调整后 R^2 偏低，意味着我们构造的八个风险因子不能较好地解释这两个策略私募基金的收益构成。

当把每个对私募基金指数的收益作回归分析，回归到 8 个风险因子时，我们发现普通股票型、股票多空型和事件驱动型私募基金指数的模型拟合程度较高，其中，普通股票型私募基金指数与 MKT、SMB 和 MOM 因子显著正相关，与 HML 因子显著负相关。债券型基金的收益与 BOND_RET 因子显著正相关，与另外两个债券类因子的相关性不显著。CTA 型基金由于其策略的特殊性，回归结果的拟合程度不高。通过这些分析，我们可以在一定程度上了解不同策略私募基金的风险暴露程度，从而使投资者更加了解自己所投资的私募基金的收益来源。

附录一　股票型私募基金近五年业绩描述统计表（按年化收益率由高到低排序）：2019～2023 年

本表展示的是近五年股票型私募基金的收益和风险指标。其中，收益指标包括年化收益率、年化 α、t（α）、夏普比率、索丁诺比率、收益—最大回撤比率，风险指标包括年化波动率、年化下行风险及五年内最大回撤率。在评估基金的收益与风险时，我们选取万得全 A 指数作为评估标准，并在表中第 0 行给出相关指标的结果。本表可扫描前言中提供的二维码查阅。*表示在 5%的显著水平下，具有选股能力的基金。

编号	基金名称	年化收益率（%）	年化 α（%）	t（α）	年化波动率（%）	年化下行风险（%）	最大回撤率（%）	夏普比率	索丁诺比率	收益—最大回撤比率
0	万得全 A 指数	7.07	0.00	0.00	17.84	8.81	22.95	0.39	0.77	1.77
1	匠心全天候	135.12	108.77	2.47*	75.23	8.03	24.79	1.41	13.18	285.88
2	舍得之道资本-平安吉象 C 期	68.75	47.49	2.51*	32.97	9.46	19.52	1.72	6.00	64.98
3	正圆 1 号	64.88	26.95	1.08	58.53	23.46	45.24	1.11	2.78	24.72
4	厚生稳赢 7 号	63.73	60.44	2.33*	45.31	16.40	27.13	1.28	3.54	39.68
5	雪帀 2 号	57.59	6.76	0.20	68.38	14.14	35.55	0.89	4.31	24.52
6	巨杉二次方 1 号	55.01	31.64	1.19	49.69	18.06	34.55	1.08	2.98	23.00
7	诚品 2 号	54.00	22.81	1.21	43.58	16.10	39.48	1.17	3.16	19.40
8	冠丰 3 号消费优选	52.03	41.82	1.47	55.52	16.93	37.88	0.96	3.16	18.80
9	华安合鑫稳健 1 期	51.09	49.99	2.50*	40.16	13.02	25.11	1.19	3.66	27.38
10	靖奇光合长谷	50.97	32.73	3.58*	21.32	11.05	25.68	2.00	3.86	26.65
11	华安合鑫稳健	49.07	47.05	2.34*	40.58	13.33	25.79	1.14	3.48	24.66
12	千榕细叶榕	48.22	57.43	2.25*	44.67	20.48	35.06	1.07	2.34	17.55
13	盈沣远航 1 号	47.98	28.29	1.31	41.14	11.47	38.31	1.11	3.98	15.91
14	方信睿熙 1 号	47.78	-11.65	-0.32	76.86	31.78	65.24	0.83	2.00	9.27

续表

编号	基金名称	年化收益率（%）	年化 α（%）	t（α）	年化波动率（%）	年化下行风险（%）	最大回撤率（%）	夏普比率	索丁诺比率	收益—最大回撤比率
15	将军成长2号	47.47	48.27	1.36	70.61	28.71	57.62	0.85	2.09	10.37
16	涌贝资产阳光稳健	47.21	58.61	2.70*	41.76	15.93	22.36	1.09	2.86	26.44
17	宝盈1号（宝信德）	47.06	27.71	0.91	53.50	14.46	33.28	0.92	3.39	17.66
18	前海大宇精选2号	46.53	3.90	0.15	54.97	21.32	41.50	0.91	2.34	13.87
19	榕树3期	46.38	34.17	1.04	66.66	29.59	50.18	0.86	1.95	11.40
20	敦颐新兴成长1号	46.22	43.82	2.25*	40.44	19.01	35.19	1.11	2.36	16.15
21	达理1号	44.76	23.75	1.59	33.79	12.31	25.97	1.22	3.36	20.63
22	信安成长1号	44.59	41.32	2.86*	28.85	9.40	22.12	1.37	4.22	24.04
23	天利价值红利	44.03	48.46	2.49*	36.46	15.77	31.74	1.14	2.65	16.37
24	龙航1期	43.38	17.87	0.85	44.81	16.29	42.75	0.98	2.69	11.84
25	诚品1号	42.69	9.97	0.51	47.04	18.97	52.59	0.95	2.35	9.34
26	柔微-星火燎原1号	42.29	28.27	2.16*	29.71	11.08	21.83	1.29	3.47	22.14
27	攀山6期	40.55	40.13	1.68*	43.85	13.95	47.16	0.95	2.28	12.70
28	亚馼价值1号	40.50	49.41	1.42	61.04	8.38	25.02	0.74	5.36	17.89
29	瑞文1号	40.24	53.18	2.47*	42.93	18.56	41.57	0.96	2.23	10.64
30	荣通1号	39.76	0.51	0.02	56.24	22.30	53.51	0.83	2.08	8.10
31	新镐1号	39.48	46.61	2.24*	44.33	5.87	50.00	0.94	1.94	6.61
32	弘唯基石华盈	39.38	70.63	3.15*	41.52	17.87	37.34	0.96	2.24	11.41
33	九坤日享中证1000指数增强1号	39.33	12.38	2.34*	21.70	7.75	16.52	1.58	4.43	25.72

续表

编号	基金名称	年化收益率（%）	年化α（%）	t（α）	年化波动率（%）	年化下行风险（%）	最大回撤率（%）	夏普比率	索丁诺比率	收益—最大回撤比率
34	紫华	38.60	43.14	0.61	121.53	22.26	49.29	0.54	2.95	8.35
35	西安久上－私募学院菁英343号	38.52	12.49	0.65	41.70	12.72	16.60	0.93	3.06	24.70
36	锦瑞恒－梦想1号	38.00	21.88	2.78*	21.44	7.25	10.51	1.55	4.59	38.10
37	辛巴达之影1号	37.92	19.47	1.99*	23.03	7.31	22.68	1.46	4.58	17.60
38	恒穗基业常青－激进成长1号	37.24	20.27	0.73	53.79	22.02	51.21	0.81	1.99	7.56
39	青鼎恒润1号	37.23	27.59	1.11	51.08	17.73	46.49	0.82	2.37	8.32
40	辛巴达	37.14	19.66	2.00*	23.11	7.21	23.44	1.43	4.57	16.43
41	成睿量化1号	36.71	47.63	1.39	69.80	25.86	66.96	0.72	1.94	5.64
42	锦桐成长2号	36.59	62.12	2.29*	56.12	19.09	43.71	0.78	2.28	8.59
43	玖鹏星辰成长1号	36.54	36.52	1.54	45.65	20.22	52.44	0.87	1.96	7.14
44	辛巴达母基金B类	36.51	20.38	2.09*	22.85	7.09	23.73	1.42	4.57	15.76
45	易凡7号	36.47	33.43	0.77	76.20	6.19	58.41	0.67	1.98	7.61
46	龙辉祥2号	36.24	-4.47	-0.14	63.92	18.34	44.07	0.72	2.51	8.38
47	磐厚蔚然－禾天下5号	36.17	18.83	1.05	31.46	10.09	18.68	1.09	3.39	19.71
48	普吉稳健成长1号	35.98	25.90	3.14*	16.40	7.07	19.71	1.89	4.37	18.51
49	海栗价值成长1号	35.92	7.61	0.28	53.08	10.91	43.47	0.79	2.08	7.66
50	清澄1号	35.26	30.86	1.13	47.44	20.47	50.12	0.83	1.92	7.04
51	青骊长兴	35.04	9.73	0.94	24.93	8.56	24.58	1.28	3.72	14.20
52	积露资产量化对冲	34.91	32.84	3.35*	17.29	4.46	7.73	1.75	6.76	44.90

续表

编号	基金名称	年化收益率（%）	年化 α（%）	t（α）	年化波动率（%）	年化下行风险（%）	最大回撤率（%）	夏普比率	索丁诺比率	收益—最大回撤比率
53	涌贝资产阳光进取	34.39	33.96	1.97*	36.29	15.70	28.60	0.95	2.20	11.83
54	复胜正能量 1 期	34.25	46.85	2.72*	32.70	12.00	21.34	1.02	2.78	15.75
55	磐厚动量－远翔 1 号	34.13	30.16	3.37*	23.58	11.12	28.89	1.31	2.78	11.57
56	元储－学院菁英 193 号	34.10	15.08	0.97	42.02	20.54	31.02	0.87	1.78	10.76
57	新跃成长 1 号	34.09	10.41	1.34	18.01	6.05	10.28	1.65	4.92	32.44
58	龙腾医疗健康	33.97	18.24	1.62	29.79	13.83	27.80	1.09	2.34	11.93
59	西部隆淳晓见	33.67	30.17	5.60*	9.21	2.22	3.44	3.07	12.77	95.02
60	本因坊	33.57	23.92	1.38	42.60	11.37	44.38	0.85	1.99	8.09
61	优益增 2 号	33.54	-0.15	-0.01	43.68	4.19	19.67	0.78	8.09	16.50
62	大洲精选	33.38	38.02	1.98*	41.20	18.44	39.65	0.86	1.93	8.12
63	神农极品	33.31	32.90	2.19*	30.27	13.61	28.95	1.06	2.35	11.09
64	弘唯基石华盈 1 号	33.22	61.89	2.83*	40.86	18.45	38.71	0.86	1.91	8.26
65	沁源精选	33.21	24.23	3.73*	15.21	2.99	7.03	1.88	9.57	45.44
66	景和晨升精选	32.92	21.46	2.46*	21.39	9.29	13.99	1.38	3.18	22.52
67	泓瀬秋实 1 号	32.82	7.93	0.55	27.01	6.53	9.04	1.12	4.65	34.67
68	林园投资 3 号	32.81	37.33	2.88*	33.27	7.96	42.96	0.98	2.14	7.01
69	医疗健康	32.71	20.19	0.96	45.09	18.82	39.72	0.80	1.91	7.85
70	信安成长 3 号	32.55	34.98	2.16*	32.07	18.40	24.35	0.99	2.28	9.51
71	鼎萨价值成长	32.43	11.37	0.86	39.92	20.94	42.09	0.87	1.66	7.30

续表

编号	基金名称	年化收益率（%）	年化 α（%）	t（α）	年化波动率（%）	年化下行风险（%）	最大回撤率（%）	夏普比率	索丁诺比率	收益—最大回撤比率
72	四创新航 1 号	32.35	31.30	0.84	63.49	13.63	31.51	0.62	2.89	9.71
73	存元稳健成长 1 期	32.30	25.10	1.14	40.10	11.53	39.48	0.86	1.78	5.12
74	亘曦 1 号	32.22	27.32	2.48*	28.09	12.11	25.63	1.08	2.52	11.87
75	伏明积极成长	32.16	47.56	1.13	75.85	12.26	80.22	0.72	1.48	3.97
76	复胜富盛 1 号	32.15	42.67	2.68*	30.83	12.08	20.84	1.01	2.58	14.55
77	德孔 1 号	32.08	21.76	0.92	48.37	13.02	46.64	0.78	1.70	6.75
78	小虎进取 1 号	31.93	35.49	3.21*	18.91	5.54	10.94	1.49	5.08	27.39
79	聚鸣新动力	31.79	25.73	1.39	36.12	11.68	33.72	0.88	2.73	8.83
80	柔微－星火燎原 2 号	31.71	17.44	1.11	33.38	13.00	26.40	0.94	2.42	11.23
81	九章幻方中证 1000 量化多策略 1 号	31.42	14.00	2.21*	22.24	10.35	31.54	1.28	2.75	9.26
82	波粒二象趋势 1	31.37	16.76	1.28	23.22	8.92	19.32	1.23	3.21	15.08
83	裕恒资本双龙 1 号	31.33	42.41	4.04*	20.72	8.36	12.25	1.36	3.36	23.72
84	瀚木资产瀚木 1 号	31.33	35.05	1.22	51.65	23.14	55.70	0.74	1.65	5.22
85	宁聚量化稳盈 1 期	31.29	36.36	1.88*	38.25	14.94	32.24	0.85	2.17	9.00
86	青果	31.24	68.09	1.73*	71.58	18.29	37.68	0.57	2.24	7.68
87	旭诺价值成长 2 号	31.23	47.14	2.10*	44.03	18.69	47.96	0.79	1.86	6.03
88	平安吉象 A 期	31.09	17.84	1.23	26.03	8.01	22.72	1.11	3.09	13.30
89	神农优选价值	30.97	39.62	2.59*	32.57	14.68	34.16	0.95	2.10	8.35
90	中安汇富－莲花山宏观对冲 3 号 2 期	30.95	20.06	1.71*	26.80	10.40	21.71	1.09	2.80	13.13

续表

编号	基金名称	年化收益率（%）	年化α（%）	t（α）	年化波动率（%）	年化下行风险（%）	最大回撤率（%）	夏普比率	索丁诺比率	收益—最大回撤比率
91	若溪湘财超马4期	30.67	32.30	2.12*	29.17	10.99	35.43	1.01	2.68	7.93
92	同威海源价值1期	30.65	30.65	0.92	65.61	22.58	68.61	0.65	1.90	4.09
93	福汇冠盛稳盈1号	30.56	26.42	1.20	45.84	20.27	52.84	0.77	1.73	5.29
94	洋谊厚朴1号	30.47	12.47	0.94	30.13	11.50	25.45	0.98	2.56	10.93
95	鸿道全球优选	30.39	14.65	1.03	28.15	11.41	39.52	1.03	2.54	7.01
96	知本合丰5号	30.26	19.88	1.36	34.32	16.43	38.26	0.90	1.87	7.19
97	莹崧日昇2号	30.24	12.32	0.58	46.14	20.83	51.53	0.76	1.69	5.33
98	靖奇睿科3号	30.21	17.45	2.68*	14.53	6.53	14.58	1.80	4.01	18.80
99	盛泉恒元定增套利多策略6号	30.00	22.14	5.41*	16.28	7.62	19.07	1.62	3.45	14.22
100	华银德洋	29.77	27.93	1.44	36.28	11.13	25.37	0.84	2.73	10.57
101	龙旗红旭	29.73	12.49	2.57*	22.60	10.76	24.97	1.21	2.53	10.71
102	华尔进取4号	29.66	19.21	3.02*	19.02	5.74	10.30	1.39	4.60	25.87
103	锦悦端享1号	29.63	-0.39	-0.03	29.46	11.71	32.63	0.98	2.46	8.15
104	平行线1号	29.39	21.02	1.42	36.34	11.00	47.26	0.85	1.65	5.97
105	雀跃岩辰量化投资1期	29.26	25.79	2.19*	27.69	14.00	36.74	1.02	2.01	7.10
106	久阳润泉1号	29.19	10.77	0.69	39.80	15.58	31.78	0.79	2.03	8.18
107	林园投资10号	29.18	42.35	2.43*	37.05	17.31	47.55	0.84	1.79	5.46
108	伯兄建初	28.98	28.87	2.97*	16.69	0.59	1.05	1.52	42.98	245.57
109	诺游趋势精选	28.84	-19.35	-0.70	55.35	20.40	41.98	0.67	1.81	6.08

续表

编号	基金名称	年化收益率（%）	年化α（%）	t（α）	年化波动率（%）	年化下行风险（%）	最大回撤率（%）	夏普比率	索丁诺比率	收益—最大回撤比率
110	非然信为旭日东升1号	28.76	17.96	1.16	39.07	17.41	52.98	0.80	1.79	4.79
111	岁寒知松柏1号	28.75	34.34	3.06*	23.24	8.81	22.46	1.14	3.02	11.30
112	睿智1号（大连大盛）	28.71	11.64	1.03	21.83	5.82	14.13	1.20	4.49	17.92
113	盈阳16号	28.68	7.47	1.02	18.49	5.60	8.03	1.38	4.56	31.50
114	莹笠日昇1号	28.62	9.24	0.44	45.82	11.34	52.00	0.74	1.62	5.51
115	文多逆向	28.61	26.33	3.33*	19.41	7.65	13.96	1.32	3.36	18.04
116	大盛成长1号	28.60	32.39	1.98*	32.36	8.26	24.67	0.88	3.44	10.21
117	理石股票优选1号	28.54	5.87	0.39	35.08	12.48	37.47	0.83	2.34	6.70
118	小北2号	28.44	19.21	1.15	32.63	9.74	22.98	0.86	2.88	10.86
119	苗安长升	28.39	41.90	2.47*	39.18	9.00	35.68	0.79	1.70	3.28
120	凤雪2号	28.32	14.19	1.52	20.83	8.38	17.68	1.24	3.08	14.02
121	天琪泉治2号	28.27	22.81	1.21	36.30	10.06	44.43	0.82	1.91	6.12
122	致远激进1号	28.23	5.14	1.06	21.20	8.38	18.10	1.21	3.07	13.63
123	聚宽1号	28.19	10.07	1.48	21.56	8.89	21.80	1.20	2.90	11.29
124	财掌柜特股宝8号	28.05	14.46	1.38	19.10	1.69	2.97	1.31	14.78	82.30
125	龙旗紫霄	27.97	9.30	1.73*	22.99	9.55	25.84	1.13	2.41	8.45
126	传家保资管长江之星	27.96	24.90	1.32	33.96	11.04	34.32	0.83	2.57	7.08
127	睿扬精选2号	27.95	9.53	0.99	22.36	7.53	33.08	1.15	3.42	7.34
128	盛泉恒元多策略灵活配置7号	27.90	18.04	5.13*	17.09	9.36	18.22	1.45	3.09	12.63

续表

编号	基金名称	年化收益率（%）	年化α（%）	t（α）	年化波动率（%）	年化下行风险（%）	最大回撤率（%）	夏普比率	索丁诺比率	收益—最大回撤比率
129	诺诺涟旗	27.84	−25.14	−1.26	43.92	16.92	40.91	0.73	1.88	5.90
130	攀山 2 期	27.76	15.89	1.78*	22.25	7.87	19.71	1.14	3.24	12.20
131	德毅恒升 2 号	27.71	26.89	1.89*	31.61	12.86	41.22	0.89	1.67	4.54
132	上海黑板价值精选 3 号（健康中国）	27.70	27.88	1.61	34.54	15.10	40.34	0.83	1.91	5.94
133	明法价值成长 1 期	27.66	14.56	2.87*	20.14	8.58	20.98	1.25	2.92	11.39
134	新智达成长 1 号	27.64	38.81	1.96*	37.46	18.51	60.62	0.80	1.62	3.94
135	均直聚盈	27.55	−19.08	−1.50	36.70	6.38	11.97	0.76	4.36	19.85
136	安布雷拉千里山 1 号	27.44	23.31	1.27	31.23	15.37	34.96	0.89	1.80	6.75
137	下游消费板块 H1104	27.36	10.49	0.90	23.31	6.39	22.98	1.09	2.67	10.14
138	私募工场量子复利	27.24	16.92	1.97*	20.11	8.67	17.25	1.23	2.86	13.54
139	远澜红枫 1 号	27.21	27.60	2.02*	23.61	6.00	9.75	1.07	4.20	23.90
140	华银价值	27.16	46.42	1.53	52.10	12.09	44.52	0.61	2.62	5.22
141	大禾投资-掘金 5 号	27.16	40.97	2.10*	39.35	16.51	50.16	0.76	1.80	4.63
142	费氏数列 1 号	27.12	21.35	1.37	37.95	19.57	53.15	0.78	1.52	4.36
143	林园投资 1 号	27.06	50.53	2.56*	41.69	22.66	50.40	0.75	1.39	4.59
144	鸿道创新改革	27.02	15.13	1.04	28.58	11.05	37.68	0.92	2.39	6.12
145	湘禾 2 号	27.02	8.98	0.79	24.84	9.41	27.39	1.03	2.23	9.22
146	启元潜龙 1 号	26.96	33.85	2.84*	24.69	10.65	26.19	1.03	2.39	8.78
147	盈定 9 号	26.78	4.98	0.66	16.30	6.44	14.45	1.45	3.69	15.75

续表

编号	基金名称	年化收益率（%）	年化α（%）	t（α）	年化波动率（%）	年化下行风险（%）	最大回撤率（%）	夏普比率	索丁诺比率	收益—最大回撤比率
148	善道港股通精选 1 号	26.66	28.17	1.59	35.19	16.41	44.74	0.80	1.72	5.05
149	理臻鸿运精选 1 号	26.63	13.68	1.51	22.26	10.57	21.70	1.11	2.34	10.40
150	盛天价值成长 1 号	26.63	30.43	1.57	34.25	16.40	31.84	0.82	1.71	7.09
151	钰淼（精选 1 期）	26.53	7.94	0.53	33.46	15.12	29.87	0.82	1.82	7.51
152	复胜盛业 2 号	26.51	30.79	2.51*	23.77	9.46	20.25	1.05	2.63	11.07
153	芝麻财富 3 号	26.48	17.05	0.65	48.60	18.79	39.44	0.67	1.73	5.67
154	唐氏专户 2 期	26.47	40.28	1.23	56.55	21.15	62.78	0.63	1.68	3.56
155	方略增长 1 号	26.42	24.81	1.08	46.95	11.01	37.51	0.69	1.59	5.12
156	睿沃德盛龙 3 号	26.29	20.00	1.43	35.33	17.04	50.06	0.79	1.65	4.42
157	九章幻方多策略 1 号	26.24	13.67	2.34*	21.71	10.03	33.18	1.12	2.42	6.65
158	固禾珍珠一号	26.20	11.78	1.10	31.25	16.99	45.21	0.86	1.58	4.87
159	大明鼎鼎 1 号	26.09	21.48	2.50*	20.30	8.23	14.00	1.18	2.90	15.62
160	聚瑞璞正进取 1 号	26.01	27.81	2.57*	22.37	7.50	22.31	1.08	3.21	9.76
161	霍尔果斯普罗 1 号	25.94	16.58	0.82	39.18	16.35	33.92	0.73	1.75	6.39
162	正见稳定成长 1 期	25.91	20.90	2.32*	21.07	8.66	14.29	1.13	2.76	15.14
163	因诺天丰 1 号	25.90	12.44	1.88*	22.76	10.81	30.60	1.06	2.24	7.07
164	五色土 1 期	25.79	24.77	1.00	54.61	26.22	64.71	0.66	1.37	3.32
165	北京久银湘商定增	25.78	18.29	1.09	35.02	6.97	29.68	0.78	1.81	2.85
166	曼行 1 号	25.73	23.91	2.85*	33.26	9.05	35.23	0.81	1.70	4.88

续表

编号	基金名称	年化收益率（%）	年化 α（%）	t (α)	年化波动率（%）	年化下行风险（%）	最大回撤率（%）	夏普比率	索丁诺比率	收益—最大回撤比率
167	盈阳 15 号	25.66	15.48	1.92*	16.41	6.58	16.14	1.39	3.47	13.21
168	岳海稳健对冲 1 号	25.62	10.61	0.86	26.52	9.76	25.98	0.93	2.54	8.19
169	千河资产金鳄专享 1 号	25.61	17.41	1.17	33.47	16.12	45.95	0.80	1.67	4.63
170	海韵 10 号	25.59	8.35	1.52	12.49	2.27	3.60	1.78	9.77	59.11
171	睿泽稳增	25.59	16.79	0.99	32.15	13.39	28.12	0.82	1.96	7.56
172	海川汇富富乐 1 号	25.49	26.71	2.70*	20.99	7.65	21.38	1.12	3.07	9.88
173	非然炎汉 1 期	25.48	13.59	0.90	37.61	17.29	52.42	0.74	1.62	4.03
174	神农 AI	25.47	33.79	2.15*	30.53	9.96	29.56	0.85	1.85	8.55
175	九坤日享中证 500 指数增强 1 号	25.45	5.16	1.24	21.89	9.24	26.03	1.08	2.56	8.09
176	元涞潜龙 1 号	25.39	33.46	3.68*	20.87	9.00	13.91	1.12	2.60	15.09
177	掌赢一卡欧斯 2 号	25.38	32.55	2.36*	25.78	11.56	23.22	0.95	2.12	9.03
178	洋盈金砖 3 期	25.35	24.80	2.28*	24.76	11.30	15.50	0.98	2.15	13.51
179	罗马大道鸢尾花 1 期	25.33	34.83	2.99*	27.22	10.08	35.10	0.91	2.02	8.52
180	富业盛德富业 1 号	25.26	41.90	1.63	53.75	22.44	69.09	0.64	1.53	3.02
181	熠道丰盈 1 号	25.25	27.89	4.22*	11.43	6.39	13.01	1.91	3.43	16.00
182	彤源同庆 3 号	25.21	16.40	1.89*	24.84	10.89	29.20	0.97	2.22	7.12
183	诺鼎季风价值 2 号	25.18	6.85	1.03	19.67	6.05	11.59	1.17	3.80	17.89
184	无量 1 期	25.10	8.72	1.02	26.34	11.90	31.95	0.92	2.04	6.46
185	龙旗红鹰	25.07	9.05	1.80*	21.89	10.04	25.29	1.07	2.33	8.15

续表

编号	基金名称	年化收益率（%）	年化α（%）	t（α）	年化波动率（%）	年化下行风险（%）	最大回撤率（%）	夏普比率	索丁诺比率	收益—最大回撤比率
186	兆银资本兆亿 1 号	25.04	8.28	0.55	37.52	16.83	36.83	0.74	1.64	5.59
187	新航线麦哲伦 1 号	25.03	12.64	0.95	25.22	9.45	18.98	0.95	2.54	10.83
188	九章幻方中证 500 量化进取 2 号	24.99	11.97	1.95*	21.86	7.62	33.76	1.07	2.29	6.13
189	望岳投资小象 1 号	24.97	33.78	2.95*	26.92	12.23	34.86	0.91	2.00	5.88
190	大黑龙	24.94	18.64	1.70*	21.20	6.11	27.53	1.09	3.77	7.42
191	弘尚资产健康中国 1 号	24.90	19.72	3.40*	20.70	10.78	24.13	1.11	2.41	9.41
192	聚鸣多策略	24.87	14.00	1.97*	22.83	6.96	23.35	1.02	2.46	5.97
193	金锝中证 1000 指数增强 1 号	24.85	7.24	1.66*	21.55	9.73	21.64	1.07	2.38	9.40
194	景和开元	24.80	9.62	1.01	24.78	11.06	25.00	0.96	2.15	8.11
195	水相价值精选	24.79	20.08	1.43	31.17	14.49	27.40	0.82	1.76	7.39
196	益和源 1 号	24.78	30.69	2.22*	34.39	20.81	33.62	0.77	1.62	4.85
197	黑翼风行 2 号	24.72	8.82	1.64*	20.00	9.50	25.86	1.14	2.39	7.80
198	涌鑫 3 号	24.61	13.19	1.36	20.91	7.40	14.42	1.09	3.07	13.90
199	康曼德 003 号	24.60	24.72	2.64*	21.52	8.49	20.91	1.06	2.69	9.58
200	庄贤锐进 2 号	24.53	12.99	1.25	19.95	5.52	27.79	1.13	4.07	7.18
201	致远中证 1000 指数加强	24.51	3.35	0.70	21.04	8.93	18.60	1.08	2.54	10.71
202	林园投资 16 号	24.45	39.67	2.73*	32.71	15.42	46.67	0.79	1.67	4.25
203	优稳量化对冲套利策略 1 号	24.44	26.53	2.27*	26.91	11.33	23.56	0.89	2.11	8.42
204	与取华山 1 号	24.38	25.49	1.73*	25.55	10.04	24.58	0.92	2.34	8.04

续表

编号	基金名称	年化收益率（%）	年化α（%）	t（α）	年化波动率（%）	年化下行风险（%）	最大回撤率（%）	夏普比率	索丁诺比率	收益—最大回撤比率
205	兆天金牛精选 2 号	24.32	30.99	2.37*	30.67	14.59	51.18	0.81	1.71	3.85
206	昭阳 1 号	24.30	10.81	0.44	48.66	18.52	46.36	0.64	1.68	4.24
207	神农春晓	24.27	22.76	1.66*	29.60	14.43	34.39	0.83	1.71	5.71
208	神农老院子基金	24.13	27.17	1.71*	31.30	10.58	28.27	0.80	1.73	3.21
209	比高长赢	24.09	4.78	0.41	26.20	5.57	28.71	0.89	2.07	4.76
210	前海大宇 2 号	24.09	3.50	0.26	31.83	9.85	33.83	0.79	1.58	4.98
211	中楷增长	24.00	7.75	0.26	63.66	26.02	58.09	0.58	1.42	3.33
212	庐雍精选成长 3 号	23.97	32.54	1.53	40.17	11.97	33.62	0.66	2.21	5.73
213	博普绝对价值 1 号	23.95	24.48	2.20*	24.91	10.18	26.58	0.93	2.27	7.25
214	黄金优选 11 期 5 号	23.90	115.23	2.24*	97.37	12.50	49.53	0.43	3.37	3.88
215	证大量化价值	23.76	5.83	0.74	23.55	20.16	24.84	0.96	2.08	8.37
216	中略红松 1 号	23.74	24.37	2.07*	25.21	9.55	23.61	0.92	1.69	3.45
217	创赢 2 号（国源信达）	23.72	23.64	3.48*	16.56	4.64	6.28	1.28	4.58	30.25
218	皋乐 1 号	23.70	15.36	1.51	22.96	10.52	27.95	0.98	2.14	6.78
219	富延 1 号	23.61	16.94	0.78	41.94	17.11	48.07	0.67	1.63	3.92
220	长金 4 号	23.60	43.22	2.76*	33.66	8.75	40.25	0.76	1.47	3.08
221	红帆 2 号	23.59	6.86	0.45	40.07	18.92	54.49	0.69	1.45	3.46
222	京石稳健 2 期	23.52	11.22	0.60	33.54	17.86	28.33	0.76	1.42	6.62
223	理成圣远 1 号 A 期	23.50	10.15	0.83	28.91	12.99	34.49	0.82	1.83	5.43

续表

编号	基金名称	年化收益率（%）	年化 α（%）	t（α）	年化波动率（%）	年化下行风险（%）	最大回撤率（%）	夏普比率	索丁诺比率	收益—最大回撤比率
224	融政创沅价值成长 8 号	23.50	19.25	1.38	26.71	8.76	23.60	0.86	2.62	7.94
225	华银价值增长 1 号	23.50	8.27	0.88	21.61	8.28	31.66	1.02	2.65	5.92
226	黑极资产价值精选 2 号	23.49	23.76	2.39*	19.53	8.05	12.55	1.11	2.68	14.91
227	虎跳 1 号	23.48	3.39	0.26	26.43	11.63	19.25	0.87	1.98	9.72
228	天演中证 500 指数	23.47	10.76	2.10*	20.76	9.04	24.19	1.05	2.42	7.73
229	睿沃德盘龙 2 号	23.42	24.00	1.90*	32.69	18.28	41.76	0.77	1.37	4.46
230	非然创元 1 号	23.41	3.77	0.26	39.70	17.66	53.99	0.68	1.52	3.45
231	盈蕴价值 6 号	23.39	15.63	1.00	31.15	10.10	43.26	0.78	1.83	6.14
232	睿扬专享 1 号	23.39	6.91	0.73	22.31	7.91	39.39	0.99	2.78	4.72
233	盛天价值精选 1 号	23.39	33.48	1.85*	32.85	15.06	36.66	0.75	1.65	5.07
234	国润一期	23.36	10.49	1.23	22.78	8.70	20.21	0.97	2.54	9.19
235	青鼎赤兔马 1 号	23.34	19.73	1.82*	26.32	12.74	22.17	0.87	1.81	8.37
236	博弘数谷君盈匋	23.32	34.22	2.03*	30.39	15.65	21.54	0.79	1.54	8.60
237	盛麒盛华	23.29	6.28	0.43	28.85	12.99	30.31	0.82	1.82	6.10
238	文多文睿	23.25	19.29	2.43*	21.09	8.91	13.29	1.03	2.44	13.88
239	邦客鼎成财富管理 2 号	23.23	53.40	2.66*	40.76	12.91	56.76	0.68	1.30	3.05
240	健顺云	23.14	-3.65	-0.27	35.37	15.87	43.01	0.72	1.60	4.26
241	伟晟瀚远 1 期	23.12	18.66	1.10	33.17	10.28	36.54	0.74	1.86	3.48
242	弘理嘉惠	23.09	62.76	2.07*	60.26	26.65	49.82	0.59	1.34	3.66

续表

编号	基金名称	年化收益率（%）	年化 α（%）	t（α）	年化波动率（%）	年化下行风险（%）	最大回撤率（%）	夏普比率	索丁诺比率	收益－最大回撤比率
243	希瓦小牛 7 号	23.08	25.57	2.59*	25.53	10.21	38.93	0.88	2.21	4.68
244	金羿 1 期	23.04	11.17	0.44	49.75	21.29	40.61	0.62	1.44	4.48
245	灵均中证 500 指数增强 2 号	23.01	12.76	2.07*	19.95	8.65	25.69	1.07	2.25	9.30
246	九章幻方沪深 300 量化多策略 1 号	22.90	13.41	2.15*	21.41	9.08	31.78	1.00	2.37	5.68
247	中润一期	22.85	10.04	1.22	21.65	8.16	20.27	0.99	2.63	8.87
248	君弘增赢 1 号	22.77	7.15	0.84	21.30	9.41	30.58	1.00	2.27	5.85
249	鼎锋超越	22.72	21.09	1.76*	22.87	9.10	15.76	0.94	2.37	11.32
250	混沌价值 2 号 A	22.72	6.60	0.40	40.28	13.58	38.31	0.64	1.91	4.66
251	荣俊 2 号	22.69	9.43	0.38	52.96	21.89	44.91	0.59	1.42	3.96
252	传家堡山河优选	22.69	24.22	1.20	36.45	14.36	50.46	0.69	1.75	3.53
253	神手 1 号	22.68	-1.25	-0.09	30.65	13.47	33.83	0.77	1.66	3.90
254	大鹏湾财富 7 期	22.66	28.21	2.11*	30.08	14.89	34.18	0.78	1.58	5.20
255	银叶量化精选 1 期	22.62	13.57	2.55*	20.04	11.47	19.23	1.05	2.23	8.42
256	理成风景 1 号（2015）	22.62	15.81	1.46	31.04	5.54	30.91	0.76	1.65	2.63
257	乾弘乐享成长 3 期	22.58	-4.13	-0.23	49.05	8.04	53.40	0.63	1.16	1.76
258	恒升 4 号	22.58	20.19	1.70*	26.22	10.14	15.08	0.85	2.20	11.72
259	上海意志坚定 1 期	22.55	26.05	1.92*	26.83	11.55	40.97	0.83	1.94	4.31
260	东方点赞	22.54	18.15	2.15*	20.70	6.64	13.81	1.01	3.15	12.76
261	大禾投资－掘金 1 号	22.48	37.95	2.23*	35.61	16.45	51.45	0.70	1.51	3.41

续表

编号	基金名称	年化收益率 (%)	年化 α (%)	t (α)	年化波动率 (%)	年化下行风险 (%)	最大回撤率 (%)	夏普比率	索丁诺比率	收益—最大回撤比率
262	朝阳金百镕 12 期	22.48	16.57	1.20	28.52	18.24	21.71	0.79	1.99	7.33
263	牛顿定律	22.46	26.46	2.12*	27.93	13.48	45.08	0.81	1.68	3.89
264	泓湖宏观对冲尊享 2 期	22.45	31.47	2.54*	25.21	10.76	29.80	0.87	2.04	5.88
265	榕树 5 期	22.40	26.60	1.02	50.03	26.99	63.12	0.62	1.16	2.77
266	国赞量化 1 号	22.26	0.44	0.05	22.85	2.21	25.35	0.93	1.84	6.44
267	齐家科技先锋	22.26	24.64	1.25	42.99	19.77	41.37	0.64	1.39	4.19
268	掘金 707 号	22.25	34.85	1.99*	35.58	10.74	50.23	0.69	1.56	4.43
269	龙旗巨星 1 号	22.25	−1.17	−0.14	20.02	7.02	11.52	1.03	2.93	15.02
270	平方和进取 1 号	22.24	9.00	1.68*	21.12	9.76	21.11	0.99	2.14	8.19
271	希方小牛精选	22.17	24.52	2.37*	26.40	10.41	38.45	0.83	2.11	4.48
272	文储 7 期	22.16	37.71	1.49	46.91	13.08	48.08	0.58	2.09	3.58
273	恒健远志量化对冲 1 期	22.15	24.72	6.53*	7.15	3.14	4.62	2.65	6.03	37.20
274	鸣石宽睿七号	22.14	10.34	1.40	22.66	12.12	32.57	0.93	1.75	5.27
275	积露 1 号	22.11	15.08	2.17*	12.77	6.10	14.62	1.52	3.19	11.73
276	博鸿聚义	22.07	24.75	2.92*	23.37	10.17	33.13	0.91	2.09	5.16
277	神农价值精选 1 号	22.03	31.15	2.10*	29.53	12.81	19.92	0.77	1.77	8.56
278	盈至东方量子 1 号	21.99	12.77	1.38	19.39	5.50	24.92	1.05	2.88	10.58
279	逸原 2 号	21.96	35.44	2.61*	30.05	11.56	37.83	0.77	1.41	2.87
280	悬铃 A 号	21.94	8.46	1.95*	12.75	4.76	9.20	1.51	4.05	18.44

续表

编号	基金名称	年化收益率（%）	年化 α（%）	t（α）	年化波动率（%）	年化下行风险（%）	最大回撤率（%）	夏普比率	索丁诺比率	收益—最大回撤比率
281	量锐 7 号	21.89	5.40	1.25	20.86	15.16	22.68	0.98	2.14	7.29
282	壁虎成长 6 号	21.81	18.22	1.62	28.87	7.97	43.13	0.78	1.66	5.66
283	深圳红筹复兴 1 号	21.78	17.04	1.50	24.04	9.77	33.93	0.88	2.16	4.95
284	秉怀春风成长 1 号	21.76	17.05	1.94*	22.09	11.09	27.98	0.94	1.87	5.99
285	私募工场云阳 1 期	21.73	7.23	0.49	27.97	4.53	11.15	0.76	4.71	15.01
286	盛格知行 5 号	21.71	-0.64	-0.06	29.92	13.82	33.87	0.76	1.63	4.93
287	中证 500 指数 2 倍增强 3 期	21.71	-11.35	-1.41	38.41	14.70	31.11	0.64	1.67	5.37
288	吉渊稳健进取 2 期	21.70	15.93	1.79*	20.00	10.23	15.94	1.01	1.98	10.47
289	华尔进取 8 号	21.68	5.02	0.91	17.50	5.42	13.83	1.12	3.64	12.06
290	瀑布资管价值精选 5 期	21.66	2.78	0.35	19.15	7.96	17.68	1.04	2.51	9.42
291	于是长杨 1 号	21.64	6.62	0.88	21.25	7.62	18.84	0.96	2.67	8.82
292	从容内需医疗 3 期	21.63	24.94	1.84*	27.93	17.42	30.93	0.80	1.28	5.37
293	雀跃量化对冲进取 1 号	21.63	14.63	1.14	30.86	13.72	34.78	0.74	1.65	4.78
294	大禾投资－鼎实 1 号	21.62	38.16	2.25*	34.76	16.72	51.43	0.69	1.44	3.23
295	龙全冠宇高维指数 FOF	21.57	3.23	0.40	26.02	10.38	26.07	0.82	2.05	6.35
296	汇富雪球医药医疗大健康 1 号	21.56	9.71	0.69	30.60	7.23	49.89	0.74	1.46	7.38
297	沃土 3 号	21.54	11.00	0.86	30.52	14.19	36.42	0.74	1.59	4.54
298	鸣石春天十三号	21.52	8.18	1.33	22.15	19.42	32.22	0.93	1.78	7.73
299	鹤骑鹰一栗	21.50	17.07	2.95*	11.31	4.00	4.54	1.66	4.69	36.35

续表

编号	基金名称	年化收益率（%）	年化α（%）	t（α）	年化波动率（%）	年化下行风险（%）	最大回撤率（%）	夏普比率	索丁诺比率	收益—最大回撤比率
300	文多稳健1期	21.47	15.77	2.36*	19.87	8.43	13.90	1.01	2.37	11.83
301	逸原1号	21.45	35.13	2.68*	29.08	11.61	38.42	0.77	1.40	2.62
302	钜融大安1号	21.44	6.84	0.41	32.58	11.51	26.45	0.70	1.98	6.20
303	涌乐-乐山1号	21.43	-4.74	-0.20	51.29	23.30	53.80	0.59	1.30	3.05
304	正朗未来	21.42	23.39	1.67*	27.00	11.99	41.10	0.80	1.79	3.99
305	卓盈进取3号	21.40	21.98	2.27*	21.75	8.80	31.54	0.93	2.30	5.19
306	盛运德诚趋势16号	21.40	4.70	0.47	22.27	9.72	15.29	0.91	2.10	10.71
307	神农1期	21.40	17.44	1.88*	23.24	10.90	21.97	0.89	1.90	7.45
308	晓峰1号睿远	21.36	31.06	4.95*	20.06	8.18	16.03	1.00	2.08	4.40
309	百泉多策略2号	21.36	9.91	1.27	23.91	13.06	35.01	0.87	1.60	4.66
310	仁桥泽源1期	21.29	23.04	4.06*	14.75	6.29	14.29	1.29	3.02	11.37
311	萍聚投资恒升1期	21.26	15.46	2.24*	12.79	6.86	13.77	1.47	2.73	11.78
312	泓湖诺亚1号	21.26	25.38	1.43	34.48	17.23	36.21	0.68	1.36	4.48
313	大鹏湾财富5期	21.22	26.67	2.03*	29.91	8.91	40.01	0.74	1.53	4.46
314	量化趋势1号	21.21	4.89	0.29	32.03	15.35	55.91	0.71	1.49	2.89
315	青骊泰川	21.20	7.94	0.84	22.07	9.64	28.82	0.92	2.10	5.61
316	鼎盛发展1期	21.20	19.81	1.06	34.73	13.89	37.75	0.67	1.68	4.28
317	晨钟高股息	21.20	14.28	1.23	24.49	11.38	25.65	0.85	1.82	6.30
318	新龙1号	21.20	6.51	0.53	32.29	13.85	42.15	0.70	1.63	3.83

续表

编号	基金名称	年化收益率（%）	年化 α（%）	t（α）	年化波动率（%）	年化下行风险（%）	最大回撤率（%）	夏普比率	索丁诺比率	收益—最大回撤比率
319	林园投资 8 号	21.13	24.14	1.84*	29.81	12.50	37.77	0.74	1.76	4.26
320	京石 5 期供给侧改革积极配置	21.13	4.81	0.22	40.02	16.01	41.48	0.62	1.56	3.88
321	盈定 1 号	21.13	4.06	0.55	18.12	8.19	15.31	1.07	2.37	10.50
322	六禾光辉岁月 1 期（中原）	21.13	20.57	2.40*	21.67	9.25	19.95	0.92	2.17	8.06
323	六禾光辉岁月 1 期	21.13	20.93	2.65*	20.31	8.36	19.95	0.97	2.37	8.05
324	掘金 909 号	21.12	38.53	2.24*	36.06	16.44	51.67	0.66	1.45	3.11
325	景富和 1 期	21.12	13.21	1.24	21.30	9.65	17.49	0.94	2.07	9.19
326	华软新动力稳进 FOF1 号	21.11	2.26	0.45	18.52	7.43	17.47	1.05	2.61	9.19
327	同望 1 期 1 号	21.10	12.05	1.53	21.92	8.94	24.89	0.92	2.25	6.45
328	万坤全天候量化 1 号	21.08	17.80	3.90*	21.04	7.62	24.47	0.95	1.93	4.22
329	笨倍虎鲸	21.05	3.86	0.90	20.66	5.28	20.88	0.96	2.12	8.16
330	恒其德稳进 1 号	21.05	8.44	0.55	27.76	14.40	29.80	0.77	1.49	5.37
331	千足长杨 2 号	20.99	8.15	1.12	20.04	7.47	15.34	0.98	2.62	10.38
332	露泽龙飞 1 号	20.96	1.72	0.16	22.84	9.77	30.54	0.88	1.85	7.95
333	五色土 3 期	20.95	15.15	1.01	42.02	20.23	47.88	0.62	1.29	3.32
334	榕树 1 期	20.94	1.33	0.06	38.85	11.42	50.88	0.64	1.33	2.78
335	国皓展鸿 1 号	20.93	8.67	0.70	33.61	12.37	34.08	0.68	1.85	4.66
336	大岩高风险进取	20.92	2.69	0.46	21.58	6.49	22.18	0.92	2.03	4.60
337	泰亚 2 期	20.89	11.73	2.97*	7.63	0.85	2.28	2.35	20.99	69.35

续表

编号	基金名称	年化收益率（%）	年化 α（%）	t（α）	年化波动率（%）	年化下行风险（%）	最大回撤率（%）	夏普比率	索丁诺比率	收益—最大回撤比率
338	跨越稳健 1 号	20.89	-3.73	-0.23	35.68	12.26	27.04	0.66	1.58	3.94
339	龙飞 2 号	20.89	23.68	1.29	40.48	17.41	37.28	0.62	1.45	4.24
340	林园投资 7 号	20.89	37.83	2.32*	36.50	20.10	45.37	0.67	1.21	3.49
341	阿甘 1 号	20.86	-1.17	-0.09	30.75	12.61	40.16	0.71	1.74	3.93
342	钜融 1 号	20.86	8.60	0.59	31.47	22.12	23.38	0.70	1.70	6.47
343	鸣石量化指数增强春天 11 号	20.86	6.24	0.95	21.87	11.07	28.93	0.91	1.80	5.46
344	雪景智强进取 1 号	20.83	9.82	0.86	24.94	12.26	18.50	0.82	2.02	5.96
345	致远精选 1 号	20.82	5.30	1.21	18.96	8.76	18.72	1.02	2.20	8.41
346	远望角客远 1 号	20.82	17.55	2.26*	16.83	6.46	15.03	1.12	2.93	10.48
347	万紫千红 1 号	20.82	46.36	2.62*	40.54	19.61	51.11	0.62	1.29	3.08
348	睿扬尊享 1 号	20.82	5.75	0.62	21.47	8.01	38.59	0.92	2.46	4.08
349	溪牛长期回报	20.80	8.45	0.66	33.15	17.50	40.62	0.69	1.31	3.87
350	万泰华瑞成长 3 期	20.79	10.84	1.28	23.43	6.82	25.88	0.86	1.94	4.58
351	林园投资 21 号	20.79	25.19	1.81*	32.53	15.26	45.41	0.70	1.48	3.46
352	东宏蓝筹进取 1 号	20.78	-4.99	-0.23	45.84	18.62	33.91	0.59	1.45	4.63
353	大岩超越 500	20.76	7.38	1.47	19.33	9.88	20.84	1.00	1.96	7.52
354	京福 1 号	20.73	17.48	1.64*	28.41	13.17	30.97	0.75	1.62	5.05
355	红帆 1 号（鑫然投资）	20.69	5.42	0.40	36.66	15.07	55.05	0.65	1.32	2.28
356	泽泽艾比之路	20.66	24.11	3.39*	20.26	8.49	22.64	0.96	2.15	7.65

续表

编号	基金名称	年化收益率（%）	年化 α（%）	t（α）	年化波动率（%）	年化下行风险（%）	最大回撤率（%）	夏普比率	索丁诺比率	收益—最大回撤比率
357	麦克斯韦 1 号	20.66	6.11	1.38	20.08	9.46	17.63	0.96	2.05	8.84
358	万吨资产深海鲸旗舰	20.66	14.76	1.78*	20.74	9.46	16.75	0.94	2.25	7.07
359	诺鼎季风价值 3 号	20.65	3.39	0.53	19.60	6.72	11.17	0.98	2.86	13.94
360	大鹏湾财富 8 期	20.64	24.68	2.14*	27.06	13.87	31.47	0.77	1.60	2.51
361	骐纵优选成长	20.64	10.65	1.35	22.82	10.18	23.57	0.87	1.95	6.60
362	中安汇富莲花山宏观对冲 7 号	20.64	18.95	0.86	44.82	19.40	55.83	0.60	1.38	2.79
363	岩羊投资 3 期	20.60	24.51	1.83*	29.52	16.81	34.19	0.73	1.67	5.82
364	新活力稳进	20.60	13.31	1.38	26.94	6.60	42.37	0.78	1.42	2.64
365	博荟淘股吧 5 号	20.54	6.52	0.77	16.85	6.16	18.25	1.11	3.03	8.46
366	翼威价值发现 1 号	20.51	27.94	1.04	51.65	20.15	65.25	0.56	1.43	2.36
367	昶元福田	20.45	4.58	0.59	20.74	8.48	26.21	0.93	2.28	5.86
368	新思哲价值进化 1 期	20.40	28.55	2.22*	30.08	9.91	48.44	0.72	1.31	1.94
369	雪球价值成长 8 号	20.38	14.90	1.01	30.80	13.07	45.38	0.70	1.66	3.37
370	大禾投资-掘金 6 号	20.36	36.80	2.23*	34.71	17.17	53.01	0.66	1.34	2.88
371	国富百香 4 号	20.34	5.58	0.59	21.35	10.67	25.82	0.91	1.82	5.90
372	鼎萨量化 1 号	20.34	16.27	0.72	46.66	5.77	46.16	0.60	1.13	2.33
373	同庆 2 期	20.33	21.29	1.72*	29.80	16.06	34.64	0.72	1.34	4.40
374	中欧瑞博诺亚	20.31	19.53	3.86*	15.14	6.44	17.70	1.20	2.83	8.59
375	赫富 500 指数增强 1 号	20.29	12.17	2.69*	20.47	10.31	25.13	0.94	1.86	6.04

续表

编号	基金名称	年化收益率（%）	年化 α（%）	t（α）	年化波动率（%）	年化下行风险（%）	最大回撤率（%）	夏普比率	索丁诺比率	收益—最大回撤比率
376	景和景财 1 号	20.27	7.07	0.68	24.11	10.50	23.46	0.82	1.89	6.47
377	百泉进取 1 号	20.27	10.00	1.36	22.38	4.85	33.86	0.87	1.55	2.37
378	淳麟同溱	20.22	21.39	2.02*	24.79	12.54	36.66	0.81	1.60	4.12
379	绿宝石 2 期	20.18	25.70	2.03*	29.21	8.53	37.15	0.72	1.46	2.59
380	锦瑞恒－修远 1 号	20.18	9.34	1.28	19.32	7.40	20.21	0.97	2.54	7.45
381	银万价值对冲 1 号	20.16	24.50	3.51*	18.51	9.41	15.59	1.01	1.98	9.65
382	黑翼中证 500 指数增强 1 号	20.12	4.73	1.02	21.19	25.79	25.12	0.90	1.98	6.39
383	望正精英鹏辉 2 号	20.12	11.37	1.20	23.36	10.86	20.28	0.84	1.80	7.40
384	洋盈金砖 9 期	20.09	16.44	1.31	27.08	13.08	19.13	0.76	1.57	7.83
385	百泉 1 号	20.06	6.54	0.81	24.74	13.16	34.23	0.80	1.51	4.37
386	鑫洋 1 号	20.05	3.95	0.27	30.80	14.86	24.71	0.69	1.44	6.04
387	锐进 35 期	20.01	12.40	1.35	22.83	10.26	21.30	0.85	1.89	6.99
388	神农尊享 B 期	20.00	12.60	1.38	23.02	3.27	21.30	0.84	1.87	3.21
389	上海黑极价值精选 1 号	19.97	19.62	2.05*	19.11	7.93	15.31	0.97	2.34	9.70
390	雍熙智胜 2 号	19.97	17.54	1.69*	18.59	5.35	17.47	0.99	3.44	8.50
391	名策－好德顺灵活 3 号	19.97	7.73	0.59	29.88	14.83	26.90	0.71	1.43	5.52
392	盛泉恒元灵活配置 8 号	19.92	9.68	3.26*	12.11	2.80	12.15	1.45	3.34	8.97
393	涌津涌鑫 6 号	19.91	49.96	2.72*	39.36	18.15	49.40	0.61	1.32	2.99
394	资瑞兴 1 号	19.89	13.41	1.94*	18.22	7.45	10.67	1.01	2.46	13.84

续表

编号	基金名称	年化收益率（%）	年化 α（%）	t（α）	年化波动率（%）	年化下行风险（%）	最大回撤率（%）	夏普比率	索丁诺比率	收益—最大回撤比率
395	海浦超平面中证 500 指数增强 1 号	19.88	7.26	1.29	22.74	12.46	34.34	0.85	1.55	4.30
396	盈定 2 号	19.88	25.47	1.51	34.00	12.75	24.82	0.63	1.69	5.95
397	大鹏湾财富 9 期	19.84	27.22	2.16*	27.82	9.93	34.42	0.74	1.50	4.16
398	雀跃进取 1 号	19.83	21.03	2.18*	24.28	12.17	30.19	0.81	1.61	4.87
399	相生 3 号	19.83	6.54	0.46	34.08	10.59	58.65	0.65	1.60	3.65
400	江溪天龍 2 号	19.81	4.01	0.24	40.57	17.50	45.43	0.60	1.40	3.23
401	金蕴 28 期（神农春生）	19.76	11.38	1.54	20.17	8.53	15.81	0.92	2.18	9.26
402	长金 20 期	19.75	46.91	2.54*	39.96	11.60	52.16	0.63	1.09	1.35
403	New Thinking Global Fund	19.74	39.14	2.81*	31.96	14.39	58.24	0.67	1.49	2.51
404	诚汇 3 号	19.74	13.45	1.10	26.06	8.68	26.43	0.77	1.37	5.81
405	华采创富	19.70	8.86	0.41	44.46	19.35	41.24	0.57	1.32	3.53
406	丰奖 2 号	19.68	13.71	1.86*	16.83	8.00	14.91	1.07	2.25	9.76
407	大樟树 1 号	19.63	3.79	0.34	28.18	13.59	40.15	0.72	1.50	3.61
408	万坤全天候量化 2 号	19.62	19.49	4.21*	19.80	13.29	23.60	0.93	1.83	4.30
409	睿部众享 2 号	19.60	19.51	2.52*	17.69	7.07	19.33	1.02	2.55	7.49
410	明泓稳健增长 2 期	19.60	19.88	3.99*	19.02	9.01	18.92	0.96	2.15	6.88
411	澎泰安全边际 1 期	19.60	11.83	1.78*	14.89	5.94	10.05	1.18	2.96	14.40
412	大禾投资—掘金 15 号	19.59	35.98	2.25*	33.51	16.99	52.53	0.65	1.29	2.75
413	新思哲成长	19.59	32.97	3.21*	24.65	11.81	46.38	0.79	1.65	3.12

续表

编号	基金名称	年化收益率（%）	年化 α（%）	t（α）	年化波动率（%）	年化下行风险（%）	最大回撤率（%）	夏普比率	索丁诺比率	收益—最大回撤比率
414	国富瑞合 1 号	19.54	12.63	2.14*	15.23	7.53	9.59	1.16	2.34	15.03
415	彤源 5 号	19.53	10.99	1.31	24.24	10.59	27.30	0.80	1.73	5.12
416	睿泽资本 1 号	19.53	15.91	1.85*	18.42	7.31	10.38	0.98	2.47	13.87
417	泽龙之道 1 号	19.50	2.96	0.14	41.35	15.18	33.16	0.58	1.57	4.33
418	益嘉 6 号指数增强	19.48	11.42	1.67*	18.17	10.22	23.29	0.99	1.77	6.16
419	大鹏湾财富 6 期	19.44	30.63	2.26*	30.33	11.17	37.77	0.69	1.31	4.15
420	黄金螺旋线	19.44	16.84	1.22	33.99	9.06	51.72	0.65	1.17	1.66
421	远望角投资 1 期	19.43	15.09	1.94*	17.08	6.52	14.91	1.04	2.72	9.59
422	溢洋起航 1 号	19.41	11.37	0.81	32.98	17.49	32.72	0.66	1.24	4.36
423	无量 7 期	19.41	6.08	0.82	25.39	14.80	36.22	0.76	1.58	5.85
424	黛眉杉树	19.40	9.89	1.97*	18.55	14.00	17.95	0.97	1.85	7.13
425	融政创沅价值成长 6 号	19.39	14.49	0.90	30.62	10.37	33.17	0.67	1.98	4.30
426	留仁鉴金 2 号	19.39	11.68	0.78	28.83	13.08	47.34	0.70	1.55	3.01
427	衍盛指数增强 1 号	19.39	-0.41	-0.09	21.71	9.62	22.25	0.85	1.93	6.40
428	利位星熠 1 号	19.36	-1.42	-0.12	24.95	15.58	23.25	0.77	1.91	5.56
429	星池量化木星 1 号	19.36	35.28	2.41*	31.08	16.58	38.92	0.68	1.28	3.66
430	浩越领航 1 号	19.33	5.06	0.52	21.25	10.93	16.61	0.87	1.85	5.20
431	山楂树 2 期	19.33	11.22	0.97	27.32	11.74	51.23	0.73	1.69	2.77
432	志强价值成长 1 号	19.31	15.69	1.54	24.16	9.33	25.17	0.79	2.04	5.63

续表

编号	基金名称	年化收益率（%）	年化 α（%）	t（α）	年化波动率（%）	年化下行风险（%）	最大回撤率（%）	夏普比率	索丁诺比率	收益—最大回撤比率
433	敦然投资-鼎弘	19.30	51.01	4.19*	36.35	19.65	44.67	0.63	1.16	3.17
434	荣石流金 2 号	19.26	30.74	1.56	35.38	14.48	41.92	0.62	1.51	3.37
435	安诺 1 期	19.25	-12.72	-0.62	42.86	16.79	47.06	0.57	1.45	3.00
436	中商北斗专户	19.23	35.63	2.23*	40.36	14.28	45.91	0.58	1.64	3.07
437	金百镕 1 期	19.18	20.90	2.32*	23.53	10.79	28.75	0.80	1.74	4.88
438	金然稳健 1 号	19.18	21.65	3.39*	11.25	5.06	11.92	1.49	3.31	11.78
439	德汇尊享 2 号	19.18	1.80	0.24	27.40	11.49	17.20	0.72	1.71	8.16
440	攀山 3 期	19.16	7.15	0.65	22.46	6.19	20.76	0.82	2.16	3.40
441	大朴多维度 24 号	19.16	23.05	5.01*	14.47	6.89	19.03	1.19	2.49	7.37
442	龙旗 Y1 期	19.14	10.18	1.82*	13.56	5.43	11.72	1.26	3.14	11.95
443	林园投资 32 号	19.13	33.53	1.85*	39.77	19.80	57.49	0.60	1.20	2.43
444	海钦进取	19.13	8.86	1.04	16.60	6.10	11.24	1.05	2.86	12.45
445	天道 1 期	19.11	11.16	1.79*	19.61	7.00	33.49	0.92	2.08	6.53
446	星池福田稳健	19.11	35.24	2.39*	31.11	13.09	37.62	0.67	1.27	3.48
447	华西神农繁荣	19.09	8.35	1.09	20.64	8.76	15.93	0.88	2.07	8.76
448	唯悦 1 期	19.08	16.18	0.89	35.17	14.11	28.11	0.62	1.54	4.96
449	济桓稳健成长	19.08	20.33	1.82*	19.17	7.50	14.17	0.93	2.37	9.84
450	丹羿-锐进 1 号	19.07	17.57	1.99*	21.96	10.15	37.69	0.84	1.81	3.70
451	铁券 1 号	19.06	27.44	3.14*	20.49	10.34	15.40	0.88	1.75	9.04

续表

编号	基金名称	年化收益率（%）	年化α（%）	t（α）	年化波动率（%）	年化下行风险（%）	最大回撤率（%）	夏普比率	索丁诺比率	收益—最大回撤比率
452	锐进12期	19.06	-1.23	-0.09	33.15	9.69	37.54	0.65	1.20	3.64
453	盛信7期C	19.05	11.24	1.29	22.68	10.13	43.53	0.82	1.83	3.20
454	璟恒五期	19.02	14.55	1.32	25.04	10.70	28.00	0.76	1.77	4.96
455	希瓦大牛1号	18.99	20.20	2.04*	25.50	13.25	39.76	0.75	1.86	5.00
456	聚鸣积极成长	18.96	14.04	1.93*	21.93	11.16	26.98	0.83	1.73	5.28
457	敦沛麒麟6号	18.96	30.05	1.14	51.07	32.61	42.92	0.55	1.14	1.14
458	利得汉景1期	18.94	19.99	1.81*	22.72	9.77	29.37	0.81	1.89	4.70
459	无隅鲲鹏1号	18.92	12.05	3.09*	18.90	10.47	22.64	0.94	1.70	3.02
460	聚力财富进取3号	18.92	1.50	0.11	31.80	14.51	43.41	0.65	1.43	3.17
461	上海蓝枫策略1号	18.90	5.85	0.39	31.93	15.55	53.41	0.65	1.34	2.58
462	君信荣耀1号	18.90	19.26	6.12*	5.63	0.89	1.86	2.86	18.02	73.85
463	进化论金享1号	18.89	13.41	1.75*	17.76	10.18	22.43	0.98	2.29	6.07
464	中信资本价值回报	18.88	14.93	2.71*	15.16	6.99	16.07	1.12	2.44	8.55
465	从容医疗1期	18.88	12.45	1.03	22.91	11.39	27.02	0.81	1.62	5.09
466	盘世1期	18.87	10.81	1.28	22.88	10.30	43.05	0.81	1.79	3.19
467	新活力稳进1号	18.87	10.26	1.01	28.25	15.58	44.29	0.70	1.27	3.10
468	明己稳健增长1号	18.86	14.34	2.35*	21.99	12.17	29.09	0.83	1.50	4.72
469	望正精英-鹏辉1号	18.82	10.04	1.10	22.92	10.81	21.88	0.80	1.70	6.25
470	神农本源	18.79	8.55	0.74	31.61	14.19	41.18	0.64	1.44	3.32

续表

编号	基金名称	年化收益率（%）	年化α（%）	t（α）	年化波动率（%）	年化下行风险（%）	最大回撤率（%）	夏普比率	索丁诺比率	收益—最大回撤比率
471	雪球价值成长6号	18.77	14.71	0.92	33.59	14.93	46.50	0.63	1.42	2.93
472	伏明转型成长1期	18.75	35.16	1.68*	40.08	19.04	58.58	0.59	1.23	2.32
473	鸿道3期	18.75	5.54	0.51	22.41	9.31	29.24	0.81	1.95	4.66
474	东兴港湾1号	18.71	22.79	2.21*	21.86	10.50	23.77	0.83	1.72	5.71
475	百泉价值精选	18.70	-1.16	-0.04	48.36	11.52	36.21	0.54	1.26	3.01
476	青骊长川	18.70	3.24	0.41	17.24	9.49	22.70	1.00	2.46	8.72
477	睿郡5号	18.69	17.37	3.93*	14.29	6.01	13.00	1.17	2.78	10.43
478	源莽笑傲新常态1号	18.68	3.10	0.27	30.81	14.26	38.51	0.66	1.42	3.52
479	洋盈金砖价值6期	18.66	15.30	1.33	25.26	12.29	15.79	0.74	1.53	8.57
480	炒贵1号	18.65	6.44	0.36	39.74	15.17	49.18	0.57	1.50	2.75
481	卓林黑豹1号	18.64	6.42	0.34	36.90	11.92	36.51	0.60	1.32	2.57
482	磐耀启明星	18.63	10.01	1.02	21.28	9.27	32.34	0.84	1.63	6.07
483	诚汇1号	18.63	12.36	1.14	24.72	14.35	25.74	0.76	1.31	5.24
484	远望角容远6期	18.63	14.79	1.89*	16.75	9.57	13.31	1.02	2.67	10.23
485	纽富斯价值精选	18.59	18.61	3.38*	10.28	3.36	14.96	1.57	4.81	8.99
486	欣铭	18.57	10.68	0.88	24.07	7.90	21.32	0.76	1.72	5.82
487	银湖2期	18.54	5.53	0.71	22.18	8.85	23.16	0.81	2.02	5.79
488	大鹏湾财富4期	18.48	23.27	1.74*	30.48	8.80	43.40	0.66	1.30	4.31
489	金华阳	18.47	16.83	1.65*	24.36	16.34	24.21	0.76	1.62	6.02

续表

编号	基金名称	年化收益率（%）	年化α（%）	t（α）	年化波动率（%）	年化下行风险（%）	最大回撤率（%）	夏普比率	索丁诺比率	收益—最大回撤比率
490	龙全冠宇 C—高维指数 FOF	18.46	1.33	0.18	24.71	10.23	25.92	0.74	1.80	5.14
491	久阳润泉 5 号	18.45	4.57	0.32	34.07	15.45	33.30	0.62	1.36	4.00
492	黄金优选 28 期 7 号	18.44	10.39	1.46	19.28	8.22	15.67	0.90	2.11	8.49
493	深积复利成长 1 期	18.44	13.16	2.10*	17.49	7.94	17.59	0.97	2.14	7.57
494	明德先锋	18.44	11.27	1.07	26.74	11.52	28.01	0.71	1.64	4.75
495	弘理嘉富	18.42	61.09	1.83*	66.73	28.40	50.00	0.52	1.23	2.66
496	乾弘乐享成长 2 期	18.41	−7.41	−0.43	44.07	6.08	51.65	0.55	1.15	2.36
497	中证 800 等权指数 2 倍增强 4 期	18.41	−8.86	−1.62	34.57	12.76	27.32	0.60	1.62	4.86
498	万川 1 号	18.41	4.92	0.44	24.51	10.05	21.19	0.75	1.82	6.26
499	新方程望正精英鹏辉	18.40	9.30	1.05	22.01	9.50	20.80	0.81	1.71	2.78
500	黑崎优选 1 号	18.40	22.57	1.35	32.54	12.60	36.88	0.62	1.61	3.60
501	舍得之道资本—平安吉象 B 期	18.40	8.76	0.56	28.34	11.37	33.56	0.67	1.68	3.95
502	青柏潜龙 2 号	18.38	19.08	1.95*	20.37	7.44	19.52	0.86	1.78	5.91
503	宁泉特定策略 1 号	18.38	10.63	2.69*	13.75	5.97	8.84	1.19	2.89	13.41
504	神农本草集	18.37	15.80	1.47	23.56	18.77	22.16	0.77	1.65	5.56
505	林园	18.35	31.15	2.42*	26.98	5.02	33.18	0.71	1.26	4.59
506	致远中证 500 指数加强	18.34	8.43	2.06*	16.90	7.35	19.23	1.00	2.29	6.87
507	神农春江	18.34	28.65	2.07*	27.69	12.82	27.38	0.69	1.49	4.82
508	林园投资 24 号	18.29	32.15	2.40*	28.85	13.72	41.32	0.67	1.41	3.19

续表

编号	基金名称	年化收益率（%）	年化 α（%）	t（α）	年化波动率（%）	年化下行风险（%）	最大回撤率（%）	夏普比率	索丁诺比率	收益—最大回撤比率
509	中钢 2 期	18.29	0.71	0.10	18.12	7.26	14.82	0.94	2.33	8.88
510	新御良马 1 期	18.26	37.50	2.49*	34.57	16.76	30.34	0.61	1.26	4.33
511	立心-私募学院菁英 353 号	18.25	10.58	1.68*	12.04	4.86	7.68	1.33	3.31	17.07
512	融升稳健 1 号	18.22	12.71	3.53*	6.43	1.93	3.58	2.42	8.05	36.54
513	龙旗御风	18.22	7.66	1.18	18.98	9.57	18.67	0.90	2.14	7.45
514	远赢 1 号	18.19	22.96	2.14*	25.57	11.56	29.45	0.72	1.46	2.47
515	灰金红利 1 号	18.16	10.66	0.66	30.38	15.31	47.49	0.65	1.29	2.74
516	黑翼中证 500 指数增强专享 1 号	18.15	14.36	2.72*	18.22	8.93	23.82	0.93	1.89	5.47
517	彤源 7 号（A）	18.15	9.68	1.30	23.12	10.93	29.64	0.77	1.63	4.39
518	中钢 1 期	18.14	3.55	0.54	17.20	7.33	13.72	0.97	2.28	9.49
519	拾贝 1 号	18.13	12.28	1.78*	18.14	7.53	12.51	0.93	2.24	10.40
520	楦樋投资-私募学院菁英 198 号	18.13	−14.22	−0.71	42.92	13.86	40.20	0.53	1.64	3.24
521	涛璞激进 2 号	18.11	−4.69	−0.26	33.83	9.69	34.65	0.61	1.26	2.35
522	中睿合银昊天 1 期	18.09	−1.55	−0.09	31.66	8.94	31.95	0.63	1.51	4.16
523	盛信 1 期（2016）	18.08	12.95	1.44	23.23	10.40	42.97	0.77	1.70	6.09
524	鸿道创新改革尊享 1 号	18.07	8.94	0.67	26.54	11.99	40.13	0.70	1.55	3.22
525	兮克 1 号	18.05	30.40	2.92*	21.97	8.61	19.15	0.79	2.03	6.75
526	仁桥泽源 2 期	18.03	19.44	3.40*	14.82	5.97	15.23	1.10	2.72	8.47
527	坚果 1 号（珠海坚果）	18.01	14.79	1.33	27.47	12.88	38.42	0.68	1.46	3.35

续表

编号	基金名称	年化收益率 (%)	年化 α (%)	t (α)	年化波动率 (%)	年化下行风险 (%)	最大回撤率 (%)	夏普比率	索丁诺比率	收益—最大回撤比率
528	骐邦精选成长	18.00	11.73	1.61	21.97	20.48	25.16	0.79	1.59	5.94
529	金田龙盛 2 号	18.00	14.66	1.03	26.51	10.13	22.55	0.69	1.81	5.71
530	广汇缘逆市 1 号	17.98	5.19	0.33	27.34	12.11	28.03	0.68	1.54	4.59
531	信复创值立勋进取 1 号	17.97	-1.94	-0.11	34.56	10.07	55.08	0.61	1.13	3.20
532	泽源 6 号	17.96	14.20	2.95*	20.62	11.80	28.41	0.83	1.55	2.43
533	香湖 1 号	17.95	7.95	0.80	23.63	9.13	22.52	0.75	1.67	5.41
534	中欧瑞博诺亚 1 期	17.94	17.53	3.47*	15.12	6.63	20.87	1.07	2.45	6.14
535	璧虎寰宇成长 7 号	17.91	19.64	2.04*	22.88	11.40	36.74	0.77	1.55	3.48
536	林园投资 37 号	17.91	27.92	1.88*	30.58	16.35	35.16	0.64	1.21	3.64
537	念觉量化选股高周转 1 号	17.91	4.29	0.61	21.75	6.93	29.16	0.80	1.47	3.86
538	华澄 2 号	17.91	23.20	1.32	29.91	9.53	37.15	0.63	1.99	3.44
539	浩宇扬帆	17.89	26.80	2.31*	24.15	7.68	29.91	0.74	1.38	4.85
540	瀑布资产管理价值精选 1 期	17.89	1.41	0.17	19.30	7.97	17.42	0.87	2.11	7.33
541	盈定 6 号	17.85	12.93	1.55	19.81	10.00	25.46	0.85	1.69	5.00
542	仁布积极进取 1 号	17.83	15.64	2.52*	15.75	6.69	28.59	1.03	2.42	4.45
543	鼎萨价值精选 1 期	17.83	5.08	0.36	36.79	7.22	37.21	0.59	1.01	2.10
544	陆宝恒信 1 号	17.82	15.94	1.22	23.56	5.67	9.48	0.73	2.89	14.99
545	至乐 1 号	17.82	-2.99	-0.21	32.05	13.23	46.81	0.61	1.49	2.71
546	银石 15 期	17.82	13.36	1.25	20.59	9.60	28.89	0.83	2.08	10.18

续表

编号	基金名称	年化收益率（%）	年化 α（%）	t（α）	年化波动率（%）	年化下行风险（%）	最大回撤率（%）	夏普比率	索丁诺比率	收益—最大回撤比率
547	银石 16 期	17.82	15.29	1.44	20.32	8.07	28.18	0.83	2.10	4.51
548	宏亮普提科进取	17.80	9.53	0.87	22.60	9.66	27.25	0.77	1.80	4.66
549	骐邦涌利稳健成长	17.79	10.89	1.94*	17.28	1.69	19.97	0.95	1.95	9.92
550	掘金 11 号	17.76	33.93	2.21*	32.66	16.74	52.44	0.62	1.20	2.41
551	淮锦复利 1 号	17.75	5.67	0.85	16.84	7.09	23.42	0.97	2.30	5.39
552	永韵骐邦 1 号	17.74	9.93	1.77*	17.14	7.94	17.09	0.95	2.06	7.39
553	国富瑞利 2 号	17.74	−1.36	−0.12	25.88	36.68	31.82	0.70	1.48	3.78
554	金蟾嵘大鑫 1 号	17.73	12.32	2.04*	13.85	7.05	11.92	1.14	2.88	6.83
555	天谷至诚 6 号	17.72	11.33	0.64	40.43	13.17	54.78	0.56	1.09	1.91
556	祥程汉景港湾 1 号	17.68	16.22	1.52	22.46	9.17	32.04	0.77	1.79	5.92
557	隆翔 4 号	17.64	0.28	0.03	21.77	9.83	14.01	0.78	1.74	8.95
558	金舆中国互联网	17.63	42.87	2.37*	37.73	16.87	50.78	0.57	1.27	2.47
559	京福 2 号	17.62	16.91	1.53	28.23	13.45	31.05	0.66	1.39	4.03
560	从容医疗精选	17.62	6.73	0.58	22.13	11.27	33.84	0.78	1.53	3.70
561	兆天金牛精选 9 号	17.60	10.97	0.78	27.88	11.17	40.99	0.66	1.65	3.05
562	金牛精选 3 号	17.59	23.23	2.09*	25.78	13.13	44.49	0.70	1.37	2.81
563	京投汇 1 号	17.58	16.57	1.08	27.95	11.99	31.55	0.65	1.53	3.95
564	源洋进取 3 号	17.57	6.66	0.97	15.47	5.14	9.35	1.03	3.09	13.33
565	喜岳云麓	17.57	6.89	1.64*	17.61	8.82	17.92	0.92	1.85	6.96

续表

编号	基金名称	年化收益率（%）	年化 α（%）	t（α）	年化波动率（%）	年化下行风险（%）	最大回撤率（%）	夏普比率	索丁诺比率	收益—最大回撤比率
566	泽元元丰	17.51	32.61	3.19*	23.39	5.56	23.84	0.75	1.38	3.16
567	滨海凤鸣永续契约型	17.44	9.94	1.33	13.66	6.48	10.00	1.14	2.40	12.34
568	华西神农复兴	17.44	11.73	1.51	20.30	8.89	17.72	0.82	1.87	6.96
569	山楂树 1 期	17.43	5.89	0.52	27.72	11.10	50.72	0.66	1.55	4.52
570	高毅晓峰鸿远	17.41	25.75	4.41*	18.82	9.68	20.78	0.87	1.79	3.92
571	锦沣 1 号	17.40	4.81	0.37	28.14	14.73	23.86	0.66	1.25	5.16
572	安值福慧量化 2 号	17.39	6.31	1.20	19.41	9.84	23.90	0.85	1.67	5.14
573	静逸 1 期	17.36	25.54	2.09*	28.58	8.22	52.66	0.65	1.21	3.35
574	混沌价值 2 号	17.35	12.63	1.09	29.60	13.34	34.98	0.63	1.41	3.50
575	蓝海战略 1 号	17.35	36.01	2.07*	46.29	23.10	70.09	0.54	1.08	1.75
576	平凡战泓	17.35	2.73	0.48	20.12	10.30	23.39	0.82	1.61	5.24
577	天下溪 1 期	17.34	24.06	1.58	33.55	10.49	53.77	0.59	1.32	1.78
578	北斗成长 2 期	17.31	34.43	2.16*	40.26	14.41	47.55	0.54	1.51	2.57
579	宏流开心猪 2 号	17.28	6.81	0.44	28.69	14.48	38.01	0.64	1.73	6.89
580	宁聚自由港 1 号 B	17.26	4.24	0.81	16.40	6.37	15.18	0.96	2.48	8.02
581	易同精选 3 期	17.25	23.04	3.30*	17.79	9.63	28.09	0.90	1.67	4.33
582	雍和 1 号	17.24	15.43	0.90	31.26	12.72	43.33	0.61	1.50	2.80
583	朴道 4 期	17.20	2.16	0.14	32.56	16.79	29.85	0.60	1.17	4.06
584	老虎 7 号	17.20	7.32	2.02*	11.20	4.58	7.37	1.35	3.29	16.44

续表

编号	基金名称	年化收益率（%）	年化 α（%）	t（α）	年化波动率（%）	年化下行风险（%）	最大回撤率（%）	夏普比率	索丁诺比率	收益-最大回撤比率
585	中证乾元天道择时 5 号	17.19	9.77	0.67	26.98	12.36	23.79	0.66	1.45	5.09
586	红箏 1 号	17.19	15.73	1.37	24.05	10.85	36.35	0.72	1.59	3.33
587	景泰指数增强 1 号	17.18	6.96	1.28	17.32	7.54	12.32	0.92	2.11	9.82
588	泽源 1 号	17.18	15.43	3.09*	20.43	11.14	28.46	0.81	1.48	4.25
589	鸿道鼎胜 1 期	17.17	-2.23	-0.17	27.76	9.78	44.85	0.65	1.84	2.69
590	前海宜涛庐陵 1 号	17.10	6.08	0.53	25.13	5.87	23.23	0.69	1.44	4.69
591	91 金融东方港湾价值 1 号	17.10	17.19	1.49	23.11	13.09	32.95	0.73	1.60	4.94
592	七星 1801 号	17.10	0.91	0.03	59.00	11.12	44.09	0.43	2.26	2.72
593	隆翔旗舰	17.09	2.11	0.21	21.26	11.04	15.15	0.78	1.50	7.92
594	鼎盛发展 2 期	17.08	13.22	0.90	27.21	11.86	32.41	0.66	1.51	3.70
595	凤翔智恒	17.08	6.11	1.04	17.69	6.84	16.46	0.90	2.32	7.29
596	代代红 2 号	17.07	34.45	1.67*	39.24	16.41	35.55	0.54	1.29	3.37
597	慈铃 C 号	17.06	5.87	1.55	8.29	2.50	5.13	1.77	5.87	23.36
598	毅然创世 1 期	17.06	25.99	1.56	37.65	13.23	26.45	0.54	1.53	4.53
599	中兴启航 1 号	17.04	-1.07	-0.10	26.12	13.58	18.88	0.68	1.30	6.34
600	鸣石量化十三号	17.00	6.57	0.83	14.76	6.39	16.33	1.04	2.40	7.31
601	磐耀亿信	16.99	3.71	0.32	26.36	14.14	40.33	0.67	1.25	2.95
602	盛冠达中证 500 指数增强 1 号	16.99	7.43	1.57	19.41	8.60	20.36	0.83	1.87	5.85
603	微丰凯旋 9 号	16.99	8.62	1.92*	8.58	2.96	9.45	1.71	4.95	12.60

续表

编号	基金名称	年化收益率（%）	年化 α（%）	t（α）	年化波动率（%）	年化下行风险（%）	最大回撤率（%）	夏普比率	索丁诺比率	收益—最大回撤比率
604	敢然资产-鼎弘 1 号	16.98	44.83	4.01*	34.67	18.83	46.44	0.58	1.07	2.56
605	红筹平衡选择	16.98	21.19	3.29*	18.42	9.07	20.09	0.86	1.76	5.93
606	志强进取 1 号	16.98	10.16	1.00	24.20	10.74	27.76	0.70	1.59	4.29
607	进化论复合策略 1 号	16.98	8.24	1.06	16.35	6.69	22.91	0.95	2.33	5.20
608	德簶天启 2 号	16.97	9.87	0.37	50.30	19.93	50.74	0.50	1.26	2.34
609	彼立弗复利精选	16.96	19.11	2.26*	18.27	9.41	27.86	0.87	1.69	4.27
610	千象卓越 2 号	16.94	9.21	1.73*	19.78	10.36	21.69	0.82	1.56	5.47
611	丰奕 1 号	16.90	9.78	1.20	18.02	8.54	15.39	0.88	1.85	7.69
612	领颐平稳增长	16.88	9.66	0.50	52.14	21.07	66.47	0.50	1.24	1.78
613	林园东泰 1 号	16.87	24.13	2.10*	26.92	12.49	38.69	0.65	1.41	3.05
614	广金成长 6 期	16.87	8.85	0.72	28.37	13.24	34.32	0.64	1.36	3.44
615	融政创沅尊享 6 号	16.87	1.62	0.17	21.94	8.30	26.61	0.75	1.98	4.44
616	君之健君悦	16.81	12.93	2.14*	12.34	5.25	8.68	1.21	2.83	13.54
617	林园投资 38 号	16.75	24.80	1.97*	28.94	7.16	42.90	0.63	1.27	4.62
618	万象华成进取 1 号	16.74	19.13	1.81*	25.10	12.29	35.39	0.68	1.39	3.30
619	宁聚量化优选	16.66	11.97	1.13	22.35	11.43	27.64	0.74	1.17	1.30
620	趣时事件驱动 1 号	16.65	4.24	0.47	24.01	10.81	49.30	0.70	1.55	2.35
621	裕霖 1 号	16.64	1.39	0.09	31.71	16.23	29.51	0.59	1.16	3.93
622	志开成长 1 期	16.62	3.55	0.36	20.93	8.95	33.42	0.77	1.79	3.46

续表

编号	基金名称	年化收益率（%）	年化α（%）	t（α）	年化波动率（%）	年化下行风险（%）	最大回撤率（%）	夏普比率	索丁诺比率	收益—最大回撤比率
623	睿郡尊享A期	16.61	14.67	2.87*	15.67	6.88	16.98	0.97	2.20	6.81
624	必胜年年升1号	16.61	-32.61	-1.30	63.38	25.76	62.35	0.50	1.22	1.85
625	留仁鎏金1号	16.57	16.87	1.34	25.32	13.08	42.43	0.67	1.30	2.72
626	九坤股票多空配置1号	16.57	3.32	0.86	12.57	6.07	15.38	1.17	2.42	7.49
627	鲸域汇腾	16.56	35.88	3.08*	24.90	10.16	34.69	0.68	1.53	4.53
628	白鹿洲	16.55	7.08	1.04	15.42	6.88	12.08	0.98	2.19	9.52
629	同舟1号	16.54	10.56	1.55	26.16	11.39	31.61	0.65	1.50	3.64
630	投资精英（星石B）	16.54	15.56	2.94*	20.90	9.93	22.29	0.77	1.61	5.16
631	成飞稳赢1号	16.53	18.16	2.20*	14.80	6.68	17.86	1.01	2.24	6.43
632	锐天8号	16.52	-3.91	-0.41	20.20	4.21	11.30	0.77	3.71	10.16
633	幸福1号（通度）	16.51	17.88	1.41	23.74	10.93	21.90	0.70	1.52	5.24
634	汇远量化定增3期	16.51	18.70	1.97*	22.44	10.87	38.47	0.73	1.50	2.98
635	勤远达观1号	16.51	21.25	1.88*	24.85	12.77	40.79	0.68	1.32	2.81
636	可伟资产-同创3号	16.50	30.04	4.12*	15.48	6.86	16.49	0.97	1.87	3.51
637	证大量化增长2号	16.48	2.79	0.42	19.66	8.96	17.28	0.80	1.75	6.63
638	湘楚6号	16.48	10.70	1.10	21.85	13.70	33.18	0.74	1.69	8.05
639	混沌道然成长2号	16.48	7.87	0.74	28.42	12.03	37.21	0.62	1.47	3.07
640	晶上量子2号	16.47	-4.55	-0.40	30.54	10.14	41.32	0.60	1.30	3.55
641	汇泽至远1期	16.46	15.96	1.97*	18.83	8.30	16.31	0.82	1.87	7.00

续表

编号	基金名称	年化收益率 (%)	年化 α (%)	t (α)	年化波动率 (%)	年化下行风险 (%)	最大回撤率 (%)	夏普比率	索丁诺比率	收益—最大回撤比率
642	神农本草集 2 号	16.45	17.54	1.72*	22.37	10.78	23.74	0.73	1.51	4.81
643	鼎薛价值精选 2 期	16.45	4.86	0.35	33.79	17.91	38.16	0.57	1.08	2.99
644	海浦中证 500 指数增强 2 号	16.45	6.37	1.14	22.28	12.34	35.33	0.73	1.32	3.23
645	佰泰度假者价值进取	16.43	8.86	0.63	28.46	9.53	33.19	0.62	1.17	3.53
646	远望角容远 1 号 A 期	16.41	15.58	2.21*	15.43	2.19	14.98	0.97	2.18	4.77
647	民晟成长 1 期	16.40	3.34	0.32	22.73	10.44	40.95	0.71	1.71	6.38
648	相生 6 号	16.40	11.31	1.03	26.37	11.99	46.46	0.65	1.43	2.45
649	前海宜涛红树 1 号	16.37	22.06	1.78*	27.68	12.61	39.21	0.63	1.38	2.89
650	新思哲 1 期	16.36	23.29	2.05*	25.71	12.67	45.96	0.66	1.46	4.44
651	大朴多维度 15 号	16.35	18.58	4.30*	14.16	7.04	20.53	1.04	2.09	5.52
652	核心金湖 AI 指数 1 期	16.35	7.80	1.16	21.23	11.35	26.33	0.75	1.40	4.30
653	大鹏湾财富 3 期	16.27	25.77	2.10*	28.10	20.74	41.00	0.62	1.26	3.75
654	龙旗云起	16.25	-9.47	-1.59	17.24	6.88	12.03	0.87	2.19	9.33
655	黄金优选 13 期 1 号	16.21	15.28	2.94*	20.48	9.71	21.73	0.76	1.61	5.15
656	北斗成长 3 期	16.21	33.46	2.05*	41.22	14.81	48.89	0.51	1.42	2.29
657	银万涌金专户 1 号	16.20	19.68	2.33*	19.62	12.12	25.22	0.79	1.28	4.43
658	钱塘湾希小牛 2 号	16.17	18.59	1.90*	23.20	11.17	39.51	0.70	1.45	2.82
659	祖元 2 号	16.15	4.67	0.62	19.31	8.46	31.94	0.80	1.81	3.49
660	德汇精选	16.14	3.51	0.52	24.62	10.62	16.43	0.67	1.54	6.77

续表

编号	基金名称	年化收益率（%）	年化 α（%）	t（α）	年化波动率（%）	年化下行风险（%）	最大回撤率（%）	夏普比率	索丁诺比率	收益—最大回撤比率
661	荷和稳健 1 号	16.13	-11.66	-0.93	30.95	12.34	43.90	0.58	1.45	2.53
662	赛硕稳利 1 号	16.13	10.74	2.61*	7.43	2.13	4.77	1.86	6.50	23.31
663	信水长流 1 期	16.11	6.18	1.01	19.54	15.85	22.76	0.79	1.70	6.08
664	景富和 2016	16.11	-1.16	-0.12	21.15	10.15	30.76	0.74	1.54	3.61
665	东方港湾 5 号	16.09	20.09	1.79*	23.86	11.29	40.35	0.68	1.44	2.75
666	合众易晟价值增长 1 号	16.09	14.32	2.17*	15.89	10.30	26.25	0.93	1.93	6.55
667	龙全冠宇 D	16.09	5.39	0.69	22.89	10.33	25.75	0.70	1.55	4.30
668	龙全进取 1 期	16.07	5.14	0.59	24.75	11.00	28.46	0.66	1.49	3.89
669	涌锋 1 号	16.07	-0.79	-0.07	27.77	13.70	22.70	0.62	1.25	4.87
670	宁聚自由港 1 号	16.06	9.77	1.83*	15.22	6.28	15.31	0.96	2.32	7.22
671	歆享海盈 10 号	16.06	27.06	1.78*	26.64	6.80	18.19	0.61	2.41	6.08
672	林园 2 期	16.05	26.68	2.11*	26.24	21.24	36.26	0.64	1.30	3.24
673	盛酬 1 期	16.04	4.34	0.41	26.47	11.14	38.02	0.63	1.51	2.90
674	菁安进取 1 号	16.03	7.35	1.16	20.92	15.89	22.14	0.74	1.58	5.74
675	睿郡稳享	16.02	8.74	2.43*	13.43	5.92	13.72	1.07	2.42	8.03
676	正泽元价值成长 1 号	16.00	33.66	3.24*	26.90	11.49	43.87	0.63	1.16	4.30
677	盘世 3 期	15.99	10.46	1.44	19.69	18.31	33.55	0.78	1.70	6.98
678	塞帕思利西 1 号	15.99	6.15	0.68	22.79	12.83	38.33	0.70	1.25	2.87
679	信复创值 2 号	15.98	3.62	0.27	27.34	13.76	44.43	0.62	1.23	2.47

续表

编号	基金名称	年化收益率（%）	年化 α（%）	t（α）	年化波动率（%）	年化下行风险（%）	最大回撤率（%）	夏普比率	索丁诺比率	收益—最大回撤比率
680	谨晓致远 1 号	15.98	-0.96	-0.08	26.56	8.41	24.80	0.63	1.56	4.17
681	开思港股通中国优势	15.97	19.65	2.18*	20.70	9.85	16.95	0.75	1.57	6.48
682	龙旗追阳临风 1 号	15.97	1.37	0.25	11.28	4.53	7.67	1.24	3.10	14.31
683	泰盈晟元 2 号	15.97	12.93	1.20	27.01	13.20	34.62	0.63	1.28	3.17
684	私募工场自由之路子基金	15.95	17.82	3.64*	15.53	8.64	16.77	0.94	2.08	4.17
685	上海揽旭全天候智能旗舰	15.94	36.75	2.09*	34.77	16.80	47.86	0.55	1.14	2.29
686	君煦 1 号	15.91	20.11	1.67*	27.64	8.57	42.62	0.62	1.19	3.07
687	瑞泉 1 号	15.88	15.53	2.48*	18.24	8.32	17.42	0.82	1.79	6.25
688	民晟锦泰 1 号	15.88	3.81	0.41	20.89	7.63	39.79	0.74	2.01	2.74
689	盈定 12 号	15.84	-6.64	-0.75	24.62	11.07	20.89	0.65	1.46	5.20
690	盛泉恒元多策略量化对冲 2 号	15.80	7.03	2.87*	5.48	1.20	2.05	2.45	11.20	52.84
691	新活力精选	15.80	12.24	1.42	22.66	16.69	42.19	0.70	1.32	3.70
692	睿郡众享 1 号	15.80	15.07	2.90*	14.55	3.31	17.62	0.98	2.17	6.35
693	启元价值成长 1 号	15.80	9.30	2.28*	17.72	9.16	19.85	0.83	1.62	5.45
694	默名融智阳光 12 期	15.79	8.01	0.38	41.48	19.71	28.74	0.52	1.08	3.76
695	嘉泰 1 号（嘉泰）	15.76	13.33	1.87*	16.14	7.51	15.33	0.90	1.93	7.03
696	龙全 2 号	15.75	0.75	0.10	23.69	10.26	26.47	0.67	1.55	4.07
697	逐熹 1 号	15.75	-8.87	-0.54	37.60	17.90	37.28	0.53	1.11	2.89
698	塞帕思特拉指数指增强	15.75	3.87	0.47	28.13	14.17	30.70	0.61	1.20	3.51

续表

编号	基金名称	年化收益率（%）	年化α（%）	t（α）	年化波动率（%）	年化下行风险（%）	最大回撤率（%）	夏普比率	索丁诺比率	收益—最大回撤比率
699	德汇成长 3 期	15.74	-1.39	-0.17	28.60	12.32	23.64	0.59	1.38	4.56
700	北斗成长 1 期	15.71	44.29	2.50*	41.02	14.70	52.24	0.50	1.40	2.06
701	辰翔锐进 1 号	15.69	13.87	1.00	25.80	7.80	26.60	0.62	2.06	4.03
702	大朴多维度 23 号	15.67	19.54	4.15*	15.11	7.62	18.81	0.94	1.87	5.69
703	航长红棉 3 号	15.67	7.19	1.27	14.80	4.45	13.35	0.96	3.19	8.02
704	中欧瑞博 7 期	15.66	15.28	3.38*	15.79	10.37	22.78	0.91	1.94	6.07
705	珺烨价值	15.65	8.97	1.09	31.01	8.71	31.47	0.57	1.10	1.77
706	金百辖 11 期	15.63	10.75	1.03	26.42	12.40	27.92	0.62	1.32	3.82
707	子午达芬奇 1 号	15.62	8.25	1.94*	7.67	0.57	0.91	1.75	23.52	117.74
708	万泰华端 1 号	15.61	6.14	0.55	21.23	10.67	19.68	0.72	1.67	5.70
709	泾溪中国优质成长	15.61	-8.12	-0.64	27.16	16.51	30.62	0.61	1.27	3.71
710	华银领先 16 期	15.59	25.74	1.24	35.98	9.01	34.95	0.52	1.37	4.85
711	鼎萨 1 期	15.59	0.61	0.04	37.76	21.47	44.88	0.53	0.94	2.37
712	黑森 9 号	15.58	13.39	2.16*	13.68	4.39	8.09	1.02	3.17	13.13
713	尚阳价值鑫源	15.53	17.07	1.22	33.51	10.90	55.86	0.56	0.94	3.11
714	盛泉恒元多策略市场中性 3 号	15.53	7.86	3.14*	5.33	1.25	1.89	2.47	10.50	55.86
715	艾方博云全天候 1 号	15.49	9.97	2.39*	9.88	3.54	8.29	1.36	3.80	12.73
716	华竣量化 1 号	15.45	15.16	4.09*	6.72	2.06	4.04	1.96	6.38	25.99
717	弘尚资产中国机遇策略配置 1 号	15.44	8.66	1.38	16.97	6.27	19.30	0.84	1.82	6.56

续表

编号	基金名称	年化收益率 (%)	年化 α (%)	t (α)	年化波动率 (%)	年化下行风险 (%)	最大回撤率 (%)	夏普比率	索丁诺比率	收益—最大回撤比率
718	涌鑫 2 号	15.40	14.95	2.69*	17.88	10.27	23.84	0.81	1.41	4.39
719	富业盛德富业 3 号	15.37	22.54	1.05	45.46	8.21	67.29	0.50	1.09	1.90
720	进化论悦享 1 号	15.36	1.59	0.22	16.02	7.10	25.21	0.88	1.99	4.14
721	易同优选	15.35	7.34	0.72	24.11	11.02	23.03	0.65	1.53	3.32
722	循远安心 2 号	15.35	13.94	2.16*	16.07	7.98	19.59	0.88	1.77	5.32
723	壁虎南商 1 号	15.35	14.16	1.68*	21.72	18.65	37.50	0.70	1.33	3.12
724	林园健康中国	15.34	23.68	1.95*	27.29	9.31	36.22	0.60	1.41	4.31
725	黑森 3 号	15.34	14.37	2.55*	12.76	4.43	9.59	1.07	3.07	10.86
726	金首源艺巽天天利	15.32	10.88	0.91	21.63	11.02	17.12	0.70	1.63	4.17
727	厚生量化阿尔法 1 号	15.28	6.87	2.15*	6.28	2.58	5.70	2.07	5.04	18.16
728	鸣石傲华 5 号	15.28	6.16	0.71	19.49	10.33	24.62	0.75	1.44	4.44
729	尊冠春 1 号	15.27	12.51	0.66	32.77	11.00	45.62	0.53	1.57	2.27
730	望正精英鹏辉 3 号	15.22	7.59	0.83	22.53	10.57	20.03	0.67	1.44	5.14
731	彤源 6 号	15.20	7.69	1.01	21.19	13.66	24.77	0.70	1.50	4.27
732	华资汇润优级	15.20	7.49	0.34	45.33	20.94	55.45	0.49	1.06	1.86
733	高毅新方程晓峰 2 号致信 5 号	15.20	25.65	4.25*	19.23	9.92	18.10	0.76	1.47	5.68
734	齐济成长 1 号	15.19	15.99	1.92*	21.06	10.84	28.20	0.71	1.37	3.65
735	泰和天工 2 期	15.18	14.54	1.83*	19.52	9.72	36.15	0.75	1.50	2.84
736	卓铸卓越 1 号	15.17	39.93	2.92*	33.40	16.74	57.70	0.54	1.08	1.78

续表

编号	基金名称	年化收益率（%）	年化α（%）	t（α）	年化波动率（%）	年化下行风险（%）	最大回撤率（%）	夏普比率	索丁诺比率	收益—最大回撤比率
737	中承峰嵘1期	15.16	5.71	0.53	26.54	13.52	37.62	0.61	1.19	2.73
738	睦洋1号	15.15	4.00	0.69	10.51	4.44	16.30	1.26	2.98	6.29
739	黑石宏忠1号	15.15	52.93	1.36	67.92	9.79	82.82	0.50	1.00	1.70
740	美盛通成长1号	15.12	9.90	0.47	44.49	6.92	43.35	0.50	0.95	1.76
741	松井伟业1号	15.11	10.91	1.34	20.91	9.80	21.89	0.70	1.50	4.66
742	私募学院明星8号	15.10	17.46	1.55	24.60	10.15	30.29	0.63	1.27	3.74
743	东方赢家沃土2号	15.09	13.61	1.17	30.36	15.32	39.41	0.56	1.12	2.59
744	林园投资19号	15.08	29.63	2.18*	29.43	14.58	45.88	0.57	1.15	2.22
745	混沌道然成长1号	15.05	8.22	0.68	29.95	8.08	38.36	0.56	1.28	2.09
746	华炎晨晖	15.05	8.47	2.45*	7.86	1.99	3.78	1.64	6.49	26.83
747	源洋进取2号	15.04	3.89	0.47	17.52	5.52	10.56	0.80	2.53	9.61
748	玖月天玺2号	15.04	4.35	0.43	22.58	11.63	19.91	0.67	1.29	5.10
749	鲤鱼门家族	15.04	18.50	2.66*	19.11	15.54	24.18	0.75	1.46	3.32
750	智信创富泓富8期	15.02	8.81	0.45	39.20	19.72	41.77	0.51	1.01	2.43
751	鸣石春天沪深300指数增强1号	15.01	14.50	3.13*	15.49	8.18	24.10	0.89	1.68	4.20
752	磐厚蔚然-时代核心资产	14.99	4.76	0.78	13.48	4.82	12.71	0.99	2.78	7.95
753	盛泉恒元多策略量化对冲1号	14.99	6.63	2.38*	5.80	2.01	3.26	2.19	6.34	31.04
754	福运星来1号	14.98	27.44	2.45*	23.87	11.17	28.03	0.64	1.36	3.60
755	华银价值增长2号	14.92	5.10	0.63	18.58	8.34	34.75	0.76	1.69	2.89

续表

编号	基金名称	年化收益率（%）	年化 α（%）	t (α)	年化波动率（%）	年化下行风险（%）	最大回撤率（%）	夏普比率	索丁诺比率	收益—最大回撤比率
756	查理投资收益互换	14.91	36.24	1.79*	41.25	5.45	66.83	0.50	1.05	1.49
757	华美对冲策略	14.91	9.03	0.62	34.41	13.78	53.29	0.53	1.00	2.81
758	逸杉 9 期	14.89	5.44	0.92	14.78	5.95	11.75	0.91	2.27	8.53
759	仙童 4 期	14.88	16.12	1.86*	20.40	6.05	30.85	0.71	1.40	2.35
760	伯兄永宁	14.85	13.07	4.72*	5.02	0.74	0.89	2.50	16.87	112.55
761	九坤日享沪深 300 指数增强 1 号	14.82	13.66	3.73*	17.72	5.60	20.50	0.78	1.77	3.11
762	君之健翱翔稳进	14.82	14.29	2.10*	13.20	6.15	10.37	1.00	2.15	9.60
763	壁虎寰宇成长 1 号	14.81	15.70	1.71*	22.57	11.82	42.16	0.66	1.26	2.36
764	弘彦家族财富 2 号	14.81	8.13	3.74*	7.81	2.63	5.23	1.63	4.83	19.04
765	仁桥泽源股票	14.81	17.54	3.51*	13.23	6.11	14.15	1.00	2.17	7.03
766	鲸域成长 1 号	14.81	34.44	2.90*	25.21	11.50	38.41	0.61	1.34	2.59
767	东方港望远 3 号	14.79	18.72	1.78*	21.51	10.88	41.86	0.68	1.34	2.37
768	万泰华瑞成长 2 期	14.79	10.90	1.60	17.44	8.82	24.42	0.79	1.57	4.07
769	森旭资产一前瞻 20 号	14.77	8.69	1.36	15.87	7.15	14.10	0.85	1.90	7.03
770	证金价值投资 2 期	14.77	18.55	1.65*	21.25	10.68	28.88	0.68	1.36	3.43
771	夸克 1877	14.76	25.56	2.50*	21.76	9.42	20.13	0.67	1.55	4.92
772	进化论稳进 2 号	14.74	9.63	1.24	17.63	7.86	21.89	0.78	1.76	4.52
773	证大金马量化 1 号	14.74	1.72	0.26	19.28	8.99	17.10	0.73	1.57	5.78
774	量盈中证 500 指数增强	14.73	0.00	0.00	20.31	9.26	15.98	0.70	1.54	6.18

续表

编号	基金名称	年化收益率（%）	年化 α（%）	t（α）	年化波动率（%）	年化下行风险（%）	最大回撤率（%）	夏普比率	索丁诺比率	收益—最大回撤比率
775	红宝石 E-1306 多元凯利	14.71	5.11	0.90	13.48	5.94	21.43	0.98	2.22	4.60
776	德汇精选 6 期	14.71	6.35	0.93	24.01	11.08	20.75	0.63	1.36	4.75
777	杭州波粒二象特罗 1 号	14.70	15.83	3.61*	7.74	3.98	8.91	1.63	3.16	11.06
778	正朗宇翔	14.68	22.96	1.90*	26.22	3.53	44.17	0.60	1.17	3.09
779	德汇精选 3 期	14.68	1.73	0.22	27.31	12.60	28.01	0.58	1.25	3.51
780	希瓦小牛 FOF	14.66	19.15	2.20*	23.45	11.70	38.38	0.64	1.28	2.56
781	添益 1 号（海之帆）	14.66	12.27	1.37	19.89	8.08	20.37	0.71	1.75	4.82
782	瑞晖稳健成长 1 号	14.65	14.16	1.48	19.46	9.38	11.44	0.72	1.50	8.58
783	天恩马拉松 2 号	14.65	17.16	1.56	22.09	11.12	42.94	0.66	1.32	2.28
784	昶元 1 号	14.63	1.57	0.24	18.58	8.35	27.58	0.75	1.66	3.55
785	望正基石投资 1 号	14.63	5.12	0.61	22.03	15.99	23.61	0.66	1.31	3.79
786	弘彦家族财富 4 号	14.60	9.16	3.33*	7.77	2.98	7.69	1.61	4.19	12.70
787	川陀新动力成长 2 期	14.59	1.23	0.20	15.85	8.54	28.74	0.84	2.16	6.76
788	小鳄 1 号	14.59	10.76	1.41	15.07	5.59	12.22	0.88	2.38	7.99
789	涵德明德中证 500 指数增强 1 号	14.59	2.40	0.55	18.54	9.69	24.51	0.75	1.43	3.98
790	勤远动态平衡 1 号	14.57	15.64	1.21	26.78	11.27	40.04	0.58	1.16	1.72
791	兴聚财富 3 号	14.56	18.50	3.06*	14.68	9.76	21.17	0.90	2.03	7.14
792	博恩光华 2 期	14.53	-0.55	-0.05	26.99	12.25	30.35	0.58	1.27	3.20
793	盈定 8 号	14.52	6.58	0.93	17.78	8.99	15.77	0.77	1.52	6.15

续表

编号	基金名称	年化收益率（%）	年化 α（%）	t（α）	年化波动率（%）	年化下行风险（%）	最大回撤率（%）	夏普比率	索丁诺比率	收益—最大回撤比率
794	庐雍优势成长 7 号 2 期	14.50	14.71	1.45	22.41	12.23	31.88	0.65	1.27	3.37
795	颖川 1 期	14.49	30.69	2.20*	33.92	15.16	38.93	0.51	1.15	2.49
796	康曼德 106 号	14.49	17.40	2.94*	16.76	13.14	23.26	0.80	1.51	4.06
797	金田洪攻略 1 号	14.48	11.82	0.88	24.61	10.17	21.78	0.60	1.44	4.21
798	卓晖 1 号	14.46	131.61	2.90*	100.08	42.51	89.88	0.57	1.33	1.07
799	惠正进取	14.45	10.03	0.76	32.14	13.56	38.50	0.52	1.23	2.50
800	拾金 2 号	14.43	16.01	1.49	22.03	7.14	15.34	0.64	1.99	6.27
801	宣夜投资稳赢 3 号	14.42	6.01	0.88	13.90	3.73	6.73	0.93	3.46	14.27
802	庐雍优势成长 7 号	14.41	14.41	1.41	22.50	13.90	31.92	0.64	1.26	2.74
803	泰海 1 号	14.41	20.32	3.58*	13.41	7.02	11.17	0.96	1.84	8.60
804	卓铸卓越 3 号	14.41	33.12	2.35*	36.71	10.76	61.98	0.50	1.02	1.63
805	海西晟乾 7 号	14.41	3.50	0.21	38.56	17.29	32.88	0.49	1.10	2.92
806	中欧瑞博成长策略 1 期 1 号	14.40	18.49	2.93*	16.12	7.38	20.95	0.82	1.94	4.70
807	偏锋 2 期	14.39	1.41	0.16	20.89	9.39	30.39	0.68	1.46	4.53
808	熙元 1 号（四创资本）	14.38	10.42	0.69	28.47	8.60	43.28	0.56	1.25	3.81
809	中承岁月静好 1 期	14.32	2.12	0.23	22.61	10.52	32.90	0.64	1.37	2.90
810	天朗稳健增长 1 号	14.31	5.69	1.00	11.81	4.47	10.95	1.07	2.83	8.69
811	融义双盈量化 1 号	14.31	1.89	0.25	20.52	11.29	23.18	0.68	1.24	4.11
812	瀚木 3 号	14.31	6.74	0.51	24.10	13.19	32.84	0.61	1.12	2.90

续表

编号	基金名称	年化收益率（%）	年化 α（%）	t（α）	年化波动率（%）	年化下行风险（%）	最大回撤率（%）	夏普比率	索丁诺比率	收益—最大回撤比率
813	明河精选	14.28	19.19	2.28*	17.27	8.55	18.77	0.77	1.56	5.06
814	东方点赞 3 号	14.28	11.87	1.35	18.99	5.76	26.47	0.71	2.35	3.59
815	茂典股票精选 1 号	14.28	8.63	0.93	24.11	10.91	36.18	0.61	1.34	2.62
816	稳健增长专项 1 期	14.27	7.02	1.36	18.68	8.68	20.21	0.73	1.57	4.69
817	若溪湘财超马 2 期	14.26	21.23	1.29	31.30	15.94	36.22	0.52	1.40	4.28
818	或格知行 1 号	14.25	4.13	0.77	14.51	6.87	15.68	0.89	1.88	6.04
819	启迪 1 号	14.24	15.26	1.38	24.99	10.75	23.67	0.59	1.38	4.00
820	私募工场青花碧海	14.24	15.12	1.62	19.65	8.62	15.35	0.70	1.59	6.16
821	信复创值立勋进取	14.23	-5.35	-0.39	29.71	17.59	53.18	0.55	0.93	1.78
822	塞帕思致远指数增强	14.22	4.72	0.62	23.67	12.94	31.85	0.62	1.13	2.96
823	民晟红鸢 21 期	14.21	5.70	0.65	19.87	7.84	32.74	0.69	1.75	2.88
824	龙旗紫微	14.20	7.06	1.91*	8.05	3.00	5.63	1.51	4.06	16.75
825	通和量化对冲 9 期	14.19	12.24	1.84*	15.53	7.62	14.47	0.84	1.71	6.51
826	君悦日新 6 号	14.18	13.51	1.43	18.29	6.14	16.74	0.73	2.18	5.62
827	苏华智盈 7 期	14.18	10.80	4.02*	5.26	0.81	1.10	2.27	14.84	85.14
828	万吨资产深海鲸 2 号	14.18	11.03	1.36	19.71	8.85	20.82	0.69	1.55	4.52
829	壁虎成长 3 号	14.17	8.30	0.89	24.07	11.90	38.97	0.61	1.23	2.41
830	铭涛 1 号	14.17	6.30	1.15	11.92	4.72	5.82	1.05	2.65	16.14
831	或格知行智维 1 号	14.16	6.53	1.01	16.39	8.41	19.70	0.80	1.56	4.77

续表

编号	基金名称	年化收益率（%）	年化α（%）	t（α）	年化波动率（%）	年化下行风险（%）	最大回撤率（%）	夏普比率	索丁诺比率	收益—最大回撤比率
832	泓兆兴业2号	14.15	11.04	0.51	57.40	28.34	66.37	0.48	0.97	1.41
833	贤盛道成5号	14.14	7.86	0.97	25.86	8.41	28.78	0.58	1.12	1.23
834	峻熙稳健3号	14.14	4.12	0.40	20.37	8.73	23.73	0.68	1.46	4.67
835	金田龙盛	14.13	1.39	0.15	19.65	10.66	16.10	0.69	1.72	6.30
836	青鼎中港互动1号	14.13	18.97	1.35	33.89	15.73	34.72	0.51	1.10	2.70
837	循远成长1号	14.12	9.49	1.54	16.58	8.27	21.11	0.79	1.59	4.43
838	抱朴1号	14.12	15.85	2.04*	17.51	14.14	16.52	0.76	1.66	5.26
839	华浆晨星	14.10	8.43	2.74*	7.11	2.01	3.43	1.69	5.98	27.23
840	万吨资产深海鲸1号	14.08	10.78	1.32	19.84	14.52	20.90	0.69	1.53	4.04
841	私募工场丰收1号	14.03	3.25	0.33	20.49	9.68	20.47	0.67	1.46	3.15
842	恒盈创富	14.02	9.41	0.34	52.11	14.04	41.10	0.40	1.47	2.25
843	循远5号	14.01	8.39	1.29	17.00	15.79	22.20	0.77	1.56	3.45
844	海天恒远1号	14.01	17.70	1.77*	17.08	8.96	23.07	0.77	1.46	4.01
845	盛天阿尔法	14.01	21.72	1.81*	25.27	11.11	25.77	0.59	1.09	2.18
846	凌顶2号	14.00	3.29	0.42	20.89	8.39	17.99	0.66	1.64	5.15
847	拾贝精选	13.97	15.63	2.71*	17.05	8.45	14.77	0.77	1.55	6.24
848	益谙粮草	13.97	16.33	1.38	24.90	9.69	30.41	0.59	1.14	2.91
849	登崖进取	13.95	24.61	2.07*	26.26	11.56	38.41	0.58	0.95	1.81
850	壁虚寰宇成长8号	13.95	15.12	1.64	21.69	10.98	35.68	0.64	1.27	2.58

续表

编号	基金名称	年化收益率（%）	年化 α（%）	t（α）	年化波动率（%）	年化下行风险（%）	最大回撤率（%）	夏普比率	索丁诺比率	收益—最大回撤比率
851	逸格-价值1期	13.93	19.32	1.61	22.58	9.54	19.68	0.62	1.47	4.67
852	景熙5号	13.92	5.93	1.08	14.25	3.57	22.94	0.88	1.90	4.71
853	东方港湾蓝天	13.91	17.15	1.54	22.28	5.94	41.08	0.63	1.28	2.85
854	泽垒稳健增长1号	13.90	18.49	2.52*	23.44	10.90	38.29	0.61	1.30	2.39
855	德邻众福1号	13.89	21.64	2.43*	24.95	11.80	42.73	0.58	1.23	2.14
856	理臻鸿运精选2号	13.89	5.64	0.75	19.56	9.86	24.57	0.69	1.36	3.73
857	玖月天玺1号	13.86	4.75	0.52	20.07	11.30	17.75	0.67	1.20	5.15
858	斯同1号	13.85	21.21	2.49*	23.58	11.46	31.06	0.60	1.24	2.94
859	泊通致远1号	13.84	15.67	1.85*	18.59	9.24	40.75	0.71	1.43	2.24
860	正鑫2号	13.83	-10.92	-0.72	33.73	13.75	43.38	0.50	1.22	2.10
861	川砺稳健2号	13.81	21.58	3.87*	10.40	6.35	9.09	1.16	1.90	10.01
862	金蟾峰7号	13.81	9.07	1.20	16.54	8.05	25.88	0.77	1.87	6.95
863	星石35期	13.81	16.91	2.11*	19.25	18.09	26.48	0.69	1.32	2.84
864	晶上量子1号	13.78	5.61	0.62	27.47	13.23	48.03	0.55	1.14	1.89
865	弘彦家族财富3号	13.78	7.25	3.10*	7.06	2.24	4.12	1.66	5.23	22.01
866	银万丰泽2号	13.77	19.61	2.49*	20.66	11.66	24.52	0.66	1.17	3.70
867	小鳄3号	13.76	13.25	1.68*	14.74	5.55	10.62	0.85	2.25	8.52
868	侏罗纪韶龙优选	13.76	11.61	2.19*	17.64	7.53	19.59	0.73	1.72	4.62
869	艾悉财赋1号	13.75	10.87	3.01*	17.18	9.66	21.50	0.75	1.34	4.21

续表

编号	基金名称	年化收益率（%）	年化 α（%）	t（α）	年化波动率（%）	年化下行风险（%）	最大回撤率（%）	夏普比率	索丁诺比率	收益—最大回撤比率
870	金湖无量私享 5 号	13.74	2.88	0.33	17.82	8.73	21.54	0.73	1.49	4.20
871	投资精英（朱雀 B）	13.74	9.06	1.58	20.35	9.66	27.78	0.66	1.26	2.84
872	四相 3 期	13.72	38.56	2.04*	38.42	18.48	43.41	0.48	0.99	2.08
873	舜智竹节 1 号	13.72	-7.21	-0.50	32.75	9.37	32.68	0.49	1.45	4.29
874	贤盛稳健增强 1 号	13.71	7.07	0.75	28.68	14.92	35.25	0.54	1.03	2.56
875	至诚时耕	13.71	24.74	2.10*	26.16	11.29	38.40	0.57	0.98	1.78
876	睿道基石	13.70	22.13	2.79*	18.75	16.34	20.91	0.70	1.41	4.49
877	超龙 5 号	13.70	11.64	2.18*	17.70	7.54	19.61	0.73	1.71	4.59
878	君之健翱翔信泰	13.67	10.92	1.57	13.26	9.66	11.79	0.92	1.98	5.98
879	大朴藏象 1 号	13.65	17.23	2.85*	17.77	8.64	33.05	0.73	1.49	2.71
880	华炎铁树	13.65	7.58	2.21*	7.73	2.02	4.04	1.51	5.75	22.18
881	星石银信宝 2 期	13.64	17.04	1.97*	18.92	9.80	26.57	0.69	1.34	3.37
882	领颐 3 号	13.64	8.67	0.43	55.15	23.49	68.61	0.45	1.06	1.30
883	聚沣成长	13.63	16.12	1.77*	17.08	8.31	25.20	0.75	1.54	3.55
884	曼然成长	13.62	22.63	2.40*	24.33	8.72	32.19	0.58	1.13	3.36
885	泽源 10 号	13.60	12.14	2.45*	19.80	4.51	33.55	0.67	1.22	3.32
886	拾金 3 号	13.59	13.79	1.82*	15.27	4.41	16.09	0.81	2.28	3.79
887	岳瀚 1 号	13.58	7.03	0.96	15.24	6.84	11.37	0.81	1.81	7.83
888	润义双盈量化 1 号	13.57	4.50	0.63	19.32	11.11	19.30	0.68	1.31	3.75

续表

编号	基金名称	年化收益率（%）	年化α（%）	t（α）	年化波动率（%）	年化下行风险（%）	最大回撤率（%）	夏普比率	索丁诺比率	收益—最大回撤比率
889	国皓展鸿 3 号	13.56	0.76	0.07	26.98	5.74	23.70	0.54	1.31	2.33
890	久富 12 期	13.56	8.81	1.08	21.96	12.00	40.57	0.62	1.14	2.19
891	宁聚满天星	13.56	7.00	1.46	18.81	8.83	20.84	0.69	1.47	4.26
892	米牛沪港深精选	13.55	21.15	3.42*	19.82	14.04	24.99	0.66	1.30	2.77
893	壁虎寰宇成长 3 号	13.54	9.41	1.10	20.95	10.24	39.88	0.64	1.31	2.22
894	淮锦驱动力 1 号	13.53	-0.19	-0.03	17.10	8.25	30.35	0.74	1.57	2.86
895	望正西湖	13.53	5.16	0.60	20.55	9.69	17.19	0.65	1.37	5.16
896	兴聚财富 8 号	13.53	17.11	2.97*	14.22	6.38	20.39	0.86	1.92	4.34
897	万泰华瑞成长 1 期	13.52	9.46	1.13	19.72	10.21	22.81	0.67	1.29	3.88
898	涌乐泉 2 期	13.51	31.49	1.91*	39.75	18.27	60.17	0.48	0.89	0.93
899	里思智理 1 号	13.50	16.53	1.70*	22.85	7.73	32.50	0.60	1.31	4.72
900	银创联合 9 号	13.49	9.97	1.27	15.38	6.66	17.95	0.80	1.85	4.92
901	朱雀 20 期	13.49	9.62	1.74*	18.91	9.58	24.90	0.68	1.35	3.54
902	同元 5 号	13.47	57.04	1.38	77.07	17.01	77.39	0.48	1.14	1.75
903	途灵成长 1 号	13.47	-2.08	-0.34	14.54	5.77	10.80	0.84	2.12	8.16
904	鸿泽 1 号	13.46	14.64	1.62	22.88	12.63	28.43	0.60	1.09	3.10
905	渊泓 1 号	13.46	-7.81	-0.32	43.52	8.80	50.35	0.45	1.14	3.56
906	贤盛道成 3 号	13.45	6.81	0.88	25.00	12.93	28.50	0.57	1.10	3.09
907	凯信龙雨 1 期	13.45	24.05	2.03*	23.94	10.73	41.57	0.58	1.05	2.71

续表

编号	基金名称	年化收益率（%）	年化 α（%）	t（α）	年化波动率（%）	年化下行风险（%）	最大回撤率（%）	夏普比率	索丁诺比率	收益—最大回撤比率
908	易同成长	13.45	15.16	1.84*	18.00	9.43	18.82	0.71	1.46	3.95
909	堃熙源沣指数增强 7 号	13.44	12.01	1.90*	20.98	10.24	35.53	0.64	1.10	2.88
910	睿泉成长 1 号	13.43	9.60	1.07	20.02	10.12	33.53	0.65	1.30	2.62
911	麒涵 2 号	13.43	12.92	1.38	18.79	7.84	16.43	0.68	1.64	5.34
912	汉和资本—私募学院菁英 7 号	13.43	17.27	2.54*	19.01	10.33	35.17	0.68	1.32	2.25
913	益嘉 8 号	13.42	22.74	2.57*	24.18	7.44	26.61	0.58	1.17	1.84
914	林园普陀山 1 号	13.40	24.45	1.90*	28.61	14.85	43.54	0.53	1.02	2.01
915	金蟾嵘睿达 1 号	13.40	9.51	1.34	15.12	4.49	22.16	0.81	1.88	6.41
916	久阳润泉 6 号	13.38	11.90	0.75	34.35	16.24	27.33	0.49	1.03	3.20
917	中国繁荣 1 号	13.38	19.50	2.08*	22.49	11.07	20.35	0.60	1.45	2.76
918	易同精选 3 期 1 号	13.38	18.27	2.61*	17.80	9.80	28.95	0.71	1.29	3.02
919	赢动先锋	13.36	14.13	0.93	31.08	12.41	29.04	0.50	1.24	3.00
920	自由港 1 号	13.36	8.40	1.65*	14.75	6.32	16.37	0.82	1.92	5.33
921	同威海源驰骋 1 号	13.36	15.90	0.87	36.38	16.92	51.60	0.47	1.02	1.69
922	开心宝 3 号	13.35	0.33	0.05	20.12	9.60	31.48	0.65	1.36	2.77
923	前海宜涛红树 3 号	13.35	12.52	1.16	25.42	12.37	37.82	0.56	1.15	2.30
924	大通道财道 1 号	13.34	-6.74	-0.59	28.84	11.03	35.15	0.51	1.35	2.48
925	鸣石满天星四号	13.34	1.10	0.16	13.29	4.16	11.20	0.90	2.86	7.78
926	盛麒盛年	13.34	-4.10	-0.25	31.28	16.12	40.72	0.51	0.98	2.14

续表

编号	基金名称	年化收益率（%）	年化α（%）	t(α)	年化波动率（%）	年化下行风险（%）	最大回撤率（%）	夏普比率	索丁诺比率	收益—最大回撤比率
927	黄金优选 4 期 1 号（朱雀）	13.32	8.59	1.53	19.92	10.45	27.44	0.65	1.24	3.17
928	同威海源价值 2 期	13.32	15.34	0.87	35.16	17.01	49.80	0.48	1.00	1.74
929	私募工场希瓦圣剑 1 号	13.31	20.89	1.95*	27.04	12.62	49.68	0.54	1.16	1.75
930	德远稳健 1 号	13.31	14.96	1.17	21.86	14.11	31.70	0.62	0.96	2.74
931	小强中国梦	13.31	-9.63	-1.99	16.62	6.23	9.28	0.74	1.98	9.35
932	仙童 1 期	13.31	14.01	1.83*	18.27	7.16	28.82	0.69	1.44	3.20
933	智信创富博元 2 期	13.30	-2.84	-0.28	19.79	8.09	30.28	0.65	1.57	2.92
934	高毅晓峰尊享 L 期	13.30	21.15	3.37*	18.46	8.19	18.38	0.69	1.41	5.12
935	中鼎魁量化对冲	13.30	7.35	0.74	23.36	10.60	19.54	0.58	1.29	4.44
936	滨利利凤鸣 1 号	13.29	16.27	0.95	41.12	6.21	45.44	0.47	0.90	1.17
937	厚恩泰山成长	13.28	22.50	2.26*	24.68	11.45	24.02	0.57	1.17	2.15
938	留仁鉴金 3 号	13.28	6.98	0.61	22.33	12.06	47.15	0.60	1.12	1.84
939	润合唐诚元宝 1 号	13.28	15.76	1.17	23.32	9.80	14.64	0.57	1.78	6.79
940	久富 16 期	13.28	5.13	0.57	27.16	9.94	47.63	0.54	0.98	2.74
941	壁虎寰宇成长 6 号	13.27	17.53	2.03*	22.80	11.50	39.46	0.59	1.18	2.19
942	东方点赞 12 号	13.27	12.20	1.36	19.26	6.69	26.33	0.66	1.90	3.28
943	睿郡众享 6 号	13.26	9.27	2.36*	13.20	6.25	18.51	0.90	1.90	4.67
944	余道年年有余 3 号	13.25	19.38	1.81*	23.45	8.08	38.41	0.58	1.32	4.73
945	信泰恒睿 1 号	13.24	18.36	3.22*	16.33	8.32	24.47	0.75	1.48	3.52

续表

编号	基金名称	年化收益率（%）	年化 α（%）	t（α）	年化波动率（%）	年化下行风险（%）	最大回撤率（%）	夏普比率	索丁诺比率	收益—最大回撤比率
946	睿璞投资－睿洪 1 号	13.24	21.28	2.71*	21.03	10.28	35.22	0.62	1.28	2.45
947	君之健翱翔同泰	13.23	9.78	1.39	13.20	5.94	11.07	0.90	1.99	7.78
948	建信深盈耀之	13.22	9.20	1.15	15.89	6.63	12.87	0.77	1.84	6.69
949	辰翔平衡稳健 2 号	13.22	4.65	0.49	18.67	15.05	30.24	0.67	1.81	7.24
950	高毅世宏 1 号	13.22	19.50	2.43*	19.88	17.31	27.96	0.65	1.47	4.68
951	明曦稳健 1 号	13.20	12.20	1.65*	15.09	7.31	16.70	0.80	1.65	5.14
952	量度 1 号	13.18	18.69	1.36	27.87	10.70	33.50	0.52	1.35	2.56
953	民森 K 号	13.17	16.13	2.00*	20.55	10.01	31.88	0.63	1.30	2.69
954	承源 10 号	13.16	-7.11	-0.45	31.36	14.20	22.74	0.50	1.10	3.76
955	财富机遇 1 号	13.15	19.99	2.50*	19.71	10.13	23.28	0.65	1.27	3.67
956	纯原资本第八大奇迹 1 号	13.14	4.66	0.40	26.99	13.54	44.70	0.53	1.09	3.59
957	坤德承盛 2 期	13.14	12.47	1.66*	19.47	9.78	36.13	0.65	1.30	2.36
958	东方点赞 3 号 D	13.13	11.63	1.31	19.00	5.88	27.62	0.66	2.13	3.09
959	华辉价值星 22 号	13.12	28.78	1.27	46.40	18.44	58.56	0.44	1.10	1.46
960	景富 2 期	13.10	-12.16	-1.21	25.89	8.25	32.69	0.54	1.20	1.74
961	梧桐树	13.09	6.20	0.36	40.03	11.84	63.94	0.46	0.90	1.41
962	中欧瑞博 4 期	13.08	11.67	2.68*	14.63	6.92	20.54	0.81	1.72	4.13
963	同创佳业竞争力优选	13.08	6.22	0.98	18.64	9.53	25.39	0.67	1.32	3.34
964	兴聚润荟 1 号	13.07	15.95	3.15*	13.57	5.93	16.46	0.86	1.98	5.15

续表

编号	基金名称	年化收益率（%）	年化α（%）	t（α）	年化波动率（%）	年化下行风险（%）	最大回撤率（%）	夏普比率	索丁诺比率	收益—最大回撤比率
965	洋盈金砖价值 2 期	13.07	23.09	1.00	48.42	24.77	51.54	0.46	0.90	1.65
966	巴富罗精选	13.06	-0.38	-0.03	36.99	17.61	52.32	0.46	0.98	1.62
967	丹禾易嘉中国高端制造 2 号	13.06	23.66	1.93*	22.61	10.10	19.70	0.59	1.16	2.55
968	徐星团队	13.05	8.93	1.46	18.83	9.28	24.14	0.67	1.35	3.51
969	弘彦 1 号	13.05	6.98	3.63*	7.72	3.06	8.17	1.44	3.63	10.36
970	东方港湾历丰	13.05	17.78	1.61	22.41	8.67	41.59	0.59	1.17	3.57
971	循远安心	13.03	8.78	1.30	17.15	8.90	21.64	0.71	1.38	3.90
972	南方汇金 6 号	13.03	12.01	1.73*	15.80	7.12	10.60	0.76	1.69	7.97
973	北京恒元金 1 号	13.02	28.12	2.28*	25.96	11.52	27.21	0.54	1.21	3.10
974	衍航 20 号	13.01	-5.02	-0.54	18.92	8.89	33.32	0.66	1.40	2.53
975	利宇致远 1 号	13.01	29.51	2.06*	34.79	8.49	57.53	0.48	0.88	1.53
976	江昀禧昊	12.99	7.80	2.13*	9.49	4.42	7.79	1.18	2.54	10.81
977	恒健远志之红景天大健康	12.97	-3.74	-0.35	23.58	11.60	43.31	0.57	1.16	1.94
978	锐进 41 期	12.96	15.35	3.10*	14.20	6.72	19.55	0.83	1.74	4.29
979	兴聚尊享 A 期	12.96	17.60	2.45*	15.49	6.49	19.55	0.77	1.83	4.29
980	紫晶 1 号	12.96	9.87	1.42	18.82	14.51	32.37	0.66	1.46	4.06
981	穗峰对冲 3 号	12.95	14.30	1.14	27.38	14.71	23.80	0.53	0.98	3.52
982	必胜季季升 1 号	12.95	-19.80	-0.95	56.14	25.87	60.18	0.45	0.98	1.39
983	盈阳 23 号	12.93	0.60	0.09	26.24	13.62	25.70	0.54	1.03	3.26

续表

编号	基金名称	年化收益率（%）	年化α（%）	t（α）	年化波动率（%）	年化下行风险（%）	最大回撤率（%）	夏普比率	索丁诺比率	收益—最大回撤比率
984	花见锦春 3 号	12.92	10.87	0.87	33.99	15.28	52.11	0.47	1.05	1.60
985	千方之星 2 号	12.91	20.67	2.22*	32.71	16.19	50.70	0.48	0.98	1.65
986	甄投智联	12.90	6.98	1.16	19.47	10.69	31.50	0.65	1.18	2.65
987	国金永恒 1 号	12.90	7.93	1.50	12.95	6.52	14.99	0.89	1.77	5.56
988	广金恒富 11 号	12.88	5.09	1.01	12.20	4.56	17.80	0.93	2.50	4.68
989	衍航 6 号	12.88	3.84	0.49	14.36	5.73	23.86	0.81	2.03	3.49
990	道合 1 号	12.88	15.68	1.06	29.44	13.62	27.98	0.50	1.08	2.97
991	中阅新锐 2 号	12.86	4.09	0.53	23.50	8.42	34.57	0.57	1.14	1.73
992	智诚 11 期	12.85	17.04	1.72*	23.72	7.05	38.65	0.56	1.17	4.20
993	岩羊投资 1 期	12.85	11.41	1.60	24.06	11.70	31.62	0.56	1.15	2.62
994	东方港湾马拉松 1 号	12.85	21.74	1.90*	23.97	12.97	46.65	0.56	1.04	1.78
995	丰泽投资 1 号	12.84	22.84	2.25*	21.26	14.23	36.36	0.60	1.17	4.20
996	凤翔长盈	12.84	1.91	0.37	16.96	7.12	18.69	0.71	1.68	4.44
997	乐道成长优选 5 号	12.83	7.44	0.96	19.49	9.39	26.74	0.64	1.33	3.10
998	洋谊成长 2 号	12.82	-9.26	-0.83	26.43	10.06	46.57	0.52	1.32	3.44
999	川陀新动力成长 1 期	12.81	3.62	0.47	16.34	7.96	30.22	0.73	1.50	2.74
1000	黑翼风行 3 号	12.81	12.08	3.29*	17.74	8.21	24.00	0.68	1.48	3.45
1001	百创长牛 2 号 1 期	12.80	16.23	1.40	24.85	11.78	52.58	0.55	1.15	1.57
1002	比格戴特 3 期	12.78	16.14	1.45	22.10	8.74	22.07	0.58	1.27	3.69

续表

编号	基金名称	年化收益率（%）	年化α（%）	t（α）	年化波动率（%）	年化下行风险（%）	最大回撤率（%）	夏普比率	索丁诺比率	收益—最大回撤比率
1003	伏明 2 号	12.78	34.88	1.69*	40.80	8.57	70.16	0.46	0.88	1.30
1004	磐耀 3 期	12.77	4.67	0.67	19.02	10.27	31.12	0.65	1.20	2.65
1005	擎天普瑞明 1 号	12.77	15.13	2.48*	14.26	6.45	21.64	0.81	1.79	3.80
1006	融临 55 号	12.76	−4.12	−0.21	40.44	18.26	37.89	0.45	0.99	2.17
1007	成泉汇涌 1 期	12.73	−6.92	−0.53	28.74	14.09	22.71	0.50	1.03	3.61
1008	千波小盘 1 号	12.71	9.64	1.09	25.53	13.59	34.64	0.54	1.01	2.36
1009	恒复趋势 1 号	12.71	16.70	1.96*	25.04	7.73	39.38	0.54	0.91	2.04
1010	投资精英之城秀长河价值 2 号	12.71	10.86	2.67*	18.45	6.62	28.84	0.66	1.26	2.48
1011	东方星辰 3 号	12.70	8.90	0.84	20.15	7.73	21.79	0.61	1.60	3.75
1012	龙成 1 号	12.69	10.96	0.84	24.47	11.24	34.44	0.55	1.19	2.37
1013	大朴进取 2 期	12.67	16.16	2.83*	17.46	8.57	31.84	0.69	1.40	2.56
1014	兴聚财富 2 号	12.66	14.44	2.44*	13.95	6.16	21.82	0.82	1.85	3.73
1015	全意通宝（进取）−星石兴光 1 号	12.66	16.99	2.28*	19.34	9.98	27.43	0.64	1.23	2.97
1016	重庆穿石银发经济	12.65	8.57	0.82	21.29	9.74	32.49	0.59	1.30	2.51
1017	盈阳 22 号	12.65	9.63	1.95*	17.88	9.33	22.88	0.67	1.29	3.56
1018	麒涵 3 号	12.65	9.55	1.00	20.58	8.18	19.42	0.61	1.53	4.19
1019	万寒长虹 5 号	12.65	20.49	1.72*	27.03	11.23	39.64	0.51	1.24	2.05
1020	源沣进取 1 号	12.64	5.32	0.98	12.22	9.35	9.96	0.91	2.12	7.66
1021	快星成长 1 期	12.64	11.19	0.43	56.80	26.46	74.11	0.45	0.97	1.10

续表

编号	基金名称	年化收益率（%）	年化α（%）	t（α）	年化波动率（%）	年化下行风险（%）	最大回撤率（%）	夏普比率	索丁诺比率	收益—最大回撤比率
1022	峰云汇哥伦布	12.63	11.16	3.41*	5.84	1.10	1.46	1.82	9.66	55.68
1023	金蕴30期	12.62	13.32	1.27	28.78	11.81	26.20	0.50	1.21	3.10
1024	掌赢凤凰1号	12.62	1.06	0.09	23.50	13.46	47.19	0.56	1.16	2.43
1025	涌津涌赢1号	12.62	52.59	2.91*	40.75	20.35	62.38	0.45	0.90	1.30
1026	拾金1号	12.61	7.07	0.95	15.85	7.35	16.25	0.73	1.58	4.99
1027	幂数创业板指数增强	12.60	1.19	0.16	25.98	11.27	42.93	0.52	1.21	1.89
1028	摩汇1号	12.60	18.67	2.08*	24.05	7.94	31.59	0.55	1.08	2.81
1029	赤骥量化1号	12.58	8.86	1.16	13.25	4.76	11.60	0.85	2.36	6.97
1030	丹禾易嘉时代机遇5号	12.58	18.73	2.08*	18.01	9.15	19.95	0.67	1.31	4.05
1031	贤盛道道成1号	12.57	6.46	0.84	24.85	13.11	26.61	0.54	1.02	3.03
1032	合众易晟复利增长1号	12.56	12.71	2.25*	14.75	7.07	19.77	0.78	1.62	4.08
1033	恒天星耀FOF2期	12.56	19.52	3.07*	19.87	15.18	28.62	0.62	0.98	2.35
1034	东方马拉松中国企业价值精选7号	12.56	21.18	1.50	28.17	9.99	46.33	0.51	0.91	0.97
1035	景熙3号	12.55	4.11	0.62	15.87	8.26	21.90	0.73	1.41	3.68
1036	阳光宝3号	12.54	17.16	2.45*	17.54	9.29	32.30	0.68	1.28	2.49
1037	数博增强500	12.52	1.57	0.34	16.02	8.07	23.96	0.73	1.35	2.82
1038	精英鹏辉尊享D	12.51	5.51	0.63	20.54	7.53	22.76	0.60	1.21	3.86
1039	景林稳健	12.51	22.40	2.34*	20.42	10.30	35.75	0.60	1.20	2.25
1040	睿持1期	12.50	8.56	1.57	11.70	3.67	12.09	0.94	2.99	6.63

续表

编号	基金名称	年化收益率（%）	年化 α（%）	t（α）	年化波动率（%）	年化下行风险（%）	最大回撤率（%）	夏普比率	索丁诺比率	收益—最大回撤比率
1041	恒砺 1 号	12.49	-1.77	-0.16	23.22	9.52	28.02	0.55	1.35	2.86
1042	长金银信宝 1 期	12.49	20.99	1.61	25.94	7.46	36.35	0.53	1.00	1.39
1043	航长常春藤 9 号	12.47	1.23	0.17	16.08	11.34	16.79	0.72	2.07	6.77
1044	高毅邻山 1 号	12.46	12.46	1.73*	19.62	9.47	33.96	0.62	1.26	2.63
1045	信迹元亨 7 号	12.45	14.33	1.12	24.60	9.87	29.77	0.53	1.31	2.68
1046	航长常春藤 11 号	12.44	6.55	1.11	15.09	5.79	13.06	0.75	1.96	6.11
1047	耀泉 1 号	12.43	10.50	2.32*	15.61	7.08	15.85	0.73	1.44	6.11
1048	申樾同心圆 1 号	12.43	3.60	0.27	25.30	7.04	23.65	0.53	1.04	3.08
1049	新方程宏量 1 号	12.43	10.40	1.28	15.30	7.89	12.14	0.74	1.82	5.44
1050	睿道同行	12.42	15.41	2.00*	18.60	9.05	18.60	0.64	1.32	4.28
1051	整杉 1 号	12.39	8.86	1.66*	13.85	5.66	15.45	0.81	1.97	5.13
1052	鑫安 6 期	12.38	9.10	1.20	17.05	7.61	31.20	0.68	1.53	2.54
1053	易同精选 2 期 1 号	12.36	19.72	2.89*	17.44	14.70	30.96	0.67	1.16	2.51
1054	新里程超越梦想	12.35	43.86	1.83*	48.56	8.76	66.94	0.45	0.85	2.28
1055	百歌成长 1 期	12.34	13.58	1.33	25.37	12.66	27.86	0.52	1.05	2.83
1056	挚盟资本一私募学院菁英 189 号	12.33	9.04	0.68	27.45	3.32	28.03	0.50	1.00	2.92
1057	致盛 3 号	12.32	7.54	2.27*	5.78	1.28	2.46	1.79	8.07	32.03
1058	凌顶 1 号	12.32	2.65	0.36	20.27	8.57	19.85	0.60	1.41	3.97
1059	洋京沪港深价值精选 1 期	12.32	4.33	0.76	15.64	7.11	20.25	0.73	1.60	3.89

续表

编号	基金名称	年化收益率（%）	年化 α（%）	t（α）	年化波动率（%）	年化下行风险（%）	最大回撤率（%）	夏普比率	索丁诺比率	收益—最大回撤比率
1060	启林同盈 1 号	12.31	4.26	1.20	6.63	1.64	5.22	1.57	6.31	15.08
1061	航长常春藤 10 号	12.31	1.91	0.28	16.14	21.47	11.90	0.71	1.94	8.56
1062	盈定 7 号	12.31	−2.48	−0.37	17.57	8.99	21.47	0.66	1.30	3.66
1063	华夏未来泽时进取 1 号	12.31	10.89	1.48	23.50	12.49	39.05	0.55	1.08	3.05
1064	鸣石春天 20 号	12.30	5.75	0.72	21.54	8.89	29.30	0.58	1.09	1.77
1065	财富广金恒富 5 号	12.30	5.89	1.05	12.43	5.06	19.29	0.88	2.16	4.07
1066	相盈稳行 1 号	12.30	12.32	1.21	21.82	13.63	16.20	0.57	1.37	3.04
1067	天勤量化 2 号	12.28	21.69	1.98*	22.49	12.73	38.65	0.56	0.99	2.03
1068	哈福尊享 1 号	12.28	9.15	1.52	11.38	4.38	9.96	0.94	2.45	7.87
1069	相生 7 号	12.27	3.79	0.35	26.89	12.29	54.09	0.51	1.11	1.45
1070	中阅磐岩 2 号	12.26	−15.43	−0.66	48.00	18.05	57.32	0.42	1.11	1.37
1071	睿璞投资－睿华 1 号	12.25	21.67	2.81*	20.56	10.36	35.78	0.59	1.18	2.19
1072	普尔睿选 5 号	12.25	10.13	1.69*	14.76	6.61	14.31	0.75	1.69	5.47
1073	望华卓越高分红价值成长	12.22	5.11	0.57	25.15	16.51	40.20	0.52	1.31	3.16
1074	龙旗天璇量化对冲	12.22	4.98	1.27	8.38	3.20	6.40	1.24	3.26	12.18
1075	证禾 1 号	12.22	9.84	1.65*	14.15	7.78	19.70	0.78	1.42	3.96
1076	大元华元宝 1 号	12.21	16.91	1.51	19.77	14.66	13.41	0.60	1.37	5.53
1077	君煦云帆	12.21	6.27	1.23	11.25	5.31	11.41	0.95	2.01	6.83
1078	元康沪港深精选 1 号	12.21	9.66	1.87*	17.29	8.16	19.50	0.67	1.41	3.99

续表

编号	基金名称	年化收益率（%）	年化 α（%）	t（α）	年化波动率（%）	年化下行风险（%）	最大回撤率（%）	夏普比率	索丁诺比率	收益—最大回撤比率
1079	益安增利	12.21	1.72	0.20	17.71	8.99	15.21	0.65	1.41	4.72
1080	弘酬安盈 2 号	12.20	4.04	0.81	18.36	9.33	21.91	0.64	1.25	3.55
1081	常春藤春竹	12.18	6.18	0.87	20.00	10.54	26.16	0.60	1.14	2.97
1082	忠石 1 号	12.18	19.96	2.64*	19.22	6.47	18.87	0.62	1.14	1.93
1083	星石 31 期	12.18	16.06	2.03*	18.81	10.06	27.11	0.63	1.17	2.86
1084	千波 1 号	12.17	8.69	1.10	24.89	9.76	31.48	0.53	0.97	2.13
1085	赤祺 2 号	12.17	15.50	0.69	57.24	29.10	65.01	0.45	0.88	1.19
1086	稳中求进 1 号	12.17	10.40	1.44	18.74	8.37	30.29	0.62	1.40	2.56
1087	德毅飞跃	12.17	13.66	1.04	28.36	13.79	31.72	0.49	0.87	1.45
1088	恒泰辰丰港湾 1 期	12.14	11.84	1.20	20.40	3.42	41.77	0.59	1.34	3.47
1089	致君日月星	12.14	11.82	1.45	19.40	8.83	30.69	0.61	1.39	1.59
1090	师之洋	12.13	11.49	1.78*	20.35	10.56	29.56	0.59	1.02	2.74
1091	进化论 FOF1 号	12.12	7.55	1.32	13.80	6.83	20.39	0.79	1.60	3.79
1092	毅行 2 号	12.12	7.24	1.51	15.32	7.06	14.88	0.73	1.57	5.18
1093	东方港湾 3 号	12.08	13.53	1.35	20.08	16.44	29.28	0.59	1.26	3.75
1094	恒天星耀 3 期	12.07	20.58	3.86*	19.15	11.51	32.56	0.62	1.02	2.36
1095	玖鹏价值精选 1 号	12.07	8.45	0.83	25.47	12.25	36.18	0.51	1.07	2.12
1096	鑫安泽雨 1 期	12.07	9.88	1.20	18.20	8.54	31.25	0.63	1.35	2.46
1097	民晟红鸢聚利	12.06	-1.22	-0.22	12.80	4.43	10.22	0.84	2.42	7.51

续表

编号	基金名称	年化收益率 (%)	年化 α (%)	t (α)	年化波动率 (%)	年化下行风险 (%)	最大回撤率 (%)	夏普比率	索丁诺比率	收益—最大回撤比率
1098	远澜银杏 1 号	12.05	13.56	2.43*	10.00	3.42	6.94	1.04	3.05	11.05
1099	博鸿元泰	12.05	22.53	2.07*	26.76	7.80	59.05	0.50	1.17	4.63
1100	私募学院菁英 105 号	12.04	14.83	2.07*	18.40	17.93	21.02	0.63	1.20	3.71
1101	中证 500 指数增强 1 号	12.04	5.45	1.17	17.78	9.18	21.87	0.64	1.25	3.50
1102	理臻鸿运精选 3 号	11.98	9.97	1.03	20.11	9.82	25.03	0.59	1.20	3.04
1103	致同稳健成长 1 期	11.97	8.25	2.97*	5.23	1.89	4.62	1.91	5.29	16.44
1104	东方港价值 8 号	11.96	15.06	1.41	21.54	10.87	41.33	0.56	1.11	1.84
1105	巴富罗精选 1 号	11.96	–1.00	–0.07	36.94	17.64	53.32	0.44	0.92	1.42
1106	合众易晟复利增长 2 号	11.95	8.27	1.45	13.08	6.76	19.00	0.82	1.58	3.99
1107	顺从价值 1 号	11.94	19.37	2.40*	19.47	9.59	36.89	0.60	1.22	2.05
1108	慧明价值成长	11.94	3.95	0.36	26.06	13.35	27.24	0.50	0.97	2.78
1109	航长常春藤 5 号	11.93	3.25	0.62	13.17	4.74	8.12	0.81	2.24	9.32
1110	珞珈方圆港股多策略	11.93	14.80	1.54	22.37	10.10	19.34	0.55	1.21	3.91
1111	恒隽致远 2 号	11.92	7.37	0.60	27.10	12.33	33.87	0.49	1.08	2.23
1112	双隆稳盈 1 号	11.92	13.25	2.72*	8.53	4.73	8.66	1.19	2.15	8.73
1113	小北 1 号	11.91	6.83	1.50	17.99	18.60	23.59	0.63	1.13	2.33
1114	林园投资 18 号	11.89	29.16	2.00*	30.91	8.27	39.80	0.47	0.81	0.99
1115	博鑫 3 号	11.88	6.38	0.98	18.33	15.51	17.46	0.62	1.30	3.08
1116	本利达 2 号	11.88	–11.72	–0.83	28.46	2.88	24.71	0.47	1.08	2.93

续表

编号	基金名称	年化收益率（%）	年化 α（%）	t（α）	年化波动率（%）	年化下行风险（%）	最大回撤率（%）	夏普比率	索丁诺比率	收益—最大回撤比率
1117	诺万长期资本	11.83	11.88	1.17	22.30	20.88	34.40	0.54	1.09	2.30
1118	佰亿达 2 号	11.82	-41.27	-1.57	61.42	22.31	42.76	0.39	1.06	1.75
1119	证大量化旗舰 1 号	11.81	7.01	1.02	18.10	8.89	17.09	0.62	1.27	4.37
1120	艾伦海棠 1 号	11.81	-6.78	-0.38	40.45	19.08	31.45	0.43	0.91	2.38
1121	沃淼玄武 2 号	11.80	3.49	0.53	12.36	3.66	13.11	0.84	2.85	5.69
1122	新方程宏量 2 号	11.78	9.95	1.26	14.86	4.49	12.27	0.72	1.71	6.26
1123	汇泽至远 3 期	11.77	3.50	0.61	16.91	8.78	23.72	0.65	1.26	3.14
1124	谷春 1 号	11.77	11.35	1.57	17.04	8.31	35.13	0.65	1.33	2.12
1125	湘源稳健	11.76	9.57	3.05*	5.57	2.80	5.06	1.76	3.51	14.68
1126	景熙 18 号	11.74	3.28	0.57	13.67	7.06	25.07	0.77	1.50	2.96
1127	久期量化对冲 1 号	11.74	7.85	3.02*	8.11	3.55	6.83	1.23	2.81	10.86
1128	橡杉牧星 1 号	11.74	7.00	1.18	17.53	15.21	21.02	0.64	1.17	3.43
1129	社润伟诚	11.73	4.35	0.60	14.87	7.68	23.00	0.72	1.40	3.22
1130	诚盛 2 期	11.72	9.91	2.27*	12.31	5.53	19.58	0.84	1.87	3.78
1131	超龙 6 号	11.70	10.91	2.00*	17.98	7.90	21.62	0.62	1.41	3.42
1132	睿兹 10 号	11.70	7.99	3.88*	3.87	0.45	0.60	2.50	21.66	123.32
1133	矿联敏择 1 号	11.69	6.66	0.53	23.09	11.39	27.99	0.53	1.07	2.64
1134	智祺 1 号	11.69	-0.51	-0.02	60.05	25.27	70.53	0.41	0.99	1.05
1135	中睿合银策略精选 1 号	11.69	-7.01	-0.75	24.00	8.52	46.53	0.51	1.39	2.52

续表

编号	基金名称	年化收益率 (%)	年化 α (%)	t (α)	年化波动率 (%)	年化下行风险 (%)	最大回撤率 (%)	夏普比率	索丁诺比率	收益—最大回撤比率
1136	雁丰股票增强 1 号	11.67	-1.15	-0.25	9.83	3.69	5.43	1.02	2.73	13.57
1137	瑞利 1 号	11.67	-7.37	-0.89	17.80	8.10	19.07	0.62	1.37	3.86
1138	宽远沪港深精选	11.66	16.34	2.37*	17.79	13.37	24.40	0.63	1.17	2.23
1139	易同精选	11.65	13.47	1.66*	17.84	11.45	19.91	0.62	1.27	3.04
1140	平安阆鼎正 2 号	11.65	4.29	0.48	21.72	10.34	24.15	0.54	1.11	1.95
1141	展翔日昇	11.65	-15.07	-0.80	39.18	8.14	54.86	0.43	0.91	1.20
1142	明汯中性 1 号	11.64	4.33	1.24	6.65	2.66	7.95	1.47	3.67	9.23
1143	掌廷 1 号	11.63	-8.55	-0.35	46.11	11.26	49.48	0.41	1.05	1.87
1144	云梦泽—词灵活配置	11.63	6.41	0.71	21.59	12.61	28.99	0.55	0.94	2.53
1145	涌盛 1 号	11.62	6.79	0.90	14.92	8.51	17.90	0.71	1.25	4.10
1146	宽远优势成长 2 号	11.62	12.21	2.13*	14.59	9.83	9.93	0.72	1.46	4.20
1147	涌乐泉 3 期	11.62	31.56	1.96*	37.79	12.66	57.77	0.44	0.80	1.36
1148	仁布财富 1 期	11.58	11.38	1.84*	14.70	6.05	27.00	0.72	1.74	2.70
1149	中鼎创富鼎创	11.56	12.79	1.92*	17.25	8.06	20.26	0.63	1.26	3.35
1150	璟恒 1 期	11.56	6.01	0.78	17.04	8.62	25.81	0.64	1.35	3.35
1151	维嘉稳健 1 期	11.56	-4.11	-0.20	49.20	24.09	63.59	0.43	0.87	1.14
1152	领星拾贝	11.56	10.30	1.74*	16.01	8.05	13.51	0.67	1.33	5.39
1153	融通资本汉景港湾 1 号	11.55	10.49	1.23	18.08	7.90	31.30	0.61	1.40	2.32
1154	恒天星耀 FOF1 期	11.54	23.86	2.95*	22.49	10.07	41.83	0.54	0.83	1.12

续表

编号	基金名称	年化收益率（%）	年化 α（%）	t（α）	年化波动率（%）	年化下行风险（%）	最大回撤率（%）	夏普比率	索丁诺比率	收益-最大回撤比率
1155	拾贝积极成长	11.54	12.50	2.27*	15.45	12.97	14.97	0.69	1.38	4.27
1156	中域津和 5 期	11.53	13.01	1.10	27.96	10.68	45.39	0.47	0.96	1.89
1157	易凡 5 号	11.53	-3.98	-0.41	19.08	14.31	26.62	0.59	1.19	2.56
1158	东源嘉盈 2 号	11.52	19.40	1.97*	24.12	10.12	25.36	0.50	1.20	2.86
1159	东方港湾九鲤荷塘	11.52	14.74	1.37	21.96	11.07	42.18	0.54	1.07	1.72
1160	东方马拉松中国企业价值精选	11.51	23.70	2.73*	22.31	8.28	44.90	0.53	0.91	1.72
1161	毅行 1 号	11.50	5.21	1.10	15.16	6.66	13.83	0.69	1.58	5.23
1162	偏锋 3 期	11.50	-1.73	-0.21	19.97	9.28	31.19	0.57	1.22	2.32
1163	风云丰赜 1 号	11.50	-6.02	-0.62	19.46	6.97	20.75	0.57	1.61	3.48
1164	博牛金狮成长 1 号	11.49	13.16	2.65*	19.30	20.75	27.42	0.58	1.09	1.55
1165	思瑞 2 号	11.49	3.33	0.63	9.59	3.91	13.16	1.03	2.52	5.49
1166	鼎潮创盈 1 号	11.48	5.61	0.56	25.66	13.50	37.77	0.49	0.93	1.91
1167	新方程对冲精选 N1 号	11.48	8.25	4.01*	6.71	3.16	6.23	1.44	3.05	11.59
1168	金铸量化	11.48	5.87	3.13*	3.93	0.81	1.89	2.41	11.69	38.15
1169	路毅 1 号	11.47	6.10	0.79	20.97	10.08	36.41	0.55	1.14	1.98
1170	仙童 3 期	11.47	8.00	0.77	22.09	10.89	37.59	0.53	1.03	2.88
1171	磐耀关越	11.47	0.12	0.02	20.54	10.57	30.72	0.56	1.08	2.35
1172	志路亿捷复合策略量化 1 号	11.46	7.94	0.88	16.62	6.17	15.38	0.64	1.72	4.68
1173	明河精选 3	11.46	16.59	2.05*	16.43	12.74	18.89	0.65	1.25	2.21

续表

编号	基金名称	年化收益率（%）	年化α（%）	t（α）	年化波动率（%）	年化下行风险（%）	最大回撤率（%）	夏普比率	索丁诺比率	收益—最大回撤比率
1174	森旭资产-前瞻8号	11.45	5.42	0.86	15.82	7.17	19.72	0.67	1.48	3.65
1175	航长卓越理财1号	11.45	10.37	0.98	21.81	10.54	31.75	0.53	1.11	2.27
1176	良岳-腾皇稳健1号	11.45	16.93	1.14	26.08	16.04	45.00	0.49	0.80	1.60
1177	颐和1期	11.45	4.75	0.54	26.14	14.50	47.52	0.49	0.88	1.51
1178	聚洋1期	11.44	15.70	1.78*	16.70	6.98	24.89	0.64	1.31	5.59
1179	湘楚8号	11.44	2.93	0.33	20.80	10.66	36.82	0.55	1.11	3.04
1180	指数增强1期	11.42	-1.43	-0.46	16.63	7.72	18.30	0.64	1.38	3.92
1181	明远恒信	11.42	15.76	1.94*	21.60	10.47	29.40	0.54	1.11	2.44
1182	私募学院菁英87号	11.42	14.17	1.97*	22.32	11.33	38.14	0.53	1.04	1.88
1183	拾贝投资信无7号	11.42	12.27	2.25*	16.25	9.81	15.17	0.65	1.32	2.49
1184	天勤1号	11.42	16.93	1.49	23.44	13.29	40.98	0.52	0.91	1.75
1185	新湖巨源观道1号	11.42	10.23	1.62	18.56	9.80	30.04	0.59	1.13	2.39
1186	骥才千里马	11.42	10.40	1.40	22.11	18.42	32.82	0.53	0.91	1.34
1187	弘尚企业融资驱动策略	11.41	20.01	2.37*	23.52	11.68	23.99	0.51	0.95	3.22
1188	丰实1号	11.40	16.78	1.43	29.64	15.94	45.49	0.46	0.86	1.57
1189	私募工场金拳飞盛	11.39	9.30	0.69	34.57	17.07	46.63	0.43	0.87	1.53
1190	价值坐标1号	11.38	14.97	2.26*	20.10	12.10	24.76	0.56	1.10	2.47
1191	富果2号	11.35	5.06	0.82	19.64	11.39	24.73	0.57	1.03	1.92
1192	瑞民华健安全价值	11.34	13.14	1.96*	12.30	5.04	6.70	0.81	1.99	10.62

续表

编号	基金名称	年化收益率（%）	年化 α（%）	t（α）	年化波动率（%）	年化下行风险（%）	最大回撤率（%）	夏普比率	索丁诺比率	收益—最大回撤比率
1193	志开成长 5 期	11.34	1.96	0.17	22.52	8.53	33.19	0.51	1.36	2.14
1194	榕树文明复兴 3 期	11.34	10.50	1.16	22.40	10.29	50.89	0.52	1.14	1.40
1195	易知全天候稳健成长	11.33	3.81	0.38	19.31	9.02	18.43	0.57	1.22	3.85
1196	祁大鹏 2 号	11.32	-4.14	-0.23	34.92	11.34	44.24	0.42	0.95	2.56
1197	逐流 1 号	11.29	8.86	1.32	13.18	5.43	18.67	0.76	2.28	5.54
1198	匠心 1 号	11.28	13.46	2.96*	9.39	4.86	10.26	1.03	1.99	6.89
1199	伏明 1 号	11.28	29.58	1.45	40.29	8.60	69.28	0.43	0.81	1.26
1200	瀚信猎鹰 1 号	11.28	-0.56	-0.04	35.33	12.43	48.46	0.43	0.86	1.83
1201	泽鑫毅德价值精选 1 期	11.27	12.72	1.52	20.54	11.29	31.03	0.55	1.00	2.28
1202	华鑫消费 1 号	11.26	17.89	1.65*	26.66	11.85	52.74	0.47	1.07	1.34
1203	黑水磐石赢嘉 1 号	11.26	7.84	1.00	21.27	9.27	32.84	0.54	0.97	1.17
1204	中域增值 1 期	11.26	2.49	0.24	28.50	15.55	43.83	0.46	0.92	1.35
1205	金珀 6 号	11.26	15.10	2.98*	17.83	6.25	29.65	0.60	1.15	1.49
1206	衍盛量化精选 1 期	11.25	-1.94	-0.52	8.56	2.85	7.94	1.12	3.36	8.87
1207	宽远价值成长 5 期 1 号	11.25	11.79	2.06*	14.39	7.96	11.52	0.71	1.44	5.03
1208	中资宏德股票策略创世 2 号	11.23	10.74	0.99	23.50	12.38	31.06	0.51	0.96	2.26
1209	金享 FOF1 期	11.23	7.70	1.38	10.50	4.17	7.41	0.92	2.32	9.48
1210	驼铃忠华远山 1 号	11.22	21.36	3.38*	19.76	9.06	28.43	0.56	1.22	2.47
1211	美阳永续成长 7 号	11.21	7.70	3.17*	8.14	3.55	9.20	1.17	2.67	7.62

续表

编号	基金名称	年化收益率 (%)	年化 α (%)	t (α)	年化波动率 (%)	年化下行风险 (%)	最大回撤率 (%)	夏普比率	索丁诺比率	收益—最大回撤比率
1212	淮锦鸿利 1 号	11.20	4.78	0.68	15.64	8.77	21.86	0.66	1.44	3.01
1213	登程稳健	11.18	10.54	1.28	19.99	8.41	31.35	0.56	0.92	1.62
1214	懋峰进取 1 号	11.16	12.88	1.00	28.06	15.39	24.40	0.46	0.84	2.86
1215	茂源英火 1 号	11.16	7.48	1.95*	6.83	5.24	7.77	1.37	3.34	12.18
1216	久富 7 期	11.15	4.06	0.55	21.18	10.58	40.63	0.54	0.95	2.97
1217	伟铭逸 1 号	11.15	8.14	0.92	21.03	13.33	25.70	0.54	1.05	2.12
1218	信璞价值精英（A+H）1 号（A 类）	11.15	21.03	2.42*	19.64	8.78	16.64	0.56	1.25	4.18
1219	天宝云中燕 3 期	11.13	3.84	1.52	5.14	0.38	0.63	1.80	24.04	110.70
1220	茂源资本-巴舍里耶量化对冲 1 期	11.13	8.57	2.27*	7.01	2.48	6.03	1.33	3.77	11.52
1221	诚泉价值 1 号	11.11	23.44	3.28*	18.75	10.81	34.27	0.58	1.00	2.02
1222	中教复兴 2 号	11.11	11.00	1.10	24.16	17.82	37.08	0.49	1.05	1.48
1223	果实成长精选 2 号	11.10	22.06	2.65*	23.38	11.79	40.50	0.50	0.99	1.71
1224	中证星耀 FOF	11.10	17.20	4.09*	15.07	8.65	20.69	0.68	1.26	3.59
1225	景疆 1 期	11.10	13.09	1.08	25.61	10.60	35.05	0.47	1.14	1.98
1226	穿石特殊情况	11.09	5.34	0.56	20.42	9.64	33.74	0.54	1.15	2.05
1227	重阳 1 期	11.09	19.54	3.06*	15.88	8.42	19.05	0.65	1.22	3.63
1228	证大大盈旗舰 5 号	11.09	17.62	1.87*	19.03	7.65	27.16	0.57	1.41	2.55
1229	磐厚动量-旅行者 2 号	11.08	12.19	1.60	19.32	9.40	28.12	0.56	1.16	2.46
1230	弘尚资产研究精选 2 号	11.08	14.37	2.03*	17.40	8.82	32.22	0.61	1.19	2.14

续表

编号	基金名称	年化收益率（%）	α（%）	t（α）	年化波动率（%）	年化下行风险（%）	最大回撤率（%）	夏普比率	索丁诺比率	收益—最大回撤比率
1231	前海钜亿阿尔法 1 号	11.06	2.08	0.54	7.68	2.86	3.47	1.21	3.26	19.86
1232	衍航 5 号	11.05	1.48	0.21	13.78	7.84	22.13	0.72	1.77	4.86
1233	易同成长 1 号	11.05	12.69	1.54	18.02	7.18	20.28	0.59	1.21	3.70
1234	国泰君安朴道 2 期	11.05	-1.09	-0.13	21.03	24.66	23.68	0.53	1.14	3.22
1235	盛运德诚量化避险 2 号	11.05	-0.94	-0.10	18.95	8.79	20.58	0.57	1.11	2.10
1236	懋峰平和 2 号	11.02	13.38	1.22	25.35	12.55	20.38	0.48	0.96	3.37
1237	公正财富量化洋盈 1 号	11.02	13.17	2.57*	11.97	5.59	15.16	0.81	1.42	4.23
1238	御峰 1 号	11.02	17.88	1.41	26.55	14.09	24.12	0.47	0.88	2.85
1239	泓顺旗舰	11.01	-1.44	-0.17	21.14	10.84	38.26	0.53	1.03	1.79
1240	巨布申新 3 号	10.99	16.76	1.83*	22.02	9.35	44.73	0.51	1.01	2.07
1241	德毅远方 2 号	10.98	12.31	1.10	26.73	15.46	34.72	0.47	0.81	1.97
1242	智诚 15 期	10.96	18.06	1.61	25.19	12.57	43.43	0.48	0.95	1.57
1243	睿郡稳享尊享 A 期	10.96	1.95	0.46	13.87	6.10	15.43	0.71	1.62	4.42
1244	掘金 8 号	10.95	20.52	2.14*	21.84	12.25	31.16	0.52	0.88	1.88
1245	盈阳仁医 1 号	10.95	5.65	0.77	20.44	9.81	24.06	0.54	1.03	1.72
1246	星辰之喜岳 2 号	10.95	6.81	2.05*	12.18	5.99	9.77	0.79	1.61	6.97
1247	睿璞投资·睿洪 2 号	10.94	21.20	2.75*	20.47	10.35	36.25	0.54	1.05	1.48
1248	财富兄弟四季稳健	10.93	11.11	0.78	30.52	9.54	53.78	0.44	0.86	1.66
1249	拾贝泰观	10.92	11.48	2.21*	15.32	7.93	14.02	0.66	1.27	4.85

续表

编号	基金名称	年化收益率（%）	年化α（%）	t（α）	年化波动率（%）	年化下行风险（%）	最大回撤率（%）	夏普比率	索丁诺比率	收益—最大回撤比率
1250	小丰	10.92	25.46	2.27*	25.77	12.02	42.91	0.47	0.80	1.38
1251	万利富达德盛 1 期	10.90	23.22	2.53*	20.77	7.84	37.71	0.53	0.90	2.37
1252	壹诺千金	10.90	-2.81	-0.40	19.89	9.84	19.89	0.54	1.10	3.41
1253	璞醴价值成长 2 号	10.89	5.57	0.56	24.78	9.92	34.65	0.47	1.18	1.95
1254	久富全球配置	10.89	4.23	0.61	20.43	15.97	37.36	0.54	0.95	2.40
1255	靖奇专享 1 号	10.89	4.16	0.87	10.95	6.41	16.65	0.87	1.48	4.06
1256	兴聚财富 3 号好买精选 1 期	10.85	14.09	2.49*	13.74	6.34	22.23	0.71	1.54	3.03
1257	斯同 2 号	10.85	20.81	2.42*	23.50	12.15	34.88	0.49	0.95	1.93
1258	慧珠投资万润	10.85	5.87	0.91	15.76	7.43	15.09	0.64	1.35	4.47
1259	懿德财富稳健成长	10.84	12.50	2.18*	14.75	8.99	18.24	0.67	1.34	1.85
1260	德睿恒丰 1 号	10.83	-11.37	-0.74	34.27	14.20	49.73	0.42	0.92	1.61
1261	九霄稳健 9 号	10.82	15.99	1.63	20.27	11.89	40.71	0.54	0.91	1.65
1262	翼虎成长 1 期（翼虎）	10.81	18.69	2.12*	20.84	11.82	37.03	0.52	0.92	1.81
1263	兴聚财富 6 号	10.81	14.39	2.37*	14.72	6.93	24.96	0.67	1.42	2.69
1264	云豹 3 号	10.80	6.01	0.48	23.02	6.37	24.71	0.49	0.93	1.58
1265	元昔 1 号	10.79	7.45	1.18	20.31	9.08	23.79	0.53	1.05	1.96
1266	白鹭 FOF 演武场 1 号	10.79	7.21	3.37*	3.83	0.77	0.93	2.31	11.51	72.20
1267	鼎实 FOF	10.78	10.29	3.99*	6.55	2.52	4.92	1.37	3.57	13.59
1268	玖稳 1 号	10.77	18.62	1.56	32.00	18.32	44.50	0.43	0.76	1.50

续表

编号	基金名称	年化收益率（%）	年化α（%）	t（α）	年化波动率（%）	年化下行风险（%）	最大回撤率（%）	夏普比率	索丁诺比率	收益—最大回撤比率
1269	彼立弗复利 1 期	10.76	15.72	2.04*	16.57	9.50	30.73	0.61	1.07	2.17
1270	航长常春藤 7 号	10.76	1.13	0.17	14.89	5.83	11.10	0.66	1.68	6.01
1271	道谊价值	10.75	9.21	1.11	23.71	11.32	42.96	0.48	0.94	1.55
1272	觉远价值成长	10.75	13.43	2.43*	14.02	7.37	9.59	0.69	1.32	6.95
1273	鹰傲长盈 1 号	10.74	24.09	1.95*	27.30	6.42	52.15	0.46	0.76	2.75
1274	宁聚成长指数增强 2 期	10.74	2.13	0.34	19.58	10.52	23.15	0.54	1.01	2.88
1275	博晟 1 号	10.74	15.58	3.26*	20.25	9.91	28.88	0.53	1.08	2.30
1276	智胜 1 号（广州量化）	10.73	2.84	0.42	21.33	11.69	33.85	0.51	0.94	1.96
1277	幂数阿尔法 1 号	10.72	14.51	2.61*	10.89	5.73	14.55	0.85	1.62	4.56
1278	观富源 2 期	10.71	13.31	2.31*	15.86	15.44	19.80	0.63	1.21	2.33
1279	壁虎寰宇成长 5 号	10.71	11.63	1.40	20.88	11.41	39.97	0.52	0.95	1.66
1280	众壹资产铁树套利 1 号	10.70	14.57	2.02*	12.77	5.15	14.61	0.74	1.84	4.54
1281	觅航启航 1 号	10.69	24.95	3.11*	21.45	13.75	24.98	0.51	0.86	2.26
1282	安值福盈量化 3 号	10.68	8.62	1.90*	17.68	9.42	21.55	0.58	1.19	2.72
1283	德毅远方	10.67	3.03	0.29	25.36	10.55	31.54	0.47	0.85	0.94
1284	大道白驹	10.67	5.41	1.84*	5.48	2.11	4.29	1.61	4.19	15.38
1285	兆天尊享 A 期	10.67	7.11	0.78	23.61	13.37	40.87	0.48	0.86	1.61
1286	明河优质企业	10.67	12.60	1.61	16.86	12.81	18.53	0.60	1.14	3.03
1287	国世通价值精选 1 期	10.66	5.74	0.48	23.05	11.57	38.52	0.49	0.97	1.71

续表

编号	基金名称	年化收益率（%）	年化 α（%）	t（α）	年化波动率（%）	年化下行风险（%）	最大回撤率（%）	夏普比率	索丁诺比率	收益—最大回撤比率
1288	笑傲 1 号	10.65	11.32	1.27	18.06	11.86	17.05	0.56	1.47	4.39
1289	信复创值 5 号	10.65	0.06	0.00	26.56	16.04	45.41	0.45	0.87	2.44
1290	丰远鑫享 1 期	10.63	−1.30	−0.13	25.71	12.80	29.11	0.46	0.86	2.65
1291	易同增长	10.60	11.32	1.33	17.99	11.30	18.32	0.57	1.17	2.04
1292	宏道洋瑞 1 号	10.60	8.04	1.24	19.54	10.18	37.92	0.54	1.03	1.73
1293	立名量化 1 号	10.60	−5.32	−0.38	26.78	13.00	27.58	0.45	0.93	2.37
1294	林园投资 4 号	10.59	25.39	1.91*	30.33	11.89	50.18	0.44	0.77	1.55
1295	长牛分析 1 号	10.58	15.99	1.34	25.01	11.82	50.96	0.46	0.98	1.28
1296	庄贤锐进 1 号	10.58	7.17	0.99	14.22	5.57	23.47	0.67	1.72	2.78
1297	华辉价值星 13 号	10.58	10.59	0.72	29.83	12.12	43.05	0.42	1.04	1.52
1298	德远英华	10.58	6.72	1.73*	7.75	3.55	6.74	1.15	2.50	9.69
1299	鹰傲长盈 3 号	10.58	23.93	1.97*	26.82	15.86	51.46	0.45	0.77	1.27
1300	谊恒多品种进取 2 号	10.57	9.12	2.71*	9.36	4.00	10.02	0.96	2.26	6.51
1301	慎善龙泉 1 号	10.55	16.47	0.52	58.59	22.99	43.58	0.40	1.01	1.49
1302	久御长青	10.55	6.00	0.39	29.20	9.58	45.28	0.43	0.98	1.24
1303	瀚信 1 号	10.55	−2.23	−0.15	36.57	17.73	49.68	0.41	0.84	1.31
1304	智诚 5 期	10.53	14.15	1.49	22.80	12.63	36.45	0.49	0.98	2.82
1305	玖润 1 期	10.50	7.40	1.43	9.78	1.87	3.37	0.92	4.80	19.20
1306	久富 4 期	10.49	3.40	0.49	21.49	8.67	36.97	0.50	0.89	2.20

续表

编号	基金名称	年化收益率（%）	年化 α（%）	t（α）	年化波动率（%）	年化下行风险（%）	最大回撤率（%）	夏普比率	索丁诺比率	收益—最大回撤比率
1307	磐厚蔚然—清流 1 号	10.48	4.74	0.85	11.44	4.69	14.65	0.80	1.95	4.41
1308	华信资产价值 5 期	10.48	12.77	2.16*	16.67	11.76	37.18	0.59	1.20	2.60
1309	航长常春藤	10.48	0.30	0.03	18.71	10.45	13.67	0.54	1.31	2.72
1310	润磁 1 号	10.47	0.48	0.06	20.23	9.88	28.33	0.52	1.06	2.28
1311	偏锋 1 期	10.47	-3.35	-0.39	20.42	9.88	31.59	0.51	1.06	2.04
1312	钜洲成长 1 号	10.47	8.76	1.32	21.16	11.91	34.36	0.51	0.90	1.88
1313	余道年有余 5 号	10.46	15.26	1.46	22.96	18.09	39.44	0.48	1.02	1.55
1314	祐益峰菁英 1 号	10.43	11.38	3.35*	15.78	8.62	24.21	0.61	1.10	3.36
1315	万利富达百德 1 期	10.43	19.52	2.06*	22.64	8.54	39.50	0.49	0.87	2.38
1316	兴聚财富 7 号	10.41	11.73	2.31*	13.92	14.73	24.28	0.67	1.42	3.66
1317	明河精选 2	10.41	15.70	1.87*	16.83	12.64	19.08	0.58	1.13	2.78
1318	弥加 3 号	10.41	16.62	1.64*	20.93	10.96	35.27	0.51	0.96	1.82
1319	德毅梦想	10.41	7.71	0.57	30.48	16.01	32.13	0.42	0.81	1.99
1320	珠海宽德九盈	10.39	5.09	1.64*	5.79	2.17	4.94	1.48	3.97	12.95
1321	臻金精选 1 期	10.39	5.17	0.72	18.21	9.56	27.11	0.55	1.05	2.36
1322	御峰 2 号	10.39	12.22	0.91	28.86	15.72	25.30	0.43	0.79	2.53
1323	志开金选	10.37	0.24	0.02	21.06	9.75	37.89	0.50	1.08	1.68
1324	九章幻方量化对冲 1 号	10.37	2.14	0.52	8.50	4.74	18.32	1.03	1.85	3.48
1325	新方程泓澄精选	10.37	16.38	2.17*	21.57	12.17	41.13	0.50	0.94	1.55

续表

编号	基金名称	年化收益率（%）	年化 α（%）	t（α）	年化波动率（%）	年化下行风险（%）	最大回撤率（%）	夏普比率	索丁诺比率	收益—最大回撤比率
1326	致君日月星 2 号	10.36	8.89	1.00	20.96	8.85	31.40	0.50	1.18	2.03
1327	裕晋 27 期	10.36	12.53	2.76*	10.89	5.18	14.93	0.82	1.73	4.26
1328	鹰傲绝对价值	10.34	24.60	1.99*	27.36	10.13	52.61	0.44	0.74	1.45
1329	古槐 1 号	10.31	7.73	0.56	32.18	16.56	36.75	0.42	0.81	1.72
1330	双赢 1 期（瀚信）	10.31	−8.88	−0.75	30.74	15.41	46.71	0.42	0.84	1.36
1331	值搏率 1 号	10.28	−1.22	−0.17	23.37	8.65	27.59	0.46	1.25	2.29
1332	信水长流 2 期	10.27	−5.26	−0.74	24.25	10.92	40.29	0.46	1.02	1.57
1333	高毅精选 FOF	10.27	16.35	3.21*	17.13	9.71	29.96	0.57	1.11	3.35
1334	明河成长 2 号	10.27	14.16	1.64	17.55	9.27	19.63	0.56	1.06	3.21
1335	恒穗基业常青-家族专享 3 号	10.27	2.77	0.19	30.81	15.47	41.09	0.42	0.83	1.53
1336	皓晨之星	10.26	0.84	0.23	10.87	5.71	16.74	0.82	1.56	3.76
1337	恒复利贞	10.26	13.17	1.55	24.80	10.12	39.49	0.46	0.77	1.37
1338	华夏未来泽时进取 12 号	10.25	13.22	1.67*	22.86	11.57	41.76	0.47	0.94	1.51
1339	西藏隆源对冲 1 号	10.24	7.67	1.54	16.18	7.27	19.69	0.59	1.31	3.19
1340	京任财星 1 号	10.24	10.86	1.16	19.86	19.91	20.23	0.52	0.94	1.89
1341	上海巨创成长 1 号	10.23	6.49	0.71	22.40	6.97	37.69	0.47	1.17	3.17
1342	金蕴 105 期（融科信 1 号）	10.19	4.93	0.52	22.73	11.57	30.14	0.47	0.93	2.07
1343	易同优选 5 期	10.19	3.35	0.34	23.10	11.85	22.76	0.46	1.02	2.61
1344	宽远优势成长 3 号	10.18	11.55	2.24*	13.49	8.22	11.16	0.68	1.31	2.89

续表

编号	基金名称	年化收益率（%）	年化 α（%）	t (α)	年化波动率（%）	年化下行风险（%）	最大回撤率（%）	夏普比率	索丁诺比率	收益—最大回撤比率
1345	易同优选 1 号	10.16	3.74	0.40	21.95	6.39	25.33	0.48	1.05	3.01
1346	九歆禾禧 1 号	10.16	8.27·	1.69*	18.99	9.51	25.07	0.52	1.03	2.71
1347	中昊 2 期	10.15	11.44	0.81	29.33	15.99	61.96	0.42	0.78	1.00
1348	鑫善鑫诺 1 号	10.14	14.59	1.21	26.77	13.83	48.27	0.44	0.84	1.29
1349	元盛中国多元化 1 号	10.14	9.00	1.50	10.99	4.28	10.95	0.80	2.05	5.67
1350	明河 2016	10.14	12.07	1.61	16.39	8.79	18.48	0.58	1.10	2.65
1351	通和富享 1 期	10.12	11.14	1.00	25.17	10.24	23.51	0.44	1.09	2.63
1352	珞珈方圆港股通多策略 1 期	10.11	13.16	1.37	22.38	10.29	20.44	0.47	1.03	3.03
1353	诚业 1 号	10.11	14.21	1.30	19.58	11.58	27.92	0.51	0.87	2.21
1354	涌乐泉 1 期	10.11	31.18	1.85*	38.73	21.69	61.63	0.40	0.72	1.00
1355	万利富达共赢	10.10	21.94	2.38*	20.50	11.67	35.41	0.50	0.88	1.74
1356	厚德里 5 号	10.10	21.46	2.03*	21.91	11.10	25.18	0.48	0.94	2.45
1357	喜马拉雅 3 号	10.09	2.67	0.26	21.05	11.73	27.17	0.49	0.88	2.27
1358	磐耀犇腾	10.09	1.76	0.25	19.83	9.86	31.77	0.51	0.94	2.07
1359	宁波信本资产权益 1 号	10.09	5.13	0.44	24.65	3.36	19.15	0.45	0.95	1.98
1360	抱朴精选成长 1 号	10.08	18.55	1.10	31.75	22.98	45.76	0.40	1.09	2.80
1361	汉和天信	10.07	14.55	2.15*	18.61	34.18	36.24	0.53	1.00	1.24
1362	睿璞投资-悠享 1 号	10.06	18.04	2.57*	19.20	9.43	36.79	0.52	1.05	1.67
1363	棱镜安格斯	10.06	-4.92	-0.47	23.21	12.92	32.77	0.46	0.88	2.19

续表

编号	基金名称	年化收益率 (%)	年化 α (%)	t (α)	年化波动率 (%)	年化下行风险 (%)	最大回撤率 (%)	夏普比率	索丁诺比率	收益—最大回撤比率
1364	五岳归来量化贝塔	10.05	8.64	2.28*	16.72	8.36	20.84	0.57	1.13	2.95
1365	私募工场鑫涧禾睿道价值	10.05	20.82	2.39*	19.75	10.49	22.82	0.51	0.95	2.69
1366	璞玉泽金	10.04	−9.01	−0.57	31.96	11.92	67.34	0.40	0.89	1.09
1367	惠正共赢	10.04	20.21	3.05*	18.69	9.31	27.39	0.53	0.92	2.66
1368	常春藤目标	10.02	4.01	0.56	20.26	10.68	35.65	0.50	1.03	2.83
1369	相聚芒格 1 期	10.01	4.41	0.64	17.88	11.68	35.30	0.54	1.14	2.40
1370	华信资产价值 8 期	10.00	10.88	1.58	16.31	7.56	39.60	0.57	1.15	2.81
1371	可伟资产一同创 2 号	10.00	2.29	0.14	36.36	15.94	55.19	0.39	0.89	1.11
1372	翼虎灵活配置 1 号	10.00	15.42	1.81*	19.84	12.10	34.44	0.50	0.89	1.75
1373	潮金丰中港优质资产 6 号	9.99	9.10	1.18	20.25	9.62	24.06	0.50	1.04	2.54
1374	美阳永续成长	9.98	7.09	3.29*	8.13	3.61	8.94	1.03	2.32	6.81
1375	森旭资产—前瞻 21 号	9.98	7.37	1.19	14.58	10.26	15.77	0.62	1.21	3.53
1376	玄元定增 1 号	9.97	6.50	0.94	16.86	8.32	18.73	0.56	1.13	3.25
1377	睿璞投资—睿劢—聚力 1 号	9.97	20.84	2.61*	19.58	10.23	41.79	0.51	0.97	1.45
1378	源和稳健成长 1 号	9.96	20.38	2.11*	22.43	12.43	35.31	0.47	0.89	1.24
1379	领颐成长	9.96	0.62	0.06	22.98	10.94	29.12	0.45	1.28	2.23
1380	泓澄投资	9.95	17.58	2.25*	22.42	12.26	39.92	0.47	0.86	1.52
1381	笃道 1 期	9.95	2.84	0.64	11.46	3.59	13.49	0.75	2.41	4.50
1382	宽奇平衡稳健 1 号	9.95	3.36	0.22	32.74	7.06	37.79	0.40	0.78	1.03

续表

编号	基金名称	年化收益率（%）	年化α（%）	t（α）	年化波动率（%）	年化下行风险（%）	最大回撤率（%）	夏普比率	索丁诺比率	收益—最大回撤比率
1383	佳和精选 1 号	9.94	9.81	2.00*	16.71	26.62	34.36	0.56	1.16	3.31
1384	集元-祥瑞 1 号	9.93	−8.96	−0.38	52.79	27.88	73.21	0.41	0.78	0.83
1385	兴识乾坤 1 号	9.93	8.12	1.65*	11.63	5.44	10.14	0.74	1.59	5.97
1386	以太投资价值 1 号	9.93	13.64	1.39	19.17	14.91	22.09	0.51	0.98	1.82
1387	启元价值成长 2 号	9.92	6.19	1.99*	12.48	6.95	15.53	0.70	1.26	3.89
1388	汇升期权 1 号	9.92	4.15	1.13	6.59	0.99	2.34	1.24	8.29	25.84
1389	果实资本仁心回报 1 号	9.92	21.61	2.60*	23.57	20.56	42.86	0.45	0.90	1.33
1390	源乐晟-尊享晟世 2 号	9.92	9.21	1.26	23.13	14.42	55.33	0.46	0.89	0.91
1391	景林丰收	9.91	16.16	2.18*	21.55	13.78	31.88	0.48	0.96	1.60
1392	宽远价值成长 2 期	9.89	17.84	2.56*	17.75	9.80	29.33	0.54	0.97	2.05
1393	丹禾易嘉中国高端制造 3 号	9.89	13.87	1.74*	15.15	7.86	14.10	0.60	1.16	4.27
1394	榜样多策略对冲	9.88	9.72	1.58	17.97	10.28	30.66	0.53	1.05	2.81
1395	肥尾价值 5 号	9.85	12.33	1.67*	18.25	7.99	29.74	0.52	1.19	2.02
1396	中垦稳盈 1 号	9.83	3.64	0.63	10.99	3.97	10.21	0.77	2.14	5.86
1397	余粮 100	9.82	21.52	1.87*	25.16	11.71	18.75	0.43	0.93	3.19
1398	燃峰进取 3 号	9.81	13.57	1.20	26.22	13.54	23.19	0.43	0.83	2.57
1399	银万丰泽精选 1 号	9.80	6.57	1.48	12.34	6.32	14.23	0.70	1.37	4.19
1400	茂源资本-巴舍里耶 2 期	9.80	6.27	2.04*	5.76	2.63	5.69	1.40	3.06	10.47
1401	方诚量化福杯满溢 1 号	9.79	4.77	0.78	10.74	6.52	9.29	0.78	1.88	3.95

续表

编号	基金名称	年化收益率（%）	年化α（%）	t（α）	年化波动率（%）	年化下行风险（%）	最大回撤率（%）	夏普比率	索丁诺比率	收益—最大回撤比率
1402	道谊稳健	9.79	8.96	1.29	18.93	16.16	33.55	0.51	1.10	3.40
1403	九霄龙军共赢 1 号	9.79	11.39	1.22	18.51	9.94	36.68	0.52	0.96	1.62
1404	悟空对冲量化 11 期	9.77	10.08	1.75*	16.22	8.53	27.80	0.56	1.07	2.14
1405	汉和资本 1 期	9.77	14.63	2.04*	18.40	10.34	31.75	0.52	0.92	1.87
1406	信璞投资一琢钰 100	9.77	24.70	2.24*	25.05	15.57	23.19	0.43	0.95	1.60
1407	师之盈成长 1 号	9.77	11.67	1.78*	20.50	11.97	28.34	0.48	0.83	2.09
1408	中睿合银精选 1 号	9.76	-16.93	-1.27	31.23	11.76	48.77	0.39	1.04	1.22
1409	陆宝成全兴盛新三板	9.76	3.27	0.44	17.39	7.15	21.11	0.53	1.29	2.81
1410	炫奕成长 3 期	9.75	-4.53	-0.32	36.09	15.52	46.00	0.39	0.90	1.29
1411	谷乔 1 号	9.75	2.13	0.24	20.14	3.62	20.61	0.49	0.85	1.39
1412	博瑞量化进取 1 号	9.74	14.04	2.16*	17.17	9.57	24.76	0.54	0.97	2.39
1413	汇升共盈尊享	9.72	8.85	3.73*	5.99	3.10	7.66	1.33	2.58	7.70
1414	旭鑫价值成长 2 期	9.71	-2.20	-0.42	11.07	3.12	7.80	0.76	2.69	7.56
1415	瑞智精选成泉汇涌 9 期	9.71	-3.63	-0.32	23.00	15.70	23.58	0.45	0.91	1.74
1416	巨骄 1 号	9.71	3.53	0.37	21.51	12.01	19.83	0.46	0.95	1.71
1417	东方先进制造优选	9.70	19.31	2.09*	20.63	10.73	45.26	0.48	0.92	1.30
1418	华量华夏未来 3 号	9.70	9.03	1.22	18.84	19.47	36.73	0.50	1.05	1.50
1419	博翰 1 号	9.70	21.75	1.53	28.95	9.47	47.46	0.41	0.79	0.87
1420	燃峰平和 1 号	9.69	11.73	0.94	27.49	14.66	25.45	0.42	0.78	2.31

续表

编号	基金名称	年化收益率（%）	年化 α（%）	t（α）	年化波动率（%）	年化下行风险（%）	最大回撤率（%）	夏普比率	索丁诺比率	收益—最大回撤比率
1421	明德 1 号（深圳）	9.68	2.87	0.31	22.14	11.21	23.80	0.46	0.90	2.47
1422	谷乔 2 号	9.67	-4.27	-0.55	15.94	9.69	19.10	0.57	0.93	3.07
1423	德毅创新	9.66	11.70	0.87	30.69	16.82	46.50	0.40	0.74	1.26
1424	熙山稳健成长 6 号	9.65	-8.84	-1.02	22.06	9.95	39.67	0.46	1.01	1.48
1425	天生桥 2 期	9.64	17.17	2.05*	18.45	11.26	28.24	0.51	1.01	1.53
1426	因诺天机 18 号	9.64	2.07	0.49	9.48	5.20	13.30	0.86	1.57	4.39
1427	陆宝点金精选	9.63	7.05	1.36	12.34	12.05	12.46	0.69	1.44	5.17
1428	金蕴 56 期（恒复）	9.63	13.10	1.50	25.79	15.54	41.12	0.43	0.71	1.42
1429	文储广建元	9.63	14.22	1.51	17.32	14.24	12.64	0.53	1.27	2.73
1430	立名古戈尔 3 号	9.62	-8.65	-0.60	28.04	14.04	28.72	0.41	0.82	2.03
1431	家族慈善 7 号	9.61	7.30	0.43	40.69	9.82	54.47	0.39	0.71	1.21
1432	日出瑞成系列 1 号	9.61	20.06	1.93*	24.75	8.96	39.55	0.43	0.76	1.36
1433	朋锦金石织阳	9.60	3.33	1.05	5.84	2.22	6.48	1.35	3.55	8.98
1434	守正	9.60	18.16	2.15*	22.72	11.62	37.82	0.45	0.88	1.54
1435	巡洋精选 1 号	9.60	7.99	1.88*	10.59	5.60	19.03	0.78	1.47	3.05
1436	国睿稳健 1 期	9.59	2.27	0.38	14.13	6.90	27.60	0.61	1.26	2.10
1437	志路亿捷稳盈 1 号	9.58	2.09	0.36	11.57	5.65	13.54	0.72	1.47	4.29
1438	东源嘉盈成长 1 号	9.57	14.90	1.05	27.13	10.22	44.98	0.41	1.08	1.29
1439	诺优逆向价值精选	9.55	14.10	3.25*	14.39	8.78	15.61	0.60	1.21	3.40

续表

编号	基金名称	年化收益率（%）	年化 α（%）	t（α）	年化波动率（%）	年化下行风险（%）	最大回撤率（%）	夏普比率	索丁诺比率	收益—最大回撤比率
1440	京港伟业瑞泽	9.55	11.74	1.12	26.24	11.78	56.12	0.42	0.93	1.03
1441	进化论 FOF3 号	9.54	6.23	1.29	11.64	6.26	18.97	0.71	1.33	3.04
1442	平安蔺鼎景林景安 5 期	9.53	25.49	2.11*	27.64	15.03	55.71	0.41	0.76	1.04
1443	鼎萨一凡	9.53	0.44	0.06	26.39	10.43	39.07	0.42	0.78	1.45
1444	开宝 2 期	9.53	7.94	1.44	18.06	10.78	27.87	0.51	0.94	1.94
1445	臻航价值致远	9.52	17.41	2.25*	18.93	2.92	27.00	0.50	0.94	3.42
1446	领星九坤市场中性	9.51	2.58	0.79	6.44	3.09	6.00	1.21	2.53	9.58
1447	九章幻方量化对冲 3 号	9.51	1.76	0.44	8.27	4.84	18.40	0.96	1.65	3.12
1448	德毅恒升	9.51	11.98	0.89	31.82	8.23	41.73	0.40	0.68	1.51
1449	长盈稳进	9.51	6.65	1.54	13.58	6.88	19.82	0.63	1.24	2.90
1450	久银金沙 28 号	9.50	2.89	0.40	15.25	7.88	14.75	0.57	1.11	3.89
1451	拾贝投资 8 号	9.50	9.17	1.62	16.66	10.03	16.77	0.54	1.05	2.46
1452	万利富达 FOF	9.50	15.28	1.29	23.03	11.79	36.18	0.44	0.86	1.59
1453	景林景安优选 3 期	9.50	25.46	2.11*	27.66	15.06	55.80	0.41	0.75	1.03
1454	溢鎏 1 号	9.49	-7.50	-1.13	15.72	8.29	16.13	0.56	1.06	3.55
1455	旭鑫价值成长 1 期	9.48	-2.98	-0.61	10.78	3.18	6.18	0.75	2.56	9.27
1456	金铸 5 号	9.48	4.20	2.72*	3.48	0.88	1.74	2.20	8.70	32.98
1457	重阳目标回报 1 期	9.47	10.68	2.20*	14.93	8.17	20.39	0.58	1.15	1.54
1458	新动力远澜梧桐 1 号	9.47	12.24	1.26	19.72	13.54	26.83	0.48	0.97	2.46

续表

编号	基金名称	年化收益率（%）	年化 α（%）	t（α）	年化波动率（%）	年化下行风险（%）	最大回撤率（%）	夏普比率	索丁诺比率	收益—最大回撤比率
1459	泰和长兴 1 期	9.46	9.29	1.24	19.37	6.86	38.04	0.49	0.94	1.36
1460	鸿道 1 期	9.45	4.92	0.34	28.13	14.59	51.05	0.41	0.78	1.12
1461	彬元价值 1 号	9.45	7.14	1.01	19.57	12.78	45.98	0.48	0.98	1.44
1462	混沌天成－澜熙稳健 2 号	9.44	20.08	1.87*	19.28	14.36	21.64	0.47	1.65	5.73
1463	鑫源 1 号（元富源投资）	9.44	6.53	0.87	20.49	9.77	21.38	0.47	0.98	2.67
1464	榕树文明复兴 5 期	9.44	8.50	0.79	26.70	12.61	51.18	0.41	0.87	1.11
1465	益盟财富 1 期	9.44	5.64	0.69	25.76	17.71	31.24	0.42	0.86	1.46
1466	云天志太平山 1 号	9.44	21.20	1.54	27.67	15.42	53.33	0.41	0.73	1.07
1467	泽泉景渤财富	9.43	3.24	0.32	22.14	8.31	21.00	0.44	1.03	3.43
1468	赫富对冲 1 号	9.43	0.63	0.13	9.68	3.91	9.68	0.82	2.04	5.88
1469	兴聚 1 期	9.42	10.73	2.38*	12.82	6.03	23.80	0.65	1.38	2.39
1470	仓红 3 号见龙在田	9.42	−16.94	−1.44	26.77	10.46	38.29	0.40	1.05	1.88
1471	万霁宏远 3 号	9.41	17.28	1.53	27.26	11.82	45.97	0.41	0.89	1.72
1472	滨利价值尊享 1 号	9.41	25.47	1.62	35.97	18.21	50.79	0.38	0.75	1.12
1473	泓澄优选	9.40	16.99	2.13*	22.65	11.59	40.88	0.44	0.80	1.85
1474	中邮永安钱塘致胜 1 号	9.40	9.00	3.20*	5.72	2.46	4.53	1.34	3.12	12.52
1475	中教成长 1 号	9.39	19.44	1.60	28.02	14.44	45.00	0.40	0.78	1.26
1476	胡杨韵动 1 期	9.37	9.75	1.85*	13.25	6.07	9.40	0.63	1.37	6.01
1477	瑞霖 1 号	9.36	33.36	1.44	49.84	26.71	68.84	0.40	0.74	0.82

续表

编号	基金名称	年化收益率 (%)	年化 α (%)	t (α)	年化波动率 (%)	年化下行风险 (%)	最大回撤率 (%)	夏普比率	索丁诺比率	收益—最大回撤比率
1478	磐耀蓁博睿	9.36	-0.10	-0.02	18.27	9.89	30.33	0.50	0.92	1.86
1479	通利进取 1 号	9.35	13.44	1.42	20.24	10.04	25.28	0.47	0.94	2.23
1480	博孚利聚强 2 号 FOF	9.35	9.44	1.89*	8.97	3.61	9.46	0.88	2.17	5.95
1481	恒复利享 1 号	9.34	10.41	1.00	30.95	13.91	47.82	0.39	0.70	1.37
1482	方德隆行大方 1 号	9.33	10.43	1.19	18.78	11.00	12.14	0.48	1.17	2.28
1483	晋元 TOT	9.33	-1.36	-0.20	13.66	10.67	22.62	0.61	1.26	3.25
1484	沃霖玄武 3 号	9.33	-5.27	-1.15	11.06	3.64	14.85	0.73	2.20	3.78
1485	元 1 号	9.32	-4.44	-0.37	22.07	10.45	35.49	0.44	0.93	1.58
1486	卓铸价值精选 1 号	9.32	36.91	2.83*	29.56	7.51	56.07	0.39	0.80	1.62
1487	鼎尚 1 号	9.31	7.75	0.39	38.22	8.37	43.87	0.37	0.86	2.43
1488	展弘量化套利 1 号	9.30	9.04	2.64*	6.00	2.62	4.76	1.27	2.90	11.77
1489	九轩全景对冲元亨 1 号	9.30	7.05	1.46	8.47	3.42	6.61	0.92	2.27	8.47
1490	私募工场对冲生君利稳健	9.29	13.78	2.09*	15.87	10.34	33.96	0.54	1.09	2.64
1491	泰润 1 号	9.29	17.35	1.09	32.44	16.95	36.54	0.39	0.74	1.53
1492	浤清精选 2 号	9.28	7.23	2.20*	7.76	6.27	8.92	0.99	1.71	6.07
1493	禾永精选 2 号	9.27	1.22	0.19	12.53	7.17	16.47	0.65	1.14	3.39
1494	映山红红中欧	9.27	5.32	0.56	20.27	7.64	22.40	0.46	1.22	2.49
1495	红五星	9.27	-1.00	-0.24	10.40	5.16	13.47	0.76	1.54	4.14
1496	久富 13 期	9.27	4.94	0.58	22.78	12.39	43.34	0.44	0.80	1.29

续表

编号	基金名称	年化收益率（%）	年化 α（%）	t（α）	年化波动率（%）	年化下行风险（%）	最大回撤率（%）	夏普比率	索丁诺比率	收益—最大回撤比率
1497	泓顺基石	9.26	-2.65	-0.29	21.31	10.38	38.68	0.45	0.91	1.35
1498	远澜雪松	9.26	8.74	2.59*	6.02	1.72	4.30	1.26	4.41	12.97
1499	拾贝精选 1 期	9.24	9.58	1.92*	15.78	9.65	16.21	0.54	1.03	2.48
1500	展弘稳选 1 号	9.24	6.58	8.23*	1.64	0.08	0.04	4.50	89.39	1 525.34
1501	平方和量化对冲 1 号	9.22	1.93	0.31	11.32	6.54	13.45	0.71	1.22	4.12
1502	致君日月星 1 号	9.21	7.83	1.00	18.28	7.94	29.13	0.49	1.09	1.65
1503	华银健成长 1 号	9.21	0.73	0.09	18.62	7.32	31.11	0.48	0.99	2.02
1504	高毅世宏 1 号赋余 5 号	9.21	15.82	2.10*	19.22	9.38	30.61	0.47	1.01	2.00
1505	瑞径稳健进取 1 号	9.20	8.25	1.31	10.96	6.85	13.08	0.72	1.42	4.53
1506	天谷至诚 3 号	9.20	-2.29	-0.19	28.28	15.24	38.65	0.40	0.74	1.43
1507	重阳对冲 2 号	9.20	9.87	1.77*	16.19	12.24	19.68	0.53	1.08	2.56
1508	银帆 3 期	9.19	-5.07	-0.44	22.69	11.33	31.22	0.43	1.09	2.68
1509	巴罗稳健 1 号	9.18	5.84	1.04	13.12	5.91	11.21	0.62	1.38	4.92
1510	泓大股票增强 1 号	9.17	0.30	0.05	17.47	9.31	18.42	0.50	0.94	2.99
1511	汇升稳进 1 号	9.17	13.98	2.44*	18.01	10.15	29.49	0.49	0.88	1.87
1512	明河清源 1 号	9.17	14.66	2.29*	15.07	7.61	14.80	0.56	1.11	3.72
1513	澜钰 1 号	9.16	21.55	2.29*	22.61	12.49	46.31	0.43	0.79	1.19
1514	紫荣鸣石 18 号	9.16	0.48	0.11	9.60	4.50	11.97	0.81	1.72	4.59
1515	国富百香	9.16	-3.90	-0.77	13.61	7.08	16.52	0.60	1.16	3.33

续表

编号	基金名称	年化收益率（%）	年化α（%）	t（α）	年化波动率（%）	年化下行风险（%）	最大回撤率（%）	夏普比率	索丁诺比率	收益—最大回撤比率
1516	道谊红杨	9.15	8.24	1.10	20.90	10.57	40.66	0.45	0.91	1.44
1517	大禾投资－掘金 21 号	9.15	32.88	2.17*	31.28	16.93	53.11	0.38	0.71	0.56
1518	航长常春藤 3 号	9.14	-5.22	-0.64	17.43	7.09	14.13	0.50	1.23	3.88
1519	珺容锐远 1 号	9.13	2.21	0.28	18.90	11.78	46.96	0.48	0.97	2.15
1520	鸿通 2 号量化稳健增长	9.13	3.99	0.79	16.39	8.83	20.60	0.52	0.92	1.35
1521	通利进取 2 号	9.11	11.41	1.14	21.54	9.04	27.31	0.44	1.01	1.81
1522	宁聚量化稳增 1 号	9.11	14.18	1.08	27.44	12.89	38.66	0.40	0.65	0.84
1523	鼎锋成长 3 期	9.10	9.92	1.14	16.10	10.33	23.18	0.53	1.40	3.24
1524	远策逆向思维	9.09	8.14	1.23	18.99	10.80	32.01	0.47	0.83	1.70
1525	慧安浙商家族 3 号	9.06	12.18	0.76	27.43	4.55	27.12	0.40	0.76	1.65
1526	青花蓝海	9.06	4.55	1.03	12.34	6.60	15.05	0.64	1.20	3.61
1527	金锝 6 号	9.05	4.24	2.86*	3.21	0.93	2.21	2.26	7.79	24.60
1528	鼎实 FOF7 期	9.05	8.63	3.43*	6.44	2.51	6.12	1.15	2.94	8.85
1529	稻贞 1 号	9.03	-11.94	-1.56	18.04	18.85	29.33	0.48	1.17	2.77
1530	湿屹松鹤 1 号	9.03	-9.12	-0.51	35.99	15.16	43.86	0.36	0.86	1.23
1531	厚山 1 号	9.03	18.33	2.01*	20.00	11.25	18.46	0.46	0.81	2.93
1532	希格斯沪深 300 单利宝 1 号	9.02	4.12	2.25*	3.31	1.04	1.77	2.18	6.95	30.45
1533	毕盛狮惠	9.02	14.38	1.98*	17.64	9.15	24.96	0.49	0.95	2.16
1534	滚雪球 1 号（201502）	9.01	12.57	1.99*	15.18	6.98	22.41	0.54	1.19	2.41

续表

编号	基金名称	年化收益率（%）	年化 α（%）	t（α）	年化波动率（%）	年化下行风险（%）	最大回撤率（%）	夏普比率	索丁诺比率	收益—最大回撤比率
1535	鸿道国企改革	9.00	0.92	0.05	32.42	12.47	60.12	0.40	0.61	1.04
1536	宁聚量化精选	8.99	9.68	0.95	22.38	14.92	36.96	0.44	0.65	1.46
1537	和信价值 1 号	8.99	-3.19	-0.34	25.97	8.32	45.83	0.40	0.80	1.20
1538	信弘龙腾稳健 1 号	8.97	7.08	3.50*	4.66	2.26	2.81	1.55	3.20	19.10
1539	致同宝盈	8.96	4.96	2.08*	4.41	1.81	4.55	1.64	3.99	11.78
1540	新睿驰飞 1 号	8.95	6.84	1.35	13.45	7.18	18.59	0.59	1.11	2.88
1541	寰宇 5 号	8.95	8.33	0.86	18.63	10.33	32.33	0.47	0.85	1.65
1542	逸杉佑鸿稳健	8.94	7.26	0.94	22.91	10.54	27.07	0.42	0.85	1.59
1543	懋峰 1 号	8.94	11.23	1.02	25.69	13.09	22.91	0.40	0.78	2.33
1544	智道价值成长 1 号	8.93	36.76	1.31	56.71	25.48	65.93	0.37	0.83	0.81
1545	致远 22 号	8.92	1.49	0.55	5.38	2.63	4.55	1.34	2.75	11.73
1546	源和复利回报 1 号	8.92	19.65	2.00*	22.23	12.31	37.93	0.43	0.77	1.40
1547	锋滔量化择时 1 号	8.91	1.67	0.31	16.06	8.68	25.30	0.52	0.96	2.10
1548	云梦泽—诗股票行业精选	8.90	-2.36	-0.24	24.94	11.25	36.80	0.40	0.84	1.36
1549	鑫兰瑞	8.88	-11.53	-1.35	22.77	7.55	43.18	0.41	1.12	1.43
1550	平方和信享	8.88	3.22	1.02	6.10	2.56	5.48	1.18	2.82	9.67
1551	艾方全天候 2 号	8.88	4.93	1.86*	4.86	1.75	5.03	1.47	4.08	10.53
1552	小强中国梦 2 号	8.86	-10.62	-1.99	15.43	11.90	16.67	0.53	1.17	3.30
1553	中枢尊享 1 号	8.86	-1.42	-0.08	36.45	10.34	52.68	0.35	0.74	2.13

续表

编号	基金名称	年化收益率（%）	年化 α（%）	t（α）	年化波动率（%）	年化下行风险（%）	最大回撤率（%）	夏普比率	索丁诺比率	收益—最大回撤比率
1554	神农大极	8.86	9.70	0.62	38.47	18.06	57.69	0.36	0.77	0.83
1555	远澜苍松 1 号	8.85	16.04	0.52	54.14	8.81	45.76	0.33	0.85	2.23
1556	汇远量化定增 1 期	8.84	11.59	1.13	25.81	14.01	46.95	0.40	0.73	1.12
1557	骏旭稳健发展 1 期	8.84	15.75	2.51*	16.08	11.96	12.54	0.51	1.17	3.60
1558	桥睿 661	8.83	-0.24	-0.04	12.01	6.35	15.10	0.64	1.21	3.49
1559	盈阳资产 38 号	8.83	4.61	0.60	17.52	9.70	22.41	0.48	0.87	2.35
1560	丁雪球	8.82	33.31	2.59*	30.56	19.16	64.81	0.38	0.66	0.79
1561	臻博睿核心	8.82	5.06	0.79	12.00	12.65	16.62	0.64	1.38	5.21
1562	元品万象	8.81	-3.88	-0.22	37.48	13.78	60.30	0.37	0.69	1.21
1563	天宝云中燕 4 期	8.80	3.25	1.72*	3.61	0.71	1.46	1.95	9.87	35.94
1564	合利信旭日东升成长 2 号	8.80	25.54	1.82*	29.05	15.55	51.38	0.38	0.75	1.08
1565	永发投资稳健进取 2 期	8.79	9.88	1.49	16.34	9.50	26.60	0.51	0.87	1.97
1566	瑞民策略精选优势	8.79	17.99	1.68*	27.42	12.28	46.42	0.39	0.68	1.25
1567	道谊稳赢	8.78	5.77	0.81	20.81	9.67	44.97	0.43	0.93	1.16
1568	新方程清和泉	8.78	4.21	0.45	24.98	14.63	48.87	0.40	0.75	1.02
1569	多盈 2 号	8.78	12.52	3.10*	12.47	6.59	14.88	0.62	1.17	3.51
1570	辉毅 4 号	8.77	8.15	4.61*	3.43	1.50	3.74	2.04	4.67	13.96
1571	私募工场明资道 1 期	8.76	18.97	2.23*	22.05	14.47	28.19	0.42	0.80	1.00
1572	民晟红鹭 3 号	8.76	3.03	0.37	17.91	13.45	36.54	0.47	1.12	3.26

续表

编号	基金名称	年化收益率（%）	年化α（%）	t（α）	年化波动率（%）	年化下行风险（%）	最大回撤率（%）	夏普比率	索丁诺比率	收益—最大回撤比率
1573	广润聚宝益 1 号	8.75	33.24	3.83*	25.50	14.19	36.21	0.40	0.70	0.89
1574	庐雍优势成长 7 号 5 期	8.74	9.15	0.92	21.50	17.13	33.67	0.43	0.77	1.30
1575	天岸马持续成长	8.73	13.59	1.46	23.14	12.29	30.02	0.41	0.77	1.73
1576	东方港湾三方	8.73	15.78	1.34	23.27	11.64	51.25	0.41	0.82	1.01
1577	少数派 8 号	8.71	14.87	1.87*	18.04	13.83	32.92	0.47	0.85	2.09
1578	桥睿 881	8.70	1.24	0.32	7.49	3.37	12.12	0.95	2.12	4.27
1579	盛冠达试金石 3 号	8.70	4.25	1.42	5.34	2.23	4.53	1.31	3.15	11.44
1580	知几扬帆 2 号	8.70	15.99	1.25	28.04	14.59	27.82	0.38	0.73	1.86
1581	中闽产业增强 1 号	8.68	-12.51	-0.54	46.46	8.16	55.62	0.35	0.89	2.58
1582	弥加 2 号	8.67	12.38	1.26	21.97	11.66	38.23	0.42	0.79	1.35
1583	擎天普瑞明 2 号	8.67	8.40	1.16	16.39	10.63	38.10	0.50	0.92	2.24
1584	华法中国价值	8.66	1.31	0.12	26.82	13.84	48.86	0.38	0.74	1.05
1585	尚信健投稳进 1 号	8.65	12.79	1.34	23.52	11.83	37.76	0.40	0.84	1.44
1586	乾德 1 号	8.64	-1.18	-0.08	28.00	12.72	41.35	0.38	0.76	1.19
1587	新方程大类配置	8.63	5.95	2.86*	5.89	2.99	5.92	1.19	2.34	8.66
1588	广金恒富 2 号	8.62	3.44	0.67	12.02	12.67	21.62	0.62	1.55	4.48
1589	基石价值发现 1 号	8.60	0.35	0.01	47.54	18.88	41.45	0.34	0.87	1.23
1590	新方程巨杉	8.60	14.46	2.44*	13.42	6.81	15.17	0.57	1.12	3.36
1591	鼎实 FOF2 期	8.58	8.15	3.30*	6.29	2.16	6.11	1.10	2.78	8.29

续表

编号	基金名称	年化收益率（%）	年化α（%）	t（α）	年化波动率（%）	年化下行风险（%）	最大回撤率（%）	夏普比率	索丁诺比率	收益—最大回撤比率
1592	新活力共赢	8.58	0.10	0.01	21.02	10.53	46.07	0.42	0.84	1.11
1593	久富 17 期	8.57	2.45	0.35	21.30	12.28	38.96	0.42	0.73	1.31
1594	平凡悟鑫	8.57	3.17	1.28	4.68	0.74	1.03	1.46	9.23	49.53
1595	中睿合银泰势 1 号	8.57	-13.02	-1.49	21.40	6.24	41.45	0.41	0.99	1.13
1596	致君凌云	8.57	18.52	2.45*	19.75	11.01	35.93	0.44	0.79	1.41
1597	东方嘉富兴泽 1 号	8.56	4.29	0.56	20.14	10.25	45.60	0.43	0.85	1.11
1598	森瑞药神 3 号	8.56	10.12	0.79	25.92	14.15	50.63	0.39	0.71	1.00
1599	TOP30 对冲母基金 1 号	8.55	5.97	1.92*	9.71	4.23	13.82	0.74	1.70	3.67
1600	泰和天工 1 期	8.55	8.34	1.14	19.05	10.26	39.49	0.45	0.83	1.28
1601	信成金合稳盈 1 号	8.55	8.15	1.68*	13.45	7.41	15.69	0.57	1.03	3.23
1602	中国龙进取	8.55	7.03	1.62	12.75	6.29	17.45	0.59	1.20	2.90
1603	卓泰 6 号	8.54	7.96	1.03	23.21	14.07	38.49	0.41	0.67	1.32
1604	棱镜 1 号	8.53	1.73	0.23	19.49	11.91	22.24	0.44	0.72	2.27
1605	永禧 FOF1 号	8.53	7.33	1.39	10.69	4.23	17.12	0.68	1.72	2.95
1606	尊享 2 期	8.52	-11.04	-1.00	26.57	13.62	23.48	0.38	0.74	2.15
1607	云君山海 1 号	8.52	1.83	0.21	21.69	11.32	31.80	0.41	0.85	1.98
1608	九霄稳健 3 号	8.51	13.03	1.43	17.56	5.43	36.25	0.47	0.83	1.32
1609	领路金稳盈 3 号	8.51	14.15	1.36	24.66	13.99	42.56	0.39	0.76	1.24
1610	凯洲寻梦启航 1 号	8.51	17.35	1.47	26.21	13.93	41.31	0.38	0.72	1.22

编号	基金名称	年化收益率（%）	年化 α（%）	t（α）	年化波动率（%）	年化下行风险（%）	最大回撤率（%）	夏普比率	索丁诺比率	收益—最大回撤比率
1611	拾贝尊享 D 期	8.51	5.74	1.27	14.59	7.88	13.93	0.53	0.98	3.62
1612	中睿合策略精选系列 A 号	8.49	-8.04	-0.95	21.92	8.81	46.77	0.41	1.01	1.08
1613	清和泉成长 2 期	8.49	3.77	0.42	24.52	13.14	49.68	0.39	0.73	1.21
1614	新财富中鹰云溪 1 号	8.47	-7.80	-0.54	33.12	16.07	56.53	0.36	0.74	0.89
1615	赫富 1 号	8.47	2.65	0.81	7.20	4.14	11.49	0.96	1.67	4.36
1616	航长鹰眼 2 号	8.47	10.72	1.23	16.75	9.68	28.15	0.48	0.83	1.78
1617	穿石年轮	8.47	5.10	0.55	20.24	8.96	34.75	0.43	0.81	1.39
1618	旭鑫稳健成长 1 期	8.47	-3.52	-0.74	10.56	6.58	7.90	0.68	2.17	6.14
1619	厚生彬鹏 1 期	8.46	11.17	1.98*	17.59	44.98	27.63	0.46	0.99	-0.50
1620	泓澄稳健	8.46	14.50	1.87*	22.44	12.62	44.97	0.41	0.72	1.11
1621	君悦安新 1 号	8.41	13.38	1.90*	14.44	13.17	17.48	0.53	1.28	2.65
1622	乘风 2 号	8.41	12.49	1.55	21.94	11.29	21.58	0.41	0.79	2.30
1623	中珏步步高量化 1 号	8.40	3.28	0.36	22.51	9.92	52.62	0.40	0.85	1.57
1624	宽远价值成长 2 期诺亚专享 1 号	8.39	16.99	2.45*	17.88	9.34	30.91	0.46	0.81	1.35
1625	翼虎成长 7 期	8.39	15.14	1.66*	20.61	11.62	39.23	0.42	0.74	1.26
1626	翼虎成长 18 期	8.39	15.94	1.85*	19.58	5.67	36.07	0.43	0.75	2.49
1627	同威阿基米德 1 号	8.38	14.10	0.72	39.79	18.21	59.60	0.35	0.77	0.92
1628	安值福慧 1 号	8.38	5.18	1.36	6.90	2.72	5.25	0.99	2.50	9.43
1629	衍航 1 号	8.38	-1.65	-0.28	12.58	4.50	19.79	0.58	1.63	2.50

续表

编号	基金名称	年化收益率（%）	年化α（%）	t（α）	年化波动率（%）	年化下行风险（%）	最大回撤率（%）	夏普比率	索丁诺比率	收益—最大回撤比率
1630	智诚 16 期	8.37	19.77	1.77*	24.85	12.60	40.77	0.39	0.73	1.28
1631	安进 13 期壹心对冲 1 号	8.36	1.50	0.39	7.28	3.49	9.78	0.94	1.96	5.05
1632	橡子树 2 号	8.36	12.36	1.77*	19.02	9.87	33.76	0.44	0.84	1.30
1633	辉睿 1 号	8.35	0.41	0.09	14.20	10.01	21.21	0.53	1.31	4.61
1634	民森 M 号	8.35	5.46	0.64	18.04	8.82	32.11	0.45	0.92	1.54
1635	富乐源 1 号	8.35	16.59	1.81*	23.86	22.45	41.96	0.39	0.71	1.07
1636	青云专享 1 号	8.34	15.44	2.26*	14.07	8.05	18.91	0.53	0.93	2.60
1637	永望复利成长 1 号	8.34	-18.51	-1.75	32.82	11.96	52.66	0.35	0.77	0.79
1638	千惠云航 1 号	8.33	9.36	2.78*	6.70	2.76	11.58	1.01	2.44	4.25
1639	诚朴息壤 1 号	8.32	37.65	2.11*	43.48	8.66	69.93	0.37	0.64	1.17
1640	海棠 1 号	8.31	17.11	0.55	58.77	26.30	53.65	0.37	0.83	0.91
1641	否极泰 3 期	8.31	1.12	0.06	41.50	17.88	44.24	0.34	0.79	1.11
1642	股票价值鼎实 13 号	8.30	9.11	2.58*	10.66	5.31	16.64	0.66	1.33	2.94
1643	巴富罗值臻选 1 号	8.28	2.76	0.20	34.66	17.89	52.80	0.35	0.68	0.93
1644	星纪向日葵	8.28	23.16	1.84*	34.38	17.32	54.20	0.35	0.70	0.90
1645	九霄华睿 1 号	8.28	17.02	1.61	21.58	25.61	41.65	0.41	0.64	0.70
1646	坤钰天真 FOF1 号	8.27	10.71	2.21*	13.13	21.56	23.27	0.56	1.01	3.42
1647	辰阳初心	8.27	-0.75	-0.23	6.57	2.53	3.75	1.02	2.64	13.00
1648	睿璞投资-睿琨-卓享 2 号	8.26	19.17	2.67*	19.23	10.02	35.91	0.43	0.82	1.36

续表

编号	基金名称	年化收益率（%）	年化α（%）	t（α）	年化波动率（%）	年化下行风险（%）	最大回撤率（%）	夏普比率	索丁诺比率	收益—最大回撤比率
1649	林园投资 41 号	8.26	23.44	2.11*	25.11	2.55	40.08	0.38	0.73	2.35
1650	厚生明启 2 号	8.25	10.10	2.20*	8.28	6.61	10.32	0.82	1.90	4.00
1651	山带正朗行业	8.25	5.32	1.66*	14.81	7.86	18.52	0.51	0.96	2.63
1652	源乐晟·嘉享晟世 6 号	8.25	9.14	1.25	22.36	11.68	52.43	0.40	0.76	0.93
1653	志路亿捷迅盈 1 号	8.22	5.88	0.73	14.84	7.35	23.93	0.50	1.02	2.02
1654	忠路龙腾 2 号	8.22	17.40	2.45*	18.47	15.04	22.06	0.44	0.77	0.94
1655	鼎业进取	8.21	14.76	1.19	23.85	13.16	37.74	0.39	0.73	1.01
1656	海之源希望国际	8.21	4.21	0.32	27.18	21.67	48.15	0.37	0.76	0.59
1657	乐道成长优选 2 号 A 期	8.20	10.14	2.03*	16.29	12.17	29.76	0.47	0.92	2.23
1658	鲤鱼门稳健	8.18	20.71	1.70*	27.96	12.31	53.65	0.36	0.73	1.58
1659	华信家族资产管理 2 号	8.17	10.05	1.08	22.16	9.46	23.29	0.39	0.92	2.07
1660	坤德永盛 1 期	8.17	8.41	1.06	20.92	17.40	44.10	0.41	0.74	1.00
1661	同创佳业沪港深精选	8.16	-3.48	-0.73	15.02	13.63	34.51	0.50	1.00	2.20
1662	宁聚事件驱动 1 号	8.15	19.12	1.22	29.86	12.97	44.50	0.35	0.81	1.08
1663	新方程星动力 S7 号	8.14	13.37	3.17*	14.92	7.69	26.24	0.50	0.97	1.82
1664	艺蓝投资私募学院菁英 301 号	8.13	6.59	1.11	16.13	7.76	19.89	0.47	0.83	1.31
1665	师之宏	8.13	11.11	1.55	21.07	12.39	33.18	0.41	0.69	1.44
1666	开宝 1 期	8.13	5.34	0.60	17.01	11.18	21.76	0.46	0.89	1.77
1667	诚盛 1 期	8.13	7.31	1.88*	10.91	5.50	20.44	0.63	1.26	2.34

续表

编号	基金名称	年化收益率(%)	年化α(%)	t(α)	年化波动率(%)	年化下行风险(%)	最大回撤率(%)	夏普比率	索丁诺比率	收益—最大回撤比率
1668	银河金汇东方港湾1号	8.12	10.30	1.00	21.72	11.65	47.98	0.40	0.74	1.00
1669	水交石成长1号	8.11	4.22	0.66	16.39	4.47	23.93	0.46	1.01	1.75
1670	舜耕天禾龙腾1号	8.10	1.54	0.20	14.41	2.81	10.24	0.50	2.57	4.65
1671	博恩光华6期	8.09	0.47	0.04	30.30	10.57	35.00	0.35	0.68	0.77
1672	悦达醴泉悦顺2号	8.09	11.48	1.55	13.09	3.28	8.14	0.54	2.15	5.84
1673	否极泰归德	8.08	13.39	0.73	37.96	17.36	43.64	0.34	0.75	1.09
1674	大元华元丰1号	8.08	7.12	0.43	29.18	20.86	34.87	0.35	0.80	1.27
1675	东方鼎泰2期	8.08	24.37	2.49*	20.66	12.16	34.13	0.41	0.69	1.39
1676	德胜独角兽3号	8.06	8.39	0.96	20.78	8.63	26.90	0.40	0.96	1.76
1677	抱朴2号(抱朴)	8.05	6.54	1.02	14.64	5.26	15.37	0.50	1.04	1.81
1678	易同精选1号	8.04	10.38	1.33	17.19	6.91	21.77	0.45	0.88	1.36
1679	东裕三和精选成长	8.03	6.58	1.04	16.34	13.11	27.34	0.46	0.91	1.61
1680	盈阳指数增强1号	8.03	22.20	1.95*	33.90	21.31	56.16	0.36	0.57	0.84
1681	私募学院菁英500号	8.03	13.19	2.27*	14.26	6.42	16.39	0.51	1.01	2.42
1682	睿信2期	8.01	2.51	0.33	15.68	8.45	20.17	0.47	0.88	2.33
1683	鹏石硕2号	8.00	4.33	0.78	15.36	10.44	24.25	0.48	1.14	4.11
1684	领星泓澄股票策略	7.99	16.84	1.97*	23.16	12.54	42.64	0.38	0.70	1.10
1685	成泉汇涌3期	7.97	-12.20	-1.05	26.93	13.55	25.64	0.36	0.71	1.82
1686	观富策略39号	7.97	7.67	1.32	16.30	18.96	30.60	0.46	0.88	1.47

续表

编号	基金名称	年化收益率（%）	年化 α（%）	t（α）	年化波动率（%）	年化下行风险（%）	最大回撤率（%）	夏普比率	索丁诺比率	收益—最大回撤比率
1687	修一长期价值 1 号梧桐 1 号	7.97	16.91	1.58	26.11	13.29	52.44	0.36	0.72	0.89
1688	鼎达对冲 2 号	7.97	15.75	2.20*	20.40	12.95	27.99	0.41	0.68	1.21
1689	智富 2 号（智富易投资）	7.97	6.78	0.55	24.53	12.96	40.44	0.37	0.70	1.15
1690	谦石 1 期	7.96	-2.84	-0.27	21.73	14.07	32.93	0.40	0.61	1.42
1691	通和量化对冲 6 期	7.96	12.32	1.41	18.48	8.60	17.87	0.42	0.91	2.61
1692	新时代智能量化 4 号	7.95	4.62	2.27*	3.90	1.06	1.25	1.60	5.91	37.40
1693	三才	7.95	76.74	1.88*	73.18	33.51	64.73	0.41	0.90	0.72
1694	华辉价值 20 号	7.94	29.00	1.27	46.90	19.26	60.38	0.34	0.82	0.77
1695	融璇价值 6 号	7.94	11.80	1.33	23.93	12.74	27.95	0.37	0.70	1.67
1696	天戈恒锐 1 号	7.92	3.76	1.58	4.64	1.43	3.01	1.35	4.37	15.41
1697	臣易综合策略 1 号	7.92	17.08	1.37	23.27	15.17	27.14	0.38	0.59	1.71
1698	平石 T5z 对冲	7.92	13.51	1.59	18.07	10.64	34.12	0.43	0.73	1.36
1699	新时代智能 3 号	7.91	4.28	2.34*	3.81	1.10	1.28	1.63	5.66	36.35
1700	金享精选策略	7.91	9.83	3.13*	5.51	3.06	4.27	1.14	2.06	10.84
1701	秋阳 8 期	7.91	2.18	0.36	16.92	21.23	20.72	0.44	0.85	1.15
1702	申毅格物 5 号	7.90	7.10	3.83*	3.59	1.86	3.72	1.72	3.33	12.43
1703	衍航 12 号	7.88	-7.77	-0.87	17.64	8.43	37.72	0.43	0.90	1.22
1704	卓进恒鑫灵活策略 1 号	7.88	3.93	0.59	13.92	12.25	19.43	0.51	0.90	1.80
1705	弘酬永秦	7.87	6.24	1.51	16.26	8.46	25.31	0.45	0.87	1.82

续表

编号	基金名称	年化收益率（%）	年化 α（%）	t（α）	年化波动率（%）	年化下行风险（%）	最大回撤率（%）	夏普比率	索丁诺比率	收益—最大回撤比率
1706	陆宝成全新三板 2 期	7.86	6.22	1.08	13.44	21.29	19.49	0.52	1.15	2.57
1707	鼎萨 3 期	7.86	-14.67	-0.87	33.99	17.24	46.12	0.34	0.67	1.00
1708	观复 1 号	7.86	3.90	0.45	20.89	8.25	27.76	0.39	0.86	2.71
1709	观富策略 1 号	7.84	7.75	1.17	16.95	7.79	35.08	0.44	0.96	1.31
1710	华银进取 3 期	7.84	-10.32	-0.81	27.52	4.92	36.30	0.35	0.75	2.02
1711	泰盈晟元 1 号	7.83	3.83	0.33	27.26	17.48	33.42	0.35	0.70	1.18
1712	源实—瑞鑫 1 号	7.82	3.27	0.15	37.76	17.51	58.17	0.34	0.66	0.81
1713	融圣和稳健 3 号	7.82	9.49	1.02	22.72	11.94	42.84	0.38	0.72	1.07
1714	睿信榜样对冲 1 号	7.80	9.36	1.42	17.96	9.34	33.71	0.42	0.81	1.35
1715	私募工场卓凯雷锋 2 期	7.80	33.36	1.97*	35.04	23.19	66.19	0.34	0.62	0.31
1716	东方鼎泰 5 期	7.80	21.57	2.07*	21.38	9.92	35.85	0.39	0.64	1.44
1717	硬资产 100	7.80	23.63	2.44*	22.44	10.56	18.96	0.37	0.80	2.40
1718	库内呼拉	7.79	17.65	2.32*	17.89	9.13	26.79	0.42	0.83	1.70
1719	榜样绩优	7.79	9.32	1.41	17.93	10.05	33.67	0.42	0.81	1.60
1720	忠石龙腾 1 号	7.78	14.38	1.91*	18.50	11.46	21.31	0.42	0.74	1.09
1721	天佑 1 期	7.77	4.11	0.78	10.52	4.86	25.74	0.62	1.35	1.76
1722	海之源同林成长	7.77	10.80	1.31	20.85	14.22	31.30	0.39	0.78	1.48
1723	开心宝 8 号	7.76	-0.47	-0.09	18.95	14.85	33.08	0.41	0.77	1.59
1724	寰宇精选收益之睿益 10 期	7.75	8.39	1.98*	7.40	3.88	8.96	0.85	1.61	5.05

续表

编号	基金名称	年化收益率（%）	年化α（%）	t（α）	年化波动率（%）	年化下行风险（%）	最大回撤率（%）	夏普比率	索丁诺比率	收益—最大回撤比率
1725	紫辉价值稳健1号	7.75	−4.96	−0.32	34.55	15.93	40.07	0.33	0.72	1.13
1726	连民1号	7.75	3.73	0.48	18.96	10.78	23.19	0.41	0.72	1.95
1727	易同增长1号	7.74	8.18	0.98	17.43	12.62	18.99	0.43	0.87	1.63
1728	私募工场艺蓝1期	7.74	0.13	0.03	16.46	21.43	17.48	0.44	0.89	1.47
1729	上海以尚投资–璀璨1号	7.74	17.94	1.94*	20.99	12.06	30.39	0.39	0.68	1.49
1730	格量奎利2号	7.73	3.62	1.30	4.77	1.03	1.73	1.28	5.90	26.12
1731	海之源希望中国	7.73	4.73	0.32	28.27	14.12	48.21	0.35	0.69	0.94
1732	乐盈1期	7.73	16.39	0.96	29.55	18.85	47.23	0.36	0.56	0.95
1733	嘉越基石	7.72	7.75	1.09	18.94	9.71	24.60	0.41	0.70	1.85
1734	通和富享1期2号	7.72	8.64	0.81	24.22	10.95	23.60	0.36	0.80	1.91
1735	洋谊稳健2号	7.72	−4.59	−0.64	16.31	9.32	30.15	0.44	1.15	2.38
1736	合道–翼翔1期	7.71	0.57	0.07	18.13	21.29	34.57	0.41	0.88	1.17
1737	洪昌价值成长1号	7.71	−14.26	−1.04	28.61	15.22	32.62	0.34	0.80	1.58
1738	万雾1号	7.71	16.97	1.59	26.06	12.05	48.81	0.35	0.76	0.92
1739	肇丰1号	7.69	5.40	3.99*	2.32	0.32	0.25	2.56	18.56	181.54
1740	元涞九坤阿尔法1号	7.69	5.15	1.37	10.87	6.75	20.40	0.60	0.97	2.20
1741	正瀛权智2号	7.68	6.35	1.80*	6.23	2.37	4.47	0.98	2.58	10.02
1742	富瑞得成长	7.67	−3.83	−0.40	22.51	9.87	34.39	0.37	0.84	1.46
1743	汇升稳进共盈1号	7.67	−6.37	−0.69	17.38	9.10	22.08	0.42	0.99	1.78

续表

编号	基金名称	年化收益率（%）	年化α（%）	t（α）	年化波动率（%）	年化下行风险（%）	最大回撤率（%）	夏普比率	索丁诺比率	收益—最大回撤比率
1744	志远稳成 1 号	7.67	11.49	0.85	24.16	17.02	26.60	0.36	0.65	1.41
1745	泓澄优选 10 号	7.66	13.17	1.68*	22.05	12.27	43.77	0.38	0.68	1.02
1746	纯达主题精选 3 号	7.66	-2.02	-0.20	26.54	14.81	39.43	0.35	0.62	0.75
1747	中阅磐岩 3 号	7.66	-15.82	-0.74	43.28	17.25	55.37	0.33	0.82	0.81
1748	易凡 2 号	7.66	-0.31	-0.03	24.85	20.08	33.47	0.36	0.69	0.87
1749	和聚鼎宝母基金	7.66	7.19	0.65	24.14	12.26	36.84	0.36	0.68	1.67
1750	融信长盈 FOF1 期	7.65	1.18	0.34	8.67	4.73	19.71	0.72	1.32	2.26
1751	嘉选 1 号	7.65	8.03	1.62	15.39	15.61	17.19	0.46	0.86	1.26
1752	东方马拉松致远	7.65	19.60	2.17*	22.22	7.00	49.26	0.38	0.65	1.44
1753	拾贝投资 7 号 A 期	7.65	6.29	1.14	16.43	16.39	18.31	0.44	0.86	1.28
1754	易同增长 2 号	7.64	8.26	0.96	17.90	25.88	19.55	0.42	0.85	1.18
1755	泽泉信德	7.64	2.61	0.23	22.63	8.86	25.48	0.36	0.93	1.75
1756	北京福睿德 5 号	7.63	12.41	1.28	22.71	12.06	35.47	0.37	0.64	1.27
1757	锐进 39 期民森多元策略	7.62	5.98	0.78	18.58	8.88	30.58	0.40	0.85	1.45
1758	九坤统计套利尊享 A 期	7.62	2.59	0.82	5.58	2.50	5.35	1.08	2.78	8.33
1759	壁虎 50 价值 1 号	7.61	8.93	1.35	17.27	9.01	32.51	0.42	0.77	0.79
1760	平安阖鼎高毅 FOF 优选 1 号	7.61	15.22	3.00*	16.94	10.68	31.84	0.43	0.81	1.44
1761	宽远价值成长 3 期	7.60	14.50	2.26*	15.99	9.28	19.23	0.44	0.77	2.30
1762	博孚利聚强 1 号	7.59	5.14	1.01	9.67	5.11	17.90	0.65	1.23	2.47

续表

编号	基金名称	年化收益率（%）	年化α（%）	t（α）	年化波动率（%）	年化下行风险（%）	最大回撤率（%）	夏普比率	索丁诺比率	收益—最大回撤比率
1763	私募工场卓凯富锋	7.58	33.57	1.92*	35.89	14.68	67.31	0.34	0.61	0.88
1764	九霄湾区 1 号	7.57	12.00	1.32	17.67	9.71	36.41	0.42	0.76	1.21
1765	秋阳泛华 5 期	7.56	4.51	0.76	15.11	7.93	17.81	0.46	0.87	2.47
1766	陆宝点金加华	7.55	2.74	0.50	13.51	8.57	14.57	0.49	1.05	3.42
1767	赫富对冲 3 号	7.55	1.15	0.38	6.17	3.40	9.66	0.97	1.76	4.54
1768	源秉 1 号	7.55	1.41	0.54	8.11	10.37	13.67	0.75	1.87	6.99
1769	励石宏观对冲策 1 期	7.54	-0.39	-0.05	17.73	9.64	29.77	0.41	0.76	1.47
1770	玖鹏至尊 1 号	7.54	4.93	0.59	22.02	10.84	37.98	0.37	0.75	1.15
1771	丰岭精选	7.52	16.66	2.09*	18.91	10.02	30.11	0.40	0.66	1.15
1772	国联安-弘尚资产成长精选 1 号	7.52	9.73	1.87*	18.35	10.02	33.69	0.40	0.74	1.30
1773	福瑞福元 1 号	7.52	4.25	4.57*	1.73	0.32	0.50	3.35	17.95	87.88
1774	庐雍优势成长 7 号 1 期	7.51	8.15	0.81	21.61	11.85	33.67	0.37	0.68	1.30
1775	若溪湘财超马 1 期	7.51	4.86	0.42	22.41	10.25	42.97	0.36	0.79	1.02
1776	海之源安泰 1 期	7.50	7.04	1.03	16.52	8.23	16.10	0.43	0.86	2.59
1777	真龙天子 2 号	7.49	7.79	1.13	15.97	8.25	15.75	0.44	0.85	2.76
1778	侏罗纪超龙 3 号	7.48	14.82	2.17*	16.67	14.95	21.33	0.42	0.91	2.08
1779	华辉价值星鹏城 3 号	7.47	17.42	1.13	34.28	15.11	54.00	0.33	0.72	0.69
1780	中资宏德量化专享 1 号	7.47	-2.35	-0.23	18.50	10.29	22.97	0.40	0.72	1.89
1781	景疆 5 期	7.46	17.66	1.42	24.27	7.71	38.63	0.34	0.83	2.23

续表

编号	基金名称	年化收益率（%）	年化α（%）	t（α）	年化波动率（%）	年化下行风险（%）	最大回撤率（%）	夏普比率	索丁诺比率	收益—最大回撤比率
1782	高脉汉景 1 号	7.45	12.67	2.62*	14.34	8.29	28.53	0.47	0.81	1.52
1783	民晟锦泰 3 号	7.45	-2.24	-0.27	18.83	13.01	35.98	0.39	0.91	2.18
1784	思考湘益 1 号	7.44	12.72	0.60	36.94	9.03	39.80	0.32	0.75	1.73
1785	高毅利伟精选唯实	7.44	16.31	2.50*	20.00	10.27	36.38	0.38	0.74	1.19
1786	陆宝利恒	7.43	5.29	1.12	11.84	5.80	14.82	0.54	1.10	2.91
1787	沄帆 1 号	7.43	2.61	0.50	11.40	15.21	9.39	0.55	1.26	3.98
1788	谷复资产一启富 2 号	7.41	3.57	0.53	13.49	24.60	18.41	0.48	1.13	3.30
1789	悟空对冲量化 3 期	7.40	8.37	1.46	15.87	8.62	28.84	0.43	0.80	1.49
1790	朱雀 20 期之慧选 11 号	7.39	9.18	1.94*	15.30	13.24	24.74	0.44	0.75	1.07
1791	永禧融元 FOF	7.38	5.04	0.79	14.90	7.78	29.60	0.45	0.87	1.45
1792	大朴策略 1 号	7.38	10.24	2.07*	15.92	5.98	31.43	0.43	0.82	0.98
1793	翼虎成长 3 期	7.38	16.66	2.00*	19.97	11.41	36.37	0.38	0.66	1.18
1794	清和泉精选 1 期	7.37	3.25	0.34	24.30	8.16	49.80	0.35	0.65	0.85
1795	尚雅 9 期	7.36	18.71	1.69*	25.07	12.70	48.07	0.35	0.68	0.89
1796	泰润价值投资 1 号	7.36	10.45	0.77	29.50	12.01	35.91	0.33	0.60	1.00
1797	天贝合复兴号	7.33	-4.86	-0.17	61.40	22.32	66.07	0.33	0.91	0.64
1798	穿石品质生活 2 期	7.33	2.11	0.24	19.55	7.61	32.90	0.38	0.75	2.30
1799	华汯中国机遇	7.30	-2.02	-0.18	27.81	12.26	52.40	0.34	0.64	0.88
1800	万奕 6 号	7.30	16.87	1.51	26.84	9.35	47.79	0.33	0.73	1.16

续表

编号	基金名称	年化收益率（%）	年化α（%）	t（α）	年化波动率（%）	年化下行风险（%）	最大回撤率（%）	夏普比率	索丁诺比率	收益—最大回撤比率
1801	三角洲活水 1 号	7.28	7.48	1.00	13.59	6.93	13.97	0.47	0.93	3.02
1802	恒健远志稳健增长	7.27	5.21	1.04	13.83	7.20	17.40	0.47	1.01	2.87
1803	巴富罗聚富 2 号	7.27	0.83	0.07	34.17	16.62	50.72	0.32	0.66	0.83
1804	长江东方港湾 2 号	7.27	4.97	0.55	19.60	9.32	46.68	0.38	0.79	0.90
1805	鼎富 1 号	7.27	-5.24	-0.98	11.00	3.89	13.30	0.56	1.57	3.16
1806	正鑫 1 号	7.25	-9.05	-0.66	29.56	14.15	42.86	0.33	0.68	0.98
1807	赢动稳进	7.25	1.49	0.10	29.53	13.99	37.03	0.33	0.69	1.13
1808	平石 T5 对冲基金	7.24	4.57	0.48	17.49	9.35	29.30	0.40	0.75	1.43
1809	中昕稳健 1 号	7.24	3.33	1.16	6.34	3.67	4.92	0.90	1.55	8.49
1810	元弦 FOF1 号	7.23	0.70	0.17	16.50	14.10	30.70	0.41	0.76	1.47
1811	易鑫安资管－鑫安 7 期 2 号	7.23	5.84	0.75	17.24	21.29	33.08	0.40	0.81	1.02
1812	鹤骑鹰奇异指数	7.23	2.40	0.41	17.96	11.76	30.78	0.40	0.59	1.20
1813	高毅庆丰瑞端远	7.23	10.51	1.36	20.36	14.93	48.04	0.37	0.79	1.24
1814	富恩德同创金钻 1 号	7.23	-2.97	-0.26	27.89	14.65	42.44	0.33	0.63	0.98
1815	拾贝素观 1 号	7.22	8.46	1.74*	14.76	8.26	14.85	0.44	0.80	2.81
1816	奕金安 1 期	7.22	16.74	2.07*	21.81	8.32	36.82	0.36	0.67	2.09
1817	曜石对冲母基金 2 号	7.21	3.52	4.73*	1.55	0.20	0.28	3.55	28.05	148.67
1818	寰宇精选收益之睿益 1 期	7.19	8.52	1.90*	7.76	4.30	11.22	0.74	1.34	3.70
1819	静观悟道领航	7.18	15.90	1.00	28.30	13.82	26.30	0.32	0.73	0.90

续表

编号	基金名称	年化收益率（%）	年化 α（%）	t（α）	年化波动率（%）	年化下行风险（%）	最大回撤率（%）	夏普比率	索丁诺比率	收益—最大回撤比率
1820	华辉价值星28号	7.17	7.81	0.35	46.67	41.61	58.63	0.32	0.81	0.23
1821	淼瑞医疗创新	7.16	5.43	0.42	27.50	15.26	54.96	0.33	0.62	1.13
1822	淳浦投资领航者1号	7.14	0.16	0.01	29.11	8.82	34.01	0.32	0.69	0.79
1823	鑫安泽雨1期-2号	7.14	5.48	0.71	17.20	8.60	33.92	0.40	0.80	1.21
1824	巨杉净值线5G号	7.13	14.42	2.29*	15.58	8.34	24.41	0.42	0.79	1.68
1825	合道成长1号	7.13	-8.94	-0.84	26.29	10.89	41.85	0.33	0.60	1.29
1826	壹诺千金A	7.13	-5.49	-0.67	20.66	10.40	21.72	0.36	0.72	1.89
1827	知行稳健1号	7.12	3.25	1.42	4.07	1.47	3.81	1.35	3.73	10.79
1828	新方程精选E5号	7.12	9.35	1.43	17.28	10.73	33.90	0.40	0.67	2.02
1829	飞天3号（阳光安盛）	7.12	4.16	0.49	16.67	11.11	22.21	0.41	0.70	1.83
1830	九霄投资稳健成长2号	7.11	11.65	1.27	17.85	10.42	37.21	0.39	0.67	1.10
1831	秦合	7.10	-0.22	-0.05	8.05	3.76	5.69	0.71	1.51	7.19
1832	淞银财富-清和泉优选1期	7.10	3.93	0.44	22.42	13.20	46.73	0.35	0.64	1.25
1833	锐天春晓1期	7.09	-0.66	-0.20	6.64	2.90	7.41	0.84	1.92	5.51
1834	航长鹰眼1号	7.08	7.69	0.86	16.40	9.85	25.71	0.41	0.68	1.59
1835	本颐创世纪中国优势机会	7.08	5.86	0.70	19.14	8.46	20.21	0.37	0.67	1.97
1836	巴富罗聚富1号	7.07	-0.54	-0.04	36.01	17.70	53.44	0.32	0.64	0.76
1837	深梧寻珍2号	7.06	11.02	1.20	22.82	11.56	42.46	0.35	0.68	0.96
1838	磐厚蔚然-英安2号	7.06	19.00	1.74*	25.56	13.96	48.68	0.33	0.61	0.84

续表

编号	基金名称	年化收益率（%）	年化 α（%）	t（α）	年化波动率（%）	年化下行风险（%）	最大回撤率（%）	夏普比率	索丁诺比率	收益—最大回撤比率
1839	金舆全球精选	7.06	18.61	1.74*	24.36	12.10	47.21	0.34	0.68	0.86
1840	钱缘稳增 1 号	7.06	5.64	0.42	25.71	13.28	30.37	0.33	0.64	1.34
1841	保银紫荆怒放	7.05	9.89	1.83*	15.21	9.14	30.97	0.42	0.83	2.40
1842	私募工场荒原拓展 1 号	7.05	7.40	1.34	12.32	5.52	11.44	0.49	1.10	3.55
1843	宏荒投资炳诚对冲 1 号	7.05	1.74	0.24	16.45	23.29	23.06	0.40	0.95	2.36
1844	淘利趋势套利 15 号	7.05	10.62	4.31*	4.83	2.90	5.83	1.13	1.88	6.96
1845	四创新航 6 号	7.03	-1.91	-0.13	27.52	19.73	46.03	0.33	0.61	0.66
1846	以大投资价值 11 号	7.01	4.95	1.26	7.03	3.26	6.03	0.79	1.70	6.69
1847	至璞新以恒	7.00	10.84	2.43*	12.52	7.37	21.77	0.48	0.82	1.85
1848	鸿盛进化 1 号	6.98	9.74	0.93	25.96	15.73	58.97	0.33	0.72	0.80
1849	核心资本畅翔 1 号	6.98	4.19	0.81	16.04	9.04	31.44	0.41	0.72	1.28
1850	融义长盈 2 号 FOF	6.98	5.98	0.71	17.07	7.39	33.28	0.39	0.80	2.64
1851	少数派大浪淘金 18 号	6.97	12.49	1.63	17.65	12.95	31.38	0.38	0.69	1.33
1852	遵道稳健价值 3 号	6.96	7.48	1.38	22.63	9.19	50.41	0.34	0.63	1.37
1853	智信推土机稳健 1 号	6.96	-8.68	-0.79	30.11	12.92	32.34	0.32	0.60	0.91
1854	大趋势 MOM	6.93	4.69	1.37	11.79	12.26	25.27	0.50	0.93	2.71
1855	龙门全天候 1 号	6.92	7.17	0.44	30.65	11.38	41.15	0.30	0.91	2.50
1856	数策众城量化稳进 1 期	6.91	13.84	1.47	22.78	14.41	46.35	0.34	0.55	0.86
1857	惠正创丰	6.91	20.39	2.31*	22.92	14.35	36.95	0.34	0.55	1.07

续表

编号	基金名称	年化收益率（%）	年化α（%）	t（α）	年化波动率（%）	年化下行风险（%）	最大回撤率（%）	夏普比率	索丁诺比率	收益—最大回撤比率
1858	海之源价值 1 期	6.90	7.37	1.13	15.84	14.53	17.76	0.40	0.83	1.74
1859	裕晋 30 期	6.90	7.54	1.84*	11.26	6.02	16.17	0.52	0.97	2.45
1860	汇梵价值精选 1 号	6.90	1.15	0.14	16.41	10.00	29.13	0.39	0.94	2.13
1861	裕晋 9 期	6.90	6.98	1.16	18.20	12.37	34.11	0.37	0.73	0.88
1862	翊鹏中国竞争力 A	6.89	14.40	2.27*	17.35	9.20	25.87	0.38	0.72	1.53
1863	致君辰光	6.89	10.37	1.68*	15.95	7.68	29.29	0.40	0.83	1.35
1864	卓越理财 1 号	6.88	9.76	2.16*	12.97	6.84	17.88	0.46	0.88	2.21
1865	谱成深味 1 号	6.88	−7.95	−1.56	17.24	8.23	24.03	0.38	0.80	1.64
1866	御澜泰晞士 1 号	6.88	3.45	0.58	16.36	8.80	21.70	0.40	0.74	1.82
1867	千和	6.88	7.34	0.60	22.85	16.28	27.15	0.33	0.74	1.21
1868	水鹭 1 号	6.87	16.87	2.68*	17.00	11.47	34.11	0.39	0.66	1.45
1869	东方鼎泰朝阳价值	6.87	22.32	2.03*	22.17	12.58	35.15	0.34	0.60	1.12
1870	中邮永安钱潮 FOF3 号	6.85	3.70	1.99*	3.39	1.30	2.17	1.54	4.00	18.12
1871	明铖宏观对冲 FOF	6.85	5.56	2.43*	6.82	3.49	6.63	0.79	1.54	5.92
1872	华夏未来时进取 1 号-华安 A 期	6.84	5.08	0.76	22.49	11.85	41.44	0.34	0.64	0.95
1873	骥才金马投资 1 号	6.84	6.24	0.99	20.22	12.71	32.20	0.36	0.57	1.22
1874	鹤啸鹰列墨蔚蓝	6.84	10.42	1.00	22.86	11.66	54.94	0.34	0.66	0.71
1875	橡谷银河 1 号	6.84	7.28	0.92	20.75	10.98	40.64	0.35	0.68	0.77
1876	通和富亭 1 期 4 号	6.84	8.60	0.76	25.02	11.44	24.02	0.32	0.71	1.63

续表

编号	基金名称	年化收益率（%）	年化 α（%）	t（α）	年化波动率（%）	年化下行风险（%）	最大回撤率（%）	夏普比率	索丁诺比率	收益—最大回撤比率
1877	君洽精选 2 期	6.82	7.39	0.79	23.28	14.61	30.91	0.33	0.64	0.81
1878	汇智众信价值成长轮动 1 期	6.82	4.19	0.78	11.31	6.38	12.92	0.51	0.90	3.03
1879	金塔通晟紫鹤 1 号	6.81	4.98	0.49	18.38	17.93	39.25	0.37	0.81	1.89
1880	真鑫如意 1 期	6.80	2.77	0.65	11.87	6.02	11.20	0.49	0.96	3.48
1881	私募工场 19 期第 7 期（红角 1 号）	6.80	7.22	0.70	23.34	12.39	39.99	0.33	0.63	0.97
1882	厚生明启 1 号	6.78	6.79	1.70*	7.00	2.70	6.57	0.76	1.97	5.91
1883	潮信 3 号	6.78	3.74	0.51	15.60	6.62	26.89	0.40	0.86	2.04
1884	洋杨目标缓冲	6.78	5.41	1.48	12.57	7.34	18.54	0.47	0.80	2.09
1885	金海 13 号	6.77	−4.28	−0.55	15.53	9.96	25.98	0.40	0.63	1.49
1886	私募学院菁英 176 号	6.76	16.04	0.91	35.91	14.59	54.45	0.30	0.74	0.71
1887	乔松汇众	6.76	17.88	2.49*	20.49	7.37	33.75	0.35	0.62	2.32
1888	海之源丰盈 1 号	6.75	8.89	1.34	16.17	8.40	20.68	0.39	0.75	1.87
1889	品正理翔量化中性	6.75	21.68	1.79*	25.26	9.89	28.61	0.32	0.58	0.77
1890	清和泉金牛山 1 期	6.74	3.21	0.34	24.62	14.66	50.33	0.32	0.60	0.98
1891	洋 1 号	6.74	40.72	1.94*	50.13	16.37	63.45	0.35	0.61	0.63
1892	絷茂传承 1 号	6.74	1.92	0.16	29.16	15.73	38.97	0.31	0.58	0.99
1893	泽堃积极增长 1 号	6.72	25.32	2.74*	30.07	9.11	60.81	0.32	0.56	0.68
1894	新方程中国多元化 1 号	6.72	4.72	0.86	9.96	10.85	11.57	0.55	1.22	2.66
1895	高山海洋稳健 1 期	6.70	−9.55	−0.57	37.30	18.66	41.38	0.31	0.63	0.93

续表

编号	基金名称	年化收益率（%）	年化α（%）	t（α）	年化波动率（%）	年化下行风险（%）	最大回撤率（%）	夏普比率	索丁诺比率	收益—最大回撤比率
1896	中略恒兴2号	6.70	8.75	0.69	22.46	9.93	37.61	0.33	0.57	1.12
1897	联卡稳健1期	6.70	6.96	2.48*	5.17	3.45	9.85	0.99	1.49	3.89
1898	仙童FOF4期	6.70	12.97	1.75*	14.05	9.36	25.91	0.43	0.64	1.48
1899	大朴多维度21号	6.69	9.28	1.59	17.21	9.00	32.38	0.37	0.71	1.18
1900	鑫乐达成长1号	6.68	3.83	0.49	23.23	11.57	43.52	0.33	0.65	0.88
1901	中睿合银趋势系列B号	6.68	0.58	0.08	16.13	8.96	33.86	0.38	0.99	1.23
1902	德丰华1期	6.68	7.20	1.47	12.33	7.21	18.67	0.46	0.86	1.44
1903	大兴盛世	6.67	-2.04	-0.32	12.64	9.02	25.67	0.45	1.05	1.60
1904	优檀财富13号	6.67	1.26	0.21	16.70	7.16	36.93	0.38	0.76	1.23
1905	瀚信启富汇盈1号	6.67	11.59	1.29	26.17	13.33	39.19	0.32	0.53	0.84
1906	赋誉1号	6.66	9.21	1.31	21.59	17.64	39.66	0.33	0.62	0.74
1907	品正理翔2期	6.64	6.16	0.77	21.71	10.36	29.28	0.33	0.70	1.30
1908	拾贝	6.64	4.37	0.97	14.12	12.98	14.33	0.42	0.80	1.17
1909	安值量化母基金1号	6.63	5.15	1.63	6.80	3.65	11.20	0.76	1.42	3.38
1910	大概率加速度1号	6.63	16.94	1.54	26.63	6.40	51.84	0.31	0.61	0.66
1911	社润精诚2号	6.62	2.68	1.84*	2.91	0.86	1.68	1.71	5.75	22.55
1912	兆石荟利1号FOF	6.62	4.08	4.68*	1.72	0.64	0.81	2.88	7.73	46.92
1913	昀启稳健成长	6.61	-8.85	-1.03	18.70	8.41	23.71	0.35	0.78	1.59
1914	东方鼎荣稳健1号	6.61	22.29	2.12*	21.92	12.76	38.52	0.33	0.57	0.98

续表

编号	基金名称	年化收益率（%）	年化 α（%）	t（α）	年化波动率（%）	年化下行风险（%）	最大回撤率（%）	夏普比率	索丁诺比率	收益—最大回撤比率
1915	极元智裕私募精选 3 号	6.61	4.43	0.92	17.00	13.02	26.13	0.37	0.64	1.27
1916	竣泽国卓 1 号	6.60	13.15	1.44	21.21	12.29	40.19	0.34	0.58	0.94
1917	惠正共赢 1 期	6.60	16.30	2.54*	18.11	13.30	29.11	0.36	0.60	0.77
1918	端民价值增长	6.59	10.14	0.77	28.81	15.30	38.56	0.31	0.58	0.97
1919	中证乾元天道择时 3 号	6.58	-7.57	-0.40	34.12	14.39	42.40	0.29	0.70	1.44
1920	涵桉 1 号	6.57	7.73	0.92	17.77	8.24	13.65	0.36	0.77	2.75
1921	裕晋 5 期	6.56	8.77	1.39	16.84	8.95	31.26	0.37	0.70	1.20
1922	深乾明道	6.56	15.61	1.62	18.83	14.14	31.18	0.36	0.48	1.20
1923	资舟观复	6.54	6.30	1.50	7.99	4.22	6.02	0.65	1.23	6.19
1924	香理价值套利稳健型 3 号 A 期	6.54	28.20	2.34*	28.67	16.04	61.72	0.31	0.51	0.62
1925	重庆芩石投资品质消费	6.54	12.01	1.10	23.92	12.74	42.29	0.32	0.60	0.88
1926	磐厚蔚然一英安中国	6.53	17.69	1.61	25.46	14.00	48.52	0.31	0.57	0.77
1927	翼虎成长 6 期	6.53	13.35	1.63	19.39	11.09	39.06	0.34	0.60	0.95
1928	喆颢大中华 A	6.52	10.31	2.21*	12.13	6.78	18.34	0.46	0.82	2.02
1929	博道精选 1 期	6.51	7.90	1.01	19.20	10.77	38.71	0.35	0.62	0.96
1930	领路金稳盈 2 号	6.51	11.00	1.00	26.67	7.44	49.47	0.31	0.61	1.05
1931	东方鼎泰 3 期	6.49	17.16	2.11*	16.93	10.29	29.81	0.37	0.61	1.24
1932	易同先锋	6.48	-3.86	-0.37	24.11	10.55	47.93	0.31	0.68	0.96
1933	领星精选股票策略	6.47	7.43	1.04	21.43	11.92	32.47	0.33	0.59	1.13

续表

编号	基金名称	年化收益率 (%)	年化 α (%)	t (α)	年化波动率 (%)	年化下行风险 (%)	最大回撤率 (%)	夏普比率	索丁诺比率	收益-最大回撤比率
1934	睿璞投资-睿泰-潜心 1 号	6.46	15.46	2.22*	17.95	8.94	31.17	0.35	0.67	1.09
1935	钱江潮（来兴元品）	6.46	-0.06	0.00	36.75	10.87	61.06	0.31	0.59	0.60
1936	七禾量化对冲 1 号	6.46	3.18	1.16	7.71	4.74	11.63	0.66	1.07	3.16
1937	海之源价值增长	6.45	7.63	0.99	19.08	9.87	27.57	0.34	0.66	1.33
1938	大朴目标	6.44	9.09	2.13*	15.09	8.50	29.80	0.39	0.69	1.23
1939	常胜 8 号	6.42	-28.43	-2.30	32.32	10.53	46.15	0.29	0.77	2.20
1940	中干阳明 1 号	6.42	5.45	0.49	22.27	10.68	31.97	0.32	0.67	1.14
1941	曜石对冲母基金 1 号	6.41	2.54	2.21*	2.63	1.13	1.75	1.81	4.23	20.86
1942	立方根进取 1 号	6.41	-4.77	-0.46	21.19	12.10	24.45	0.33	0.57	1.49
1943	可伟资产精品 8 号	6.41	35.92	1.90*	37.38	8.82	46.63	0.31	0.52	0.85
1944	呈鸣朴石 1 号	6.39	1.36	0.22	12.40	12.92	20.03	0.44	1.04	3.37
1945	明盛顺盈 1 号	6.38	22.21	0.78	55.40	24.27	66.00	0.33	0.75	0.55
1946	宏亮投资诚诚对冲 3 号	6.38	-2.51	-0.35	16.98	8.79	26.56	0.36	0.88	2.17
1947	纽富斯	6.38	2.99	0.74	7.69	3.31	14.26	0.65	1.51	2.54
1948	汇泽至远 6 期	6.38	0.08	0.01	14.58	9.89	15.72	0.39	0.75	1.29
1949	泓乾建铭 1 期	6.38	18.96	1.07	39.46	20.40	60.10	0.31	0.59	0.60
1950	巨杉银信宝 8 期	6.37	8.14	1.37	13.06	7.15	20.31	0.42	0.77	1.78
1951	长阳似锦 1 期	6.37	7.40	1.17	16.85	12.52	22.30	0.36	0.80	1.39
1952	私募学院菁英 171 号	6.37	1.09	0.10	28.41	14.50	52.35	0.30	0.59	0.69

续表

编号	基金名称	年化收益率（%）	年化 α（%）	t（α）	年化波动率（%）	年化下行风险（%）	最大回撤率（%）	夏普比率	索丁诺比率	收益—最大回撤比率
1953	瑞民策略精选 3 号	6.36	1.24	0.13	22.77	11.74	29.85	0.31	0.61	1.21
1954	华夏未来领时对冲 1 号尊享 A 期	6.35	5.62	0.84	21.88	11.30	39.62	0.32	0.62	0.91
1955	天睿 1 号（天添资产）	6.33	14.18	1.51	23.30	12.71	50.48	0.31	0.58	0.71
1956	橡杉 1 号	6.33	2.32	0.79	5.08	6.85	7.54	0.94	2.18	7.60
1957	浦来德天天开心对冲 1 号	6.32	8.42	1.21	14.06	13.20	31.94	0.40	0.57	1.02
1958	九远磐石 1 号	6.32	5.59	1.01	15.68	8.91	21.24	0.37	0.66	1.69
1959	玖鹏积极成长 1 号	6.32	4.35	0.47	25.33	16.07	39.26	0.30	0.60	1.24
1960	红草稳赢 3 期	6.31	-10.48	-1.26	19.95	9.99	26.08	0.33	0.66	1.37
1961	金蕴 21 期（泓璞 1 号）	6.30	-13.87	-1.34	28.34	27.96	31.48	0.30	0.69	0.25
1962	博鸿致远	6.30	11.33	1.24	24.18	10.26	45.51	0.30	0.72	0.79
1963	德亚进取 1 号	6.30	-8.40	-0.62	34.19	16.81	52.83	0.30	0.61	0.68
1964	弈投启航对冲 1 号	6.30	8.55	1.07	14.31	10.33	18.11	0.39	0.67	1.21
1965	共同成长	6.30	8.02	0.40	36.86	11.59	48.40	0.30	0.62	0.96
1966	天谷深度价值 1 号	6.30	-0.04	0.00	33.97	19.08	48.21	0.30	0.54	0.74
1967	乾信中国影响力 2 号	6.30	13.21	0.76	36.24	21.18	63.18	0.31	0.53	0.57
1968	景领核心领先 1 号	6.29	3.33	0.60	13.96	21.52	30.57	0.40	0.90	1.91
1969	华友创势 2 期	6.29	2.91	0.28	22.07	13.25	29.42	0.31	0.71	1.18
1970	东方鼎泰 7 号	6.29	21.22	2.40*	19.69	11.22	34.11	0.33	0.58	1.04
1971	上海揽旭东方旭全天候	6.28	11.79	0.52	42.31	3.06	63.56	0.28	0.71	2.17

续表

编号	基金名称	年化收益率 (%)	年化 α (%)	t (α)	年化波动率 (%)	年化下行风险 (%)	最大回撤率 (%)	夏普比率	索丁诺比率	收益—最大回撤比率
1972	明湾专户 1 号	6.27	7.21	1.39	9.45	4.20	13.00	0.53	1.20	2.73
1973	新阳进化 1 号	6.26	19.58	1.40	25.44	21.34	34.06	0.30	0.61	0.90
1974	丰收 2 号（龙云）	6.26	-11.75	-0.73	31.19	17.00	43.56	0.30	0.55	0.81
1975	航长鹰眼 3 号	6.26	11.03	1.24	16.87	10.12	29.11	0.36	0.59	1.22
1976	高毅庆瑞 6 号	6.25	15.85	1.99*	21.91	10.65	53.08	0.31	0.65	0.67
1977	复和金色海洋	6.25	8.88	1.09	22.03	11.98	40.54	0.32	0.58	0.87
1978	中戊赋立华麟	6.24	21.50	2.76*	21.92	10.53	35.23	0.31	0.61	0.66
1979	七曜河马	6.24	7.28	1.22	17.03	9.47	32.30	0.35	0.67	1.18
1980	淡水泉专项 3 期	6.24	9.33	1.19	23.13	32.13	48.26	0.31	0.59	0.16
1981	私募工场翙鹏中国竞争力 1 号	6.22	11.88	1.93*	17.71	9.36	27.20	0.34	0.65	1.29
1982	长江稳健	6.22	11.88	1.51	19.87	13.51	37.56	0.33	0.61	0.75
1983	常胜 1 号	6.21	-17.50	-1.86	24.08	15.67	45.42	0.30	0.68	1.13
1984	逸杉 2 期	6.21	-1.47	-0.18	16.96	34.73	20.08	0.35	0.58	0.13
1985	陆宝丰沃	6.19	2.45	0.48	12.65	6.20	15.37	0.42	0.85	2.28
1986	洪昌价值成长 2 号	6.18	-7.12	-0.25	51.91	13.18	59.09	0.32	0.76	1.00
1987	SyncHedge 程序化 1 号	6.18	18.01	1.54	34.63	16.09	59.81	0.30	0.59	0.55
1988	鑫晟进取 2 号	6.18	4.78	0.37	24.12	5.67	50.33	0.31	0.54	0.93
1989	少数派 5 号	6.18	12.81	1.93*	15.08	8.64	29.28	0.37	0.65	1.19
1990	复和紫檀宝鼎 2 号	6.17	8.11	1.41	17.44	8.84	26.21	0.34	0.68	1.33

续表

编号	基金名称	年化收益率（%）	年化α（%）	t（α）	年化波动率（%）	年化下行风险（%）	最大回撤率（%）	夏普比率	索丁诺比率	收益-最大回撤比率
1991	睿泉定增精选 1 号	6.17	10.02	1.13	20.93	16.39	40.61	0.32	0.60	1.19
1992	相聚优选	6.17	3.44	0.48	17.83	9.91	44.16	0.34	0.69	1.28
1993	少数派 7 号	6.16	12.00	1.45	18.83	11.27	37.28	0.33	0.58	0.90
1994	明河科技改变生活	6.16	16.09	2.15*	15.97	9.09	16.50	0.36	0.63	2.11
1995	锦成盛优选股票策略 1 号	6.15	7.27	1.44	14.25	8.29	28.28	0.38	0.76	1.03
1996	平石 T5y 对冲	6.15	−0.26	−0.02	20.39	10.87	38.50	0.32	0.58	0.93
1997	金广资产一鑫 1 号	6.15	1.71	0.20	17.47	7.51	36.20	0.34	0.79	0.96
1998	相聚鼎宝 1 期	6.15	−1.19	−0.09	28.93	13.41	41.47	0.29	0.65	1.68
1999	志开成长 2 期	6.15	−4.27	−0.36	23.33	9.56	43.83	0.30	0.77	1.36
2000	新活力稳信 1 号	6.14	6.10	0.78	21.30	8.77	40.25	0.31	0.55	0.83
2001	灵涛卧龙	6.13	5.70	2.19*	5.14	2.28	4.46	0.90	1.60	7.79
2002	微明恒远丰誉 1 期	6.13	0.37	0.02	35.83	10.05	69.46	0.31	0.51	0.63
2003	中乾景隆稳健配置 1 期	6.12	5.44	0.92	12.78	6.67	19.01	0.41	0.79	1.82
2004	玖鹏至尊 6 号	6.10	8.21	0.86	23.28	11.96	35.38	0.30	0.59	0.97
2005	勇华稳健成长 1 号	6.08	−2.75	−0.31	24.20	12.05	35.44	0.30	0.60	0.97
2006	新方程巨杉-尊享 B	6.07	11.94	2.14*	12.93	6.79	16.78	0.40	0.77	2.04
2007	国华汇金剑桥高科量化恒星 FOF1 号	6.07	2.09	1.02	4.07	1.89	4.59	1.10	2.37	7.46
2008	喆颢大中华 D	6.07	8.91	2.70*	12.08	6.93	19.19	0.42	0.74	1.79
2009	鼎锋成长 1 期 C 号	6.06	4.73	0.50	23.70	9.95	56.82	0.30	0.71	0.60

续表

编号	基金名称	年化收益率（%）	年化 α（%）	t（α）	年化波动率（%）	年化下行风险（%）	最大回撤率（%）	夏普比率	索丁诺比率	收益—最大回撤比率
2010	和璞 1 号	6.05	3.48	0.11	57.88	22.74	53.04	0.32	0.82	0.64
2011	听畅畅享 1 号 FOF	6.05	4.17	1.00	11.09	6.61	14.72	0.45	0.76	2.32
2012	盈定 5 号	6.05	−5.31	−0.58	22.74	2.80	33.75	0.30	0.56	2.37
2013	易凡 1 号	6.04	4.63	0.38	23.02	12.60	39.65	0.30	0.55	0.86
2014	龟兔赛跑 3 号	6.04	4.85	0.60	15.83	5.30	16.30	0.35	0.67	2.18
2015	大朴进取 1 期	6.03	8.28	1.89*	14.37	8.17	27.34	0.37	0.66	1.24
2016	速硕核心价值 1 号	6.02	12.07	0.77	30.06	15.69	27.17	0.28	0.68	1.36
2017	策牛量化对冲 1 号	6.02	2.20	0.15	30.30	11.51	46.43	0.29	0.57	0.96
2018	理成转子 2 号	6.01	−3.59	−0.43	27.07	13.35	40.26	0.29	0.59	0.84
2019	万菏 2 号	6.01	12.99	1.37	24.11	10.16	43.06	0.30	0.57	0.66
2020	保银多空稳健 1 号	6.00	2.98	0.87	6.84	7.41	9.75	0.67	1.34	3.69
2021	富荟精选 1 期	5.99	8.95	0.67	23.50	12.03	28.12	0.30	0.59	1.36
2022	申毅全天候 2 号	5.99	5.75	2.79*	3.95	2.14	6.93	1.12	2.06	4.87
2023	七曜领峰	5.99	5.87	1.04	16.38	9.02	33.09	0.34	0.63	1.02
2024	重阳价值 3 号 B 期	5.99	13.18	1.94*	17.65	12.22	24.65	0.33	0.63	0.79
2025	华辉晨星 1 号	5.98	5.61	0.31	38.43	11.82	48.64	0.28	0.72	0.68
2026	红树林昂立对冲	5.97	0.50	0.09	18.28	9.17	29.92	0.32	0.64	1.12
2027	盈沛万松优选	5.96	2.92	0.98	5.09	1.82	4.95	0.87	2.44	6.79
2028	金珀 9 号	5.95	9.64	2.10*	15.27	10.59	36.66	0.36	0.61	0.94

续表

编号	基金名称	年化收益率（%）	年化α（%）	t（α）	年化波动率（%）	年化下行风险（%）	最大回撤率（%）	夏普比率	索丁诺比率	收益—最大回撤比率
2029	心友汇价值传系	5.95	4.77	0.72	16.58	18.60	22.22	0.34	0.68	1.38
2030	泓倍套利1号	5.94	6.15	3.14*	3.78	2.05	4.24	1.15	2.12	7.88
2031	明铖安心回报2号	5.93	5.85	2.24*	5.41	2.94	4.14	0.82	1.50	8.06
2032	葆金峰-私募学院菁英287号	5.93	16.01	1.12	27.58	14.63	31.63	0.29	0.54	1.06
2033	普弘银马价值趋势3号	5.92	-0.48	-0.15	7.69	4.01	9.32	0.59	1.13	3.57
2034	华毅远行1号	5.90	11.76	0.36	62.99	24.97	62.86	0.33	0.84	0.53
2035	远策致达1期	5.90	9.09	1.25	20.64	10.82	34.42	0.31	0.58	0.96
2036	凡宇证券A股5号	5.88	10.95	1.21	21.89	15.44	34.36	0.30	0.57	0.73
2037	真鑫如意2期	5.88	6.33	1.27	11.71	16.34	12.03	0.42	0.76	1.28
2038	阿比革赢1期	5.85	12.57	1.57	19.82	11.48	36.18	0.31	0.53	0.91
2039	悟空对冲量化11期（好买）	5.84	7.16	1.31	14.43	8.10	26.54	0.36	0.64	1.24
2040	厚孚灵活配置	5.83	-3.14	-0.59	12.84	6.28	19.89	0.39	0.79	1.65
2041	晴信价值精选1号	5.83	-10.59	-1.23	28.58	12.18	45.02	0.28	0.59	0.73
2042	牛牛优选1号	5.82	-0.43	-0.09	8.68	4.57	18.89	0.52	0.99	1.73
2043	益盟财富2期	5.82	3.30	0.41	23.63	20.27	39.63	0.29	0.53	0.45
2044	中睿合银稳健1号	5.80	2.67	0.30	16.85	16.91	31.77	0.33	0.78	1.60
2045	明风2号	5.80	11.61	1.23	21.57	10.19	38.69	0.30	0.55	0.97
2046	圭源领航1号	5.79	-2.32	-0.24	17.94	28.17	23.59	0.32	0.61	0.61
2047	济仁价值优选1号	5.79	7.95	0.74	27.31	12.67	45.38	0.29	0.52	0.95

续表

编号	基金名称	年化收益率（%）	年化α（%）	t（α）	年化波动率（%）	年化下行风险（%）	最大回撤率（%）	夏普比率	索丁诺比率	收益—最大回撤比率
2048	禹合指数增强 2 号	5.79	0.99	0.19	17.75	9.79	32.59	0.32	0.58	1.00
2049	悟源航母 1 号 FOF	5.79	6.29	2.11*	7.09	3.67	12.14	0.62	1.19	2.68
2050	万年树 1 期	5.78	17.82	1.17	38.99	8.36	54.29	0.30	0.54	0.78
2051	安鑫动力	5.77	0.17	0.11	3.25	1.25	2.50	1.29	3.34	12.96
2052	浅湖达尔文 2 号	5.77	7.59	0.38	40.05	18.95	70.31	0.29	0.60	0.46
2053	高熙资产福熙 1 号	5.76	-3.09	-0.48	15.84	7.77	33.11	0.34	0.68	0.98
2054	金柏诚善 1 号	5.75	6.31	0.76	17.10	13.94	27.47	0.32	0.64	1.17
2055	向前悟空对冲量化 1 期	5.73	6.94	1.19	16.48	9.16	31.57	0.33	0.59	1.02
2056	珠池量化稳健投资母基金 1 号	5.73	1.52	1.03	3.16	1.31	2.16	1.31	3.16	14.83
2057	中阅新锐 1 号	5.72	-0.81	-0.09	24.78	15.81	38.15	0.29	0.53	0.97
2058	景资锐联多元化旗舰 1 号	5.72	4.35	1.35	5.65	2.62	8.38	0.75	1.62	3.83
2059	清和泉尊享系列 1 期	5.72	1.55	0.16	25.98	12.60	48.83	0.28	0.52	0.75
2060	猎马源创 3 号	5.72	4.84	1.19	12.95	8.03	21.78	0.38	0.61	1.47
2061	榜祥精彩	5.72	-4.22	-0.81	12.64	4.56	18.79	0.38	1.06	1.71
2062	本地资本紫东未来 FOF	5.71	-1.06	-0.42	5.12	2.67	4.18	0.82	1.58	7.66
2063	储泉兴盛 1 号	5.71	5.90	1.91*	6.87	3.23	10.88	0.63	1.33	2.94
2064	宾悦成长 3 号	5.70	1.35	0.21	18.45	7.98	19.80	0.31	0.71	1.61
2065	天岸马持续成长 1 期	5.69	11.08	1.22	22.84	12.26	33.76	0.29	0.54	0.94
2066	承马 1 号	5.69	0.64	0.03	57.97	26.24	72.08	0.33	0.73	0.44

续表

编号	基金名称	年化收益率（%）	年化 α（%）	t（α）	年化波动率（%）	年化下行风险（%）	最大回撤率（%）	夏普比率	索丁诺比率	收益—最大回撤比率
2067	少数派 25 号	5.68	12.56	1.63	17.46	10.20	34.06	0.32	0.56	0.69
2068	博惠精选 1 期	5.68	7.79	0.28	53.56	7.44	63.52	0.33	0.67	1.15
2069	私募工场弗睿得价值金选 1 号	5.67	8.53	0.68	25.26	13.47	43.06	0.28	0.53	0.74
2070	富荟精选 3 期	5.65	6.14	0.93	15.66	6.92	30.27	0.33	0.75	1.05
2071	合众易晟复利增长 3 号	5.65	12.58	1.37	23.89	13.05	38.80	0.28	0.52	0.81
2072	汇创稳健 1 号（广东汇创）	5.63	11.17	1.18	23.03	11.74	25.69	0.28	0.56	1.23
2073	毅木动态精选 2 号	5.60	8.96	2.01*	12.97	7.03	20.04	0.37	0.68	1.56
2074	禾晖黑水稳健 FOHF	5.60	3.21	1.38	4.43	11.59	4.86	0.91	1.84	6.83
2075	元葵宏观策略复利 1 号	5.59	5.61	1.36	10.41	9.96	23.62	0.43	0.83	1.39
2076	珠池量化对冲母基金 1 号	5.58	-0.32	-0.19	3.54	1.44	2.77	1.13	2.79	11.25
2077	少数派求是 1 号	5.58	12.31	1.42	19.24	11.02	41.93	0.30	0.52	0.74
2078	和聚宗享-恒天 1 号	5.58	-4.62	-0.57	23.19	15.01	32.79	0.28	0.52	0.72
2079	征金资本皓月 3 期	5.58	-4.31	-0.30	32.81	11.12	50.70	0.28	0.48	0.54
2080	弗睿得价值金选 2 号	5.57	6.74	0.59	22.81	14.31	41.47	0.28	0.52	0.66
2081	优檀财富 4 号	5.57	-1.83	-0.31	17.20	8.52	39.57	0.31	0.63	0.79
2082	明曜精选 1 期	5.57	7.17	0.72	23.60	12.24	39.16	0.28	0.54	0.79
2083	泓乾成长 1 期	5.56	7.60	0.52	33.86	12.50	56.40	0.28	0.54	0.75
2084	乾元 TOT	5.56	1.10	0.67	3.48	1.41	2.31	1.14	2.82	13.47
2085	三一资本三一指数 1 号	5.56	8.11	1.22	20.88	18.06	37.44	0.29	0.53	0.65

续表

编号	基金名称	年化收益率（%）	年化α（%）	t（α）	年化波动率（%）	年化下行风险（%）	最大回撤率（%）	夏普比率	索丁诺比率	收益—最大回撤比率
2086	东方港湾嘉选 1 号	5.55	7.78	0.83	19.90	12.51	47.18	0.29	0.57	0.79
2087	曼昂资产配置 1 期	5.55	10.12	1.20	24.81	13.36	44.03	0.28	0.52	0.70
2088	惠正精进	5.54	-2.24	-0.22	27.50	8.83	42.22	0.27	0.58	1.34
2089	冲和 FOF	5.52	2.89	0.42	11.74	7.50	17.57	0.39	1.01	1.99
2090	天谷价值精选 1 号	5.52	-7.26	-0.50	34.44	17.68	47.55	0.28	0.53	0.54
2091	资财进取	5.52	0.80	0.06	30.09	12.90	32.16	0.28	0.49	0.72
2092	天谷磐石进取 1 号	5.51	-1.50	-0.11	33.57	22.49	47.99	0.28	0.50	0.08
2093	智信创富 1 期（智信创富）	5.50	-4.83	-0.56	19.52	9.86	30.58	0.29	0.58	1.00
2094	青格狼图腾	5.50	15.12	1.64*	22.25	16.99	42.38	0.28	0.49	0.96
2095	中千华林价值 1 号	5.49	5.86	0.71	17.23	8.67	21.45	0.31	0.61	1.43
2096	保银多空稳健 2 号	5.49	1.30	0.38	7.39	9.53	9.92	0.56	1.17	3.02
2097	众赢准第 1 号	5.48	-1.78	-0.25	17.33	13.13	36.17	0.30	0.65	0.86
2098	陆宝成全 1 期	5.47	-0.01	0.00	15.36	26.42	26.44	0.32	0.67	0.50
2099	瓦宾法鲁	5.47	14.90	2.06*	17.27	9.04	27.69	0.31	0.58	1.10
2100	大数据进取 1 号	5.47	-4.55	-0.38	32.86	16.19	48.74	0.28	0.53	0.45
2101	大明投资复兴	5.45	-7.89	-0.53	33.81	11.42	56.73	0.28	0.53	0.83
2102	以大投资稳健成长 3 号	5.44	5.71	0.79	16.36	8.92	28.69	0.31	0.57	1.06
2103	丰岭远航母基金	5.44	9.73	1.34	17.06	10.37	27.67	0.31	0.51	1.10
2104	正朗易	5.43	12.34	1.30	19.55	11.57	43.98	0.29	0.49	0.69

续表

编号	基金名称	年化收益率（%）	年化α（%）	t（α）	年化波动率（%）	年化下行风险（%）	最大回撤率（%）	夏普比率	索丁诺比率	收益—最大回撤比率
2105	华信	5.42	12.52	1.30	22.60	10.43	28.17	0.27	0.60	1.07
2106	远策1期	5.42	6.39	0.99	18.93	10.22	33.01	0.29	0.54	0.83
2107	歌美斯锐联量化A股基本面	5.42	11.15	2.37*	16.42	8.87	29.14	0.31	0.58	1.04
2108	侏罗纪剑龙2号	5.41	4.38	0.75	14.65	6.94	15.29	0.33	0.69	1.97
2109	和众行弪聚成长	5.41	9.29	0.74	26.90	14.14	50.79	0.27	0.52	0.59
2110	富果3号	5.41	-3.15	-0.34	25.90	13.81	42.12	0.27	0.51	0.72
2111	黄金优选25期1号	5.40	-14.63	-1.51	27.08	11.04	30.00	0.27	0.60	0.86
2112	准锦价值1号	5.40	0.52	0.04	35.16	18.02	57.47	0.27	0.53	0.52
2113	恒裕成长1号	5.38	1.29	0.05	47.42	8.54	55.47	0.31	0.60	0.82
2114	平凡股道	5.37	-0.82	-0.12	13.13	11.49	12.88	0.35	0.62	1.15
2115	易融宝深南大道1号	5.37	-4.75	-0.49	19.92	10.29	35.59	0.28	0.54	0.91
2116	亨通价值1期	5.37	10.71	1.04	30.85	22.39	42.22	0.27	0.55	0.08
2117	果实资本精英汇3号	5.36	15.24	2.53*	18.98	10.48	36.14	0.29	0.54	0.84
2118	广东凌日新三板1号	5.36	23.00	1.47	27.08	8.45	35.06	0.26	0.56	0.70
2119	磐厚动量-旅行者1号	5.35	6.43	0.76	19.65	7.34	30.67	0.28	0.55	0.89
2120	博致铭远	5.32	18.19	1.01	37.74	15.77	45.31	0.27	0.65	0.65
2121	丹禾易嘉缘起精进	5.31	12.78	1.38	17.26	9.18	15.82	0.30	0.56	1.87
2122	朴汇益	5.29	12.93	2.40*	12.13	7.67	17.85	0.36	0.57	1.65
2123	兆丰2号	5.29	-3.81	-0.84	8.98	3.20	10.93	0.45	1.27	2.69

续表

编号	基金名称	年化收益率 (%)	年化 α (%)	t (α)	年化波动率 (%)	年化下行风险 (%)	最大回撤率 (%)	夏普比率	索丁诺比率	收益—最大回撤比率
2124	榕树盛世增长 3 期	5.29	-2.82	-0.32	24.27	18.96	49.04	0.27	0.59	0.60
2125	岳海精选对冲 1 号	5.28	-3.23	-0.51	17.17	24.74	35.77	0.30	0.60	0.54
2126	万泰华瑞 2 号	5.26	-3.84	-0.50	17.33	10.34	21.78	0.29	0.58	1.75
2127	凯纳阿尔法 10 号	5.23	-3.53	-0.81	8.67	4.99	13.39	0.46	0.80	2.17
2128	歌斐传世 5 号	5.22	3.40	2.95*	3.54	1.78	4.65	1.04	2.06	6.23
2129	保银－好买中国价值 1 期	5.22	1.72	0.51	6.81	3.45	10.48	0.56	1.11	2.77
2130	沪深 300 指数对冲 2 号	5.22	-6.47	-0.79	16.60	8.42	29.68	0.29	0.82	1.36
2131	新视野智能量化 1 号	5.22	1.70	1.52	2.36	0.58	0.67	1.54	6.26	43.42
2132	禾永远见平台共享	5.22	3.49	0.32	23.65	8.40	51.65	0.27	0.47	0.77
2133	龟兔赛跑 1 号	5.22	-4.52	-0.78	11.83	11.23	11.61	0.36	0.75	1.37
2134	明曜新三板 1 期	5.20	-4.18	-0.33	22.73	12.94	44.32	0.27	0.47	0.65
2135	新方程泓澄精选－尊享 A	5.19	19.20	0.64	52.85	24.68	43.88	0.30	0.65	0.66
2136	华夏未来润时量化 1 号	5.19	4.93	0.87	13.24	7.90	20.87	0.33	0.56	1.38
2137	少数派 17 号	5.18	11.70	1.48	18.10	21.63	36.02	0.29	0.51	0.50
2138	君华宏观价值 1 期	5.18	1.90	0.62	8.08	4.60	14.37	0.48	0.84	2.00
2139	洋沛盈享	5.18	7.82	1.08	17.20	4.53	36.74	0.29	0.51	1.76
2140	私募工场志开慧泉	5.17	-4.59	-0.46	20.52	10.28	43.85	0.27	0.54	0.65
2141	相聚资本优粤 33 号 22 期	5.17	2.06	0.27	18.15	16.81	42.21	0.28	0.56	0.63
2142	六脉新动力 1 号	5.17	1.45	0.58	4.39	2.88	3.68	0.83	1.60	7.77

续表

编号	基金名称	年化收益率（%）	年化α（%）	t（α）	年化波动率（%）	年化下行风险（%）	最大回撤率（%）	夏普比率	索丁诺比率	收益—最大回撤比率
2143	润合唐诚珍宝 2 号	5.17	6.60	1.10	11.03	6.96	13.63	0.38	0.60	2.10
2144	资财富国	5.16	-1.33	-0.09	33.58	28.81	43.87	0.26	0.55	0.04
2145	贵达丰	5.16	-1.95	-0.79	5.53	1.48	5.24	0.67	2.49	5.45
2146	遵道稳健价值 2 号	5.15	7.32	1.26	22.04	11.87	52.47	0.27	0.50	0.54
2147	国源成长精选 1 号	5.14	3.57	0.53	14.38	12.92	19.80	0.31	0.65	0.90
2148	林园投资 31 号	5.11	14.91	1.40	24.07	13.64	42.99	0.26	0.47	0.52
2149	久期量和灵活对冲 1 号	5.11	2.79	1.23	4.32	2.20	4.97	0.83	1.63	5.70
2150	东方消费服务优选	5.11	16.18	1.82*	21.84	10.98	50.01	0.27	0.46	0.61
2151	乾弘量享成长 1 期	5.11	-8.73	-0.88	26.70	11.90	38.83	0.26	0.44	0.76
2152	私募工场肥尾价值一号	5.10	13.19	1.17	25.81	13.30	45.50	0.26	0.50	0.62
2153	万索长虹 8 号	5.10	15.17	1.40	25.55	12.29	46.01	0.26	0.54	0.61
2154	璞醴价值成长	5.10	2.60	0.28	21.68	9.93	41.17	0.26	0.56	0.93
2155	钧成明卓家族	5.09	4.90	0.48	23.49	12.86	28.50	0.26	0.48	0.99
2156	永禧量化 1 号	5.08	9.53	1.13	18.70	11.59	27.49	0.28	0.45	1.02
2157	瑞银俊东 4 号	5.08	13.83	0.93	29.62	11.08	39.96	0.25	0.66	0.70
2158	新阳 1 号	5.07	16.91	0.94	32.21	17.54	45.39	0.26	0.51	0.60
2159	南方汇金 1 号	5.07	3.96	0.57	17.51	12.65	16.99	0.28	0.56	0.85
2160	东方行业优选	5.06	14.67	1.79*	19.96	11.39	47.50	0.27	0.48	0.59
2161	聚金价值 1 期	5.06	3.61	0.58	13.49	5.64	19.35	0.32	0.56	1.31

续表

编号	基金名称	年化收益率 (%)	年化 α (%)	t (α)	年化波动率 (%)	年化下行风险 (%)	最大回撤率 (%)	夏普比率	索丁诺比率	收益—最大回撤比率
2162	巴奇素耐力稳健 1 号	5.05	27.45	2.21*	37.37	19.59	51.59	0.27	0.52	0.54
2163	明钺安心回报 1 号	5.05	2.30	4.04*	1.37	0.57	0.64	2.51	6.01	43.53
2164	致君基石投资 1 号	5.05	11.39	1.70*	17.11	12.12	33.47	0.28	0.55	0.86
2165	唯通伯兄比孔	5.04	4.06	1.21	6.45	3.59	8.18	0.56	1.01	3.40
2166	众拓创盈 2 号	5.03	-8.65	-1.06	15.24	8.91	26.39	0.30	0.61	0.91
2167	博望嘉豪	5.03	17.79	0.98	38.08	9.28	44.28	0.26	0.61	1.38
2168	相聚资本优粤 33 号 19 期	5.03	3.33	0.49	16.64	8.80	39.46	0.29	0.56	1.65
2169	通和进取 10 期	5.01	1.58	0.10	30.66	13.92	37.61	0.25	0.56	0.74
2170	睿信价值精选	5.00	9.73	1.05	18.43	10.07	31.62	0.27	0.50	0.87
2171	涌峰中国龙增长	4.99	0.58	0.10	18.92	10.22	42.05	0.27	0.50	0.66
2172	相聚资本优粤 33 号 18 期	4.99	3.82	0.57	16.63	8.53	40.27	0.28	0.55	0.68
2173	长见精选 3 号	4.98	15.61	2.64*	15.28	8.40	29.02	0.29	0.54	0.95
2174	恒捷 1 号	4.97	7.19	0.49	36.73	17.13	58.79	0.26	0.57	0.47
2175	东源嘉盈新三板 1 号	4.95	12.00	0.88	25.71	11.40	41.55	0.25	0.61	1.00
2176	宝源胜知 1 号	4.95	9.78	0.77	28.66	12.97	50.90	0.25	0.55	0.54
2177	合美成长	4.94	14.55	1.48	25.37	16.13	58.10	0.25	0.50	0.39
2178	高毅信恒精选 FOF 尊享 1 期	4.94	13.04	2.64*	16.21	22.04	31.99	0.28	0.52	0.78
2179	坚石 A1 号	4.93	5.62	0.36	28.79	14.85	33.78	0.25	0.49	0.81
2180	少数派 12 号	4.93	11.52	1.49	17.87	19.02	35.69	0.27	0.48	0.62

续表

编号	基金名称	年化收益率（%）	年化α（%）	t（α）	年化波动率（%）	年化下行风险（%）	最大回撤率（%）	夏普比率	索丁诺比率	收益—最大回撤比率
2181	泓澄投资睿享 3 号	4.92	13.76	1.77*	22.03	10.64	43.75	0.26	0.46	0.43
2182	保银–好买紫荆悠放 1 期	4.92	7.51	1.48	15.59	21.76	35.00	0.29	0.54	0.60
2183	悟空对冲量化 6 期	4.85	5.28	0.92	15.70	8.70	30.27	0.28	0.51	0.88
2184	泛涵康元 1 号	4.84	-0.42	-0.32	3.03	0.79	1.85	1.08	4.14	14.42
2185	上海瑞廷美好生活 1 号	4.84	-2.94	-0.31	24.63	14.26	30.53	0.25	0.48	0.56
2186	七曜中信领奕	4.83	4.29	0.76	16.34	8.86	29.14	0.28	0.51	0.91
2187	中邮永安向量量化先锋 2 号	4.83	0.28	0.16	3.76	8.44	2.68	0.88	1.95	6.35
2188	华辉价值星 17 号	4.82	28.62	1.55	40.40	18.87	56.88	0.27	0.57	0.47
2189	祥童源旭日东升 1 期	4.82	0.78	0.08	18.82	26.16	23.26	0.26	0.45	0.34
2190	云鹤 1 号	4.81	-1.66	-0.41	10.42	4.46	23.15	0.36	0.84	1.14
2191	聚富丁氏	4.81	16.46	1.03	34.62	15.29	48.55	0.25	0.57	0.55
2192	否极泰 2 期	4.79	3.59	0.21	38.03	17.43	47.93	0.26	0.57	0.55
2193	长见产业趋势 2 号	4.77	13.69	2.40*	15.26	8.63	30.90	0.28	0.50	0.85
2194	明达	4.76	1.92	0.26	21.32	9.45	48.71	0.25	0.48	0.75
2195	金塔 1 号	4.76	0.18	0.02	23.40	12.73	37.54	0.25	0.46	0.70
2196	慧博清和泉	4.76	2.06	0.22	23.63	9.41	47.05	0.25	0.46	0.61
2197	安和价值	4.74	16.02	2.89*	18.24	10.94	25.41	0.26	0.44	1.03
2198	华澄 3 期	4.73	4.03	0.64	10.82	12.90	12.84	0.34	0.75	1.26
2199	东方港湾价值投资 2 号	4.72	6.28	0.61	21.00	10.26	48.38	0.25	0.47	1.07

续表

编号	基金名称	年化收益率 (%)	年化 α (%)	t (α)	年化波动率 (%)	年化下行风险 (%)	最大回撤率 (%)	夏普比率	索丁诺比率	收益—最大回撤比率
2200	岳瀚 5 号	4.72	-2.64	-0.29	18.67	9.98	24.28	0.26	0.47	0.68
2201	谊恒多品种稳健 1 号	4.72	6.35	2.46*	6.50	18.14	8.89	0.51	1.00	1.88
2202	展翔日臻	4.71	-13.74	-1.21	32.33	18.99	58.12	0.26	0.44	0.45
2203	梧桐朝阳绝对收益 1 期	4.70	2.05	0.65	8.78	14.20	15.62	0.40	0.76	2.00
2204	汇泽量慧 FOF1 期	4.70	2.57	0.75	9.78	11.62	11.84	0.36	0.67	1.13
2205	神农兴业	4.69	9.06	0.70	27.95	12.81	46.33	0.25	0.48	0.87
2206	华泓春昇之壹	4.69	-7.07	-0.63	27.09	13.48	48.27	0.24	0.49	0.53
2207	多盈-笛卡尔	4.69	9.06	0.95	19.90	12.88	42.32	0.25	0.46	0.57
2208	江苏-天生桥-孵化 1 号	4.69	15.78	2.03*	18.07	8.25	38.01	0.26	0.47	0.80
2209	宽桥管理期货 1 号	4.69	-2.53	-0.30	14.72	8.54	30.05	0.28	0.49	0.86
2210	凯丰优选 6 号	4.69	4.19	0.67	17.38	10.12	34.29	0.26	0.48	0.76
2211	红船二号	4.68	13.03	0.95	27.37	15.35	60.93	0.25	0.44	0.42
2212	中略恒晟 2 号	4.67	4.50	0.47	23.58	14.06	38.07	0.25	0.41	0.67
2213	天意仁和资产精选轮动	4.66	-8.13	-0.49	28.84	17.37	34.15	0.24	0.54	0.55
2214	海浦超平面量化对冲 1 号	4.65	2.35	0.52	8.49	4.66	15.81	0.40	0.73	1.61
2215	宝豪 2 号	4.64	10.74	0.96	25.60	12.46	29.79	0.24	0.49	0.85
2216	昆仑 26 号	4.64	7.12	1.51	14.69	8.52	33.03	0.28	0.48	0.77
2217	景领健康中国 1 号	4.63	1.58	0.27	14.41	6.57	34.53	0.28	0.61	0.73
2218	潮信 1 号（泰达九鼎投资）	4.62	1.18	0.21	14.48	11.64	28.57	0.28	0.55	0.84

续表

编号	基金名称	年化收益率（%）	年化α（%）	t（α）	年化波动率（%）	年化下行风险（%）	最大回撤率（%）	夏普比率	索丁诺比率	收益—最大回撤比率
2219	匠心 2 号	4.60	0.80	0.07	23.77	12.75	30.39	0.24	0.45	0.83
2220	毅木资产动态精选 3 号	4.59	8.36	1.79*	13.06	7.27	19.92	0.29	0.53	1.26
2221	千惠领航 1 号	4.57	3.59	1.12	6.59	12.73	12.63	0.48	0.95	2.99
2222	信璞投资-余粮 101	4.57	14.39	1.54	21.18	10.39	29.08	0.24	0.49	0.86
2223	世诚-诚博	4.57	5.85	1.55	15.26	8.26	29.93	0.27	0.50	0.84
2224	众禄价值联成长 2 号	4.56	-9.26	-0.85	29.00	8.75	46.77	0.24	0.45	0.40
2225	臻禾稳健成长 3 号	4.54	2.85	0.27	23.48	12.73	27.09	0.24	0.44	0.92
2226	潮金丰中港成长趋势 3 期	4.54	14.06	1.95*	18.22	10.39	24.37	0.25	0.44	1.02
2227	文艺复兴价值投资 1 号	4.53	9.64	0.58	36.30	16.35	64.68	0.25	0.55	0.38
2228	珠池量化对冲套利策略母基金 1 号	4.52	1.85	1.58	2.02	1.24	2.27	1.46	2.38	10.90
2229	弘酬开元	4.52	0.79	0.36	6.16	11.87	8.45	0.50	1.08	2.01
2230	远策对冲 1 号	4.50	5.04	0.78	18.99	10.47	35.20	0.25	0.45	0.70
2231	领颐 5 号	4.50	17.89	1.31	29.15	20.24	54.09	0.25	0.40	0.37
2232	东方鼎泰-尚东价值	4.49	20.80	2.10*	20.90	6.39	39.95	0.24	0.42	0.46
2233	景富景晨优选 1 期	4.49	-0.56	-0.05	26.71	17.79	24.11	0.25	0.37	1.02
2234	华辉价值星尊 1 号	4.48	27.78	1.08	49.68	19.83	55.37	0.28	0.70	0.44
2235	高创金龙 1 号	4.48	1.57	0.11	25.32	14.19	31.87	0.23	0.58	1.35
2236	和聚港股平台	4.47	1.29	0.15	17.67	15.64	23.00	0.25	0.45	0.53
2237	博致 1 期	4.47	16.82	0.92	38.03	17.45	44.03	0.25	0.59	0.58

续表

编号	基金名称	年化收益率（%）	年化 α（%）	t（α）	年化波动率（%）	年化下行风险（%）	最大回撤率（%）	夏普比率	索丁诺比率	收益—最大回撤比率
2238	柘臻-磐石 1 号	4.46	−19.27	−2.51	19.82	6.60	25.03	0.23	0.70	0.97
2239	润合唐诚通宝 2 号	4.45	5.47	1.00	10.07	6.40	12.62	0.33	0.52	1.93
2240	中国龙价值	4.45	3.23	1.14	6.67	3.37	7.62	0.46	0.91	3.19
2241	德嵩 1 号	4.45	28.75	2.17*	29.52	15.54	44.49	0.24	0.46	0.55
2242	万霁 5 号	4.45	11.47	1.12	25.21	12.48	44.24	0.23	0.47	0.55
2243	合鑫价值 2 号	4.43	9.74	1.11	21.86	8.35	31.77	0.24	0.44	0.51
2244	宽桥名将 2 号	4.43	−7.08	−1.42	10.69	4.11	18.64	0.32	0.82	1.30
2245	海之山资产管理稳健收益 1 号	4.42	2.62	1.81*	2.75	1.53	2.12	1.04	1.87	11.38
2246	颢盛 3 期	4.39	1.64	0.29	17.89	9.88	26.39	0.24	0.44	0.91
2247	鑫浦成泉	4.39	−16.87	−1.38	27.73	14.97	29.42	0.24	0.44	0.81
2248	源乐晟锐进 58 期	4.38	4.34	0.57	22.30	11.96	53.87	0.23	0.44	0.44
2249	盈诚兆丰 1 号	4.38	1.56	0.95	3.20	1.67	3.93	0.89	1.71	6.08
2250	中资宏德 FOF 合众 1 号	4.37	0.47	0.20	5.91	3.51	12.39	0.50	0.84	1.92
2251	久铭 5 号	4.37	12.38	1.19	22.29	10.13	37.86	0.23	0.51	0.80
2252	世诚扬子 3F 号	4.36	5.46	1.47	15.03	11.21	29.62	0.26	0.47	0.54
2253	云鹤 2 号	4.36	−2.49	−0.59	10.66	4.56	24.44	0.31	0.73	0.97
2254	景裕新能源汽车行业 1 号	4.35	2.45	0.19	33.26	12.92	61.34	0.24	0.50	0.47
2255	润合唐诚元宝 2 号	4.35	2.47	5.96*	0.73	0.37	0.67	3.78	7.55	35.41
2256	裕晋 8 期	4.34	7.25	1.14	17.96	17.50	39.03	0.24	0.46	0.40

续表

编号	基金名称	年化收益率（%）	年化 α（%）	t（α）	年化波动率（%）	年化下行风险（%）	最大回撤率（%）	夏普比率	索丁诺比率	收益—最大回撤比率
2257	世诚诚信金选 2 号	4.34	5.86	1.51	15.58	7.72	30.56	0.25	0.47	0.52
2258	永升致远 1 期	4.32	13.50	1.39	21.02	7.91	20.13	0.23	0.41	0.62
2259	投资精英之重阳（B）	4.31	10.47	2.01*	15.69	8.00	23.35	0.25	0.49	1.01
2260	少数派 112 号	4.31	12.12	1.54	18.90	10.92	36.87	0.24	0.41	0.64
2261	千般龙腾 6 号	4.30	-1.10	-0.08	27.44	12.78	33.92	0.23	0.46	0.56
2262	睿利价值精选	4.30	5.64	0.51	25.47	13.38	41.08	0.23	0.39	0.36
2263	鼎锋 2 期	4.30	-2.36	-0.34	22.49	10.75	47.98	0.23	0.48	0.49
2264	少数派 19 号	4.30	11.48	1.37	18.66	11.20	38.10	0.24	0.40	0.61
2265	宏观投资斾诚	4.30	0.36	0.07	12.54	5.98	21.00	0.28	0.58	1.11
2266	道道泽时 2 号	4.29	4.68	0.56	22.05	7.37	46.30	0.23	0.44	0.66
2267	中睿合银弈势 3 号	4.29	-4.75	-0.69	15.85	13.81	35.55	0.25	0.61	0.73
2268	鲸选 18 号	4.28	11.58	1.45	18.61	10.80	37.85	0.24	0.41	0.62
2269	善从骏富丰华 1 号	4.27	10.90	0.59	38.74	19.58	62.68	0.26	0.51	0.37
2270	大数据稳健成长 1 号	4.26	-17.66	-1.52	28.03	13.54	44.66	0.23	0.47	0.66
2271	东方港湾 1 期（华润）	4.26	2.57	0.30	17.94	7.68	47.77	0.24	0.49	0.69
2272	榕树文明复兴 2 期	4.25	-0.79	-0.10	22.55	11.01	48.30	0.23	0.46	0.48
2273	天贝合共盈 2 号	4.25	-23.06	-0.96	56.96	23.03	67.62	0.29	0.72	0.34
2274	前海创赢 2 号	4.25	7.94	1.49	16.05	10.93	22.34	0.25	0.36	1.03
2275	抱朴卓越成长 1 号	4.23	9.34	1.01	20.58	10.04	34.29	0.23	0.47	0.67

续表

编号	基金名称	年化收益率（%）	年化α（%）	t（α）	年化波动率（%）	年化下行风险（%）	最大回撤率（%）	夏普比率	索丁诺比率	收益—最大回撤比率
2276	木瓜 1 号	4.22	−5.04	−1.03	9.55	11.57	16.47	0.32	0.85	2.87
2277	普尔聚鑫	4.22	3.00	0.49	17.03	9.04	28.98	0.24	0.45	0.79
2278	天润（真龙投资）	4.21	0.21	0.02	20.21	11.69	20.00	0.23	0.40	1.15
2279	东方港湾策远 13 号	4.20	2.92	0.37	17.35	9.79	43.63	0.24	0.46	0.62
2280	浊清成长 1 号	4.19	−0.76	−0.05	29.98	15.22	52.97	0.23	0.45	0.43
2281	泾溪佳盈 3 号	4.18	−26.44	−1.40	41.18	13.08	50.46	0.26	0.53	0.82
2282	蒙森 1 号	4.18	−1.16	−0.20	14.59	7.36	21.85	0.25	0.49	1.04
2283	世通 5 期	4.17	3.32	0.29	24.15	12.11	44.20	0.22	0.45	0.51
2284	通和进取 12 期	4.17	1.93	0.16	26.41	12.22	29.92	0.22	0.48	0.76
2285	果实成长精选 1 号	4.16	14.12	1.74*	22.50	11.80	43.58	0.22	0.43	0.52
2286	黄金优选 10 期 3 号（重阳）	4.16	10.23	1.99*	15.52	7.94	23.27	0.24	0.47	0.97
2287	鹦鹉螺量化股票多头 1 号	4.15	−2.77	−0.44	15.37	7.31	26.79	0.24	0.51	0.84
2288	鑫源瑞 1 期	4.13	−8.96	−0.76	33.52	13.56	56.50	0.24	0.46	0.69
2289	世纪兴元价值成长 1 号	4.12	4.71	1.81*	6.38	10.01	6.54	0.43	0.94	1.50
2290	嘉禾 1 号价值成长	4.10	17.36	1.20	31.46	10.95	47.19	0.24	0.38	0.78
2291	涵元开阳	4.09	7.17	0.69	24.35	13.43	43.63	0.22	0.43	0.44
2292	中量财富玖盈 1 号	4.07	10.60	1.67*	14.96	8.52	23.79	0.24	0.42	0.93
2293	巡洋成长 1 号	4.07	11.84	1.48	22.04	12.53	51.34	0.22	0.46	0.62
2294	金珀 5 号	4.07	8.85	1.29	19.38	10.67	30.06	0.22	0.41	0.73

续表

编号	基金名称	年化收益率（%）	年化 α（%）	t（α）	年化波动率（%）	年化下行风险（%）	最大回撤率（%）	夏普比率	索丁诺比率	收益—最大回撤比率
2295	珺荟 5 期	4.06	2.07	0.40	13.42	7.19	33.93	0.25	0.47	0.65
2296	展博 5 期	4.04	-0.25	-0.03	16.55	8.60	31.91	0.23	0.49	0.49
2297	祁大鹏 1 号	4.04	-9.73	-0.55	34.07	15.54	52.04	0.23	0.50	0.42
2298	瀚信猎鹰 8 号	4.04	-10.91	-0.90	36.89	19.32	55.96	0.25	0.47	0.39
2299	滚雪球兴泉 3 号	4.04	13.15	1.73*	17.09	7.66	20.94	0.23	0.45	0.48
2300	华莎泉明月 1 号	4.02	5.00	0.53	21.29	19.61	31.30	0.22	0.41	0.24
2301	果实长期回报	4.02	15.80	1.92*	22.54	11.98	51.23	0.22	0.41	0.42
2302	京石 8 号	4.00	-8.88	-0.36	50.99	19.34	70.22	0.28	0.62	0.69
2303	从时投资旺财稳健 1 期	4.00	0.97	0.08	23.05	21.77	37.02	0.22	0.39	0.26
2304	肥尾价值 6 号	4.00	13.34	1.24	24.92	9.31	44.27	0.22	0.42	0.40
2305	华辉启明星 2 号	3.99	7.50	0.51	32.93	14.63	46.98	0.22	0.51	0.46
2306	乾弘乐享成长 5 期	3.99	-9.78	-0.90	28.10	17.05	42.44	0.23	0.37	0.51
2307	锐进 26 期	3.99	4.96	0.69	18.33	11.04	38.09	0.22	0.37	0.57
2308	天岸马 1 期	3.99	8.01	0.57	34.81	17.17	39.47	0.23	0.47	0.55
2309	大概率财富传承 1 号	3.98	9.63	0.96	23.63	13.08	50.66	0.22	0.39	0.43
2310	世诚扬子 2 号	3.98	12.23	1.01	25.87	6.89	46.87	0.22	0.36	0.82
2311	晟维成长	3.97	-5.06	-0.35	32.62	19.49	67.16	0.24	0.40	0.32
2312	明理 1 期	3.96	5.20	0.51	26.86	15.82	46.82	0.22	0.38	0.46
2313	少数派 9 号	3.95	8.74	0.97	18.36	10.37	39.11	0.22	0.39	0.55

续表

编号	基金名称	年化收益率 (%)	年化 α (%)	t (α)	年化波动率 (%)	年化下行风险 (%)	最大回撤率 (%)	夏普比率	索丁诺比率	收益—最大回撤比率
2314	相聚资本优粤 33 号 20 期	3.92	2.14	0.32	16.36	16.19	41.27	0.22	0.44	0.73
2315	迈隆 1 号	3.92	0.10	0.02	11.27	6.97	19.93	0.26	0.43	1.06
2316	中城稳健涵和 1 期	3.91	5.83	0.60	24.18	12.80	44.46	0.21	0.40	0.48
2317	知方石多因子 1 号	3.91	-2.60	-0.40	12.99	7.83	16.09	0.24	0.56	1.45
2318	君洽精选 3 期	3.88	2.99	0.35	22.08	10.99	31.04	0.21	0.42	0.68
2319	私募学院菁英 347 号	3.88	8.98	1.18	16.96	11.24	31.85	0.22	0.34	0.66
2320	九印远山 2 号	3.87	12.02	1.96*	16.99	12.38	30.80	0.22	0.34	0.37
2321	基业天成量化成长 1 号	3.87	-1.08	-0.18	15.75	9.01	30.71	0.22	0.39	0.68
2322	世诚诚信尊享 1 号	3.86	3.66	1.16	15.30	8.26	31.76	0.22	0.42	0.66
2323	炳丰量化对冲	3.84	2.60	0.45	12.68	13.79	22.35	0.24	0.54	0.69
2324	银帆 8 期	3.84	-6.91	-0.65	21.61	8.91	33.53	0.21	0.46	0.52
2325	相聚资本优粤 33 号 21 期	3.84	2.19	0.33	16.20	8.16	40.68	0.22	0.43	0.51
2326	展博专注 B 期	3.84	-0.99	-0.13	16.40	7.71	32.20	0.22	0.46	0.64
2327	嘉禾 3 号	3.83	0.49	0.02	43.20	8.57	61.05	0.27	0.45	1.05
2328	相聚芒格红利尊享 A 期	3.83	1.48	0.20	16.82	14.69	47.25	0.21	0.45	0.44
2329	博雅 1 号	3.82	8.61	1.25	15.14	9.78	27.60	0.22	0.35	0.75
2330	东方港湾精选 1 期	3.81	1.17	0.15	15.74	11.04	43.04	0.22	0.45	1.14
2331	品赋火炬	3.81	-4.03	-1.23	6.49	3.85	10.42	0.38	0.64	1.97
2332	恒益富通 3 号	3.81	3.60	0.21	32.53	17.02	34.34	0.23	0.44	0.60

续表

编号	基金名称	年化收益率（%）	年化α（%）	t（α）	年化波动率（%）	年化下行风险（%）	最大回撤率（%）	夏普比率	索丁诺比率	收益—最大回撤比率
2333	博致长安	3.80	16.47	0.93	37.34	17.05	45.89	0.23	0.53	0.63
2334	慎善清源 1 号	3.78	0.78	0.03	56.21	24.06	46.56	0.28	0.66	0.44
2335	承源 9 号	3.78	10.30	0.60	29.83	15.32	45.31	0.22	0.42	0.45
2336	远策致盈 1 号	3.78	2.93	0.38	20.09	11.10	35.17	0.21	0.38	0.58
2337	岩叶价值稳健 2 号	3.78	4.84	0.71	24.68	14.14	44.15	0.21	0.37	0.46
2338	图斯鑫源森	3.78	−9.70	−1.19	20.50	11.24	36.26	0.21	0.38	0.56
2339	点聚 1 号	3.78	−2.23	−0.45	15.18	9.00	24.79	0.22	0.37	0.82
2340	永隆量化趋势 E	3.77	3.18	0.43	17.60	10.95	42.18	0.21	0.34	0.48
2341	晶上稳健增长 1 号	3.77	−13.43	−1.04	32.25	16.23	56.25	0.22	0.44	0.36
2342	万荣长虹 1 号	3.77	12.01	1.20	24.43	8.05	43.88	0.21	0.42	1.08
2343	高毅利伟尊享 D 期	3.76	11.99	1.42	19.65	9.11	33.81	0.20	0.44	0.60
2344	高毅利伟	3.76	8.68	1.57	17.31	9.19	33.82	0.21	0.40	0.60
2345	汇利优选 2 号	3.75	−0.64	−0.09	21.57	11.55	35.38	0.21	0.39	0.57
2346	洲中舟启航 1 号	3.75	61.76	1.77*	79.97	18.58	86.66	0.42	0.81	0.71
2347	高毅国鹰 1 号	3.74	12.62	1.38	21.08	11.95	33.44	0.20	0.36	0.60
2348	中睿合银荣势 17 号	3.74	−6.69	−0.92	17.56	13.57	38.85	0.21	0.47	0.56
2349	华辉启明星 1 号	3.73	11.40	0.87	30.75	8.00	45.91	0.22	0.45	0.44
2350	洋沛尊享	3.72	8.30	1.02	18.43	10.30	41.58	0.21	0.37	0.48
2351	华骏海石 2 号	3.72	6.15	0.71	22.40	13.09	38.56	0.21	0.35	0.52

续表

编号	基金名称	年化收益率（%）	年化α（%）	t（α）	年化波动率（%）	年化下行风险（%）	最大回撤率（%）	夏普比率	索丁诺比率	收益—最大回撤比率
2352	华金1号	3.72	7.73	1.15	17.77	9.71	30.67	0.21	0.38	0.65
2353	普尔睿康	3.70	4.10	0.49	19.75	13.92	44.19	0.21	0.36	0.26
2354	中国龙平衡	3.70	7.65	2.30*	8.98	4.89	16.68	0.28	0.52	1.19
2355	黄金优选21期1号	3.69	-3.51	-0.40	20.51	12.99	36.53	0.20	0.39	0.58
2356	仙童FOF101期	3.68	2.81	0.34	15.02	9.69	26.04	0.22	0.33	0.76
2357	君茂长丰	3.66	24.45	1.67*	32.38	17.92	61.56	0.22	0.40	0.32
2358	君泽盈泰2号	3.66	-6.35	-0.63	26.24	15.53	41.27	0.21	0.35	0.48
2359	毅木动态精选4号	3.65	7.75	1.58	13.07	7.14	20.47	0.22	0.41	0.96
2360	歌迅工匠1号	3.65	0.20	0.04	15.41	11.59	29.79	0.21	0.44	0.51
2361	四创国家安全主题	3.63	0.38	0.02	28.18	12.36	44.46	0.21	0.43	0.51
2362	丰岭精选好买B期	3.63	9.00	1.38	16.55	10.52	29.53	0.21	0.33	0.66
2363	融伟汇银1号	3.62	-3.34	-0.58	16.44	12.11	18.07	0.20	0.42	0.46
2364	潮金丰中港价优选2号	3.61	8.00	1.17	18.32	20.13	20.94	0.20	0.38	0.47
2365	南方汇金2号	3.60	-1.46	-0.18	20.86	9.71	24.91	0.20	0.38	0.93
2366	展博新兴产业（A）	3.60	-3.39	-0.37	21.30	11.26	37.90	0.20	0.38	0.51
2367	金广资产鑫10号	3.60	1.10	0.14	15.79	12.02	31.29	0.20	0.41	1.17
2368	天天向上2号（铭环资产）	3.58	42.87	2.68*	40.91	24.40	43.56	0.25	0.43	0.44
2369	榕树盛世增长8期	3.57	-3.80	-0.43	24.23	10.91	49.67	0.20	0.44	0.39
2370	斑熙多策略8号	3.57	-1.76	-0.54	5.83	16.92	8.82	0.37	0.71	1.03

续表

编号	基金名称	年化收益率（%）	年化α（%）	t（α）	年化波动率（%）	年化下行风险（%）	最大回撤率（%）	夏普比率	索丁诺比率	收益—最大回撤比率
2371	合撰成长精选	3.56	-1.76	-0.24	20.73	10.64	46.56	0.20	0.38	0.41
2372	启元久安1号	3.55	1.00	0.33	8.24	9.75	10.83	0.28	0.51	0.78
2373	福睿德6号	3.55	9.83	0.67	31.85	19.74	55.96	0.22	0.36	0.34
2374	果实资本精英汇4A号	3.54	12.88	2.11*	18.83	13.14	38.42	0.20	0.36	0.43
2375	黄金优选7期2号	3.53	-1.26	-0.18	21.67	11.35	34.74	0.20	0.38	0.55
2376	新方程清和泉1期	3.52	-0.08	-0.01	24.21	9.96	51.06	0.20	0.36	0.48
2377	毅木资产海阔天空1号	3.51	7.29	1.49	13.13	7.23	21.43	0.21	0.39	0.88
2378	君心盈泰-君泽盈泰1号	3.51	-4.89	-0.55	25.18	14.72	42.22	0.20	0.35	0.45
2379	珺容量化精选3号	3.50	3.31	1.09	5.74	3.14	9.67	0.37	0.67	1.94
2380	仙童FOF16期	3.50	9.66	1.03	16.77	10.39	23.84	0.20	0.32	0.79
2381	裕晋17期	3.48	6.91	1.09	18.31	4.31	38.50	0.19	0.36	1.03
2382	华量涌泉1号	3.47	-10.79	-0.97	24.79	13.49	33.97	0.20	0.36	0.55
2383	悟空2号	3.44	1.68	0.34	14.84	7.95	33.49	0.20	0.37	0.55
2384	烽火1号	3.43	12.73	1.73*	17.80	7.98	25.90	0.19	0.34	0.75
2385	平安阆鼎泓澄智选2号	3.42	12.00	1.56	22.07	12.94	47.19	0.19	0.33	0.39
2386	中国龙	3.42	4.23	0.86	10.49	5.74	9.96	0.23	0.39	0.72
2387	颢嫡稳健1期	3.42	-3.06	-0.74	13.38	6.70	21.25	0.20	0.41	0.86
2388	微明恒远丰誉2期	3.41	-5.12	-0.32	35.83	10.79	69.77	0.23	0.39	0.54
2389	积胜1期	3.41	-1.08	-0.10	23.17	11.15	26.58	0.19	0.39	0.69

续表

编号	基金名称	年化收益率（%）	年化 α（%）	t（α）	年化波动率（%）	年化下行风险（%）	最大回撤率（%）	夏普比率	索丁诺比率	收益—最大回撤比率
2390	天贝合拾贝 1 号	3.41	1.75	0.07	49.69	23.37	60.80	0.26	0.56	0.30
2391	高毅利伟精选唯实 1 号	3.40	12.39	2.00*	19.35	21.85	39.46	0.19	0.35	0.09
2392	仓红 1 号	3.38	-14.12	-1.41	23.62	16.31	39.88	0.19	0.41	0.41
2393	泓湉尊享 A 期	3.38	9.82	1.04	21.69	12.42	48.31	0.19	0.30	0.49
2394	泓湉锐进 52 期	3.38	11.43	1.49	21.86	12.43	48.32	0.19	0.33	0.56
2395	华辉价值星 32 号	3.38	41.66	1.44	56.00	23.06	64.37	0.27	0.66	0.28
2396	投资精英（汇利 B）	3.38	-1.01	-0.14	22.95	12.14	37.36	0.19	0.36	0.48
2397	淳富鑫源 3 号	3.37	1.56	0.12	26.48	15.82	54.22	0.20	0.34	0.33
2398	金之灏潜龙 1 号	3.36	-4.80	-0.45	21.56	9.72	45.48	0.18	0.45	1.06
2399	世诚扬子 5 号	3.34	2.60	0.88	14.18	8.83	28.33	0.20	0.36	0.53
2400	煌垦新趋势量化精选	3.31	0.60	0.04	32.08	10.88	42.98	0.21	0.41	0.45
2401	谢诺辰阳核心算法	3.29	10.86	1.55	20.38	7.12	45.21	0.18	0.36	0.51
2402	七曜中信证券领奕 1 号	3.29	2.92	0.53	16.17	9.03	32.10	0.19	0.33	0.55
2403	志开信享 1 期	3.28	-5.68	-0.50	21.89	12.94	43.80	0.18	0.42	0.49
2404	博孚利尊享 1 号	3.26	0.13	0.05	5.32	13.09	7.40	0.35	0.73	1.22
2405	天贝合共盈 3 号	3.26	2.15	0.07	62.70	12.21	70.77	0.31	0.69	1.14
2406	拾贝探索 2 号	3.24	5.74	1.14	12.98	8.39	18.32	0.19	0.30	0.94
2407	重庆穿石品质生活 3 期	3.22	2.22	0.26	17.44	7.81	32.50	0.18	0.36	0.63
2408	金牛 1 号（私享）	3.21	18.27	1.56	24.12	13.21	36.90	0.19	0.32	0.33

编号	基金名称	年化收益率（%）	年化α（%）	t（α）	年化波动率（%）	年化下行风险（%）	最大回撤率（%）	夏普比率	索丁诺比率	收益—最大回撤比率
2409	少数派 10 号	3.21	9.24	1.21	16.66	9.90	36.52	0.18	0.31	0.47
2410	万隶 9 号	3.19	13.51	1.52	22.74	11.10	45.34	0.18	0.34	0.68
2411	宏亮优选 FOF	3.17	-0.36	-0.08	11.41	6.16	23.49	0.20	0.39	1.84
2412	快配智价值成长安端 1 号	3.16	0.11	0.02	13.79	10.54	32.90	0.18	0.36	0.39
2413	达仁卓越 10 号	3.15	20.00	0.95	41.72	24.45	62.35	0.26	0.44	0.27
2414	清和泉精选 2 期	3.12	-0.72	-0.08	23.28	14.20	50.91	0.18	0.32	0.46
2415	博洋投资 FOF2 号	3.12	0.46	0.16	7.53	4.22	10.13	0.25	0.44	1.64
2416	淡水泉精选 1 期	3.12	8.15	1.05	23.55	12.69	48.79	0.18	0.34	0.34
2417	新阳进化 2 号	3.12	15.81	1.10	26.11	10.28	38.13	0.18	0.36	0.49
2418	北渊普华优选	3.11	12.46	1.13	28.30	10.33	52.55	0.19	0.34	0.34
2419	晨燕 2 号	3.10	-0.65	-0.07	22.23	12.47	51.30	0.18	0.32	0.32
2420	榕树盛世增长 1 期	3.10	-4.73	-0.53	24.68	18.23	53.36	0.18	0.40	0.23
2421	江汉 1 号	3.10	-5.25	-0.75	14.07	15.95	20.06	0.18	0.36	0.46
2422	益昶趋势复利 1 号	3.10	9.53	1.39	18.87	9.49	34.15	0.17	0.35	0.48
2423	中睿合银趋势 2 号	3.09	-6.41	-1.02	15.59	12.01	35.62	0.17	0.42	0.61
2424	叁津第二	3.09	-0.48	-0.28	3.01	2.07	3.29	0.53	0.77	5.00
2425	海燕四季收益 1 期	3.08	-1.54	-0.19	19.70	10.79	42.75	0.17	0.32	0.38
2426	龙赢价值投资增值 1 期	3.08	-6.81	-0.66	19.92	10.44	36.40	0.17	0.33	0.45
2427	泓騏稳进 1 号	3.06	-11.58	-0.70	37.13	17.36	49.12	0.21	0.44	0.33

续表

编号	基金名称	年化收益率（%）	年化 α（%）	t（α）	年化波动率（%）	年化下行风险（%）	最大回撤率（%）	夏普比率	索丁诺比率	收益—最大回撤比率
2428	榕树文明复兴 7 期	3.06	−0.05	−0.01	24.08	12.44	49.65	0.18	0.35	0.33
2429	宽奇新动力 3 号	3.04	5.65	0.30	37.48	17.90	43.41	0.22	0.40	0.45
2430	前海创动力 4 号	3.04	4.66	0.73	17.05	12.17	27.33	0.18	0.25	0.59
2431	鸿海创赢 1 期	3.03	−8.13	−0.80	26.68	13.06	50.52	0.18	0.37	0.32
2432	云涵稳进增益 2 号	3.03	−3.86	−0.39	17.57	12.41	33.33	0.17	0.25	0.48
2433	红奶酪	3.02	9.67	1.28	20.96	21.45	34.84	0.17	0.33	0.12
2434	洋沛领先嘉选	3.01	7.85	1.01	17.70	20.95	41.12	0.17	0.30	0.21
2435	广金盈通	3.01	−0.31	−0.05	16.06	10.12	21.20	0.17	0.34	0.71
2436	泓澄沪港深精选	2.99	13.81	1.63	23.20	12.16	44.83	0.18	0.30	0.41
2437	重阳 8 期	2.98	3.08	0.55	13.06	12.62	19.98	0.17	0.33	0.37
2438	拾贝 1 期	2.98	9.18	0.88	21.86	13.89	31.90	0.17	0.30	0.37
2439	广金成长 3 期	2.96	10.42	1.24	20.97	15.89	46.80	0.17	0.34	0.32
2440	哲石量化优选 1 号	2.94	2.82	0.83	5.82	12.29	6.57	0.27	0.56	1.01
2441	本颐灵活策略 1 号	2.94	−12.92	−1.43	25.16	14.00	36.75	0.18	0.32	0.42
2442	旭兴 3 号	2.93	13.97	1.56	26.72	10.81	51.07	0.18	0.33	0.46
2443	等闲长征 1 号	2.93	5.17	0.52	22.62	14.13	50.11	0.18	0.28	0.31
2444	星纪月盈	2.92	21.46	1.54	37.09	11.19	63.91	0.22	0.41	0.70
2445	货殖列传	2.92	11.92	1.24	21.58	15.79	47.60	0.17	0.30	0.20
2446	丰大 2 号	2.92	1.30	0.12	27.74	12.24	56.38	0.18	0.36	0.28

续表

编号	基金名称	年化收益率（%）	年化 α（%）	t（α）	年化波动率（%）	年化下行风险（%）	最大回撤率（%）	夏普比率	索丁诺比率	收益—最大回撤比率
2447	向尚煜德优选 1 期	2.91	1.64	0.43	14.38	7.62	38.01	0.17	0.31	0.41
2448	和聚 6 期（2014）	2.91	-6.71	-0.72	23.76	6.86	27.42	0.17	0.33	0.79
2449	镨泉资产和鑫 1 号	2.90	2.22	0.30	19.51	9.71	34.59	0.16	0.33	0.44
2450	本地资本振华致远 FOF	2.90	-1.35	-0.32	10.59	6.19	29.54	0.18	0.31	0.52
2451	汇众成长 1 期	2.89	-0.82	-0.10	24.38	10.93	33.33	0.17	0.38	0.46
2452	大牛红利	2.89	-2.46	-0.30	21.95	8.31	30.94	0.17	0.31	0.38
2453	蓝牛酪成长 1 号	2.89	9.12	1.23	20.94	10.81	34.81	0.17	0.32	0.44
2454	华辉价值星 12 号	2.88	17.92	1.22	33.20	16.43	48.79	0.20	0.40	0.31
2455	仙风激进 5 号	2.88	-19.51	-3.49	15.32	4.21	22.77	0.15	0.56	0.67
2456	聚米 1 期	2.88	-2.42	-0.46	9.28	5.10	22.19	0.19	0.35	0.69
2457	天岸马鹏程	2.88	1.59	0.12	31.34	14.63	42.95	0.19	0.41	0.35
2458	晨燕专享 1 号	2.87	-0.55	-0.06	21.55	12.21	51.41	0.17	0.30	0.30
2459	清和泉金牛山 5 期	2.86	0.87	0.09	23.14	13.01	51.27	0.17	0.30	0.30
2460	淡水泉 2008	2.83	9.79	1.24	22.47	12.55	49.95	0.17	0.30	0.30
2461	中略 FOF 价值 1 期	2.83	2.88	0.49	14.32	8.56	29.40	0.16	0.27	0.51
2462	中国龙稳健	2.80	1.68	0.41	9.57	5.64	9.73	0.18	0.30	1.52
2463	德高 3 号	2.78	23.00	1.77*	28.62	16.05	49.21	0.18	0.33	0.30
2464	洋沛通亨 1 期	2.76	7.17	0.88	18.26	10.59	38.88	0.16	0.27	0.37
2465	平安阖鼎重阳价值 1 号 2 期	2.76	5.89	1.13	15.64	8.50	23.09	0.15	0.28	0.63

续表

编号	基金名称	年化收益率（%）	年化 α（%）	t（α）	年化波动率（%）	年化下行风险（%）	最大回撤率（%）	夏普比率	索丁诺比率	收益—最大回撤比率
2466	振邦稳健 1 号	2.75	-6.32	-0.52	25.61	14.12	30.98	0.17	0.31	0.47
2467	诺法空 1 期	2.75	9.03	0.67	26.57	15.30	34.02	0.18	0.31	0.43
2468	合德丰泰	2.74	-0.55	-0.29	4.18	2.50	8.48	0.31	0.52	1.71
2469	金弘趋势 1 号	2.74	-4.84	-1.27	8.34	13.47	14.08	0.19	0.36	0.37
2470	汇利 3 期	2.73	-2.17	-0.30	22.71	13.49	35.10	0.16	0.30	0.35
2471	千泉宏观 1 号	2.70	-0.78	-0.04	38.75	22.32	47.47	0.22	0.39	0.30
2472	和聚 5 期	2.70	-6.12	-0.71	22.86	17.60	25.25	0.16	0.30	0.22
2473	兴亿成长 1 期	2.70	6.53	1.38	11.38	6.56	29.35	0.16	0.28	0.49
2474	天意仁和资产精选轮动 2 号	2.70	-10.26	-0.58	30.58	15.17	39.64	0.17	0.39	0.57
2475	金泽 2 号	2.70	3.15	0.40	17.25	11.86	37.13	0.15	0.31	0.50
2476	庄贤磐远 2 号	2.70	2.72	0.92	6.04	3.12	12.06	0.22	0.43	1.18
2477	易同领先	2.70	-2.61	-0.21	28.58	11.27	54.26	0.18	0.36	0.45
2478	榕树文明复兴 10 期	2.69	-0.37	-0.04	23.88	12.02	49.92	0.16	0.32	0.28
2479	天宝稳健 2 号	2.68	5.28	0.50	26.33	11.88	44.10	0.17	0.31	0.29
2480	千榕阔叶榕	2.67	7.62	1.42	12.26	7.14	12.59	0.15	0.26	1.12
2481	长富山 2 号	2.67	7.76	0.36	39.71	18.20	53.06	0.21	0.45	0.26
2482	天谷价值精选 2 号	2.66	-3.99	-0.29	31.15	17.39	50.00	0.19	0.34	0.28
2483	泓澄智选 1 期	2.65	13.40	1.77*	22.61	8.59	49.30	0.16	0.26	0.47
2484	明达 2 期	2.65	10.66	0.80	26.15	14.39	49.65	0.17	0.36	0.27

续表

编号	基金名称	年化收益率（%）	年化 α（%）	t（α）	年化波动率（%）	年化下行风险（%）	最大回撤率（%）	夏普比率	索丁诺比率	收益—最大回撤比率
2485	查理价值套利稳健型 5 号	2.65	22.75	1.88*	28.37	15.39	64.23	0.18	0.30	0.21
2486	和聚 1 期	2.64	-6.05	-0.69	22.81	13.71	26.12	0.16	0.29	0.29
2487	天合天勤 1 号	2.64	7.87	1.67*	12.05	7.06	27.18	0.15	0.26	0.51
2488	红阳复合策略 2 号	2.63	9.79	1.37	14.72	9.05	33.50	0.15	0.24	0.41
2489	七曜尊享 A 期	2.62	5.81	1.26	14.20	8.23	29.07	0.15	0.25	0.47
2490	锐进 47 期	2.61	2.07	0.38	15.37	14.08	29.07	0.15	0.26	0.28
2491	凯丰宏观对冲 12-12 号	2.61	2.27	0.34	19.13	8.62	38.95	0.15	0.28	0.29
2492	旭为先沣 2 号	2.61	2.77	0.50	17.02	19.49	31.02	0.15	0.25	0.16
2493	万霁长虹 3 号	2.61	11.70	1.28	23.21	14.73	47.11	0.16	0.31	0.32
2494	东方港湾创业成长	2.59	4.96	0.44	22.76	11.95	60.86	0.16	0.30	0.22
2495	赤兔红利	2.59	-5.16	-0.49	20.13	9.01	37.06	0.15	0.33	0.37
2496	宁聚自由港 2 号	2.59	-0.46	-0.05	19.48	9.56	52.02	0.15	0.27	0.26
2497	东方港湾首创精选 1 号	2.59	0.25	0.03	18.99	9.09	49.28	0.15	0.31	0.28
2498	涵元天璇量化 1 号	2.57	11.92	1.77*	18.65	10.52	35.81	0.15	0.26	0.38
2499	华辉价值星 8 号	2.56	16.72	0.99	37.77	16.67	58.46	0.20	0.46	0.23
2500	汇泽至慧 FOF1 期 A 号	2.55	-0.07	-0.02	9.55	5.37	15.29	0.15	0.27	0.88
2501	七曜领峰 1 号	2.53	2.65	0.46	16.59	9.61	35.75	0.14	0.25	0.37
2502	明弨价值	2.52	18.89	1.41	32.04	15.31	52.67	0.18	0.38	0.25
2503	藏元汇顶理元亨 3 号	2.52	8.27	1.11	18.25	10.61	50.30	0.14	0.27	0.26

续表

编号	基金名称	年化收益率（%）	年化α（%）	t（α）	年化波动率（%）	年化下行风险（%）	最大回撤率（%）	夏普比率	索丁诺比率	收益—最大回撤比率
2504	鼎泰四方成长1号	2.51	-0.07	-0.01	18.04	9.94	24.19	0.14	0.26	0.55
2505	汇利优选9期	2.50	-2.68	-0.37	21.87	11.59	36.22	0.15	0.29	0.36
2506	展翔日晟	2.48	-17.00	-1.24	33.27	15.26	62.10	0.18	0.39	0.21
2507	道睿择1期	2.48	0.64	0.11	11.45	6.35	25.80	0.14	0.25	0.50
2508	上海优波投资-长江	2.47	-8.43	-0.59	27.28	16.62	37.76	0.17	0.28	0.34
2509	冠泓价值增长1号	2.46	-1.00	-0.10	32.38	17.28	58.59	0.19	0.35	0.22
2510	德毅飞扬	2.45	6.12	0.53	24.25	14.40	37.63	0.16	0.27	0.34
2511	寰宇精选收益之增益8期	2.44	11.03	1.31	15.35	9.56	17.70	0.13	0.22	0.72
2512	高毅庆瑞尊享AA期	2.43	5.76	0.62	21.27	10.28	50.88	0.14	0.30	0.25
2513	泉泓1期	2.43	8.55	1.44	10.80	7.55	27.97	0.14	0.20	0.46
2514	尊道安泰	2.42	4.11	0.41	20.73	17.40	42.09	0.14	0.24	0.08
2515	高毅庆瑞瑞远尊享1期	2.42	7.51	0.96	19.72	16.79	51.23	0.14	0.28	0.33
2516	恒华海盛新经济2号	2.42	10.54	1.16	17.71	10.98	40.34	0.14	0.22	0.31
2517	金塔行业精选1号	2.41	-2.34	-0.30	17.91	10.32	43.79	0.13	0.28	0.35
2518	崇楷价值1号	2.40	4.31	0.37	28.25	14.07	43.91	0.17	0.34	0.29
2519	枫润资产明元3号	2.40	2.32	0.13	36.42	11.16	54.29	0.20	0.40	0.31
2520	泓屹1号	2.39	-3.36	-0.50	19.56	10.81	32.40	0.14	0.25	0.39
2521	蝶恋花	2.39	-8.15	-0.59	27.29	15.03	69.31	0.16	0.30	0.18
2522	德韬投资-私募学院菁英21号	2.38	2.67	0.30	22.16	13.78	37.28	0.15	0.24	0.33

续表

编号	基金名称	年化收益率（%）	年化α（%）	t（α）	年化波动率（%）	年化下行风险（%）	最大回撤率（%）	夏普比率	索丁诺比率	收益—最大回撤比率
2523	淡水泉专项 5 期	2.37	6.96	0.90	23.47	12.55	50.86	0.15	0.28	0.24
2524	格雷成长 12 号	2.37	18.34	1.43	27.16	12.47	54.67	0.17	0.29	0.53
2525	久铭 7 号	2.37	8.40	0.85	21.19	10.56	41.23	0.14	0.28	0.30
2526	信成纂陶 1 号	2.36	35.37	3.52*	32.21	10.07	58.58	0.19	0.30	0.39
2527	雅柏宝量化 5 号	2.36	4.75	1.32	6.47	4.39	13.51	0.16	0.24	0.92
2528	国理双双动力	2.36	-8.44	-0.96	20.69	10.64	32.58	0.14	0.27	0.38
2529	沣沛进取 1 号	2.32	4.83	0.61	18.40	10.32	43.21	0.13	0.24	0.28
2530	私募工场水乐	2.29	4.96	0.79	11.14	18.71	11.75	0.12	0.22	0.06
2531	寰宇精选收益之增益 7 期	2.29	3.95	0.81	8.37	5.77	12.42	0.13	0.19	0.96
2532	资财长江	2.29	1.66	0.13	28.26	9.85	35.92	0.17	0.28	0.25
2533	永隆宏观对冲策略 B	2.28	3.05	0.45	17.24	10.92	43.27	0.13	0.21	0.28
2534	凯丰宏观对冲 12-20 号	2.28	0.45	0.07	18.40	10.03	39.65	0.13	0.24	0.30
2535	鑫安 1 期	2.28	0.89	0.12	16.37	8.46	34.92	0.12	0.24	0.34
2536	投资精英（淡水泉 B）	2.26	7.26	0.92	23.36	12.75	49.88	0.15	0.27	0.24
2537	实力价值复兴	2.26	47.70	1.32	73.46	30.12	61.25	0.32	0.79	0.19
2538	瑞园长盈 2 号	2.25	-3.56	-0.54	22.50	19.46	38.93	0.14	0.26	0.03
2539	秋阳成长 7 期	2.25	-9.39	-1.01	21.13	13.03	36.17	0.14	0.23	0.33
2540	赢韵对冲 6 号	2.24	-1.26	-0.28	8.56	5.44	20.51	0.13	0.20	0.57
2541	银帆 5 期	2.24	-7.43	-1.26	12.03	6.47	23.17	0.12	0.22	0.50

续表

编号	基金名称	年化收益率（%）	年化α（%）	t（α）	年化波动率（%）	年化下行风险（%）	最大回撤率（%）	夏普比率	索丁诺比率	收益—最大回撤比率
2542	宇义趋势跟踪 1 号	2.23	43.99	1.28	63.81	13.63	72.81	0.30	0.59	0.73
2543	新阳进化 3 号	2.23	14.67	1.03	25.73	13.17	38.05	0.15	0.29	0.31
2544	和聚 7 期	2.23	-6.09	-0.72	22.38	13.56	25.23	0.14	0.26	0.22
2545	合正普惠共赢 1 号	2.21	4.20	0.90	12.58	12.52	32.06	0.12	0.22	0.21
2546	骏泽平衡 1 号	2.20	4.56	1.12	7.56	5.67	10.99	0.13	0.17	1.05
2547	沁开吉迈顿 1 号	2.20	0.73	0.04	40.50	18.29	49.99	0.20	0.44	0.23
2548	森瑞医疗创新 2 号	2.20	7.78	0.54	29.12	12.09	57.53	0.16	0.30	0.33
2549	弄玉 1 号	2.18	12.57	1.19	23.72	12.38	50.80	0.15	0.26	0.46
2550	华辉价值星 3 号	2.17	23.25	1.20	40.24	17.85	55.32	0.20	0.45	0.20
2551	淡水泉精选 2 期	2.17	6.54	0.79	24.58	12.74	52.45	0.15	0.28	0.22
2552	景富趋势成长 8 期	2.17	-12.33	-1.74	18.94	12.34	30.79	0.13	0.24	0.30
2553	金舆宏观配置 1 号	2.17	6.92	1.17	12.32	6.82	25.98	0.11	0.20	0.44
2554	信迹中投 1 号	2.14	-6.81	-0.69	20.34	8.74	47.15	0.12	0.29	0.24
2555	格雷稳赢 2 号	2.11	20.94	1.41	28.89	12.64	52.63	0.16	0.30	0.57
2556	红思客 1 号	2.11	0.77	0.13	14.50	16.00	33.70	0.11	0.18	0.02
2557	明达 6 期	2.10	2.58	0.41	18.53	10.56	43.82	0.12	0.21	0.25
2558	狼图腾 1 号	2.10	-1.14	-0.12	23.80	12.42	48.62	0.14	0.26	0.22
2559	尚石 1 号	2.09	16.12	1.22	31.89	18.11	71.50	0.18	0.31	0.15
2560	润泽价值 1 期	2.08	3.65	1.48	7.82	4.32	14.11	0.11	0.20	0.77

续表

编号	基金名称	年化收益率（%）	年化α（%）	t（α）	年化波动率（%）	年化下行风险（%）	最大回撤率（%）	夏普比率	索丁诺比率	收益—最大回撤比率
2561	志远成长 1 号	2.06	2.54	0.78	8.43	4.20	8.75	0.10	0.21	1.23
2562	斓钰投资长跑	2.02	19.34	1.71*	24.73	13.52	50.52	0.14	0.26	0.21
2563	瑞航 11 期	2.00	-2.42	-0.75	6.03	3.93	13.31	0.11	0.17	0.78
2564	水龙吟	1.99	-7.43	-0.53	27.44	15.24	68.71	0.15	0.27	0.15
2565	榕树文明复兴 9 期	1.98	-6.90	-0.79	22.10	10.51	43.08	0.13	0.27	0.24
2566	汇创 3 期	1.97	7.95	0.92	21.43	11.32	28.82	0.13	0.24	0.36
2567	骏泽平衡 2 号	1.95	13.08	1.93*	14.05	9.91	24.61	0.10	0.15	0.41
2568	东方蜗牛稳健回报 3 号	1.95	-3.29	-0.54	22.14	6.50	48.44	0.13	0.22	0.36
2569	恒昌格格物 1 号	1.94	15.00	0.68	62.55	12.66	77.82	0.32	0.58	0.73
2570	涌峰中国龙增长财富 1 期	1.94	-1.84	-0.30	18.62	13.15	44.34	0.11	0.21	0.13
2571	广东凌日中国梦	1.94	7.36	0.60	26.40	14.09	49.48	0.14	0.27	0.20
2572	良帮资产配置 1 号	1.93	3.56	1.27	8.55	5.71	15.84	0.09	0.14	0.63
2573	黄金优选 1 期 1 号（淡水泉）	1.92	6.86	0.87	23.31	12.75	50.27	0.13	0.24	0.20
2574	鑫祥价值成长 1 号	1.91	-11.98	-1.11	22.79	10.49	30.51	0.12	0.26	0.33
2575	水星 8 号	1.90	-3.74	-0.25	27.71	15.30	34.39	0.14	0.29	0.23
2576	绿庭亘通泽禾 3 号	1.89	-0.13	-0.01	20.72	9.27	20.69	0.11	0.25	0.47
2577	卓踪稳健致远	1.86	-0.32	-0.08	8.67	5.05	19.61	0.08	0.14	0.49
2578	金泽 3 号	1.83	3.89	0.50	16.08	12.44	38.27	0.10	0.18	0.16
2579	喜马拉雅 5 号	1.83	-13.89	-0.81	30.91	18.93	52.56	0.17	0.27	0.18

续表

编号	基金名称	年化收益率（%）	年化 α（%）	t（α）	年化波动率（%）	年化下行风险（%）	最大回撤率（%）	夏普比率	索丁诺比率	收益—最大回撤比率
2580	锦和 2 号（新锦和）	1.83	1.10	0.14	19.06	12.61	46.69	0.11	0.23	0.17
2581	七曜河马 1 号	1.83	2.68	0.43	16.56	9.51	35.98	0.10	0.18	0.26
2582	复和紫禧宝鼎 1 号	1.82	5.80	0.95	17.00	9.95	30.79	0.10	0.17	0.31
2583	遵道稳健价值	1.80	1.27	0.22	23.69	13.05	58.12	0.13	0.23	0.16
2584	仙童 FOF1 期	1.80	8.40	0.89	18.24	12.06	32.42	0.11	0.17	0.29
2585	智诚 19 期	1.79	-2.54	-0.37	18.90	10.33	42.54	0.11	0.21	0.23
2586	纽富斯价值成长	1.78	-7.63	-1.29	13.64	12.60	25.56	0.08	0.18	0.16
2587	东方蜗牛积极进取 2 号	1.77	-1.78	-0.32	22.51	13.16	46.69	0.12	0.21	0.20
2588	青榕未来	1.77	12.31	1.23	19.77	11.89	40.92	0.11	0.18	0.22
2589	无雅价值成长 1 号	1.76	3.36	0.23	30.16	10.00	57.71	0.16	0.25	0.44
2590	自然红 1 号	1.72	-9.12	-1.88	11.48	6.40	33.18	0.07	0.13	0.27
2591	海言 1 号	1.70	-5.57	-1.14	9.75	14.28	25.75	0.07	0.16	0.13
2592	佰华海盛择时价值 1 号	1.70	-4.17	-0.63	12.97	10.72	18.43	0.08	0.17	0.20
2593	润泽价值 2 期	1.70	4.85	1.79*	8.58	5.07	17.50	0.06	0.11	0.50
2594	大麓投资 1 期	1.68	2.86	0.50	16.97	8.74	27.84	0.09	0.18	0.31
2595	九铭佰升	1.68	-2.52	-0.55	9.63	4.90	28.88	0.06	0.13	0.30
2596	贝乐昇丰盈 3 号	1.66	3.44	0.57	18.24	10.53	41.60	0.10	0.17	0.21
2597	平安阖鼎优选 1 期 1 号	1.65	6.46	0.82	23.30	10.59	51.09	0.12	0.22	0.20
2598	远策智选 1 期	1.65	2.30	0.37	17.29	9.28	35.53	0.09	0.15	0.35

续表

编号	基金名称	年化收益率（%）	年化α（%）	t（α）	年化波动率（%）	年化下行风险（%）	最大回撤率（%）	夏普比率	索丁诺比率	收益—最大回撤比率
2599	洋沛致享1号	1.65	7.37	0.92	18.52	5.85	42.22	0.10	0.17	0.48
2600	银鲨优选1号	1.64	3.72	0.57	14.78	8.39	36.20	0.08	0.14	0.23
2601	谊恒多品种进取1号	1.64	7.89	2.24*	11.29	9.76	18.58	0.07	0.11	0.22
2602	和聚华盛平台	1.64	-2.88	-0.36	20.21	11.75	27.94	0.11	0.18	0.30
2603	东源嘉盈回报	1.64	-4.77	-0.50	22.18	10.34	28.68	0.11	0.24	0.29
2604	朴信1号	1.63	10.88	0.54	40.86	17.44	67.35	0.19	0.44	0.12
2605	晟博量化4号	1.63	-7.44	-0.86	16.46	10.51	23.87	0.09	0.15	0.24
2606	道恩晨曦1号	1.63	1.37	0.21	12.16	12.67	17.73	0.07	0.13	0.12
2607	厚品资产复利1号	1.63	5.63	1.83*	7.73	23.55	13.31	0.05	0.09	-0.16
2608	合撰成长精选2号	1.62	-0.88	-0.11	20.24	10.96	46.12	0.10	0.19	0.18
2609	寰宇精选收益之增益1期	1.61	2.72	0.55	8.77	5.57	12.95	0.05	0.09	0.64
2610	淡水泉信泉1期	1.60	7.21	0.58	23.23	11.83	52.95	0.12	0.23	0.16
2611	万霁长虹2号	1.60	11.91	1.25	24.11	8.90	48.73	0.12	0.23	0.20
2612	祥云价值契约型	1.60	-2.22	-0.97	4.23	14.87	4.14	0.04	0.09	-0.01
2613	珞珈方圆慎独3期	1.59	6.67	0.99	14.62	8.23	32.51	0.08	0.14	0.25
2614	中睿合银策略优选1号	1.58	-5.66	-0.74	16.83	17.76	40.59	0.08	0.18	0.02
2615	易同先锋1号	1.57	-8.21	-0.83	22.82	10.80	50.37	0.11	0.23	0.16
2616	东源嘉盈10号	1.56	10.15	1.04	24.95	11.74	37.97	0.12	0.24	0.16
2617	黄金优选27期1号	1.54	6.72	0.86	23.26	15.30	51.01	0.11	0.21	0.08

续表

编号	基金名称	年化收益率（%）	年化α（%）	t（α）	年化波动率（%）	年化下行风险（%）	最大回撤（%）	夏普比率	索丁诺比率	收益—最大回撤比率
2618	君茂沪港深	1.54	9.32	1.01	20.57	13.05	45.59	0.10	0.17	0.17
2619	璞一乾坤 1 期	1.54	-2.67	-0.35	20.05	12.33	37.28	0.10	0.17	0.21
2620	私募学院菁英 135 号	1.51	-5.14	-0.53	20.28	10.40	31.29	0.10	0.19	0.25
2621	亚商星纪	1.49	16.52	1.32	35.65	21.61	65.63	0.17	0.33	0.10
2622	幂因 1 号	1.49	-6.03	-0.58	25.38	12.51	56.87	0.12	0.25	0.14
2623	中环港沪深对冲	1.49	15.42	1.54	23.35	15.49	54.73	0.12	0.19	0.03
2624	海蓝宝价值成长 1 号	1.49	-3.20	-0.85	9.96	6.18	14.32	0.05	0.08	0.53
2625	静康 1 号	1.47	11.44	1.17	22.13	12.77	38.62	0.10	0.22	0.17
2626	凯丰藏钰进取型	1.47	0.64	0.07	22.35	12.44	44.46	0.11	0.19	0.17
2627	品赋稳健成长	1.45	4.08	0.82	12.71	7.55	20.08	0.06	0.10	0.37
2628	华辉价值星 19 号	1.45	14.27	1.16	30.99	20.44	54.02	0.14	0.30	-0.05
2629	卓睽 5 号	1.44	-2.40	-0.57	9.10	5.11	23.44	0.04	0.07	0.32
2630	普尔 2 号	1.43	3.53	0.60	17.05	9.60	34.89	0.08	0.14	0.21
2631	菁菁 2 号	1.42	-8.35	-0.78	22.41	13.44	44.64	0.11	0.18	0.16
2632	坤钰天真价值 1 号	1.42	1.59	0.27	14.64	9.10	41.48	0.07	0.11	0.18
2633	达仁启睿 2 号	1.42	-0.70	-0.09	13.63	8.34	36.53	0.06	0.10	0.20
2634	恒丰方德将军 1 号	1.40	7.61	0.67	24.55	12.86	43.94	0.11	0.24	0.21
2635	颢瀚稳健 3 期	1.39	-3.87	-0.89	13.09	6.77	24.80	0.05	0.11	0.29
2636	睿信	1.38	4.11	0.44	18.60	10.08	19.75	0.08	0.15	0.36

续表

编号	基金名称	年化收益率（%）	年化 α（%）	t（α）	年化波动率（%）	年化下行风险（%）	最大回撤率（%）	夏普比率	索丁诺比率	收益—最大回撤比率
2637	长青藤 3 期	1.38	13.49	1.83*	19.30	10.94	37.34	0.09	0.16	0.19
2638	前海佰德纳资本 5 号	1.37	43.52	1.01	84.29	33.56	72.26	0.32	0.81	0.10
2639	合众 2 号	1.36	3.02	0.27	22.46	6.30	43.37	0.10	0.18	0.36
2640	尚雅 13 期	1.36	9.13	0.88	24.12	9.85	54.26	0.11	0.21	0.22
2641	合正稳健增长 1 号	1.36	0.38	0.07	15.88	6.71	31.89	0.07	0.11	0.46
2642	逐流指数策略	1.35	-0.59	-0.09	14.65	23.54	29.88	0.06	0.11	-0.34
2643	嘉耀滚雪球 1 号	1.35	10.36	1.00	22.16	11.55	36.23	0.10	0.19	0.19
2644	浅湖 6 号	1.33	7.22	0.38	40.35	10.38	77.51	0.19	0.35	0.46
2645	联联双鱼灵活配置	1.33	-4.33	-0.24	38.70	14.67	59.23	0.18	0.33	0.30
2646	朴汇一	1.32	10.24	1.44	15.40	10.53	23.78	0.07	0.10	0.29
2647	领路金盈 1 号	1.30	6.64	0.61	26.86	14.52	59.58	0.12	0.23	0.11
2648	长安 1 号（汇长安资产）	1.30	-10.00	-0.64	32.95	18.08	55.22	0.15	0.28	0.12
2649	秦润沪港深	1.29	10.35	0.91	22.92	12.16	24.12	0.10	0.19	0.27
2650	达尔文 FOF1 号	1.28	-3.13	-0.59	10.22	11.86	21.55	0.03	0.04	0.00
2651	仙风共赢 3 号	1.28	-16.43	-4.28	11.77	33.04	14.05	0.03	0.12	-0.51
2652	榕树文明复兴 6 期	1.26	-3.14	-0.39	23.90	12.22	53.78	0.10	0.20	0.12
2653	汇利优选	1.25	-1.82	-0.25	22.56	8.76	40.00	0.10	0.18	0.25
2654	格林顿韶华	1.22	-0.93	-0.10	17.83	10.00	29.89	0.07	0.12	0.21
2655	凤实成长稳盈 2 号	1.22	-16.79	-1.43	31.70	17.94	53.53	0.15	0.26	0.12

续表

编号	基金名称	年化收益率（%）	年化 α（%）	t（α）	年化波动率（%）	年化下行风险（%）	最大回撤率（%）	夏普比率	索丁诺比率	收益—最大回撤比率
2656	虎踞尊享财富 1 号	1.21	0.33	0.03	29.55	17.24	67.94	0.13	0.26	0.10
2657	云君山海 2 号	1.18	−2.54	−0.28	20.30	11.36	32.81	0.08	0.15	0.18
2658	滚雪球价值精选 10 号	1.18	7.09	0.67	23.89	11.66	26.44	0.10	0.20	0.23
2659	永信 2 号	1.18	19.25	1.47	39.55	18.66	58.51	0.18	0.33	0.12
2660	枫池稳健	1.17	−11.29	−1.15	23.83	13.75	49.30	0.10	0.18	0.12
2661	珺锋量化 2 号	1.17	−0.54	−0.13	16.37	15.87	30.64	0.06	0.10	−0.11
2662	枫池稳健 3 号	1.17	−4.95	−0.50	23.09	3.96	47.30	0.10	0.16	0.34
2663	谢诺辰阳核心价值	1.15	18.93	1.64	30.57	9.74	69.88	0.14	0.24	0.37
2664	洋沛优选	1.14	5.50	0.71	18.18	10.52	44.86	0.07	0.12	0.13
2665	乐桥 1 期	1.14	31.66	1.00	55.10	15.00	72.97	0.22	0.55	0.71
2666	私募工场宽河精选稳健母基金 1 期	1.13	3.01	0.93	12.14	7.00	27.90	0.03	0.05	0.21
2667	七曜领奕 5 号	1.13	0.65	0.11	15.96	9.21	33.79	0.05	0.10	0.17
2668	鑫淳 1 号	1.12	14.86	1.24	26.80	14.54	54.38	0.12	0.22	0.11
2669	东源 1 期	1.11	10.51	1.60	17.43	8.42	26.73	0.06	0.12	0.21
2670	问道天下一资本运作 1 期	1.10	8.97	1.08	20.23	6.41	47.70	0.08	0.13	0.47
2671	私募工场千呗 2 期	1.09	6.63	0.59	24.70	12.58	46.56	0.10	0.20	0.12
2672	合泰 1 期	1.09	4.21	0.36	22.79	17.16	44.76	0.09	0.17	0.02
2673	合撰价值精选 2 号	1.09	−2.50	−0.35	19.74	10.98	49.68	0.08	0.14	0.11
2674	景富优选 1 期	1.09	−19.26	−2.12	20.76	12.17	40.37	0.08	0.14	0.14

续表

编号	基金名称	年化收益率（%）	年化 α（%）	t（α）	年化波动率（%）	年化下行风险（%）	最大回撤率（%）	夏普比率	索丁诺比率	收益—最大回撤比率
2675	橡谷仙岭远望	1.07	3.20	0.45	17.58	9.62	40.11	0.06	0.11	0.14
2676	睿信 3 期	1.07	2.20	0.26	20.04	10.58	44.14	0.08	0.14	0.12
2677	博颐精选	1.07	−1.71	−0.13	31.36	15.27	56.44	0.14	0.26	0.09
2678	华辉价值星 10 号	1.07	25.49	1.36	40.20	19.04	56.21	0.18	0.37	0.10
2679	红林投资－私募学院菁英 212 号	1.06	27.36	1.14	52.62	25.83	75.65	0.24	0.50	0.07
2680	平石 2n 对冲基金	1.05	0.05	0.01	11.63	6.18	20.01	0.02	0.03	0.27
2681	凯顺星成长	1.05	13.91	1.36	24.16	20.77	50.02	0.10	0.18	−0.14
2682	实力终极复利机器	1.05	45.55	1.20	79.17	32.77	62.51	0.34	0.81	0.09
2683	风顺 1 号	1.04	0.91	0.06	30.17	15.64	45.53	0.13	0.24	0.12
2684	天益 5 号	1.03	−19.55	−0.64	54.53	22.14	66.79	0.22	0.54	0.08
2685	蓝色天际股票 1 号	1.02	6.55	1.37	14.61	11.55	22.30	0.04	0.07	0.04
2686	明达西湖 9 期	1.01	−1.56	−0.23	18.20	17.04	44.31	0.06	0.12	−0.07
2687	鑫安 9 期	1.01	−0.54	−0.08	13.66	15.64	30.79	0.03	0.05	−0.06
2688	平凡悟量	1.00	−7.60	−2.61	5.70	12.75	17.55	−0.06	−0.09	−0.31
2689	和聚港股平台－1 号	1.00	1.09	0.14	18.26	10.52	28.19	0.06	0.11	0.18
2690	国通成长	1.00	1.61	0.08	35.70	14.84	69.29	0.15	0.36	0.07
2691	复和元丰 1 号	1.00	8.23	0.86	23.77	13.68	48.11	0.10	0.17	0.11
2692	昶昇慧智 1 号	0.99	12.24	0.89	27.03	19.12	45.02	0.11	0.21	0.06
2693	七曜领诚	0.98	1.37	0.24	16.12	9.40	37.20	0.05	0.08	0.13

续表

编号	基金名称	年化收益率（%）	年化 α（%）	t（α）	年化波动率（%）	年化下行风险（%）	最大回撤率（%）	夏普比率	索丁诺比率	收益—最大回撤比率
2694	横琴创盛佳融 1 号	0.97	-6.52	-0.68	22.19	16.28	42.12	0.08	0.16	-0.03
2695	同裨 1 期	0.94	11.72	0.95	27.57	12.78	61.04	0.12	0.21	0.16
2696	橡谷成长 1 号	0.94	2.84	0.39	17.81	9.66	40.09	0.05	0.10	0.12
2697	遵道资产-私募学院明星 7 号	0.93	2.52	0.17	33.10	18.48	71.21	0.15	0.26	0.07
2698	在美 2 号	0.92	18.09	2.03*	21.81	12.05	36.87	0.08	0.15	0.13
2699	枫瑞聚财有道	0.91	5.94	1.12	12.18	6.36	21.98	0.01	0.02	0.21
2700	墨锋红利平衡	0.91	7.10	1.53	10.99	6.32	18.44	0.00	0.00	0.25
2701	前海佰德纳纳资本 8 号	0.90	24.78	0.90	53.61	18.88	57.76	0.21	0.50	0.64
2702	久铭 1 号	0.89	11.07	1.15	22.40	10.19	38.77	0.08	0.17	0.12
2703	津旺 307 号	0.89	2.02	1.16	3.37	3.09	6.06	-0.17	-0.18	0.75
2704	成源 1 期	0.88	-1.52	-0.40	7.42	3.25	16.30	-0.05	-0.11	0.27
2705	金利隆 3 号	0.87	-0.20	-0.02	21.11	11.76	23.17	0.07	0.13	0.19
2706	中环港沪深对冲 3 号	0.86	16.39	1.34	26.40	20.72	59.00	0.11	0.18	-0.14
2707	弘唯基石盛世优选	0.84	-5.62	-0.73	14.88	8.89	19.58	0.03	0.05	0.22
2708	华星 1 号	0.83	5.75	0.58	26.28	12.12	59.86	0.10	0.22	0.07
2709	萌健	0.81	1.28	0.21	14.98	7.72	36.42	0.03	0.05	0.11
2710	卓荼 5 号	0.80	-2.85	-0.39	20.80	22.52	44.27	0.07	0.12	-0.29
2711	合撰成长精选 3 号	0.79	-3.00	-0.36	23.07	12.84	52.29	0.08	0.15	0.08
2712	四创特马 2 号	0.78	-1.60	-0.11	25.84	8.97	45.56	0.10	0.18	0.33

续表

编号	基金名称	年化收益率（%）	年化α（%）	t（α）	年化波动率（%）	年化下行风险（%）	最大回撤率（%）	夏普比率	索丁诺比率	收益—最大回撤比率
2713	归富长乐1号	0.78	-2.97	-0.81	10.76	5.87	20.37	-0.01	-0.03	0.19
2714	中立1号	0.77	-0.63	-0.08	16.47	9.53	32.35	0.04	0.06	0.12
2715	青云套利1号	0.77	8.88	1.90*	9.78	15.10	14.12	-0.03	-0.04	-0.22
2716	和聚信享平台	0.77	-5.43	-0.66	20.64	3.42	25.39	0.07	0.12	0.47
2717	笑生1号	0.76	7.43	1.32	10.33	11.24	18.50	-0.02	-0.03	-0.16
2718	厚孚稳健增长	0.75	-3.79	-0.84	11.29	12.67	24.43	-0.01	-0.02	-0.23
2719	雪球2期	0.75	5.37	0.76	21.32	10.66	38.44	0.07	0.14	0.10
2720	御澜扬子江进取2号	0.74	-2.99	-0.72	7.17	4.00	10.12	-0.07	-0.13	0.37
2721	国元高鑫	0.74	3.77	0.49	18.13	11.05	29.95	0.05	0.08	0.12
2722	品正理翔进取	0.73	7.69	0.73	26.13	7.73	51.00	0.10	0.18	0.20
2723	广汇缘3号	0.67	22.89	1.72*	29.44	20.05	49.15	0.13	0.19	0.07
2724	子青2期	0.65	14.12	1.78*	19.79	11.64	35.37	0.06	0.09	0.09
2725	榕树陈氏	0.63	-2.80	-0.29	25.69	12.45	62.38	0.09	0.18	0.05
2726	银帆12期	0.63	-20.15	-2.77	18.06	13.51	31.02	0.03	0.08	-0.01
2727	谦璞多策略稳健1号	0.61	-0.62	-0.07	24.07	12.59	51.54	0.08	0.15	0.06
2728	天祺1号	0.58	-0.75	-0.03	60.77	15.90	73.66	0.26	0.55	0.65
2729	广佰盛乘风1号	0.58	-0.49	-0.06	27.85	15.16	49.52	0.10	0.19	0.06
2730	光华1号价值投资	0.58	10.91	0.73	37.22	27.77	72.27	0.16	0.30	-0.42
2731	仰星2号	0.58	8.53	1.22	18.46	11.35	31.72	0.04	0.07	0.09

续表

编号	基金名称	年化收益率（%）	年化α（%）	t（α）	年化波动率（%）	年化下行风险（%）	最大回撤率（%）	夏普比率	索丁诺比率	收益—最大回撤比率
2732	可伟资产同创 1 号	0.55	6.99	0.62	31.28	14.75	44.03	0.13	0.21	0.11
2733	厚孚精选成长	0.54	-6.39	-1.39	11.49	6.72	27.15	-0.03	-0.05	0.10
2734	海浦专享 1 号	0.53	-6.24	-1.30	8.43	7.25	17.14	-0.07	-0.08	0.16
2735	允泰盈富	0.53	12.06	0.64	39.76	23.94	75.43	0.17	0.29	0.04
2736	长见策略 1 号	0.48	8.69	1.54	14.86	9.05	38.00	0.00	0.01	0.06
2737	阜凯红富稳增 1 号	0.44	21.86	1.26	35.36	12.32	65.52	0.14	0.26	0.30
2738	伟强 1 号（共同）	0.43	-10.78	-0.44	45.67	29.77	79.31	0.22	0.34	0.03
2739	菁青磐石	0.43	-5.55	-0.62	21.36	12.74	36.04	0.06	0.09	0.06
2740	恒尚 1 期	0.43	11.06	0.88	32.41	17.64	59.90	0.13	0.23	0.04
2741	智诚 8 期	0.41	-9.25	-1.27	20.44	10.12	46.35	0.04	0.09	0.04
2742	金柏 1 期	0.40	2.58	0.23	20.08	9.89	30.63	0.04	0.08	0.07
2743	沃胜 5 期	0.39	0.72	0.09	21.07	11.61	35.55	0.05	0.09	0.06
2744	中立 2 号	0.38	-1.87	-0.20	18.49	10.98	34.99	0.03	0.05	0.05
2745	明远合正	0.37	1.95	0.35	15.05	27.73	39.10	0.00	0.00	-0.51
2746	紫通车生物医药医疗健康 1 号	0.36	-9.82	-0.74	34.98	17.44	48.95	0.14	0.27	0.04
2747	华辉价值星 7 号	0.36	7.70	0.48	35.30	15.63	55.43	0.13	0.29	0.03
2748	福建滚雪球 52 号	0.35	11.95	1.23	19.32	11.13	33.54	0.04	0.06	0.05
2749	厚德甄选 2 号	0.34	-3.84	-0.26	32.46	6.37	29.36	0.12	0.22	1.02
2750	东源嘉盈回馈	0.33	1.59	0.18	19.87	12.11	22.44	0.04	0.07	0.02

续表

编号	基金名称	年化收益率（%）	年化 α（%）	t（α）	年化波动率（%）	年化下行风险（%）	最大回撤率（%）	夏普比率	索丁诺比率	收益—最大回撤比率
2751	和聚国享 1 期	0.33	-9.68	-1.14	22.47	9.57	26.29	0.06	0.10	0.19
2752	鑫雨资本 1 号	0.33	-1.47	-0.09	29.28	14.30	48.90	0.10	0.19	0.14
2753	金连接滚雪球 12 号	0.32	8.84	0.82	22.54	12.24	35.81	0.06	0.10	0.04
2754	宏羽多元组合	0.30	-8.02	-0.60	28.93	13.71	63.48	0.10	0.18	0.09
2755	君理金牛座 2 号	0.28	2.56	0.33	15.45	9.13	45.34	0.00	-0.01	0.03
2756	星睿	0.28	10.59	1.10	20.52	7.76	33.57	0.04	0.07	0.23
2757	抱朴卓越成长 1A 号	0.28	4.06	0.54	16.14	14.11	35.54	0.00	0.00	-0.05
2758	常青藤中证 500 指数增强型 1 号	0.26	2.77	0.77	10.50	6.86	20.11	-0.07	-0.10	0.07
2759	盈定 3 号	0.22	-1.27	-0.17	19.07	12.75	28.09	0.03	0.04	0.04
2760	民晟全天候 1 号	0.21	5.71	1.00	11.33	5.76	29.68	-0.06	-0.12	0.03
2761	正反宏观对冲	0.20	9.71	0.70	30.53	13.76	54.10	0.11	0.18	0.07
2762	合朴成长 1 号	0.20	-1.05	-0.17	20.11	12.69	45.66	0.03	0.06	0.02
2763	沣青扬 1 号	0.19	2.22	0.21	28.98	12.48	60.35	0.10	0.17	0.12
2764	滚雪球西湖 3 号	0.19	0.78	0.11	17.18	8.74	27.80	0.01	0.01	0.03
2765	迈隆 5 号	0.18	7.36	0.94	16.17	9.18	34.12	0.00	-0.01	0.03
2766	曦皦成长精选 2 期	0.18	-14.47	-1.02	30.48	13.88	63.28	0.10	0.21	0.01
2767	和聚华盛 1 号	0.17	-4.82	-0.67	19.86	11.58	28.86	0.03	0.05	0.03
2768	滚雪球西湖 2 号	0.14	9.24	0.87	22.31	16.54	37.50	0.05	0.08	-0.08
2769	长坡晓东 1 号	0.14	17.26	1.74*	21.23	10.20	33.79	0.04	0.07	0.07

续表

编号	基金名称	年化收益率（%）	年化 α（%）	t（α）	年化波动率（%）	年化下行风险（%）	最大回撤率（%）	夏普比率	索丁诺比率	收益—最大回撤比率
2770	银湖 1 期（银湖）	0.13	-1.29	-0.18	19.42	13.82	39.31	0.02	0.04	-0.09
2771	宾悦成长 1 号	0.13	-4.25	-0.55	24.59	13.48	37.86	0.06	0.12	0.02
2772	和聚平台	0.12	-8.20	-1.00	22.55	12.17	33.69	0.05	0.09	0.02
2773	厚德里 3 号	0.10	10.72	0.94	22.60	1.98	24.83	0.05	0.09	1.99
2774	铺泉资产泉顺 1 号	0.08	2.11	0.27	19.25	10.36	41.00	0.02	0.04	0.01
2775	德韬 2 号	0.08	-6.03	-0.92	16.20	9.19	32.02	-0.01	-0.02	0.01
2776	广东乾阳良木 1 号	0.07	12.63	1.09	25.51	15.60	44.60	0.07	0.13	-0.01
2777	朴信创新 2 号	0.05	-1.05	-0.09	24.48	17.67	50.96	0.05	0.12	-0.03
2778	福盈滚雪球 1 号	0.05	8.82	0.85	21.37	11.10	34.88	0.03	0.06	0.01
2779	虔美人	0.03	-9.01	-0.61	28.69	16.29	71.68	0.09	0.16	0.00
2780	仓红量化阿尔法 1 号	0.03	-6.70	-0.59	20.27	7.15	48.60	0.02	0.04	0.30
2781	佰昌通 1 号	0.00	-22.33	-1.14	39.19	19.32	69.87	0.15	0.30	0.00
2782	泓霖信诚	0.00	-6.09	-0.50	26.24	11.56	63.73	0.06	0.15	0.00
2783	常源回报 1 号	0.00	11.36	1.55	14.79	15.14	30.37	-0.03	-0.05	-0.27
2784	洋浦领先	-0.04	3.78	0.51	17.44	23.31	43.50	0.00	0.00	-0.50
2785	君茂跨市场 1 号	-0.06	23.43	1.53	34.12	19.21	65.13	0.12	0.21	0.00
2786	高信百诺 1 期	-0.06	6.83	0.90	18.60	10.22	49.58	0.01	0.01	-0.01
2787	玄同量化稳进 5 号	-0.07	-0.03	0.00	16.61	11.02	32.96	-0.01	-0.02	-0.01
2788	睿远（港股通）1 期	-0.07	1.25	0.13	23.98	11.94	50.58	0.05	0.09	0.02

续表

编号	基金名称	年化收益率（%）	年化α（%）	t（α）	年化波动率（%）	年化下行风险（%）	最大回撤率（%）	夏普比率	索丁诺比率	收益—最大回撤比率
2789	翼虎定投沪深 300 价值精选 1 期	−0.07	6.44	1.02	15.93	9.07	38.59	−0.02	−0.04	−0.01
2790	本地资本－花开富贵	−0.08	−2.87	−0.36	15.73	9.56	37.84	−0.02	−0.04	−0.01
2791	福建滚雪球 8 号	−0.13	4.25	0.71	14.05	13.42	27.34	−0.05	−0.08	−0.22
2792	仓红 6 号	−0.14	−20.22	−1.82	23.82	7.23	46.51	0.05	0.08	0.10
2793	领琪价值成长 2 号	−0.14	9.63	0.71	29.45	13.41	52.36	0.08	0.18	−0.01
2794	哲石外联成长	−0.15	14.05	1.24	26.95	14.12	58.31	0.07	0.13	0.01
2795	云溪女神 1 号	−0.16	5.05	0.29	40.49	19.52	75.63	0.15	0.31	−0.01
2796	长坡渔夫 1 号	−0.16	15.28	1.27	27.37	15.65	56.54	0.07	0.13	−0.01
2797	天井稳健（外贸）	−0.17	−0.42	−0.10	7.91	5.30	17.31	−0.17	−0.26	−0.05
2798	墨锋稳健成长	−0.19	4.57	1.20	11.18	6.23	34.02	−0.10	−0.17	−0.03
2799	金豆子意源	−0.22	−0.50	−0.12	14.83	8.45	29.55	−0.04	−0.08	−0.04
2800	常春藤步步为盈 2 期	−0.23	5.15	0.74	18.61	11.17	51.25	0.00	0.00	−0.02
2801	储星恒星量化 1 号	−0.23	−5.66	−2.83	4.05	2.22	10.84	−0.41	−0.75	−0.11
2802	私募工场圣椎阳光 3 号	−0.23	10.61	0.77	31.51	16.52	64.54	0.09	0.18	−0.02
2803	新湖巨源价值精选滚雪球 3 号	−0.24	7.94	0.80	23.44	11.24	26.63	0.04	0.08	−0.05
2804	滚雪球价值精选 8 号	−0.27	0.49	0.05	22.91	12.07	34.17	0.03	0.06	−0.04
2805	华辉价值星 18 号	−0.28	10.66	1.01	24.74	12.87	42.91	0.05	0.09	−0.03
2806	美石 1 号	−0.29	7.20	0.76	26.83	13.86	38.33	0.06	0.12	−0.04
2807	诗书传家	−0.29	13.19	1.78*	18.76	10.54	42.10	0.00	0.00	0.00

续表

编号	基金名称	年化收益率（%）	年化α（%）	t（α）	年化波动率（%）	年化下行风险（%）	最大回撤率（%）	夏普比率	索丁诺比率	收益—最大回撤比率
2808	私享-成长 1 期	-0.30	13.68	1.86*	17.79	10.89	34.43	-0.01	-0.02	-0.04
2809	嘉得趋势策略 5 号	-0.31	-21.72	-1.14	42.76	17.59	56.55	0.15	0.36	-0.03
2810	以太投资稳健成长 16 号	-0.32	8.45	1.27	13.20	18.23	30.06	-0.07	-0.13	-0.50
2811	上海泓倍 3 号	-0.34	-0.43	-0.10	7.25	6.53	17.63	-0.22	-0.24	-0.10
2812	查理投资价值套利稳健型 21 号	-0.35	18.94	1.59	27.72	14.97	64.78	0.07	0.12	-0.05
2813	台州 1 号	-0.36	11.13	1.65*	16.26	10.61	29.40	-0.03	-0.06	-0.07
2814	达尔文远志 1 号	-0.37	-3.06	-0.67	9.32	6.50	24.56	-0.15	-0.22	-0.07
2815	合正普惠景气成长 1 号	-0.37	2.31	0.41	15.76	8.89	43.16	-0.04	-0.07	-0.04
2816	悦顺 5 号	-0.37	-14.14	-0.98	29.34	16.94	49.06	0.08	0.14	-0.04
2817	承泽资产趋势 1 号	-0.42	-4.81	-0.37	30.26	11.49	59.08	0.08	0.16	0.12
2818	正朗丁西量化对冲 1 号	-0.43	6.28	0.55	21.11	12.66	38.96	0.01	0.02	-0.05
2819	雪石价值成长 1 号	-0.45	9.85	1.33	16.23	11.05	29.93	-0.04	-0.06	-0.09
2820	西安智本 1 号	-0.45	8.05	1.94*	12.72	8.16	35.33	-0.09	-0.14	-0.06
2821	云溪中华复兴 2 号	-0.46	4.07	0.23	41.02	19.59	72.74	0.14	0.30	-0.03
2822	博闻竞选 1 号	-0.47	-4.89	-0.52	27.65	11.32	46.99	0.06	0.12	0.01
2823	静康稳健 1 号	-0.48	14.33	1.56	19.77	9.52	39.32	-0.01	-0.01	-0.06
2824	金诚立达精选 3 号	-0.48	15.00	1.27	25.87	12.81	28.49	0.05	0.08	0.02
2825	华辉价值星 9 号	-0.49	27.57	1.28	44.78	20.68	62.93	0.16	0.35	-0.04
2826	承泽资产-元泉绝对收益 1 号	-0.50	-1.53	-0.15	21.76	11.38	53.95	0.01	0.03	-0.05

续表

编号	基金名称	年化收益率（%）	年化α（%）	t（α）	年化波动率（%）	年化下行风险（%）	最大回撤率（%）	夏普比率	索丁诺比率	收益—最大回撤比率
2827	磐洋价值 G 期	-0.54	3.28	0.51	18.87	7.45	48.44	-0.02	-0.03	0.21
2828	鑫弘泽财富 2 号	-0.54	-2.70	-0.43	17.78	12.77	39.09	-0.03	-0.05	-0.14
2829	永乾 1 号	-0.56	-1.82	-0.16	20.11	15.34	37.03	0.00	0.00	-0.07
2830	玖盈 1 号	-0.56	-29.69	-1.69	43.52	14.91	61.12	0.14	0.30	0.14
2831	东方蜗牛复合策略 1 号	-0.57	-1.45	-0.24	24.11	14.12	52.91	0.03	0.05	-0.05
2832	理石盛世 1 号	-0.57	-2.56	-0.27	20.26	8.63	51.75	0.00	0.00	0.04
2833	武当 6 期	-0.60	-2.69	-0.36	16.97	9.36	33.82	-0.04	-0.06	-0.06
2834	征金资本股票优选 2 期	-0.62	1.83	0.14	28.32	19.57	51.22	0.08	0.11	-0.06
2835	峻辰价值 1 号	-0.63	3.96	0.46	19.90	10.82	44.27	-0.01	-0.02	-0.07
2836	开慧凯升	-0.63	-19.20	-1.12	42.90	18.96	53.96	0.14	0.32	-0.06
2837	华辉价值星鹏城 5 号	-0.64	6.63	0.40	37.74	18.09	55.51	0.12	0.25	-0.06
2838	富果同孚 1 号	-0.65	2.26	0.34	19.79	6.62	40.47	-0.01	-0.02	0.16
2839	同犇 12 期	-0.66	11.06	0.92	25.63	13.70	58.65	0.04	0.08	-0.06
2840	聚睿 1 号	-0.68	-4.42	-0.25	37.53	17.88	55.24	0.11	0.24	-0.06
2841	津旺 298 号	-0.69	1.84	0.84	4.14	3.88	11.99	-0.51	-0.54	-0.28
2842	泽金资产常青藤 1 号	-0.69	-5.10	-0.75	19.49	10.41	43.52	-0.02	-0.03	-0.08
2843	证研 6 期	-0.70	-18.32	-1.29	29.15	18.37	47.54	0.07	0.12	-0.08
2844	中环港沪深对冲 2 号	-0.70	16.41	1.60	24.43	7.74	57.23	0.03	0.05	0.17
2845	森林湖稳健收益 1 号	-0.70	6.54	0.73	24.53	12.26	53.03	0.03	0.05	-0.06

续表

编号	基金名称	年化收益率（%）	年化 α（%）	t（α）	年化波动率（%）	年化下行风险（%）	最大回撤率（%）	夏普比率	索丁诺比率	收益—最大回撤比率
2846	福建滚雪球 58 号	-0.71	7.08	0.82	20.10	17.63	34.63	-0.01	-0.02	-0.31
2847	工银量化信诚精选	-0.71	-1.85	-0.56	5.61	4.32	13.57	-0.37	-0.48	-0.26
2848	红岸量化精选 1 号	-0.75	-13.46	-1.17	22.39	14.06	44.41	0.01	0.02	-0.08
2849	仙人掌金牛 5 号	-0.78	1.29	0.13	25.66	14.01	59.10	0.04	0.07	-0.06
2850	核心资本海泰多策略	-0.78	-5.51	-0.73	17.10	9.83	32.64	-0.05	-0.09	-0.12
2851	私募工场弘德瑞远 2 号	-0.79	4.59	0.79	18.42	11.20	35.58	-0.03	-0.06	-0.11
2852	华夏金色长城养老投资	-0.80	9.91	1.53	19.50	18.07	54.05	-0.02	-0.04	-0.44
2853	永 1 号	-0.81	10.00	1.92*	10.11	7.45	21.26	-0.18	-0.24	-0.19
2854	恒丰道合 1 号	-0.83	13.87	1.55	24.52	13.77	61.77	0.03	0.05	-0.07
2855	沣沺股票 1 期	-0.83	2.28	0.31	17.50	10.44	43.85	-0.05	-0.08	-0.09
2856	墨锋价值 1 号	-0.86	2.53	0.62	10.15	5.62	24.57	-0.18	-0.33	-0.17
2857	蓝色天际股票 2 号	-0.86	5.05	1.00	16.81	23.39	31.57	-0.06	-0.11	-0.54
2858	沁昇吉迈顺人生赢家	-0.88	-2.89	-0.17	37.20	18.86	56.00	0.11	0.22	-0.08
2859	长河优势 3 号	-0.88	7.12	1.07	21.30	12.25	56.57	-0.01	-0.01	-0.08
2860	华夏养老新动力 1 号	-0.90	9.01	1.50	18.56	11.03	52.90	-0.04	-0.06	-0.08
2861	红易稳健成长 1 号	-0.91	-3.23	-0.36	18.38	8.99	43.84	-0.04	-0.09	-0.10
2862	米管资产管理 1 号	-0.93	1.83	0.29	18.69	10.26	49.98	-0.04	-0.07	-0.09
2863	恒泰量化 1 号	-0.95	10.93	1.12	25.42	14.43	48.80	0.03	0.05	-0.10
2864	琛晟天泰 1 号	-0.98	-1.59	-0.17	25.05	16.16	56.00	0.02	0.04	-0.23

续表

编号	基金名称	年化收益率（%）	年化 α（%）	t（α）	年化波动率（%）	年化下行风险（%）	最大回撤率（%）	夏普比率	索丁诺比率	收益—最大回撤比率
2865	华辉价值星 1 号	-0.98	14.62	0.84	37.34	18.49	58.29	0.11	0.22	-0.08
2866	坤熙狗头金 1 号	-0.99	-2.29	-0.17	30.49	9.62	57.87	0.07	0.12	0.12
2867	天盈红利 1 号	-1.05	-4.33	-1.23	10.25	12.08	25.11	-0.20	-0.30	-0.53
2868	福建滚雪球 50 号	-1.05	13.47	1.26	21.74	10.59	32.77	-0.01	-0.03	-0.06
2869	赢洋 1 号	-1.12	1.59	0.32	9.46	6.36	39.87	-0.23	-0.34	-0.14
2870	久铭稳健 1 号	-1.14	14.33	1.48	20.84	10.08	41.90	-0.03	-0.06	-0.13
2871	汇瑞富稳健价值 3 号	-1.15	1.11	0.18	13.80	6.69	23.42	-0.13	-0.26	-0.24
2872	优波（上海优波）	-1.16	-13.47	-0.93	27.80	17.20	41.10	0.04	0.07	-0.14
2873	名禹稳健增长	-1.18	-1.15	-0.14	19.31	12.44	51.68	-0.05	-0.09	-0.24
2874	华英人工智能 AI1 号	-1.19	5.06	1.02	11.39	13.23	19.40	-0.18	-0.27	-0.41
2875	丝路汉赋 1 号	-1.24	10.79	0.84	22.61	11.67	35.94	-0.01	-0.03	-0.17
2876	星睿 1 号	-1.28	9.44	1.03	19.17	8.19	35.57	-0.05	-0.08	-0.02
2877	汇富金财时间周期对冲 1 号	-1.32	-16.95	-1.41	24.96	12.79	64.59	0.00	0.01	-0.10
2878	信易安清阳 1 号	-1.33	35.98	2.08*	41.89	20.12	62.15	0.13	0.26	-0.10
2879	静隆全球 1 号	-1.35	22.08	1.62	28.92	13.64	58.21	0.04	0.08	-0.11
2880	私募工场臻诚 1 号	-1.36	24.26	1.53	39.18	19.61	41.59	0.11	0.22	-0.16
2881	东源嘉盈 3 号	-1.36	8.32	1.17	18.41	10.32	31.78	-0.07	-0.12	-0.21
2882	朴信精选 1 号	-1.42	-5.97	-0.43	30.95	12.85	60.99	0.05	0.10	0.06
2883	铭深 1 号	-1.43	-10.50	-1.58	16.21	22.13	42.22	-0.10	-0.17	-0.63

续表

编号	基金名称	年化收益率（%）	年化 α（%）	t（α）	年化波动率（%）	年化下行风险（%）	最大回撤率（%）	夏普比率	索丁诺比率	收益—最大回撤比率
2884	显德滚雪球 1 号	-1.44	5.18	0.47	23.40	12.38	33.68	-0.01	-0.03	-0.21
2885	华骏 10 号	-1.47	-1.73	-0.09	37.63	20.52	51.72	0.11	0.20	-0.14
2886	细水菩提	-1.47	-7.03	-0.52	30.19	15.57	65.85	0.05	0.09	-0.11
2887	志远长赢 1 号	-1.53	-3.70	-0.34	24.38	11.46	32.69	-0.01	-0.02	-0.08
2888	中资宏德量化对冲 1 号	-1.55	-4.76	-1.13	9.94	6.08	17.93	-0.26	-0.42	-0.42
2889	盈至 1 号	-1.56	3.49	0.82	10.67	6.17	23.22	-0.24	-0.41	-0.33
2890	承泽 2 号	-1.57	-6.55	-0.78	19.54	10.77	52.95	-0.06	-0.11	-0.14
2891	谦篪多策略进取 1 号	-1.57	-1.82	-0.16	28.68	15.13	57.97	0.03	0.06	-0.13
2892	涵元天权	-1.57	10.52	0.91	25.38	15.35	49.38	0.00	0.01	-0.15
2893	高信百诺价值成长	-1.59	4.74	0.57	17.89	11.42	50.96	-0.08	-0.13	-0.15
2894	中证乾元涛周期 2 号	-1.60	-5.06	-0.24	37.75	15.57	54.22	0.10	0.18	0.07
2895	凯岩丰瑞 1 号	-1.61	5.53	0.67	22.13	12.32	52.99	-0.03	-0.06	-0.15
2896	天弓 2 号	-1.61	9.70	0.68	31.22	17.84	63.22	0.06	0.10	-0.12
2897	私募工场厚生和稳健增长	-1.62	0.64	0.06	22.79	10.32	54.57	-0.03	-0.05	-0.07
2898	可贤 1 号时间之箭	-1.66	1.72	0.22	22.60	13.87	40.14	-0.03	-0.05	-0.20
2899	合秦联融 1 期	-1.68	7.31	0.63	23.61	9.01	48.13	-0.03	-0.08	-0.17
2900	领琪价值成长 1 号	-1.70	7.24	0.56	29.52	13.58	58.66	0.03	0.07	-0.14
2901	滚雪球福鑫 1 号	-1.72	1.35	0.15	19.17	10.14	29.87	-0.08	-0.15	-0.28
2902	睿兹 1 号	-1.72	4.29	0.13	62.21	24.37	60.08	0.18	0.47	-0.14

续表

编号	基金名称	年化收益率（%）	年化 α（%）	t（α）	年化波动率（%）	年化下行风险（%）	最大回撤率（%）	夏普比率	索丁诺比率	收益—最大回撤比率
2903	丰钖盛景 1 号	-1.73	-18.84	-1.49	47.84	21.34	63.34	0.15	0.34	-0.13
2904	优宗 1 号	-1.74	-3.65	-0.68	10.62	6.51	17.88	-0.25	-0.41	-0.47
2905	福建滚雪球同驰 5 号	-1.74	8.86	0.92	20.22	12.37	40.27	-0.06	-0.11	-0.26
2906	文鼎 1 期	-1.74	-24.35	-1.47	40.01	18.36	62.55	0.10	0.23	-0.13
2907	云君山海 5 号	-1.75	-3.15	-0.39	20.88	11.44	47.59	-0.05	-0.10	-0.18
2908	菁鼎赤兔马 2 号	-1.77	3.77	0.22	36.72	17.83	56.75	0.08	0.17	-0.15
2909	万德隆策略优选 2 号	-1.78	4.53	0.26	29.43	11.02	37.09	0.02	0.04	0.02
2910	龙萨风华价值 1 号	-1.78	3.77	0.44	22.58	12.99	43.43	-0.03	-0.06	-0.20
2911	龙峰 1 号	-1.79	36.54	2.43*	37.67	13.22	61.42	0.10	0.18	0.11
2912	瑞民大奖章 1 号	-1.80	-7.09	-0.64	23.49	15.12	44.86	-0.02	-0.04	-0.19
2913	湛卢 1 号	-1.83	-12.29	-0.57	41.59	24.72	51.28	0.13	0.22	-0.17
2914	银帆 7 期	-1.84	-9.92	-1.64	11.68	6.68	39.26	-0.23	-0.40	-0.23
2915	福建滚雪球卓越 1 号	-1.86	8.84	0.86	22.57	11.79	32.92	-0.04	-0.08	-0.27
2916	大岩岩选 1 号	-1.86	10.58	0.87	26.53	14.89	59.59	0.00	0.01	-0.15
2917	绘升资财 1 号	-1.87	8.05	0.25	64.51	29.47	77.92	0.24	0.52	-0.12
2918	汇谷舒心 1 号	-1.87	10.61	0.70	32.57	18.82	65.36	0.06	0.10	-0.14
2919	银帆 10 期	-1.89	-14.67	-2.56	14.87	7.23	34.62	-0.16	-0.33	-0.26
2920	和聚信享平台 E	-1.89	-6.73	-1.44	11.52	7.36	20.00	-0.24	-0.37	-0.46
2921	柘弓 1 期	-1.90	1.92	0.25	20.43	12.18	52.62	-0.07	-0.11	-0.17

续表

编号	基金名称	年化收益率 (%)	年化 α (%)	t (α)	年化波动率 (%)	年化下行风险 (%)	最大回撤率 (%)	夏普比率	索丁诺比率	收益—最大回撤比率
2922	深蓝100	-1.90	10.21	0.98	22.51	11.84	29.85	-0.05	-0.09	-0.31
2923	春华秋实农业	-1.92	16.62	1.02	33.49	19.69	59.31	0.06	0.10	-0.16
2924	彩虹1号(深圳)	-1.94	8.88	0.49	31.96	19.72	57.84	0.07	0.09	-0.19
2925	吉星投资-稳赢1号	-1.95	-0.59	-0.05	20.71	10.25	40.52	-0.07	-0.14	-0.23
2926	华夏养老金玉良辰	-2.00	7.86	1.24	19.82	17.32	55.86	-0.08	-0.13	-0.43
2927	安民2号	-2.01	-0.05	-0.03	3.47	2.83	12.52	-1.00	-1.22	-0.77
2928	中环精选1号	-2.02	8.92	0.85	22.77	13.34	54.62	-0.04	-0.07	-0.18
2929	华辉价值星11号	-2.04	15.27	0.93	36.62	27.12	59.52	0.08	0.15	-0.39
2930	昀启投资-私募学院菁英65号	-2.05	-4.89	-0.37	27.37	17.51	50.70	0.01	0.01	-0.19
2931	格雷成长3号	-2.07	7.67	0.65	24.17	14.08	58.63	-0.03	-0.05	-0.17
2932	臻煜核心价值1号	-2.07	10.86	1.24	20.01	11.41	37.27	-0.08	-0.14	-0.27
2933	挚盟量化2号	-2.09	-2.65	-0.14	41.92	21.61	64.98	0.11	0.22	-0.15
2934	东方港湾心流投资	-2.11	12.28	0.89	27.99	17.23	68.83	0.01	0.02	-0.15
2935	广汇缘1号	-2.14	18.91	1.52	28.91	19.86	48.41	0.02	0.04	-0.21
2936	沣青杨2号	-2.15	0.99	0.11	27.03	17.23	59.65	0.00	0.00	-0.17
2937	睿信4期	-2.15	-2.73	-0.32	20.27	11.33	46.66	-0.08	-0.15	-0.22
2938	励骏星纪1号	-2.16	6.45	0.38	40.10	20.74	73.95	0.10	0.20	-0.14
2939	华辉价值星京华2号	-2.18	13.23	1.09	28.68	14.54	51.01	0.01	0.02	-0.20
2940	福建滚雪球千里马2号	-2.20	4.93	0.45	23.71	10.34	44.22	-0.04	-0.09	-0.11

续表

编号	基金名称	年化收益率（%）	年化α（%）	t（α）	年化波动率（%）	年化下行风险（%）	最大回撤率（%）	夏普比率	索丁诺比率	收益—最大回撤比率
2941	锦熙1期	-2.21	-10.95	-0.90	22.66	12.76	53.05	-0.06	-0.10	-0.20
2942	福建滚雪球同驰3号	-2.26	8.19	0.75	22.73	9.30	41.48	-0.06	-0.11	-0.13
2943	玺赢稳赢1期	-2.27	-15.87	-1.26	31.31	18.92	63.20	0.04	0.06	-0.17
2944	鑫润禾广角	-2.27	-9.41	-1.27	18.46	11.70	36.03	-0.11	-0.18	-0.30
2945	华辉价值京华1号	-2.30	21.16	1.07	39.87	19.05	56.84	0.09	0.19	-0.19
2946	红船一号	-2.31	11.40	0.50	46.33	25.58	80.76	0.14	0.26	-0.14
2947	景富趋势成长5期	-2.32	-17.35	-1.74	21.50	11.07	43.80	-0.08	-0.15	-0.25
2948	千帆致远	-2.33	8.02	0.77	23.88	11.88	51.61	-0.05	-0.08	-0.18
2949	和聚-钜派专享2号	-2.35	-9.43	-1.18	21.80	12.05	38.38	-0.07	-0.13	-0.29
2950	天马多空策略	-2.36	1.18	0.30	11.86	11.24	23.35	-0.27	-0.40	-0.37
2951	烽火3号	-2.37	5.76	0.73	19.30	12.89	37.92	-0.10	-0.16	-0.30
2952	私募工场天恒富	-2.37	10.28	1.59	18.40	10.79	36.20	-0.12	-0.21	-0.31
2953	鹏万1号	-2.40	-9.30	-0.87	20.76	18.00	39.96	-0.09	-0.18	-0.54
2954	润在榴莲2号	-2.40	-13.72	-0.82	34.08	4.41	60.17	0.05	0.09	0.63
2955	紫升元亨3号	-2.45	-3.68	-1.14	6.54	4.54	20.80	-0.58	-0.83	-0.56
2956	证研稳健1号	-2.47	-16.97	-1.25	28.42	16.73	39.25	0.00	0.00	-0.30
2957	梧桐智睿5号	-2.47	2.00	0.25	16.76	11.78	29.23	-0.16	-0.29	-0.40
2958	天马人工智能AI	-2.47	0.02	0.01	11.04	27.17	22.97	-0.31	-0.45	-0.76
2959	瑞园长盈3号	-2.49	-5.57	-0.82	22.41	12.75	50.77	-0.07	-0.12	-0.23

续表

编号	基金名称	年化收益率（%）	年化 α（%）	t（α）	年化波动率（%）	年化下行风险（%）	最大回撤率（%）	夏普比率	索丁诺比率	收益—最大回撤比率
2960	元亨稳健 1 号	-2.51	-4.73	-0.64	13.82	10.03	28.65	-0.22	-0.31	-0.42
2961	和聚 12 期汇智 B 期	-2.52	-9.52	-1.35	15.10	10.10	28.38	-0.19	-0.29	-0.38
2962	川泽 1 期	-2.54	-2.09	-0.27	20.61	23.94	33.16	-0.10	-0.16	-0.56
2963	滚雪球价值精选 18 号	-2.55	0.25	0.02	24.46	13.25	41.68	-0.05	-0.09	-0.29
2964	瑞园长盈 1 号	-2.57	-4.73	-0.70	22.73	13.27	54.88	-0.07	-0.12	-0.22
2965	一线对冲创威	-2.60	-2.72	-0.39	17.00	9.06	36.26	-0.16	-0.31	-0.34
2966	福建滚雪球 60 号	-2.61	-0.49	-0.04	24.98	3.69	40.58	-0.05	-0.09	0.29
2967	猛虎 1 号	-2.64	0.28	0.03	20.84	12.17	52.83	-0.10	-0.16	-0.22
2968	凯顺 2012	-2.66	8.65	0.85	25.01	14.83	54.79	-0.04	-0.07	-0.23
2969	长征林园 1 号	-2.70	9.76	0.98	22.12	19.15	42.10	-0.08	-0.14	-0.60
2970	晟博量化 3 号	-2.71	-11.54	-2.12	11.95	6.54	35.56	-0.30	-0.54	-0.36
2971	毅盛求是 1 号	-2.71	6.12	0.76	20.46	15.29	50.13	-0.11	-0.18	-0.35
2972	信毅稳健 1 号	-2.73	-1.28	-0.19	15.72	9.59	36.86	-0.19	-0.32	-0.35
2973	上善若水疾风	-2.73	-25.23	-1.72	33.16	14.10	69.20	0.02	0.05	-0.19
2974	福建滚雪球同驰 2 号	-2.73	6.66	0.57	24.00	38.58	48.88	-0.06	-0.11	-0.82
2975	景泰复利回报银信宝 1 期	-2.76	1.40	0.19	16.83	10.08	33.90	-0.17	-0.29	-0.42
2976	泽金资产青藤 2 号	-2.78	-7.54	-0.90	19.85	12.25	42.39	-0.12	-0.19	-0.31
2977	美港 1 期	-2.82	-9.22	-0.48	37.50	11.60	46.50	0.07	0.12	0.09
2978	辰阳恒丰 1 号	-2.86	10.15	1.16	22.31	12.49	61.90	-0.09	-0.16	-0.24

续表

编号	基金名称	年化收益率（%）	年化α（%）	t（α）	年化波动率（%）	年化下行风险（%）	最大回撤率（%）	夏普比率	索丁诺比率	收益—最大回撤比率
2979	鑫祥新理念 1 号	-2.88	-16.08	-1.37	23.45	12.22	35.82	-0.08	-0.15	-0.38
2980	瑞夏 1 号	-2.89	6.81	0.76	20.79	11.98	42.52	-0.11	-0.19	-0.32
2981	神农医药 A	-2.90	8.56	0.72	25.89	16.12	56.93	-0.04	-0.07	-0.24
2982	旺能价值 1 号	-2.94	7.80	0.84	21.92	14.12	45.88	-0.09	-0.15	-0.30
2983	滚雪球兴福 1 号	-2.95	1.82	0.19	22.33	11.10	41.65	-0.10	-0.19	-0.33
2984	私享－蓝筹 1 期	-2.96	24.54	1.94*	32.50	17.88	52.42	0.02	0.04	-0.27
2985	辰阳恒丰科义 2 号	-2.96	10.33	0.79	28.18	6.11	63.80	-0.02	-0.04	0.28
2986	涌顺海峰核心 1 号	-2.96	-15.06	-1.12	26.47	17.88	52.30	-0.04	-0.09	-0.41
2987	银帆 6 期	-2.99	-15.73	-2.35	13.61	7.50	32.68	-0.27	-0.49	-0.43
2988	华鸿财富	-3.00	18.71	2.04*	22.92	14.43	45.93	-0.08	-0.15	-0.33
2989	家族 1 号	-3.01	32.23	2.31*	35.18	19.86	61.94	0.04	0.08	-0.23
2990	晟博量化 2 号	-3.02	-12.21	-2.27	11.83	6.33	34.45	-0.33	-0.62	-0.41
2991	枫池稳健 1 号	-3.03	-12.68	-1.36	22.70	13.95	51.87	-0.09	-0.15	-0.28
2992	禾昇 1 号	-3.04	10.61	0.93	23.84	15.18	44.22	-0.07	-0.12	-0.32
2993	乐世洼地 1 号	-3.04	1.93	0.41	15.66	9.29	47.19	-0.22	-0.36	-0.30
2994	勤远优质资产	-3.05	-0.91	-0.08	25.51	15.96	46.51	-0.05	-0.08	-0.31
2995	鸿涵成长 3 期	-3.09	-15.23	-1.29	30.77	16.63	64.48	0.00	0.00	-0.23
2996	榕树盛世增长 2 期	-3.15	-14.78	-2.21	20.46	10.31	51.86	-0.13	-0.26	-0.29
2997	私享成长 5 期	-3.20	11.29	1.36	17.47	10.22	37.15	-0.19	-0.32	-0.40

续表

编号	基金名称	年化收益率（%）	年化α（%）	t（α）	年化波动率（%）	年化下行风险（%）	最大回撤率（%）	夏普比率	索丁诺比率	收益—最大回撤比率
2998	天马 Alpha+	-3.21	-4.76	-0.89	11.23	6.42	28.34	-0.37	-0.65	-0.53
2999	和盛丰悦 1 号	-3.22	2.65	0.28	23.10	16.96	41.73	-0.09	-0.17	-0.51
3000	榕树文明复兴 8 期	-3.23	-6.47	-0.72	21.90	10.83	59.50	-0.11	-0.23	-0.25
3001	润升投资端富 1 号	-3.23	-32.90	-0.92	76.78	38.12	55.07	0.30	0.60	-0.27
3002	比格戴特 1 期	-3.25	-7.25	-0.84	20.67	12.23	48.36	-0.13	-0.22	-0.31
3003	九远稳健价值 1 号	-3.34	-1.41	-0.21	22.08	11.76	57.45	-0.11	-0.22	-0.27
3004	海波 1 号	-3.36	13.71	1.61	22.00	13.01	44.55	-0.11	-0.19	-0.35
3005	聚沛涵育无垠 1 号	-3.37	-7.93	-0.81	20.61	12.28	33.20	-0.14	-0.23	-0.47
3006	正海渐悟 1 号	-3.39	-14.18	-2.41	15.31	8.26	45.65	-0.25	-0.46	-0.35
3007	民晟金牛 3 号	-3.44	-4.80	-1.67	4.87	4.26	21.36	-1.00	-1.14	-0.75
3008	新湖巨源价值精选滚雪球 1 号	-3.46	1.84	0.27	14.60	10.30	36.05	-0.27	-0.38	-0.45
3009	幂因 DH 动态价值	-3.47	-4.85	-0.38	29.82	8.43	60.08	-0.03	-0.05	0.00
3010	私募工场厚生和稳健增长 2 号	-3.50	-2.16	-0.21	22.73	12.50	54.78	-0.11	-0.20	-0.30
3011	新方程清水源创新子基金 3 期	-3.54	-1.84	-0.24	16.75	9.45	49.23	-0.22	-0.40	-0.33
3012	新湖巨源价值精选滚雪球 2 号	-3.56	-0.82	-0.12	14.90	10.80	37.87	-0.27	-0.41	-0.37
3013	伊然笙歌 1 号	-3.58	-5.69	-0.76	18.13	10.35	42.04	-0.19	-0.34	-0.40
3014	恺利价值 1 号	-3.59	1.62	0.19	20.76	11.48	47.53	-0.15	-0.27	-0.35
3015	湛卢 6 号	-3.60	-11.24	-0.56	39.41	23.15	49.74	0.07	0.11	-0.39
3016	榜样欧奈尔港股通	-3.65	-3.01	-0.46	14.18	8.34	30.06	-0.30	-0.51	-0.56

续表

编号	基金名称	年化收益率（%）	年化α（%）	t（α）	年化波动率（%）	年化下行风险（%）	最大回撤率（%）	夏普比率	索丁诺比率	收益—最大回撤比率
3017	宝德源价值进取	-3.67	-19.23	-1.92	22.51	10.97	55.30	-0.13	-0.27	-0.31
3018	证研 3 期	-3.68	-11.75	-1.08	26.55	16.25	47.16	-0.07	-0.11	-0.36
3019	景怡 1 期	-3.69	-19.24	-1.45	34.98	21.67	68.01	0.03	0.04	-0.25
3020	一线对冲君—对冲	-3.76	-5.22	-0.77	17.35	9.32	41.97	-0.22	-0.42	-0.42
3021	勤远动态平衡 2 号	-3.81	-0.90	-0.09	21.90	14.66	46.88	-0.13	-0.20	-0.38
3022	国泰君安兴富进取 2 期	-3.87	-6.13	-0.42	30.92	17.72	59.80	-0.02	-0.04	-0.30
3023	源端聚洋 1 期	-3.88	-6.71	-0.58	31.64	17.46	64.64	-0.02	-0.03	-0.28
3024	朴石 7 期	-3.90	-6.19	-0.63	21.15	10.17	61.54	-0.16	-0.33	-0.29
3025	禾苗	-3.93	8.12	0.80	23.18	13.32	54.25	-0.12	-0.22	-0.33
3026	沁昇价值量化 1 号	-3.94	-9.20	-0.96	22.14	13.34	48.62	-0.14	-0.23	-0.37
3027	若川新经济 1 期	-3.96	5.98	0.63	19.87	14.55	49.12	-0.18	-0.27	-0.46
3028	理时元开	-3.96	-1.16	-0.10	26.41	13.12	55.69	-0.08	-0.15	-0.31
3029	歌易远景 2 号	-3.97	-3.20	-0.32	21.11	11.95	50.79	-0.16	-0.28	-0.36
3030	华辉价值星 30 号	-3.98	6.69	0.53	29.17	15.29	53.84	-0.05	-0.09	-0.34
3031	华辉价值星长安 6 号	-4.00	18.72	0.91	41.59	19.47	65.31	0.06	0.12	-0.28
3032	盘庚价值 1 号	-4.06	-23.81	-0.51	99.47	24.76	66.11	0.22	0.87	-0.28
3033	胜算策略	-4.07	-21.12	-1.37	35.30	18.69	50.77	0.01	0.02	-0.37
3034	枫润资产明元 2 号	-4.07	0.92	0.09	23.98	13.43	55.02	-0.12	-0.21	-0.34
3035	源品鸿浩	-4.13	-12.50	-1.51	16.55	10.96	32.75	-0.26	-0.40	-0.58

续表

编号	基金名称	年化收益率（%）	年化 α（%）	t（α）	年化波动率（%）	年化下行风险（%）	最大回撤率（%）	夏普比率	索丁诺比率	收益－最大回撤比率
3036	金石 18 期	-4.14	3.51	0.46	21.98	9.23	47.44	-0.15	-0.29	-0.40
3037	盘古树－和盛丰悦	-4.20	2.48	0.26	22.62	12.63	42.65	-0.14	-0.26	-0.45
3038	朴石 1 期	-4.20	-7.01	-0.70	21.53	10.36	61.95	-0.17	-0.35	-0.31
3039	湛卢 2 号	-4.21	-10.88	-0.55	38.70	22.28	44.19	0.04	0.07	-0.44
3040	昶享 2 号	-4.22	-12.03	-1.47	17.90	9.98	50.13	-0.24	-0.43	-0.39
3041	私享策远 11 号	-4.25	16.28	1.81*	21.52	7.67	48.10	-0.16	-0.27	-0.30
3042	长余 7 号	-4.27	-3.27	-0.34	22.43	13.26	60.72	-0.15	-0.26	-0.32
3043	沃唐 1 号	-4.28	-2.46	-0.31	17.16	9.87	52.86	-0.26	-0.41	-0.44
3044	瑞城价值精选	-4.29	-10.74	-0.69	32.23	17.48	54.22	-0.03	-0.05	-0.36
3045	暖家－和盛丰悦 1 期	-4.30	2.08	0.22	22.97	13.05	42.54	-0.14	-0.25	-0.46
3046	喜马拉雅长策	-4.31	-15.83	-1.02	29.32	13.33	48.20	-0.05	-0.09	-0.27
3047	锦和诚毅红橡 1 期	-4.35	11.31	1.10	22.28	17.72	52.06	-0.16	-0.25	-0.55
3048	壹玖资产－北极星 1 号	-4.35	-4.53	-0.40	27.08	14.72	49.63	-0.09	-0.17	-0.40
3049	朴石 8 期	-4.36	-8.90	-1.08	15.26	12.26	40.02	-0.31	-0.46	-0.76
3050	晟功致远 1 号	-4.37	-10.85	-0.81	33.15	18.18	58.63	-0.02	-0.03	-0.34
3051	金蕴 99 期（谷寒长线回报）	-4.41	10.36	1.34	17.59	11.17	41.98	-0.25	-0.40	-0.48
3052	玄同量化稳进 8 号	-4.42	-5.45	-0.86	16.88	9.74	35.48	-0.27	-0.48	-0.57
3053	福建至诚滚雪球 2 号	-4.43	5.49	0.53	22.52	6.80	38.40	-0.16	-0.30	-0.20
3054	以太投资稳健成长 6 号	-4.43	0.98	0.15	15.82	8.03	38.38	-0.30	-0.60	-0.53

续表

编号	基金名称	年化收益率（%）	年化α（%）	t（α）	年化波动率（%）	年化下行风险（%）	最大回撤率（%）	夏普比率	索丁诺比率	收益—最大回撤比率
3055	朴石 6 期	-4.44	-8.34	-0.90	20.40	10.29	62.26	-0.20	-0.39	-0.33
3056	瑾瑜鼎业医疗	-4.45	-1.09	-0.12	17.92	11.16	54.61	-0.25	-0.40	-0.59
3057	云溪衡山 1 号	-4.45	-0.36	-0.02	40.19	19.31	73.14	0.03	0.07	-0.28
3058	景泰复利回报第 20 期	-4.46	-0.87	-0.08	21.67	12.49	41.46	-0.18	-0.30	-0.49
3059	海淘港股通华赞 A 期	-4.52	2.18	0.24	21.41	12.27	47.54	-0.18	-0.32	-0.43
3060	喜马拉雅 9 号	-4.52	-9.40	-0.95	21.59	14.34	36.69	-0.17	-0.26	-0.56
3061	江苏宇昂长江 1 号	-4.52	22.24	1.69*	34.65	10.75	65.63	-0.01	-0.02	-0.10
3062	凡字证券 A 股 4 号	-4.55	-2.98	-0.35	26.34	12.17	59.55	-0.10	-0.18	-0.26
3063	神州牧童子 1 号	-4.57	-0.59	-0.03	37.77	17.26	59.90	0.01	0.02	-0.35
3064	子午丁酉 A 期	-4.62	-24.56	-3.89	16.62	9.65	47.00	-0.29	-0.51	-0.45
3065	思悦 1 号	-4.62	-26.72	-1.46	39.48	21.23	73.12	0.03	0.06	-0.29
3066	领琪玖捌 1 号	-4.63	7.09	0.91	19.36	10.92	45.71	-0.23	-0.40	-0.46
3067	大牛进取 1 号	-4.68	-9.07	-0.81	23.98	12.71	48.94	-0.15	-0.28	-0.44
3068	深圳趋势 10 号	-4.71	-9.01	-0.57	39.27	17.41	73.19	0.02	0.04	-0.29
3069	滚雪球价值精选 6 号	-4.73	1.65	0.18	20.05	8.04	36.63	-0.22	-0.40	-0.48
3070	高合 2 号	-4.75	-6.79	-0.71	19.21	11.74	53.55	-0.24	-0.39	-0.40
3071	玄同量化精工 8 号	-4.76	-1.24	-0.24	13.73	10.71	33.17	-0.39	-0.50	-0.65
3072	蕴泽 3 号	-4.78	-2.11	-0.07	57.35	26.36	74.86	0.13	0.28	-0.29
3073	同创 6 号	-4.79	20.80	1.04	41.84	25.76	59.17	0.06	0.10	-0.37

续表

编号	基金名称	年化收益率（%）	年化 α（%）	t（α）	年化波动率（%）	年化下行风险（%）	最大回撤率（%）	夏普比率	索丁诺比率	收益—最大回撤比率
3074	一线对冲安享 1 号	-4.83	-4.64	-0.62	18.12	10.48	47.44	-0.27	-0.46	-0.46
3075	美港喜马拉雅	-4.84	-13.05	-0.61	41.27	23.46	52.14	0.05	0.09	-0.42
3076	私享蓝筹 5 期	-4.86	14.48	1.74*	21.44	13.05	50.65	-0.20	-0.32	-0.43
3077	清风徐来	-4.96	20.50	1.01	40.80	22.45	70.10	0.04	0.07	-0.32
3078	亿安达全代码	-4.97	-0.47	-0.05	18.76	11.21	27.63	-0.26	-0.44	-0.81
3079	瑞晟昌-双轮策略 1 号	-5.05	-15.05	-1.13	27.06	13.98	54.20	-0.12	-0.23	-0.42
3080	私享-价值 17 期	-5.14	18.41	2.14*	22.17	13.21	53.02	-0.20	-0.33	-0.44
3081	正弘旗胜	-5.15	-10.14	-1.06	19.93	19.02	46.97	-0.24	-0.38	-0.61
3082	西藏明曜相对论 3 号	-5.24	-4.36	-0.51	17.23	10.84	50.85	-0.31	-0.50	-0.46
3083	洞翰鑫之源 1 号	-5.28	16.20	0.62	45.84	34.70	84.14	0.17	0.22	-0.28
3084	惠丰睿盈 1 号	-5.29	-11.76	-1.35	15.69	10.42	31.26	-0.36	-0.46	-0.50
3085	大地财富 1 期	-5.31	23.44	1.94*	30.67	11.82	54.93	-0.08	-0.13	-0.17
3086	深乾平衡 1 号	-5.31	1.67	0.12	26.81	14.30	36.99	-0.13	-0.24	-0.65
3087	宾悦浙商 1 号	-5.34	8.16	0.54	36.47	11.37	54.38	-0.02	-0.04	-0.07
3088	世诚-诚博 2 号	-5.38	1.39	0.37	10.46	7.42	28.13	-0.62	-0.87	-0.86
3089	证研 3 号	-5.43	-15.05	-0.99	29.21	12.78	47.67	-0.10	-0.17	-0.36
3090	美港 2 号	-5.45	-10.86	-0.59	36.24	22.07	46.82	-0.01	-0.02	-0.52
3091	雨山创新中国 1 号	-5.51	-2.72	-0.17	38.47	19.00	76.93	-0.01	-0.02	-0.32
3092	瑞氢富申 2 号	-5.51	2.21	0.33	15.42	10.60	46.97	-0.39	-0.56	-0.53

续表

编号	基金名称	年化收益率（%）	年化α（%）	t（α）	年化波动率（%）	年化下行风险（%）	最大回撤率（%）	夏普比率	索丁诺比率	收益—最大回撤比率
3093	鼎锋大健康	-5.53	-12.66	-0.46	55.74	29.30	84.20	0.13	0.25	-0.29
3094	汇蓬5号	-5.59	3.92	0.13	59.02	19.58	59.42	0.14	0.30	0.04
3095	杰作1号	-5.61	4.36	0.38	26.34	13.23	55.05	-0.15	-0.27	-0.37
3096	喜马拉雅8号	-5.63	-13.30	-0.90	28.36	20.84	46.69	-0.11	-0.18	-0.51
3097	优宗2号	-5.78	-3.81	-0.28	31.47	17.78	64.52	-0.08	-0.15	-0.40
3098	川泽3期	-5.85	-5.18	-0.63	21.61	13.73	41.50	-0.24	-0.38	-0.63
3099	领琪舒盈1号	-5.90	6.07	0.66	21.65	12.34	47.95	-0.24	-0.43	-0.55
3100	中金银海凤凰2号	-5.99	0.20	0.01	33.05	7.59	52.91	-0.07	-0.13	-0.05
3101	西藏明曜聚富3号	-6.03	-1.06	-0.08	23.91	13.62	47.65	-0.21	-0.36	-0.56
3102	工银量化恒盛精选	-6.05	-5.37	-0.86	11.41	10.74	38.43	-0.61	-0.65	-0.70
3103	趋势投资1号	-6.06	-3.30	-0.18	43.96	18.75	72.22	0.01	0.03	-0.37
3104	聚睿3号（聚睿投资）	-6.22	-15.11	-1.11	30.74	17.52	57.03	-0.11	-0.19	-0.48
3105	梧桐智睿3号	-6.24	-2.41	-0.14	30.23	20.38	53.38	-0.11	-0.16	-0.52
3106	广益成长	-6.26	-23.18	-3.76	13.37	9.22	38.74	-0.53	-0.77	-0.71
3107	神农医药A-阿司匹林	-6.44	7.63	0.67	25.11	16.32	59.58	-0.20	-0.30	-0.47
3108	浑元投资-守正驾行2期	-6.44	-3.05	-0.12	49.27	23.13	53.05	0.06	0.12	-0.53
3109	东源嘉盈1号	-6.45	2.51	0.29	18.88	10.34	43.07	-0.34	-0.62	-0.66
3110	博惠1期	-6.50	-9.65	-0.40	50.32	18.01	72.71	0.08	0.15	-0.16
3111	润在车匣子1号	-6.53	-19.17	-1.17	34.93	20.56	56.94	-0.06	-0.10	-0.50

续表

编号	基金名称	年化收益率（%）	年化 α（%）	t（α）	年化波动率（%）	年化下行风险（%）	最大回撤率（%）	夏普比率	索丁诺比率	收益—最大回撤比率
3112	默驰 5 号	-6.71	-12.15	-1.41	16.71	8.94	45.48	-0.42	-0.79	-0.64
3113	金元日鑫 5 号	-6.76	-17.01	-1.91	19.10	12.92	51.36	-0.35	-0.51	-0.57
3114	私募工场厚生和稳健增长 3 号	-6.81	-5.52	-0.60	21.43	13.04	55.70	-0.29	-0.48	-0.53
3115	云溪中华复兴 1 号	-6.88	-1.03	-0.06	42.25	9.08	79.77	0.00	0.00	0.05
3116	美港 6 号	-6.88	-18.27	-1.20	28.60	17.58	46.14	-0.16	-0.26	-0.65
3117	私享成长 6 期	-6.90	9.23	0.94	23.74	12.37	54.21	-0.25	-0.48	-0.55
3118	活焙银杏	-6.93	8.11	0.70	25.18	14.64	54.63	-0.22	-0.38	-0.55
3119	中干价值 1 号 A 期	-7.01	-1.95	-0.23	21.22	13.68	48.89	-0.31	-0.47	-0.62
3120	达蓬秦岭 1 号	-7.14	-31.81	-2.26	33.69	18.44	61.39	-0.10	-0.19	-0.50
3121	信易安德远 2 号	-7.16	-25.23	-1.86	31.79	10.79	60.91	-0.12	-0.18	-0.29
3122	私享家族 9 号	-7.20	22.20	1.37	38.48	21.07	61.59	-0.05	-0.09	-0.51
3123	雨山金牛战法 1 号	-7.23	-0.73	-0.04	40.31	20.47	74.24	-0.03	-0.07	-0.42
3124	福建滚雪球春隆 1 号	-7.27	4.20	0.45	18.90	11.93	45.41	-0.38	-0.61	-0.69
3125	弘唯基石盛世优选 3 号	-7.29	-11.97	-1.28	22.23	12.62	51.84	-0.30	-0.53	-0.61
3126	上海老渔民家欣 1 号	-7.30	18.16	1.34	31.25	20.26	51.38	-0.13	-0.20	-0.61
3127	活焙奇点	-7.30	7.39	0.65	24.80	14.50	54.83	-0.24	-0.42	-0.58
3128	晟盟微石 2 号	-7.37	-4.09	-0.16	51.07	7.80	80.95	0.05	0.11	0.23
3129	鸿运智选	-7.37	-5.21	-0.24	44.31	21.23	61.96	-0.01	-0.02	-0.51
3130	新衡东岩 AI 蓝筹指数轮动－鑫德宇	-7.38	-16.60	-2.03	16.53	9.77	44.04	-0.47	-0.80	-0.72
3131	默驰对冲 1 号	-7.40	-12.63	-1.74	14.33	7.74	45.20	-0.57	-1.06	-0.71

续表

编号	基金名称	年化收益率（%）	年化α（%）	t（α）	年化波动率（%）	年化下行风险（%）	最大回撤率（%）	夏普比率	索丁诺比率	收益—最大回撤比率
3132	盈双 1 号	−7.48	25.30	2.03*	31.16	13.80	58.36	−0.14	−0.25	−0.38
3133	财洋安华 1 号	−7.49	2.06	0.16	31.41	16.78	62.92	−0.15	−0.28	−0.51
3134	宝德源 1 期	−7.49	−9.53	−1.04	18.72	11.98	57.50	−0.40	−0.63	−0.56
3135	华辉价值星 25 号	−7.52	1.57	0.17	21.59	12.75	51.16	−0.32	−0.55	−0.63
3136	钜垣投资健康中国 1 号	−7.52	−23.58	−1.46	37.41	23.55	58.74	−0.05	−0.08	−0.55
3137	金甫 1 号	−7.65	−12.18	−1.45	20.60	12.31	55.88	−0.36	−0.60	−0.59
3138	宾悦成长良泽 1 期	−7.69	3.49	0.23	37.97	13.41	54.88	−0.07	−0.14	−0.30
3139	向量 ETF 创新 1 期	−7.69	−17.81	−1.38	30.29	17.93	53.35	−0.16	−0.28	−0.62
3140	同创 8 号	−7.79	4.09	0.23	42.50	22.33	65.94	0.00	0.00	−0.38
3141	竣弘兴盛	−7.86	−10.12	−1.12	22.91	14.27	67.92	−0.31	−0.49	−0.49
3142	尚道新乾灵活策略对冲	−8.08	0.71	0.06	30.64	17.73	72.01	−0.17	−0.30	−0.48
3143	波若稳健 2 期	−8.24	−1.10	−0.10	24.44	16.73	49.17	−0.29	−0.42	−0.71
3144	淳富鑫源 2 号	−8.29	−9.68	−0.84	25.01	17.76	69.85	−0.28	−0.42	−0.67
3145	恒益富通 2 号（恒富）	−8.31	1.18	0.07	36.00	23.66	74.32	−0.09	−0.14	−0.47
3146	富恩德金豆 1 号	−8.41	−5.07	−0.18	56.11	22.95	70.12	0.03	0.07	−0.51
3147	丰利 1 号	−8.47	−1.10	−0.15	19.45	11.49	56.28	−0.44	−0.74	−0.64
3148	冠泓价值增长 4 号	−8.89	3.15	0.26	30.07	16.60	55.23	−0.21	−0.38	−0.67
3149	金洋精选 2 号	−8.91	0.79	0.07	25.43	15.88	51.88	−0.30	−0.48	−0.72
3150	虹诗乾锦	−8.92	−6.57	−0.21	54.03	11.67	73.53	0.07	0.12	0.15
3151	私享−蓝海 2 期	−9.02	21.08	1.69*	30.57	18.37	64.27	−0.20	−0.34	−0.59

续表

编号	基金名称	年化收益率（%）	年化α（%）	t（α）	年化波动率（%）	年化下行风险（%）	最大回撤率（%）	夏普比率	索丁诺比率	收益—最大回撤比率
3152	国政富盈	-9.09	-38.57	-2.15	41.50	11.78	70.37	-0.06	-0.11	-0.21
3153	泽金资产梧桐树成长	-9.10	-13.22	-1.32	29.51	16.96	66.97	-0.23	-0.40	-0.57
3154	朴石5期	-9.39	-15.45	-1.51	22.60	11.05	70.44	-0.39	-0.80	-0.55
3155	琛海常兴绩优	-9.41	-15.08	-1.19	23.85	14.36	48.87	-0.36	-0.60	-0.80
3156	以太投资趋势14号	-9.45	-2.55	-0.24	21.00	15.02	51.24	-0.43	-0.61	-0.76
3157	乔松价值成长	-9.49	6.20	0.59	26.72	15.65	56.32	-0.30	-0.51	-0.70
3158	汇富金财价值精选1号	-9.53	-22.47	-1.23	35.96	20.52	82.83	-0.14	-0.25	-0.48
3159	高合1号	-9.67	-9.70	-0.80	23.85	15.08	68.23	-0.37	-0.58	-0.58
3160	晟盟微石1号	-9.85	-4.40	-0.16	51.51	11.16	81.20	0.00	0.00	-0.03
3161	私享成长4期	-9.88	17.00	1.38	29.97	16.64	60.17	-0.25	-0.42	-0.50
3162	明境进取	10.07	-9.59	-0.57	33.09	17.48	72.06	-0.21	-0.39	-0.57
3163	康元1期	10.21	7.00	0.41	41.91	9.49	65.83	-0.09	-0.17	-0.16
3164	来喾港股通价值投资	10.42	1.43	0.09	32.28	16.57	65.70	-0.24	-0.46	-0.64
3165	尚道尚新灵活	10.65	3.98	0.32	31.87	18.31	73.78	-0.24	-0.42	-0.58
3166	唐奇唐雅1号	10.66	-66.52	-1.89	70.83	34.50	79.65	0.14	0.28	-0.54
3167	中汇金凯5期	10.74	-16.88	-1.73	20.04	12.71	49.10	-0.54	-0.85	-0.88
3168	泓铭日出东方沪港深1号	-10.81	-8.83	-0.82	24.70	15.72	66.54	-0.40	-0.63	-0.65
3169	东方港湾春风1号	-10.91	-3.71	-0.31	25.47	16.88	65.32	-0.38	-0.58	-0.67
3170	合益富渔	-11.21	-12.10	-1.37	15.87	11.84	53.40	-0.76	-1.02	-0.84
3171	融通3号	-11.26	-8.43	-0.38	42.64	22.42	60.44	-0.12	-0.23	-0.74

续表

编号	基金名称	年化收益率（%）	年化 α（%）	t（α）	年化波动率（%）	年化下行风险（%）	最大回撤率（%）	夏普比率	索丁诺比率	收益—最大回撤比率
3172	旭冕凯旋门 1 号	-11.35	20.64	1.21	36.53	25.68	75.32	-0.18	-0.25	-0.60
3173	道勤 1 号	-11.36	-12.34	-1.60	20.55	11.76	54.01	-0.56	-0.97	-0.84
3174	君永之路 1 号	-11.67	-10.80	-0.95	24.15	14.54	62.37	-0.46	-0.76	-0.74
3175	弘唯基石华信	-11.78	-7.61	-0.83	19.67	11.83	61.43	-0.61	-1.02	-0.76
3176	民晟金牛 4 号	-12.04	-7.13	-0.24	58.06	26.64	74.86	-0.01	-0.03	-0.63
3177	华瑞通深圳趋势 9 号	-12.06	-9.10	-0.54	39.07	12.54	78.27	-0.19	-0.38	-0.49
3178	金珀 3 号	-12.06	-8.41	-0.69	27.50	16.56	71.96	-0.38	-0.64	-0.66
3179	胡杨 A 股消费	-12.07	28.42	0.36	136.11	8.21	95.61	0.33	0.99	1.81
3180	宁聚量化精选 2 号	-12.16	-13.02	-1.08	24.21	17.24	64.53	-0.47	-0.66	-0.74
3181	邦孚大视野 3 号（青岛宝）	-12.24	-8.11	-0.62	28.86	19.28	72.23	-0.35	-0.53	-0.66
3182	宝盈 2 号（青岛宝信德）	-12.39	-17.93	-0.93	43.50	23.71	66.38	-0.13	-0.23	-0.73
3183	兴富恒升 6 号	-12.58	-17.19	-1.41	26.89	17.80	51.27	-0.42	-0.63	-0.95
3184	汇富进取 3 号	-12.59	-30.86	-4.58	20.25	11.41	65.11	-0.64	-1.13	-0.75
3185	牛星 13 号	-12.66	-36.80	-1.85	49.53	12.08	87.50	-0.08	-0.16	-0.36
3186	晟盟新消费 1 号	-12.87	-6.98	-0.27	52.86	26.82	88.05	-0.04	-0.08	-0.57
3187	骏伟资本价值 5 期	-13.04	27.96	0.68	78.69	32.66	94.68	0.13	0.32	-0.53
3188	深乾凌凌九进取	-13.22	-12.39	-0.64	42.75	21.62	61.25	-0.17	-0.33	-0.83
3189	天乙 2 期	-13.51	-11.44	-1.32	21.03	13.28	63.97	-0.66	-1.04	-0.81
3190	天辰稳健 1 号	-13.73	-33.75	-1.83	37.86	17.36	76.25	-0.26	-0.56	-0.68
3191	私募学院菁英 342 号	-13.97	-21.79	-1.14	40.48	22.06	82.67	-0.21	-0.39	-0.64

续表

编号	基金名称	年化收益率 (%)	年化 α (%)	t（α)	年化波动率 (%)	年化下行风险 (%)	最大回撤率 (%)	夏普比率	索丁诺比率	收益—最大回撤比率
3192	华融海特 1 号	-14.57	-24.19	-2.82	16.82	13.91	54.48	-0.93	-1.13	-1.00
3193	潮金产融 1 号	-14.77	-9.68	-0.73	29.05	18.78	73.03	-0.45	-0.70	-0.75
3194	汇富资产汇富进取 1 号	-15.23	-25.24	-2.80	25.45	17.67	74.38	-0.57	-0.82	-0.76
3195	福珍 2 号	-15.62	-4.26	-0.44	19.88	12.63	63.60	-0.82	-1.30	-0.90
3196	多盈 1 号	-16.10	-15.76	-0.95	32.28	19.78	80.02	-0.43	-0.70	-0.73
3197	融信月盈 3 号	-16.18	-16.67	-0.71	40.27	21.98	61.40	-0.29	-0.53	-0.95
3198	91 金融环球时刻 2 号	-16.23	-21.08	-1.18	31.44	20.86	71.43	-0.45	-0.67	-0.82
3199	纯元量化对冲	-16.54	-13.98	-0.97	35.76	23.65	77.62	-0.36	-0.54	-0.77
3200	云泽投资 1 号	-16.84	-39.48	-1.53	48.41	26.74	77.00	-0.18	-0.32	-0.78
3201	晟盟创世纪 1 号	-17.05	-15.20	-0.75	41.20	26.03	87.61	-0.27	-0.43	-0.69
3202	天玉 2 期	-17.68	-27.49	-2.53	25.55	16.97	74.11	-0.68	-1.03	-0.84
3203	汇富量化 1 号	-17.85	-36.19	-3.19	30.82	19.72	74.57	-0.53	-0.82	-0.84
3204	关天安远 1 号	-17.89	-18.41	-1.21	39.50	31.73	81.72	-0.27	-0.34	-0.77
3205	方圆天成－汉唐壹号	-18.04	-7.86	-0.52	31.29	17.90	75.58	-0.53	-0.92	-0.83
3206	宝时专户 4 号－朝暮永续	-18.06	-28.83	-2.83	20.67	14.09	70.90	-0.92	-1.36	-0.89
3207	朴禾价值驱动	-18.21	-27.94	-1.33	43.39	26.75	88.94	-0.28	-0.45	-0.71
3208	珠光价值精选 1 号	-18.37	6.10	0.26	43.13	7.61	83.71	-0.28	-0.45	-0.51
3209	明盛顺盈 2 号	-18.47	-10.90	-0.42	50.58	25.51	81.64	-0.20	-0.39	-0.78
3210	小草价值成长 1 号	-19.06	-16.85	-1.04	40.60	25.30	81.96	-0.35	-0.56	-0.80
3211	大明投资凯盛	-19.14	-23.56	-2.40	20.45	12.22	73.94	-1.00	-1.68	-0.88

附录一 股票型私募基金近五年业绩描述统计表（按年化收益率由高到低排序）：2019~2023 年

编号	基金名称	年化收益率（%）	年化 α（%）	t（α）	年化波动率（%）	年化下行风险（%）	最大回撤率（%）	夏普比率	索丁诺比率	收益—最大回撤比率
3212	力泽成长 5 号	-21.17	-28.95	-1.47	41.77	27.04	89.29	-0.39	-0.60	-0.78
3213	华亭 1 号	-21.97	-35.11	-1.66	42.30	22.41	83.23	-0.42	-0.78	-0.85
3214	万里耀强-鸿升 1 号	-22.12	-30.14	-2.95	19.55	12.10	73.92	-1.25	-2.02	-0.97
3215	融晖 6 号	-22.33	-8.89	-0.37	46.59	22.90	76.66	-0.36	-0.74	-0.94
3216	乐桥尊享	-23.63	-22.37	-1.11	38.38	22.09	76.37	-0.55	-0.95	-0.97
3217	恒道 1 号（安邦融）	-23.91	-37.00	-2.82	24.92	17.30	78.77	-1.02	-1.47	-0.95
3218	汇富进取 2 号	-24.05	-49.90	-3.22	32.92	19.37	85.16	-0.71	-1.21	-0.88
3219	天裕成长 2 号	-24.73	-24.48	-1.56	30.92	22.25	80.26	-0.79	-1.10	-0.94
3220	汇富资产-汇富精选 1 号	-25.54	-42.40	-3.64	29.33	19.67	84.41	-0.90	-1.34	-0.91
3221	鸿风资产-成长精选 2 号	-26.58	-9.81	-0.27	76.84	13.38	95.68	-0.06	-0.11	-0.26
3222	私募工场睿磊稳健	-29.54	-23.78	-1.25	39.41	29.39	88.30	-0.70	-0.93	-0.94
3223	沃田 101 号	-30.32	-7.84	-0.25	68.60	36.72	91.54	-0.22	-0.41	-0.91
3224	万里耀强-鸿升 2 号	-32.10	-38.78	-2.01	36.83	20.13	87.60	-0.91	-1.66	-0.98
3225	新点汇富稳健 1 号	-33.37	-22.53	-1.22	44.97	29.17	92.61	-0.70	-1.07	-0.94
3226	德昇金融	-33.70	-12.89	-0.46	55.13	34.54	95.75	-0.48	-0.76	-0.91
3227	东方恒润丰 1 号	-33.82	6.59	0.22	66.26	38.24	93.15	-0.30	-0.52	-0.94
3228	天益 2 号	-35.64	-36.21	-0.73	88.21	45.63	97.49	-0.09	-0.17	-0.91
3229	阳翔 3 期	-35.87	-25.56	-1.01	43.55	36.26	89.30	-0.75	-0.91	-1.00
3230	力泽稳健 2 号	-36.01	-53.56	-2.98	43.13	29.93	94.80	-0.83	-1.19	-0.94
	指标平均值	9.23	-	-	23.63	11.64	34.68	0.47	1.19	4.37

附录二　股票型私募基金经理的选股能力和择时能力（按年化 α 排序）：2019～2023 年

本表展示的是基于 Carhart 四因子模型改进得到的 Treynor-Mazuy 四因子模型对过去五年股票型私募基金进行回归拟合所得结果，所用模型为：

$$R_{i,t}-R_{f,t}=\alpha_i+\beta_{i,mkt}\times(R_{mkt,t}-R_{f,t})+\gamma_i\times(R_{mkt,t}-R_{f,t})^2+\beta_{i,smb}\times SMB_t+\beta_{i,hml}\times HML_t+\beta_{i,mom}\times MOM_t+\varepsilon_{i,t}$$

其中，i 指的是第 i 只基金，$R_{i,t}-R_{f,t}$ 为第 i 基金 i 的超额收益率，$R_{f,t}$ 为 t 月无风险收益率。SMB_t 为规模因子，代表小盘股与大盘股之间的超额溢价（万得全 A 指数）的超额收益率，$R_{mkt,t}-R_{f,t}$ 为 t 月大盘指数（万得全 A 指数）的超额收益率；HML_t 为价值因子，代表价值股与成长股之间的溢价，是第 t 月小公司的收益率与大公司的收益率之差；MOM_t 为动量因子，代表过去一年收益率最高的股票 t 月收益率与收益率最低的股票之间的溢价（高账面市值比公司）与成长股（低账面市值比公司）收益率之差；股票 t 月收益率与收益率最低的（后 30%）股票 t 月收益率之差。我们用 A 股所有在上市公司自行计算规模因子、价值因子和动量因子。α_i 代表基金经理的选股能力给投资者带来的超额收益，γ_i 代表基金经理的择时能力。* 表示在 5% 的显著水平下，具有选股能力或择时能力的基金。另外，本表还展示了这些股票型私募基金的选股能力给投资者带来的超额收益、年化收益、年化波动率、年化夏普比率及最大回撤率，供读者查阅。篇幅所限，本表仅呈现正显著的 α 为正的基金，完整数据可扫描前言中提供的二维码查阅。

编号	基金名称	年化 α(%)	$t(\alpha)$	γ	$t(\gamma)$	β_{mkt}	β_{smb}	β_{hml}	β_{mom}	年化收益率（%）	年化波动率（%）	年化夏普比率	最大回撤率（%）	调整后 R^2（%）
1	卓晖 1 号	131.61	2.90*	-22.44	-3.10	4.33	-1.22	0.94	-2.21	14.46	100.08	0.57	89.88	42
2	黄金优选 11 期 5 号	115.23	2.24*	-10.55	-1.29	1.18	-3.12	-0.14	0.81	23.90	97.37	0.43	49.53	21
3	匠心全天候	108.77	2.47*	-0.33	-0.05	0.69	-0.28	0.05	-0.40	135.12	75.23	1.41	24.79	3
4	三才	76.74	1.88*	-6.65	-1.02	0.83	-1.68	-0.59	-1.21	7.95	73.18	0.41	64.73	12
5	弘唯基石华盈	70.63	3.15*	-9.28	-2.59	0.86	-0.30	-0.61	-0.94	39.38	41.52	0.96	37.34	17
6	青果	68.09	1.73*	-4.83	-0.77	1.39	-0.95	-0.62	-1.71	31.24	71.58	0.57	37.68	15
7	弘理嘉惠	62.76	2.07*	-9.42	-1.95	1.69	-0.55	-1.45	-1.05	23.09	60.26	0.59	49.82	29
8	锦桐成长 2 号	62.12	2.29*	-8.97	-2.07	2.24	-0.10	0.99	-0.09	36.59	56.12	0.78	43.71	34

续表

编号	基金名称	年化α(%)	t(α)	γ	t(γ)	β_{mkt}	β_{smb}	β_{hml}	β_{mom}	年化收益率(%)	年化波动率(%)	年化夏普比率	最大回撤率(%)	调整后 R^2(%)
9	弘唯基石华盈1号	61.89	2.83*	-9.02	-2.59	0.91	-0.15	-0.63	-0.88	33.22	40.86	0.86	38.71	19
10	洲中舟启航1号	61.76	1.77*	-6.38	-1.15	3.27	-1.47	0.16	-1.18	3.75	79.97	0.42	86.66	46
11	弘理嘉富	61.09	1.83*	-9.14	-1.71	1.90	-0.66	-1.50	-0.98	18.42	66.73	0.52	50.00	29
12	厚生稳赢7号	60.44	2.33*	-2.09	-0.50	0.75	0.09	0.91	0.15	63.73	45.31	1.28	27.13	7
13	涌贝资产阳光稳健	58.61	2.70*	-6.23	-1.80	0.62	0.06	-1.55	-0.90	47.21	41.76	1.09	22.36	24
14	千榕细叶榕	57.43	2.25*	-5.45	-1.34	0.36	0.42	0.89	0.29	48.22	44.67	1.07	35.06	7
15	邦客鼎成财富管理2号	53.40	2.66*	-6.33	-1.98	1.08	-0.94	-0.71	0.03	23.23	40.76	0.68	56.76	31
16	瑞文1号	53.18	2.47*	-5.93	-1.73	1.46	-0.13	-0.19	-0.32	40.24	42.93	0.96	41.57	29
17	涌津涌赢1号	52.59	2.91*	-8.14	-2.83	1.44	-1.15	-0.73	-0.42	12.62	40.75	0.45	62.38	45
18	敦然投资-鼎弘	51.01	4.19*	-7.71	-3.97	1.96	-0.86	0.78	-0.05	19.30	36.35	0.63	44.67	68
19	林园投资1号	50.53	2.56*	-3.91	-1.24	1.53	-0.83	0.93	-0.03	27.06	41.69	0.75	50.40	37
20	华安合鑫稳健1期	49.99	2.50*	-1.72	-0.54	1.35	-0.25	1.09	0.40	51.09	40.16	1.19	25.11	30
21	涌津涌鑫6号	49.96	2.72*	-5.57	-1.90	1.29	-1.11	-0.11	0.19	19.91	39.36	0.61	49.40	38
22	天利价值红利	48.46	2.49*	-4.63	-1.49	0.73	0.13	-0.80	-0.46	44.03	36.46	1.14	31.74	20
23	舍得之道资本-平安吉象C期	47.49	2.51*	1.97	0.65	0.07	-0.02	-0.47	0.27	68.75	32.97	1.72	19.52	7
24	旭诺价值成长2号	47.14	2.10*	-4.44	-1.24	1.24	-0.50	-0.60	-0.14	31.23	44.03	0.79	47.96	26
25	华安合鑫稳健	47.05	2.34*	-1.03	-0.32	1.35	-0.28	1.01	0.32	49.07	40.58	1.14	25.79	30
26	长金20期	46.91	2.54*	-3.49	-1.19	1.42	-1.08	0.60	-0.12	19.75	39.96	0.63	52.16	40
27	复胜正能量1期	46.85	2.72*	-4.99	-1.82	0.84	-0.30	-0.19	0.18	34.25	32.70	1.02	21.34	21

续表

编号	基金名称	年化α(%)	t(α)	γ	t(γ)	β_mkt	β_smb	β_hml	β_mom	年化收益率(%)	年化波动率(%)	年化夏普比率	最大回撤率(%)	调整后R²(%)
28	新镭1号	46.61	2.24*	-3.70	-1.12	1.39	-0.29	-1.03	-0.35	39.48	44.33	0.94	50.00	38
29	万紫千红1号	46.36	2.62*	-5.83	-2.06	1.68	-0.68	-0.33	-0.86	20.82	40.54	0.62	51.11	46
30	敦然资产-鼎弘1号	44.83	4.01*	-6.85	-3.84	1.88	-0.81	0.55	-0.11	16.98	34.67	0.58	46.44	71
31	北斗成长1期	44.29	2.50*	-2.68	-0.95	1.43	-1.35	0.07	-0.51	15.71	41.02	0.50	52.24	47
32	新里程超越梦想	43.86	1.83*	-2.99	-0.78	1.45	-1.11	1.19	0.05	12.35	48.56	0.45	66.94	31
33	敦颐新兴成长1号	43.82	2.25*	-3.18	-1.02	1.25	0.03	-0.57	0.00	46.22	40.44	1.11	35.19	34
34	长金4号	43.22	2.76*	-2.45	-0.98	1.09	-1.00	0.23	-0.01	23.60	33.66	0.76	40.25	39
35	天天向上2号（铭环资产）	42.87	2.68*	-12.88	-5.04	2.11	-0.14	0.91	-0.14	3.58	40.91	0.25	43.56	57
36	金奥中国互联网	42.87	2.37*	-4.93	-1.71	1.38	-0.80	0.25	-0.23	17.63	37.73	0.57	50.78	35
37	复胜富盛1号	42.67	2.68*	-4.54	-1.78	0.81	-0.28	-0.16	0.32	32.15	30.83	1.01	20.84	24
38	裕恒资本双龙1号	42.41	4.04*	-5.05	-3.02	0.70	-0.01	0.23	-0.46	31.33	20.72	1.36	12.25	27
39	林园投资10号	42.35	2.43*	-3.20	-1.15	1.35	-0.60	-0.02	-0.14	29.18	37.05	0.84	47.55	37
40	茁安长升	41.90	2.47*	-1.26	-0.46	1.47	-0.88	1.14	0.38	28.39	39.18	0.79	35.68	47
41	信安成长1号	41.32	2.86*	-2.58	-1.12	0.79	-0.08	-0.21	0.35	44.59	28.85	1.37	22.12	29
42	大禾投资-掘金5号	40.97	2.10*	-2.74	-0.88	1.36	-0.49	0.57	-0.38	27.16	39.35	0.76	50.16	31
43	洋1号	40.72	1.94*	-9.75	-2.91	1.87	-0.37	-1.55	-1.00	6.74	50.13	0.35	63.45	50
44	攀山6期	40.13	1.68*	-0.66	-0.17	0.22	-0.16	-1.48	-0.06	40.55	43.85	0.95	47.16	16
45	卓铸卓越1号	39.93	2.92*	-4.75	-2.17	1.50	-0.81	0.53	-0.41	15.17	33.40	0.54	57.70	53
46	林园投资16号	39.67	2.73*	-4.02	-1.73	1.35	-0.59	0.20	-0.02	24.45	32.71	0.79	46.67	44

续表

编号	基金名称	年化 α(%)	t(α)	γ	t(γ)	β_{mkt}	β_{smb}	β_{hml}	β_{mom}	年化收益率(%)	年化波动率(%)	年化夏普比率	最大回撤率(%)	调整后 R^2 (%)
47	神农优选价值	39.62	2.59*	-4.39	-1.80	1.13	-0.19	-0.56	-0.31	30.97	32.57	0.95	34.16	38
48	New Thinking Global Fund	39.14	2.81*	-4.33	-1.95	1.29	-0.77	0.28	0.20	19.74	31.96	0.67	58.24	46
49	新智达成长 1 号	38.81	1.96*	-2.00	-0.63	0.96	-0.55	0.57	0.45	27.64	37.46	0.80	60.62	21
50	四相 3 期	38.56	2.04*	-4.51	-1.49	1.27	-0.84	0.18	0.01	13.72	38.42	0.48	43.41	31
51	掘金 909 号	38.53	2.24*	-3.41	-1.25	1.36	-0.59	0.54	-0.32	21.12	36.06	0.66	51.67	36
52	大禾投资-鼎实 1 号	38.16	2.25*	-2.66	-0.98	1.18	-0.65	0.32	-0.43	21.62	34.76	0.69	51.43	32
53	大洲精选	38.02	1.98*	-0.48	-0.16	1.39	-0.26	1.70	-0.04	33.38	41.20	0.86	39.65	38
54	大禾投资-掘金 1 号	37.95	2.23*	-2.62	-0.97	1.29	-0.61	0.48	-0.39	22.48	35.61	0.70	51.45	36
55	林园投资 7 号	37.83	2.32*	-2.18	-0.84	1.40	-0.81	0.55	-0.17	20.89	36.50	0.67	45.37	44
56	诚朴息壤 1 号	37.65	2.11*	-5.24	-1.84	1.93	-0.97	0.38	-0.13	8.32	43.48	0.37	69.93	52
57	新衡良马 1 期	37.50	2.49*	-6.79	-2.82	1.54	-0.27	0.14	-0.12	18.26	34.57	0.61	30.34	46
58	林园投资 3 号	37.33	2.88*	-1.05	-0.51	1.42	-0.66	0.38	0.24	32.81	33.27	0.98	42.96	57
59	卓铸价值精选 1 号	36.91	2.83*	-6.22	-2.99	1.24	-0.76	0.27	-0.12	9.32	29.56	0.39	56.07	45
60	大禾投资-掘金 6 号	36.80	2.23*	-2.67	-1.01	1.25	-0.68	0.44	-0.26	20.36	34.71	0.66	53.01	36
61	上海揽旭全天候智能旗舰	36.75	2.09*	-5.84	-2.08	0.85	-0.40	-0.92	-0.33	15.94	34.77	0.55	47.86	27
62	龙峰 1 号	36.54	2.43*	-6.04	-2.51	1.60	-1.08	0.90	-0.78	-1.79	37.67	0.10	61.42	55
63	宁聚量化稳盈 1 期	36.36	1.88*	-4.20	-1.36	1.13	0.33	-0.23	-1.04	31.29	38.25	0.85	32.24	28
64	查理投资收益互换	36.24	1.79*	-5.74	-1.78	1.35	-0.36	-0.70	-0.73	14.91	41.25	0.50	66.83	32
65	蓝海战略 1 号	36.01	2.07*	-2.34	-0.84	2.10	-0.96	0.39	-0.15	17.35	46.29	0.54	70.09	60

续表

编号	基金名称	年化 α(%)	t(α)	γ	t(γ)	β_{mkt}	β_{smb}	β_{hml}	β_{mom}	年化收益率(%)	年化波动率(%)	年化夏普比率	最大回撤率(%)	调整后 R^2(%)
66	大禾投资-掘金15号	35.98	2.25*	-2.29	-0.90	1.16	-0.72	0.32	-0.34	19.59	33.51	0.65	52.53	36
67	信易安清阳1号	35.98	2.08*	-6.02	-2.18	1.79	-1.21	0.93	-0.13	-1.33	41.89	0.13	62.15	52
68	可伟资产精品8号	35.92	1.90*	-7.33	-2.44	1.29	-0.26	1.05	-0.44	6.41	37.38	0.31	46.63	28
69	鲸域汇腾	35.88	3.08*	-4.64	-2.49	0.94	-0.60	0.28	0.06	16.56	24.90	0.68	34.69	38
70	中商北斗专户	35.63	2.23*	-0.32	-0.13	1.55	-1.08	0.20	-0.71	19.23	40.36	0.58	45.91	56
71	小虎进取1号	35.49	3.21*	-1.50	-0.85	0.12	-0.21	0.00	0.00	31.93	18.91	1.49	10.94	3
72	逸原2号	35.44	2.61*	-2.31	-1.07	1.14	-0.67	0.69	0.15	21.96	30.05	0.77	37.83	42
73	信成慕陶1号	35.37	3.52*	-8.80	-5.49	1.80	-0.65	0.06	-0.57	2.36	32.21	0.19	58.58	72
74	星池量化木星1号	35.28	2.41*	-2.57	-1.10	1.09	-0.73	0.60	0.17	19.36	31.08	0.68	38.92	37
75	星池福田稳健	35.24	2.39*	-2.55	-1.08	1.08	-0.73	0.58	0.13	19.11	31.11	0.67	37.62	36
76	伏明转型成长1期	35.16	1.68*	-3.26	-0.98	0.88	-0.64	-0.39	0.41	18.75	40.08	0.59	58.58	23
77	逸原1号	35.13	2.68*	-2.78	-1.33	1.15	-0.61	0.68	0.15	21.45	29.08	0.77	38.42	43
78	信安成长3号	34.98	2.16*	-3.64	-1.41	0.78	-0.02	-0.26	0.52	32.55	32.07	0.99	24.35	28
79	伏明2号	34.88	1.69*	-4.38	-1.33	0.93	-0.75	-0.73	0.26	12.78	40.80	0.46	70.16	28
80	掘金707号	34.85	1.99*	-2.62	-0.94	1.26	-0.45	0.62	-0.21	22.25	35.58	0.69	50.23	32
81	罗马大道鸢尾花1期	34.83	2.99*	-2.67	-1.44	0.99	-0.58	-0.48	-0.08	25.33	27.22	0.91	35.10	48
82	代代红2号	34.45	1.67*	-2.86	-0.87	1.01	-0.72	0.18	0.33	17.07	39.24	0.54	35.55	22
83	鲸域成长1号	34.44	2.90*	-4.52	-2.39	0.94	-0.62	0.28	0.05	14.81	25.21	0.61	38.41	37
84	北斗成长2期	34.43	2.16*	-0.50	-0.19	1.56	-1.07	0.20	-0.74	17.31	40.26	0.54	47.55	56

续表

编号	基金名称	年化 α(%)	t(α)	γ	t(γ)	β_{mkt}	β_{smb}	β_{hml}	β_{mom}	年化收益率(%)	年化波动率(%)	年化夏普比率	最大回撤率(%)	调整后 R^2(%)
85	岁寒知松柏 1 号	34.34	3.06*	-2.26	-1.26	0.88	-0.29	0.45	-0.05	28.75	23.24	1.14	22.46	34
86	博弘数君盈菊	34.22	2.03*	-1.28	-0.48	0.40	-0.42	-0.54	-0.83	23.32	30.39	0.79	21.54	13
87	涌贝资产阳光进取	33.96	1.97*	-4.25	-1.55	0.80	0.44	-1.30	-0.73	34.39	36.29	0.95	28.60	36
88	掘金 11 号	33.93	2.21*	-2.50	-1.02	1.19	-0.68	0.39	-0.31	17.76	32.66	0.62	52.44	38
89	启元潜龙 1 号	33.85	2.84*	-2.20	-1.16	0.92	-0.34	0.55	-0.03	26.96	24.69	1.03	26.19	34
90	神农 AI	33.79	2.15*	-3.61	-1.44	0.76	-0.22	-0.58	-0.04	25.47	30.53	0.85	29.56	25
91	望岳投资小象 1 号	33.78	2.95*	-2.50	-1.37	0.98	-0.57	-0.48	-0.09	24.97	26.92	0.91	34.86	49
92	正泽元价值成长 1 号	33.66	3.24*	-3.73	-2.25	1.25	-0.70	0.37	-0.09	16.00	26.90	0.63	43.87	58
93	私募工场卓凯雷锋	33.57	1.92*	-4.35	-1.56	1.17	-0.80	-0.24	-0.73	7.58	35.89	0.34	67.31	33
94	林园投资 32 号	33.53	1.85*	-3.08	-1.07	1.49	-0.63	-0.09	-0.02	19.13	39.77	0.60	57.49	41
95	盛天价值精选 1 号	33.48	1.85*	-3.57	-1.23	0.82	-0.10	0.17	-0.17	23.39	32.85	0.75	36.66	14
96	元涞潜龙 1 号	33.46	3.68*	-2.29	-1.58	0.87	-0.44	0.14	-0.22	25.39	20.87	1.12	13.91	46
97	北斗成长 3 期	33.46	2.05*	-0.09	-0.03	1.57	-1.12	0.25	-0.73	16.21	41.22	0.51	48.89	56
98	私募工场卓凯雷锋 2 期	33.36	1.97*	-4.27	-1.58	1.16	-0.81	-0.21	-0.68	7.80	35.04	0.34	66.19	34
99	丁雪球	33.31	2.59*	-7.00	-3.41	1.22	-0.51	-0.64	-0.35	8.82	30.56	0.38	64.81	50
100	广润聚宝盆 1 号	33.24	3.83*	-7.49	-5.41	1.39	-0.37	0.04	-0.60	8.75	25.50	0.40	36.21	67
101	卓铸卓越 3 号	33.12	2.35*	-2.97	-1.32	1.69	-0.83	0.55	-0.26	14.41	36.71	0.50	61.98	58
102	新思哲成长	32.97	3.21*	-3.13	-1.91	1.03	-0.63	0.06	0.01	19.59	24.65	0.79	46.38	51
103	神农极品	32.90	2.19*	-2.17	-0.91	0.79	-0.09	-0.68	-0.07	33.31	30.27	1.06	28.95	31

续表

编号	基金名称	年化 α(%)	$t(\alpha)$	γ	$t(\gamma)$	β_{mkt}	β_{smb}	β_{hml}	β_{mom}	年化收益率(%)	年化波动率(%)	年化夏普比率	最大回撤率(%)	调整后 R^2(%)
104	大禾投资-掘金 21 号	32.88	2.17*	-3.81	-1.57	1.04	-0.83	0.28	-0.23	9.15	31.28	0.38	53.11	34
105	积露资产量化对冲	32.84	3.35*	-0.45	-0.29	0.25	-0.07	0.37	-0.12	34.91	17.29	1.75	7.73	9
106	靖奇光合长谷	32.73	3.58*	-1.12	-0.77	0.77	0.46	0.42	0.44	50.97	21.32	2.00	25.68	48
107	泽元元丰	32.61	3.19*	-3.39	-2.08	0.97	-0.60	0.26	-0.05	17.51	23.39	0.75	23.84	46
108	掌赢-卡欧斯 2 号	32.55	2.36*	-1.37	-0.62	0.57	-0.38	0.79	0.31	25.78	25.78	0.95	23.22	19
109	大盈成长 1 号	32.39	1.98*	-0.11	-0.04	0.67	-0.67	-0.27	0.43	28.60	32.36	0.88	24.67	27
110	若溪湘财超马 4 期	32.30	2.12*	-0.14	-0.06	0.57	-0.44	-0.69	-0.29	30.67	29.17	1.01	35.43	23
111	冢族 1 号	32.23	2.31*	-5.44	-2.44	1.49	-1.07	0.77	-0.70	-3.01	35.18	0.04	61.94	55
112	林园投资 24 号	32.15	2.40*	-3.52	-1.65	1.13	-0.52	0.29	0.07	18.29	28.85	0.67	41.32	39
113	涌乐泉 3 期	31.56	1.96*	-3.90	-1.52	1.61	-0.74	0.20	-0.15	11.62	37.79	0.44	57.77	49
114	涌乐泉 2 期	31.49	1.91*	-2.78	-1.06	1.65	-0.83	-0.02	-0.28	13.51	39.75	0.48	60.17	51
115	泓湖宏观对冲尊享 2 期	31.47	2.54*	-1.25	-0.64	0.41	-0.68	0.32	0.88	22.45	25.21	0.87	29.80	32
116	涌乐泉 1 期	31.18	1.85*	-4.09	-1.52	1.60	-0.74	0.03	-0.24	10.11	38.73	0.40	61.63	47
117	林园	31.15	2.42*	-2.08	-1.01	0.70	-0.71	-0.62	-0.13	18.35	26.98	0.71	33.18	36
118	神农价值精选 1 号	31.15	2.10*	-3.65	-1.54	0.81	-0.23	-0.62	-0.17	22.03	29.53	0.77	19.92	29
119	晓峰 1 号睿远	31.06	4.95*	-3.00	-3.00	0.94	-0.55	-0.20	0.07	21.36	20.06	1.00	16.03	72
120	兆天金牛精选 2 号	30.99	2.37*	-1.89	-0.91	1.10	-0.57	-0.43	0.07	24.32	30.67	0.81	51.18	48
121	复胜盛业 2 号	30.79	2.51*	-2.27	-1.16	0.60	-0.27	-0.24	0.18	26.51	23.77	1.05	20.25	25
122	益和源 1 号	30.69	2.22*	-3.27	-1.48	1.38	-0.35	-0.36	0.26	24.78	34.39	0.77	33.62	54

续表

编号	基金名称	年化 α (%)	t(α)	γ	t(γ)	β_{mkt}	β_{smb}	β_{hml}	β_{mom}	年化收益率 (%)	年化波动率 (%)	年化夏普比率	最大回撤率 (%)	调整后 R^2 (%)
123	颖川 1 期	30.69	2.20*	-3.48	-1.56	1.34	-0.59	-0.75	-0.91	14.49	33.92	0.51	38.93	52
124	大鹏湾财富 6 期	30.63	2.26*	-4.24	-1.97	1.20	-0.33	-0.08	0.14	19.44	30.33	0.69	37.77	44
125	夸克 1 号	30.40	2.92*	-3.68	-2.22	0.74	-0.44	0.20	0.38	18.05	21.97	0.79	19.15	36
126	西部隆淳晓见	30.17	5.60*	-0.72	-0.83	0.02	0.04	-0.05	-0.12	33.67	9.21	3.07	3.44	3
127	磐厚动量-远翔 1 号	30.16	3.37*	-2.83	-1.98	0.84	0.14	-0.80	-0.24	34.13	23.58	1.31	28.89	59
128	可伟资产-同创 3 号	30.04	4.12*	-5.13	-4.41	0.56	-0.11	-0.08	-0.23	16.50	15.48	0.97	16.49	37
129	林园投资 19 号	29.63	2.18*	-3.29	-1.52	1.15	-0.57	0.28	0.04	15.08	29.43	0.57	45.88	40
130	利宇致远 1 号	29.51	2.06*	-5.54	-2.42	1.16	-0.28	-1.42	-0.78	13.01	34.79	0.48	57.53	52
131	林园投资 18 号	29.16	2.00*	-3.29	-1.42	1.14	-0.66	0.37	0.06	11.89	30.91	0.47	39.80	37
132	伯见建初	28.87	2.97*	-0.37	-0.24	0.01	-0.20	-0.06	0.16	28.98	16.69	1.52	1.05	4
133	德高 1 号	28.75	2.17*	-4.01	-1.90	1.09	-0.83	-0.11	-0.65	4.45	29.52	0.24	44.49	43
134	神农春江	28.65	2.07*	-4.34	-1.97	0.80	-0.12	-0.59	-0.31	18.34	27.69	0.69	27.38	30
135	新思哲价值进化 1 期	28.55	2.22*	-2.61	-1.27	1.25	-0.43	0.01	0.01	20.40	30.08	0.72	48.44	48
136	柔微-星火燎原 1 号	28.27	2.16*	-1.25	-0.60	1.03	0.39	-0.32	-0.15	42.29	29.71	1.29	21.83	45
137	大鹏湾财富 7 期	28.21	2.11*	-2.82	-1.32	1.21	-0.26	0.02	0.07	22.66	30.08	0.78	34.18	44
138	查理价值套利稳健型 3 号 A 期	28.20	2.34*	-6.75	-3.51	1.14	-0.36	-0.65	-0.40	6.54	28.67	0.31	61.72	50
139	北京恒元金 1 号	28.12	2.28*	-5.45	-2.77	1.04	-0.10	0.05	-0.48	13.02	25.96	0.54	27.21	36
140	林园投资 37 号	27.92	1.88*	-1.34	-0.57	0.91	-0.66	0.46	0.52	17.91	30.58	0.64	35.16	33
141	熠道丰盈 1 号	27.89	4.22*	-1.24	-1.18	0.08	-0.11	0.00	-0.18	25.25	11.43	1.91	13.01	5

续表

编号	基金名称	年化 α(%)	t(α)	γ	t(γ)	β_mkt	β_smb	β_hml	β_mom	年化收益率(%)	年化波动率(%)	年化夏普比率	最大回撤率(%)	调整后 R²(%)
142	斐瑞楚正进取 1 号	27.81	2.57*	−1.85	−1.07	0.64	−0.25	−0.28	0.21	26.01	22.37	1.08	22.31	34
143	远澜红枫 1 号	27.60	2.02*	−0.35	−0.16	−0.17	−0.12	0.01	0.39	27.21	23.61	1.07	9.75	5
144	巴奇索耐力稳健 1 号	27.45	2.21*	−4.61	−2.32	1.97	−0.73	0.85	−0.25	5.05	37.37	0.27	51.59	69
145	铁券 1 号	27.44	3.14*	−1.92	−1.37	0.81	−0.36	0.96	0.12	19.06	20.49	0.88	15.40	48
146	福运星来 1 号	27.44	2.45*	−3.58	−2.00	0.90	−0.42	0.03	0.01	14.98	23.87	0.64	28.03	37
147	亘曦 1 号	27.32	2.48*	−2.49	−1.42	1.16	0.19	−0.49	−0.39	32.22	28.09	1.08	25.63	57
148	大鹏湾财富 9 期	27.22	2.16*	−3.11	−1.55	1.15	−0.21	0.05	−0.25	19.84	27.82	0.74	34.42	42
149	神农老院子基金	27.17	1.71*	−1.87	−0.74	0.82	−0.20	−0.60	−0.14	24.13	31.30	0.80	28.27	27
150	歆享海盈 10 号	27.06	1.78*	−2.98	−1.23	0.19	−0.06	−0.43	−0.69	16.06	26.64	0.61	18.19	8
151	德毅恒升 2 号	26.89	1.89*	−3.95	−1.74	1.08	0.27	−0.36	0.12	27.71	31.61	0.89	41.22	43
152	浩宇扬帆	26.80	2.31*	−1.93	−1.04	0.80	−0.50	0.47	0.36	17.89	24.15	0.74	29.91	35
153	海川汇富富乐 1 号	26.71	2.70*	−1.83	−1.16	0.62	−0.22	−0.33	0.19	25.49	20.99	1.12	21.38	37
154	林园 2 期	26.68	2.11*	−1.04	−0.52	0.38	−0.71	−1.07	−0.22	16.05	26.24	0.64	36.26	34
155	大鹏湾财富 5 期	26.67	2.03*	−2.41	−1.15	1.22	−0.31	0.06	0.06	21.22	29.91	0.74	40.01	46
156	优享量化对冲套利策略 1 号	26.53	2.27*	−2.09	−1.12	1.15	0.04	0.70	−0.49	24.44	26.91	0.89	23.56	47
157	牛顿定律	26.46	2.12*	−2.01	−1.01	1.17	−0.25	0.35	−0.03	22.46	27.93	0.81	45.08	44
158	文多逆向	26.33	3.33*	−0.28	−0.22	0.75	−0.32	0.53	0.51	28.61	19.41	1.32	13.96	53
159	上海意志坚定 1 期	26.05	1.92*	−3.60	−1.66	0.75	0.08	−0.31	0.06	22.55	26.83	0.83	40.97	28
160	普吉稳健成长 1 号	25.90	3.14*	−0.72	−0.55	0.50	0.28	0.38	0.13	35.98	16.40	1.89	19.71	28

附录二　股票型私募基金经理的选股能力和择时能力（按年化 α 排序）：2019~2023 年

续表

编号	基金名称	年化α(%)	t(α)	γ	t(γ)	β_{mkt}	β_{smb}	β_{hml}	β_{mom}	年化收益率(%)	年化波动率(%)	年化夏普比率	最大回撤率(%)	调整后 R^2 (%)
161	雀跃岩辰量化投资 1 期	25.79	2.19*	-2.68	-1.43	1.12	0.20	-0.20	-0.19	29.26	27.69	1.02	36.74	49
162	大鹏湾财富 3 期	25.77	2.10*	-2.88	-1.47	1.16	-0.41	0.05	-0.03	16.27	28.10	0.62	41.00	46
163	高毅晓峰鸿远	25.75	4.41*	-2.95	-3.17	0.94	-0.43	-0.02	0.13	17.41	18.82	0.87	20.78	73
164	绿宝石 2 期	25.70	2.03*	-2.65	-1.31	1.23	-0.26	0.07	0.01	20.18	29.21	0.72	37.15	47
165	高毅新方程晓峰 2 号致信 5 号	25.65	4.25*	-3.08	-3.20	0.92	-0.51	-0.20	0.01	15.20	19.23	0.76	18.10	72
166	希瓦小牛 7 号	25.57	2.59*	-1.45	-0.92	1.10	-0.38	-0.18	-0.06	23.08	25.53	0.88	38.93	58
167	夸克 1877	25.56	2.50*	-3.12	-1.91	0.71	-0.44	0.26	0.50	14.76	21.76	0.67	20.13	38
168	静逸 1 期	25.54	2.09*	-1.57	-0.81	1.12	-0.59	0.40	0.37	17.36	28.58	0.65	52.66	48
169	合利信旭日东升成长 2 号	25.54	1.82*	-4.86	-2.17	1.10	-0.36	0.07	-0.09	8.80	29.05	0.38	51.38	34
170	平安阖鼎景林景安 5 期	25.49	2.11*	-3.42	-1.77	1.15	-0.59	0.13	-0.21	9.53	27.64	0.41	55.71	46
171	与取华山 1 号	25.49	1.73*	0.50	0.21	0.13	-0.35	-0.23	0.10	24.38	25.55	0.92	24.58	6
172	小丰	25.46	2.27*	-5.47	-3.05	0.99	-0.22	-0.44	-0.14	10.92	25.77	0.47	42.91	46
173	景林景安优选 3 期	25.46	2.11*	-3.42	-1.77	1.16	-0.59	0.13	-0.21	9.50	27.66	0.41	55.80	46
174	林园投资 4 号	25.39	1.91*	-3.17	-1.50	1.29	-0.54	0.64	0.04	10.59	30.33	0.44	50.18	46
175	泽璟积极增长 1 号	25.32	2.74*	-4.74	-3.22	1.58	-0.67	0.02	-0.12	6.72	30.07	0.32	60.81	73
176	盈双 1 号	25.30	2.03*	-6.02	-3.03	1.37	-0.91	0.59	-0.66	-7.48	31.16	-0.14	58.36	55
177	林园投资 21 号	25.19	1.81*	-1.29	-0.58	1.29	-0.46	0.00	0.07	20.79	32.53	0.70	45.41	48
178	觅航启航 1 号	24.95	3.11*	-3.91	-3.06	0.88	-0.53	-0.48	-0.09	10.69	21.45	0.51	24.98	61
179	从容内需医疗 3 期	24.94	1.84*	0.76	0.35	0.12	-0.69	-0.76	0.65	21.63	27.93	0.80	30.93	34

续表

编号	基金名称	年化 α (%)	t(α)	γ	t(γ)	β_{mkt}	β_{smb}	β_{hml}	β_{mom}	年化收益率 (%)	年化波动率 (%)	年化夏普比率	最大回撤率 (%)	调整后 R^2 (%)
180	沣盈金砖 3 期	24.80	2.28*	0.58	0.34	0.74	-0.45	1.06	0.80	25.35	24.76	0.98	15.50	45
181	林园投资 38 号	24.80	1.97*	-2.24	-1.12	1.15	-0.48	0.01	0.12	16.75	28.94	0.63	42.90	47
182	博鸿聚义	24.75	2.92*	-2.18	-1.61	0.93	-0.31	-0.58	0.01	22.07	23.37	0.91	33.13	63
183	至诚时耕	24.74	2.10*	-2.15	-1.14	1.03	-0.53	0.54	0.12	13.71	26.16	0.57	38.40	42
184	恒健远志量化对冲 1 期	24.72	6.53*	-1.74	-2.88	-0.02	-0.01	0.03	0.04	22.15	7.15	2.65	4.62	21
185	康曼德 003 号	24.72	2.64*	-2.81	-1.89	0.86	0.04	-0.16	-0.03	24.60	21.52	1.06	20.91	47
186	信璞投资-琢征 100	24.70	2.24*	-3.40	-1.93	1.06	-0.42	0.82	-0.12	9.77	25.05	0.43	23.19	45
187	大鹏湾财富 8 期	24.68	2.14*	-1.93	-1.05	1.15	-0.31	0.15	0.03	20.64	27.06	0.77	31.47	49
188	登程进取	24.61	2.07*	-4.34	-2.28	1.13	-0.05	0.18	-0.47	13.95	26.26	0.58	38.41	42
189	鹰傲绝对价值	24.60	1.99*	-4.06	-2.06	1.13	-0.42	0.31	0.16	10.34	27.36	0.44	52.61	42
190	私享-蓝筹募 1 期	24.54	1.94*	-4.58	-2.27	1.44	-0.82	1.12	-0.37	-2.96	32.50	0.02	52.42	57
191	希瓦小牛精选	24.52	2.37*	-1.19	-0.72	1.12	-0.41	-0.13	-0.03	22.17	26.40	0.83	38.45	57
192	岩羊投资 3 期	24.51	1.83*	-1.18	-0.55	1.01	-0.40	-0.46	-0.26	20.60	29.52	0.73	34.19	42
193	银万价值对冲 1 号	24.50	3.51*	-2.09	-1.88	0.90	-0.28	0.39	0.15	20.16	18.51	1.01	15.59	60
194	博普绝对价值 1 号	24.48	2.20*	-2.50	-1.41	0.63	-0.09	-0.67	0.31	23.95	24.91	0.93	26.58	44
195	林园普陀山 1 号	24.45	1.90*	-2.54	-1.24	1.09	-0.54	-0.02	0.06	13.40	28.61	0.53	43.54	43
196	君茂长丰	24.45	1.67*	-3.88	-1.66	1.14	-0.75	-0.54	-0.50	3.66	32.38	0.22	61.56	42
197	东方鼎泰 2 期	24.37	2.49*	-3.35	-2.14	0.73	-0.54	-0.05	-0.34	8.08	20.66	0.41	34.13	36
198	中略红松 1 号	24.37	2.07*	-2.73	-1.45	0.79	0.03	-0.51	-0.04	23.74	25.21	0.92	23.61	38

续表

编号	基金名称	年化α(%)	t(α)	γ	t(γ)	β_{mkt}	β_{smb}	β_{hml}	β_{mom}	年化收益率(%)	年化波动率(%)	年化夏普比率	最大回撤率(%)	调整后R^2(%)
199	沁源精选	24.23	3.73*	0.77	0.74	0.50	-0.16	0.05	0.30	33.21	15.21	1.88	7.03	48
200	林园投资 8 号	24.14	1.84*	-1.05	-0.50	1.21	-0.36	0.41	0.06	21.13	29.81	0.74	37.77	45
201	林园东泰 1 号	24.13	2.10*	-2.04	-1.11	1.12	-0.45	0.24	0.14	16.87	26.92	0.65	38.69	48
202	睿泽艾比之路	24.11	3.39*	-1.54	-1.36	0.98	-0.36	0.13	-0.02	20.66	20.26	0.96	22.64	65
203	鹰傲长盈 1 号	24.09	1.95*	-3.73	-1.90	1.12	-0.43	0.32	0.18	10.74	27.30	0.46	52.15	42
204	凯信龙雨 1 期	24.05	2.03*	-4.14	-2.19	0.91	-0.11	0.21	-0.15	13.45	23.94	0.58	41.57	31
205	睿沃德盘龙 2 号	24.00	1.90*	-4.21	-2.09	1.17	0.28	-1.05	-0.46	23.42	32.69	0.77	41.76	58
206	鹰傲长盈 3 号	23.93	1.97*	-3.67	-1.89	1.09	-0.44	0.32	0.16	10.58	26.82	0.45	51.46	42
207	曼曰 1 号	23.91	2.85*	-1.27	-0.95	1.69	-0.38	0.30	0.59	25.73	33.26	0.81	35.23	82
208	恒天星耀 FOF1 期	23.86	2.95*	-4.88	-3.78	0.97	-0.23	-0.65	-0.33	11.54	22.49	0.54	41.83	63
209	黑极资产价值精选 2 号	23.76	2.39*	-1.25	-0.79	0.63	-0.06	0.66	0.18	23.49	19.53	1.11	12.55	27
210	东方马拉松中国企业价值精选	23.70	2.73*	-2.63	-1.90	0.97	-0.56	-0.22	-0.32	11.51	22.31	0.53	44.90	57
211	林园健康中国	23.68	1.95*	-2.36	-1.22	1.07	-0.46	0.34	0.35	15.34	27.29	0.60	36.22	44
212	丹禾易嘉中国高端制造 2 号	23.66	1.93*	-3.28	-1.68	0.64	-0.16	0.16	-0.25	13.06	22.61	0.59	19.70	17
213	创赢 2 号（国源信达）	23.64	3.48*	-0.36	-0.33	0.56	-0.38	0.39	0.56	23.72	16.56	1.28	6.28	53
214	硬资产 100	23.63	2.44*	-3.34	-2.16	0.92	-0.44	0.90	-0.13	7.80	22.44	0.37	18.96	47
215	诚泉价值 1 号	23.44	3.28*	-2.73	-2.39	0.87	-0.48	0.04	-0.41	11.11	18.75	0.58	34.27	59
216	林园投资 41 号	23.44	2.11*	-3.65	-2.06	1.00	-0.57	0.18	0.18	8.26	25.11	0.38	40.08	45
217	大地财富 1 期	23.44	1.94*	-4.78	-2.48	1.34	-0.88	0.55	-0.70	-5.31	30.67	-0.08	54.93	56

续表

编号	基金名称	年化α(%)	t(α)	γ	t(γ)	β_{mkt}	β_{smb}	β_{hml}	β_{mom}	年化收益率(%)	年化波动率(%)	年化夏普比率	最大回撤率(%)	调整后R^2(%)
218	正朗未来	23.39	1.67*	-0.87	-0.39	0.61	-0.31	-0.38	0.12	21.42	27.00	0.80	41.10	23
219	新思哲 1 期	23.29	2.05*	-1.87	-1.03	1.06	-0.39	0.36	-0.03	-16.36	25.71	0.66	45.96	45
220	大鹏湾财富 4 期	23.27	1.74*	-1.61	-0.75	1.18	-0.39	-0.11	-0.02	18.48	30.48	0.66	43.40	46
221	金牛精选 3 号	23.23	2.09*	-1.75	-0.98	0.87	-0.45	-0.54	-0.01	17.59	25.78	0.70	44.49	47
222	万利富达德盛 1 期	23.22	2.53*	-1.57	-1.07	0.51	-0.75	-0.51	-0.01	10.90	20.77	0.53	37.71	45
223	星纪向日葵	23.16	1.84*	-3.39	-1.69	1.56	-0.71	-0.06	0.14	8.28	34.38	0.35	54.20	62
224	大朴多维度 24 号	23.05	5.01*	-3.06	-4.17	0.71	-0.12	-0.12	0.11	19.16	14.47	1.19	19.03	71
225	仁桥泽源 1 期	23.04	4.06*	-1.94	-2.14	0.72	-0.15	0.27	0.12	21.29	14.75	1.29	14.29	58
226	易同精选 3 期	23.04	3.30*	-1.86	-1.67	0.83	-0.35	0.27	-0.02	17.25	17.79	0.90	28.09	56
227	德高 3 号	23.00	1.77*	-3.42	-1.65	1.08	-0.76	0.12	-0.27	2.78	28.62	0.18	49.21	42
228	远赢 1 号	22.96	2.14*	-3.42	-2.00	1.18	-0.06	0.64	0.33	18.19	25.57	0.72	29.45	50
229	正朗宇翔	22.96	1.90*	-2.50	-1.29	0.91	-0.33	-0.50	-0.42	14.68	26.22	0.60	44.17	40
230	广汇缘 3 号	22.89	1.72*	-6.87	-3.24	1.27	-0.30	0.13	-0.14	0.67	29.44	0.13	49.15	42
231	丰泽投资 1 号	22.84	2.25*	-1.75	-1.08	0.58	-0.59	-0.13	0.21	12.84	21.26	0.60	36.36	35
232	东兴港湾 1 号	22.79	2.21*	-2.59	-1.57	0.49	-0.20	-0.11	0.70	18.71	21.86	0.83	23.77	37
233	神农春晓	22.76	1.66*	-1.51	-0.69	0.93	-0.06	-0.64	-0.23	24.27	29.60	0.83	34.39	39
234	查理价值套利稳健型 5 号	22.75	1.88*	-6.48	-3.36	1.12	-0.30	-0.64	-0.43	2.65	28.37	0.18	64.23	49
235	益嘉 8 号	22.74	2.57*	-3.95	-2.80	1.09	-0.29	-0.36	-0.05	13.42	24.18	0.58	26.61	62
236	曼然成长	22.63	2.40*	-3.11	-2.07	1.08	-0.37	-0.31	-0.18	13.62	24.33	0.58	32.19	58

续表

编号	基金名称	年化α(%)	t(α)	γ	t(γ)	β_{mkt}	β_{smb}	β_{hml}	β_{mom}	年化收益率(%)	年化波动率(%)	年化夏普比率	最大回撤率(%)	调整后 R^2 (%)
237	博鸿元素	22.53	2.07*	-2.76	-1.59	0.89	-0.59	-0.50	0.35	12.05	26.76	0.50	59.05	53
238	厚恩泰山成长	22.50	2.26*	-2.13	-1.34	0.90	-0.52	-0.70	-0.39	13.28	24.68	0.57	24.02	54
239	景林稳健	22.40	2.34*	-2.98	-1.95	0.82	-0.31	0.35	0.05	12.51	20.42	0.60	35.75	38
240	东方鼎泰朝阳价值	22.32	2.03*	-3.14	-1.79	0.72	-0.50	-0.06	-0.35	6.87	22.17	0.34	35.15	30
241	东方鼎泰稳健1号	22.29	2.12*	-3.14	-1.87	0.77	-0.52	0.05	-0.32	6.61	21.92	0.33	38.52	35
242	江苏宇昂长江1号	22.24	1.69*	-7.24	-3.44	1.80	-0.53	0.63	-0.22	-4.52	34.65	-0.01	65.63	59
243	盈阳指数增强1号	22.20	1.95*	-7.40	-4.08	1.77	0.10	0.10	-0.04	8.03	33.90	0.36	56.16	68
244	盛泉泉恒元定增套利多策略6号	22.14	5.41*	-1.25	-1.91	0.82	0.09	-0.01	0.20	30.00	16.28	1.62	19.07	82
245	睿道基石	22.13	2.79*	-3.10	-2.45	0.82	-0.28	-0.04	-0.06	13.70	18.75	0.70	20.91	49
246	果实成长精选2号	22.06	2.65*	-2.57	-1.94	0.94	-0.63	-0.44	0.06	11.10	23.38	0.50	40.50	64
247	前海宜涛红树1号	22.06	1.78*	-2.62	-1.33	1.17	-0.21	0.57	0.22	16.37	27.68	0.63	39.21	44
248	卓盈进取3号	21.98	2.27*	-1.67	-1.08	0.65	-0.23	-0.27	0.43	21.40	21.75	0.93	31.54	44
249	万利富达共赢	21.94	2.38*	-1.61	-1.10	0.51	-0.70	-0.53	-0.06	10.10	20.50	0.50	35.41	43
250	锦瑞恒-梦想1号	21.88	2.78*	1.11	0.88	0.74	0.12	-0.58	-0.26	38.00	21.44	1.55	10.51	62
251	东方港湾马拉松1号	21.74	1.90*	-3.42	-1.87	0.78	-0.27	-0.08	0.32	12.85	23.97	0.56	46.65	36
252	盛天阿尔法	21.72	1.81*	-4.03	-2.10	1.02	0.00	0.32	0.00	14.01	25.27	0.59	25.77	36
253	天勤量化2号	21.69	1.98*	-2.21	-1.26	0.78	-0.42	0.14	0.01	12.28	22.49	0.56	38.65	33
254	品正理翔量化中性	21.68	1.79*	-4.88	-2.52	1.01	-0.20	0.23	-0.18	6.75	25.26	0.32	28.61	35
255	睿璞投资-睿华1号	21.67	2.81*	-2.43	-1.97	0.97	-0.46	0.07	-0.14	12.25	20.56	0.59	35.78	60

续表

编号	基金名称	年化 α(%)	t(α)	γ	t(γ)	β_mkt	β_smb	β_hml	β_mom	年化收益率(%)	年化波动率(%)	年化夏普比率	最大回撤率(%)	调整后 R²(%)
256	金然稳健 1 号	21.65	3.39*	-1.20	-1.18	0.13	-0.15	-0.10	0.03	19.18	11.25	1.49	11.92	8
257	德邻众福 1 号	21.64	2.43*	-3.42	-2.40	1.25	-0.25	-0.01	-0.16	13.89	24.95	0.58	42.73	64
258	果实资本仁心回报 1 号	21.61	2.60*	-2.65	-2.00	0.95	-0.65	-0.44	0.07	9.92	23.57	0.45	42.86	65
259	川砺稳健 2 号	21.58	3.87*	-2.95	-3.32	0.13	-0.07	-0.05	-0.01	13.81	10.40	1.16	9.09	19
260	东方鼎泰 5 期	21.57	2.07*	-3.15	-1.89	0.76	-0.39	0.05	-0.40	7.80	21.38	0.39	35.85	33
261	澜钰 1 号	21.55	2.29*	-2.82	-1.87	1.00	-0.50	0.16	-0.17	9.16	22.61	0.43	46.31	51
262	余粮 100	21.52	1.87*	-2.79	-1.52	0.99	-0.29	1.00	-0.05	9.82	25.16	0.43	18.75	41
263	中戊赋立华麟	21.50	2.76*	-3.01	-2.42	1.06	-0.52	0.35	-0.57	6.24	21.92	0.31	35.23	64
264	大明鼎鼎 1 号	21.48	2.50*	-2.37	-1.73	0.86	0.42	0.71	-0.11	26.09	20.30	1.18	14.00	49
265	景和晨升精选	21.46	2.46*	-0.73	-0.52	0.78	0.26	-0.33	-0.12	32.92	21.39	1.38	13.99	53
266	厚德里 5 号	21.46	2.03*	-2.35	-1.39	0.62	-0.50	-0.52	-0.27	10.10	21.91	0.48	25.18	34
267	淳麟同渠	21.39	2.02*	-2.43	-1.44	0.73	-0.14	-0.52	0.41	20.22	24.79	0.81	36.66	48
268	驼铃忠华远山 1 号	21.36	3.38*	-2.83	-2.80	0.99	-0.50	0.22	0.20	11.22	19.76	0.56	28.43	71
269	同庆 2 期	21.29	1.72*	-2.61	-1.32	1.02	-0.05	-0.85	-0.14	20.33	29.80	0.72	34.64	51
270	睿璞投资-睿洪 1 号	21.28	2.71*	-2.71	-2.16	1.04	-0.35	0.20	-0.06	13.24	21.03	0.62	35.22	61
271	勤远达观 1 号	21.25	1.88*	-4.62	-2.56	0.99	0.23	0.14	0.03	16.51	24.85	0.68	40.79	42
272	东方鼎泰 7 号	21.22	2.40*	-3.39	-2.40	0.79	-0.44	0.00	-0.47	6.29	19.69	0.33	34.11	43
273	斯同 1 号	21.21	2.49*	-3.60	-2.66	1.21	-0.18	0.80	0.44	13.85	23.58	0.60	31.06	63
274	睿璞投资-睿洪 2 号	21.20	2.75*	-2.62	-2.13	0.97	-0.47	0.07	-0.14	10.94	20.47	0.54	36.25	60

续表

编号	基金名称	年化α(%)	t(α)	γ	t(γ)	β_mkt	β_smb	β_hml	β_mom	年化收益率(%)	年化波动率(%)	年化夏普比率	最大回撤率(%)	调整后R²(%)
275	红筹平衡选择	21.19	3.29*	-1.63	-1.59	0.91	-0.35	0.33	0.14	16.98	18.42	0.86	20.09	66
276	米牛沪港深精选	21.15	3.42*	-3.05	-3.09	1.10	-0.23	0.21	-0.29	13.55	19.82	0.66	24.99	73
277	高毅晓峰尊享L期	21.15	3.37*	-2.61	-2.60	0.85	-0.41	-0.23	-0.01	13.30	18.46	0.69	18.38	67
278	鼎锋超越	21.09	1.76*	-1.04	-0.55	0.36	-0.11	-0.27	0.48	22.72	22.87	0.94	15.76	23
279	私享-蓝筹2期	21.08	1.69*	-5.61	-2.83	1.35	-0.87	0.52	-0.57	-9.02	30.57	-0.20	64.27	53
280	信璞价值精英(A+H)1号(A类)	21.03	2.42*	-2.55	-1.84	0.83	-0.29	0.69	-0.08	11.15	19.64	0.56	16.64	45
281	雀跃进取1号	21.03	2.18*	-2.58	-1.67	1.08	0.06	-0.23	-0.55	19.83	24.28	0.81	30.19	55
282	六禾光辉岁月1期	20.93	2.65*	-1.28	-1.02	0.94	-0.16	0.05	-0.14	21.13	20.31	0.97	19.95	57
283	金百镕1期	20.90	2.32*	-2.29	-1.59	0.81	-0.25	-0.13	0.74	19.18	23.53	0.80	28.75	59
284	正见稳定成长1期	20.90	2.32*	0.95	0.66	0.76	-0.15	0.18	-0.48	25.91	21.07	1.13	14.29	49
285	私募工场希瓦圣剑1号	20.89	1.95*	-1.79	-1.05	1.14	-0.50	-0.23	-0.23	13.31	27.04	0.54	49.68	56
286	睿投资-睿劼-睿力1号	20.84	2.61*	-2.03	-1.59	0.83	-0.51	0.03	-0.35	9.97	19.58	0.51	41.79	53
287	私募工场鑫润禾睿道价值	20.82	2.39*	-3.80	-2.73	0.88	-0.23	0.15	-0.09	10.05	19.75	0.51	22.82	45
288	斯同2号	20.81	2.42*	-4.24	-3.09	1.22	-0.18	0.83	0.38	10.85	23.50	0.49	34.88	62
289	东方鼎泰-尚东价值	20.80	2.10*	-3.99	-2.52	0.80	-0.42	0.07	-0.29	4.49	20.90	0.24	39.95	36
290	鲤鱼门稳健	20.71	1.70*	-2.18	-1.12	1.16	-0.52	0.52	-0.28	8.18	27.96	0.36	53.65	46
291	千方之星2号	20.67	2.22*	-1.52	-1.02	1.68	-0.58	0.01	-0.42	12.91	32.71	0.48	50.70	77
292	恒天星耀3期	20.58	3.86*	-3.60	-4.23	0.95	-0.31	-0.34	0.00	12.07	19.15	0.62	32.56	78

续表

编号	基金名称	年化 α(%)	t(α)	γ	t(γ)	β_{mkt}	β_{smb}	β_{hml}	β_{mom}	年化收益率(%)	年化波动率(%)	年化夏普比率	最大回撤率(%)	调整后 R^2(%)
293	六禾光辉岁月 1 期（中原）	20.57	2.40*	-1.10	-0.80	0.94	-0.18	-0.13	-0.20	21.13	21.67	0.92	19.95	56
294	掘金 8 号	20.52	2.14*	-1.50	-0.98	0.85	-0.54	0.37	-0.01	10.95	21.84	0.52	31.16	46
295	万霁长虹 5 号	20.49	1.72*	-3.23	-1.70	0.76	-0.31	-0.78	0.19	12.65	27.03	0.51	39.64	45
296	惠正创丰	20.39	2.31*	-3.53	-2.51	0.97	-0.51	-0.44	-0.24	6.91	22.92	0.34	36.95	58
297	源和稳健成长 1 号	20.38	2.11*	-2.55	-1.66	0.96	-0.45	0.44	0.14	9.96	22.43	0.47	35.31	48
298	辛巴达母基金 B 类	20.38	2.09*	1.42	0.91	0.78	0.05	0.08	0.34	36.51	22.85	1.42	23.73	48
299	济稻稳健成长	20.33	1.82*	-0.15	-0.08	0.16	-0.20	-0.07	0.00	19.08	19.17	0.93	14.17	4
300	泰海 1 号	20.32	3.58*	-1.34	-1.48	0.56	-0.33	0.29	-0.10	14.41	13.41	0.96	11.17	49
301	惠正共赢	20.21	3.05*	-2.83	-2.68	0.82	-0.48	-0.29	-0.02	10.04	18.69	0.53	27.39	65
302	希瓦大牛 1 号	20.20	2.04*	-0.99	-0.62	1.09	-0.35	-0.12	-0.02	18.99	25.50	0.75	39.76	57
303	恒升 4 号	20.19	1.70*	-0.69	-0.36	0.95	-0.14	-0.21	-0.15	22.58	26.22	0.85	15.08	42
304	君酌 1 号	20.11	1.67*	-3.95	-2.06	1.24	0.15	0.47	0.02	15.91	27.64	0.62	42.62	47
305	东方港湾 5 号	20.09	1.79*	-2.70	-1.51	0.83	-0.14	0.05	0.35	16.09	23.86	0.68	40.35	37
306	混沌天成－澜熙稳健 2 号	20.08	1.87*	-2.18	-1.27	0.15	-0.21	0.58	0.08	9.44	19.28	0.47	21.64	12
307	日出端成系列 1 号	20.06	1.93*	-3.32	-2.01	1.06	-0.33	-0.25	-0.30	9.61	24.75	0.43	39.55	50
308	中安汇富－莲花山宏观对冲 3 号 2 期	20.06	1.71*	2.71	1.44	0.45	-0.45	0.04	1.13	30.95	26.80	1.09	21.71	46
309	弘尚企业融资驱动策略	20.01	2.37*	-2.56	-1.90	1.15	-0.40	0.02	-0.23	11.41	23.52	0.51	23.99	63
310	财富机遇 1 号	19.99	2.50*	-3.03	-2.38	0.84	-0.20	-0.36	-0.29	13.15	19.71	0.65	23.28	54

续表

编号	基金名称	年化 α(%)	t(α)	γ	t(γ)	β_{mkt}	β_{smb}	β_{hml}	β_{mom}	年化收益率(%)	年化波动率(%)	年化夏普比率	最大回撤率(%)	调整后 R^2(%)
311	利得汉景 1 期	19.99	1.81*	-1.73	-0.98	0.76	-0.13	0.09	0.25	18.94	22.72	0.81	29.37	33
312	忠石 1 号	19.96	2.64*	-2.55	-2.12	0.92	-0.30	0.15	-0.17	12.18	19.22	0.62	18.87	56
313	明泓稳健增长 2 期	19.88	3.99*	-1.41	-1.77	1.02	-0.25	0.14	0.13	19.60	19.02	0.96	18.92	81
314	智诚 16 期	19.77	1.77*	-3.48	-1.95	0.93	-0.39	-0.26	0.02	8.37	24.85	0.39	40.77	43
315	青鼎赤兔马 1 号	19.73	1.82*	-1.27	-0.74	1.12	-0.05	0.23	0.27	23.34	26.32	0.87	22.17	52
316	弘尚资产健康中国 1 号	19.72	3.40*	-0.66	-0.72	0.98	-0.14	-0.28	0.01	24.90	20.70	1.11	24.13	78
317	易同精选 2 期 1 号	19.72	2.89*	-2.24	-2.06	0.84	-0.32	0.26	-0.11	12.36	17.44	0.67	30.96	57
318	银万通金专户 1 号	19.68	2.33*	-3.70	-2.75	0.82	0.10	0.02	0.08	16.20	19.62	0.79	25.22	48
319	辛巴达	19.66	2.00*	1.65	1.06	0.78	0.09	0.09	0.33	37.14	23.11	1.43	23.44	49
320	开思港通中国优势	19.65	2.18*	-2.11	-1.47	0.90	-0.17	0.64	0.30	15.97	20.70	0.75	16.95	46
321	源和复利回报 1 号	19.65	2.00*	-2.58	-1.65	0.92	-0.44	0.42	0.12	8.92	22.23	0.43	37.93	45
322	壁虎寰宇成长 7 号	19.64	2.04*	-1.88	-1.23	0.82	-0.21	-0.44	0.08	17.91	22.88	0.77	36.74	50
323	上海黑极价值精选 1 号	19.62	2.05*	-1.31	-0.86	0.64	0.03	0.71	0.15	19.97	19.11	0.97	15.31	29
324	银万丰泽 2 号	19.61	2.49*	-3.53	-2.81	0.96	-0.12	-0.13	0.02	13.77	20.66	0.66	24.52	59
325	东方马拉松致远	19.60	2.17*	-2.24	-1.56	0.93	-0.59	-0.03	-0.19	7.65	22.22	0.38	49.26	53
326	大朴多维度 23 号	19.54	4.15*	-2.64	-3.52	0.75	-0.17	-0.16	0.04	15.67	15.11	0.94	18.81	73
327	重阳 1 期	19.54	3.06*	-3.04	-2.98	0.78	-0.23	0.24	-0.08	11.09	15.88	0.65	19.05	54
328	中欧瑞博诺亚	19.53	3.86*	-0.65	-0.81	0.69	-0.26	-0.14	-0.01	20.31	15.14	1.20	17.70	69
329	恒天星耀 FOF2 期	19.52	3.07*	-4.18	-4.11	0.94	-0.10	-0.34	0.03	12.56	19.87	0.62	28.62	71

续表

编号	基金名称	年化 α(%)	t(α)	γ	t(γ)	β_mkt	β_smb	β_hml	β_mom	年化收益率(%)	年化波动率(%)	年化夏普比率	最大回撤率(%)	调整后 R²(%)
330	万利富达百德 1 期	19.52	2.06*	-1.55	-1.03	0.93	-0.55	0.35	0.10	10.43	22.64	0.49	39.50	51
331	睿郡众享 2 号	19.51	2.52*	-1.85	-1.50	0.73	-0.06	0.02	0.08	19.60	17.69	1.02	19.33	46
332	高毅世宏 1 号	19.50	2.43*	-2.64	-2.06	0.85	-0.28	-0.22	-0.07	13.22	19.88	0.65	27.96	54
333	中国繁荣 1 号	19.50	2.08*	-2.96	-1.97	1.07	-0.09	0.73	0.04	13.38	22.49	0.60	20.35	51
334	万坤全天候量化 2 号	19.49	4.21*	-2.59	-3.51	1.10	-0.01	-0.11	-0.15	19.62	19.80	0.93	23.60	85
335	辛巴达之影 1 号	19.47	1.99*	2.15	1.38	0.75	0.04	0.06	0.34	37.92	23.03	1.46	22.68	49
336	仁桥泽源 2 期	19.44	3.40*	-1.72	-1.88	0.72	-0.14	0.29	0.13	18.03	14.82	1.10	15.23	58
337	东源嘉盈 2 号	19.40	1.97*	-1.95	-1.24	1.05	-0.47	0.33	0.15	11.52	24.12	0.50	25.36	53
338	余道年年有余 3 号	19.38	1.81*	-1.37	-0.81	0.83	-0.47	0.18	0.29	13.25	23.45	0.58	38.41	41
339	顺从价值 1 号	19.37	2.40*	-1.85	-1.44	0.87	-0.34	0.27	-0.26	11.94	19.47	0.60	36.89	52
340	蠡钰投资长跑	19.34	1.71*	-4.11	-2.28	0.99	-0.53	0.34	0.08	2.02	24.73	0.14	50.52	41
341	东方先进制造优选	19.31	2.09*	-2.19	-1.49	0.78	-0.44	-0.20	-0.28	9.70	20.63	0.48	45.26	43
342	文多文睿	19.29	2.43*	0.12	0.10	0.90	-0.23	0.76	0.53	23.25	21.09	1.03	13.29	60
343	君信荣耀 1 号	19.26	6.12*	-0.58	-1.16	0.05	-0.12	0.00	0.07	18.90	5.63	2.86	1.86	12
344	华尔进取 4 号	19.21	3.02*	1.93	1.91*	0.67	-0.33	0.03	0.47	29.66	19.02	1.39	10.30	68
345	明河精选	19.19	2.28*	-1.17	-0.87	0.57	-0.35	0.10	0.03	14.28	17.27	0.77	18.77	33
346	睿璞投资-睿琨-卓享 2 号	19.17	2.67*	-2.62	-2.28	0.90	-0.49	0.02	-0.14	8.26	19.23	0.43	35.91	60
347	希瓦小牛 FOF	19.15	2.20*	-1.29	-0.93	1.00	-0.38	-0.41	-0.48	14.66	23.45	0.64	38.38	61
348	万象华成进取 1 号	19.13	1.81*	-3.55	-2.11	1.05	0.07	-0.04	0.16	16.74	25.10	0.68	35.39	50

续表

编号	基金名称	年化α(%)	t(α)	γ	t(γ)	β_mkt	β_smb	β_hml	β_mom	年化收益率(%)	年化波动率(%)	年化夏普比率	最大回撤率(%)	调整后 R²(%)
349	彼立弗复利精选	19.11	2.26*	-2.42	-1.79	0.73	-0.04	0.24	0.20	16.96	18.27	0.87	27.86	39
350	青柏潜龙 2 号	19.08	1.95*	-1.71	-1.09	0.73	-0.09	0.05	0.10	18.38	20.37	0.86	19.52	34
351	磐厚蔚然-英安 2 号	19.00	1.74*	-1.79	-1.03	1.03	-0.59	0.18	-0.33	7.06	25.56	0.33	48.68	48
352	私募工场明资道 1 期	18.97	2.23*	-1.99	-1.46	1.02	-0.48	0.62	-0.05	8.76	22.05	0.42	28.19	58
353	丹禾易嘉时代机遇 5 号	18.73	2.08*	-2.59	-1.80	0.67	-0.08	0.43	-0.08	12.58	18.01	0.67	19.95	29
354	东方港湾望远 3 号	18.72	1.78*	-2.47	-1.47	0.70	-0.13	0.00	0.25	14.79	21.51	0.68	41.86	32
355	华鸿财富	18.71	2.04*	-4.02	-2.75	1.00	-0.68	0.38	-0.45	-3.00	22.92	-0.08	45.93	55
356	尚雅 9 期	18.71	1.69*	-2.02	-1.15	0.95	-0.57	-0.15	-0.25	7.36	25.07	0.35	48.07	45
357	汇远量化定增 3 期	18.70	1.97*	-2.61	-1.72	0.74	-0.02	-0.77	-0.35	16.51	22.44	0.73	38.47	49
358	翼虎成长 1 期（翼虎）	18.69	2.12*	-3.40	-2.41	0.76	-0.24	-0.40	0.08	10.81	20.84	0.52	37.03	49
359	摩汇 1 号	18.67	2.08*	-4.29	-2.99	1.00	0.12	-0.70	-0.69	12.60	24.05	0.55	31.59	61
360	大黑龙	18.64	1.70*	0.86	0.49	0.51	-0.16	0.04	0.21	24.94	21.20	1.09	27.53	24
361	纽富斯价值精选	18.61	3.38*	-0.87	-0.99	0.15	-0.12	-0.03	0.24	18.59	10.28	1.57	14.96	19
362	金奥全球精选	18.61	1.74*	-2.83	-1.66	1.04	-0.41	0.14	-0.27	7.06	24.36	0.34	47.21	46
363	钱塘希瓦小牛 2 号	18.59	1.90*	-1.59	-1.02	0.97	-0.25	-0.01	0.02	16.17	23.20	0.70	39.51	50
364	大朴多维度 15 号	18.58	4.30*	-2.37	-3.43	0.69	-0.12	-0.17	0.08	16.35	14.16	1.04	20.53	74
365	证金价值投资 2 期	18.55	1.65*	-1.29	-0.72	0.51	-0.27	-0.13	0.13	14.77	21.25	0.68	28.88	21
366	致君凌云	18.52	2.45*	-2.46	-2.04	0.95	-0.43	0.39	0.01	8.57	19.75	0.44	35.93	59
367	兴聚财富 3 号	18.50	3.06*	-1.12	-1.16	0.59	-0.36	0.19	0.19	14.56	14.68	0.90	21.17	52

续表

编号	基金名称	年化α(%)	t(α)	γ	t(γ)	β_{mkt}	β_{smb}	β_{hml}	β_{mom}	年化收益率(%)	年化波动率(%)	年化夏普比率	最大回撤率(%)	调整后R^2(%)
368	鲤鱼门家族	18.50	2.66*	-0.98	-0.88	0.91	-0.34	0.59	0.09	15.04	19.11	0.75	24.18	63
369	中欧瑞博成长策略 1 期 1 号	18.49	2.93*	-1.99	-1.97	0.73	-0.23	-0.12	-0.12	14.40	16.12	0.82	20.95	57
370	泽堃稳健增长 1 号	18.49	2.52*	-1.36	-1.17	1.17	-0.44	0.05	-0.11	13.90	23.44	0.61	38.29	72
371	私享-价值 17 期	18.41	2.14*	-4.98	-3.64	1.03	-0.65	0.24	-0.51	-5.14	22.17	-0.20	53.02	58
372	信泰恒睿 1 号	18.36	3.22*	-2.06	-2.26	0.84	-0.26	0.15	-0.09	13.24	16.33	0.75	24.47	65
373	厚山 1 号	18.33	2.01*	-1.76	-1.21	0.75	-0.42	0.67	0.13	9.03	20.00	0.46	18.46	41
374	易同精选 3 期 1 号	18.27	2.61*	-1.47	-1.32	0.82	-0.34	0.26	-0.01	13.38	17.80	0.71	28.95	56
375	成飞稳赢 1 号	18.16	2.20*	-0.47	-0.36	0.27	-0.11	0.19	-0.22	16.53	14.80	1.01	17.86	12
376	守正	18.16	2.15*	-4.00	-2.97	1.21	-0.06	0.64	-0.09	9.60	22.72	0.45	37.82	61
377	东方点赞	18.15	2.15*	0.41	0.30	0.77	-0.29	-0.03	0.22	22.54	20.70	1.01	13.81	53
378	在美 2 号	18.09	2.03*	-3.16	-2.22	0.94	-0.57	0.65	-0.24	0.92	21.81	0.08	36.87	53
379	盛泉恒元多策略灵活配置 7 号	18.04	5.13*	-0.68	-1.22	0.88	0.13	-0.09	0.08	27.90	17.09	1.45	18.22	88
380	睿璞投资-悠享 1 号	18.04	2.57*	-2.06	-1.84	0.91	-0.43	0.08	-0.08	10.06	19.20	0.52	36.79	62
381	瑞民策略精选优势	17.99	1.68*	-2.29	-1.34	1.12	-0.54	-0.31	0.03	8.79	27.42	0.39	46.42	57
382	上海以舟投资-璀璨 1 号	17.94	1.94*	-5.42	-3.67	0.86	0.10	0.00	-0.06	7.74	20.99	0.39	30.39	45
383	华鑫消费 1 号	17.89	1.65*	-2.15	-1.24	1.18	-0.38	0.18	0.09	11.26	26.66	0.47	52.74	53
384	乔松汇众	17.88	2.49*	-2.17	-1.89	0.99	-0.55	0.25	-0.14	6.76	20.49	0.35	33.75	65
385	宽远价值成长 2 期	17.84	2.56*	-1.60	-1.44	0.77	-0.47	0.02	-0.15	9.89	17.75	0.54	29.33	56
386	私募工场自由之路子基金	17.82	3.64*	-1.61	-2.05	0.83	-0.19	0.20	-0.01	15.95	15.53	0.94	16.77	72

续表

编号	基金名称	年化α(%)	t(α)	γ	t(γ)	β_mkt	β_smb	β_hml	β_mom	年化收益率(%)	年化波动率(%)	年化夏普比率	最大回撤率(%)	调整后R²(%)
387	万坤全天候量化1号	17.80	3.90*	-1.71	-2.35	1.17	-0.01	-0.04	-0.11	21.08	21.04	0.95	24.47	87
388	海天恒远1号	17.70	1.77*	-0.56	-0.35	0.12	-0.16	0.04	-0.18	14.01	17.08	0.77	23.07	4
389	库达呼拉	17.65	2.32*	-2.67	-2.20	0.80	-0.36	0.37	0.04	7.79	17.89	0.42	26.79	49
390	证大久盈旗舰5号	17.62	1.87*	-2.02	-1.34	0.48	-0.34	-0.11	0.34	11.09	19.03	0.57	27.16	31
391	兴聚尊享A期	17.60	2.45*	-1.75	-1.53	0.57	-0.26	-0.03	0.04	12.96	15.49	0.77	19.55	39
392	泓澄投资	17.58	2.25*	-1.81	-1.45	1.00	-0.48	-0.38	-0.34	9.95	22.42	0.47	39.92	66
393	丹羿-锐进1号	17.57	1.99*	-0.66	-0.47	0.81	-0.22	-0.52	-0.17	19.07	21.96	0.84	37.69	54
394	远望角䧔远1号	17.55	2.26*	-1.26	-1.02	0.54	0.02	-0.21	0.11	20.82	16.83	1.12	15.03	40
395	仁桥泽源股票1号	17.54	3.51*	-2.00	-2.51	0.67	-0.12	0.20	0.01	14.81	13.23	1.00	14.15	60
396	神农本草集2号	17.54	1.72*	-1.86	-1.14	0.58	-0.07	-0.86	-0.27	16.45	22.37	0.73	23.74	41
397	雍熙智胜2号	17.54	1.69*	0.63	0.38	0.19	-0.22	0.14	0.39	19.97	18.59	0.99	17.47	12
398	中欧瑞博诺亚1期	17.53	3.47*	-0.66	-0.82	0.68	-0.26	-0.14	-0.01	17.94	15.12	1.07	20.87	69
399	壁虎震宇成长6号	17.53	2.03*	-2.71	-1.97	0.98	-0.20	-0.31	0.04	13.27	22.80	0.59	39.46	59
400	京福1号	17.48	1.64*	-1.80	-1.06	1.30	0.05	-0.04	-0.09	20.73	28.41	0.75	30.97	60
401	靖奇睿科3号	17.45	2.68*	-0.22	-0.21	0.42	0.33	0.08	0.28	30.21	14.53	1.80	14.58	43
402	神农1期	17.44	1.88*	-1.00	-0.68	0.80	-0.02	-0.75	-0.31	21.40	23.24	0.89	21.97	55
403	臻航价值致远	17.41	2.25*	-1.53	-1.24	0.81	-0.35	0.66	-0.15	9.52	18.93	0.50	27.00	53
404	康曼德106号	17.40	2.94*	-2.17	-2.29	0.75	-0.20	-0.19	0.10	14.49	16.76	0.80	23.26	65
405	忠石龙腾2号	17.40	2.45*	-2.72	-2.40	0.91	-0.30	0.21	-0.25	8.22	18.47	0.44	22.06	58

续表

编号	基金名称	年化 α(%)	t(α)	γ	t(γ)	β_{mkt}	β_{smb}	β_{hml}	β_{mom}	年化收益率(%)	年化波动率(%)	年化夏普比率	最大回撤率(%)	调整后 R^2(%)
406	睿郡 5 号	17.37	3.93*	−1.08	−1.53	0.72	−0.14	−0.04	0.00	18.69	14.29	1.17	13.00	73
407	汉和资本－私募学院菁英 7 号	17.27	2.54*	−1.79	−1.65	0.87	−0.31	−0.19	−0.04	13.43	19.01	0.68	35.17	64
408	长坡晓东 1 号	17.26	1.74*	−3.17	−2.01	0.73	−0.62	−0.08	−0.28	0.14	21.23	0.04	33.79	39
409	大朴藏象 1 号	17.23	2.85*	−2.39	−2.48	0.78	−0.22	−0.31	0.10	13.65	17.77	0.73	33.05	67
410	中证星耀 FOF	17.20	4.09*	−2.66	−3.97	0.77	−0.27	−0.19	0.01	11.10	15.07	0.68	20.69	78
411	天生桥 2 期	17.17	2.05*	−1.50	−1.12	0.49	−0.48	−0.53	−0.06	9.64	18.45	0.51	28.24	42
412	阳光宝 3 号	17.16	2.45*	−1.64	−1.47	0.79	−0.32	0.12	0.04	12.54	17.54	0.68	32.30	55
413	东方鼎泰 3 期	17.16	2.11*	−2.64	−2.04	0.62	−0.35	0.00	−0.21	6.49	16.93	0.37	29.81	35
414	兴聚财富 8 号	17.11	2.97*	−1.23	−1.34	0.60	−0.32	0.14	0.15	13.53	14.22	0.86	20.39	54
415	鹤骑鹰一粟	17.07	2.95*	1.01	1.09	0.05	−0.18	0.29	0.49	21.50	11.31	1.66	4.54	26
416	秉怀春风成长 1 号	17.05	1.94*	−2.20	−1.56	0.90	0.19	−0.03	0.25	21.76	22.09	0.94	27.98	55
417	星石银信宝 2 期	17.04	1.97*	0.20	0.15	0.48	−0.52	−0.43	−0.17	13.64	18.92	0.69	26.57	41
418	智诚 11 期	17.04	1.72*	−2.21	−1.39	0.92	−0.25	−0.37	−0.04	12.85	23.72	0.56	38.65	50
419	宽远价值成长 2 期诺亚专享 1 号	16.99	2.45*	−1.74	−1.57	0.79	−0.47	0.07	−0.14	8.39	17.88	0.46	30.91	57
420	全意通宝（进取）－星石兴光 1 号	16.99	2.28*	−0.62	−0.52	0.69	−0.51	−0.45	−0.12	12.66	19.34	0.64	27.43	58
421	泓澔优选	16.99	2.13*	−1.80	−1.41	1.00	−0.48	−0.39	−0.35	9.40	22.65	0.44	40.88	65
422	私募工场量子复利	16.92	1.97*	−1.50	−1.10	0.77	0.50	0.31	0.03	27.24	20.11	1.23	17.25	48

续表

编号	基金名称	年化α(%)	t(α)	γ	t(γ)	β_{mkt}	β_{smb}	β_{hml}	β_{mom}	年化收益率(%)	年化波动率(%)	年化夏普比率	最大回撤率(%)	调整后R^2(%)
423	星石 35 期	16.91	2.11*	-0.53	-0.41	0.65	-0.43	-0.45	-0.17	13.81	19.25	0.69	26.48	51
424	水瓴 1 号	16.87	2.68*	-2.74	-2.72	0.67	-0.45	-0.42	-0.05	6.87	17.00	0.39	34.11	61
425	领星泓澄股票策略	16.84	1.97*	-1.98	-1.45	1.00	-0.49	-0.43	-0.42	7.99	23.16	0.38	42.64	62
426	金华阳	16.83	1.65*	-0.58	-0.36	0.93	-0.26	0.09	0.37	18.47	24.36	0.76	24.21	50
427	巨杉申新 3 号	16.76	1.83*	-3.10	-2.12	0.99	-0.15	0.11	0.10	10.99	22.02	0.51	44.73	51
428	奕金安 1 期	16.74	2.07*	-1.97	-1.53	1.04	-0.49	0.49	0.01	7.22	21.81	0.36	36.82	61
429	恒复趋势 1 号	16.70	1.96*	-3.45	-2.54	1.18	-0.05	-0.39	-0.19	12.71	25.04	0.54	39.38	67
430	丰岭精选	16.66	2.09*	-2.25	-1.76	0.68	-0.49	0.02	0.34	7.52	18.91	0.40	30.11	50
431	翼虎成长 3 期	16.66	2.00*	-3.73	-2.81	0.74	-0.24	-0.40	0.06	7.38	19.97	0.38	36.37	51
432	弥加 3 号	16.62	1.64*	-2.60	-1.61	0.71	-0.22	-0.05	0.17	10.41	20.93	0.51	35.27	34
433	明河精选 3	16.59	2.05*	-1.21	-0.94	0.54	-0.32	0.09	-0.01	11.46	16.43	0.65	18.89	32
434	富乐源 1 号	16.59	1.81*	-1.28	-0.88	1.02	-0.60	0.35	0.21	8.35	23.86	0.39	41.96	58
435	里思智理 1 号	16.53	1.70*	-1.77	-1.14	1.03	-0.14	0.57	0.01	13.50	22.85	0.60	32.50	49
436	彤源同庆 3 号	16.40	1.89*	-0.37	-0.27	0.81	0.00	-0.89	0.04	25.21	24.84	0.97	29.20	66
437	新方程泓澄精选	16.38	2.17*	-1.85	-1.54	1.01	-0.40	-0.19	-0.19	10.37	21.57	0.50	41.13	65
438	高毅精选 FOF	16.35	3.21*	-2.29	-2.83	0.89	-0.33	-0.07	-0.05	10.27	17.13	0.57	29.96	75
439	宽远沪港深精选	16.34	2.37*	-0.83	-0.75	0.76	-0.44	0.14	-0.02	11.66	17.79	0.63	24.40	57
440	高毅利伴精选唯实	16.31	2.50*	-3.03	-2.91	1.01	-0.35	-0.19	-0.19	7.44	20.00	0.38	36.38	70
441	惠正共赢 1 期	16.30	2.54*	-2.84	-2.78	0.81	-0.42	-0.31	-0.08	6.60	18.11	0.36	29.11	65

续表

编号	基金名称	年化 α(%)	t(α)	γ	t(γ)	β_{mkt}	β_{smb}	β_{hml}	β_{mom}	年化收益率(%)	年化波动率(%)	年化夏普比率	最大回撤率(%)	调整后 R^2(%)
442	私享策远 11 号	16.28	1.81*	-3.63	-2.53	0.86	-0.66	0.23	-0.56	-4.25	21.52	-0.16	48.10	51
443	东方消费服务优选	16.18	1.82*	-2.52	-1.78	0.94	-0.49	-0.12	-0.21	5.11	21.84	0.27	50.01	53
444	大朴进取 2 期	16.16	2.83*	-2.33	-2.56	0.80	-0.21	-0.29	0.06	12.67	17.46	0.69	31.84	70
445	景林丰收	16.16	2.18*	-2.87	-2.42	1.03	-0.28	-0.19	0.00	9.91	21.55	0.48	31.88	67
446	民森 K 号	16.13	2.00*	-2.60	-2.03	0.83	-0.12	-0.39	0.00	13.17	20.55	0.63	31.88	57
447	仙童 4 期	16.12	1.86*	-0.67	-0.48	0.74	-0.33	0.55	0.63	14.88	20.40	0.71	30.85	49
448	聚沣成长	16.12	1.77*	-1.99	-1.37	0.47	0.01	-0.06	-0.15	13.63	17.08	0.75	25.20	19
449	明河科技改变生活	16.09	2.15*	-1.87	-1.57	0.58	-0.40	0.23	-0.19	6.16	15.97	0.36	16.50	38
450	星石 31 期	16.06	2.03*	-0.52	-0.41	0.61	-0.46	-0.47	-0.18	12.18	18.81	0.63	27.11	50
451	安和价值	16.02	2.89*	-4.71	-5.33	0.99	-0.18	-0.07	-0.06	4.74	18.24	0.26	25.41	74
452	齐济成长 1 号	15.99	1.92*	-3.38	-2.54	0.91	0.28	-0.22	-0.45	15.19	21.06	0.71	28.20	56
453	汇泽至远 1 期	15.96	1.97*	-0.13	-0.10	0.69	-0.32	0.16	0.25	16.46	18.83	0.82	16.31	47
454	兴聚润荼 1 号	15.95	3.15*	-1.32	-1.64	0.61	-0.28	0.14	0.19	13.07	13.57	0.86	16.46	61
455	翼虎成长 18 期	15.94	1.85*	-3.25	-2.37	0.72	-0.19	-0.38	-0.08	8.39	19.58	0.43	36.07	45
456	吉渊稳健进取 2 期	15.93	1.79*	-1.72	-1.21	0.79	0.39	0.69	0.05	21.70	20.00	1.01	15.94	44
457	睿泽资本 1 号	15.91	1.85*	-0.40	-0.29	0.61	-0.09	-0.16	0.05	19.53	18.42	0.98	10.38	39
458	攀山 2 期	15.89	1.78*	0.27	0.19	0.67	0.04	-0.27	0.54	27.76	22.25	1.14	19.71	54
459	抱朴 1 号	15.85	2.04*	-1.66	-1.33	0.75	-0.09	0.53	0.21	14.12	17.51	0.76	16.52	44
460	高毅庆端 6 号	15.85	1.99*	-3.63	-2.85	0.95	-0.34	-0.28	0.18	6.25	21.91	0.31	53.08	62

续表

编号	基金名称	年化 α (%)	t(α)	γ	t(γ)	β_{mkt}	β_{smb}	β_{hml}	β_{mom}	年化收益率 (%)	年化波动率 (%)	年化夏普比率	最大回撤率 (%)	调整后 R^2 (%)
461	杭州波粒二象特罗 1 号	15.83	3.61*	-1.21	-1.73	0.15	-0.01	0.06	-0.02	14.70	7.74	1.63	8.91	9
462	高毅世宏 1 号赋余 5 号	15.82	2.10*	-2.72	-2.27	0.88	-0.25	-0.13	-0.10	9.21	19.22	0.47	30.61	57
463	果实长期回报	15.80	1.92*	-2.95	-2.24	0.85	-0.57	-0.64	-0.05	4.02	22.54	0.22	51.23	62
464	江苏-天生桥-孵化 1 号	15.78	2.03*	-2.21	-1.79	0.54	-0.58	-0.26	0.21	4.69	18.07	0.26	38.01	48
465	文多稳健 1 期	15.77	2.36*	0.59	0.56	0.90	-0.18	0.78	0.42	21.47	19.87	1.01	13.90	68
466	明远恒信	15.76	1.94*	-0.35	-0.27	0.92	-0.50	0.05	-0.20	11.42	21.60	0.54	29.40	60
467	骏旭稳健发展 1 期	15.75	2.51*	-2.61	-2.61	0.79	-0.14	0.74	0.04	8.84	16.08	0.51	12.54	57
468	鼎达对冲 2 号	15.75	2.20*	-5.55	-4.85	1.06	0.24	0.33	0.00	7.97	20.40	0.41	27.99	65
469	彼立弗复利 1 期	15.72	2.04*	-3.06	-2.49	0.67	-0.02	0.10	0.02	10.76	16.57	0.61	30.73	39
470	明河精选 2	15.70	1.87*	-1.25	-0.93	0.54	-0.31	0.07	-0.05	10.41	16.83	0.58	19.08	30
471	聚沣 1 期	15.70	1.78*	-2.31	-1.64	0.50	-0.02	-0.01	-0.18	11.44	16.70	0.64	24.89	21
472	璧虎寰宇成长 1 号	15.70	1.71*	-1.86	-1.27	0.88	-0.12	-0.43	-0.10	14.81	22.57	0.66	42.16	53
473	泊通致远 1 号	15.67	1.85*	-1.84	-1.36	0.74	-0.09	-0.01	-0.07	13.84	18.59	0.71	40.75	41
474	仁布积极进取 1 号	15.64	2.52*	-1.33	-1.35	0.52	-0.06	-0.34	0.25	17.83	15.75	1.03	28.59	56
475	拾贝精选	15.63	2.71*	-2.25	-2.44	0.84	-0.10	-0.06	0.03	13.97	17.05	0.77	14.77	68
476	长见精选 3 号	15.61	2.64*	-3.51	-3.72	0.70	-0.26	-0.25	-0.28	4.98	15.28	0.29	29.02	58
477	博晟 1 号	15.58	3.26*	-1.72	-2.25	1.13	-0.39	0.21	0.00	10.74	20.25	0.53	28.88	84
478	远望角容远 1 号 A 期	15.58	2.21*	-1.54	-1.37	0.54	-0.02	-0.17	0.07	16.41	15.43	0.97	14.98	41
479	投资精英（星石 B）	15.56	2.94*	-0.33	-0.39	1.05	-0.34	-0.06	-0.05	16.54	20.90	0.77	22.29	82

续表

编号	基金名称	年化 α(%)	t(α)	γ	t(γ)	β_{mkt}	β_{smb}	β_{hml}	β_{mom}	年化收益率(%)	年化波动率(%)	年化夏普比率	最大回撤率(%)	调整后 R^2 (%)
480	瑞泉 1 号	15.53	2.48*	-0.73	-0.73	0.88	-0.24	0.29	0.15	15.88	18.24	0.82	17.42	67
481	盈阳 15 号	15.48	1.92*	0.00	0.00	0.36	0.19	-0.18	0.26	25.66	16.41	1.39	16.14	32
482	萍聚投资恒升 1 期	15.46	2.24*	-0.08	-0.08	0.19	0.05	0.04	0.32	21.26	12.79	1.47	13.77	17
483	睿璞投资-睿泰-潜心 1 号	15.46	2.22*	-2.39	-2.15	0.82	-0.42	0.05	-0.02	6.46	17.95	0.35	31.17	58
484	青云专享 1 号	15.44	2.26*	-2.54	-2.32	0.55	-0.15	0.38	0.03	8.34	14.07	0.53	18.91	33
485	泽源 1 号	15.43	3.09*	-1.91	-2.40	1.05	-0.04	-0.30	-0.12	17.18	20.43	0.81	28.46	83
486	翼虎灵活配置 1 号	15.42	1.81*	-2.71	-1.99	0.72	-0.19	-0.42	0.00	10.00	19.84	0.50	34.44	48
487	睿道同行	15.41	2.00*	-1.30	-1.06	0.79	-0.27	0.00	-0.05	12.42	18.60	0.64	18.60	51
488	锐进 41 期	15.35	3.10*	-1.31	-1.66	0.68	-0.26	0.10	0.14	12.96	14.20	0.83	19.55	66
489	中欧瑞博 7 期	15.28	3.38*	-0.83	-1.15	0.78	-0.23	-0.16	-0.09	15.66	15.79	0.91	22.78	77
490	黄金优选 13 期 1 号	15.28	2.94*	-0.33	-0.39	1.03	-0.34	-0.06	-0.07	16.21	20.48	0.76	21.73	82
491	果实资本精英汇 3 号	15.24	2.53*	-2.74	-2.84	0.84	-0.49	-0.40	-0.01	5.36	18.98	0.29	36.14	71
492	平安圉鼎高毅 FOF 优选 1 号	15.22	3.00*	-2.60	-3.21	0.89	-0.34	-0.06	-0.07	7.61	16.94	0.43	31.84	75
493	华骏量化 1 号	15.16	4.09*	-0.29	-0.49	0.06	-0.12	-0.17	-0.03	15.45	6.72	1.96	4.04	14
494	易同成长	15.16	1.84*	-1.03	-0.78	0.60	-0.26	-0.21	0.07	13.45	18.00	0.71	18.82	40
495	翼虎成长 7 期	15.14	1.66*	-2.92	-2.01	0.72	-0.22	-0.41	0.03	8.39	20.61	0.42	39.23	45
496	擎天普瑞明 1 号	15.13	2.48*	-0.84	-0.86	0.55	-0.28	-0.09	-0.07	12.77	14.26	0.81	21.64	48
497	青榕狼图腾	15.12	1.64*	-2.64	-1.80	1.03	-0.35	0.50	0.02	5.50	22.25	0.28	42.38	52
498	金珀 6 号	15.10	2.98*	-2.06	-2.54	0.88	-0.29	-0.22	0.02	11.26	17.83	0.60	29.65	77

续表

编号	基金名称	年化 α(%)	t(α)	γ	t(γ)	β_{mkt}	β_{smb}	β_{hml}	β_{mom}	年化收益率(%)	年化波动率(%)	年化夏普比率	最大回撤率(%)	调整后 R^2(%)
499	远望角投资 1 期	15.09	1.94*	-0.65	-0.53	0.54	-0.01	-0.27	0.07	19.43	17.08	1.04	14.91	41
500	积露 1 号	15.08	2.17*	0.51	0.46	0.19	0.02	-0.08	0.18	22.11	12.77	1.52	14.62	16
501	睿郡众享 1 号	15.07	2.90*	-1.48	-1.79	0.71	-0.06	0.02	0.01	15.80	14.55	0.98	17.62	64
502	价值坐标 1 号	14.97	2.26*	-1.08	-1.02	1.02	-0.31	0.61	0.00	11.38	20.10	0.56	24.76	69
503	涌鑫 2 号	14.95	2.69*	-2.56	-2.88	0.91	0.04	0.21	0.34	15.40	17.88	0.81	23.84	73
504	中信资本价值回报	14.93	2.71*	-0.84	-0.96	0.66	0.00	-0.23	-0.13	18.88	15.16	1.12	16.07	63
505	瓦宾法鲁	14.90	2.06*	-2.50	-2.17	0.78	-0.36	0.36	0.03	5.47	17.27	0.31	27.69	51
506	少数派 8 号	14.87	1.87*	-1.18	-0.93	0.71	-0.39	0.37	0.07	8.71	18.04	0.47	32.92	45
507	私募学院菁英 105 号	14.83	2.07*	-1.75	-1.52	0.89	-0.13	0.22	-0.21	12.04	18.40	0.63	21.02	57
508	休罗纪超龙 3 号	14.82	2.17*	-2.56	-2.35	0.59	-0.32	-0.41	0.04	7.48	16.67	0.42	21.33	53
509	远望角容远 6 期	14.79	1.89*	-1.16	-0.92	0.54	0.07	-0.17	0.08	18.63	16.75	1.02	13.31	38
510	万吨资产深海鲸旗舰	14.76	1.78*	-0.59	-0.45	0.65	-0.06	-0.38	0.40	20.66	20.74	0.94	16.75	55
511	睿郡尊享 A 期	14.67	2.87*	-1.21	-1.48	0.76	-0.08	-0.08	0.01	16.61	15.67	0.97	16.98	70
512	东方行业优选	14.67	1.79*	-2.22	-1.70	0.84	-0.44	-0.19	-0.31	5.06	19.96	0.27	47.50	52
513	明河清源 1 号	14.66	2.29*	-1.69	-1.65	0.65	-0.27	0.03	-0.18	9.17	15.07	0.56	14.80	49
514	汉和资本 1 期	14.63	2.04*	-2.47	-2.16	0.84	-0.19	-0.11	-0.06	9.77	18.40	0.52	31.75	57
515	众壹资产铁树套利 1 号	14.57	2.02*	-1.03	-0.89	0.20	-0.19	-0.10	-0.09	10.70	12.77	0.74	14.61	10
516	明汯价值成长 1 期	14.56	2.87*	-0.81	-1.00	0.97	0.33	-0.01	0.20	27.66	20.14	1.25	20.98	82
517	汉和天信	14.55	2.15*	-1.92	-1.78	0.86	-0.28	-0.18	-0.09	10.07	18.61	0.53	36.24	63

续表

编号	基金名称	年化 α(%)	t(α)	γ	t(γ)	β_mkt	β_smb	β_hml	β_mom	年化收益率(%)	年化波动率(%)	年化夏普比率	最大回撤率(%)	调整后 R²(%)
518	泰利天工 2 期	14.54	1.83*	-1.30	-1.03	0.74	-0.16	-0.15	0.27	15.18	19.52	0.75	36.15	53
519	幂数阿尔法 1 号	14.51	2.61*	-1.15	-1.29	0.27	-0.24	-0.07	0.09	10.72	10.89	0.85	14.55	26
520	鸣石春天沪深 300 指数增强 1 号	14.50	3.13*	-1.43	-1.93	0.80	-0.13	0.12	0.16	15.01	15.49	0.89	24.10	75
521	宽远价值成长 3 期	14.50	2.26*	-1.50	-1.46	0.70	-0.39	0.10	-0.15	7.60	15.99	0.44	19.23	54
522	泓澄稳健	14.50	1.87*	-1.84	-1.48	1.05	-0.39	-0.24	-0.23	8.46	22.44	0.41	44.97	66
523	私享蓝筹 5 期	14.48	1.74*	-3.45	-2.60	0.94	-0.65	0.22	-0.57	-4.86	21.44	-0.20	50.65	58
524	新方程巨杉	14.46	2.44*	-2.33	-2.46	0.61	-0.15	0.25	-0.05	8.60	13.42	0.57	15.17	45
525	兴聚财富 2 号	14.44	2.44*	-0.71	-0.75	0.54	-0.29	0.14	0.19	12.66	13.95	0.82	21.82	49
526	巨杉净值线 5G 号	14.42	2.29*	-2.30	-2.29	0.70	-0.31	0.02	-0.02	7.13	15.58	0.42	24.41	54
527	翙鹏中国竞争力 A	14.40	2.27*	-2.20	-2.17	0.85	-0.33	0.03	-0.22	6.89	17.35	0.38	25.87	62
528	兴聚财富 6 号	14.39	2.37*	-1.08	-1.11	0.61	-0.32	0.12	0.12	10.81	14.72	0.67	24.96	52
529	毕盛狮惠	14.38	1.98*	-1.62	-1.40	0.76	-0.33	0.03	-0.05	9.02	17.64	0.49	24.96	52
530	忠石龙腾 1 号	14.38	1.91*	-2.11	-1.75	0.86	-0.30	0.24	-0.03	7.78	18.50	0.42	21.31	53
531	黑森 3 号	14.37	2.55*	-0.08	-0.09	0.47	-0.19	-0.05	-0.16	15.34	12.76	1.07	9.59	45
532	弘尚资产研究精选 2 号	14.37	2.03*	-2.25	-1.98	0.65	-0.13	-0.47	-0.14	11.08	17.40	0.61	32.22	53
533	黑翼中证 500 指数增强专享 1 号	14.36	2.72*	-2.47	-2.93	0.84	0.17	-0.05	0.36	18.15	18.22	0.93	23.82	76
534	明己稳健增长 1 号	14.34	2.35*	-2.85	-2.93	1.03	0.29	-0.37	-0.06	18.86	21.99	0.83	29.09	78
535	合众易晟价值增长 1 号	14.32	2.17*	-0.57	-0.54	0.56	-0.14	-0.42	-0.18	16.09	15.89	0.93	26.25	51
536	君之健翱翔稳进	14.29	2.10*	-0.05	-0.04	0.35	-0.13	0.42	0.07	14.82	13.20	1.00	10.37	25

续表

编号	基金名称	年化α(%)	t(α)	γ	t(γ)	β_mkt	β_smb	β_hml	β_mom	年化收益率(%)	年化波动率(%)	年化夏普比率	最大回撤率(%)	调整后R²(%)
537	泽源6号	14.20	2.95*	-1.36	-1.77	1.04	-0.04	-0.33	-0.07	17.96	20.62	0.83	28.41	85
538	私募学院菁英87号	14.17	1.97*	-1.86	-1.62	0.89	-0.33	-0.51	0.25	11.42	22.32	0.53	38.14	71
539	壁虎南商1号	14.16	1.68*	-1.17	-0.87	0.87	-0.13	-0.42	-0.12	15.35	21.72	0.70	37.50	57
540	子青2期	14.12	1.78*	-2.80	-2.21	0.89	-0.50	0.07	-0.36	0.65	19.79	0.06	35.37	55
541	果实成长精选1号	14.12	1.74*	-2.40	-1.86	0.95	-0.55	-0.37	-0.04	4.16	22.50	0.22	43.58	63
542	诺优逆向价值精选	14.10	3.25*	-2.47	-3.57	0.83	-0.11	0.26	-0.13	9.55	14.39	0.60	15.61	74
543	兴聚财富3号好买精选1期	14.09	2.49*	-0.88	-0.98	0.55	-0.33	0.18	0.19	10.85	13.74	0.71	22.23	52
544	潮金丰中港成长趋势3号	14.06	1.95*	-2.21	-1.92	0.85	-0.34	0.61	-0.09	4.54	18.22	0.25	24.37	56
545	博端量化进取1号	14.04	2.16*	-2.38	-2.30	0.73	-0.15	-0.44	-0.29	9.74	17.17	0.54	24.76	59
546	聚鸣积极成长	14.04	1.93*	-0.20	-0.17	0.87	-0.17	-0.58	-0.07	18.96	21.93	0.83	26.98	69
547	仙童1期	14.01	1.83*	-0.74	-0.60	0.67	-0.28	0.54	0.63	13.31	18.27	0.69	28.82	50
548	九章幻方中证1000量化多策略1号	14.00	2.21*	0.10	0.10	0.93	0.34	-0.15	0.35	31.42	22.24	1.28	31.54	77
549	聚鸣多策略	14.00	1.97*	1.29	1.14	0.89	-0.17	-0.46	0.07	24.87	22.83	1.02	23.35	73
550	汇升稳进1号	13.98	2.44*	-2.89	-3.16	0.81	-0.19	-0.34	0.12	9.17	18.01	0.49	29.49	71
551	循远安心2号	13.94	2.16*	-0.77	-0.75	0.56	-0.20	-0.12	0.37	15.35	16.07	0.88	19.59	55
552	丹禾易嘉中国高端制造3号	13.87	1.74*	-1.50	-1.18	0.47	-0.11	0.17	-0.18	9.89	15.15	0.60	14.10	22
553	拾金3号	13.79	1.82*	-0.97	-0.81	0.52	-0.10	0.23	0.13	13.59	15.27	0.81	16.09	30
554	私募工场厚生君利稳健	13.78	2.09*	-1.84	-1.75	0.51	-0.29	-0.36	0.17	9.29	15.87	0.54	33.96	51

续表

编号	基金名称	年化 α(%)	t(α)	γ	t(γ)	β_{mkt}	β_{smb}	β_{hml}	β_{mom}	年化收益率(%)	年化波动率(%)	年化夏普比率	最大回撤率(%)	调整后 R^2(%)
555	泓澄投资睿享 3 号	13.76	1.77*	-2.12	-1.71	1.01	-0.44	-0.31	-0.44	4.92	22.03	0.26	43.75	65
556	丰巽 2 号	13.71	1.86*	0.03	0.03	0.62	-0.03	-0.05	0.06	19.68	16.83	1.07	14.91	46
557	长见产业趋势 2 号	13.69	2.40*	-3.33	-3.67	0.73	-0.21	-0.21	-0.22	4.77	15.26	0.28	30.90	61
558	私享-成长 1 期	13.68	1.86*	-2.68	-2.28	0.75	-0.45	0.43	-0.34	-0.30	17.79	-0.01	34.43	51
559	九章幻方多策略 1 号	13.67	2.34*	-0.42	-0.46	0.98	0.20	-0.12	0.32	26.24	21.71	1.12	33.18	80
560	九坤日享沪深 300 指数增强 1 号	13.66	3.73*	-0.47	-0.80	0.97	-0.26	0.18	-0.01	14.82	17.72	0.78	20.50	88
561	银叶量化精选 1 期	13.57	2.55*	-1.43	-1.69	1.00	0.25	0.18	0.35	22.62	20.04	1.05	19.23	80
562	远澜银杏 1 号	13.56	2.43*	-0.26	-0.29	-0.06	-0.14	0.18	0.22	12.05	10.00	1.04	6.94	12
563	长青藤 3 期	13.49	1.83*	-3.12	-2.65	0.87	-0.37	-0.27	-0.62	1.38	19.30	0.09	37.34	59
564	易同精选	13.47	1.66*	-1.04	-0.81	0.60	-0.25	-0.21	0.07	11.65	17.84	0.62	19.91	41
565	匠心 1 号	13.46	2.96*	-1.85	-2.55	0.31	-0.01	-0.16	-0.11	11.28	9.39	1.03	10.26	34
566	觅远价值成长	13.43	2.43*	-1.43	-1.62	0.65	-0.20	0.21	0.10	10.75	14.02	0.69	9.59	56
567	九章幻方沪深 300 量化多策略 1 号	13.41	2.15*	-0.14	-0.14	0.95	0.00	-0.10	0.35	22.90	21.41	1.00	31.78	76
568	资瑞兴 1 号	13.41	1.94*	0.29	0.27	0.63	-0.16	-0.24	0.32	19.89	18.22	1.01	10.67	59
569	进化论金享 1 号	13.41	1.75*	0.53	0.44	0.36	-0.22	-0.43	0.44	18.89	17.76	0.98	22.43	48
570	泓澄智选 1 期	13.40	1.77*	-2.37	-1.96	1.00	-0.58	-0.42	-0.20	2.65	22.61	0.16	49.30	68
571	黑森 9 号	13.39	2.16*	0.16	0.16	0.50	-0.17	0.31	0.10	15.58	13.68	1.02	8.09	42
572	君悦安新 1 号	13.38	1.90*	-1.49	-1.33	0.53	-0.16	0.38	-0.13	8.41	14.44	0.53	17.48	33

续表

编号	基金名称	年化α(%)	t(α)	γ	t(γ)	β_mkt	β_smb	β_hml	β_mom	年化收益率(%)	年化波动率(%)	年化夏普比率	最大回撤率(%)	调整后R²(%)
573	新方程星动力S7号	13.37	3.17*	-1.87	-2.78	0.80	-0.31	0.11	0.01	8.14	14.92	0.50	26.24	77
574	嘉泰1号（嘉泰）	13.33	1.87*	-1.80	-1.58	0.66	0.19	0.10	-0.12	15.76	16.14	0.90	15.33	45
575	观富顺2期	13.31	2.31*	-2.07	-2.25	0.68	-0.14	-0.35	-0.07	10.71	15.86	0.63	19.80	63
576	双隆稳盈1号	13.25	2.72*	-0.59	-0.76	0.06	-0.09	-0.20	-0.18	11.92	8.53	1.19	8.66	8
577	小鳄3号	13.25	1.68*	-0.74	-0.59	0.36	-0.09	0.09	0.19	13.76	14.74	0.85	10.62	19
578	华夏未来泽时进取12号	13.22	1.67*	-2.36	-1.87	1.07	-0.19	-0.19	0.04	10.25	22.86	0.47	41.76	66
579	私募学院菁英500号	13.19	2.27*	-1.21	-1.30	0.62	-0.24	0.53	-0.11	8.03	14.26	0.51	16.39	53
580	诗书传家	13.19	1.78*	-2.33	-1.97	0.80	-0.48	0.66	-0.24	-0.29	18.76	0.00	42.10	56
581	重阳价值3号B期	13.18	1.94*	-1.88	-1.73	0.83	-0.35	0.10	-0.22	5.99	17.65	0.33	24.65	58
582	公正财富量化洋盈1号	13.17	2.57*	-2.39	-2.92	0.39	0.03	-0.32	-0.03	11.02	11.97	0.81	15.16	48
583	泓澄优选10号	13.17	1.68*	-1.22	-0.97	0.91	-0.44	-0.55	-0.40	7.66	22.05	0.38	43.77	64
584	博牛金狮成长1号	13.16	2.65*	-2.83	-3.57	1.05	-0.05	0.01	0.14	11.49	19.30	0.58	27.42	81
585	深积复利成长1期	13.16	2.10*	-0.53	-0.53	0.80	0.03	-0.06	-0.15	18.44	17.49	0.97	17.59	64
586	滚雪球兴泉3号	13.15	1.73*	-1.81	-1.49	0.68	-0.34	0.48	-0.19	4.04	17.09	0.23	20.94	44
587	瑞民华健安全价值	13.14	1.96*	-1.54	-1.44	0.30	-0.03	0.22	0.19	11.34	12.30	0.81	6.70	16
588	骏泽平衡2号	13.08	1.93*	-2.10	-1.94	0.40	-0.46	-0.07	-0.08	1.95	14.05	0.10	24.61	34
589	伯兄永宁	13.07	4.72*	0.02	0.04	0.00	-0.04	0.16	0.15	14.85	5.02	2.50	0.89	14
590	高毅信佰精选FOF尊享1期	13.04	2.64*	-2.74	-3.48	0.86	-0.32	-0.04	-0.12	4.94	16.21	0.28	31.99	74
591	仙童FOF4期	12.97	1.75*	-1.22	-1.03	0.34	-0.31	0.24	0.11	6.70	14.05	0.43	25.91	21

续表

编号	基金名称	年化α(%)	t(α)	γ	t(γ)	β_mkt	β_smb	β_hml	β_mom	年化收益率(%)	年化波动率(%)	年化夏普比率	最大回撤率(%)	调整后R²(%)
592	朴汇益	12.93	2.40*	-2.90	-3.37	0.53	-0.16	0.10	0.00	5.29	12.13	0.36	17.85	44
593	君之健君悦	12.93	2.14*	0.66	0.69	0.34	-0.08	0.47	0.09	16.81	12.34	1.21	8.68	32
594	果实资本精英汇4A号	12.88	2.11*	-2.66	-2.74	0.83	-0.46	-0.39	-0.02	3.54	18.83	0.20	38.42	70
595	少数派5号	12.81	1.93*	-1.58	-1.49	0.63	-0.31	0.33	-0.04	6.18	15.08	0.37	29.28	45
596	中鼎创富鼎创	12.79	1.92*	-1.52	-1.43	0.77	-0.05	-0.17	-0.48	11.56	17.25	0.63	20.26	58
597	华信资产价值5期	12.77	2.16*	-1.38	-1.46	0.69	-0.28	-0.32	0.06	10.48	16.67	0.59	37.18	64
598	灵均中证500指数增强2号	12.76	2.07*	-0.98	-1.00	0.90	0.26	-0.07	0.19	23.01	19.95	1.07	25.69	73
599	烽火1号	12.73	1.73*	-3.65	-3.10	0.80	-0.19	-0.10	-0.11	3.43	17.80	0.19	25.90	51
600	融升稳健1号	12.71	3.53*	0.36	0.63	0.08	0.05	0.03	0.08	18.22	6.43	2.42	3.58	11
601	合众易晟复利增长1号	12.71	2.25*	-1.46	-1.61	0.60	-0.07	-0.39	-0.22	12.56	14.75	0.78	19.77	58
602	高脉汉景1号	12.67	2.62*	-2.78	-3.60	0.69	-0.17	-0.09	0.12	7.45	14.34	0.47	28.53	68
603	国富端合1号	12.63	2.14*	-0.95	-1.01	0.62	0.20	-0.09	0.03	19.54	15.23	1.16	9.59	57
604	滚雪球1号（201502）	12.57	1.99*	-0.89	-0.88	0.65	-0.23	0.47	-0.11	9.01	15.18	0.54	22.41	51
605	裕晋27期	12.53	2.76*	-1.47	-2.02	0.48	-0.13	-0.02	-0.01	10.36	10.89	0.82	14.93	51
606	多盈2号	12.52	3.10*	-1.60	-2.48	0.66	-0.22	0.17	-0.03	8.78	12.47	0.62	14.88	70
607	拾贝积极成长	12.50	2.27*	-1.77	-2.02	0.74	-0.10	-0.05	0.02	11.54	15.45	0.69	14.97	64
608	懿德财富稳健成长	12.50	2.18*	-1.88	-2.06	0.73	0.00	0.23	-0.20	10.84	14.75	0.67	18.24	57
609	龙旗红旭	12.49	2.57*	0.04	0.06	1.06	0.35	-0.13	0.24	29.73	22.60	1.21	24.97	87
610	坤德永盛2期	12.47	1.66*	-1.13	-0.94	0.78	-0.19	-0.17	0.24	13.14	19.47	0.65	36.13	58

续表

编号	基金名称	年化 α(%)	t(α)	γ	t(γ)	β_mkt	β_smb	β_hml	β_mom	年化收益率(%)	年化波动率(%)	年化夏普比率	最大回撤率(%)	调整后 R^2(%)
611	高毅邻山 1 号	12.46	1.73*	-1.86	-1.61	0.93	-0.04	-0.08	-0.09	12.46	19.62	0.62	33.96	62
612	因诺天丰 1 号	12.44	1.88*	-0.88	-0.83	1.03	0.38	-0.10	0.17	25.90	22.76	1.06	30.60	76
613	高毅利和精选唯实 1 号	12.39	2.00*	-3.06	-3.11	0.99	-0.32	-0.18	-0.24	3.40	19.35	0.19	39.46	71
614	九坤日享中证 1000 指数增强 1 号	12.38	2.34*	2.06	2.44*	0.93	0.53	0.09	0.13	39.33	21.70	1.58	16.52	83
615	橡子树 2 号	12.36	1.77*	-1.09	-0.98	0.91	-0.33	0.36	-0.05	8.36	19.02	0.44	33.76	62
616	肥尾价值 5 号	12.33	1.67*	0.05	0.04	0.73	-0.32	0.38	-0.29	9.85	18.25	0.52	29.74	54
617	金蟾大鑫 1 号	12.32	2.04*	-0.48	-0.50	0.50	0.04	0.15	0.33	17.73	13.85	1.14	11.92	46
618	拾贝 1 号	12.28	1.78*	0.24	0.22	0.64	-0.16	-0.23	0.30	18.13	18.14	0.93	12.51	59
619	拾贝投资信元 7 号	12.27	2.25*	-1.96	-2.25	0.80	-0.08	-0.06	0.05	11.42	16.25	0.65	15.17	68
620	通和量化对冲 9 期	12.24	1.84*	-1.01	-0.95	0.63	-0.02	-0.06	-0.04	14.19	15.53	0.84	14.47	48
621	竞远优势成长 2 号	12.21	2.13*	-0.67	-0.74	0.64	-0.24	0.26	0.22	11.62	14.59	0.72	9.93	57
622	明曦稳健 1 号	12.20	1.65*	-1.72	-1.46	0.55	0.13	0.24	0.04	13.20	15.09	0.80	16.70	32
623	赫富 500 指数增强 1 号	12.17	2.69*	-1.35	-1.87	1.04	0.19	-0.12	0.13	20.29	20.47	0.94	25.13	86
624	泽源 10 号	12.14	2.45*	-1.86	-2.35	1.01	-0.04	-0.27	-0.05	13.60	19.80	0.67	33.55	82
625	黑翼风行 3 号	12.08	3.29*	-0.78	-1.33	0.98	-0.24	0.17	0.09	12.81	17.74	0.68	24.00	88
626	无隅鲲鹏 1 号	12.05	3.09*	-1.61	-2.58	1.00	0.20	-0.06	0.08	18.92	18.90	0.94	22.64	88
627	九印远山 2 号	12.02	1.96*	-3.20	-3.26	0.89	-0.19	0.12	-0.15	3.87	16.99	0.22	30.80	63
628	堃熙源洋指数增强 7 号	12.01	1.90*	-2.36	-2.34	1.11	0.07	0.36	0.29	13.44	20.98	0.64	35.53	74

续表

编号	基金名称	年化 α(%)	t(α)	γ	t(γ)	β_{mkt}	β_{smb}	β_{hml}	β_{mom}	年化收益率(%)	年化波动率(%)	年化夏普比率	最大回撤率(%)	调整后 R^2(%)
629	南方汇金 6 号	12.01	1.73*	−0.52	−0.47	0.64	−0.11	0.56	0.24	13.03	15.80	0.76	10.60	46
630	九章幻方中证 500 量化进取 2 号	11.97	1.95*	−0.28	−0.29	0.96	0.22	−0.13	0.35	24.99	21.86	1.07	33.76	78
631	新方程巨杉一尊享 B	11.94	2.14*	−2.25	−2.52	0.60	−0.15	0.27	−0.06	6.07	12.93	0.40	16.78	47
632	涵元天璇量化 1 号	11.92	1.77*	−3.11	−2.90	0.77	−0.36	−0.45	−0.03	2.57	18.65	0.15	35.81	63
633	私募工场翔鹏中国竞争力 1 号	11.88	1.93*	−2.01	−2.05	0.90	−0.28	0.12	−0.12	6.22	17.71	0.34	27.20	66
634	澎泰安全边际 1 期	11.83	1.78*	−0.59	−0.56	0.30	0.25	−0.56	−0.13	19.60	14.89	1.18	10.05	44
635	宽远价值成长 5 期 1 号	11.79	2.06*	−0.65	−0.71	0.63	−0.23	0.24	0.17	11.25	14.39	0.71	11.52	55
636	泰亚 2 期	11.73	2.97*	1.41	2.25*	0.06	0.04	0.17	0.28	20.89	7.63	2.35	2.28	24
637	兴聚财富 7 号	11.73	2.31*	−0.85	−1.05	0.62	−0.26	0.15	0.21	10.41	13.92	0.67	24.28	62
638	中欧瑞博 4 期	11.67	2.68*	−0.61	−0.87	0.72	−0.18	−0.06	−0.02	13.08	14.63	0.81	20.54	75
639	师之盈成长 1 号	11.67	1.78*	−3.00	−2.87	0.84	−0.01	−0.61	0.01	9.77	20.50	0.48	28.34	71
640	超龙 5 号	11.64	2.18*	−1.10	−1.30	0.84	−0.10	−0.27	−0.08	13.70	17.70	0.73	19.61	74
641	侏罗纪超龙优选	11.61	2.19*	−1.10	−1.30	0.84	−0.09	−0.27	−0.08	13.76	17.64	0.73	19.59	74
642	宽远优势成长 3 号	11.55	2.24*	−0.86	−1.05	0.62	−0.22	0.31	0.17	10.18	13.49	0.68	11.16	59
643	师之洋	11.49	1.78*	−2.29	−2.22	0.84	0.01	−0.61	−0.07	12.13	20.35	0.59	29.56	72
644	拾贝泰观	11.48	2.21*	−1.94	−2.35	0.75	−0.05	−0.04	0.06	10.92	15.32	0.66	14.02	68
645	益嘉 6 号指数增强	11.42	1.67*	−1.21	−1.11	0.69	0.27	−0.26	0.08	19.48	18.17	0.99	23.29	60
646	致君基石投资 1 号	11.39	1.70*	−2.66	−2.49	0.79	−0.22	−0.05	0.00	5.05	17.11	0.28	33.47	56
647	祐益峰菁英 1 号	11.38	3.35*	−2.11	−3.90	0.86	−0.08	−0.18	−0.06	10.43	15.78	0.61	24.21	87

续表

编号	基金名称	年化α(%)	t(α)	γ	t(γ)	β_{mkt}	β_{smb}	β_{hml}	β_{mom}	年化收益率(%)	年化波动率(%)	年化夏普比率	最大回撤率(%)	调整后R^2(%)
648	仁布财富1期	11.38	1.84*	-1.42	-1.43	0.44	-0.09	-0.37	0.18	11.58	14.70	0.72	27.00	50
649	厚生彬鹏1期	11.17	1.98*	-1.20	-1.33	0.91	-0.26	0.32	-0.01	8.46	17.59	0.46	27.63	71
650	峰云汇哥伦布	11.16	3.41*	0.37	0.72	-0.08	-0.06	-0.13	-0.12	12.63	5.84	1.82	1.46	11
651	天道1期	11.16	1.79*	-0.49	-0.49	0.73	0.03	-0.43	0.31	19.11	19.61	0.92	33.49	71
652	歌斐锐联量化A股基本面	11.15	2.37*	-2.33	-3.11	0.91	-0.27	0.26	0.13	5.42	16.42	0.31	29.14	77
653	台州1号	11.13	1.65*	-2.09	-1.94	0.67	-0.42	0.50	-0.19	-0.36	16.26	-0.03	29.40	51
654	超龙6号	10.91	2.00*	-1.40	-1.61	0.87	-0.10	-0.29	-0.14	11.70	17.98	0.62	21.62	74
655	骐邦涌利健成长	10.89	1.94*	-1.21	-1.35	0.83	0.22	0.05	0.04	17.79	17.28	0.95	19.97	70
656	艾悉财赋1号	10.87	3.01*	-2.77	-4.80	0.95	0.25	0.11	0.11	13.75	17.18	0.75	21.50	88
657	投资精英之域秀长河价值2号	10.86	2.67*	-1.65	-2.54	0.94	-0.06	-0.30	-0.02	12.71	18.45	0.66	28.84	86
658	至璞新以恒	10.84	2.43*	-2.00	-2.81	0.65	-0.14	0.05	-0.10	7.00	12.52	0.48	21.77	64
659	苏华智盈7期	10.80	4.02*	0.19	0.45	0.09	-0.04	0.07	0.19	14.18	5.26	2.27	1.10	26
660	天演中证500指数	10.76	2.10*	-0.70	-0.86	0.99	0.32	0.02	0.28	23.47	20.76	1.05	24.19	83
661	赛硕稳利1号	10.74	2.61*	0.24	0.36	0.00	0.08	0.03	0.23	16.13	7.43	1.86	4.77	13
662	兴聚1期	10.73	2.38*	-0.87	-1.21	0.58	-0.25	0.05	0.14	9.42	12.82	0.65	23.80	65
663	坤钰天真FOF1号	10.71	2.21*	-1.52	-1.97	0.54	-0.21	-0.22	0.09	8.27	13.13	0.56	23.27	62
664	重阳目标回报1期	10.68	2.20*	-1.78	-2.29	0.79	-0.05	0.05	-0.17	9.47	14.93	0.58	20.39	70
665	宁泉特定策略1号	10.63	2.69*	0.65	1.04	0.67	-0.04	0.23	0.11	18.38	13.75	1.19	8.84	77
666	淘利趋势套利15号	10.62	4.31*	-1.53	-3.90	0.05	-0.04	0.06	0.06	7.05	4.83	1.13	5.83	27

续表

编号	基金名称	年化α(%)	t(α)	γ	t(γ)	β_mkt	β_smb	β_hml	β_mom	年化收益率(%)	年化波动率(%)	年化夏普比率	最大回撤率(%)	调整后R²(%)
667	中量财富玖盈1号	10.60	1.67*	-1.67	-1.65	0.65	-0.32	0.18	-0.03	4.07	14.96	0.24	23.79	49
668	立心-私募学院菁英353号	10.58	1.68*	0.60	0.60	0.29	0.13	0.13	-0.02	18.25	12.04	1.33	7.68	23
669	耀泉1号	10.50	2.32*	-1.33	-1.84	0.84	0.04	0.09	-0.21	12.43	15.61	0.73	15.85	76
670	投资精英之重阳（B）	10.47	2.01*	-1.96	-2.36	0.79	-0.30	-0.07	-0.22	4.31	15.69	0.25	23.35	69
671	致君辰光	10.37	1.68*	-1.24	-1.26	0.71	-0.30	0.13	0.13	6.89	15.95	0.40	29.29	58
672	喆颙大中华A	10.31	2.21*	-1.94	-2.60	0.49	-0.18	-0.19	0.09	6.52	12.13	0.46	18.34	58
673	领星拾贝	10.30	1.74*	-1.17	-1.24	0.73	-0.09	0.02	0.15	11.56	16.01	0.67	13.51	61
674	鼎实FOF	10.29	3.99*	-0.62	-1.51	0.25	-0.11	0.02	0.17	10.78	6.55	1.37	4.92	56
675	大朴策略1号	10.24	2.07*	-1.58	-2.01	0.73	-0.27	-0.26	0.07	7.38	15.92	0.43	31.43	73
676	黄金优选10期3号（重阳）	10.23	1.99*	-1.95	-2.38	0.78	-0.30	-0.06	-0.22	4.16	15.52	0.24	23.27	69
677	龙旗Y1期	10.18	1.82*	-0.94	-1.05	0.31	0.34	-0.15	0.32	19.14	13.56	1.26	11.72	52
678	乐道成长优选2号A期	10.14	2.03*	-1.67	-2.10	0.82	-0.20	-0.07	0.06	8.20	16.29	0.47	29.76	74
679	普尔睿选5号	10.13	1.69*	-0.42	-0.44	0.65	-0.10	0.32	0.15	12.25	14.76	0.75	14.31	53
680	厚生明启2号	10.10	2.20*	-0.83	-1.14	0.17	-0.11	-0.05	-0.04	8.25	8.28	0.82	10.32	13
681	悟空对冲量化11期	10.08	1.75*	-1.45	-1.57	0.56	-0.16	-0.46	0.21	9.77	16.22	0.56	27.80	64
682	永1号	10.00	1.92*	-2.85	-3.42	0.22	-0.23	0.19	0.04	-0.81	10.11	-0.18	21.26	25
683	艾方博云全天候1号	9.97	2.39*	-0.20	-0.31	0.41	0.11	0.16	-0.01	15.49	9.88	1.36	8.29	50
684	永韵骐邦1号	9.93	1.77*	-1.01	-1.13	0.82	0.24	0.11	0.07	17.74	17.14	0.95	17.09	70
685	诚盛2期	9.91	2.27*	-0.06	-0.09	0.44	-0.24	-0.20	0.20	11.72	12.31	0.84	19.58	65

续表

编号	基金名称	年化 α(%)	t(α)	γ	t(γ)	β_{mkt}	β_{smb}	β_{hml}	β_{mom}	年化收益率(%)	年化波动率(%)	年化夏普比率	最大回撤率(%)	调整后 R^2(%)
686	黛眉杉树	9.89	1.97*	-1.58	-1.97	0.89	0.41	-0.01	0.05	19.40	18.55	0.97	17.95	79
687	保银紫荆怒放	9.89	1.83*	-1.38	-1.60	0.67	-0.27	-0.11	0.11	7.05	15.21	0.42	30.97	64
688	重阳对冲 2 号	9.87	1.77*	-1.92	-2.15	0.82	-0.01	-0.02	-0.15	9.20	16.19	0.53	19.68	66
689	证禾 1 号	9.84	1.65*	-1.75	-1.84	0.46	0.11	-0.11	0.30	12.22	14.15	0.78	19.70	50
690	金享精选策略	9.83	3.13*	-0.92	-1.84	-0.01	-0.03	-0.02	-0.02	7.91	5.51	1.14	4.27	8
691	佳和精选 1 号	9.81	2.00*	-0.96	-1.22	0.68	-0.25	-0.48	0.08	9.94	16.71	0.56	34.36	76
692	宁聚自由港 1 号	9.77	1.83*	0.17	0.20	0.61	-0.09	0.02	0.35	16.06	15.22	0.96	15.31	65
693	卓越理财 1 号	9.76	2.16*	-0.89	-1.23	0.60	-0.31	0.02	0.03	6.88	12.97	0.46	17.88	66
694	胡杨韵动 1 期	9.75	1.85*	-0.55	-0.65	0.52	-0.24	0.27	0.37	9.37	13.25	0.63	9.40	55
695	国联安一弘尚资产成长精选 1 号	9.73	1.87*	-2.81	-3.37	0.91	-0.02	-0.33	-0.11	7.52	18.35	0.40	33.69	77
696	盛泉佰元灵活配置 8 号	9.68	3.26*	0.23	0.48	0.53	0.15	-0.13	0.13	19.92	12.11	1.45	12.15	83
697	元康沪港深深精选 1 号	9.66	1.87*	-0.80	-0.96	0.85	-0.12	0.00	0.12	12.21	17.29	0.67	19.50	75
698	金珀 9 号	9.64	2.10*	-2.46	-3.36	0.70	-0.18	-0.15	0.27	5.95	15.27	0.36	36.66	75
699	盈阳 22 号	9.63	1.95*	-2.00	-2.54	0.91	0.09	0.08	0.28	12.65	17.88	0.67	22.88	78
700	朱雀 20 期	9.62	1.74*	-0.30	-0.34	0.78	-0.20	-0.40	0.18	13.49	18.91	0.68	24.90	76
701	拾贝精选 1 期	9.58	1.92*	-1.88	-2.36	0.80	-0.05	-0.03	0.04	9.24	15.78	0.54	16.21	72
702	湘源稳健	9.57	3.05*	-0.15	-0.30	0.11	0.00	0.01	-0.01	11.76	5.57	1.76	5.06	10
703	博孚利聚强 2 号 FOF	9.44	1.89*	-0.87	-1.09	0.15	-0.02	-0.03	0.10	9.35	8.97	0.88	9.46	12
704	千惠云航 1 号	9.36	2.78*	-0.74	-1.38	0.22	-0.08	0.21	0.08	8.33	6.70	1.01	11.58	28

续表

编号	基金名称	年化 α(%)	t(α)	γ	t(γ)	β_{mkt}	β_{smb}	β_{hml}	β_{mom}	年化收益率(%)	年化波动率(%)	年化夏普比率	最大回撤率(%)	调整后 R^2(%)
705	启元价值成长 1 号	9.30	2.28*	-1.29	-1.98	0.92	0.17	-0.07	0.04	15.80	17.72	0.83	19.85	85
706	龙旗紫霄	9.30	1.73*	0.29	0.34	1.02	0.42	-0.14	0.27	27.97	22.99	1.13	25.84	85
707	睿郡众享 6 号	9.27	2.36*	-0.45	-0.72	0.63	-0.05	-0.11	0.02	13.26	13.20	0.90	18.51	75
708	千象卓越 2 号	9.21	1.73*	-1.61	-1.90	1.00	0.29	0.03	0.11	16.94	19.78	0.82	21.69	80
709	朱雀 20 期之慧选 11 号	9.18	1.94*	-1.68	-2.23	0.63	-0.19	-0.47	0.02	7.39	15.30	0.44	24.74	73
710	弘彦家族财富 4 号	9.16	3.33*	-0.06	-0.15	0.31	0.07	-0.15	-0.06	14.60	7.77	1.61	7.69	64
711	谊恒多品种进取 2 号	9.12	2.71*	0.72	1.33	0.34	-0.19	0.18	-0.20	10.57	9.36	0.96	10.02	63
712	股票价值鼎实 13 号	9.11	2.58*	-1.40	-2.49	0.50	-0.11	-0.03	0.15	8.30	10.66	0.66	16.64	69
713	大朴目标	9.09	2.13*	-2.02	-2.96	0.74	-0.17	-0.23	0.03	6.44	15.09	0.39	29.80	77
714	龙旗红鹰	9.05	1.80*	0.07	0.08	1.01	0.34	-0.11	0.23	25.07	21.89	1.07	25.29	85
715	展弘量化套利 1 号	9.04	2.64*	-0.35	-0.64	0.04	-0.07	-0.03	0.09	9.30	6.00	1.27	4.76	8
716	中邮永安钱塘致胜 1 号	9.00	3.20*	-0.48	-1.06	0.20	-0.06	0.10	0.04	9.40	5.72	1.34	4.53	32
717	平方和进取 1 号	9.00	1.68*	-0.88	-1.03	1.01	0.41	0.08	0.24	22.24	21.12	0.99	21.11	82
718	毅木动态精选 2 号	8.96	2.01*	-0.98	-1.37	0.60	-0.31	0.00	0.00	5.60	12.97	0.37	20.04	67
719	喆颢大中华 D	8.91	2.70*	-1.98	-3.75	0.64	-0.13	-0.13	-0.04	6.07	12.08	0.42	19.19	79
720	青云套利 1 号	8.88	1.90*	-2.70	-3.62	0.36	-0.12	-0.04	-0.26	0.77	9.78	-0.03	14.12	35
721	鋆杉 1 号	8.86	1.66*	-0.25	-0.30	0.47	-0.13	-0.18	0.30	12.39	13.85	0.81	15.45	58
722	汇升共盈尊亭	8.85	3.73*	-0.70	-1.84	0.25	-0.05	0.00	0.11	9.72	5.99	1.33	7.66	56
723	黑翼风行 2 号	8.82	1.64*	0.66	0.78	0.89	0.28	-0.11	0.15	24.72	20.00	1.14	25.86	80

续表

编号	基金名称	年化 α(%)	t(α)	γ	t(γ)	β_{mkt}	β_{smb}	β_{hml}	β_{mom}	年化收益率(%)	年化波动率(%)	年化夏普比率	最大回撤率(%)	调整后 R^2(%)
724	远澜雪松	8.74	2.59*	-0.01	-0.01	-0.02	-0.09	0.07	0.16	9.26	6.02	1.26	4.30	11
725	睿郡稳享	8.74	2.43*	0.59	1.03	0.63	-0.06	-0.07	0.03	16.02	13.43	1.07	13.72	80
726	五岳归来量化贝塔	8.64	2.28*	-1.28	-2.11	0.92	-0.09	0.04	0.02	10.05	16.72	0.57	20.84	86
727	鼎实 FOF7 期	8.63	3.43*	-0.57	-1.43	0.25	-0.11	0.03	0.18	9.05	6.44	1.15	6.12	57
728	徽丰凯旋 9 号	8.62	1.92*	0.63	0.88	0.09	0.14	-0.01	0.21	16.99	8.58	1.71	9.45	22
729	安值福慧量化 3 号	8.62	1.90*	-1.32	-1.83	0.95	-0.06	0.18	0.19	10.68	17.68	0.58	21.55	81
730	茂源资本-巴舍里耶量化对冲 1 期	8.57	2.27*	-0.28	-0.47	0.11	0.02	0.11	0.22	11.13	7.01	1.33	6.03	18
731	寰宇精选收益之睿益 1 期	8.52	1.90*	-0.20	-0.27	-0.04	-0.12	-0.04	0.00	7.19	7.76	0.74	11.22	5
732	华炎晨晖	8.47	2.45*	0.66	1.20	0.27	0.05	0.07	-0.02	15.05	7.86	1.64	3.78	45
733	慈铃 A 号	8.46	1.95*	0.74	1.07	0.48	0.28	-0.04	0.09	21.94	12.75	1.51	9.20	67
734	拾贝泰观 1 号	8.46	1.74*	-2.14	-2.76	0.75	-0.02	-0.05	-0.01	7.22	14.76	0.44	14.85	69
735	华炎晨星	8.43	2.74*	0.53	1.08	0.25	0.02	0.04	-0.03	14.10	7.11	1.69	3.43	47
736	致远中证 500 指数加强	8.43	2.06*	-0.30	-0.46	0.86	0.18	0.16	0.24	18.34	16.90	1.00	19.23	83
737	自由港 1 号	8.40	1.65*	-0.05	-0.07	0.62	-0.10	0.06	0.33	13.36	14.75	0.82	16.37	66
738	寰宇精选收益之睿益 10 期	8.39	1.98*	-0.15	-0.22	-0.09	-0.09	-0.08	0.02	7.75	7.40	0.85	8.96	7
739	毅木资产动态精选 3 号	8.36	1.79*	-1.08	-1.45	0.60	-0.31	0.00	-0.03	4.59	13.06	0.29	19.92	64
740	大朴进取 1 期	8.28	1.89*	-1.76	-2.52	0.70	-0.17	-0.16	0.04	6.03	14.37	0.37	27.34	74
741	九歈禾禧 1 号	8.27	1.69*	-2.25	-2.88	1.01	0.10	-0.04	0.01	10.16	18.99	0.52	25.07	81
742	新方程对冲精选 N1 号	8.25	4.01*	-0.81	-2.48	0.32	0.08	0.08	0.15	11.48	6.71	1.44	6.23	74

续表

编号	基金名称	年化 α(%)	t(α)	γ	t(γ)	β_{mkt}	β_{smb}	β_{hml}	β_{mom}	年化收益率(%)	年化波动率(%)	年化夏普比率	最大回撤率(%)	调整后 R^2(%)
743	致同稳健成长 1 期	8.25	2.97*	0.58	1.31	-0.07	-0.04	-0.04	0.19	11.97	5.23	1.91	4.62	20
744	子午达芬奇 1 号	8.25	1.94*	1.27	1.88*	-0.02	0.02	-0.01	0.20	15.62	7.67	1.75	0.91	13
745	辉毅 4 号	8.15	4.61*	-0.54	-1.93	0.04	-0.01	-0.09	0.03	8.77	3.43	2.04	3.74	25
746	鼎实 FOF2 期	8.15	3.30*	-0.57	-1.45	0.24	-0.10	0.03	0.17	8.58	6.29	1.10	6.11	56
747	信成金合稳盈 1 号	8.15	1.68*	-1.39	-1.80	0.68	0.01	0.13	-0.12	8.55	13.45	0.57	15.69	63
748	弘彦家族财富 2 号	8.13	3.74*	0.17	0.50	0.36	0.08	-0.03	0.00	14.81	7.81	1.63	5.23	78
749	兴识乾坤 1 号	8.12	1.65*	-0.21	-0.26	0.49	-0.10	0.31	0.13	9.93	11.63	0.74	10.14	49
750	西安智本 1 号	8.05	1.94*	-2.41	-3.63	0.67	-0.33	0.10	-0.07	-0.45	12.72	-0.09	35.33	70
751	睿兹 10 号	7.99	3.88*	0.52	1.57	-0.02	-0.03	0.02	0.16	11.70	3.87	2.50	0.60	20
752	巡洋精选 1 号	7.99	1.88*	-0.76	-1.11	0.45	-0.05	0.25	0.30	9.60	10.59	0.78	19.03	54
753	谊恒多品种进取 1 号	7.89	2.24*	-1.74	-3.08	0.60	-0.22	0.15	-0.33	1.64	11.29	0.07	18.58	72
754	天合天勤 1 号	7.87	1.67*	-1.87	-2.49	0.55	-0.21	-0.13	-0.18	2.64	12.05	0.15	27.18	57
755	盛泉恒元多策略市场中性 3 号	7.86	3.14*	0.82	2.05*	0.06	0.09	-0.12	0.08	15.53	5.33	2.47	1.89	38
756	久期量和对冲 1 号	7.85	3.02*	-0.52	-1.26	0.40	0.05	0.07	0.08	11.74	8.11	1.23	6.83	71
757	江晌禧昊	7.80	2.13*	0.23	0.40	0.40	0.09	0.27	-0.16	12.99	9.49	1.18	7.79	58
758	美阳永续成长 7 号	7.70	3.17*	-0.29	-0.74	0.36	-0.04	-0.09	0.12	11.21	8.14	1.17	9.20	75
759	中国龙平衡	7.65	2.30*	-1.27	-2.40	0.44	-0.21	0.29	0.08	3.70	8.98	0.28	16.68	61
760	华炎铁树	7.58	2.21*	0.53	0.96	0.27	0.05	0.06	-0.03	13.65	7.73	1.51	4.04	44
761	致盛 3 号	7.54	2.27*	0.41	0.78	-0.03	0.07	-0.01	0.10	12.32	5.78	1.79	2.46	7
762	裕晋 30 期	7.54	1.84*	-1.25	-1.92	0.52	-0.02	-0.17	-0.35	6.90	11.26	0.52	16.17	63

续表

编号	基金名称	年化 α(%)	t(α)	γ	t(γ)	β_mkt	β_smb	β_hml	β_mom	年化收益率(%)	年化波动率(%)	年化夏普比率	最大回撤率(%)	调整后 R²(%)
763	茂源英火 1 号	7.48	1.95*	0.06	0.10	0.02	0.07	0.14	0.21	11.16	6.83	1.37	7.77	10
764	老虎 7 号	7.32	2.02*	0.58	1.01	0.46	0.12	0.04	0.18	17.20	11.20	1.35	7.37	70
765	诚盛 1 期	7.31	1.88*	-0.39	-0.63	0.43	-0.19	-0.17	0.10	8.13	10.91	0.63	20.44	64
766	弘彦家族财富 3 号	7.25	3.10*	0.40	1.07	0.30	0.07	-0.01	-0.01	13.78	7.06	1.66	4.12	69
767	金铸中证 1000 指数增强 1 号	7.24	1.66*	0.19	0.27	1.02	0.45	-0.07	0.10	24.85	21.55	1.07	21.64	88
768	浊清精选 2 号	7.23	2.20*	-0.27	-0.51	0.28	-0.05	-0.18	-0.09	9.28	7.76	0.99	8.92	49
769	白鹭 FOF 演武场 1 号	7.21	3.37*	0.21	0.61	0.03	0.03	0.09	0.11	10.79	3.83	2.31	0.93	12
770	申毅格物 5 号	7.10	3.83*	-0.46	-1.56	0.05	-0.02	-0.04	0.09	7.90	3.59	1.72	3.72	25
771	美阳永续成长	7.09	3.29*	-0.44	-1.27	0.38	-0.04	-0.11	0.09	9.98	8.13	1.03	8.94	80
772	信弘龙腾稳健 1 号	7.08	3.50*	-0.74	-2.31	0.18	0.07	0.06	0.08	8.97	4.66	1.55	2.81	47
773	龙旗紫薇	7.06	1.91*	-0.18	-0.30	0.02	0.25	-0.06	0.26	14.20	8.05	1.51	5.63	40
774	盛泉恒元多策略量化对冲 2 号	7.03	2.87*	1.13	2.90*	0.05	0.09	-0.10	0.13	15.80	5.48	2.45	2.05	44
775	弘彦 1 号	6.98	3.63*	-0.01	-0.03	0.38	0.10	-0.03	-0.03	13.05	7.72	1.44	8.17	83
776	联卡稳健 1 期	6.96	2.48*	-1.04	-2.31	0.11	0.05	0.02	-0.01	6.70	5.17	0.99	9.85	16
777	喜岳云麓	6.89	1.64*	0.12	0.18	0.89	0.16	0.09	0.12	17.57	17.61	0.92	17.92	84
778	厚生量化阿尔法 1 号	6.87	2.15*	0.80	1.57	0.02	0.17	-0.10	0.07	15.28	6.28	2.07	5.70	27
779	星辰之喜岳 2 号	6.81	2.05*	-0.73	-1.37	0.64	0.05	0.08	0.03	10.95	12.18	0.79	9.77	79
780	厚生明启 1 号	6.79	1.70*	-0.34	-0.54	0.10	-0.07	-0.05	-0.02	6.78	7.00	0.76	6.57	8
781	德远英华	6.72	1.73*	-0.38	-0.62	0.23	0.14	0.05	-0.07	10.58	7.75	1.15	6.74	29
782	盛泉恒元多策略量化对冲 1 号	6.63	2.38*	1.01	2.26*	0.03	0.11	-0.14	0.09	14.99	5.80	2.19	3.26	35

续表

编号	基金名称	年化α(%)	t(α)	γ	t(γ)	β_{mkt}	β_{smb}	β_{hml}	β_{mom}	年化收益率(%)	年化波动率(%)	年化夏普比率	最大回撤率(%)	调整后R^2(%)
783	展弘稳进 1 号	6.58	8.23*	0.10	0.76	0.03	0.00	0.01	0.06	9.24	1.64	4.50	0.04	33
784	谊恒多品种稳健 1 号	6.35	2.46*	-0.71	-1.73	0.29	-0.10	0.11	-0.18	4.72	6.50	0.51	8.89	55
785	正瀛权智 2 号	6.35	1.80*	-0.47	-0.83	0.12	0.05	0.08	-0.03	7.68	6.23	0.98	4.47	9
786	悟源航母 1 号 FOF	6.29	2.11*	-0.66	-1.38	0.24	-0.14	-0.08	0.13	5.79	7.09	0.62	12.14	50
787	茂源资本-巴舍里那 2 期	6.27	2.04*	-0.27	-0.55	0.05	0.10	0.04	0.16	9.80	5.76	1.40	5.69	19
788	启元价值成长 2 号	6.19	1.99*	-1.73	-3.49	0.65	0.21	0.00	0.03	9.92	12.48	0.70	15.53	82
789	泓倍套利 1 号	6.15	3.14*	-0.76	-2.42	0.10	0.00	-0.05	-0.08	5.94	3.78	1.15	4.24	24
790	TOP30 对冲母基金 1 号	5.97	1.92*	-0.70	-1.42	0.45	-0.02	0.00	0.16	8.55	9.71	0.74	13.82	71
791	新方程大类配置	5.95	2.86*	-0.43	-1.29	0.25	0.01	-0.01	0.12	8.63	5.89	1.19	5.92	65
792	储泉兴盛 1 号	5.90	1.91*	-0.39	-0.78	0.19	-0.15	0.01	0.19	5.71	6.87	0.63	10.88	43
793	金铸量化	5.87	3.13*	0.42	1.42	0.06	0.08	0.04	0.13	11.48	3.93	2.41	1.89	36
794	明钺安心回报 2 号	5.85	2.24*	-0.87	-2.09	0.17	-0.01	0.04	0.12	5.93	5.41	0.82	4.14	34
795	申毅全天候 2 号	5.75	2.79*	-0.65	-1.96	0.04	0.00	-0.10	0.03	5.99	3.95	1.12	6.93	23
796	灵涛卧龙	5.70	2.19*	-0.94	-2.26	0.17	0.05	0.08	0.01	6.13	5.14	0.90	4.46	27
797	厚品资产复利 1 号	5.63	1.83*	-1.14	-2.32	0.35	-0.16	0.22	-0.14	1.63	7.73	0.05	13.31	55
798	明钺宏观对冲 FOF	5.56	2.43*	-0.89	-2.43	0.30	-0.01	0.04	0.20	6.85	6.82	0.79	6.63	68
799	大道白驹	5.41	1.84*	0.64	1.36	0.03	0.04	0.12	0.22	10.67	5.48	1.61	4.29	19
800	擎丰 1 号	5.40	3.99*	0.16	0.73	-0.02	0.00	0.00	0.04	7.69	2.32	2.56	0.25	4
801	山峥正朗行业	5.32	1.66*	-1.02	-2.01	0.82	-0.02	0.10	0.12	8.25	14.81	0.51	18.52	87
802	珠海宽德九盈	5.09	1.64*	0.31	0.63	-0.05	0.13	0.05	0.18	10.39	5.79	1.48	4.94	19

续表

编号	基金名称	年化α(%)	t(α)	γ	t(γ)	β_mkt	β_smb	β_hml	β_mom	年化收益率(%)	年化波动率(%)	年化夏普比率	最大回撤率(%)	调整后R²(%)
803	致同宝盈	4.96	2.08*	0.69	1.81*	-0.03	-0.02	0.02	0.16	8.96	4.41	1.64	4.55	17
804	艾方全天候2号	4.93	1.86*	0.29	0.69	0.09	0.06	0.05	-0.01	8.88	4.86	1.47	5.03	16
805	润泽价值2期	4.85	1.79*	-1.71	-3.98	0.44	-0.10	-0.12	-0.13	1.70	8.58	0.06	17.50	72
806	世纪兴元价值成长1号	4.71	1.81*	-0.94	-2.27	0.31	-0.01	0.10	-0.13	4.12	6.38	0.43	6.54	53
807	新时代智能量化4号	4.62	2.27*	0.14	0.43	0.05	0.02	-0.08	0.04	7.95	3.90	1.60	1.25	23
808	新时代智能3号	4.28	2.34*	0.04	0.13	0.06	0.06	-0.12	0.01	7.91	3.81	1.63	1.28	34
809	福瑞福元1号	4.25	4.57*	0.47	3.15*	-0.04	0.01	0.00	0.03	7.52	1.73	3.35	0.50	18
810	金铸6号	4.24	2.86*	0.29	1.23	0.05	0.08	0.02	0.10	9.05	3.21	2.26	2.21	39
811	金铸5号	4.20	2.72*	0.41	1.66*	0.06	0.07	0.04	0.15	9.48	3.48	2.20	1.74	45
812	希格斯沪深300单利宝1号	4.12	2.25*	0.62	2.12*	-0.03	0.07	-0.02	0.04	9.02	3.31	2.18	1.77	14
813	兆石套利1号FOF	4.08	4.68*	0.00	0.01	0.03	0.03	0.03	0.06	6.62	1.72	2.88	0.81	27
814	中邮永安钱潮FOF3号	3.70	1.99*	0.22	0.73	0.05	0.02	0.04	0.07	6.85	3.39	1.54	2.17	15
815	曜石对冲母基金2号	3.52	4.73*	0.52	4.41*	-0.01	0.01	0.00	0.05	7.21	1.55	3.55	0.28	35
816	歌斐传世5号	3.40	2.95*	-0.46	-2.48	0.15	0.01	0.01	0.11	5.22	3.54	1.04	4.65	70
817	天宝云中燕4期	3.25	1.72*	1.00	3.32*	-0.07	0.03	-0.04	0.10	8.80	3.61	1.95	1.46	23
818	朴润精诚2号	2.68	1.84*	0.34	1.48	0.03	0.04	0.05	0.12	6.62	2.91	1.71	1.68	29
819	海之山资产管理稳健收益1号	2.62	1.81*	-0.28	-1.19	0.05	0.03	0.00	0.06	4.42	2.75	1.04	2.12	21
820	曜石对冲母基金1号	2.54	2.21*	0.32	1.74*	0.06	0.03	-0.01	0.09	6.41	2.63	1.81	1.75	46
821	润合唐诚元宝2号	2.47	5.96*	0.10	1.54	-0.01	0.00	-0.01	-0.01	4.35	0.73	3.78	0.67	9
822	明钺安心回报1号	2.30	4.04*	0.08	0.92	0.02	0.03	-0.01	0.05	5.05	1.37	2.51	0.64	51

附录三 收益率在排序期排名前 30 位的基金在检验期的排名（排序期为一年）：2020～2023 年

篇幅所限，本表展示的是排序期为一年、检验期为一年时，排序期收益率排名前 30 位的基金在排序期和检验期的收益率、样本量为在排序期和检验期都存在的基金数量。★表示在检验期仍为排名前 30 位的基金。2020～2023 年所有基金结果的完整数据可扫描前言中提供的二维码查阅。

排序期	排序期排名	基金名称	排序期收益率（%）	检验期	检验期排名	检验期收益率（%）	样本量
2020	1	建泓绝对收益 1 号	830.9	2021	704	39.3	6 781
2020	2	南方海慧 1 号	511.3	2021	41	168.7	6 781
2020	3	一民集团 1 号	476.1	2021	94	108.4	6 781
2020	4	建泓时代绝对收益 2 号	461.0	2021	3 123	8.6	6 781
2020	5	汇莲豪翔进取 1 号	391.3	2021	1 906	19.0	6 781
2020	6	骏伟资本价值 5 期	370.4	2021	6 292	−18.4	6 781
2020	7	顺然 3 号	357.0	2021	126	91.8	6 781
2020	8	巨杉二次方 1 号	355.4	2021	2 224	15.9	6 781
2020	9	方信睿熙 1 号	352.4	2021	40	171.0	6 781
2020	10	骐骥旭灏多空主题 1 号	322.6	2021	6 433	−21.3	6 781
2020	11	本因坊	319.3	2021	1 632	22.3	6 781
2020	12	财富兄弟紫时成长 1 号	310.3	2021	646	40.9	6 781
2020	13	卓哗 1 号	303.3	2021	24★	207.4	6 781
2020	14	锐鸿 1 号	293.2	2021	725	38.9	6 781
2020	15	本颐明湖	283.4	2021	6 259	−17.9	6 781
2020	16	方略增长 1 号	276.2	2021	1 995	17.9	6 781

续表

排序期	排序期排名	基金名称	排序期收益率（%）	检验期	检验期排名	检验期收益率（%）	样本量
2020	17	前海大宇精选 2 号	266.5	2021	1 717	21.1	6 781
2020	18	沃土 1 号	256.1	2021	345	59.1	6 781
2020	19	冠丰 3 号消费优选	255.3	2021	110	100.7	6 781
2020	20	传家堡山河优选	254.6	2021	6 384	-20.3	6 781
2020	21	睿洋精选 1 号	252.1	2021	6 017	-13.5	6 781
2020	22	浅湖稳健 5 号	249.2	2021	5 638	-8.7	6 781
2020	23	传家堡资管长江之星	248.1	2021	4 747	-0.8	6 781
2020	24	诚品 2 号	243.9	2021	100	104.9	6 781
2020	25	长量大志 1 号	237.5	2021	95	107.5	6 781
2020	26	凌顶 7 号	237.3	2021	1 854	19.5	6 781
2020	27	瑞丰卫	234.2	2021	1 151	29.6	6 781
2020	28	盈沣远航 1 号	232.3	2021	118	94.4	6 781
2020	29	理石烜鼎赢新套利 2 号	226.5	2021	2 088	17.1	6 781
2020	30	广金美好玻色 7 号	224.3	2021	49	157.5	6 781
2021	1	匠心全天候	1382.7	2022	97	42.3	9 058
2021	2	唐氏专户 1 期	724.9	2022	8 553	-40.6	9 058
2021	3	七禾聚晨兴 1 号	437.6	2022	7 542	-28.4	9 058
2021	4	至简方大	390.1	2022	6 489	-22.2	9 058
2021	5	英领标地 1 号	382.0	2022	826	6.6	9 058
2021	6	久实精选 1 号	380.5	2022	6 531	-22.4	9 058

续表

排序期	排序期排名	基金名称	排序期收益率（%）	检验期	检验期排名	检验期收益率（%）	样本量
2021	7	亚勤价值 1 号	371.6	2022	1 318	2.4	9 058
2021	8	黑石宏忠 1 号	368.8	2022	8 961	−59.4	9 058
2021	9	久盈价值精选 1 号	357.1	2022	8*	183.7	9 058
2021	10	中阅产业主题 3 号	331.0	2022	8 212	−35.0	9 058
2021	11	云土顺盈 5 号	327.7	2022	1 902	−1.4	9 058
2021	12	恒邦开鑫 1 号	321.7	2022	2 987	−7.1	9 058
2021	13	稻洋洋盈 6 号	318.2	2022	8 778	−46.8	9 058
2021	14	弘理嘉富	317.6	2022	8 749	−45.6	9 058
2021	15	天创机遇 15 号	317.3	2022	2 974	−7.1	9 058
2021	16	青鸾·芒种	312.7	2022	3 048	−7.4	9 058
2021	17	建泓盈富 4 号	306.9	2022	2*	287.4	9 058
2021	18	睿扬新兴成长	305.2	2022	5 408	−17.2	9 058
2021	19	稻洋洋盈 7 号	305.1	2022	8 833	−49.0	9 058
2021	20	睿扬新兴成长 2 号	291.0	2022	5 644	−18.3	9 058
2021	21	鑫疆九颂 3 号	289.6	2022	9 010	−67.6	9 058
2021	22	中阅聚焦 7 号	283.0	2022	45	69.9	9 058
2021	23	瀚木资产瀚木 1 号	278.9	2022	7 913	−31.7	9 058
2021	24	恒邦 2 号	276.1	2022	6 942	−24.5	9 058
2021	25	誉庆平海鸥飞翔 1 号	276.1	2022	9 037	−76.8	9 058
2021	26	弘理嘉元	273.9	2022	8 712	−44.5	9 058

续表

排序期	排序期排名	基金名称	排序期收益率（%）	检验期	检验期排名	检验期收益率（%）	样本量
2021	27	鑫疆精选价值成长 6 号	272.6	2022	9 057	-94.7	9 058
2021	28	中盛晨嘉小草资本深圳湾 1 号	270.8	2022	8 979	-61.0	9 058
2021	29	弘理嘉惠	267.6	2022	8 714	-44.5	9 058
2021	30	一村基石 10 号	266.3	2022	709	8.1	9 058
2022	1	宥盛尊享 9 号	307.3	2023	1 061	14.1	11 788
2022	2	金程宗蕊长风 1 号	240.7	2023	11 672	-48.5	11 788
2022	3	玖毅源航 2 号	239.8	2023	719	19.2	11 788
2022	4	睿屹尚丰中睿智选 2 号	235.6	2023	6 675	-5.7	11 788
2022	5	君冠 3 号弘久价值机遇	216.6	2023	10 104	-18.8	11 788
2022	6	久盈价值精选 1 号	183.7	2023	11 218	-30.1	11 788
2022	7	鸿宸领投 1 号	180.8	2023	4 225	0.8	11 788
2022	8	鲸泓北极星	179.3	2023	8 948	-13.4	11 788
2022	9	甬邦海星 1 号	178.4	2023	14*	189.2	11 788
2022	10	图灵林海 9 号	172.6	2023	1 308	11.9	11 788
2022	11	锐耐资本精锐量化 1 号	166.8	2023	3 804	1.9	11 788
2022	12	宝盈 1 号（宝信德）	156.6	2023	8 218	-10.6	11 788
2022	13	宁波泽添月湖汇 1 号	148.0	2023	1 637	9.5	11 788
2022	14	简骥世纪元端 1 号	143.1	2023	10 743	-24.1	11 788
2022	15	福邑共赢 1 号	137.8	2023	1 488	10.5	11 788
2022	16	中珏中钜增利 1 号	134.0	2023	8 518	-11.6	11 788

续表

排序期	排序期排名	基金名称	排序期收益率（%）	检验期	检验期排名	检验期收益率（%）	样本量
2022	17	万点资本进取 2 号	133.2	2023	823	17.3	11 788
2022	18	莽荒尚杉 5 号	133.2	2023	2 010	7.6	11 788
2022	19	歆享海盈 16 号	123.0	2023	3 955	1.5	11 788
2022	20	天简道升辉 10 号	119.5	2023	550	23.6	11 788
2022	21	中珏恩视宏达价值 1 号	119.3	2023	1 170	12.9	11 788
2022	22	阳川 10 号	117.3	2023	2 588	5.3	11 788
2022	23	三才	114.0	2023	831	17.2	11 788
2022	24	友懍紫淇	113.7	2023	3 315	3.2	11 788
2022	25	上海瓦洛兰投资－精选 2 号	113.0	2023	118	57.2	11 788
2022	26	昭阳 1 号	111.4	2023	3 389	3.0	11 788
2022	27	晨乐佳享 8 号	107.5	2023	1 261	12.2	11 788
2022	28	芝麻财富 3 号	106.1	2023	699	19.6	11 788
2022	29	诚垯新享 1 号	102.6	2023	3 584	2.4	11 788
2022	30	光华致远星耀 1 号	101.5	2023	3 525	2.6	11 788

附录四 收益率在排序期和检验期分别排名前30位的基金排名（排序期为一年）：2020～2023年

本表展示的是排序期为一年，检验期为一年时，排序期和检验期分别排名前30位的基金及基金的收益率。样本量为在排序期和检验期都存在的基金数量。★表示在检验期仍排名前30位的基金。

排序期	排序期排名	基金名称	排序期收益率（%）	检验期	检验期排名	基金名称	检验期收益率（%）	样本量
2020	1	建泓绝对收益1号	830.9	2021	1	匠心全天候	1 382.7	6 781
2020	2	南方海慧1号	511.3	2021	2	唐氏专户1期	724.9	6 781
2020	3	一民集团1号	476.1	2021	3	慧智投资105号	591.3	6 781
2020	4	建泓时代绝对收益2号	461.0	2021	4	幂数阿尔法8号	467.9	6 781
2020	5	汇瑾骜翔进取1号	391.3	2021	5	久实精选1号	380.5	6 781
2020	6	骏伟资本价值5期	370.4	2021	6	亚軐价值1号	371.6	6 781
2020	7	顺然3号	357.0	2021	7	黑石宏忠1号	368.8	6 781
2020	8	巨杉二次方1号	355.4	2021	8	中阅产业主题3号	331.0	6 781
2020	9	方信睿熙1号	352.4	2021	9	云土顺盈5号	327.7	6 781
2020	10	骐聚旭嬴多空主题1号	322.6	2021	10	弘理嘉富	317.6	6 781
2020	11	本因坊	319.3	2021	11	瀚木资产瀚木1号	278.9	6 781
2020	12	财富兄弟紫时成长1号	310.3	2021	12	恒邦2号	276.1	6 781
2020	13	卓晔1号	303.3	2021	13	弘理嘉元	273.9	6 781
2020	14	锐鸿1号	293.2	2021	14	弘理嘉惠	267.6	6 781
2020	15	本颐明湖	283.4	2021	15	前海佰德纳资本5号	259.0	6 781
2020	16	方略增长1号	276.2	2021	16	万顺通6号	254.8	6 781

续表

排序期	排序期排名	基金名称	排序期收益率（%）	检验期	检验期排名	基金名称	检验期收益率（%）	样本量
2020	17	前海大字精选 2 号	266.5	2021	17	飞蚁 1 号	250.2	6 781
2020	18	沃土 1 号	256.1	2021	18	实力价值复兴	234.6	6 781
2020	19	冠丰 3 号消费优选	255.3	2021	19	汇壃尊睿 3 号	231.2	6 781
2020	20	传家堡山河优选	254.6	2021	20	实力终极复利机器	230.1	6 781
2020	21	睿洋精选 1 号	252.1	2021	21	必胜季季升 1 号	229.7	6 781
2020	22	浅湖稳健 5 号	249.2	2021	22	将军成长 1 号	228.9	6 781
2020	23	传家堡资管长江之星	248.1	2021	23	西安久上-私募学院菁英 343 号	224.9	6 781
2020	24	诚品 2 号	243.9	2021	24	卓晔 1 号*	207.4	6 781
2020	25	长量大志 1 号	237.5	2021	25	易徽河洲龙行 2 号	204.7	6 781
2020	26	凌顶 7 号	237.3	2021	26	黄金优选 11 期 5 号	203.1	6 781
2020	27	瑞丰卫	234.2	2021	27	必胜年年升 1 号	198.5	6 781
2020	28	盈洋远航 1 号	232.3	2021	28	盛世康乾 8 号	198.0	6 781
2020	29	理石烟鼎赢新套利 2 号	226.5	2021	29	幂数阿尔法 6 号	194.2	6 781
2020	30	广金美好玫色 7 号	224.3	2021	30	泽龙之道 1 号	191.0	6 781
2021	1	匠心全天候	1 382.7	2022	1	宥盛尊享 9 号	307.3	9 058
2021	2	唐氏专户 1 期	724.9	2022	2	建泓盈富 4 号*	287.4	9 058
2021	3	七禾聚晨兴 1 号	437.6	2022	3	每利-四维民生	283.5	9 058
2021	4	至简方大	390.1	2022	4	金程宗悫长风 1 号	240.7	9 058
2021	5	英领棕地 1 号	382.0	2022	5	睿嵋尚丰中睿智选 2 号	235.6	9 058

续表

排序期	排序期排名	基金名称	排序期收益率（%）	检验期	检验期排名	基金名称	检验期收益率（%）	样本量
2021	6	久实精选1号	380.5	2022	6	君冠3号弘久价值机遇	216.6	9 058
2021	7	亚馳价值1号	371.6	2022	7	海豚量化	185.7	9 058
2021	8	黑石宏忠1号	368.8	2022	8	久盈价值精选1号*	183.7	9 058
2021	9	久盈价值精选1号	357.1	2022	9	鲸泓北极星	179.3	9 058
2021	10	中阅产业主题3号	331.0	2022	10	宝盈1号（宝信德）	156.6	9 058
2021	11	云土顺盈5号	327.7	2022	11	宁波泽添月湖汇1号	148.0	9 058
2021	12	恒邦开鑫1号	321.7	2022	12	简帧世纪元瑞1号	143.1	9 058
2021	13	稻洋洋盈6号	318.2	2022	13	万点资本进取2号	133.2	9 058
2021	14	弘理嘉富	317.6	2022	14	散享海盈16号	123.0	9 058
2021	15	天创机遇15号	317.3	2022	15	三才	114.0	9 058
2021	16	青鸾-芒种	312.7	2022	16	昭阳1号	111.4	9 058
2021	17	建泓盈富4号	306.9	2022	17	中略恒晟12号	110.1	9 058
2021	18	睿扬新兴成长	305.2	2022	18	晨乐佳享8号	107.5	9 058
2021	19	稻洋洋盈7号	305.1	2022	19	芝田财富3号	106.1	9 058
2021	20	睿扬新兴成长2号	291.0	2022	20	牛牛聚配专1号	100.3	9 058
2021	21	鑫疆九颂3号	289.6	2022	21	草木致远1号	96.6	9 058
2021	22	中阅聚焦7号	283.0	2022	22	建泓绝对收益1号	94.9	9 058
2021	23	瀚木资产瀚木1号	278.9	2022	23	一村基石2号	94.8	9 058
2021	24	恒邦2号	276.1	2022	24	平凡优祺	91.7	9 058
2021	25	誉庆平海鸥飞翔1号	276.1	2022	25	创兆股债联动优选2号	90.9	9 058

续表

排序期	排序期排名	基金名称	排序期收益率（%）	检验期	检验期排名	基金名称	检验期收益率（%）	样本量
2021	26	弘理嘉元	273.9	2022	26	昂岳米优稳健1号	90.1	9 058
2021	27	鑫疆精选价值成长6号	272.6	2022	27	持毅我武惟扬	89.3	9 058
2021	28	中盛晨嘉小草资本深圳湾1号	270.8	2022	28	玖石阿拉丁3号	88.5	9 058
2021	29	弘理嘉惠	267.6	2022	29	广汇缘逆市1号	86.9	9 058
2021	30	一村基石10号	266.3	2022	30	嘉禾3号	85.8	9 058
2022	1	宥盛尊享9号	307.3	2023	1	中兵资产赤兔3号	542.2	11 788
2022	2	金程宗惢长风1号	240.7	2023	2	信迹同泰1号	288.2	11 788
2022	3	玖毅源航2号	239.8	2023	3	锦慧锦程10号	252.0	11 788
2022	4	睿屹尚丰中睿智选2号	235.6	2023	4	紫华	229.6	11 788
2022	5	君冠3号弘久价值机遇	216.6	2023	5	红荔湾6号	229.3	11 788
2022	6	久盈价值精选1号	183.7	2023	6	中阅知行6号	226.9	11 788
2022	7	鸿宸领航1号	180.8	2023	7	弗居专享星火量化FOF1号	225.4	11 788
2022	8	鲸泓北极星	179.3	2023	8	南方红石大虎鲸量化3号	218.9	11 788
2022	9	甬邦海星1号	178.4	2023	9	玉牛劲道	216.2	11 788
2022	10	图灵林海9号	172.6	2023	10	博惠臻选2期	207.9	11 788
2022	11	锐耐资本精锐量化1号	166.8	2023	11	一村睿广1号尊享1期	207.6	11 788
2022	12	宝盈1号（宝信德）	156.6	2023	12	胡杨A股消费	206.4	11 788
2022	13	宁波泽添月湖汇1号	148.0	2023	13	易凡7号	194.7	11 788
2022	14	简帅世纪元瑞1号	143.1	2023	14	甬邦海星1号*	189.2	11 788
2022	15	福邑共赢1号	137.8	2023	15	菁果	186.6	11 788

续表

排序期	排序期排名	基金名称	排序期收益率（%）	检验期	检验期排名	基金名称	检验期收益率（%）	样本量
2022	16	中茁中钜增利 1 号	134.0	2023	16	环懿润金瑞昌	180.6	11 788
2022	17	万点资本进取 2 号	133.2	2023	17	杭州慧创-惠威胜 2 号	167.2	11 788
2022	18	莽荒尚杉 5 号	133.2	2023	18	恒穗基业常青-激进成长 1 号	164.8	11 788
2022	19	歆享海盈 16 号	123.0	2023	19	龙汇国运 1 号	163.3	11 788
2022	20	天倚道升辉 10 号	119.5	2023	20	猎语天合 4 号	155.9	11 788
2022	21	中茁恩视达宏达价值 1 号	119.3	2023	21	宁聚量化稳盈 1 期	152.0	11 788
2022	22	阳川 10 号	117.3	2023	22	博达富通鑫明 3 号	150.8	11 788
2022	23	三才	114.0	2023	23	阜华私募量化对冲 6 号	148.2	11 788
2022	24	友檩紫淇	113.7	2023	24	宁波泽添富余 1 号	147.4	11 788
2022	25	上海瓦洛兰投资-精选 2 号	113.0	2023	25	驾熙熹泰大鱼	143.3	11 788
2022	26	昭阳 1 号	111.4	2023	26	中阅皲动管理 5 号	141.4	11 788
2022	27	晨乐佳享 8 号	107.5	2023	27	澄水精选增强 7 号	141.2	11 788
2022	28	芝豚财富 3 号	106.1	2023	28	夷吾湾蒙 1 号	137.6	11 788
2022	29	诚域新享 1 号	102.6	2023	29	中阅知行 2 号	131.6	11 788
2022	30	光华致远星耀 1 号	101.5	2023	30	准锦至瞻 1 号	125.5	11 788

附录五 夏普比率在排序期排名前 30 位的基金在检验期的排名（排序期为一年）：2020～2023 年

本表展示的是排序期为一年时，检验期为一年时，排序期夏普比率排名前 30 位的基金在检验期的夏普比率排名，以及基金在排序期和检验期的夏普比率。样本量为排序期和检验期都存在的基金数量。★表示在检验期仍在排名前 30 位的基金。

排序期	排序期排名	基金名称	排序期夏普比率	检验期	检验期排名	检验期夏普比率	样本量
2020	1	大华安享 1 号	17.30	2021	5 432	-0.37	6 781
2020	2	永乾 1 号	15.51	2021	170	2.85	6 781
2020	3	润合唐诚 2 号	15.36	2021	1★	30.59	6 781
2020	4	联卡稳健 1 期	14.45	2021	470	2.17	6 781
2020	5	光道世源 2 号	9.83	2021	19★	5.88	6 781
2020	6	润合通宝唐诚	9.07	2021	2★	24.33	6 781
2020	7	合阁辰龙	7.78	2021	2 504	0.80	6 781
2020	8	弘茗稳健管理型 9 号	7.74	2 021	4 691	-0.02	6 781
2020	9	灵涛卧龙	7.32	2021	3 562	0.39	6 781
2020	10	君犀犀舟 8 号	6.67	2021	10★	7.17	6 781
2020	11	熠道丰盈 1 号	6.66	2021	46	4.31	6 781
2020	12	创兆股债联动优选 2 号	6.43	2021	70	3.56	6 781
2020	13	润合唐诚元宝 2 号	6.23	2021	2 416	0.84	6 781
2020	14	融善泰来-海创锐投	6.02	2021	2 360	0.86	6 781
2020	15	君信荣耀 1 号	5.88	2021	238	2.65	6 781
2020	16	君信荣耀 2 号	5.57	2021	340	2.38	6 781
2020	17	兆石套利 1 号 FOF	5.44	2021	41	4.47	6 781

续表

排序期	排序期排名	基金名称	排序期夏普比率	检验期	检验期排名	检验期夏普比率	样本量
2020	18	鼎一精选 1 号	5.41	2021	173	2.85	6 781
2020	19	乾行天合 2 号	5.29	2021	34	4.67	6 781
2020	20	白鹭 FOF 演武场 1 号	5.19	2021	434	2.22	6 781
2020	21	从益鸿鹄 1 号	5.02	2021	72	3.49	6 781
2020	22	珺容锐远 2 号	5.00	2021	5 368	-0.35	6 781
2020	23	金铸量化	4.99	2021	188	2.80	6 781
2020	24	量化稳健 4 号	4.96	2021	784	1.79	6 781
2020	25	合绎塑造者 2 号	4.89	2021	45	4.34	6 781
2020	26	霁泽夏天 1 号	4.86	2021	32	4.80	6 781
2020	27	金铸 6 号	4.86	2021	345	2.37	6 781
2020	28	壁虎寰宇成长 1 号	4.78	2021	5 369	-0.35	6 781
2020	29	辉毅 4 号	4.77	2021	412	2.27	6 781
2020	30	金铸中性量化优选 1 号	4.70	2021	461	2.18	6 781
2021	1	润合唐诚 2 号	30.59	2022	2*	19.82	9 058
2021	2	润合通宝唐诚	24.33	2022	1*	20.50	9 058
2021	3	润合唐诚通宝 2 号	20.11	2022	1 288	0.20	9 058
2021	4	天简道新弘稳健 1 号	19.17	2022	164	1.88	9 058
2021	5	润合唐诚元宝 1 号	14.60	2022	1 248	0.22	9 058
2021	6	巨源新泽 1 号	14.03	2022	5*	11.12	9 058
2021	7	汇利 200 号	13.51	2022	1 421	0.13	9 058

续表

排序期	排序期排名	基金名称	排序期夏普比率	检验期	检验期排名	检验期夏普比率	样本量
2021	8	新弘稳健 3 号	12.79	2022	211	1.62	9 058
2021	9	大树奎利 1 号	9.37	2022	79	2.76	9 058
2021	10	裕锦量化专享 1 号	8.69	2022	12*	6.94	9 058
2021	11	叁津新动力核心 2 号	8.52	2022	181	1.77	9 058
2021	12	中邮永安鑫安 1 号	8.50	2022	64	3.16	9 058
2021	13	展弘稳进 1 号	8.03	2022	19*	5.71	9 058
2021	14	涌利宝 B3	7.97	2022	119	2.28	9 058
2021	15	涌利宝 D13	7.69	2022	610	0.72	9 058
2021	16	湘信稳健一年锁定期 1 号	7.31	2022	67	3.06	9 058
2021	17	时代复兴磐石 6 号	7.25	2022	477	0.93	9 058
2021	18	润合唐诚珍宝 2 号	7.24	2022	1 304	0.19	9 058
2021	19	西部隆淳晓见	7.23	2022	55	3.43	9 058
2021	20	君犀犀舟 8 号	7.17	2022	2 132	-0.11	9 058
2021	21	涌利宝 C2	7.13	2022	465	0.95	9 058
2021	22	乾行天合 6 号	7.05	2022	35	4.11	9 058
2021	23	涌利宝 D7	7.01	2022	788	0.54	9 058
2021	24	微观博易一春枫	7.01	2022	22*	5.56	9 058
2021	25	乾行天利 6 号	6.95	2022	207	1.64	9 058
2021	26	山东天宝云中燕 11 期	6.91	2022	27*	5.19	9 058
2021	27	利位星舟泰华 7 号	6.79	2022	173	1.81	9 058

续表

排序期	排序期排名	基金名称	排序期夏普比率	检验期	检验期排名	检验期夏普比率	样本量
2021	28	展弘稳达 2 号	6.65	2022	40	3.93	9 058
2021	29	辰月启明星 1 期	6.47	2022	8 746	-2.40	9 058
2021	30	佰泰融安集投	6.43	2022	888	0.45	9 058
2022	1	灵涛机构日享 2 期	43.01	2023	5*	26.23	11 788
2022	2	白泽 1 号（第 1 期）	35.92	2023	7*	24.50	11 788
2022	3	平稳安泰（第 1 期）	35.32	2023	2*	29.40	11 788
2022	4	鑫安 1 号	34.09	2023	6*	24.88	11 788
2022	5	平稳安盈 1 号	33.85	2023	3*	29.24	11 788
2022	6	平稳安盈 3 号	33.04	2023	1*	29.41	11 788
2022	7	畅享 1 号（平安）	27.10	2023	78	6.00	11 788
2022	8	卓亿稳续月月通 1 号	26.97	2023	13*	14.77	11 788
2022	9	稳鑫 80 号	26.61	2023	131	4.31	11 788
2022	10	海益天利 1 号	25.20	2023	588	1.71	11 788
2022	11	上风周添利 1 号	22.24	2023	256	2.77	11 788
2022	12	汇泽润享 1 号	21.49	2023	11 452	-2.41	11 788
2022	13	润合通宝唐诚	20.50	2023	197	3.27	11 788
2022	14	润合唐诚 2 号	19.82	2023	21*	11.47	11 788
2022	15	湘信稳健半年锁定期 1 号	17.62	2023	47	7.58	11 788
2022	16	盛景量化对冲收益	17.23	2023	3 336	0.22	11 788
2022	17	温州嘉和复鑫 4 号	15.32	2023	11*	15.58	11 788

续表

排序期	排序期排名	基金名称	排序期夏普比率	检验期	检验期排名	检验期夏普比率	样本量
2022	18	金沣利晟稳健周周赢 1 号	14.46	2023	32	8.94	11 788
2022	19	平稳安盈 6 号	14.11	2023	4*	28.00	11 788
2022	20	蓝色宝鼎 2 号	12.75	2023	12*	14.89	11 788
2022	21	黑皇鑫隆 1 号	11.64	2023	33	8.89	11 788
2022	22	金沣利晟稳健年年红 1 号	11.52	2023	10*	18.10	11 788
2022	23	蓝色宝鼎 3 号	11.03	2023	15*	14.19	11 788
2022	24	天宝君临 1 期	10.93	2023	914	1.34	11 788
2022	25	稳鑫 82 号	10.88	2023	2 025	0.62	11 788
2022	26	乾杨日享	10.08	2023	1 734	0.76	11 788
2022	27	具力黄河 1 号	9.22	2023	34	8.80	11 788
2022	28	浩创金牛 1 号	9.14	2023	41	8.25	11 788
2022	29	豪蒙尼西 12 号	9.14	2023	109	4.85	11 788
2022	30	涌利 7 号	8.54	2023	61	6.89	11 788

参 考 文 献

[1] 庞丽艳，李文凯，黄娜. 开放式基金绩效评价研究 [J]. 经济纵横，2014 (7)：91-95.

[2] 赵骄，闫光华. 公募基金与阳光私募基金经理的管理业绩持续性实证分析 [J]. 科技经济市场，2011 (12)：47-50.

[3] 赵羲，刘文宇. 中国私募证券投资基金的业绩持续性研究 [J]. 上海管理科学，2018 (6)：5-9.

[4] 朱杰. 中国证券投资基金收益择时能力的实证研究 [J]. 统计与决策，2012 (12)：148-151.

[5] Agarwal V, Naik N Y. On Taking the "Alternative" Route: The Risks, Rewards, and Performance Persistence of Hedge Funds [J]. The Journal of Alternative Investments, 2000 (2)：6-23.

[6] Brown S J, Goetzmann W N. Performance Persistence [J]. The Journal of Finance, 1995 (50)：679-698.

[7] Carhart M M. On Persistence in Mutual Fund Performance [J]. The Journal of Finance, 1997 (52)：57-82.

[8] Cao C, Simin T, Wang Y. Do Mutual Fund Managers Time Market Liquidity? [J]. Journal of Financial Markets, 2013 (16)：279-307.

[9] Cao C, Chen Y, Liang B, Lo A. Can Hedge Funds Time Market Liquidity? [J]. Journal of Financial Economics, 2013 (109)：493-516.

[10] Cao C, Farnsworth G, Zhang H. The Economics of Hedge Fund Startups: Theory and Empirical Evidence [J]. Journal of Finance, Forthcoming, 2020.

[11] Chen Y. Timing Ability in the Focus Market of Hedge Funds [J]. Journal of Investment Management, 2007 (5)：66-98.

[12] Chen Y, Liang B. Do Market Timing Hedge Funds Time the Market? [J]. Journal of Financial and Quantitative Analysis, 2007 (42)：827-856.

[13] Fama E F, French K R. The Cross-section of Expected Stock Returns [J]. The Journal of Finance, 1992 (47)：427-465.

[14] Fama E F, French K R. Common Risk Factors in the Returns on Stocks and Bonds [J]. Journal of Financial Economics, 1993 (33): 3-56.

[15] Fama E F, French K R. Luck Versus Skill in the Cross-section of Mutual Fund Returns [J]. The Journal of Finance, 2010 (65): 1915-1947.

[16] Fung W, Hsieh D A. Hedge Fund Benchmarks: A Risk-based Approach [J]. Financial Analysts Journal, 2004 (60): 65-80.

[17] Jegadeesh N, Titman S. Returns to Buying Winners and Selling Losers: Implications for Stock Market Efficiency [J]. The Journal of Finance, 1993 (48): 65-91.

[18] Malkiel B G. Returns from Investing in Equity Mutual Funds 1971 to 1991 [J]. The Journal of Finance, 1995 (50): 549-572.

后　记

本书是清华大学五道口金融学院和香港中文大学（深圳）高等金融研究院经过多年积累的研究成果，是 2016~2023 年历年出版的《中国公募基金研究报告》和《中国私募基金研究报告》的后续报告。2024 年，我们进一步完善了研究方法、样本和结果，并加入了对 ESG 基金的分析，出版《2024 年中国公募基金研究报告》和《2024 年中国私募基金研究报告》，以飨读者。

本书凝聚着所有参与研究和撰写的工作人员的心血和智慧。在整个书稿的撰写及审阅的过程中，清华大学五道口金融学院、香港中文大学（深圳）高等金融研究院和香港中文大学（深圳）经管学院的领导们给予了大力支持，报告由曹泉伟教授、陈卓教授和舒涛教授共同主持指导，由研究人员门垚、张凯、周嘉慧、姜白杨和詹欣琪共同撰写完成。

我们衷心感谢清华大学五道口金融学院、香港中文大学（深圳）高等金融研究院和香港中文大学（深圳）经管学院的大力支持，感谢国家自然科学基金优秀青年科学基金项目（72222004）的资助，感谢来自学术界、业界、监管机构的各方人士在书稿写作过程中提供的帮助。此外，我们感谢富国基金管理有限公司和汇添富基金管理股份有限公司的领导在我们实地调研时提供的大力支持，感谢于江勇、王立新、史炎、朱民、李剑桥、张晓燕、张博辉、杨文斌、余剑峰、钟蓉萨、赵康、俞文宏和廖理等为本书提供许多有价值的建议。最后，我们由衷感谢来自各方的支持与帮助，在此一并致谢！

作者
2024 年 4 月

图书在版编目（CIP）数据

2024 年中国私募基金研究报告／曹泉伟等著. --北京：经济科学出版社，2024.6
ISBN 978-7-5218-5881-5

Ⅰ.①2… Ⅱ.①曹… Ⅲ.①投资基金-研究报告-中国-2024 Ⅳ.①F832.51

中国国家版本馆 CIP 数据核字（2024）第 094006 号

责任编辑：初少磊
责任校对：蒋子明
责任印制：范　艳

2024 年中国私募基金研究报告
2024 NIAN ZHONGGUO SIMU JIJIN YANJIU BAOGAO
曹泉伟　陈卓　舒涛　等/著
经济科学出版社出版、发行　新华书店经销
社址：北京市海淀区阜成路甲 28 号　邮编：100142
总编部电话：010-88191217　发行部电话：010-88191522
网址：www. esp. com. cn
电子邮箱：esp@ esp. com. cn
天猫网店：经济科学出版社旗舰店
网址：http://jjkxcbs. tmall. com
北京季蜂印刷有限公司印装
787×1092　16 开　28.75 印张　564000 字
2024 年 6 月第 1 版　2024 年 6 月第 1 次印刷
ISBN 978-7-5218-5881-5　定价：102.00 元
（图书出现印装问题，本社负责调换。电话：010-88191545）
（版权所有　侵权必究　打击盗版　举报热线：010-88191661
QQ：2242791300　营销中心电话：010-88191537
电子邮箱：dbts@ esp. com. cn）